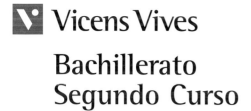

Vicens Vives

**Bachillerato
Segundo Curso**

Artis

Historia del Arte

Antonio Fernández
Catedrático de Historia Contemporánea
de la Universidad Complutense de Madrid

Emilio Barnechea
Profesor Titular de Dibujo de la Facultad
de Bellas Artes de Madrid

Juan R. Haro
Catedrático de I.B.

A. FERNÁNDEZ GARCÍA: Unidades 1, 3, 4, 6, 8, 9, 10, 12, 16, 17, 18, 20, 21, 23, 24 y 26.
Coordinador.

E. BARNECHEA SALÓ: Unidades 1, 2, 5, 6, 10, 11, 12, 14, 15, 19, 22, 24, 25 y 26.

J. R. HARO: Unidades 6, 7, 13, 14, 17, 18 y 26.

Agradecemos a las siguientes entidades la posibilidad de utilizar el siguiente material fotográfico: AKG. Archiv für Kunst und Geschichte (T. 10 p. 164, T. 18 p. 307); Ministerio per i Beni culturali e Ambientali, Milano, Italia (T. 12 p. 207); Photographie Giraudon (T. 8 p. 127); SCALA (T. 5 p. 84, T. 6 ps. 94, 96, 97, T. 12 p. 198, T. 14 p. 245, T. 16 p. 281); The Bridgeman Art Library (T. 2 p. 29: Raeburn, Sir Henry. The Reverend Robert Walker skating on Duddingston Loch, 1784; T. 20 p. 347: Blake, William. The Ascension. c.1805-6).

Este libro está impreso en papel ecológico reciclable y con tintas exentas de elementos pesados solubles contaminantes (*Plomo, Antimonio, Arsénico, Bario, Cadmio, Cromo, Mercurio y Selenio*), que cumplen con la Directiva Europea 88/378/UE, según la norma revisada EN/71.

Diseño de la cubierta: Quod

Materiales curriculares para el segundo curso de Bachillerato del área de Historia del Arte, elaborados según el proyecto editorial supervisado por el Ministerio de Educación y Ciencia con fecha 29 de junio de 1998 (B.O.E. 17-7-1998).

Primera edición
Primera reimpresión, 1999

Depósito Legal: B. 2969-1999
ISBN: 84-316-4590-3
Nº de Orden V.V.: K-704

IMPRESO EN ESPAÑA
PRINTED IN SPAIN

Editorial VICENS VIVES. Avda. de Sarriá, 130. E-08017 Barcelona.
Impreso por Gráficas INSTAR, S.A.

Prólogo

El presente libro intenta contribuir a esa formación general sobre las grandes cuestiones artísticas de la historia de la Humanidad. Lo hace recurriendo a situar cada momento estético en su enclave histórico porque sólo así se pueden explicar las actitudes plásticas de cada época o de cada autor. No recurre a excesivos nombres ni datos, ya que eso no parece fundamental, dando importancia, sin embargo, a la adquisición de criterios y técnicas de análisis que permitan valorar, clasificar y degustar el arte.

El planteamiento de este libro propone inicialmente unas reflexiones sobre la creación artística y la relación entre el arte y la sociedad así como información de las principales técnicas, procedimientos y materiales empleados en pintura, escultura y arquitectura, todo lo cual nos ha parecido esencial para una lectura comprensiva de la obra de arte. Por otro lado, y a pesar de las inevitables limitaciones de espacio que tiene una publicación de estas características, se ha procurado incluir abundantes reproducciones, dado el carácter fundamentalmente visual que debe tener la Historia del arte.

En cuanto a la estructura del mismo, sigue el discurrir cronológico de la Historia del arte occidental haciendo especial hincapié en el arte del siglo XX, así como en los prolegómenos que se establecieron en el siglo XIX. En cierta forma se pretende que el lector pueda identificar su época histórica con el arte contemporáneo, siendo capaz de sentir las pulsaciones del final del siglo XX como preámbulo definidor del inmediato siglo XXI.

En el tratamiento de cada tema pueden distinguirse los siguientes apartados:

- **Introducción.** Es un texto breve pero significativo que resume los aspectos que se van a tratar, bien sea como valor artístico o como repercusión histórica.

- **Desarrollo del tema.** Tras presentar la época en su contexto histórico, analizando la influencia de las conductas sociales en el arte, se analizan las corrientes artísticas y de los principales autores con las referencias indispensables a su obra y enmarcándolo, en ocasiones, en los condicionantes técnicos.

- **Análisis de una obra.** Cada tema se cierra con el estudio detenido de una obra concreta altamente significativa de la época o estilo estudiado. Pretende ser una forma de análisis que persigue estimular al lector, proporcionándole diversos procedimientos de contemplación de la obra artística, sin que por ello trate de agotar ningún tema. A veces estos análisis se completan con unas comparaciones entre distintas obras de arte, que, al igual que los documentos de análisis, constituyen un ejemplo didáctico de investigación que el lector, o el alumno o alumna, podrá seguir en su método de aprendizaje.

- **Bibliografía.** Se incluye, por temas, aquella bibliografía, incluso muy reciente, que puede servir para ampliar conocimientos en cualquiera de los temas.

En cuanto a la metodología recomendada para el estudio de la Historia del arte, los autores proponemos formalmente que sea de carácter activo y que la parte más importante la ocupe la visión de la obra de arte. Sobre una armadura liviana de sucesos históricos y secuencias de estilos debiera verterse abundante información visual que formara y forjara la sensibilidad del lector-espectador. El nombre concreto y la abundancia de datos pueden venir después. De otro modo, anteponiendo las fechas, los nombres o los sucesos a las obras, se define una Historia del arte visual en la que se habla de arte pero no se ve, es decir, una Historia del arte en la que las obras son sólo ilustraciones de un texto.

El empleo de los medios visuales es imprescindible en la comunicación de los sucesos artísticos, aunque siempre que sea posible será preferible la visión directa de la obra de arte, particularmente la del propio entorno. Las exposiciones que se celebren en el ámbito próximo debieran ser siempre visitadas y servir de motor de actividades que persigan la comprensión de la actitud de los artistas ante el momento presente, para lo cual es importante, no sólo el criterio individual sino el análisis crítico de las opiniones en los medios de comunicación o la comparación con los pareceres de otros espectadores.

LOS AUTORES

Índice

0

1.

El arte como expresión

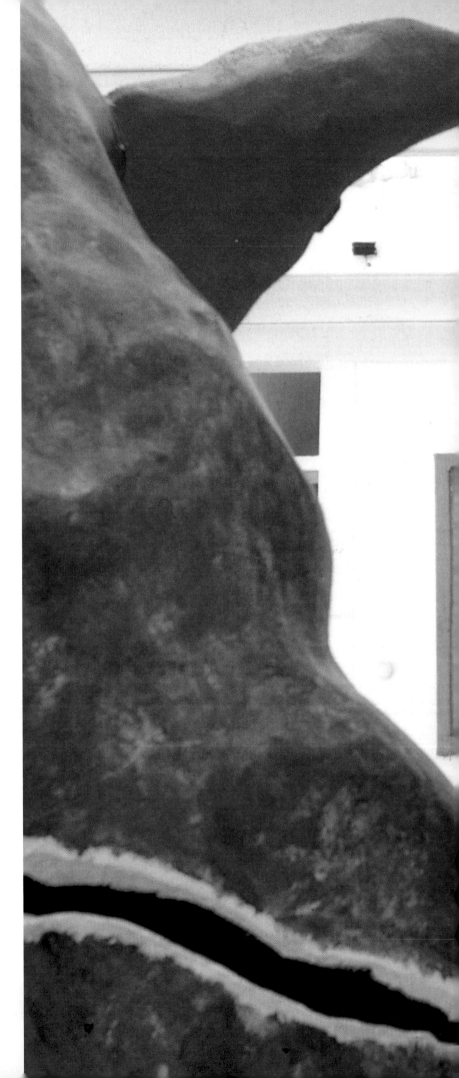

El ser humano conmovido por la angustia, la alegría, la belleza o el amor, cuenta con el arte como la más trascendental vía de expresión; una verdadera válvula de escape que ha inundado la Historia de la Humanidad de sonidos, palabras, formas, colores e imágenes que reflejan, como el más preciso indicador, el modo de ser de cada tiempo y de cada cultura. Cada situación o cada artista puede requerir unos u otros caminos para expresarse, dentro del poderoso torrente del arte, y por eso es frecuente que ante una misma provocación un artista pueda responder con la poesía mientras que otro lo haga con la pintura o la música. En este libro se va a tratar, únicamente de las expresiones artísticas de carácter plástico que, como tales, tienen su particular lenguaje y sus códigos de interpretación, sin el conocimiento de los cuales no es fácil acercarse al suceso artístico.

Sala de la Fundación Miró de Barcelona. *El arte, como expresión genuina de un artista o de un pueblo, propone en cada caso diferentes estéticas que, frecuentemente, están alejadas de la estética clásica que configuró en otro tiempo la cultura occidental.*

1 LA CREACIÓN ARTÍSTICA

El lenguaje artístico

La creación artística es una función esencial de la Humanidad; arte y ser humano son inseparables. Así como para comunicar nuestras ideas y sentimientos utilizamos de forma principal el lenguaje oral o escrito, igualmente lo podemos hacer mediante el uso del lenguaje artístico, ya que el arte es también un medio de comunicación, o sea, un lenguaje con el que el artista expresa imágenes de la realidad física y humana y sentimientos (alegrías, angustias, esperanzas, sueños...).

El lenguaje artístico deriva de la tendencia innata o necesidad de expresión que tenemos los humanos. No es pues una actividad superflua sino un impulso vital, que hace del arte un instrumento clave para conocer la realidad.

El ser humano, creador de formas

Pero el artista no se limita a representar, pues esto convertiría el arte en un simple espejo de la realidad, sino que transforma los datos de la naturaleza y los interpreta ordenándolos de manera diferente, es decir, el autor de una obra de arte es un **creador**.

PAUL KLEE, en un trabajo sobre el arte moderno, compara la creación de la obra de arte con el crecimiento de un árbol, que hunde sus raíces en la tierra y despliega su copa en el aire. Desde las raíces pasa la savia por el tronco –en la metáfora, el alma del artista– y alimenta con plenitud las ramas y las hojas de la copa. Con su actividad, el artista extrae los elementos nutritivos de la naturaleza y los despliega bellamente ante los ojos de los seres humanos; una Humanidad sin obras de arte ofrecería un aspecto tan pobre como una naturaleza sin árboles.

El arte, lenguaje universal

La prueba de la grandeza de una obra de arte se halla en su capacidad de impresionarnos. Las pirámides egipcias, por ejemplo, no poseen una función actual, no son ya enterramientos, pero su contemplación nos conmueve profundamente, como si en ellas el genio de la Humanidad volara sobre los siglos; igual nos puede ocurrir con una pintura del siglo XX, de PICASSO o de KANDINSKY, ante la que podemos sentir una emoción similar a la que nos pueda proporcionar la pintura de un primitivo flamenco, el recinto de una catedral gótica o una escultura de MIGUEL ÁNGEL.

Esto es así porque por encima de las fronteras del espacio y del tiempo, el arte aparece como un lenguaje universal en el que se expresan las dimensiones eternas del espíritu del ser humano.

▼ Las Meninas *vistas por* VELÁZQUEZ *(izquierda) y por* PICASSO *(derecha). Ni* VELÁZQUEZ *ni* PICASSO *imitaron la naturaleza, aunque en el primer caso lo parezca.*

VELÁZQUEZ *creó un espacio, una atmósfera y una composición, absolutamente originales y la visión que nos ofrece de la Infanta y sus meninas con toda certeza que no sería igual una fracción de segundo después.*

PICASSO, *por el contrario, no intenta representar una realidad viva sino que se inspira en las manchas y líneas que constituyen la estructura del cuadro de* VELÁZQUEZ, *así como en sus vivencias personales, creando unas formas originales y radicalmente distintas.*

▼ Van Gogh: *Autorretrato, 1889 (izquierda). Toda obra es producto de las características espirituales del autor, siendo ello más acusado en caracteres muy temperamentales. Esto ocurrió, por ejemplo, con Van Gogh, persona de una extremada sensibilidad que vivió agobiado por el arte y la pobreza, como se aprecia en su obra, especialmente la de su última época.*

Pintura románica sobre tabla, siglo XIII, Girona (derecha). En los tiempos en los que el artista trabajaba sólo por encargo, las ideas del momento eran puntos de obligada referencia en su obra, como sucede durante la Alta Edad Media en la que el pensamiento tenía un marcado matiz religioso.

El concepto de belleza

El arte no es sólo creación o producción de objetos bellos. Es verdad que la búsqueda de la belleza es una constante y un elemento motor de la Historia del arte, pero no hemos de entender la belleza artística sólo en el sentido material o de esplendor de la forma, como la definió Santo Tomás de Aquino, sino también en el sentido de belleza espiritual o belleza interior o del alma, que es más profundo, que incluye también aquello que designamos como feo.

Así, unas veces el arte nos aproxima más a un mundo ideal de armonía y felicidad y otras al del dolor y sufrimiento. Las brujas de Goya o los viejos de Rembrandt, por ejemplo, no son muestras de belleza material y sin embargo despiertan en nosotros una respuesta espiritual o emotiva.

2 NATURALEZA DE LA OBRA DE ARTE

En toda obra de arte influyen y se resumen una serie de elementos: los individuales (como la personalidad del artista), los intelectuales (las ideas de la época), los sociales (la clientela) y los técnicos.

La personalidad del artista

En primer lugar, la obra de arte es el reflejo de una **personalidad creadora**, es decir, existe una estrecha relación entre los aspectos personales del creador y las características de su obra. El esfuerzo por conocer la personalidad de un artista a través de sus obras es análogo al que realiza el psicólogo clínico cuando trata de comprender la personalidad del paciente a través de las respuestas de un test.

Pero el artista no crea sus obras sin más referencia que su propio yo, pues el mundo exterior que le rodea y en el que vive incide sobre sus sentidos e influye también en sus obras de manera inevitable. Recordemos, por ejemplo, el caso de El Greco y la influencia que sobre él ejerció el ambiente de la ciudad de Toledo en el siglo XVI.

Las ideas intelectuales de la época

Además de estos factores visibles del mundo exterior, hemos de tener en cuenta cómo inciden también en la obra del artista las **ideas intelectuales** o ideología de la época, o sea, el conjunto de pensamientos y sentimientos que impregnan el momento en que el artista trabaja.

Así, por ejemplo, las esculturas o las pinturas del arte románico son antinaturalistas –no se representan las figuras con realismo–, pues ningún artista de aquellos siglos se interesaba en reflejar la naturaleza. Esto se debe a que la ideología dominante de la época era muy religiosa y promovía lo sobrenatural, no lo natural. Lo que importaba no era la obra artística sino el mensaje religioso que se derivaba de ella.

Las circunstancias sociales

Las **circunstancias sociales** influyen también en los artistas, pues no viven aislados de los demás. En nuestra época el comprador de una obra de arte es con frecuencia anónimo, pues el pintor –o el escultor– lleva sus obras a una exposición y quizás no llega a saber nunca quién las ha comprado. Pero en otros tiempos el artista trabajaba mucho más por encargo, con lo que los valores y las necesidades de los grupos sociales dominantes influían sobre su obra.

En arquitectura es donde más notamos la incidencia de este factor social, ya que todo edificio es el resultado de una programación municipal. Si en Grecia, por ejemplo, no hubiera habido un substrato religioso muy fuerte, no se habrían construido tantos templos ni santuarios; los castillos tenían una función importante en el mundo feudal, pero son inimaginables en una metrópoli industrial; en la Florencia del Renacimiento el protagonismo de las catedrales fue sustituido por el de los palacios, porque había una clase de comerciantes y banqueros económicamente potente, como los Médicis, que creía que la residencia reflejaba la posición social y su inclinación al mecenazgo artístico.

Los conocimientos técnicos

Finalmente, los **conocimientos técnicos** del artista y las características del material que emplea influyen en bastantes aspectos de la obra. Utilizar una técnica o un material equivocado puede ser desastroso. Así ocurrió, por ejemplo, con la técnica de la vidriera que requiere colores planos, fuertes y enteros y jamás alcanzará el modelado y los matices de la pintura al óleo; su decadencia en el Renacimiento se debió al erróneo intento de reflejar en ella el volumen y la perspectiva, como si se tratara de un cuadro al óleo.

Si bien la Historia del arte no es acumulativa, pues un estilo no supone un progreso sobre el anterior, ni el arte de un siglo implica superioridad sobre el de los precedentes, sí lo es la **técnica**, porque los medios de trabajo se van descubriendo y perfeccionando a lo largo de la Historia. La bóveda de crucería, por ejemplo, supuso una revolución en la Edad Media, pero no tendría ningún sentido emplearla hoy en las estructuras contemporáneas, que utilizan el hierro y el cemento.

▶ Castillo de Loarre, *Huesca (arriba). El castillo es una consecuencia directa del sistema de relaciones sociales impuesta por los señores feudales tras la caída del Imperio romano.*

Una de las dos torres Kio *(abajo). Los avances técnicos facilitan la aparición de nuevas tipologías arquitectónicas, como las torres inclinadas que presiden una de las entradas de Madrid, imposibles de construir con los materiales tradicionales.*

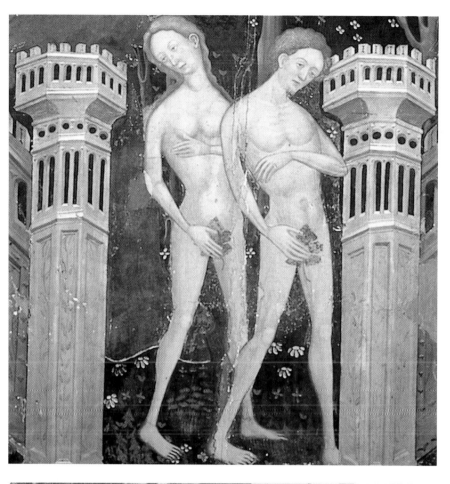

3 ARTE Y SOCIEDAD

El arte, como reflejo de la sociedad

Los interrogantes sobre la relación que hay entre el artista y la obra de arte los podemos hacer extensivos al campo de lo social y plantearnos la relación que existe entre la sociedad y la obra de arte. ¿Las creaciones artísticas reflejan la estructura de la sociedad de un período histórico concreto?

En la segunda mitad del siglo XX se han hecho algunos estudios para demostrar, analizando las características de un estilo, la relación que hay entre la estructura social y los rasgos estilísticos y confirmar la hipótesis de que el arte es la expresión simbólica de los pensamientos y deseos de los miembros de una sociedad.

Influencia de la sociedad en el artista

Aunque en estos estudios todavía encontramos muchas lagunas, parece indudable que las obras de arte (monumentos, relieves, frescos, retablos, retratos...) no son sólo la expresión de un artista individual sino que reflejan también muchos aspectos de una época, de una sociedad, o al menos de un grupo social o de una institución. De todas formas la época o la sociedad no explican por sí solas cómo pueden surgir en su seno figuras mediocres al lado de un artista genial.

Hemos de reconocer que quien tiene la última palabra es el genio individual del artista, pero la penúltima puede estar dictada por aquéllos que tienen el poder o el dinero. El artista es libre, pero un conjunto de elementos ajenos a él influyen sobre sus deseos: encargos, gustos de los clientes, obras de otros artistas contemporáneos e incluso las circunstancias excepcionales que se pueden dar en su vida (por ejemplo, las guerras, que alteran los valores colectivos y los que inspiran la obra de los artistas). Las ideas y los valores que nutren la creación no aparecen por generación espontánea dentro del alma del artista sino que se desarrollan en la educación y las vivencias sociales.

◀ Representaciones de Adán y Eva *en una tabla gótica de principios del siglo XV (arriba), y en una obra de* TI-ZIANO, *siglo XVI (abajo). Al igual que las ideas religiosas y políticas, la estructura social y sus circunstancias históricas deciden un modo u otro de expresar el arte.*

En la Baja Edad Media la huella del "pecado original" todavía estaba presente en el pensamiento del hombre y en sus relaciones con la Iglesia y con la sociedad. Adán y Eva aparecen en la tabla gótica apesadumbrados y sus desnudos son indiferenciados sexualmente. Sin embargo en el Renacimiento los personajes están humanizados y representados en el mismo momento de pecar, sin la menor preocupación, exhibiendo el cuerpo desnudo con absoluta naturalidad, como obras perfectas de la Creación.

4 LOS ESTILOS ARTÍSTICOS

Definición del estilo

La palabra *estilo* deriva del latín *stilus* (punzón utilizado por los romanos para escribir) y del griego *stylos* (columna arquitectónica). Así pues, la palabra *estilo*, originariamente, estaba relacionada con la escritura y la arquitectura y podríamos decir que era la forma como se hacía literatura o arquitectura. En arte, se trata de un concepto fundamental. Hoy definiríamos el **estilo** como la manera propia de realizar las obras que tiene un artista o una época.

Los nombres empleados en la actualidad para designar a los diversos estilos surgieron poco a poco a lo largo del tiempo. Si bien en el siglo XVI ya se hablaba de estilos, no se aplicaron definitivamente a las artes plásticas hasta el estudio sobre el arte griego que hizo WINCKELMANN en el siglo XVIII y el análisis que posteriormente realizó HERDER sobre el arte gótico.

Así se fue estableciendo poco a poco la seriación de estilos que hoy utilizamos: **clásico**, **posclásico**, **románico**, **gótico**, **renacentista**, **manierista**, **barroco**, **rococó** y **neoclásico**, a los que más tarde se añadirían los *ismos* de los siglos XIX y XX: **romanticismo**, **impresionismo**, **expresionismo**, **fauvismo**, **cubismo**, **futurismo**, **surrealismo**, **hiperrealismo** y otros más, siendo la velocidad de experiencias y cambios en el siglo XX una de las características del arte en esa centuria.

▼ Los diferentes estilos en arquitectura. *Independientemente de las razones que llevan a edificar de un modo u otro o a dar prioridad a un tipo de construcción, hay una tipología muy acusada que resume el aspecto de las construcciones. Podría decirse que en el clasicismo las edificaciones son horizontales, con abundantes columnas (1); la ausencia de arcos distingue la arquitectura griega de la romana. En la Alta Edad Media, la construcción, casi siempre religiosa, será muy sólida con*

arcos de medio punto (2) y en la Baja Edad Media las construcciones son verticales con elevadas agujas, apareciendo las vidrieras (3). En el Renacimiento se retorna a los elementos clásicos, al orden y a la armonía, presidiendo la línea horizontal toda la composición (4). En el Barroco, la abundante decoración y el frenético ritmo de la composición denotan parte de las características del estilo (5). En el siglo XX los nuevos materiales favorecen la aparición de estructuras insólitas como el rascacielos (6).

El estilo y su morfología

Según la tesis que defiende WÖLFFLIN en su obra *Conceptos fundamentales de la Historia del Arte*, encontramos una morfología propia en cada estilo, es decir, unos rasgos que son comunes a cualquier manifestación cultural o artística de dicho estilo. Esto ocurre aunque dichos rasgos sean tan diferentes entre sí como la arquitectura, la escultura, la pintura, la música o la literatura, por lo que podemos hablar con propiedad, por ejemplo, de *arquitectura barroca*, *pintura barroca*, *música* o *literatura barrocas*.

Análisis biológico del estilo

Por último, hemos de referirnos también al hecho de que con cierta frecuencia se ha analizado el estilo con un **criterio biológico**, según el cual la forma artística de un estilo nacería, encontraría su plenitud y finalmente degeneraría en un período de cansancio. Así pues, nos encontraríamos en cada estilo con tres fases: **arcaica**, en que se inician las formas; **clásica**, o de madurez de la forma; y **barroca**, momento en que se intenta enmascarar el agotamiento de la forma con un aumento de la ornamentación.

Pero no resulta fácil generalizar y aplicar este criterio a todos los estilos, como lo demuestra, por ejemplo, el Barroco del siglo XVII en el que no podemos hablar de un período de cansancio o de agotamiento creador, especialmente en pintura, con figuras estelares como VELÁZQUEZ, REMBRANDT, RUBENS, etc.

④

⑤

⑥

5 DIFERENTES FORMAS DE CLASIFICACIÓN DEL ARTE

Las numerosas interpretaciones que filósofos, poetas, historiadores, etcétera, han hecho del arte nos hablan de las dificultades existentes para su definición. Esa misma complejidad que supone definir el arte es la que ha motivado que en cada momento histórico hayan variado las formas para su clasificación.

En la Antigüedad clásica se entendía por arte cualquier destreza manual o intelectual que permitiera crear algo. Sin embargo, en la Edad Media, apareció la división entre **artes liberales**, las que realizaban los hombres libres, que enaltecían el espíritu y que se estudiaban en las universidades agrupadas en el *Trivium* (gramática, lógica y retórica) y el *Cuadrivium* (aritmética, geometría, astronomía y música), y **artes manuales**, propias de los artesanos, innobles y por tanto inferiores, grupo que incluía las artes plásticas.

El Renacimiento dignificó el trabajo del artista al reconocer el aporte intelectual que suponía la realización de determinadas actividades artísticas. Desde que ALBERTI (1404-1472) clasificara sus escritos en tres géneros, arquitectura, escultura y pintura, se les empezó a denominar como **artes mayores**. Con posterioridad se acuñó el término de **artes menores** para distinguir las artes decorativas u ornamentales (orfebrería, trabajo de la madera, del cuero, tapices, vidrio, esmalte y cerámica). Esta clasificación cayó en desuso tras los estudios realizados por RIEGL en el siglo XIX, que trataron de enaltecer las artes ornamentales.

En épocas más modernas, el concepto *Bellas Artes* vino a englobar todas las actividades realizadas por todos aquellos artistas que buscaban plasmar la belleza en sus obras, sin importar que fueran arquitectos, pintores, músicos o poetas.

Sin embargo, ya en el siglo XX, la Historia del arte se ha ido centrando en el aprendizaje de las artes plásticas, incorporando también, como es lógico, el estudio de las artes ornamentales. La posibilidad de reproducir la obra de arte mediante sistemas técnicos y la divulgación que de ellos hacen los sistemas de comunicación de masas, los llamados *mass media*, han obligado a incorporar el cine, la fotografía, el cartel, el cómic, el diseño industrial y el vídeo en las nuevas formas de clasificación del arte.

Por último, algunos estudios recientes, en un intento de prolongar el trabajo del artista más allá de lo puramente visual y permanente, hablan del **arte efímero**: la moda, los decorados teatrales, los fuegos artificiales, los juegos de luces y agua y en definitiva lo que podríamos llamar las técnicas del espectáculo.

▲ *Artes mayores: sala con pinturas y esculturas en el Museo del Prado, Madrid (arriba). Artes menores: cerámicas modernistas de* ENGELHARDT*, 1910 (centro). Arte efímero: castillo de fuegos artificiales en Santiago de Compostela (abajo).*

6 LOS MECENAS

Damos el nombre de **mecenas** a los amantes del arte que, además, lo protegen económicamente. El apelativo proviene de Cayo Clinio Mecenas (siglo I d.C.), que fue un excelente protector del arte. En cierto modo el mecenas es un coleccionista pero, a diferencia de aquél, estimula la creación de obras de arte, y no sólo mediante la compra de estas obras, sino creando las condiciones para el desarrollo del arte a través de becas, cursos y concursos. Sin embargo, casi ninguno de los mecenas es desinteresado del todo, pues invierten con la esperanza de obtener alguna ventaja económica a un plazo más o menos lejano.

No obstante, la labor del mecenas es importante también porque colabora en la comprensión de la obra artística por el público en general. Sus intereses en arte suelen ser amplios, bien por una mayor formación, bien porque, al ser grande la inversión, prefiere hacerlo en diversos estilos artísticos. Así, por ejemplo, encontramos una gran variedad y calidad en las colecciones de arte que existen en España, gracias a los que fueron o son todavía grandes mecenas: el legado Cambó, la Fundación Juan March, o las que se han convertido en museos (Lázaro Galdeano, Cerralbo, Von Thyssen, etc.).

De forma general podemos considerar también mecenas a las grandes instituciones como la **Iglesia** o el propio **Estado**, que en determinados períodos históricos han sido los principales patrocinadores de las obras de arte.

Durante el Cristianismo, la Iglesia fue el verdadero y único mecenas hasta el siglo XIII. A partir de ese momento, se dio una dualidad en el mecenazgo, siendo la Iglesia y la Monarquía quienes estimularon la producción artística.

En el siglo XIV apareció un nuevo tipo de mecenas: el **burgués**. Una burguesía de carácter comercial, como los Médicis italianos, o de carácter industrial, como los Arnolfini flamencos, protegieron y estimularon multitud de obras de arte (templos, esculturas, vidrieras, tapices...).

Estos tres grandes mecenas (Iglesia, Estado y burguesía) prolongaron su labor hasta el siglo XIX, momento en el que la Iglesia perdió su papel de protectora de las artes, aumentando enormemente el de la burguesía. En el siglo XX, también el Estado abandona este papel, o al menos lo modifica, quedando sólo los grupos financieros de la burguesía como patrocinadores del arte de este siglo.

El Estado se ha transformado en un mecenas indirecto ya que favorece, mediante desgravaciones fiscales, la protección a las artes, bien sea ejercida por grupos económicos o, por sujetos aislados.

▲ Retrato del "Père" Tanguy, *por* Vincent Van Gogh. *No son frecuentes los mecenas que favorecen las artes sin recibir a cambio más que un bien espiritual. Un caso histórico en el mundo artístico del París de finales del siglo XIX, es el del comerciante* Julien-François Tanguy, *que protegió a diversos artistas entre ellos* Vincent Van Gogh, *quién le pintó este excelente retrato..*

▼ *El término mecenas se volvió a utilizar en el Renacimiento y fueron muy conocidos como tales algunas familias como la de los Médicis, en la Florencia de los siglos XV y XVI. Las colecciones de los grandes mecenas de los siglos XIX y XX terminan por instalarse en museos generales o en particulares que llevan su nombre.*

7 PERVIVENCIA Y VALORACIÓN DEL PATRIMONIO ARTÍSTICO

Con el transcurso de los años los objetos del pasado van perdiendo la función y utilidad para las que habían sido creados en un principio. Poco a poco se convierten en testimonio de otras épocas, pasan a tener su propia historia y se transforman en objetos culturales, que constituyen el patrimonio histórico de los pueblos.

Con el fin de preservar, no solo las obras de arte con pasado histórico, sino también todos aquellos objetos que puedan tener un valor significativo para nuestra cultura, aunque sean de reciente creación, empleamos con frecuencia la expresión *bienes culturales* en lugar de *patrimonio histórico*.

Son **bienes culturales**, según el manifiesto emitido por la Convención de La Haya de 1945, los bienes (muebles o inmuebles), que tengan una gran importancia para el patrimonio cultural de los pueblos, como las construcciones de interés histórico, los campos arqueológicos, las obras de arte, manuscritos, libros, colecciones científicas, colecciones importantes de libros, museos, bibliotecas, archivos y centros monumentales. Con posterioridad se les han añadido las imágenes en movimiento.

Desde que la mentalidad burguesa, surgida en el siglo XVIII, sobre todo de la Revolución Francesa, defendió por primera vez el patrimonio como un bien cultural del Estado y, por tanto, de todos los ciudadanos, las diferentes administraciones se vieron en la obligación de iniciar la protección de sus monumentos y obras de arte, mediante la creación de academias, fundaciones, escuelas de restauración, etc.

Aunque cada vez es menos frecuente, hasta hace poco era fácil descubrir cómo se destruían edificios representativos, cómo se traficaba impunemente con obras de arte, o se abandonaban los libros a la acción devastadora de la humedad o de los roedores, o desaparecían barrios enteros bajo la acción demoledora de la piqueta.

La Historia del arte nos demuestra, con innumerables ejemplos, el poco aprecio que se tenía

▼ *La inclusión de una obra en el Patrimonio Artístico la preserva de los malos tratos e, incluso, de su desaparición. Las pinturas de las cuevas de Altamira (izquierda) se estaban deteriorando por el exceso de contaminación producida por los numerosos visitantes. Por eso desde hace años está muy restringido el número de los mismos aunque, a cambio, se han realizado excelentes reproducciones (Madrid, Munich) que permiten que el espectador tenga una idea muy aproximada. De igual manera una excavación que hace aflorar restos*

artísticos de gran valor corre el riesgo de su destrucción para poder emplear el suelo en construcciones u otras inversiones (en la ilustración, en el centro, excavaciones en Ampurias, Girona). Otras veces es una ciudad entera la que se considera, no ya como parte del Patrimonio Artístico, sino como Patrimonio Cultural de la Humanidad, lo que favorece su conservación gracias al control que se ejerce sobre reformas o restauraciones y a las subvenciones económicas que por ello recibe (a la derecha, centro histórico de Cáceres).

por los objetos de otras culturas anteriores: por ejemplo, se destruyó una parte importante de la mezquita de Córdoba para levantar la Capilla Real; el palacio de Carlos V en Granada se realizó en el espacio ocupado antes por una de las dependencias de La Alhambra. Hoy basta dar un paseo por nuestras ciudades, para contemplar como conviven en un caos urbanístico las casas del siglo XIX o de principios del XX, con los enormes bloques que han sustituido a los edificios derribados por la especulación económica.

Sólo la inminencia de algún acontecimiento catastrófico despertaba la preocupación por la conservación y protección de monumentos, museos o cuadros. Así lo atestiguan, por ejemplo, las fotografías que muestran la fuente de la Cibeles de Madrid protegida por sacos terreros durante la Guerra Civil o el apresurado traslado de los cuadros del Museo del Prado en la misma ocasión.

Aunque a lo largo del siglo XX han sido muchas las instituciones, que han velado por el patrimonio cultural de los pueblos, la UNESCO ocupa un papel relevante desde su creación en 1946. Siempre ha promovido la defensa y protección de todos los bienes que pueden formar el patrimonio cultural de los pueblos con la colaboración, tanto de otras instituciones internacionales como no gubernamentales.

Una de las grandes aportaciones de la UNESCO ha sido la protección de algunos conjuntos monumentales y bienes culturales, declarándolos **Patrimonio Cultural de la Humanidad**. Algunos ejemplos representativos de esta distinción en España son: las cuevas de Altamira, la ciudad vieja de Santiago de Compostela, el Parque Güell de Barcelona, el centro histórico de Cáceres o el de Toledo, etc.

Afortunadamente en nuestros días se ha ido desarrollando un creciente interés por los temas referidos a la conservación del patrimonio. Los numerosos escritos y artículos publicados en revistas, así como los documentales y reportajes de televisión aparecidos en los últimos años, han contribuido a aumentar el conocimiento del mismo y a despertar la conciencia popular sobre la necesidad de protegerlo.

8 CONSERVACIÓN Y RESTAURACIÓN DE LOS BIENES CULTURALES

La restauración tiene como fin asegurar la pervivencia de los bienes que por su valor artístico o por su importancia histórica merecen ser conservados. Pero no siempre la valoración de una obra de arte se ha hecho con los mismos criterios, pues obras que en su momento fueron despreciadas pasan a ser reconocidas como tales en otras épocas.

Por ello es fundamental que actuemos con criterios objetivos cuando seleccionemos lo que merece la pena que sea protegido, con el fin de impedir su pérdida o destrucción, como ha ocurrido tan frecuentemente, por ejemplo, en nuestro país con magníficos retablos de muchas iglesias o los cascos antiguos de algunas ciudades.

Hoy en día parece indiscutible que los pasos para una correcta restauración han de ser: primero, catalogar las piezas; segundo, analizar su estado de conservación; tercero, conocer su historia. Los criterios de restauración variarán en función de si se pretende devolver a la obra su valor artístico y cultural exclusivamente o darle una utilidad diferente.

Entre las obras de arte, las arquitectónicas constituyen un testimonio documental de excep-cional importancia, por lo que la conservación y restauración de edificios y monumentos se ha convertido en objetivo fundamental, dentro de la preservación del patrimonio, por parte de gobiernos e instituciones particulares.

El concepto moderno de restauración surgió en el siglo XIX en Francia con el arquitecto EUGÈNE VIOLLET LE DUC, que promovió lo que se ha llamado **restauración "estilística"**: pretende devolver a los monumentos su estilo o apariencia original, reinventando las partes desaparecidas, enmascarando su propia historia e incluso completando las partes que no pudieron terminarse en su tiempo. La restauración de la fortaleza de Carcassonne es una de sus obras más conocidas.

El escritor y crítico de arte inglés JOHN RUSKIN formuló una teoría diametralmente opuesta a la anterior. Era partidario de la **conservación preventiva**: defiende que el interés de un edificio reside en su valor histórico y documental, por tanto hay que retardar su envejecimiento cuidándolo mediante actuaciones encaminadas a prevenir su degradación. Pero llegado el momento, puesto que es inevitable el envejecimiento de los monumentos, hay que dejarlos morir antes que enmascarar su historia.

La escuela italiana de restauración abrió una tercera vía, iniciando la llamada **restauración**

▼ Restauración de una pintura sobre tabla. *La restauración de cualquier pintura exige, como mínimo, asegurar la durabilidad del soporte, el asentamiento del color, la eliminación de la suciedad y la protección ante los agentes atmosféricos para el futuro.*

▲ *El concepto de restauración como reinvención y "mejora" de lo antiguo encontró en* VIOLLET LE DUC *un ferviente defensor sobre todo en los trabajos que hizo en Carcassone (Francia), que nos muestran una ciudad más próxima al romanticismo ideal que a la realidad de la Edad Media.*

▼ *Esta ilustración muestra dos ejemplos del concepto de restauración con carácter intervencionista. En primer plano, vemos el antiguo hospital de San Carlos, hoy Museo Nacional de Arte Contemporáneo Reina Sofía diseñado por* SABATINI *en el siglo XVIII con un sentido absolutamente funcional y sin concesiones estilísticas. Sin embargo* FERNÁNDEZ ALBA, *colocando unos ingrávidos ascensores en dos de las fachadas, rompe la monotonía del edificio lo que da al conjunto una nueva y fuerte personalidad. En la parte superior puedes ver la vieja estación de Atocha, construida en el siglo XIX que ha sido remozada por* RAFAEL MONEO *y convertida en antesala de la actual estación.*

científica o **moderna**: continuadora en muchos aspectos de las tesis de RUSKIN, esta escuela se muestra partidaria de respetar y consolidar lo existente, eliminando los añadidos históricos, reparar lo indispensable y en último extremo restaurar, dejando constancia de los elementos modernos para su reconocimiento.

Las actuales tendencias de la restauración continúan en esta última línea, aunque van ganando terreno las **corrientes más intervencionistas**, que abogan no sólo por conservar lo antiguo, sino por incorporar diseños nuevos.

Esto da lugar a un marcado contraste, que tiene su justificación en criterios económicos, pues la mayor parte de estos edificios son destinados hoy a alguna actividad. Las obras de la rehabilitación de la antigua muralla de Barcelona y del antiguo hospital de San Carlos, en Madrid convertido en la actualidad en el Museo Nacional de Arte Reina Sofía, constituyen sendos ejemplos de estas actuaciones.

BIBLIOGRAFÍA

BALLART, J., *El patrimonio histórico y arqueológico, valor y uso.* Barcelona, Ariel, 1997.

BORRÁS, G., *Teoría del arte I.* Madrid, Historia 16, col. Conocer el arte, 1996.

BOZAL, V. (et al.), *Historia de las ideas estéticas y de las teorías artísticas contemporáneas* (2 vols.). Madrid, Historia 16, 1996.

FERNÁNDEZ ARENAS, J., *Teoría y metodología de la Historia del Arte.* Barcelona, Antropos, 1986.

FERNÁNDEZ ARENAS, J., *Introducción a la conservación del patrimonio y técnicas artísticas.* Barcelona, Ariel, 1997.

GALLEGO, J., *El pintor, de artesano a artista.* Diputación Provincial de Granada, 1996.

GRAMPP, W. D., *Arte, inversión y mecenazgo.* Barcelona, Ariel, 1991.

HERNÁNDEZ, F., *Manual de museología.* Madrid, Síntesis, 1994.

LEÓN, A., *El Museo. Teoría, praxis y utopía.* Madrid, Cátedra, 1988.

MACARRÓN, A.M. *Historia de la conservación y restauración.* Madrid, Tecnos, 1995.

MARÍAS, F., *Teoría del Arte II.* Madrid, Historia 16, col. Conocer el arte, 1996.

MORALES, A., *Patrimonio artístico.* Madrid, Historia 16, col. Conocer el arte, 1996.

RAGGHIANTI, C.L., *Arte, Hacer y Ver, del Arte al museo.* Universidad de Granada, 1995.

2.

Análisis de la obra de arte

Ante una obra de arte es natural que nos planteemos cómo mirarla. Frecuentemente su grandiosidad, su inusitada belleza o el desgarro terrible de su mensaje nos hace eludir cualquier reflexión y es habitual que emitamos nuestra opinión sobre si nos ha gustado o no, declarando al mismo tiempo "no entender de arte".

Pero el arte se hace siempre con la vehemente intención de que se entienda. El artista necesita el diálogo, es decir, comunicar y recibir una respuesta por parte de la sociedad a quien dirige su obra. Por ello, el conocimiento de cómo se puede mirar una obra de arte, y saber cómo está hecha ayuda a que el diálogo se torne fluido, claro y comprensible.

Para alcanzar esta meta y que tal diálogo exista hemos de conocer pues el lenguaje plástico o visual, que se sustenta en un conjunto de elementos materiales. En el arte, dicho conjunto de elementos y técnicas es enorme y por eso nos referiremos aquí sólo a los medios de expresión más notables: arquitectura, escultura y pintura.

En El peine de los vientos, CHILLIDA *lanza hacia el vacío un grito desgarrado en forma de poderosa mano de hierro. La abstracción de la forma favorece el mensaje ya que evita la distracción del espectador en la contemplación de la anatomía de una mano, si ésta se hubiera modelado con criterios realistas.*

I. Arquitectura

1 EL HECHO ARQUITECTÓNICO

Es importante considerar el hecho arquitectónico como la creación de espacios interiores que resulten confortables y adecuados para el uso al que se destinan. La construcción de estos espacios internos sólo presenta una verdadera dificultad técnica: la cobertura superior. Este elemento no sólo presenta las mayores dificultades constructivas sino que de él depende toda la estructura arquitectónica y llega a condicionar todo el estilo.

En definitiva, la historia técnica de la arquitectura es la historia de los sistemas de cubrimiento, es decir, de los elementos sostenidos. Los elementos sustentantes, en general, serán una consecuencia de los elementos sostenidos.

2 ELEMENTOS SUSTENTANTES

Los muros

Un aspecto importante de los **muros** es el *aparejo*, o sea, el modo de estar colocados o aparejados los elementos o materiales que los forman. El aparejo puede ser regular o irregular. En el primer caso podemos destacar el *isódomo*, el de *a soga y tizón* y el *almohadillado*; en el segundo, el *ciclópeo* y el de *mampostería*. Los elementos constructivos regulares son el *ladrillo* o el *sillar*. Si el ladrillo sólo está cocido al sol se denomina *adobe*.

En los muros, además de la parte sólida o construida, existen espacios abiertos: puertas y ventanas. La diferencia entre unas y otras la hemos de buscar en la parte baja, que en las puertas se denomina *umbral* y en las ventanas *alféizar*. Los laterales reciben el nombre de *jambas* y tuvieron especial importancia en la Edad Media.

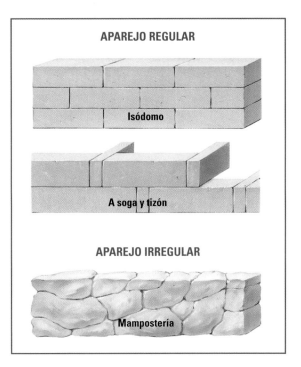

APAREJO REGULAR

Isódomo

A soga y tizón

APAREJO IRREGULAR

Mampostería

◀ Tipos de aparejos. *El aparejo más usado es el regular, que, utilizado con el ladrillo o con los sillares, confiere gran robustez a la obra y un aspecto de "buen acabado" que convino, muy particularmente, a la arquitectura clásica y renacentista.*

▼ Abocinamiento de ventana. *Obsérvese que con el abocinamiento la superficie de sustentación es la misma que sin él y, sin embargo, se gana en iluminación.*

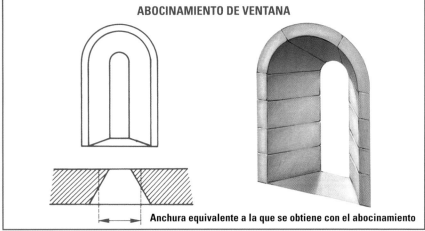

ABOCINAMIENTO DE VENTANA

Anchura equivalente a la que se obtiene con el abocinamiento

▶ Portada de Moissac, *siglo XII (izquierda, esquema y derecha, fotografía). En este ejemplo modélico de portal románico pueden verse todos los elementos característicos que perdurarán hasta el siglo XV. El portal románico evoca la idea clásica del arco de triunfo. Sin embargo aparecen elementos totalmente nuevos como el tímpano, que resulta ser un magnífico lienzo para exponer, mediante esculturas, todo un programa de fe y temor religiosos. La más importante escultura románica se dará, precisamente, en estas portadas.*

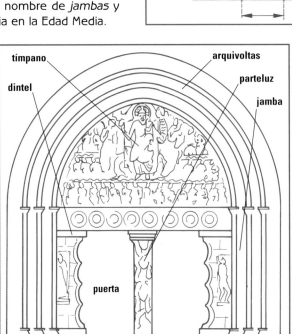

tímpano

dintel

arquivoltas

parteluz

jamba

puerta

EVOLUCIÓN DE UN PILAR CRUCIFORME

ELEMENTOS DE UNA COLUMNA

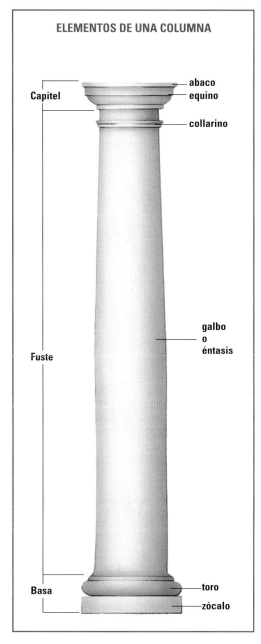

Capitel — abaco
— equino
— collarino

Fuste — galbo o éntasis

Basa — toro
— zócalo

En aquella época, el espesor de los muros no permitía grandes aberturas, para que no peligrase su estabilidad, por lo que se recurrió a una ingeniosa idea: abocinar las jambas. De esta manera la superficie de sustentación era la misma, pero se obtenía una iluminación mucho mayor. Estos *abocinamientos* o *derrames* sugirieron y facilitaron los magníficos portales medievales.

Otro interesante elemento relacionado con puertas y ventanas es el *alfiz*, de gran valor decorativo, que marcó con fuerte personalidad el arte islámico y se extendió, a través del arte mudéjar, a la arquitectura española del siglo XV.

Los pilares y las columnas

Los **pilares** son elementos sustentantes verticales de sección poligonal (la sección básica es el cuadrado).

En la Edad Media, los pilares se construían cruciformes, porque así se ajustaban a los cuatro arcos que correspondían a cada tramo. A medida que avanzó la Edad Media, los pilares se complicaron notablemente como consecuencia de que las cubiertas se hacían también más complejas. Los pilares que tienen forma de tronco de pirámide invertida se denominan *estípites* y fueron muy utilizados en el arte barroco. Finalmente, si los pilares se hallan adosados a un muro los llamamos *pilastras*. En todos los casos es muy frecuente que los pilares tengan en sus extremos los mismos elementos que la columna, es decir, *basa* y *capitel*.

Las **columnas** son elementos sustentantes verticales de sección curva, generalmente circular. En Occidente la columna es esencialmente mediterránea y, en el arte griego, sus proporciones fueron tan exquisitamente elaboradas como las de una escultura. Decir que un templo es de estilo dórico o jónico significa, fundamentalmente, decir que es de columna dórica o jónica. La gracia y la sensibilidad de la columna se completa con la leve curvatura del perfil de su fuste, es decir, con el *galbo* o *éntasis*.

◀ Evolución del pilar cruciforme *en la Edad Media* (arriba, izquierda). *La forma de cruz se debe al asentamiento de los arcos fajones y los formeros. Al avanzar la Edad Media se van complicando las bóvedas con ojivas y arcos auxiliares que se corresponden con una mayor complejidad de los pilares.*

La columna tuvo su más bella expresión en la cultura mediterránea, muy especialmente en la antigua Grecia. Arriba, a la derecha, elementos de una columna. Abajo, fotografía de un templo griego.

3 ELEMENTOS SOSTENIDOS

El dintel

Denominamos **dintel** a todo elemento sostenido horizontalmente y construido de una sola pieza. Esto quiere decir que la flexión ha de ser mínima y que los empujes que él haga sobre los elementos sustentantes deben ser verticales.

La característica principal de la arquitectura que utiliza esta solución (arquitectura adintelada) es que resulta muy estática. Así ocurrió en la de Egipto, en la de Grecia y en ciertas obras romanas.

En la arquitectura clásica se denomina *entablamento* a todo el conjunto de elementos que hallamos sobre las columnas. Sus partes características, *dintel* (o *arquitrabe*), *friso*, *cornisa* y *frontón*, se mantienen en todos los estilos, pero de uno a otro hay grandes variaciones en los componentes del friso.

El entablamento más genuino es el dórico, que seguramente se originó cuando se pasó de los antiguos esquemas constructivos de madera a los de piedra. De este modo los *triglifos* debían ser los extremos de las vigas transversales y las *metopas* las planchas de madera y cerámica que tapaban los huecos existentes entre las vigas.

La arquitectura adintelada suele ir rematada en tejados a dos o más vertientes. El elemento fundamental de esas cubiertas es la *cercha* o *cuchillo*, una armadura triangular que, repetida cada cierta distancia, permite cubrir todo el techo. En el arte clásico la cercha originó el *frontón*, que fue un marco magnífico para la gran estatuaria griega.

El arco

El **arco** es un elemento sostenido de forma generalmente curva. Se halla constituido por varias piezas, llamadas *dovelas*, que encajan entre sí a modo de cuña. La forma convergente de las dovelas impide que éstas se caigan, porque desaparece el empuje vertical y se transforma en otro oblicuo que recae sobre la dovela contigua y así sucesivamente. La suma de todos estos empujes, expresada gráficamente en forma de vectores, da una resultante oblicua sobre los apoyos o *salmeres* del arco.

El hecho de que los empujes fueran oblicuos supuso la más profunda revolución de la historia de la arquitectura, ya que para evitar que se derrumbaran los muros se recurrió a geniales soluciones que modificarían radicalmente los elementos sustentantes.

El arco permitió también que se originaran dos cubiertas características: la *bóveda* y la *cúpula*.

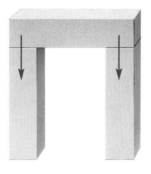

▲ Dintel. *Las fuerzas que proporciona un dintel se transmiten directamente por los soportes para ser anuladas en el suelo. Se trata de una arquitectura estática.*

▼ Arco. *La disposición articulada de sus elementos le dan un carácter esencialmente dinámico. Obsérvese cómo en una dovela actúan dos fuerzas: AB y AC, de las cuales la resultante AD, es oblicua. Existe una gran variación en los tipos de arcos.*

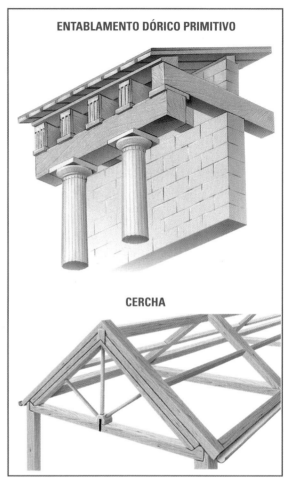

ENTABLAMENTO DÓRICO PRIMITIVO

CERCHA

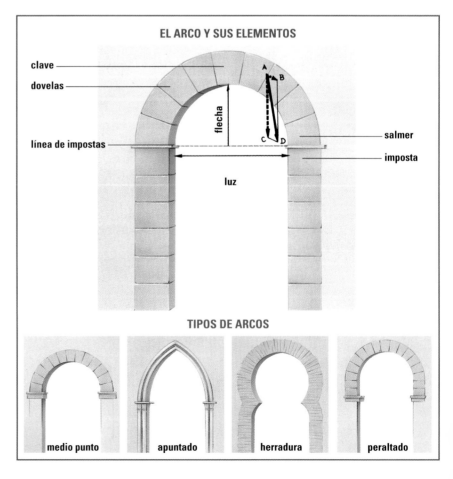

EL ARCO Y SUS ELEMENTOS

clave

dovelas

flecha

línea de impostas

luz

salmer

imposta

TIPOS DE ARCOS

medio punto   apuntado   herradura   peraltado

◀ Entablamento. *Observese en el dibujo cómo las primitivas soluciones técnicas para sostener una cubierta originaron los definitivos entablamentos clásicos.*

Cercha o cuchillo. *Este entramado de madera origina en el Mediterráneo el frontón y en la cultura Islámica los artesonados.*

▶ Bóvedas. *La bóveda ojival supone un gran avance técnico sobre la de arista ya que la armadura formada por los arcos formeros, torales y las ojivas permitía rebajar el peso de la plementería o superficie de la bóveda y concentrar estratégicamente todos los empujes del peso en sólo cuatro puntos.*

▼ Cúpula sobre pechinas. *Se crea por el movimiento rotatorio de un arco. Las trompas y pechinas resuelven el problema del paso a la planta cuadrada.*

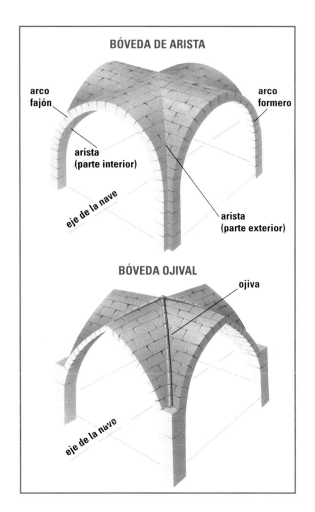

BÓVEDA DE ARISTA

arco fajón

arco formero

arista (parte interior)

eje de la nave

arista (parte exterior)

BÓVEDA OJIVAL

ojiva

eje de la nave

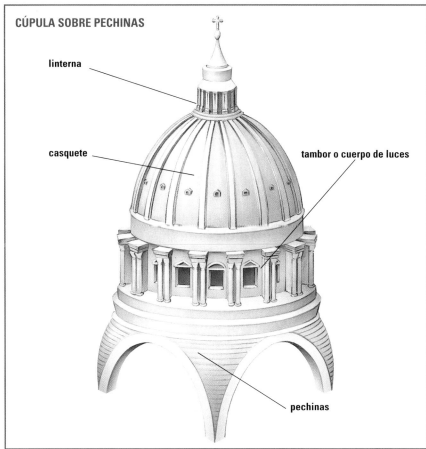

CÚPULA SOBRE PECHINAS

linterna

casquete

tambor o cuerpo de luces

pechinas

a) La bóveda. Podemos considerar que la *bóveda* surge de la proyección imaginaria de un arco que siga un movimiento de traslación, generalmente recto. La bóveda resultante toma el nombre del arco que se proyecta, excepto si éste es un arco semicircular o de *medio punto*, en cuyo caso la bóveda se llama de *cañón* o de *medio cañón*.

La bóveda de cañón suele construirse con unos arcos de refuerzo en su interior llamados *fajones* o *torales*, que descansan en pilares o pilastras. En el exterior de éstos se colocan los *contrafuertes*.

Esta cubierta, muy utilizada en el arte románico de la Edad Media, no era suficientemente segura, por lo que se recurrió a la bóveda de *arista*, obtenida por el cruce o intersección imaginaria de dos bóvedas de cañón. Con ello se consiguió que los empujes se localizaran en cuatro puntos en los que se colocaron fuertes pilares. El resto del muro podía ser, así, más liviano.

Más tarde, pero también en la Edad Media, al colocar en las aristas de estas primitivas bóvedas unos arcos, llamados *ojivas*, se consiguió conducir todos los empujes oblicuos a estos nuevos arcos, los cuales los llevan a los extremos. Allí, al exterior, un arco lanzado al aire, llamado *arbotante*, traspasa el empuje a los contrafuertes que terminan por llevarlo a tierra. La diferencia entre la bóveda de arista y la de ojivas, propia del arte gótico, fue fundamental para el progreso de la arquitectura.

b) La cúpula. Se considera que la *cúpula* es la cubierta surgida de la proyección imaginaria de un arco, que siga un movimiento de rotación sobre sí mismo. Toma también, en general, el nombre del arco que la engendra, menos cuando éste es de medio punto, en cuyo caso se llama de *media naranja (semiesférica)*.

Normalmente la cúpula se asienta sobre un *tambor* o *cuerpo de luces* y en su clave se abre una *linterna* que ayuda a la iluminación del interior.

Los problemas técnicos que plantea la cúpula son dos: el primero, es el de su asentamiento sobre un espacio cuadrado y el segundo, el de los empujes oblicuos.

El primer problema se resuelve con el uso de *trompas* y más ingeniosamente aún con el de las *pechinas*.

Los empujes oblicuos se resuelven con cuartos de esfera ocupando los cuatro arcos que la sustentan, o mejor todavía, aligerándola de peso y fajándola interiormente como hiciera BRUNELLESCHI en la del Duomo de Florencia.

II. Escultura

4 MÉTODOS ESCULTÓRICOS

La escultura se preocupa principalmente de los volúmenes externos. La percepción de una escultura requiere muchos puntos de vista diferentes, y por eso es necesario considerar el espacio externo como un ámbito que condiciona la obra escultórica.

ELEMENTOS TÉCNICOS DE LA ESCULTURA		
Método	**Material**	**Técnica**
Añadiendo	Arcilla Metal Madera	Modelado Soldadura Encolado
Sustrayendo	Piedra Madera	Esculpido Talla
Vaciando	Escayola Hormigón Metal Plástico	

Las esculturas pueden ser pensadas y creadas de dos modos antagónicos entre sí (**añadiendo** o **sustrayendo** material), a los que se suma un tercero, el del **vaciado**. El primero, consiste en que el escultor, a medida que concibe la figura, la crea, añadiendo materia sobre una armadura mínima, encolando, soldando o modelando diversas piezas o trozos de madera, metal o arcilla.

El otro método consiste en partir de un bloque compacto: la escultura ya está ahí y sólo hay que quitar el material que sobre. Cuando el escultor va rebajando la piedra o la madera genera la figura y el resultado es lo que queda sin tocar. El gran riesgo que se corre con este método es el de no poder añadir nada, en caso de error, por lo que se suelen hacer minuciosos estudios previos, incluso un modelo en escayola a tamaño natural, del que se obtienen las medidas necesarias para no equivocarse.

El método del vaciado, una vez diseñada la obra, consiste en obtener un molde de ella y reproducirla con él una o varias veces en un material que pueda obtenerse en estado líquido y que después termine fraguando y endureciendo (cera, escayola, cemento, metal fundido, plásticos, etc.). Gracias al vaciado se pueden obtener, en materiales duraderos, detalles delicados y sutiles que nunca se hubieran conseguido, trabajando directamente sobre el material. El vaciado permite incluso reproducir en otro material las obras realizadas en los otros dos métodos.

Un aspecto interesantísimo de toda escultura lo ofrece su acabado final. Éste puede variar mucho, desde la pulimentación hasta la policromía, pero en cualquier caso nunca será un elemento accesorio sino un componente esencial del hecho escultórico, sin el cual no puede entenderse la obra creada ni a su creador. Piénsese, por ejemplo, que jamás podremos comprender del todo las esculturas griegas, mientras sigamos viéndolas sin su policromía original.

▼ El modelado *se hace siempre con materia blanda: barro, plastilina o cera; por ello es frecuente su uso para bocetos o trabajos pequeños. Cuando se usa para esculturas a gran escala es frecuente, y conveniente, que se aprecie la textura de la materia con la que se modela, ya que, por otra parte, es difícil disimularla.* RODIN: Camille con gorrra frigia, 1886 (izquierda).

La cuestión es aún más interesante cuando la obra se va a fundir en materiales más duros como la escayola, las resinas o el metal ya que en estos casos no hay problema con el tamaño ni con la relativa fragilidad de las texturas que la materia blanda proporciona. GIACOMETTI: El bosque (siete figuras y una cabeza), 1950 (derecha).

◀ La escultura realizada quitando material no facilita que queden sueltos demasiados extremos, por lo que en general, se presta más a una concepción de volumen total, más compacto. Si se quieren añadir elementos requiere unos aspectos técnicos de uniones y equilibrios que, a veces, rayan en verdaderas obras de ingeniería. Esta forma de trabajar exige una mayor concentración por parte del escultor y una mayor comprensión del espacio y de los volúmenes que en los otros procedimientos. La materia que permite trabajar de este modo (mármol, piedra, madera, etc.) también influye en el resultado de la obra ya que tiene que ser lo suficientemente dura y compacta para resistir la actuación del escultor. BERNINI: David, 1623-1624, mármol (izquierda). Talla románica: Virgen con el niño, 1150, madera de tilo (derecha).

◀ La técnica del vaciado trata de conciliar, en cierto modo, las dos anteriores ya que permite que una escultura hecha en materiales blandos se torne en otra de material muy duro. Esta técnica es siempre compleja ya que hay que obtener uno o varios moldes del original para después verter en ellos el material definitivo en estado líquido hasta que fragüe, o se enfríe, y se puedan retirar los moldes. Cuando el material definitivo es metal, a la técnica se la denomina fundido, y es la más compleja. Por esa razón los escultores deben evitar sus propias obras a talleres especializados. Esta técnica permite reproducir más de una vez la misma obra. HENRY MOORE: Figura estirada en tres piezas, bronce, 1975.

III. Pintura

5 TÉCNICAS PICTÓRICAS

La pintura es, ante todo, color. Generalmente la desarrollamos en un plano, es decir, en una superficie de dos dimensiones (altura y anchura), pero es frecuente que finjamos la tercera dimensión (hondura o profundidad) gracias a los artificios de la perspectiva y del claroscuro. La mayoría de los procedimientos o técnicas pictóricas las elaboramos añadiendo un elemento, denominado *aglutinante*, al pigmento o color en polvo.

Como podemos ver en el siguiente cuadro ese aglutinante es el que determina el procedimiento o técnica de la pintura.

ELEMENTOS TÉCNICOS DE LA PINTURA		
Material	**Procedimiento**	**Soporte**
Pigmento y agua de cal	Fresco	Muro revocado con estuco
Pigmento y goma	Acuarela	Papel blanco
Pigmento y cola	Témpera	Papel Estuco
Pigmento y huevo	Temple	Madera Tela
Pigmento y aceite de lino o de nueces	Óleo	Madera Tela Papel Metal Piedra
Pigmento, resina y ceras	Encáustica	Muros Telas Madera
Pigmento y ácido acroleico	Acrílicos	Madera Tela Papel Metal Piedra
Teselas diversas	Mosaico	Muros Suelos
Vidrios coloreados	Vidriera	Huecos

El fresco. Se realiza sobre el revoque del muro cuando aún está húmedo. Este revoque contiene cal apagada y arena. La pintura se aplica mezclada con agua de cal para facilitar su integración en el muro. Al secar, se obtiene carbonato cálcico, que es muy resistente a los agentes exteriores; esta circunstancia permite el empleo del fresco en decoraciones al aire libre.

El uso del agua de cal hace que todos los colores queden levemente blanqueados y esto proporciona gran luminosidad a la pintura. No puede pintarse si el muro está ya seco, porque habiendo fraguado el revoque ya no se integraría la pintura. Por eso hay que acometer la obra por áreas que se han de acabar cada día, lo cual obliga a una técnica ágil y eficaz. Con el paso de los años es frecuente apreciar en el mural terminado las uniones o juntas de esas *áreas*.

La acuarela. En esta técnica no se utiliza el blanco como pigmento. Como todos los colores dejan transparentar más o menos el papel, las acuarelas son de una luminosidad sólo aventajada por las vidrieras. Para extender el color se utiliza exclusivamente agua y por tanto se seca muy rápidamente; ello obliga a una técnica rápida, suelta, que le da un aspecto inconfundible y personal.

La témpera. También utiliza el agua como ayuda para extender el color, pero a diferencia de la acuarela (con quien tiene puntos en común) emplea el pigmento blanco. Los colores son opacos y algo apagados, pero este procedimiento permite que un color claro pueda aplicarse sobre otro oscuro, lo que no es posible en la acuarela.

El temple. Al utilizar huevo, es más brillante y lento de secar, cosa que facilita los modelados. En el siglo XV se le empezó a añadir aceite, formándose así el temple graso, que es más flexible y que facilitó la pintura altamente realista de aquel momento.

El óleo. Es el procedimiento más lento en secar de todos los conocidos. Ello permite un trabajo sosegado y que puede interrumpirse siempre que se quiera, sin perjuicio para la obra. Las ventajas de este procedimiento lo hicieron convertirse casi en exclusivo a partir del siglo XVI. El mayor inconveniente lo ofrece el oscurecimiento de los aceites que incorpora, sobre todo cuando el cuadro se halla en locales mal iluminados.

La encáustica. Fue utilizada por los antiguos, que conocían bien las propiedades de las ceras. Pero no se sabe hasta qué punto se usó para pinturas murales (como se había creído durante mucho tiempo), y más bien parece que sólo se empleó para proteger pinturas al fresco.

En el siglo XIX, con el descubrimiento de las pinturas pompeyanas, se avivó el interés por esta técnica, al creerse que algunas pinturas romanas habían sido hechas así. El procedimiento exige calor para fundir la cera, a la que se añade resina con el fin de darle más dureza. La paleta es metálica y se coloca sobre una estufa; de igual modo las espátulas y pinceles metálicos deben estar calientes.

Una versión muy manejable de este procedimiento, y bien conocida, la constituyen los lapiceros de colores o las ceras de color que tan a menudo utilizan los escolares.

1. FRESCO. *La pintura debe hacerse en sesiones rápidas ya que sólo se puede pintar estando húmedo el soporte, lo que es indispensable para que la cal, mezclada con el pigmento, fragüe con el soporte formando carbonato cálcico, de gran dureza y prácticamente indestructible. Esto obliga a realizar el trabajo fragmentado en lo que se llama "tareas" y cuyas uniones, pasado el tiempo, acaban por notarse.* GIOTTO: *Frescos de la iglesia superior de San Francisco de Asís, 1295.*

2. ACUARELA. *La acuarela exige velocidad y toque seguro. No se permiten "arrepentimientos" ni retoques. Quizás sea el procedimiento más cautivador por sus propias características independientemente de lo que represente.* W. TURNER: *Whitby, 1825.*

3. TÉMPERA. *La capacidad de cubrir los colores claros sobre los oscuros hacen de la témpera el procedimiento ideal para apuntes rápidos y sobre todo para la técnica conocida como "grisalla".* S. DEL PIOMBO: *Estudio para apóstol.*

4. TEMPLE. *Hasta el descubrimiento del óleo fue el procedimiento ideal para pinturas de retablos, dado que los colores permanecían con el suficiente brillo como para que no perdieran su buen aspecto y por ser un tipo de pintura duradero y resistente al paso del tiempo. Detalle de un retablo de* JAUME FERRER II, *1457.*

5. ÓLEO. *El óleo aparece al desarrollarse la pintura de caballete en el siglo XV; permite una tarea más cómoda que la del temple tradicional y con la misma calidad de acabado y detalle.* G. PÉREZ VILLALTA: *El ámbito del pensamiento, 1989.*

Los acrílicos. Los productos acrílicos modernos emplean como aglutinante el ácido acroleico. Este procedimiento tiene las mismas ventajas que la pintura al temple y al óleo, sin embargo la capacidad de cubrir un color con otro es inferior, por lo que su uso se limita a técnicas particulares.

El mosaico. No utiliza pigmentos. El color lo proporcionan directamente las teselas o piezas pequeñas de piedra, vidrio o metal, con las que se compone el mosaico. El artista dispone de una abundante variedad de piezas de medidas y colores diferentes. Sobre un dibujo previo hecho en papel, y en posición horizontal, se van colocando las teselas que configuran las formas. Posteriormente se encolan papeles sobre el trabajo acabado para poder trasladarlo así al muro que tiene la argamasa preparada. Una vez fraguada ésta se desencolan los papeles de sujeción y transporte para proceder a la limpieza y acabado final.

La vidriera. Se trabaja de forma parecida al mosaico, es decir, sobre un plano horizontal y sobre un dibujo previo en el que se han diseñado los cortes de los vidrios y las sombras que han de tener las figuras. Una vez cortados los vidrios de los colores convenientes, se pintan sobre ellos las sombras, o algún otro color, con pigmentos que se fundan a muy alta temperatura. Este mosaico de vidrio se lleva al horno para que se funda el color y se integre en el vidrio. Después viene el proceso de recomposición: las piezas del mosaico se unen por sus bordes con plomo, se monta el conjunto sobre hierros sólidos y se lleva al ventanal, o bien se une con cemento armado.

6. ACRÍLICOS. *Este moderno procedimiento, que en la actualidad sustituye numerosas veces al óleo y a los demás procedimientos, comenzó utilizándose para pintar murales al exterior, dada su extremada dureza y resistencia a los agentes atmosféricos. En Méjico se realizan los primeros experimentos, a mediados del siglo XX, y hasta la actualidad el resultado es inmejorable.* D. RIVERA: Desfile del aniversario de la revolución rusa, *Méjico.*

7. MOSAICO. *Las teselas, dan durabilidad a la obra y fomentan la capacidad de síntesis en el pintor.* Mosaico romano: El sacrificio de Ifigenia, *Ampurias.*

8. VIDRIERA. *El manejo de la luz ha sido siempre la preocupación esencial de la buena arquitectura. La vidriera condiciona ese manejo con valores estrictamente pictóricos pero indiscutiblemente ligados al problema arquitectónico.* Rosetón de la catedral de Notre-Dame de París, *1258.*

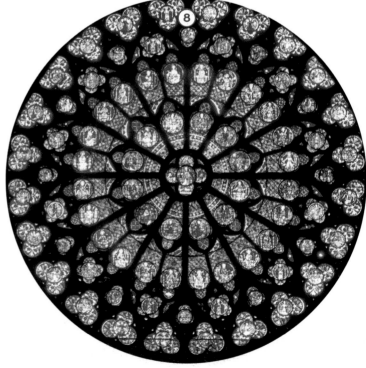

6 CÓMO MIRAR UN CUADRO

Hemos expuesto las diferentes técnicas de que se puede valer el pintor. Conviene ahora que nos detengamos a analizar los elementos que conforman la estructura de la obra pictórica, porque su conocimiento contribuye a una contemplación más completa por parte del espectador.

Estos elementos nos permitirán conocer mejor los estilos y el arte personal de los grandes maestros y, gracias a esto, si nos ponemos ante cualquier cuadro de un museo o ante un fresco en una iglesia, podremos llegar a descubrir y a contemplar los aspectos más nobles de la obra.

El dibujo

Las formas de las figuras vienen definidas por los bordes o contornos que las limitan. En algunas épocas, el dibujo fue tan importante que el color se reducía a un complemento cuya supresión no hubiera resultado decisiva: era lo que ocurría en la cerámica griega. Al igual que el lenguaje, el dibujo puede ser fácil y suelto, académico, vigoroso, nervioso, lánguido o incorrecto.

En última instancia el dibujo traduce la personalidad del pintor, de quien se podría hacer un análisis grafológico. Dos pintores del siglo XV italiano, el sereno FRA ANGÉLICO y el apasionado BOTICELLI, expresan sus personalidades con un dibujo suavísimo en el caso del primero o con líneas eléctricas en el segundo.

La vitalidad del dibujo se basa en los cambios de grosor de las líneas y en movimientos capaces de transmitirnos el pálpito de las cosas vivas. Las líneas verticales nos comunican efectos de fuerza; las horizontales, quietud o reposo; las diagonales, movimiento; las curvas, gracia.

El color

Es el componente esencial que define la pintura. La **gama cromática** se divide en dos grandes grupos: **cálidos** (rojos, naranja y amarillo) y **fríos** (verde, azul, violeta). Se ha escrito mucho sobre los efectos que producen unos y otros. Los cálidos son intensos, vitales, y se relacionan con el sol y la alegría; los fríos son sedantes, apacibles, propios de las aguas y del mundo vegetal. Los colores actúan sobre la sensibilidad y contribuyen a modificar la óptica del espacio: los cálidos agrandan y acercan los objetos al espectador, los fríos los distancian y empequeñecen.

Pero los colores no aparecen aislados ni en la naturaleza ni en el arte, y la sabiduría del pintor estriba en su capacidad para combinarlos bien. GOETHE escribió con gran perspicacia que un color aislado no satisface la retina, que el azul exige el naranja y el amarillo el violeta, cosa que posteriormente fue comprobada por los físicos en sus estudios sobre la luz.

◄ EL DIBUJO. *La forma de entender el dibujo por cada artista es la misma cuando únicamente dibuja como cuando pinta, aunque en este caso el dibujo se encuentre más oculto. Algunos artistas del siglo XX han evidenciado en sus dibujos que la liberalidad y sinuosidad de sus pinturas no era circunstancial. Dibujo de* MATISSE, *1919.*

▼ EL COLOR. *Siendo parte esencial de la pintura, es evidente que para algunos artistas el color ha sido casi el principal motor de su expresividad, tal como ocurre en los movimientos post-impresionistas y fauvistas de finales del siglo XIX.* VAN GOGH: Ciprés, *1890.*

Con los seis colores citados el pintor puede realizar todo tipo de combinaciones para conseguir tonos diferentes de un mismo color (por ejemplo, un azul verdoso), o intensidades también diferentes (como los amarillos próximos al verde).

La luz

Si la luz blanca se descompone en los colores del arco iris al atravesar un prisma, es obvio que el pintor es capaz de obtener efectos luminosos con las combinaciones de colores y tonos. Así la luz se convierte en un elemento capital del cuadro.

Los grandes maestros, VELÁZQUEZ, REMBRANDT o LEONARDO fueron auténticos magos de la luz, pero también de las sombras, porque aunque en la pintura plana no sea necesaria la sombra, lo frecuente es que el cuadro sea una combinación de luces y sombras, cuya proporción depende del pintor.

La profundidad

En sentido estricto, la pintura es un arte de dos dimensiones, pero la obsesión por captar la tercera dimensión ha sido una constante a lo largo de la Historia. Las pinturas tienen un fondo, a veces lejano, pero que posee gran importancia: pensemos, por ejemplo, en el fondo de oro de los bizantinos, que ayuda a resaltar las figuras; en las arquitecturas renacentistas que contribuyen a la creación de volúmenes donde las figuras se mueven; en la línea de horizonte bajo del Barroco holandés que permite hacer juegos de luces en cielos que ocupan buena parte de los cuadros.

La **perspectiva** fue la gran conquista del Renacimiento. Anteriormente, ya se habían hecho intentos de representar la tercera dimensión sin conseguirlo, pues se desconocían las leyes de la perspectiva. A partir de entonces el pintor pudo sobrepasar la frontera de las dos dimensiones que le imponía el lienzo y pudo adentrarse en el juego del espacio y del engaño óptico que suponía fingir una dimensión ajena a la pintura.

En el Barroco se desarrolló la perspectiva aérea, que proporcionaba la sensación de aire entre los objetos próximos y los alejados. Generalmente, se conseguía difuminando los colores y los tonos de los objetos lejanos. VERMEER obtuvo uno de los efectos de profundidad más poéticos del siglo XVII en *El pintor en su taller* (pág. 275), con la alternancia de zonas de luz y de penumbra.

▶ **LA LUZ.** *Tanto los tenebristas del siglo XVI como los impresionistas del XIX, hicieron de la conquista de la luz el norte de su trabajo. En La conversión de San Pablo de* CARAVAGGIO *(arriba) la luz es la guía y directriz de la composición y del mensaje expresivo.*

LA PERSPECTIVA. JAN VERMEER *(Lección de música, abajo) muestra en su obra, generalmente en interiores, una visión profunda e intimista de la vida cotidiana, gracias a un sabio uso de la perspectiva y del claroscuro que tiene sus antecedentes en los pintores flamencos del siglo XV.*

▲ **LA COMPOSICIÓN.** *En* El reverendo Robert Walker patinando, Raerbun *ha utilizado un esquema muy simple que se destaca en la ilustración mediante la diagonal del cuadro. Esta línea divide equilibradamente el espacio, lo que transmite tranquilidad, y al ser inclinada favorece la sensación de movimiento del patinador. Se trata de un dinamismo equilibrado y moderado, como corresponde a un reverendo.*

▼ **LA CONCEPCIÓN DEL TEMA.** *El mismo asunto se siente y plasma de modo muy distinto según el artista y, sobre todo, según la época. En la ilustración,* Brancusi, *artista del siglo XX, simplifica a unos poderosos cilindros (izquierda) la idea del torso clásico (derecha) que en la Antigua Grecia se concibió como belleza puramente exterior.*

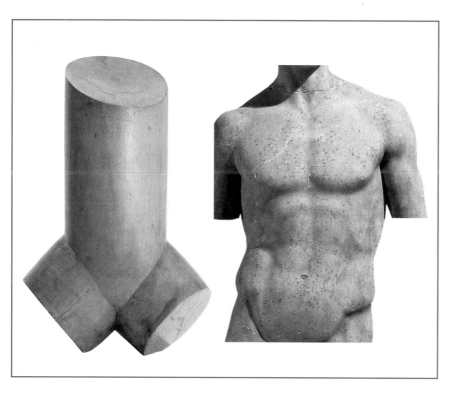

La composición

Cuando miramos un cuadro nos encontramos con muchos elementos: figuras, objetos, luces, sombras. El artista ha de establecer previamente un orden sobre su pintura y elegir el lugar que ha de ocupar cada elemento. Esa disposición de las partes, tan necesaria para el pintor como para el arquitecto, se denomina **composición**, y según sus características puede transmitir serenidad o inquietud al espectador. Éste es uno de los aspectos más importantes del arte pictórico.

El cuadro *Las Meninas* (pág. 297), de Velázquez, sería una obra completamente diferente, si manteniendo cada uno de sus elementos, las mismas figuras y la misma habitación iluminada, cambiáramos de sitio a sus personajes o incluso a uno solo, aunque mantuviéramos los mismos elementos, las mismas figuras, la misma iluminación de la habitación.

La Virgen de las Rocas de Leonardo de Vinci (págs. 30-31) perdería su serenidad casi sobrenatural, por ejemplo, si desplazáramos a la Virgen de la posición central que tiene o adelantáramos hacia el plano del espectador alguna de las rocas del fondo.

La forma más sencilla de disposición consiste en colocar unas figuras al lado de las otras, como hacían los bizantinos: es la composición yuxtapuesta, ideal para resaltar la espiritualidad de las figuras. Pero lo frecuente es disponer los elementos de manera más compleja, en cuadros de composición simétrica, con dos mitades aproximadamente iguales, o asimétrica o en cuadros en los que predomine la orientación horizontal o diagonal.

La concepción del tema

La manera de concebir un tema no es un elemento exclusivamente pictórico. El creador concibe su obra de un modo peculiar, en el que se reflejan rasgos personales y propios de la época. En literatura, por ejemplo, el tema de Don Juan es tratado de forma diferente según que su concepción se diera en la época del Barroco o en la del Romanticismo.

De la misma manera, en pintura, son muy distintas las Vírgenes románicas y góticas, o las renacentistas y barrocas. Incluso dentro de un estilo se detectan diferencias individuales, y así se distinguen las Inmaculadas de Zurbarán de las de Murillo en el Barroco español, o en la Venecia del siglo XVI Tiziano pinta desnuda a la mujer en *Venus y Adonis*, mientras Veronés la viste, con lo que podemos conocer la preferencia de aquél por la suavidad del cutis y las formas femeninas en tanto que Veronés se afana por representar el lujo y la riqueza en las telas suntuosas.

LEONARDO DE VINCI : La Virgen de las Rocas

Datos: Pintura al óleo, sobre lienzo. Dimensiones: 198 x 123 cm. Museo del Louvre.

La Virgen de las Rocas

Esquema estructural

En 1486, LEONARDO DE VINCI se trasladará a Milán. Allí dejó decenas de proyectos de ingeniería y varias obras de arte de importancia capital, como *La Santa Cena* y *La Virgen de las Rocas*.

La Virgen de las Rocas fue encargada en 1483 por la Cofradía de la Inmaculada Concepción. Era la tabla central de un tríptico que sería completado por AMBROGIO DE PREDI, discípulo de LEONARDO. La tabla no llegó a instalarse y se la quedó el propio LEONARDO por no haber llegado a un acuerdo en el precio. Más adelante fue incautada por el duque de Milán, Ludovico Sforza, llamado *El Moro,* y pasó, después de la conquista de Milán por Luis XII, a poder de los franceses.

Análisis del cuadro

La obra representa a la Virgen María arrodillada protegiendo dulcemente a San Juan, quien, también arrodillado, está adorando al Niño Jesús; éste bendice a su primo mientras tras él un bellísimo ángel nos mira y señala a San Juan. La Virgen con su mano izquierda parece amparar o manifestar respeto a su Hijo Divino. El conjunto se halla sobre una *spelunca* o refugio rocoso, absolutamente irreal y sobrecogedor.

La composición y su ritmo

LEONARDO organizó una composición racional en la que el juego de masas quedó perfectamente equilibrado. La cabeza de la Virgen ocupa el vértice superior de dos triángulos (ver esquema) uno equilátero y otro isósceles-rectángulo. El primero se obtiene trazando las diagonales del cuadro, y el segundo abraza y contiene la composición de los personajes con el perfecto equilibrio que supone la disposición del triángulo rectángulo.

Pero, además, las cuatro cabezas están colocadas en un círculo cuyo centro es el ombligo de la Virgen y determinan un cuadrivértice en el que las cabezas de los personajes principales, la Virgen y el Niño, quedan enmarcadas en ángulos rectos. El equilibrio que se intenta conseguir en esta composición se completa con los huecos entre las rocas: el mayor de la izquierda compensa, en diagonal, la mayor luminosidad y color del ángel y el pequeño de la derecha equilibra la figura del Bautista.

El círculo implica movilidad en una composición equilibrada y apacible y es fácil establecer el ritmo creado por los gestos que comunican unos con otros. Por otra parte la alternancia de centros de interés claros sobre fondo oscuro marca unos ritmos opuestos en dos direcciones distintas. El primero, lo define la línea formada por la cabeza de San Juan, el paño claro sobre el regazo de la Virgen, la mano izquierda de la Virgen y la cabeza del ángel. El segundo, está formado por la cabeza de la Virgen, su mano izquierda, la mano del ángel y la mano y cuerpo del Niño Jesús.

El dibujo

El artista delimita con líneas las figuras y las rocas. Es un dibujo continuo pero difuminado, alejado de cualquier sensación metálica. Encuadra el grupo en una línea que, saliendo del pie del Niño Dios continúa por la espalda y el manto para contornear la cabeza de la Virgen y retornar por la del ángel y su manto hasta la base.

El color

Al equilibrio soberano de la composición contribuye magistralmente la disposición del color. Los tonos bajos ocupan amplias superficies; los altos, intensos espacios más reducidos. En primer término dominan los verdes; en segundo, el rojo y gamas de amarillos; al fondo, los tonos fríos alejan el paisaje. Los contrastes de las zonas se atenúan, agrisando el cromatismo, para evitar cualquier estridencia. El manto azul de la Virgen se opone al rojo del Ángel, pero el oscurecimiento del azul y el aclaramiento del rojo suavizan la disonancia.

La luz

LEONARDO es uno de los máximos maestros de la luz, como ya hemos indicado. El rostro de la Virgen, centro focal de la composición, resplandece con especial vigor; los cuerpos desnudos de los dos niños señalan sutiles diferencias entre ellos de intensidad lumínica; el manto del ángel se ondula impulsado por vibraciones de luz; al fondo, brilla el agua a la izquierda, mientras que, a la derecha, una luz crepuscular destaca por detrás a una roca solitaria.

La profundidad

La disposición de formas, líneas y luces nos lleva desde un plano muy próximo al espectador hasta un fondo que se desvanece en la lejanía. Las rocas y las hierbas del primer plano se encuentran inmediatas a la pupila de quien se sitúe ante el cuadro; el grupo se distancia un poco en una zona cuya profundidad se señala por comparación entre las posiciones de las dos figuras de la derecha y la de la Virgen; en las rocas y aguas del fondo las formas se desvanecen y los colores se apagan.

La concepción del tema

Es una escena familiar, en la que los personajes hablan entre sí y se dirigen unos a otros con gestos expresivos de las manos. Es, por otra parte, una escena cortesana, con personajes ataviados elegantemente con telas costosas, lo que responde a una concepción idealizada de los temas religiosos que en Occidente y particularmente en Italia, se había heredado de Bizancio. Este planteamiento de las figuras religiosas no se perderá hasta el siglo XIX, cuando decae el interés por los grandes temas religiosos.

ACTIVIDADES

- En el texto anterior habrás podido leer que el fondo del cuadro está presidido por tonos fríos. ¿Qué tonos son esos? Busca información sobre por qué los tonos fríos producen sensación de alejamiento.

- En este cuadro Leonardo consiguió la sensación de profundidad mediante el claroscuro, el difuminado de las formas que se alejan y los tonos fríos del fondo. ¿Qué otro recurso emplean los pintores para conseguir el efecto de profundidad, particularmente cuando hay construcciones arquitectónicas en la composición?

- Este cuadro de Leonardo está pintado al óleo. Explica qué ventajas tiene este procedimiento a la hora de conseguir el conocido sfumatto leonardesco y las dificultades que hubiese tenido en el caso de pintarlo al temple.

BIBLIOGRAFÍA

ARGULLOL, R., *Los estilos artísticos.* Barcelona, Carroggio, Historia del Arte (vol.1), 1992.

ARNHEIM, R., *Arte y percepción visual.* Madrid, Alianza, 1998.

BERGER, R., *El conocimiento de la Pintura.* (3 vols.) Barcelona, Noguer y Caralt, 1976.

HAUSER, A., *Tendencias del arte.* Madrid, Guadarrama, 1982.

MALINS, F., *Mirar un cuadro. Para entender la Pintura.* Madrid, H. Blume, 1988.

MARTÍN GONZÁLEZ, J. J., *Las claves de la escultura.* Barcelona, Ariel, 1986.

NIETO ALCALDE, V., *La luz, símbolo y sistema visual.* Madrid, Alianza, 1982.

PANOFSKY, E., *El significado en las artes visuales.* Madrid, Alianza, 1995.

SEGUÍ, J. (et al.), *La interpretación de la obra de arte.* Madrid, Universidad Complutense, 1996.

SMITH, R., *El manual del artista.* Madrid, H. Blume, 1991.

VARIOS AUTORES, *Comprender el Arte.* Barcelona, Nauta, 1984.

WÖLFFLIN, H., *Conceptos fundamentales de la historia del arte.* Madrid, Espasa Calpe, 1997.

WOODFORD, S., *Introducción a la historia del arte. Cómo mirar un cuadro.* Barcelona, Gustavo Gili, 1996.

ZEVI, B., *Saber ver la arquitectura.* Barcelona, Poseidón, 1991.

3.
Manifestaciones artísticas de las civilizaciones mediterráneas antiguas

Las pinturas rupestres realizadas en el Paleolítico superior constituyen las primeras manifestaciones artísticas conocidas. A partir de la revolución neolítica, con la aparición de la agricultura y la ganadería que obligan al hombre a hacerse sedentario, surgen las antiguas civilizaciones del Mediterráneo oriental, que a través de grandes Imperios como el egipcio, el babilónico y el persa, o de ciudades-Estado, como las sumerias y akadias, irán dejando su impronta en templos, palacios o construcciones funerarias ricamente decoradas con pinturas y esculturas. Nace así la arquitectura y con ella la columna, el arco y la bóveda, principales aportaciones artísticas de las civilizaciones antiguas.

Keops, Kefrén y Mikerinos ordenaron la construcción de las tres pirámides de Gizeh, auténticas montañas de piedra. Son las representaciones más evidentes del colosalismo de la arquitectura egipcia y del poder divino de los faraones para cuyo reposo eterno fueron construidas. Herodoto las consideró una de las maravillas del mundo.

I. El legado de la prehistoria

1 ORÍGENES DE LAS ARTES PLÁSTICAS

Las primeras manifestaciones artísticas conocidas ofrecen tal perfección técnica y corresponden a un período prehistórico tan avanzado que se cree que las creaciones más primitivas se han perdido. Por el estudio de los pueblos primitivos actuales, se ha llegado al convencimiento de que la música rítmica y la pintura de carácter corporal son los primeros intentos artísticos de la especie humana. Las obras conservadas corresponden a un momento avanzado del primer período del Paleolítico superior, el auriñaciense.

El arte mobiliar

Algunas estatuillas de marfil que reproducen cabezas o cuerpos de mujer han sido fechadas entre los 40.000 y los 20.000 años a.C. Pero no es verosímil que los hombres hayan dejado transcurrir más de un millón de años sin realizar alguna reproducción de imágenes. La talla de la madera o el modelado del barro debió de preceder al trabajo más difícil sobre el marfil.

En diferentes lugares del continente europeo se han encontrado estatuillas femeninas, las *Venus* de Savignano, Willendorf, Lespugue, Laussel, caracterizadas por el abultamiento de senos, vientre y caderas. En este conjunto de *Venus* prehistóricas se refleja el culto a la mujer fecunda que en la religiosidad prehistórica es paralelo al de la tierra fértil. Hacia finales del auriñaciense al lado de la escultura de volumen se cultiva el bajorrelieve, mediante incisiones lineales en la piedra para resaltar una figura. Las escenas de caza y la mujer que empuña y ostenta símbolos de fecundidad son los temas únicos.

La cerámica

El Neolítico es uno de los períodos más revolucionarios de la historia humana. Para las artes plásticas es transcendental el invento de la **cerámica**. Los tipos cerámicos se propagan con rapidez por el continente europeo, lo que indica intensas migraciones de pueblos:

a) **La cerámica de bandas**, de origen danubiano, se remonta por el valle del Rin, llega a Holanda y más tarde a Polonia y Rusia.

b) **La cerámica lisa**, con pezones en relieve, se difunde por Francia e Italia.

c) **La cerámica cordada**, con incisiones de cuerda en arcilla fresca, es más tardía.

d) **El vaso campaniforme**, ya de un período posterior, en el que se trabaja el bronce, es una aportación hispana al arte prehistórico europeo, pues se ha encontrado también en Italia, Francia, Inglaterra, Holanda y Alemania.

◄ *La Venus de Laussel (Dordogne, Francia) muestra las formas gruesas con las que se exalta la maternidad, alza en la mano un cuerno símbolo de fecundidad y exhibe una técnica de ejecución que resalta los contornos con el rebajamiento de la superficie circundante.*

▼ *Diversos tipos de cerámica prehistórica: arriba, a la izquierda, cerámica de bandas (V milenio) y, a la derecha, vaso de Ampurias; abajo, a la izquierda, vaso de cerámica cordada (2500 a.C.) y a la derecha, vaso campaniforme de Amposta. Los dos ejemplares inferiores muestran una técnica más desarrollada.*

El arte rupestre

La pintura sobre roca (**arte rupestre**) ofrece mayor importancia. El descubrimiento de la cueva de Altamira (1879) supuso una conmoción, y sólo se aceptó universalmente su autenticidad cuando se descubrieron las grutas pintadas de Francia. En 1940, unos niños encuentran casualmente las pinturas de Lascaux, a las que se ha atribuido una fecha de 25.000 a.C. Entre uno y otro hallazgo, durante setenta años sucesivos, las cuevas iban ofreciendo a los descubridores un fascinante espectáculo de escenas de caza, de animales con flechas clavadas. Esta representación no era para el artista del Paleolítico superior un simple esparcimiento lúdico, sino que tenía la función precisa de propiciar la caza. Se trataba de una concepción mágica de apropiación por la imagen que implica acercamiento.

Estas pinturas ofrecen un alto interés histórico; por ellas sabemos el género de vida de los hombres del Paleolítico superior, las formas de caza, las armas utilizadas, la variedad de la fauna. Asimismo tienen un singular interés artístico. Las técnicas para obtener los colores (mezclas de grasas animales, jugos vegetales, tierras de variado cromatismo, madera quemada para las siluetas en negro), la sensibilidad por la vida y el movimiento, y el aprovechamiento de las rugosidades de la roca para dar volumen a los cuerpos y movimiento a los miembros configuran conjuntos estéticos que asombran por su calidad.

Dos zonas geográficas han proporcionado dos concepciones diferentes del arte rupestre. La denominada **escuela francocantábrica** (cuevas de Altamira y del castillo en Santander, Pindal y Candamo en Asturias, Lascaux y Font-de-Gaume en Francia) ha conservado sus pinturas en cuevas de techo impermeable, al amparo de la humedad y de la luz. Prescinde de la representación de la figura humana y se entrega a la de animales aislados que no forman escenas (bisontes sobre todo, caballos, ciervos, jabalíes), y se distingue por su naturalismo, su afán por representar detalles (ojos, crines, pezuñas), y por su policromía (negro, blanco, rojo, amarillo, ocre).

En la **escuela levantina española** (El Cogul, Alpera, Minateda), las pinturas están simplemente en abrigos, rocas escasamente protegidas, y han podido conservarse por la sequedad del clima; se introduce al hombre en escenas de caza, de danza o de recolección, se somete a todas las figuras a un proceso de estilización y se prefiere la monocromía.

Las pinturas rupestres más tardías, las correspondientes a los períodos cerámicos, se distinguen por el movimiento de las figuras (así las del Tassili sahariano) y por una tendencia muy fuerte hacia la abstracción, hasta convertir a la figura humana en un tejido de rayas y ángulos.

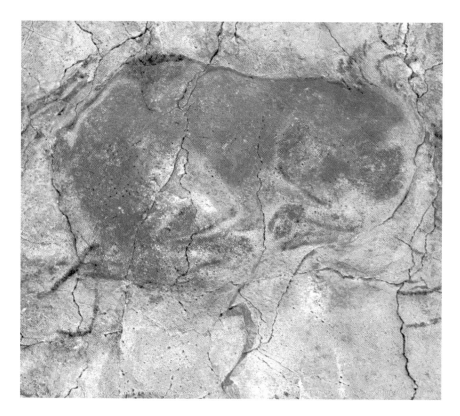

▲ Pintura cantábrica. *En el Bisonte acurrucado de Altamira (arriba), con la cabeza entre las patas delanteras, se aprovecha la rugosidad de la roca para resaltar el volumen y se contornea con trazo negro la silueta.*

En Valltorta (Castellón) pueden admirarse escenas de figuras monocromas (abajo) ocres o negras según su antigüedad y de silueta estilizada, que distinguen a las encontradas en el Levante español.

2 NACIMIENTO DE LA ARQUITECTURA

Durante centenares de miles de años el hombre fue nómada, carecía de morada fija y recorría vastos espacios en búsqueda de alimento. La invención de la agricultura le obliga a esperar en un lugar determinado la recogida de la cosecha. El sedentarismo se refuerza con los cambios climáticos que están en los orígenes del Neolítico. La caza deja de ser una persecución frenética y una nueva forma de actividad, el pastoreo, desplaza definitivamente el nomadismo puro. En esta era de cambios decisivos surgen las primeras viviendas construidas y los primeros poblados.

Los estudios prehistóricos han desvelado la importancia de los cultos neolíticos, entre los que destaca el que tributa cada poblado a sus muertos. Este culto ha dejado su huella en los más antiguos monumentos conservados, los **megalitos** (construcciones de grandes piedras). Así en el Neolítico, además de la agricultura, pastoreo, tejidos, carpintería y cerámica, nace también la arquitectura. En su mayoría los megalitos son **monumentos funerarios**, tumbas, constituidos por enormes bloques de piedra desbastada, con una forma más o menos geométrica –alargada o cúbica–. Su existencia implica unas vivencias religiosas avanzadas, y una estructura social compleja, ya que exigen trabajo coordinado y una autoridad reguladora de la vida colectiva.

El más sencillo de los megalitos es el **menhir**, simple pieza pétrea hincada verticalmente; el de Locmariaquer (Francia) alcanza los veinte metros. Es frecuente disponerlos de manera ordenada; en los **alineamientos** se colocan en hilera, en los **cromlechs** en círculo, como el de Stonehenge (Inglaterra). El megalito más complejo es el **dolmen**, sepultura colectiva que en bastantes casos consta de un corredor y una cámara cubierta por falsa cúpula (es decir, su estructura se monta sobre hiladas de piedras que se van aproximando hacia el centro). De esta forma son en el Sur de España los de las llamadas cuevas de Menga y del Romeral en Antequera (Málaga).

En las Illes Balears encontramos construcciones megalíticas de época posterior, en su mayoría correspondientes a la edad de Bronce, y que responden a las necesidades de una sociedad más compleja. Los **talayots** son torretas defensivas, utilizadas como sistemas de vigilancia. La **taula**, megalito en forma de T, se utilizó probablemente para el descarnamiento de los cadáveres. La **naveta**, así denominada por su forma de nave invertida, es otra construcción funeraria.

▶ Dolmen de Dombate *(A Coruña). En el Neolítico nace la arquitectura. Su construcción más representativa es el dolmen, una cámara formada por varias piedras verticales en círculo y una enorme pieza horizontal que hace funciones de cubierta.*

▼ *El* cromlech de Stonehenge *del Sur de Inglaterra es una de las más grandiosas construcciones que ha legado la prehistoria europea. Las piezas pétreas son enormes y su disposición geométrica de una asombrosa perfección.*

▲ En su versión más completa el dolmen dispone de cámara y corredor, como el de Menga (Málaga), de veinticinco metros de longitud. Paredes y cubierta están formadas por piedras gigantescas.

◄ Las navetas, construcciones baleáricas de la Edad del Bronce, deben su nombre a su forma de nave invertida, y reflejan un conocimiento de la construcción más avanzado, por sus formas inclinadas y curvilíneas y por la regularidad del aparejo.

II. Egipto

3 FUNDAMENTOS DEL ARTE EGIPCIO

La civilización del Egipto antiguo ha aportado una religiosidad elevada, avances científicos, especialmente en la medicina, y un arte de gran originalidad. Examinemos, en primer término, algunos aspectos de esa civilización enigmática, que influyen en sus creaciones estéticas.

Religión

El culto a los dioses y las ideas sobre la vida de ultratumba impregnan todas las manifestaciones del arte egipcio y de manera más relevante su arquitectura, limitada a una finalidad religiosa y funeraria (templos y tumbas).

En una serie de cosmogonías surgidas en diversas ciudades (Hermópolis, Heliópolis, Menfis) se explica cómo nacen los diferentes dioses y cómo se relacionan con los hombres. La revolución que EJNATÓN acomete en la XVIII Dinastía, al sustituir la pluralidad de dioses por uno superior y providente, ejerce un gran impacto en un arte más realista y humano.

Influencia del vivir agrario

Todos los historiadores que se ocuparon del Egipto antiguo han resaltado que se trata de una civilización fluvial, de base agraria y la influencia de la economía agraria en las formas artísticas no es menor que la de la religión. En el mundo agrario nace la geometría, la medida, el catastro. Estos nuevos hábitos mentales enmarcan la arquitectura, su disposición de planos cuadrangulares, su aparejo de losas geométricas, y enriquecen los temas de la pintura, con plantas y flores, se introducen en los elementos arquitectónicos (capiteles con hojas) y refuerzan el sentido de las proporciones de la estatuaria.

Monarquía divina

Desde que MENES unifica el Alto y Bajo Egipto hacia el año 3400 a.C., el faraón tiene carácter sagrado, es un dios en la tierra, y la supervivencia en la vida de ultratumba depende de su proximidad. Sólo así se explica la existencia de un pueblo que vivió para construir las tumbas de sus reyes. Asombra la desproporción entre la magnitud de las pirámides y su función de simple tumba de la familia real. Aún más asombrosa ha resultado la comprobación de que tan colosales construcciones se realizaron con precarios medios técnicos, sin conocimiento de la rueda (introducida mucho más tarde por los hicsos), es decir, sin poleas ni rodillos. Esto exigió una mano de obra numerosa y un sentido colectivo de la disciplina, incompatible con otra estructura política menos centralizada.

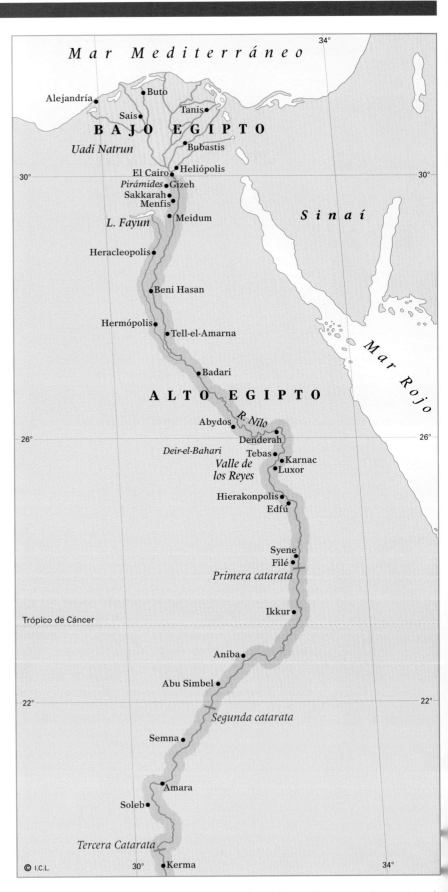

▲ *Las crecidas periódicas del Nilo han permitido a lo largo de su curso los centros de población. El río es fuente de fertilidad. Aunque la historiografía actual haya invertido los términos, diciendo que los egipcios con su trabajo salvaron al río de su encenagamiento (Wilson), la relación río-sociedad egipcia se mantiene.*

4 COLOSALISMO ARQUITECTÓNICO

La primera aportación de la arquitectura egipcia estriba en que se trata de **construcción en piedra**, labrada de manera geométrica (sillares). No se reduce ya a bloques desbastados de forma tosca, como en los megalitos, sino a piezas de medidas precisas, con las que se pueden elevar muros sin salientes y edificios de perfiles rectilíneos.

Se ha explicado la preferencia por la piedra por razones geológicas; los egipcios disponen de piedra, mientras los mesopotámicos carecen de ella. Pero no puede ser ésta la razón, o al menos la única razón, ya que durante siglos, en el Egipto predinástico y en las primeras dinastías, se construyó con cañas, madera y ladrillos de arcilla cruda. Así la labra de la piedra aparece como una conquista voluntaria, una manifestación más del espíritu geométrico que impregna a una civilización agraria. Conservamos el nombre del máximo reformador de los procedimientos constructivos, IMHOTEP, a quien, según los textos literarios, los egipcios elevaron a la categoría de dios.

El rasgo más evidente de la arquitectura del Egipto antiguo es el **colosalismo**; la edificación resulta desproporcionada en relación con la función. Ni se precisaba tal volumen para enterrar en una pirámide el cadáver del faraón ni en los templos se congregaban muchedumbres que reclamaran espacios tan vastos. Se trata también aquí de una dimensión consciente, de un propósito definido. El egipcio está obsesionado por la presencia de fuerzas sobrenaturales y por el sueño de la supervivencia; en consecuencia, el edificio desborda la escala humana, se impone por su grandeza al ánimo del espectador y suscita sentimientos de temor. El colosalismo se inicia ya en la medida de los sillares, cuyo volumen hacía más incómodo el trabajo.

Es una **arquitectura arquitrabada**, basada exclusivamente en líneas horizontales y verticales o, como en las pirámides, en un dispositivo diagonal. La ausencia de la curva en las estructuras es correlativa con las líneas rectas que delimitan las parcelas agrarias; una vez más el ideal geométrico resplandece en la arquitectura.

En la pirámide de Keops se han comprobado unos sistemas de medidas que la convierten en símbolo de los conocimientos matemáticos egipcios; por ejemplo, el vértice dibuja el ángulo que trazan los brazos extremos del delta del Nilo. El máximo problema de la arquitectura arquitrabada es la elevación del edificio, pero el egipcio con la grandeza de los sillares y la disposición diagonal de la pirámide obtuvo medidas hasta entonces nunca alcanzadas.

WORRINGER supone que probablemente las puntas de las pirámides estuvieran doradas o con un remate de basalto brillante y marcarían el

▲ La sala hipóstila, *uno de los espacios que formaban los templos egipcios, asemejaba un bosque pétreo, que desafiaba con su volumen el del palmeral que se ve al fondo. Bajorrelieves en los fustes de las columnas inmensas y en los dinteles aumentaban su magnificencia.*

punto que recibe el primer rayo de sol, el lugar de unión de la tierra y la acción protectora de la deidad solar. En los templos, la cubierta plana exigió la multiplicación de elementos sustentantes (columnas) y la alternancia del patio sin cubierta con la sala hipóstila llena de columnas. En la arquitectura religiosa la **columna** juega un papel decorativo, además de estructural o de sustentación.

En la arquitectura funeraria hemos encontrado el geometrismo frío, la construcción sometida al imperio de la forma desnuda y escueta; pero ya en el templo la columna supone una innovación audaz, la introducción de un elemento que recuerda la forma vegetal de la palmera.

En un principio las columnas fueron simplemente haces de troncos, luego se sustituyeron por los fustes de piedra, pero con una disposición de estrías verticales que recordaba los fustes vegetales; sólo posteriormente el fuste liso señaló un distanciamiento de los orígenes. No obstante el recuerdo del árbol perdura en los capiteles, diseñados con hojas de loto (*lotiformes*), de papiro (*papiriformes*) o de palma (*palmiformes*).

Monumentos arquitectónicos

El tipo más antiguo de enterramiento es la **mastaba**. Hacia el año 3000 a.C., durante la fase en la que se produce la unificación del Alto y Bajo Egipto, es la tumba de los personajes notables, sacerdotes o nobles y de los primeros faraones. El deseo de grandeza y la acumulación de poder en el faraón provoca la superposición de mastabas para distinguir la tumba real.

Así nace la primera **pirámide** escalonada como la de ZÓSER (2700 a.C.). A partir de entonces, la pirámide distingue la tumba faraónica de la de los grandes dignatarios. A la IV Dinastía corresponden las grandes pirámides de Gizeh, cercanas a El Cairo. La de Keops (137 m), Kefrén y Mikerinos (entre 2600 y 2500 a.C.) destacan de entre un conjunto que se levanta a lo largo de 150 kilómetros. En el interior, galerías, pozos y cámaras de extraordinaria complicación impiden el expolio del riquísimo ajuar funerario.

▶ La mastaba (*arriba*). *Es el tipo de sepulcro más antiguo de Egipto. En ellas se enterraban los faraones de las primeras dinastías y más tarde los grandes dignatarios. Tenían forma de pirámide truncada con un pozo excavado, al fondo del cual estaba la cámara sepulcral. A nivel de tierra tiene una capilla y un pequeño compartimento, el serdab, con la estatua del muerto.*

*La sección esquemática de la pirámide (*abajo*) nos permite conocer la serie laberíntica de escaleras, pasillos, cámaras y falsos corredores, y por otra parte comprobar cómo estos complejos recintos interiores no hacen otra cosa que complicar el diseño de las mastabas, en las que se inspiran. La cámara del Rey, con varios pisos, y la de la Reina, en un nivel inferior, eran de muy difícil accesibilidad.*

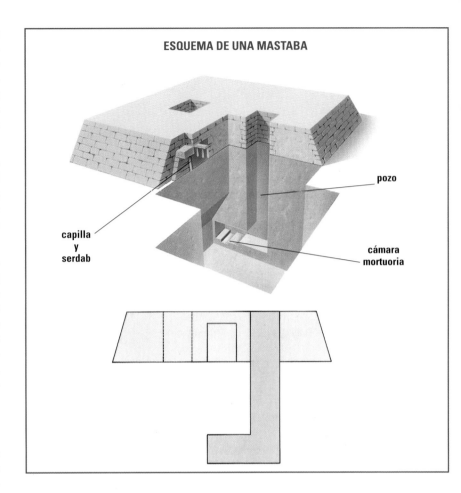

ESQUEMA DE UNA MASTABA

capilla y serdab

pozo

cámara mortuoria

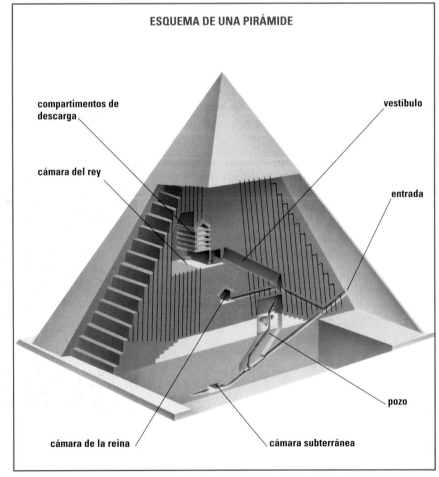

ESQUEMA DE UNA PIRÁMIDE

compartimentos de descarga

cámara del rey

vestíbulo

entrada

pozo

cámara de la reina

cámara subterránea

ESQUEMA DE UN TEMPLO EGIPCIO

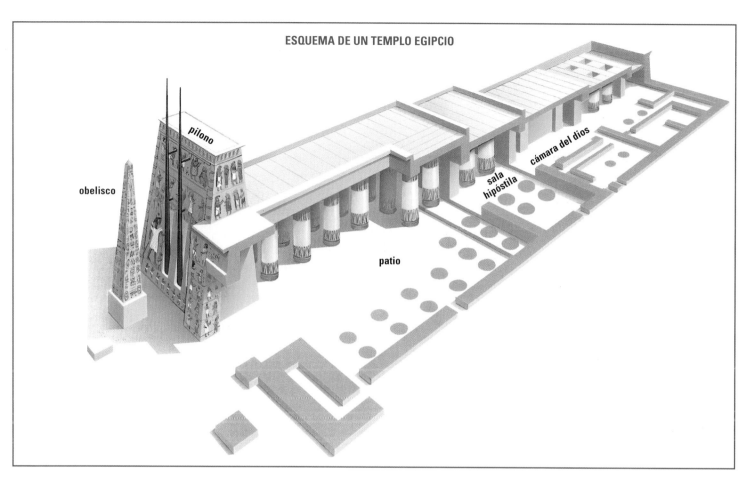

obelisco

pilono

patio

sala
hipóstila

cámara del dios

▲ En el esquema de un templo egipcio pueden distinguirse los pilonos, el patio, la sala hipóstila... Es un conjunto desmesurado, concebido como símbolo de poder.

◀ Vista aérea del templo de Luxor. Consagrado a Amón y elegido como lugar de las ceremonias del Año Nuevo, es obra de dos grandes faraones: AMENOFIS IIII y RAMSÉS II. En el conjunto destacan el patio rodeado por dos filas de columnas (gran patio de Ramsés) y la sala hipóstila, de la que quedan las hileras de columnas de fustes inmensos y los grandiosos arquitrabes, que presiden un recinto majestuoso, uno de los más impresionantes de la arquitectura universal.

Con la Dinastía XVIII el centro político está en el Sur, en Tebas. Allí, en el Valle de los Reyes, se construye un nuevo tipo de tumba excavada en la ladera de una montaña, el **hipogeo**, con la misma disposición laberíntica. Son tumbas enriquecidas por pinturas y de un singular valor arqueológico por su ajuar. El tesoro de TUTANKHAMÓN ha sido el más valioso de los conservados.

Es también la Dinastía XVIII, la que impulsa la construcción de **templos** inmensos. Se inician con la **avenida**, que desemboca en el templo propiamente dicho y en la que se suceden **dos hileras de esfinges**, el **obelisco** y los **pilonos**, entrada monumental constituida por dos moles trapezoidales. En el interior del templo, un **patio rodeado de columnas** prepara el acceso a la **sala hipóstila** (de columnas), recubierta de un techo de madera pintada. Finalmente, la zona noble comprendía las habitaciones de los sacerdotes y la Barca de Osiris, cámara del altar del dios.

Alrededor de 1500 a.C. la reina HAPTSHEPSUT ordenó levantar el primero de estos templos grandiosos, el de Deir-el-Bahari, junto a una colina, al pie de un espectacular acantilado del valle del Nilo. Se trataba de una innovación, ya que el recinto se excava en el interior de la montaña. Es el tipo denominado **speos**, que más adelante repite RAMSÉS II en Abu-Simbel y que puede considerarse un antecedente de la idea griega de fundir la arquitectura con el espacio natural.

Los reyes guerreros, los TUTMÉS y RAMSÉS son los más ardientes impulsores de los templos gigantescos, que riman con los nuevos ideales de dominio territorial. El templo de Karnak fue levantado como un símbolo de sus hazañas por TUTMÉS III y el de Luxor, terminado por RAMSÉS II. Atrios, patios, columnas, esculturas enormes, producen una sensación de poderío.

▲ Avenida de las esfinges, *en el camino que une el templo de Luxor con el de Karnak. El pilono, entrada monumental del templo, estaba precedido por dos obeliscos de los que sólo uno ha permanecido in situ.*

▼ *A otra modalidad, el* speos *o templo subterráneo, corresponde el templo funerario de la reina* HAPTSHEPSUT, *en Deir-el-Bahari. Las rampas y las galerías componen una entrada grandiosa hasta las salas abiertas en el vientre de la montaña.*

5 LA PLÁSTICA EGIPCIA

Rasgos generales

La casi totalidad de la escultura egipcia ha sido encontrada en las tumbas; del carácter funerario deriva su concepción y rasgos formales.

El hieratismo solemne y la actitud estática la distinguen de cualquier otra creación de la historia de la escultura. Los arcaísmos, almendrado de los ojos, falta de expresión en los rostros, mirada tensa, rigidez en la manera de doblar cualquier articulación, sirven a un lenguaje que no busca la representación de la vida sino retratos-soporte del alma para la eternidad. La ley de la frontalidad, que reduce la contemplación a un solo punto de vista, es el equivalente al plano de un arquitecto. El frontalismo se refuerza con la disposición de los brazos a los lados del torso y la rigidez de la nuca.

En los grupos, las diferentes figuras se yuxtaponen, adoptando una misma posición. Cabelleras y barbas se reducen a una serie de líneas paralelas, sin que nada rompa la hierática solemnidad de lo inmóvil. Estos rasgos generales evolucionaron y sufrieron cambios a lo largo de la historia egipcia.

▶ *En una de las piezas antiguas, el cuchillo de Gebel el Arak, del 3000 a.C. aproximadamente, el artista ha sabido disponer en el espacio reducido del mango la lucha de dos tribus rivales a orillas de un río.*

▲ *El grupo del faraón Mikerinos con su esposa y la diosa Athor nos permite comprobar la yuxtaposición de las figuras, la concepción frontal y la rigidez de la plástica del Egipto antiguo.*

Evolución de la escultura

En las **primeras dinastías** se alterna el trabajo de la pequeña estatuilla de marfil con el coloso de piedra. Igual que en arquitectura, son los monarcas de la IV Dinastía los impulsores de la actividad artística. La influencia religiosa y el ansia de realismo se comprueban en las denominadas *cabezas de sustitución*, que se adaptaban a cuerpos hechos en serie; sólo el rostro se considera en ese momento como la personificación del difunto.

En esta etapa realista dos esculturas, el llamado *Chéik-el-Beled* y el *Escriba sentado*, son obras magnas. El escriba está diseñado con un criterio geométrico, una serie de planos y cilindros que se ensamblan, y como testimonio histórico nos acerca a una sociedad burocratizada, en la que los funcionarios desempeñan una función importante, en un período en el que las estatuas de KEFRÉN y MIKERINOS permiten comprobar el proceso de divinización del faraón.

Poco antes del 2000 MENTUHOTEP, tras un período de decadencia, unifica nuevamente Egipto, establece la capital en Tebas e inicia la XI Dinastía y el **Imperio Medio**.

El arte se acerca a la realidad cotidiana y pueden percibirse, disimulados, algunos sentimientos y expresiones graves y pensativas, como en el retrato de SESOSTRIS III. Las figuras se alargan y la comparación de varios retratos de un mismo faraón trasluce los estigmas de la edad.

La estatuaria abandona los valores intemporales de las obras de tumba y se acerca a la vida. Pero en la Dinastía XIII se vuelve al academicismo y la frialdad. En ese momento la invasión de los hicsos va a suponer un terrible trauma. La recuperación política y artística se efectúa durante la Dinastía XVIII, con la que se establece el **Imperio Nuevo**, cercano ya el año 1500 a.C.

Para la plástica es un momento decisivo, de renovación en las técnicas, los temas y la sensibilidad. Especialmente bajo EJNATÓN, el reformador religioso, la escultura adquiere una extraordinaria dulzura, como podemos ver en el busto de su esposa NEFERTITI.

Los relieves representan escenas de la vida diaria –el monarca jugando al ajedrez– y no rehuyen, movidos por un intenso naturalismo, los aspectos desagradables. En la época de los Ramésidas sus actitudes imperialistas no son propicias a representar dulzuras y se cultiva la estatua colosal, como las que guarnecen la entrada a los templos de Abu-Simbel.

Al finalizar el Imperio Nuevo algunos autores hablan del inicio de un período de decadencia, que duró mil años. En estos diez siglos los escultores ya no innovaron las formas, limitándose a copiar o modificar modelos del pasado.

▲ *La talla denominada* Chéik-el-Beled *corresponde a un funcionario menfita de hacia el 2500 a.C. Hieratismo y solemnidad se manifiestan como rasgos peculiares de la plástica egipcia.*

▶ Menos conocido que el *Escriba sentado del Louvre, el* Escriba sentado de El Cairo *(izquierda) refleja, con su solemnidad y su expresión concentrada, una sociedad regida por la escritura y el cálculo.*

1.500 años después, en el período de EJNATÓN, el busto de Nefertiti (derecha) demuestra que los egipcios dominan el modelado y lo ponen al servicio de la elegancia.

▶ Estatuas de Abu-Simbel. *En el Imperio Nuevo, el colosalismo, nunca olvidado, adquiere nuevo impulso al servicio de los ideales imperialistas; así pueden rimar en grandeza las esculturas y las construcciones arquitectónicas.*

6 LAS PINTURAS DE LAS TUMBAS

Uno de los más sorprendentes descubrimientos de las excavaciones fue el de los frescos que cubren casi totalmente algunas de las tumbas del Valle de los Reyes.

La pintura había sido cultivada con escaso entusiasmo en las primeras dinastías. Es en los hipogeos del Imperio Nuevo, en el Valle de los Reyes, cuando ésta recibe atención y desplaza al relieve, hasta ese momento ornamento de los muros.

El conjunto de frescos de la necrópolis tebana cubre uno de los capítulos más bellos del arte egipcio. En todo momento está presente el recuerdo de las ilustraciones del *Libro de los Muertos*: contornos nítidos, colores intensos y contrastados (ocres sobre fondo amarillo, rojos sobre fondo azul, etc.), lienzos de escritura jeroglífica.

El amor a la naturaleza es una constante: hojas, espigas, pájaros, peces, crean una atmósfera de oasis. Igual que en el relieve, la posición de las figuras se define por un frontalismo convencional, en el que se combinan las perspectivas del frente y el perfil; torso de frente, piernas, pies y rostro de perfil, ojos alargados como si se contemplaran de perfil pero de contorno cerrado como si se viesen desde el frente. Se rehúye cualquier efecto de profundidad, las figuras se yuxtaponen en un plano o se superponen en varios niveles en vertical. A diferencia de la escultura la pintura capta el movimiento, es un arte para la vida.

En los temas se trasluce una alegría que resulta sorprendente en una civilización de tumbas. Escenas de caza o pesca, de fiestas con músicos y bailarinas, los trabajos agrícolas en las diferentes estaciones, los opulentos ritos cortesanos, todo el bullicio de una sociedad que disfruta, se pintan en un recinto funeral, con un deseo tácito de que el difunto goce en la otra vida de todos los placeres y bellezas.

Esta explosión pictórica tiene su momento culminante en los siglos XV y XIV a.C., en la capilla funeraria de Tutmés II y en la tumba de Nebamón entre otras. En la fase final, la aflicción por los muertos pasa de expresarse en el texto en jeroglífico a los rostros de las plañideras, dentro de un proceso de humanización.

▶ *Por la pintura conocemos detalladamente los trabajos agrícolas, cultivos, aperos, animales utilizados y formas de distribución de las tareas campesinas (arriba).*

Escena de la tumba de Sennegein *(abajo),* en la cual el difunto y su esposa adoran a unas divinidades; las inscripciones recogen pasajes del Libro de los muertos.

▲ *En El pequeño boyero, perteneciente a una tumba tebana, hoy en el Museo Británico, el artista supo imprimir a la escena un ritmo ondulante, impulsado por la gracia extraordinaria del brazo extendido que orienta a la masa de bueyes en disciplinado avance.*

▼ Bailarinas y música de la tumba de Nebamón. *La elegancia de las siluetas, la intensidad cromática y el dinamismo de los rostros con diferente orientación vitalizan una composición plana, en la que son perceptibles los convencionalismos en el tratamiento de la figura humana.*

III. Mesopotamia y Persia

7 MESOPOTAMIA, SOLAR DE DOS CIVILIZACIONES DIFERENTES

El contraste de dos civilizaciones

En las tierras regadas por el Éufrates y el Tigris se desarrollan dos civilizaciones de fundamentos distintos que van a suscitar sendas manifestaciones artísticas de valores opuestos.

Al Sur, en el bajo valle de ambos ríos, desde el año 3000 a.C., las regiones de Summer y Akkad (Caldea) fueron lugar de paso y hogar de una civilización urbana, la de las ciudades-templo, que terminaron uniéndose en los imperios babilónicos.

Al Norte, un territorio menos accesible en el alto valle del Tigris, Assur, fue cobijo de un pueblo guerrero, poco dúctil a las influencias externas, y que en varias ocasiones descendió a las fértiles tierras bajas de Caldea para someter a sus habitantes.

En el Sur, sumerios y acadios elaboran una civilización burocrática, rica, a la que debemos el carro, el arado, una agricultura innovadora y una sociedad compleja y activa (el Código de Hammurabi –pág. 50– cita alfareros, canteros, sastres, forjadores, curtidores y en otro plano superior arquitectos y escultores) con un culto a deidades protectoras con un sacerdocio organizado desde las épocas más antiguas de las ciudades-templo. Diversas circunstancias han dificultado el conocimiento de esta civilización.

El potencial aluvial del río Éufrates sepultó a ciudades como Ur y Lagash dificultando los trabajos de excavación. Por añadidura el desciframiento de la escritura cuneiforme, iniciado por el británico RAWLINSON, fue más penoso, al no encontrarse, como en el caso de los jeroglíficos egipcios, una pieza clave que recogiera el mismo texto en diferentes tipos de escritura.

En el Norte, los asirios poseen una historia dramática y terrible y son los portadores de una civilización militar. Introducen el hierro y el caballo como animal de carga –para ellos como un arma que multiplica las posibilidades de ataque– y sus reyes no son constructores ni legisladores sino grandes guerreros (ASURNASIRPAL, ASARADDÓN, SENAQUERIB).

Tal contraste no podía dejar de reflejarse en el arte. Los sumero-acadios construyen templos; los asirios, palacios-fortaleza. La escultura sumeria y babilonia rinde culto a los reyes pacíficos, cuyos atributos son rollos con leyes o planos; los asirios se retratan con fustas o látigos y en sus relieves plasman escenas de conquista y sumisión de pueblos.

▲ Mapa de Mesopotamia. *Observa la localización de las ciudades, en una región limosa que las ha sepultado. Comparando este mapa con uno actual, se constatará que la desembocadura de los ríos, en la actualidad, es mucho más meridional.*

▼ *La puerta de Ishtar de Babilonia, actualmente en el Museo de Pérgamo (Berlín), constituye un monumento singular por sus brillantes colores esmaltados y la riqueza de sus relieves. En ella desemboca la avenida de las procesiones y en sus proximidades se levantaban los jardines colgantes.*

8 EL ARCO EN LA CONSTRUCCIÓN

El arco y la bóveda

En la sociedad caldea el arquitecto disfrutó de alta estimación. En esta región rica en limos se va a efectuar uno de los descubrimientos trascendentales de la historia de la arquitectura, el del **arco**. El constructor caldeo se encontraba con dos carencias, la madera y la piedra, y tuvo que aguzar su ingenio.

Los egipcios levantaron sus primeras edificaciones en madera, y del árbol tomaron la idea de la columna. Los arquitectos mesopotámicos no disponían en abundancia de este elemento vegetal lo que junto a la ausencia de piedra impedía cualquier sistema arquitrabado. El único material abundante era el barro, con el que podían elaborar pequeñas piezas (adobes y ladrillos), pero que por su escaso volumen y débil consistencia no permitía la arquitectura arquitrabada.

Así tuvieron que colocarlas en una disposición radial que, sorprendentemente, ofrecía una mayor consistencia que la horizontal de grandes piedras. Había nacido el arco y con él la bóveda, realizada mediante el adosamiento de series de arcos unos tras otros. Aunque el paso del tiempo ha reducido estas construcciones a informes montones de barro no debemos olvidar la trascendencia de este descubrimiento, similar en importancia en la historia de la arquitectura al de la rueda en la historia de la técnica.

Templos y palacios

En ciudades gobernadas por sacerdotes las construcciones sagradas alcanzan una amplitud sin precedentes. Los relatos literarios describen con particular entusiasmo las murallas de Uruk, que contorneaban un conjunto grandioso de edificaciones en torno al templo.

En realidad, el templo no es un edificio sino una pequeña ciudad, con plazas, sectores de habitación, pisos a los que se accede por rampas y una alta torre de forma escalonada, denominada *ziggurat*, que supone una contribución al problema de la acumulación apilonada de varios pisos.

Los palacios son igualmente gigantescos y se ordenan en torno a un patio: el de Mari tiene 260 habitaciones, muchas de ellas con frescos que nos ilustran sobre la vida cotidiana; el de Lagash, reconstruido por GUDEA, contiene amplios salones para una etiqueta majestuosa creada en torno al monarca. Arcos y bóvedas se mantuvieron como conquistas técnicas en los palacios asirios de Korsabad y Nínive. Los sucesivos pueblos que dominan el espacio mesopotámico no aportan en arquitectura nada diferente a las construcciones sumerias.

▼ *En el templo mesopotámico, la parte más característica era el ziggurat (izquierda), en forma de torre escalonada, con terrazas superpuestas y rematada en lo alto por una capilla, desde donde los sacerdotes observaban el firmamento.*

El ziggurat de Ur (derecha) es el mejor conservado de toda la Baja Mesopotamia. Fue construido en honor del dios Sin entre los años 2111 y 2046 a.C.

ESQUEMA DE UN ZIGGURAT

9 DOS CONCEPCIONES DEL LENGUAJE PLÁSTICO

La **escultura sumeria** tiene siempre un contenido religioso, la **asiria** asume una función política de propaganda y de exaltación mayestática de los reyes caudillos.

La escultura de sumerios y acadios

En las ciudades-templo de Summer la fe en los dioses protectores impregna las **estatuillas votivas** que los devotos ofrendaban. En este período inicial los rasgos de arcaísmo prestan una deliciosa ingenuidad a las esculturas orantes: manos cruzadas ante el pecho en posición impetratoria, cabeza enorme en relación con el cuerpo, dificultad para doblar codos o rodillas, ojos coloreados con un círculo intenso, y, sobre todo, quietud absoluta y sensación de recogimiento.

Cuando Summer es conquistada por los acadios (2500 a.C.) aparece en el arte del Sur un nuevo género, la estela, bloque de contorno irregular en el que se graba algún texto bajo un relieve. La más famosa, la de Naram-Sin, con el rey de mayor tamaño que los soldados –característica de todos los relieves sumerios– introduce en el espectáculo de sus victorias un sentido del movimiento, del que carecía la plástica de las ciudades-templo.

Los rasgos de las estatuillas votivas arcaicas se mantienen en el período denominado **neosumerio** (a partir de 2150 a.C.). Una figura enigmática es exaltada en innumerables retratos, GUDEA, señor de Lagash, quien se enorgullece en sus inscripciones de haber construido templos y haber protegido a su pueblo de cualquier peligro. Otra vez encontramos el canon corto, las manos cruzadas, las formas geométricas en las telas, el estatismo imperturbable, pero ya en las mejillas, labios y barbilla se percibe un modelado y en el rostro una expresión de dulzura que se mantendrán durante todo el período babilónico posterior. La estela de Hammurabi (siglo XVIII a.C.), perteneciente a este último período, enlaza con el género cultivado por los acadios.

La escultura de los asirios. El relieve

La finalidad esencial del arte asirio es la glorificación del soberano. "*Yo soy rey, yo soy dueño, yo soy augusto, yo soy todopoderoso, yo soy juez, yo soy príncipe, yo soy héroe, yo soy vencedor, yo soy poderoso, yo soy varonil, yo soy Asurnasirpal*", dice una inscripción. Pueblo muy guerrero y violento, introduce en los retratos, de canon más alargado que los sumerios, una expresión solemne, deshumanizada, y diversos símbolos de dominio o de opresión (el cetro, la fusta), como se comprueba en la estatua de Asurnasirpal II.

◀ *La estela de Naram-Sin es el clásico relieve guerrero en el que se exalta la dimensión de caudillo del monarca en una escena de batalla victoriosa.*

▶ ASURNASIRPAL II, *retrato asirio, de canon más largo que el caldeo, de modelado más tosco y de concepción expresiva más severa y solemne así como deshumanizada. Presenta también un aspecto rígido y macizo que le da esa sensación típica de los asirios, de poderío, de dominio y opresión.*

◀ *Estela de Hammurabi. El rey babilonio entrega el código de leyes al dios Samás. Disciplina de las figuras, trazado seguro del espacio, el relieve parece una página ilustrada.*

▲ *En el relieve de Asurbanipal cazando un león se capta con admirable vigor la tensión de la fiera acosada, la torsión del monarca y el ímpetu de los briosos corceles.*

▼ *Las escenas de caza del palacio de* ASURBANIPAL, *entre cuyas figuras sobresale la leona herida, alcanzan una intensidad dramática excepcional; en la leona, la sangre brota a chorros de las heridas, las fauces se abren con dolor, las patas delanteras todavía conservan una fuerza poderosa.*

La cumbre del arte asirio se encuentra en los **relieves**, que ofrecen una serie de contrastes sólo posibles en artistas que dominan los recursos de la técnica: rigidez y movimiento, realismo y fantasía.

En el palacio de Korsabad, construido por SARGÓN II al Norte de Nínive, enormes toros alados flanquean la entrada. En los palacios que en Nínive ordenaron construir sucesivamente SENAQUERIB, ASARADDÓN y ASURBANIPAL, frisos continuos en los muros (hoy en el Museo Británico), plasman escenas de caza y de guerra. Murallas, "carros de combate", vegetación, ríos con peces en los que bucean soldados que respiran en vejigas, componen el escenario en el que se desenvuelven los asaltos a ciudades enemigas o las lentas procesiones de los pueblos vencidos.

Pero es en las escenas de caza del palacio de ASURBANIPAL donde este arte vivaz alcanza su máxima expresividad. Los escultores asirios tratan la figura humana con una serie de convencionalismos (barba rígida, modelado sumario) pero en los animales, en los caballos al galope, y más aún en los leones acosados, el vigor expresivo señala una de las cimas del arte antiguo. *La leona herida* es el ejemplo más conocido de esta combinación de tensión y rigidez, de fuerza y desfallecimiento. Las obras de la época de ASURBANIPAL marcan una relación hacia el realismo.

Antes de Grecia, el relieve asirio es el único género auténticamente profano, desprovisto de cualquier connotación religiosa, que un pueblo orgulloso de sus hazañas se atrevió a plasmar.

10 EL ARTE PERSA

El pueblo persa y su imperio

Los persas constituyen el pueblo más importante de todos los que habitaban las llanuras iraníes, desde Armenia y Kurdistán hasta el Indo, y llegaron a dominar toda esa amplia zona de grandes mesetas que bordean los macizos montañosos. El país no goza de las facilidades del clima y aguas de Mesopotamia, salvo en la región de Susa, que fue donde se originó el desarrollo de ciudades-Estado del tipo mesopotámico.

Poco sabemos de las organizaciones políticas iraníes antes del momento en que Ciro creó el imperio persa de los Aqueménidas (siglo VI a.C.) que perduró hasta su destrucción por Alejandro Magno en el año 331 a.C.

Los monarcas persas detentaron un poder absoluto y total, y aunque no encarnaron la naturaleza divina como en Egipto ni participaron del carácter despótico y de la crueldad de los asirios, sin embargo recibían el homenaje de adoración de sus vasallos. Todo ello determinará la existencia de un arte imperial cuyas mejores muestras serán los palacios y las tumbas.

Estos edificios asimilan elementos artísticos tomados de las distintas civilizaciones con las que habían entrado en relación. Así se incluyen salas hipóstilas de tipo egipcio y columnas de influencia jónica, entre otros elementos.

Arquitectura civil y funeraria

Los palacios, siguiendo el modelo mesopotámico, se construyen sobre grandes plataformas y emplean ladrillos, madera y piedra como materiales constructivos. El palacio de Persépolis servía de marco a la grandeza y poder del monarca, destacando la sala de audiencias, llamada *apadana*, con cabida para diez mil personas, que así podían homenajear al rey, y las enormes columnas con capiteles de temas animalísticos (toros y leones) que sostenían cubiertas arquitrabadas de madera. Los lienzos de los muros así como los de escaleras y rampas se adornaban igualmente con variados relieves, en los que se esculpen largas filas de vasallos portando presentes al rey.

Quedan interesantes restos de los palacios de Persépolis y de Susa. En este último se conservan magníficos relieves de cerámica vidriada conocidos como los frisos de los Grifos y el de los Inmortales o Arqueros (Museo del Louvre).

▼ *La* apadana *era la sala de audiencia del palacio de Darío y Jerjes en Persépolis. Las columnas son más esbeltas que las egipcias y refuerzan la elegancia de su silueta con el acanalamiento de los fustes y los temas de leones y toros en sus capiteles.*

El carácter peculiar de la religión persa (dominada en sus inicios por hábitos pastoriles muy simples y luego por la religiosidad predicada por el reformador ZOROASTRO), que admite sólo dos clases de divinidades, la potencia del bien y la del mal, hace que no se construyan templos, salvo pequeñas **torres** donde se enciende el fuego dedicado a AHURA MAZDA, dios del bien.

La **arquitectura funeraria** ofrece monumentos muy importantes, siendo de gran originalidad la tumba de Ciro en Pasargada, inspirada seguramente en un *ziggurat* mesopotámico y de posible influencia helénica, con cubierta a doble vertiente y con acceso por una escalera. Otro tipo es el **hipogeo**, como la tumba de Darío en Nache-Rustem, en la que se aprecia la influencia egipcia y se comprueban las intensas relaciones de los pueblos del Mediterráneo.

◀ *La tumba de Darío en Nache-Rustem es un hipogeo persa, con su entrada elevada y el relieve habitual, en el que se ensalzan algunos elementos arquitectónicos.*

▼ *El friso de los Inmortales (arqueros reales) del palacio de Susa, recoge el movimiento pausado, la técnica de la imagen repetida —como de sello— y los arcaísmos anatómicos que caracterizan el relieve persa. Se encuentra hoy en el Museo del Louvre.*

IV. El arte íbero en España

11 LA CULTURA IBERA

Desde el siglo VII hasta bastante avanzada la dominación romana se desarrolló a lo largo de la fachada mediterránea desde Andalucía hasta el Rosellón y en amplias zonas del interior la cultura ibérica.

Se trató de una original cultura cuyo legado artístico sólo fue valorado justamente desde fines del siglo pasado, cuando unos labradores descubrieron en la Alcudia de Elche un extraordinario busto femenino conocido como la Dama de Elche. La cultura ibérica alcanzó su mayor plenitud entre los siglos V y III a.C., a los que corresponden las creaciones artísticas más importantes, que abarcan arquitectura en piedra, con sepulcros monumentales, divinidades y exvotos antropomorfos en piedra y bronce, cerámica ricamente pintada, lujosa orfebrería e inscripciones escritas en la todavía indescifrada lengua ibérica.

La presencia de colonias griegas y fenicias en las costas orientales de la Península ejercieron una notable influencia en las expresiones artísticas del pueblo ibero.

Arquitectura y escultura ibérica

En sus orígenes el arte ibérico se fundamenta en las vivencias religiosas. Se conocen representaciones de divinidades en esculturas, orfebrerías, terracotas y pinturas. Entre las esculturas, las más importantes son las *Damas*, divinidades vinculadas a cultos funerarios y representaciones de la diosa de la fecundidad. Destaca el magnífico busto femenino de la Dama de Elche. La aparición de atributos tomados de divinidades orientales y griegas ponen de relieve el carácter sincretista de la religión ibérica.

Otras esculturas muestran diosas sentadas, como la Dama de Baza, o parejas oferentes, como las halladas en los santuarios ibéricos del llano de la Consolación y del cerro de los Santos (ambos en Albacete), en los que se encontraron numerosos exvotos de piedra, predominando las figuras femeninas pintadas como las figuras griegas. En el cerro de los Santos se encontró una de las más notables, la Gran Dama Oferente, en posición erguida, con un rostro carente de expresividad pero con abundancia de adornos y collares.

Las figuras de animales son muy frecuentes. Leones y osos se colocaban ante los monumentos funerarios y poseían un carácter de guardianes de las tumbas. El culto a estos animales fantásticos es un nuevo testimonio de la huella oriental de estirpe hitita. La más interesante es la *Bicha de Balazote*, con cuerpo de toro y cabeza humana.

▲ *Parte alta de una estela ibera, hallada en una necrópolis del llano de Utiel. Contiene seis líneas de escritura –no descifrada– compuesta con rayas paralelas y diagonales, que probablemente describen ritos y creencias religiosas.*

▼ *La Bicha de Balazote, obra muestra ibera de lejanas raíces hititas, es una de las frecuentes síntesis de animal-hombre que traducen concepciones animistas de los pueblos mediterráneos antiguos.*

◀ *Dos obras maestras del arte ibero: La Dama de El-che (arriba) y la Dama de Baza (abajo). El barroquismo de las vestimentas y adornos sirve de marco para las expresiones solemnes de los rostros.*

▲ *Puede reconstruirse la vida cotidiana de los iberos con la cerámica y la orfebrería. Vaso ocre decorado con pintura roja procedente de Alcudia entre el 200 y el 50 a.C. (arriba); combina temas geométricos y figurativos. Pendiente circular de oro, en el que se insiste en la decoración geométrica (abajo).*

◀ *Arte cartaginés en España. La Dama de Ibiza, hallada en la necrópolis de Puig dels Molins, es una de las más interesantes figuras cartaginesas por el primor con que ha sido labrado su tocado y por la riqueza de sus adornos.*

ALTAMIRA

Datos: Cueva con pinturas rupestres. Próxima a Santillana del Mar (Cantabria). Antigüedad: entre 15.000 y 12.000 años.

En 1880 publica MARCELINO DE SAUTUO-LA, erudito santanderino descubridor de las pinturas de la cueva de Altamira, un folleto titulado: *Breves apuntes sobre algunos objetos prehistóricos de la provincia de Santander*, en el que sostenía el carácter prehistórico de dichas pinturas. Su opinión no fue aceptada por los maestros entonces rectores de la prehistoria.

Sin embargo, los descubrimientos realizados en Francia en los años finales del XIX, que dan como resultado el hallazgo de varias cuevas con cuantiosas pinturas y la ingente labor del ABBÉ BREUIL provocan un cambio radical en los investigadores. Aunque no faltaron adversarios impenitentes, desde entonces, y sobre todo por la constante argumentación de BREUIL, el carácter paleolítico de las pinturas de Altamira es un hecho reconocido universalmente.

Cronología

Las divergencias de los investigadores sobre la datación concreta no han cesado a lo largo de nuestro siglo. El problema atañe evidentemente no sólo a Altamira sino a todo el arte rupestre cuaternario. Hasta 1962 se aceptaba para éste la cronología y la línea evolutiva propuesta por BREUIL, pero en ese año los prehistoriadores franceses A. LAMING y A. LEROI-GURHAN proponen una profunda revisión de la cronología con base en la distinción fundamental entre *yacimientos rupestres al aire libre* y *santuarios subterráneos* con grabados y pinturas. Según estos estudios, y la ayuda del carbono 14, las pinturas de Altamira pertenecen al período Magdaleniense III y su datación puede fijarse entre los 15.000 y 12.000 años a.C.

Las pinturas y grabados de la cueva de Altamira

La cueva de Altamira tiene una longitud de 270 metros desde la entrada hasta su extremo final. Se distinguen tres zonas:

a) La sala inmediata a la entrada. Allí el hombre se sentiría suficientemente protegido y desarrollaría gran parte de su vida.

b) La sala de las pinturas polícro-mas, la llamada *Capilla Sixtina* del Arte Cuaternario.

c) El resto de las salas y corredores de la cueva.

Hay que recordar que existen grabados y pinturas en todos los sectores señalados pero la cumbre del arte cuaternario se recoge en la constelación de figuras pintadas en la bóveda natural de esa extraordinaria sala de 18 metros de largo por 9 metros de ancho. Hoy el suelo se ha rebajado, permitiendo una cómoda contemplación, facilidad que no compartió el artista obligado a realizar su trabajo en forzada posición por la escasa altura.

En la bóveda se llegan a contar 16 bisontes en muy diversas posturas (de pie, agachados, sin cabeza; saltando, en movimiento o quietos, con la cabeza vuelta, etc.). Otros animales (caballos, jabalíes) acompañan a los bisontes, siendo digna de destacar por su tamaño una soberbia cierva de 2,25 metros.

En la cueva de Altamira se intenta resolver una serie de problemas nuevos en el arte paleolítico, como son el estudio de

Pinturas del techo de la cueva de Altamira

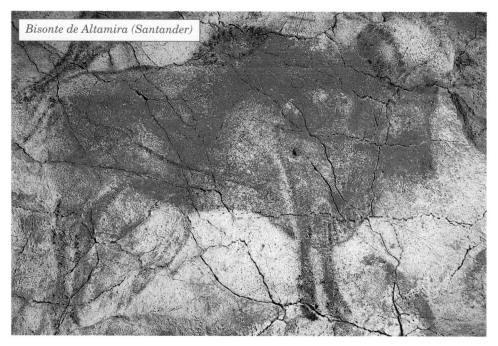

Bisonte de Altamira (Santander)

ACTIVIDADES

● Las pinturas rupestres de la zona franco-cantábrica a la que pertenecen los bisontes de la cueva de Altamira han sido definidas como naturalistas. Observa el dibujo, color y otros detalles y explica por qué se consideran naturalistas.

● Se ha tratado de explicar la finalidad con que fueron realizadas estas pinturas mediante varias hipótesis. ¿Cuál crees qué es la más acertada? Trata de dar una explicación razonada.

● Compara las pinturas que aparecen en esta reproducción con las de la cueva de Valltorta (página 35) e indica las diferencias que observas.

las formas anatómicas, el volumen, el movimiento y la policromía.

Allí se consigue la sensación de volumen escultórico, pues las desigualdades de la roca están diestramente aprovechadas para acusar el bulto de los animales. Los colores usados son sobre todo el rojo (obtenido del hematites) y el negro (tintura extraída del carbón vegetal o de minerales de manganeso), pero aparecen también tonos amarillos o pardocastaños.

El interior de las figuras aparece pintado de rojo, mientras que el negro colorea las líneas de los contornos. Los colores debían de aplicarse directamente o mediante pinceles hechos con pelos. Se disolvían en algún tipo de grasa animal o en otros líquidos disolventes (orín, jugos vegetales, etc).

En el bisonte de pie se puede constatar el avanzado momento de realización de las figuras de Altamira. En efecto, en las etapas más primitivas el animal es pintado con un contorno cerrado y con una sola pata por par, mientras que en el Magdaleniense ya aparecen dibujadas las cuatro patas.

Significado del arte de Altamira

Las pinturas polícromas de Altamira proyectaban los orígenes del arte a distancias insospechadas. Arrinconaban la idea de que el hombre del paleolítico era un salvaje incapaz de creación artística. Pero la incógnita se cifraba en conocer los móviles de esas creaciones artísticas de tan alta calidad. Es un problema común a todo el arte paleolítico.

Sin negar palpables anhelos artísticos en las pinturas parietales, la investigación ha puesto de relieve la existencia de motivaciones de tipo mágico encaminadas a propiciar la caza y a asegurar la fecundidad de la especie representada.

Recientemente, A. LAMING Y LEROI-GOURHAN han desarrollado la hipótesis de que el arte paleolítico tiene una organización interna pensada en función de un simbolismo metafísico y por ello las cuevas son como santuarios que recogen un sistema o dogma religioso. Sus conclusiones se basan en el estudio de los inventarios de figuras, signos y asociaciones en que aparecen, todo ello tratado con computadoras. Otra vertiente de este planteamiento novedoso es desestimar la tradicional tesis de que en las pinturas paleolíticas hispano-francesas no hay escenas, sino animales aislados. Sin embargo parece que, aunque muy escasamente, van surgiendo hallazgos que probarían que el hombre iba formando asuntos, pues del conjunto de pinturas inventariadas puede inferirse una cierta y armónica repartición de temas. La hipótesis de los dos profesores franceses se halla hoy en estado de discusión, pues su aceptación no carece de problemas.

En todo caso, la vena artística y la intención mágica son constataciones de valor científico a partir de las cuales debe seguir buscándose el sistema de ideas que las produjo; el arte de Altamira debe captarse –opina GARCÍA-GUINEA– como onda receptora de la filosofía humana pues en aquellas paredes se plasma el misterio de la vida y de la muerte.

BIBLIOGRAFÍA

ALMAGRO, M., (et al.), *Prehistoria, colonizaciones...* Madrid, Plus Ultra, Ars Hispaniae, vol. 3, 1946.

BENDALA, M. y LÓPEZ GRANDE, Mª J., *Arte egipcio y del próximo oriente.* Madrid, Historia 16, col. Conocer el Arte, 1996.

GARCÍA GUINEA, M.A., *La pintura prehistórica.* Barcelona, Vicens Vives, col. Historia Visual del Arte 1, 1989.

GARCÍA GUINEA, M. A., *Altamira y otras cuevas de Cantabria.* Madrid, Sílex, 1988.

GAYA NUÑO, J., *La escultura Ibérica.* Madrid, Aguilar, 1964.

GIEDION, S., *El presente eterno: los comienzos del arte.* Madrid, Alianza, 1986.

GIEDION, S., *El presente eterno 2: los comienzos de la arquitectura.* Madrid, Alianza, 1997.

MICHALOWSKI, K., *El arte del Antiguo Egipto.* Madrid, Akal, 1991.

PIJOAN, J., *Arte del Asia Occidental.* Madrid, Espasa-Calpe, 1995.

VARIOS AUTORES, *Los iberos príncipes de Occidente,* Barcelona, Fundació La Caixa, Lunwerg, 1998.

YARZA, J., *La pintura del antiguo Egipto.* Barcelona, Vicens Vives, col. Historia Visual del Arte 2, 1990.

4.
El arte clásico (I): Grecia

En la Grecia antigua se pusieron los cimientos de la civilización occidental. En las polis (ciudades), enriquecidas por el comercio mediterráneo y calificadas por sistemas de gobierno muy avanzados, las formas artísticas adquirieron un brillo insólito. Se unían la perfección de las proporciones, la intensidad de los sentimientos, la armonía del movimiento. Todo giraba alrededor del hombre. Las leyes regulaban las relaciones sociales; la arquitectura respondía a la escala humana; la escultura buscó con tenacidad los arquetipos. Inmune a la vejez de los siglos, esta cultura, con sus fórmulas artísticas, se mantuvo como modelo para el arte europeo.

La Grecia clásica ofrece modelos y formas en su arte y en su organización política y métodos de investigación (en la filosofía y las ciencias físicas) que constituyen la base de toda nuestra cultura occidental y europea. Produce asombro la serie de figuras excepcionales que una sola ciudad, Atenas, ha proporcionado en todos los órdenes de la cultura y el arte: historiadores como Heródoto y Tucídides, dramaturgos como Esquilo, Sófocles y Eurípides, filósofos como Platón y Aristóteles, oradores como Demóstenes, escultores como Fidias. En Grecia se inician la Filosofía, la Física, la Historia, y se llevan a horizontes insospechados la Matemática y la creación artística. Algunas notas peculiares del mundo griego, que vamos a ver a continuación, pueden explicar este despliegue de creaciones y de personalidades singulares.

El Partenón *es el símbolo del arte griego. En este templo consagrado a Palas Atenea, semiderruido por un bombardeo, la columnata dórica se alza majestuosa en lo alto de la colina de la Acrópolis, en un despliegue mágico de gracia y belleza.*

1 FUNDAMENTOS SOCIALES Y CULTURALES DEL ARTE GRIEGO

Dimensión humana

Todas las manifestaciones culturales de Grecia están presididas por una preocupación por el hombre. Se trata de una cultura antropocéntrica, como define la famosa sentencia de PROTÁGORAS: "*El hombre es la medida de todas las cosas*". Las formas escultóricas plasman los aspectos visibles de la concepción ideal del hombre; los héroes homéricos de *La Ilíada* nos conmueven por sus sentimientos y debilidades; incluso los dioses están concebidos como seres afectados por las pasiones humanas (amor, celos, odios) e intervienen en las discordias entre sus protegidos.

Organización política: la polis

Frente a los grandes Estados orientales, cuyas dimensiones territoriales exigen un poder coactivo, que suprime la libertad del individuo, el griego se organiza en ciudades-Estado. En la organización primitiva, la *koiné* (aldea), se mantenía el régimen gentilicio, el grupo de familias unidas por un tronco común. Las sucesivas invasiones de pueblos que entran en la península helénica obligan a buscar una organización más amplia, la **polis**, que se antepone a los intereses de los *génea*, los grupos familiares.

En principio la polis es solamente la parte alta de la ciudad, la fortaleza y el templo, y sus componentes forman una asociación de culto y defensa; posteriormente engloba la parte baja, donde se asientan los mercaderes. Cada polis se otorga su base económica y su régimen de gobierno, cuyos modelos son Esparta (polis de economía cerrada, agricultura y régimen aristocrático) y Atenas (polis de economía abierta, comercial y régimen democrático).

Ideal político griego: la democracia

Una serie de hombres públicos relevantes, SOLÓN, EFIALTES, CLÍSTENES, PERICLES, se esfuerzan en configurar para Atenas un régimen político basado en la igualdad y el gobierno del pueblo. Los griegos se enorgullecen de someterse a un orden, no a un hombre. La ley aglutina la ciudad más hondamente que la tierra, el comercio o la religión. HERÁCLITO dirá: "*El pueblo debe combatir por la ley como por la muralla de la ciudad*". Algunos pensadores consideran la norma objetiva (ley) como una invención y un don de los dioses.

Frente a la concepción de que existen hombres con talento político innato, PROTÁGORAS defiende la idea de que cada hombre tiene una parcela de sentido cívico perfeccionable por la experiencia. En consecuencia, el ciudadano tiene el deber de colaborar en los asuntos públicos.

Las instituciones democráticas: *Ekklesía* (Asamblea del pueblo), *Boulé* (Asamblea reducida), magistraturas, tribunales (*Areópago, Heliea*), exigen unos espacios para sus reuniones y funcionamiento y suscitan la necesidad de edificios públicos o, a veces, amplios lugares vacíos. La ecclesía ateniense se reunía en la **Pnyx**, colina al pie de la Acrópolis, en sesiones larguísimas, desde el nacimiento a la puesta del sol.

El pensamiento

Los griegos fueron los primeros que se plantearon una forma de pensar racionalista, es decir, que trataron de dar una respuesta razonable, lógica, no mitológica, a los interrogantes de la vida y de la naturaleza. Este análisis racional griego constituyó una verdadera revolución y fue la base de la manera de pensar de los europeos a lo largo de la Historia.

La religiosidad

Más que de una religión con su teología y su estructura, en Grecia debemos hablar de religiosidad, es decir, de un sentimiento de relación con los dioses, que cada vez serán más parecidos a los humanos. No tenían dogmas, ni catecismo, ni predicación, ni siquiera clero (salvo en los oráculos de los santuarios). El culto a los dioses de la ciudad unía a sus ciudadanos, y lo mismo ocurría, en los grandes santuarios (de Olimpia, Delfos y Eleusis), con los griegos de todos los rincones del mundo helénico.

Esta religiosidad dejó una huella enorme en el Arte: por un lado, llenó las tierras de Grecia de santuarios y templos y, por otro, la temática religiosa (por ejemplo, la procesión de las Panateneas del friso del Partenón) exigió una determinada disposición de la arquitectura de los templos y se plasmó en los relieves que los decoran.

2 UN ANTECEDENTE: EL ARTE CRETOMICÉNICO

Creta

En el segundo milenio antes de Cristo, mientras Europa vive en la Edad del Bronce, **Creta**, por su situación privilegiada en un mar de rutas comerciales, es el solar de una cultura que sirve de inspiración a las zonas continentales próximas.

Los palacios (Knossos, Faistos, Hagía Tríada) son de **arquitectura** compleja, basada en bloques aislados, no obstante ofrecen algún elemento común: un patio rectangular, grandes escaleras de acceso a los pisos superiores, tragaluces y carácter arquitrabado. La columna, de fuste disminuido hacia su base y su capitel con equino y ábaco, proporciona elementos al estilo dórico griego.

► Arte cretense: Tauromaquia, fresco del palacio de Knossos. El toro y los jóvenes componen un grupo mucho más dinámico que los de los frescos egipcios. Los matices cromáticos demuestran una perseverante observación de la realidad.

▲ Diosa con serpientes. Hallada en el palacio de Knossos, pertenece al minoico medio. Ausente la gran escultura, del tipo de la egipcia, Micenas aportó a la plástica la precisión de la silueta y el movimiento pausado.

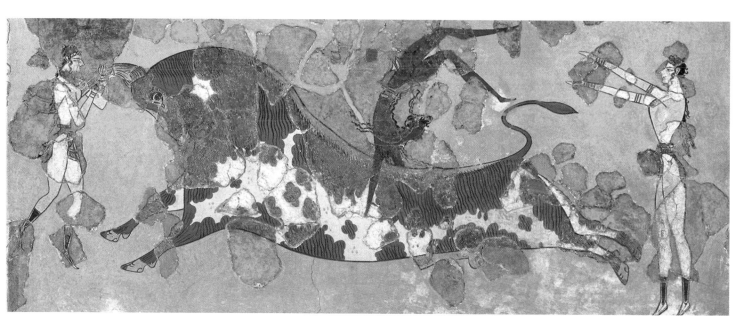

En **escultura** se cultivaron industrialmente estatuillas de la diosa domadora de serpientes, hombres desnudos, damas de falda acampanada, y algunas tallas de marfil, como el *Acróbata de Knossos*.

En sus palacios las **pinturas** al fresco, combinadas con bajorrelieves de estuco, reflejan los temas de la vida diaria. En ellos los pintores muestran su amor a la naturaleza –hojas, espigas– y un sentido del movimiento del que carecía la pintura egipcia. La influencia de Egipto es perceptible en algunas creaciones, por ejemplo en la belleza de los perfiles de las pinturas, pero los artistas cretenses rompieron las ataduras foráneas para inspirarse en las bellezas de su propio paisaje.

Micenas

En el continente, en **Micenas** y **Tirinto**, excavadas por Schliemann, aparecen las murallas ciclópeas –innecesarias en Creta por su carácter de isla–, con grandes puertas, como la de los Leones (Micenas) y un tipo interesante de tumbas, las de corredor (Tumba de Agamenón, Tesoro de Atreo), que desemboca en una amplia cámara cubierta por falsa cúpula (construida mediante aproximación de hiladas). El modelado de los felinos en la puerta de los Leones, únicas esculturas legadas por el arte cretense, no fue superado en el relieve hasta las escenas de caza asirias, varios siglos posteriores. En las excavaciones se han encontrado además innumerables figuras de barro, bronce y marfil, quizás exvotos.

► Tribuna de acceso al patio central del palacio de Knossos *(arriba). Son características de la arquitectura cretense las rojizas columnas, sobre las que descansan amplios entablamentos, y los relieves o pinturas parietales.*

La puerta de los Leones *(abajo), principal entrada en la muralla de Micenas destaca por su masa imponente –los leones rampantes tienen más de 3 m de altura– y el tamaño de sus piezas labradas, especialmente el dintel.*

3 URBANISMO Y CONCEPCIÓN DEL ESPACIO

Planificación de la polis

En la Grecia clásica la configuración política de la ciudad-Estado requiere la construcción de recintos urbanos, ya que la simple yuxtaposición de casas sin un orden deliberado no podría satisfacer las funciones múltiples que se piden a la ciudad. Tres de estas funciones son las que influyen en el nacimiento de la polis:

a) Militar: Se elige el lugar más fácil de defender, la acrópolis, fortaleza, que repite la fórmula de Micenas.

b) Económica: Se busca un emplazamiento que facilite el acceso desde el mar o próximo a un cruce de caminos naturales. En Atenas el ágora desplaza a la acrópolis como centro de la vida urbana, cuando la complejidad de los intercambios comerciales exigió una ubicación en lugar menos agreste que la colina sagrada.

c) Estética: El marco natural ha de satisfacer unos ideales de belleza que el griego no olvida.

La extensión de las polis por todo el Mediterráneo durante la colonización contribuye a suscitar una planificación y a que su crecimiento no se deje al azar. En el plano se comprueba que los templos dominan la ciudad; contemplada desde la distancia su mole y su emplazamiento elevado sugieren la idea de una deidad protectora.

Elementos de la polis

En la polis griega se pueden distinguir varios elementos:

– **Ágora**. Imprescindible en el desarrollo de la ciudad como ente corporativo. Se construyeron dos tipos funcionales de ágora: uno, como ámbito de la administración y de reunión del pueblo en solemnidades; otro, como el lugar del comercio y de los negocios.

Por su morfología, se clasifican en ágoras de tipo antiguo, de forma irregular (como el Cerámico de Atenas), y de tipo nuevo, introducido por HIPODAMOS, de disposición más regular, con *stoaí* y edificios diversos.

– **Stoá**. Pórtico cubierto que da protección a la gente reunida, en el que se localizan a veces los establecimientos comerciales. Además de en las ágoras, las stoaí suelen levantarse cerca de lugares de recreo público, como gimnasios, teatros, etc.

– **Calles con columnatas o soportales**. Son más utilizadas en la época romana; protegen del calor y del frío, y se multiplican en ciudades coloniales, donde las condiciones climáticas exigían mayor protección de los viandantes.

– **Gimnasio** y **palestra**. Son lugares para ejercicios físicos y escuelas de lucha; **buleuterio** y **eclesiasterio**, como edificios públicos para reuniones políticas.

– **Teatro**. Edificio fundamental. Las gradas se apoyan en la falda de la colina. Define a veces el emplazamiento de otros edificios.

El urbanismo

A diferencia de la cultura egipcia, todos los edificios deben estar proporcionados a la **escala humana**. Esta escala comienza por la utilización de un material en piezas no excesivamente grandes (sillares), para que la arquitectura no sea desmesurada.

Por otra parte, no es sólo el espacio interno lo que preocupa a los arquitectos, sino la concepción del edificio como parte de un **conjunto**. Más que arquitectura, los griegos hacen urbanismo, no buscan la creación de espacios interiores sino los valores plásticos de los edificios dentro de un conjunto. Así los propíleos o acceso a santuarios y la acrópolis, cumplen una función fundamental en la creación de recintos solemnes.

Se estudian además todas las **perspectivas**, la relación con la naturaleza, la topografía. La Acrópolis ateniense constituye con el santuario de Delfos uno de los dos ejemplos más notables de esta relación entre espacio natural y espacio construido. En esta línea se procura la multiplicidad de puntos de vista; en Delfos el ascenso hacia el templo de Apolo permite diversas perspectivas, que están previstas con todo cuidado.

En resumen, el constructor griego estudia la escala, la dimensión comunitaria del edificio, su funcionalidad, la relación con la topografía, las perspectivas que deben ser favorecidas por la disposición de las otras construcciones. Si un edificio no es simplemente una agregación de piedras, una ciudad no es una agregación de edificios. La aportación decisiva es la concepción del espacio urbano o espacio exterior a la edificación aislada. En Grecia nace el **urbanismo**, con igual claridad que la ciencia, la filosofía o la historia.

4 LA ARQUITECTURA

Caracteres generales

Al construir sus edificios a la medida de las personas y con una preocupación por la apariencia exterior que se inspira en la concepción del edificio como miembro de un conjunto, los griegos los circundan con un elemento, la **columna**, tratado como una forma estética.

Cada pueblo aporta elementos y peculiaridades a la columna. Así surgen los tres órdenes clásicos: **dórico**, **jónico** y **corintio**.

▲ Capiteles correspondientes a los tres órdenes clásicos. *El dórico más austero y robusto, consta de dos piezas: equino (curvilíneo) y ábaco (paralelepipédico); el jónico imita con sus volutas la gracia de los rizos de las cabelleras femeninas; el corintio remata en un despliegue de hojas de acanto.*

ÓRDENES ARQUITECTÓNICOS

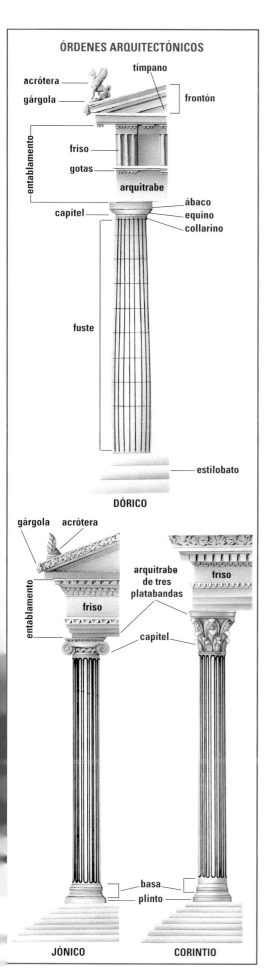

acrótera

gárgola

tímpano

frontón

entablamento

friso

gotas

arquitrabe

capitel

ábaco

equino

collarino

fuste

estilobato

DÓRICO

gárgola   acrótera

arquitrabe de tres platabandas

friso

entablamento

friso

capitel

basa

plinto

JÓNICO   **CORINTIO**

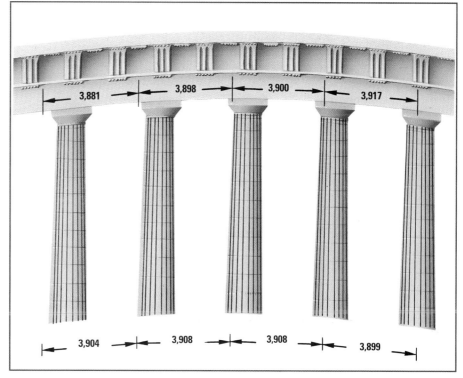

3,881   3,898   3,900   3,917

3,904   3,908   3,908   3,899

◀ Los tres órdenes arquitectónicos. *La columna del dórico carece de basa, su capitel está menos trabajado (equino), su arquitrabe es liso y el friso esta decorado con triglifos y metopas; la del jónico posee basa, capitel de volutas, canon más alargado, arquitrabe con tres salientes, friso liso o todo él decorado con relieves; la del corintio aún más esbelto, tiene un capitel de hojas de acanto y en lo demás es similar a la columna jónica.*

▲ El Partenón (arriba) *es la obra arquitectónica más perfecta y bella del arte griego. Es un templo octástilo y períptero, de estilo dórico, que en sus metopas se adornaba con relieves de* FIDIAS *(hoy en el Museo Británico). El dibujo (abajo) nos permite comprobar los refinamientos ópticos del edificio: curvatura del entablamento y estilóbato, éntasis de las columnas, desigualdad de los intercolumnios.*

Las notas que definen la arquitectura griega son las siguientes:

a) Es una **arquitectura arquitrabada**, de apariencia serena, al basarse en una estructura de líneas horizontales y verticales, pero entraña dificultades para la superposición de pisos o para la elevación en altura.

b) Como material se utilizó en principio el **conglomerado** o **piedra arenisca**, llamado "**poros**" (templo de Zeus en Olimpia). El **mármol** no se usó antes de mediados del siglo V, hasta la construcción del templo de Apolo en Delfos y el Partenón, por las dificultades que ofrecía su trabajo.

c) Aunque se han perdido, se utilizaron **colores**: azul en los triglifos, rojo en el fondo de las metopas, planos dorados, etc.

d) Búsqueda de una **armonía visual** que obliga a separarse de las medidas matemáticas. Los refinamientos ópticos de mediados del siglo V a.C. podrían resumirse de esta manera:

— **Curvaturas** del entablamento y del estilóbato hacia arriba, para evitar el efecto de pandeo, de vencimiento por el centro.

— **Inclinación** de las columnas hacia adentro para impedir la sensación de caída y crear el llamado *efecto piramidal*.

— **Éntasis** de las columnas, con lo que se aminora el efecto de concavidad de las columnas de lados rectos.

— **Mayor anchura** de las columnas de los ángulos, anulando cualquier presión de debilidad en ese punto.

— **Desigual distancia** de los intercolumnios.

Estas modificaciones no responden a ninguna necesidad funcional ni estructural sino simplemente al elevado idealismo de unas construcciones que desean responder a las severas exigencias del espíritu humano y corregir las perturbaciones que los efectos ópticos podrían introducir en una estructura de líneas horizontales y verticales.

Creaciones arquitectónicas

En una arquitectura que se proponía crear espacios para la vida colectiva no debe limitarse el estudio a la construcción aislada, aunque los templos, teatros e incluso casas tenían interés en sí mismos, sino que ha de ampliarse el enfoque a los conjuntos, como santuarios, acrópolis y ciudades enteras.

El templo no daba cobijo a los fieles, de ahí que el tratamiento interior haya sido limitado y predomine en cambio el cuidado de su envoltura externa. Factor común es una sala rectangular

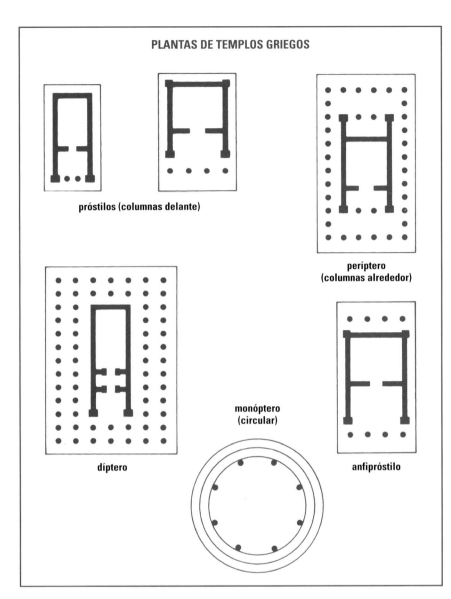

PLANTAS DE TEMPLOS GRIEGOS

próstilos (columnas delante)

períptero (columnas alrededor)

díptero

monóptero (circular)

anfipróstilo

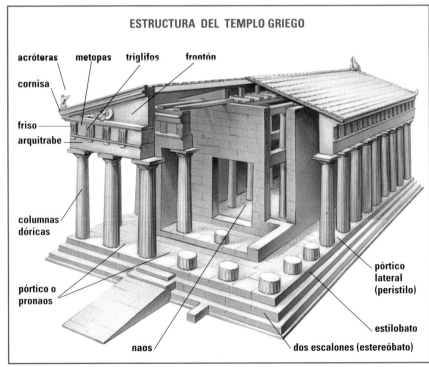

ESTRUCTURA DEL TEMPLO GRIEGO

acróteras metopas triglifos frontón

cornisa

friso

arquitrabe

columnas dóricas

pórtico o pronaos

naos

pórtico lateral (peristilo)

estilobato

dos escalones (estereóbato)

▲ Compárese la diferente impresión de los estilos. Arriba, el templo de Poseidón en *Súnion*, exhibe la poderosa musculatura de sus columnas dóricas separadas por angostos intercolumnios. A la derecha, el Erecteion de la Acrópolis ateniense, con su tribuna de las Cariátides, *muestra en el otro pórtico la gracia esbelta de sus columnas jónicas.*

◄ *El dibujo del templo* griego *nos muestra su* estructura característica: basamento de gradas, peristilo de columnas, pronaos, naos, etcétera.

◄ *El* teatro de Epidauro es una de las maravillas de la arquitectura griega, por la geometría de sus líneas, la perfecta sensibilidad de la escena y su asombrosa acústica.

▼ *En el* santuario de Delfos *la armonía de la construcción y el paisaje alcanzan calidades excelsas. En el teatro, la cavea aprovecha la pendiente de la falda y posibilita la visibilidad perfecta de la orchestra y de la escena en la que se hierguen algunas columnas entre el decorado formado por la naturaleza.*

(*náos* o *cella*), con la estatua de la deidad votiva, y otras cámaras, anterior (*prónaos*) y posterior (*opisthódomos*). Alrededor, un peristilo, con columnas de madera hasta el siglo VI, de piedra después. Se apoya la construcción sobre un basamento de gradería (*krepís*), que contribuye a realzar la mole.

En el estilo dórico es mayor la abundancia de restos. En principio, las columnas se construían en un solo bloque, –así es el templo de Apolo de Corinto (siglo VI a.C.)–, pero pronto se recurrió al sistema de cilindros superpuestos, como en los templos de Hércules en Agrigento y de Ceres en Paestum, ambos de finales del siglo VI a.C. El dórico alcanza su plenitud en el Partenón ateniense, creación cimera de la historia de la arquitectura. En la misma Acrópolis de Atenas el Erecteion, con su tribuna de las Cariátides, nos ofrece una muestra del estilo jónico. El corintio se introduce en fecha tardía y no se generaliza hasta el helenismo.

El **teatro** dibuja sus gradas sobre la falda empinada de una colina y aprovecha el mismo pie de la colina para la construcción de la *skené* (escena) y la *orchestra*. El teatro mejor conservado del mundo griego es el de Epidauro, notable por su visibilidad y su acústica y sorprendente por la perfecta geometría de sus líneas.

De trascendente interés para el conocimiento de una cultura es el estudio de su **vivienda**; mientras los templos y teatros recogen aspiraciones de la colectividad la casa traduce dimensiones del individuo. Construida con materiales menos nobles, lo que ha contribuido a su peor conservación, pero adornada por pinturas, la vida doméstica gravitaba en torno al peristilo, un patio con columnas al que se asomaban las habitaciones y que equivalía en el ámbito familiar al ágora urbana.

En la vida griega los festivales religiosos o cívicos en los **santuarios** desempeñaron un papel unificador, al congregar en un lugar y con una motivación a individuos procedentes de todas las polis. Sobresalieron el culto a Zeus en Olimpia, del que formaban parte los juegos, y el de Apolo en Delfos.

Teniendo como centro el templo del dios los santuarios ofrecían una serie de elementos comunes: los *propíleos* o pórtico, el camino de los peregrinos, los tesoros o templos votivos de diferentes ciudades, el altar del sacrificio, el templo del dios principal, la *stoá*, el teatro y en algunos casos incluso el estadio. De todos los santuarios que Grecia ha legado, Delfos, por su emplazamiento, es el más impresionante, con un fondo de rocas, en una falda empinada, atalaya abierta al mar, al golfo de Corinto. La adaptación de la arquitectura a la topografía adquiere aquí unas calidades pocas veces alcanzadas.

5 LA ESCULTURA

Caracteres generales

Los ideales del pueblo griego brillan en la escultura, cuyas creaciones señalan una de las cimas de toda la Historia del Arte, a pesar de que de algunos de los grandes maestros no conservemos sino copias romanas.

Aunque sus raíces son orientalizantes y en sus primeras fases la escultura refleja influencias egipcias, su evolución constante llega a crear un mundo de formas original, que se distancia de sus primeros modelos.

a) La evolución ofrece una orientación clara; los escultores plasman en la figura humana sus concepciones de **belleza física** y **equilibrio espiritual** (*sofrosyne*). La belleza concebida como medida, proporción entre las partes, anatomía armoniosa, idealización del cuerpo humano, alcanza su plenitud.

b) Pero la belleza corporal resultaría fría en un rostro inexpresivo; la **expresión**, no sólo como una vivencia estética, sino más aún entendida como la exteriorización de los sentimientos, como la fusión entre la vertiente espiritual del hombre y su fachada física, es la segunda preocupación de los escultores helénicos.

c) La representación del **movimiento** constituye otro objetivo. En los ángulos de los frontones, los artistas aprenden a doblar la figura o a relacionar dinámicamente los grupos; en su etapa clásica la flexibilidad de los miembros, la tensión muscular o la agilidad adquieren una gracia y una viveza hasta entonces nunca alcanzada. Siempre es la figura humana la preocupación central, pero en los relieves del Partenón los cuerpos de los caballos demuestran que también en la anatomía animal los griegos han observado y expresado todas las posibilidades del dinamismo.

d) Belleza, expresión y movimiento definen los rasgos capitales de la plástica griega; a su lado hay que colocar, probablemente con menor entidad, la preocupación por el **volumen**. El arte egipcio había legado una concepción plana y frontal de la estatuaria; los griegos aportan el principio esencial de que la escultura es un arte de volúmenes que requiere diferentes puntos de vista para ser contemplado.

Esta conquista de la redondez y del cuidado de todas las perspectivas en la escultura griega es lenta pero perceptible poco a poco; todavía el *Discóbolo* de MIRÓN resulta plano si se compara con el *Doríforo* de POLICLETO.

Pueden distinguirse tres períodos: **arcaico** (hasta el siglo V a.C.), **clásico** (siglos V y IV a.C.) y **helenístico** (a partir de finales del siglo IV a.C.).

▼ *Dos obras del siglo IV a.C., una* Afrodita *de* PRAXÍTELES *y un* Sileno *–con* Dioniso en brazos *de* LISIPO, *nos permiten admirar dos constantes de la escultura griega: la belleza de las formas, que intenta proporciones aritméticas, en la primera y la intensidad de la expresión del rostro en la segunda.*

El período arcaico

Lo que para los egipcios y mesopotamios constituía una meta es tan sólo un punto de partida para los talleres griegos del siglo VII a.C., que se plasma en la serie de *koúroi*, atletas desnudos, y *kórai* (mujeres vestidas, frecuentemente sacerdotisas).

Con respecto a la serie de caballos y figuras humanas de 1200 a.C. y 1000 a.C., los restos más antiguos que el mundo helénico nos ha legado, el *koúros* y la *kóre* que se caracterizaban por su abstracción, aún conservan la rigidez de los modelos orientales, perceptible en la dificultad para doblar dedos y extremidades, pero muestran una observación naturalista de la figura, en el modelado de los músculos y la esbeltez de la cintura.

Muchos son todavía los rasgos de arcaísmo: ojos almendrados, pelo ordenado en superficies geométricas, expresión hierática; pero en un si-glo los escultores aprenden a conquistar diversas posturas y a plasmar la sonrisa. La ley de la frontalidad, como podemos ver en el *koúros Anavissos*, gobierna estas esculturas, que en el primer cuarto del siglo VI empiezan a mostrar formas más redondeadas.

El *Efebo critio* ejemplifica la evolución a que han llegado los *koúroi* alrededor del año 500, con un trabajo de las superficies que muestra la piel como una fina envoltura tras la que se adivina la estructura de huesos y músculos.

La misma búsqueda y evolución constante la encontramos en las *kórai*. En la *Dama de Auxerre* (Museo del Louvre), de la escuela dedálica, el cuerpo de la mujer está tenso bajo un peplo solamente sugerido; en la *Hera de Samos* (Museo del Louvre) los pliegues de la túnica y el manto se diferencian netamente mediante apretadas incisiones. En las estatuas de doncellas que se dedicaban como exvotos en el recinto de la Acrópolis se distingue el peplo dórico, simetría, esca-

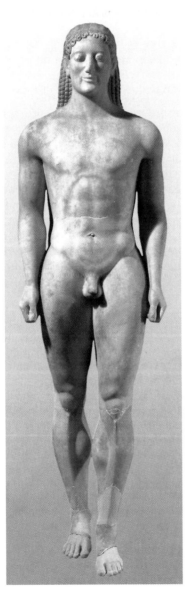
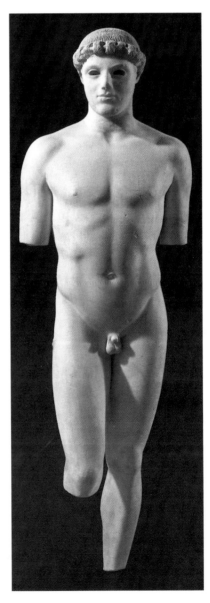

◀ *La Dama de Auxerre (izquierda) es la creación más representativa de las kórai de la escuela dedálica. El peplo tirante transparenta las formas de los senos y la ondulación suave de la cintura. Tanto en la representación del cuerpo como en la del paño de lana que lo cubre la evolución desde las primeras korai, próximas a las esculturas egipcias, es evidente.*

El koúros Anavissos (centro) es uno de los más bellos ejemplos de atleta arcaico, en cuyo modelado puede comprobarse ya un cierto distanciamiento de los modelos egipcios.

El Efebo critio (derecha), atribuido a Critias, muestra la evolución final del koúros hacia el año 500. El realismo es mayor y los miembros sugieren una visión unitaria del cuerpo; la epidermis se trata con delicadeza y permite una mejor contemplación de las formas.

▶ *Nacimiento de Afrodita del Trono Ludovisi. Considerando algunos rasgos arcaicos, se introducen ya principios que distinguen a la escultura clásica; los cuerpos se doblan y adquieren una ondulación flexible.*

sez de pliegues, y el jónico, asimetría, diagonales, abundancia de plegado. De esta forma avanzan los escultores en las técnicas de blandura y flexibilidad de las telas, que culminarán en el período clásico en FIDIAS.

La **transición al clasicismo**, alrededor del año 500, se inicia con los relieves de los frontones de Egina y Olimpia. En el frontón más antiguo del templo de Egina la expresión sonriente de algunas figuras dio nombre a la *sonrisa egineta* y en el frontón oriental (del año 480) se expresa ya la tristeza y el dolor. La forma triangular del espacio obliga a doblar las figuras y la composición de las batallas exige del escultor un dominio del movimiento. La fuerza de Hércules que dispara su arco, la variedad de las expresiones, la concepción espectacular del movimiento señalan la aurora de un arte nuevo. Podemos observar que por esos años se consiguen valores similares en el bronce, sobre todo en el *Auriga de Delfos* y en relieves como los del Trono Ludovisi.

▶ *En la* Hera de Samos *(izquierda) se compendian los progresos de la escuela jónica en el tratamiento de los ropajes, con pliegues abundantes, diferenciando los finos y apretados del chitòn (tùnica) de los espaciados surcos del himation (manto).*

En el Auriga de Delfos *(derecha), los pliegues de la túnica son desiguales y el borde inferior se ondula en una suerte de rizado de viento. La cabeza anticipa la del Discóbolo, con el pelo ajustado y un ligero rizado sobre las sienes.*

La escultura clásica

En el siglo V a.C. la escultura alcanza su máxima perfección y serenidad. El ideal de equilibrio griego encuentra en ella un medio de expresión. En el siglo IV a.C., agotadas las posibilidades en la representación de la belleza ideal, los escultores otorgan mayor atención a la expresión de los sentimientos en los rostros. La serie de maestros de ambos siglos es larga, pero las figuras cimeras son: MIRÓN, FIDIAS y POLICLETO, en el siglo V a.C., y SCOPAS, PRAXÍTELES y LISIPO, en el IV a.C.

El broncista MIRÓN consigue en el *Discóbolo* la captación del movimiento en el momento de máximo desequilibrio del cuerpo; es un instante fugaz, en el que el atleta se dispone a iniciar el giro para soltar el disco, con el cuerpo contraído y apoyado en el pie derecho. La postura era entonces de una enorme audacia.

FIDIAS es considerado como el paradigma del clasicismo, aunque se haya atribuido una parte importante de su extensa obra a su taller y a sus discípulos. La belleza serena de los rostros, la flexibilidad y transparencia de las vestimentas, la combinación de equilibrio y vida –un cuerpo estático que inclina ligeramente la cabeza–, son para nosotros rasgos del arte fidíaco, pero para sus contemporáneos debió representar mucho más. Los autores que proclaman a FIDIAS "*escultor de dioses*" reconocen en él al artífice que retrató a las divinidades como se concebían en su época. La serie de esculturas dedicadas a Atenea, el Zeus de Olimpia y los relieves del Partenón constituyen el legado de este gran maestro.

◀ Del *Discóbolo* de MIRÓN *asombró a sus contemporáneos la postura atrevida de un cuerpo en contorsión y tensión. Pero los músculos son todavía planos y las facciones poco expresivas. Nos encontramos en el umbral del clasicismo.*

▼ *En el friso de las Panateneas resplandece el espíritu del clasicismo.* FIDIAS *y sus colaboradores multiplican los pliegues flexibles, casi musicales en las posturas gráciles de las figuras y en su movimiento pausado. El tema recoge con atmósfera solemne la procesión de las doncellas que llevan a la diosa Atenea el peplo tejido por ellas.*

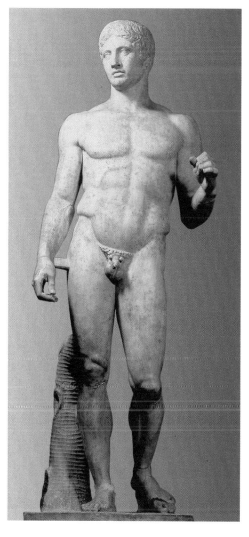
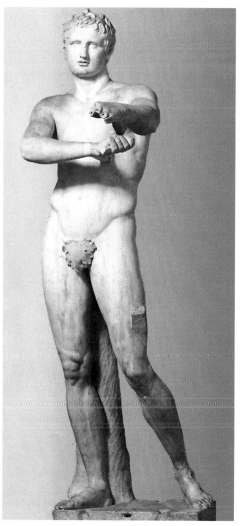

La decoración escultórica del Partenón se hace directamente o bajo la dirección de FIDIAS, en sus tres ámbitos: el friso interior de los muros de la *cella* (procesión de las Panateneas), las metopas y los frontones. En las luchas de lapitas y centauros el movimiento adquiere unos efectos dramáticos y las cabezas una variedad de expresiones que colocan a las metopas en un primer puesto de la historia del relieve. En el friso las figuras se relacionan y se mueven con elegancia, pero sin recurrir nunca al gesto efectista, innecesario; una vez más nos encontramos con el sentido de la medida del clasicismo, que no se pierde ni siquiera en el frontón, en la dramática confrontación de la lucha entre Atenea y Poseidón.

POLICLETO es un teórico de la anatomía humana que recoge en textos literarios sus cánones y los esculpe en su *Doríforo*, joven lancero en el que analiza cada pliegue muscular y consigue un efecto de profundidad con las posiciones de piernas y brazos.

En el *Diadúmeno* la expresión es más dulce y las piernas más cortas. Su serie de estatuas de campeones olímpicos se ha perdido, pero las escasas muestras del arte de POLICLETO representan

otro de los ideales griegos: la fuerza unida al equilibrio y a la belleza.

La crisis de los ideales anatómicos de POLICLETO se anuncia en el siglo IV en las esculturas de LISIPO (*Apoxiomeno*), cuyos músculos son a un tiempo fibra y grasa y cuyo canon es más largo, y la crisis de la serenidad de FIDIAS se intuye en la violencia y contorsiones de las esculturas de SCOPAS (*Ménade furiosa*).

PRAXÍTELES es el creador de un estilo original, en su serie de Apolos de cuerpo blando, que curvan su cadera (curva praxiteliana) al apoyar indolentemente el brazo y traslucen en sus rostros una intensa nostalgia. En el *Hermes de Olimpia* estos rasgos se perciben en un cuerpo esbelto, de canon más alargado que el del *Doríforo*.

Considerada por los antiguos como la más hermosa del mundo, la obra maestra de PRAXÍTELES es la *Afrodita Knidia*, de la que se pensaba que protegía a los navegantes. La diosa desnuda, dispuesta para el baño, se apoya en la pierna derecha para dibujar la gracia de sus formas. En épocas más tardías disfrutó de fama todavía superior el *Apolo sauróctono*, combinación de formas adolescentes masculinas y contorno femenino.

▲ *Las aportaciones de* POLICLETO *a la estatuaria griega se resumen en el* Doríforo *(izquierda), que muestra un cuerpo de proporciones matemáticamente estudiadas y vigorosa musculatura.*

Es visible la herencia del Doríforo *en el* Apoxiomeno *(centro) de* LISIPO, *pero el canon responde a las proporciones más esbeltas del siglo IV, la cabeza se reduce y el cuerpo parece oscilar sobre las piernas, simbolizando la pérdida del perfecto equilibrio del clasicismo del siglo V.*

El Hermes de Olimpia *(derecha) de* PRAXÍTELES *constituye un compendio del arte de este gran maestro: curvatura de la cadera y apoyo compensador en el lado contrario, pulimento delicadísimo de la superficie sin los contrastes duros de* POLICLETO, *expresión nostálgica.*

6 EL HELENISMO

El **helenismo** es en primer lugar la crisis de la polis, al englobarse la constelación de ciudades-Estado en una unidad política mayor bajo el dominio macedónico. En ese nuevo mundo político, organizado por Alejandro Magno, no tienen sitio los ideales de armonía y medida de la Grecia clásica y son sustituidos por nuevos valores. Es la época de grandes conjuntos monumentales, como el altar de Pérgamo o el *Coloso* de Rodas.

En escultura se inicia una era de realismo un tanto amargo. Se prefiere el desequilibrio de los cuerpos retorcidos a las serenas posturas de FIDIAS, el dramatismo de las expresiones a los rostros tranquilos, la fealdad de monstruos o seres amenazadores a la belleza clásica. En el grupo del *Laocoonte*, los cuerpos se retuercen, los músculos se hinchan, los rostros expresan dolor: estamos ya en otro mundo artístico.

Se sigue considerando a Atenas como el solar de la cultura pero aparecen otros centros y escuelas (Pérgamo, Rodas, Alejandría) con lo que se pierde la unidad de estilo y resulta difícil encontrar los elementos comunes de las épocas anteriores. El recuerdo de los ideales de armonía se conserva todavía en la *Venus de Milo*, pero las formas barrocas, caracterizadas por el movimiento intenso y la tensión, se plasman en la *Victoria de Samotracia* cuyos pliegues arremolinados y postura elástica tanto se diferencian de las *Victorias* de la escuela de FIDIAS.

▲ Laocoonte y sus hijos. *En el grupo que representa al sacerdote de Apolo y a sus dos hijos acometidos por serpientes se expresa la violencia y el desequilibrio que caracterizan el helenismo tardío. En un grupo concebido para su contemplación frontal los tres escultores que intervinieron intentaron contrastar la tremenda convulsión muscular de Laocoonte con las anatomías más clásicas de los niños.*

◀ Relieve de Atenea y Alcioneo, *del Gran Altar de Pérgamo. Compárese con el del Partenón. En el combate entre dioses y gigantes los escultores helenistas introducen una tensión nueva, que contorsiona los cuerpos y acusa los músculos, mientras los rostros expresan dramáticamente violencia o dolor.*

◄ *En el período helenísti-co surge alguna vez la nostalgia de los tiempos clásicos y se combina el arte de* FIDIAS, PRAXÍTELES *y otros maestros. La* Venus de Milo, *que se encuentra en el Museo del Louvre, es el máximo ejemplo de este arte ecléctico aquí sublimado por la serenidad y la armonía de las proporciones.*

◄ *La* Victoria de Samotracia *(Museo del Louvre). Procedente de Rodas, refleja la influencia de* LISIPO *en la escultura de la isla. Con sus alas tensas y su manto sacudido, se apoya en un podio en forma de proa de navío. Con su gracia y su leve torsión es una de las figuras más bellas del arte griego.*

7 LA CERÁMICA

Injustamente se acusó al mundo griego de olvidar el color. Una cultura tan sensible a todas las manifestaciones del arte no pudo prescindir de la pintura, pero ésta se ha perdido y tan sólo conservamos los nombres de algunos pintores y el reflejo en la cerámica del arte de los más importantes, como POLIGNOTO. En la cerámica se combina la pericia de los artesanos, la gracia de las formas (*cráteras, lékitos, ánforas*) y la armonía de los colores. Se pueden distinguir las siguientes fases:

a) Estilo geométrico (1000 a 700 a.C.). Evolución desde el estilo negro, hasta el castaño oscuro. Primero la decoración se reduce a líneas, luego se introducen contornos de pájaros, caballos y ciervos; en el siglo VIII a.C. aparece la figura humana, con siluetas de torsos triangulares (cerámica del Dypilon).

b) Época arcaica. Creciente magnitud y detalle de la figura. Dos fases: figuras negras y figuras rojas.

c) Época clásica. Cerámica ática del siglo V a.C. Composiciones paralelas a las de las pinturas, con interés por los escorzos, la perspectiva y el sombreado y la expresión de las emociones.

▲ Evolución de la cerámica griega. A la izquierda, vaso del siglo VIII que muestra el arte geométrico en el momento de la introducción de escenas funerarias; a la derecha, ánfora de Exequias (siglo VI), ejemplar de la cerámica ática de figuras rojas, que supone la renovación de los colores y el realismo de las escenas, donde los personajes adquieren una desenvoltura notable: Aquiles y Ayax jugando a los dados...

UNA COLINA EDIFICADA: La Acrópolis de Atenas

La Acrópolis es una fortaleza natural que culmina, en el emplazamiento del Partenón, a 156 metros sobre el nivel del mar. En una superficie de menos de tres hectáreas se consiguió levantar el más notable conjunto de monumentos que nos ha legado la civilización griega. Pero el objeto de este análisis no será el estudio particular de cada obra sino el de un espacio que se caracteriza por dos aspectos: el peculiar aprovechamiento de una topografía difícil y la disposición visual de los edificios subordinada a un itinerario religioso.

Por su fácil defensa la colina fue asentamiento humano desde la época neolítica (mediados del III milenio), y en la época micénica, hacia el 1500, se la dotó de una rampa. En el período histórico griego se construyen sucesivos monumentos religiosos, cuya distribución puede verse en el dibujo de GORHAM P. STEVENS, proceso que finaliza en el siglo V con Pericles, quien piensa en un santuario que supere a todos los conocidos y encarga su construcción a ICTINOS y CALÍCRATES, entre los años 447 a 432. Esta joya única, el Partenón, sufrió diversas vicisitudes, hasta que el 26 de septiembre de 1675 un bombardeo veneciano en la guerra contra los turcos la redujo a ruinas. El temblor de tierra de 1894 aumentó la destrucción, frenada por algunas restauraciones posteriores. Pero el peligro verdadero y definitivo es el de la atmósfera tan contaminada de la Atenas actual, que está deteriorando los mármoles seculares de forma irreparable.

La gran roca es en principio el lugar menos estimulante para el emplazamiento de un conjunto de edificios, por su difícil accesibilidad, su silueta alargada y el suelo irregular, con zonas deprimidas y rugosidades. El genio griego brilla en la transformación de este espacio tanto como en la calidad de cada una de las construcciones y la decoración escultórica que embelleció los principales edificios. Desde el Oeste, es decir desde la entrada, la Acrópolis presenta una estructura articulada, como un gigantesco navío. Desde el Sur, la vista lateral del Partenón imprime dirección a toda la masa. El emplazamiento del templo, precisamente en la zona más elevada, es clave; en cualquier otro lugar de la colina, o con otra distribución de los edificios circundantes, hubiera quedado sumergido en una masa confusa de construcciones en vez de emerger de manera nítida como se propuso Pericles.

Los Propíleos están ubicados en el único punto accesible, pero son mucho más que una puerta monumental. La disposición de sus alas y diversos edificios, como el templo jónico de Atenea Nike, abrazan la ladera y prestan a la rampa de ascenso una solemnidad que prepara al visitante espiritualmente para introducirse en un recinto religioso. Los zócalos o *pyrgos* aumentan la impresión de grandeza; la falda de la colina ha pasado de ser un inconveniente, un desnivel que hay que vencer, a convertirse en una estructura arquitectónica, un sistema de apoyo que permite la construcción de una puerta grandiosa. La distribución fue decidida por MNESICLÉS, bajo el mandato de Pericles. Las procesiones que se formaban en el Cerámico, a menos de un kilómetro para visitar el santuario de Atenea, alcanzaban la base de la colina y ascendían la rampa siempre con la imagen de la columnata central del Propíleo sobre sus cabezas. De los cinco vanos, el central era más ancho para facilitar el acceso de los peregrinos. Ya dentro del pórtico, un corredor flanqueado de columnas acentuaba la profundidad y la sensación de transición (ver dibujo).

Vista aérea de la Acrópolis de Atenas

ALZADO DE LA ACRÓPOLIS

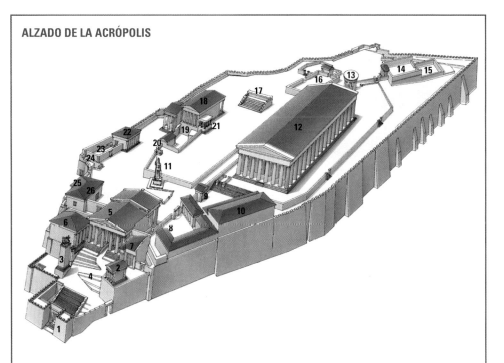

1. **Pyrgos o zócalo del templo de Atenea Nike**
2. **Templo de Atenea Nike**
3. **Pedestal del monumento de Agrippa**
4. **Rampa de acceso a los Propíleos**
5. **Propíleos**
6. **Propíleos (ala norte)**
7. **Propíleos (ala sur)**
8. **Temenos de Artemisa Brauronia**
9. **Temenos de Atenea Ergané**
10. **Chalcoteca**
11. **Atenea Prómacos**
12. **Partenón**
13. **Templo de Roma y de Augusto**
14. **Heroón de Pandión (?)**
15. **Remisa (?)**
16. **Altar de Zeus**
17. **Altar de Atenea**
18. **Erecteion**
19. **Cecropion**
20. **Pandroseion**
21. **Antiguo templo de Atenea**
22. **Casa de las Arréforas**
23. **Patio del frontón (Sfairisterion)**
24. **Escalera micénica (conduce a un depósito de agua)**
25. **Escalera que conduce al camino circular (perípatos)**
26. **Viviendas, locales administrativos, etc.**

Al salir del Propíleo el espectador tenía ante sí la estatua de Atenea Promacos de FIDIAS, y más lejos el triple templo jónico del Erecteion. A su derecha el santuario de Artemisa Brauronia perturbaba un tanto la contemplación del Partenón, lo que exigía el avance. La ventaja, a diferencia de otros santuarios, estriba en que en la Acrópolis la primera contemplación del templo principal es distante y crea un efecto tridimensional.

Luego las procesiones continuaban bordeando el lateral norte, hasta el ángulo nordeste y finalmente el frente oriental.

Así, tras la contemplación distante, el espectador disfrutaba de la visión próxima de un lateral y de la frontal de la fachada Oriental, en la que se situaba el más importante de los dos frontones, el que representaba el nacimiento de Atenea, la diosa votiva de la polis. Todavía se conserva in situ alguna cabeza de caballo de las cuadrigas que se asomaban a los ángulos del frontón.

No es objetivo de este análisis el estudio del Partenón ("cámara de las vírgenes" etimológicamente), pero sí constatar que el recorrido de la vía sacra permitía el disfrute de todos los ángulos y de la silueta de sus columnas antes de acercar al peregrino a la admiración de los relieves de los frontones, de los frisos exteriores, de las metopas y finalmente de los frisos interiores de los muros (procesión de las Panateneas).

Al visitante actual le esperan otros motivos de contemplación; los restos del Erecteion, con su tribuna de las Cariátides, los tesoros que guarda el Museo de la Acrópolis –en la parte posterior del Partenón–, especialmente su serie de kórai arcaicas, las vistas sobre el ágora desde el lado norte, y sobre el barrio de Plaka y el gigantesco templo del Olimpeion desde el borde este de la colina. O admirar, desde puntos distantes, la Acrópolis entera y los juegos de luces de cada hora del día.

Pero no debe olvidarse que el conjunto singular de obras arquitectónicas y escultóricas se ha basado en una fascinante utilización de un espacio topográfico insólito, en el que los griegos, partiendo del hecho social de las procesiones sagradas, hicieron confluir perspectivas, ángulos e imágenes en el templo de la diosa protectora.

BIBLIOGRAFÍA

BLANCO FREIJEIRO, A., *Arte griego*. Madrid, C.S.I.C., 1997.

CHAMOUX, F., *La civilización griega*. Barcelona, Juventud, 1967.

CHARBONEAUX-MARTIN-VILLARD,
– *Grecia arcaica*. Madrid, Aguilar, col. El Universo de las formas, 1969.

– *Grecia clásica*. Madrid, Aguilar, col. El Universo de las formas, 1969.

– *Grecia helenística*. Madrid, Aguilar, col. El Universo de las formas, 1969.

GARCÍA BELLIDO, A., *Urbanística de las grandes ciudades del mundo antiguo*. Madrid, C.S.I.C., 1985.

ELVIRA BARBA, M.A., *Arte clásico*. Madrid, Historia 16, col. Conocer el arte, 1996.

ROBERTSON, D. S., *Arquitectura griega y romana*. Madrid, Cátedra, 1988.

ROBERTSON, M., *El arte griego*. Madrid, Alianza, 1997.

WOODFORD, S., *Introducción a la Historia del arte. Grecia y Roma*. Barcelona, Gustavo Gili, 1995.

5.

El arte clásico (II): Roma

Roma significa un verdadero suceso en la Historia. Geográficamente esta ciudad-Estado se encuentra en el centro del Mediterráneo que es como decir en el centro de la cultura occidental antigua y, en cierto modo, es también el núcleo alrededor del cual gira toda la Historia de Occidente. Roma asume la herencia de la cultura griega clásica: su estética, su pensamiento y su refinamiento, y proyecta hacia el futuro, que alcanza nuestros días, su lógica, su pragmatismo y su equilibrio.

El arco y el dintel nunca tuvieron tan feliz conjunción como en el arte romano; la casa y la calzada como proyecto, intimista el uno y social el otro, han tenido en Roma la más preclara de sus manifestaciones y los más impresionantes retratos de nuestra cultura se gestan en lo que fue poderosa raíz de nuestra sensibilidad y nos refleja un modo de ver la vida que resulta tremendamente actual.

Acueducto de Segovia. *En esta audaz obra de ingeniería, Roma demuestra el sentido práctico de su pensamiento constructor. Roma, como ningún otro pueblo de la Antigüedad, supo enraizar el arte arquitectónico con la mejor y más pura ingeniería constructiva. El acueducto fue construido en tiempos de Trajano.*

1 ORÍGENES DEL ARTE ROMANO

El arte etrusco y el arte griego (primero desde la Magna Grecia y luego desde la propia Grecia) fueron las principales influencias artísticas que recibió originalmente el arte romano, sobre todo hasta los inicios de su Imperio.

El arte etrusco

Los etruscos estaban asentados en la región de Etruria o Toscana. Su cultura determinará de un modo decisivo varias de las características singulares del arte romano. Es un pueblo que rinde culto especial a los muertos y decora sus tumbas con deliciosos frescos, en los que se representan escenas alegres de la vida. En estas pinturas que poseen la frescura y la gracia de la pintura griega apuntan ya unas características genuinas, como son la caracterización de los tipos y la atención al retrato.

El culto a los muertos les lleva a modelar las efigies de los difuntos que reposan semiacostados sobre los sarcófagos unas veces, y que otras son la tapa de unos recipientes llamados *canopes* (urnas cinerarias). En los dos casos la sensación de realismo de las cabezas es enorme, dando la impresión de que son perfectos retratos.

Por primera vez en la cuenca mediterránea aparece el **retrato** como realidad artística, y este sentido del retrato real, no idealizado, pervivirá no sólo en la cultura romana antigua sino en toda la cultura mediterránea hasta nuestros días.

Los etruscos aportarán también en arquitectura el empleo del **arco**, posiblemente importado de las viejas culturas mesopotámicas, que desarrollarán con la suficiente perfección para poderlo transmitir técnicamente perfecto a los romanos. Otros aspectos, como la creación de la **columna toscana**, de fuste liso, se deben a los etruscos.

▲ *La* Loba Capitolina *fundida en bronce, símbolo de Roma, es una obra etrusca, y bien puede entenderse como el símbolo de ese traspaso de cultura que Etruria hizo a Roma.*

Influencia del arte griego

Los romanos, al irse desplazando hacia el Sur y entrar en contacto con la Magna Grecia y Sicilia, pudieron admirar el refinamiento y la belleza que allí había producido el helenismo, lo que sin duda les cautivó.

Más adelante, cuando Roma conquista Grecia a partir del siglo II a.C., cargamentos enteros de escultura, y aun de elementos arquitectónicos griegos, se trasladan a Roma. Con ellos llegan a la metrópoli multitud de artistas griegos; unos van como esclavos pero otros acuden voluntariamente ante la nueva y poderosa clientela que, preferentemente, demandará copias de la gran estatuaria griega. Gracias a esas copias, conocemos mejor la escultura griega.

▶ Sarcófago etrusco de los esposos. *El culto a los muertos de este pueblo les lleva a labrar bellos sarcófagos con las figuras de los fallecidos que reposan semiacostados y que suelen ser auténticos retratos. Esta afición por el retrato la heredarán más tarde los romanos.*

▲ Pintura etrusca. Fresco de la tumba del Barón en Tarquinia. *Los etruscos aprenden de la cerámica griega a utilizar la línea limpia y hondamente expresiva, pero aportan a la Historia su magnífico sentido del color y la introducción en la iconografía pictórica de los tipos populares.*

▲ Puerta etrusca en Volterra, *siglo IV a.C. Los etruscos incorporan el arco a la civilización mediterránea. No lo inventan ellos sino que lo toman de Mesopotamia. Pero ellos lo dejarán como herencia a los romanos, quienes lo incluirán como pieza fundamental en sus estructuras arquitectónicas.*

2 CARACTERES PROPIOS DEL ARTE ROMANO

Tras un período de adaptación y maduración vemos aparecer, ya en el siglo I a.C., un arte romano genuino, aunque esta independencia estética no se produjo a la vez en todas las artes. En arquitectura se da bastante pronto ya que la organización urbana, social y religiosa exige nuevos planteamientos arquitectónicos y constructivos desconocidos por los griegos.

La atención a la casa en la civilización romana hace que la decoración de sus muros con **pinturas**, generalmente al fresco, sea cuestión de gran importancia. De las pinturas griegas sabemos que se extendían en lugares públicos y frecuentemente en exteriores, pero las pinturas romanas se encuentran principalmente en recintos domésticos. De ese modo la iconografía es distinta y en Roma tiene una evolución particular bastante temprana y bien diferenciada de la griega (conocida únicamente por referencias literarias y por reproducciones en su cerámica).

Sin embargo no ocurre lo mismo con la **estatuaria** romana, que sigue los modelos griegos durante casi toda su existencia. Probablemente se deba a la mayor abundancia de estatuas griegas que de otras obras de arte, puesto que éstas eran fáciles de transportar mientras que la pintura al fresco o la arquitectura no se puede transportar o se hace mal.

En todo caso hay que señalar una excepción: el **retrato**. La tradición etrusca de representar a los muertos como si estuvieran vivos, se conservó a través de las mascarillas de cera que los romanos guardaban de sus antepasados. Este interés por el realismo, tan opuesto al idealismo griego, es la mayor singularidad que presenta la escultura romana, aunque no la única, como se verá más adelante.

3 EL SENTIDO DEL ESPACIO Y EL URBANISMO

El romano, a diferencia del griego, valoraba más el espacio interior y le gustaba sentirse inmerso en él. El mundo latino tenía unas estructuras sociales y políticas complejas y suntuosas, lo que le condujo a la construcción de grandes espacios cerrados.

El característico sentido práctico de los romanos hará de estos espacios cerrados algo verdaderamente adecuado al hombre, aun al precio de renunciar a los modelos de la plástica griega. Cuando el romano toma el modelo de columnatas exteriores de los templos griegos y los traslada al interior de sus basílicas aplica los valores constructivos griegos pero al servicio de una nueva dimensión espacial. El romano sabrá desarrollar una arquitectura en la que lo importante será la creación del espacio interior.

Las primeras comunidades itálicas tenían, naturalmente, carácter agrario y por ello sus primeras ciudades se adaptan a la orografía sin un plan determinado. Se origina así un entramado de calles que resiste mal las necesidades de una ciudad grande, como le ocurría por ejemplo a la propia Roma.

En las **ciudades nuevas**, sin embargo, los romanos adoptan el sistema de cuadrícula que ya había impuesto HIPPODAMOS en Grecia en el siglo V a.C., porque ofrece soluciones rápidas y claras. Este sistema es mucho más evidente en aquellas ciudades originadas en un campamento militar, pues así se podían mover con la misma celeridad en cualquier dirección. La adopción de esa organización en las ciudades es sin duda la aportación más original de los romanos al urbanismo.

La agrupación urbanística queda referida a dos grandes ejes, la **vía decumana** (brazo Este-Oeste) y el **cardo** (brazo Norte-Sur); en su interior se encuentra el **Foro** y alrededor los templos y la basílica, el teatro, etc. En España puede apreciarse esta organización en las ciudades de León y Mérida.

▼ Ruinas de la ciudad de Timgad (Argelia). *El trazado en cuadrícula no sólo resulta un sistema racional y económico en la distribución de las ciudades sino que contribuye a la comprensión del espacio por parte de los habitantes, quienes pueden orientarse en sus calles con suma facilidad.*

4 ARQUITECTURA

Obras públicas de ingeniería

La gran expansión colonial de los romanos requiere excelentes vías de comunicación, ya que sin ellas no se puede mantener el Imperio. Estas **calzadas** salvarán grandes obstáculos gracias a lo que será la clave del éxito de la ingeniería romana: el **arco**, que el arquitecto romano manejará hasta límites increíbles. Lo habían tomado de los etruscos, pero lo emplearon con audacia especialmente en la construcción de puentes y acueductos (el puente sobre el Tajo en Alcántara alcanza 48 m de altura).

Los romanos, más ingenieros que artistas, serán creadores de importantes obras de carácter público; puertos, pantanos y acueductos ofrecían la infraestructura que el Imperio necesitaba. Los **acueductos** salvaban grandes distancias para transportar agua de lagos naturales o de pantanos artificiales. Resultan imponentes por sus dimensiones y majestad el de Claudio en Roma, el de Segovia y el de los Milagros en Mérida. Los pantanos nos muestran, una vez más, la calidad técnica alcanzada por Roma. En España puede admirarse aún el lago de Proserpina, que suministraba agua a Mérida a través del acueducto de los Milagros.

Monumentos públicos

Sin embargo el genio arquitectónico romano tendrá su más clara expresión en los monumentos públicos: **basílicas, termas, teatros, anfiteatros**, etc. La utilización de nuevos materiales, como el cemento y el ladrillo cocido, les permitía una mayor flexibilidad y rapidez en sus obras.

La **basílica**, lugar de reunión para relaciones comerciales o para administrar justicia, consta de tres naves; la central, de mayor altura, permite abrir vanos en la parte superior para iluminar el conjunto, y con frecuencia está cubierta con bóvedas de medio cañón. El fondo de la nave central suele ser semicilíndrico y estar cubierto con una media cúpula. Este modelo constructivo basilical es el que emplearán más tarde los cristianos para sus iglesias. Constituyen excelentes ejemplos: la Basílica Ulpia y la de Majencio.

También son importantes las soluciones arquitectónicas que se dan en las cubiertas abovedadas de las **termas**. En el *frigidarium* de las termas de Pompeya se encuentran antecedentes de trompas para sujetar cúpulas semiesféricas, y en las gigantes termas de Caracalla en Roma los empujes de las bóvedas de arista de la nave central del *tepidarium* son contrarrestados por gruesos contrafuertes bajo los que corren las naves laterales.

▲ *El foro es el lugar cívico de reunión; en él se agrupan las basílicas, los templos y las tiendas. Este Foro romano que hoy se contempla con evocadoras ruinas es el resultado de la agregación de varios foros, desde el republicano hasta el más monumental, que fue el de Trajano.*

Los romanos construyen **teatros** partiendo de la idea griega, pero en lugar de excavarlos en la ladera de un monte, los edifican. Ello les permite aprovechar el espacio que queda detrás de las gradas para galería y *vomitorios* que comunicaban con las distintas zonas y, de ese modo la velocidad de desalojo de un teatro era muy rápida.

Por otra parte, como esas galerías eran curvas como la *cavea*, crearon así una bóveda anular sin antecedentes en la historia. Además de esto, y dado que en las obras teatrales latinas el papel que desempeña el coro es menor que en las griegas, se reduce la orquesta y se hace semicircular. La escena, o gran telón de fondo, será de una magnificencia asombrosa, constando, generalmente, de tres cuerpos adintelados.

Cabe destacar, el teatro de Aspendos (Asia Menor) como el más grande del Imperio, el de Marcelo en Roma con una magnífica fachada y el de Mérida en España, uno de los mejor conservados.

Novedad romana es el **anfiteatro**, que como su nombre indica surge de la unión de dos teatros, y sirve para juegos y luchas. La planta suele ser elíptica y bajo la arena se abren numerosos corredores y dependencias para el servicio del anfiteatro. El ejemplar más representativo es el que edificó Vespasiano en Roma. Más tarde fue llamado Coliseo y alcanzaba un aforo de 50.000

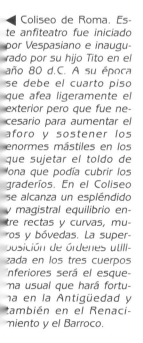

◀ Arco de Tito, *siglo I.* *Es algo posterior al emperador que acabó la guerra con los judíos. Presenta novedades como el uso decidido de los capiteles compuestos y las ventanas ciegas entre los pares de columnas. Su exquisita elegancia de proporciones le hacen ser el modelo de arco de triunfo donde la sola arquitectura, sin apenas esculturas ni ornatos, logra transmitir el sentimiento de equilibrio y grandiosidad de la cultura latina.*

◀ Coliseo de Roma. *Este anfiteatro fue iniciado por Vespasiano e inaugurado por su hijo Tito en el año 80 d.C. A su época se debe el cuarto piso que afea ligeramente el exterior pero que fue necesario para aumentar el aforo y sostener los enormes mástiles en los que sujetar el toldo de lona que podía cubrir los graderíos. En el Coliseo se alcanza un espléndido y magistral equilibrio entre rectas y curvas, muros y bóvedas. La superposición de órdenes utilizada en los tres cuerpos inferiores será el esquema usual que hará fortuna en la Antigüedad y también en el Renacimiento y el Barroco.*

▶ Maison Carrée en Nimes, *siglo I d.C. Ejemplo puro de la idea del templo romano. El genio innovador latino transforma la religiosa belleza del templo griego en la majestuosidad que conviene al Imperio.*

espectadores. Aquí, como en el Teatro Marcello, encontramos otra novedad, que es la superposición de órdenes o estilos en la fachada: abajo el toscano, en medio el jónico y arriba el corintio.

Para carreras de caballos, carros y ejercicios atléticos crean el **circo**, que es una adaptación del estadio griego. En el centro se levanta la *spina* alrededor de la cual se extiende la pista. Era importante el Circo Máximo de Roma y en España quedan restos en Mérida y Toledo.

Monumentos conmemorativos

El **arco de triunfo** es el monumento que mejor refleja el deseo de los romanos de dar testimonio de su grandeza y de perpetuar así sus hazañas. El prototipo nos lo ofrece el arco de Tito en Roma, con un solo arco, pero los hay de tres como el de Septimio Severo en Roma, e incluso más. Aunque normalmente ofrece sólo dos fachadas a veces presenta cuatro, como el de Cáparra en España. Con frecuencia sus paredes se adornan con interesantes relieves homenaje a las victorias que conmemoran.

Otros monumentos conmemorativos de gran valor lo constituyen las **columnas**, como la de Trajano, en Roma, y la de Marco Aurelio, ambas con decoración escultórica siguiendo un sentido helicoidal.

Edificios religiosos: templos

Quizás porque los grandes mitos griegos resultaban poco convincentes, los romanos se acercan más a dioses particulares o, incluso, familiares. La devoción pública se dirige al César.

Los **templos** romanos toman lo esencial de los griegos, pero introducen serias modificaciones. Ante todo casi nunca serán perípteros y las columnas sólo ofrecerán un pórtico a la entrada. En los lados del templo las columnas están adosadas al muro de la *cella*. Además todo el templo se asentaba sobre un gran pedestal o *podium* y la única escalera de acceso estaba en la fachada principal. Los ejemplos más representativos de este tipo de templo son el de la Fortuna Viril en Roma y el que es conocido con el nombre de *Maison Carrée*, en Nimes (Francia).

Del *tholos* helenístico se derivará el interés de los romanos por los templos circulares. Las mayoría de las veces serán de pequeñas dimensiones y sin problemas técnicos, ya que su cubierta es de madera. Las cúpulas se utilizan también, aunque sólo se aprecien en el interior. Se lanzan al espacio con dimensiones gigantescas; es el caso de la del panteón de Agripa (Roma, siglo II d.C.). Otra interesante construcción con gran cúpula es la del supuesto templo de Minerva Médica (siglo III, Roma).

5 ESCULTURA

El sentido realista en la plástica

Para el romano las **artes figurativas** –escultura y pintura– tuvieron siempre un marcado carácter realista. Es más, parece que el principal objetivo de su quehacer plástico es la representación realista. Aunque no lo sabemos bien, podemos deducir varias razones de ese interés realista: por un lado, el aporte artístico de los etruscos, que habían sido fieles al realismo en los retratos funerarios o en las pinturas de sus tumbas; por otro, ese sentido práctico que caracteriza al pueblo romano le llevaría hacia una plástica en la que las personas y las cosas se reconocieran como tales. Además el interés por dejar memoria de sus hechos, por la Historia y por la narrativa en general, hace que se desarrolle, especialmente en el relieve, un arte lleno de realismo que llega, a veces, incluso a lo anecdótico.

Pero la cultura romana no puede sustraerse, en absoluto, del influjo griego que tiende hacia la abstracción y el ideal. Este interés por la cultura y el arte griego estuvo ceñido siempre a los círculos elegantes e ilustrados sin que el pueblo lo entendiera. Por ello se dan dos corrientes paralelas en Roma, una popular y realista, y la otra aristocrática e idealista.

Durante la República y hasta los Flavios (siglo II) la fuerte influencia helénica hace que predomine la escultura, la cual tendrá primordialmente un carácter divino, incluso en los retratos

▲ *Los relieves internos del arco de Tito muestran la entrada triunfal en Roma tras su victoria sobre la rebelión judía y la destrucción del templo de Jerusalén y de sus tesoros, como demuestra la presencia del candelabro de los siete brazos.*

▼ *El Ara Pacis. Esta pequeña construcción, en forma de templo, alberga lo que quizás deba considerarse como la más bella muestra de la estatuaria romana. En la ilustración se ve al emperador (a la derecha) con su séquito. Las figuras constituyen verdaderos retratos llenos de majestad imperial y de naturalismo. Fue mandado edificar por Augusto a su vuelta de las campañas de España y la Galia en el año 13 d.C.*

Columna Trajana, Roma, 113 d.C. Elevada para conmemorar la victoria del emperador sobre los dacios cuando el Imperio consigue su máxima extensión. Sus relieves
pueden considerarse como los mejores ejemplares de la escultura romana de carácter realista absolutamente alejada del idealismo griego.

de César y Augusto; en éstos queda acentuado
este carácter, siendo especialmente interesantes
el retrato con toga conservado en el Vaticano y el
representado con coraza conservado en el Museo
del Louvre, de París.

El relieve

Es en los relieves donde el romano irá alcanzando una trascendencia y una personalidad defi-
nitivas. En el relieve del altar de *Domitius Aheno-
barbus* (siglo II a.C.), que representa el sacrificio
de un cerdo, de un carnero y de un toro (*suove-
taurilia*), el artista sigue una ordenación helénica
pero el tratamiento de las figuras, los gestos, e
incluso la temática ya no es griega, participa más
del realismo romano.

Al término de la República se generaliza un tipo de relieve de origen helenístico en el que se
recurre a efectos pictóricos como la perspectiva
y otros efectos de profundidad. La obra capital
del relieve histórico-pictórico será el *Ara Pacis
Augustae*. El ara era una pequeña construcción
rectangular generalmente abierta por el techo,
para encerrar un altar, que permitía abundante
decoración en sus paredes. En el ara de Augusto
se representa la procesión de la familia imperial
para hacer una ofrenda por la paz creada por el
emperador. Las figuras, de carácter bastante realista, caminan plenas de majestad imperial.

Posteriormente, en el año 75, se realizan los
dos relieves que decoran el arco de Tito en Roma para conmemorar la victoria sobre los judíos.
En ellos el tratamiento plástico que da ilusión de
profundidad es más acusado que en el Ara Pacis,
siendo otra de las obras cumbre del arte romano.

De gran singularidad resulta, sin duda, la integración de relieves en una columna. La columna
se venía utilizando de hecho como monumento
aislado. Sin embargo no es hasta Trajano que se
usa como soporte para una narrativa. En la columna Trajana se desenvuelve toda una serie de
relieves que relatan las batallas del emperador
contra los dacios a lo largo de una cinta que se
enrolla formando una hélice.

Aparte de su originalidad, la columna resulta
capital por dos razones; una por el tratamiento
plástico de la escultura, de matiz impresionista y
de una composición y representación de tipos
realista y popular. La otra por el planteamiento de
la banda helicoidal que envuelve el fuste de la
columna como si fuera un guión cinematográfico
cuyas secuencias crean un sentido temporal no
esperado en una representación espacial.

Con la misma intención, en el último tercio de
siglo, Marco Aurelio levantó en Roma otra columna, pero en ella los relieves son más acusados
olvidando todo vestigio de aquel relieve pictórico
del siglo I.

El retrato

a) **Orígenes etruscos y helenísticos.** Sin duda, el tema más apasionante que nos ofrece la estatuaria romana es el retrato. En la línea de esa corriente realista y popular que hemos señalado, podemos encontrar sus raíces en los retratos funerarios etruscos.

Es difícil precisar en los primeros retratos romanos lo que hay en ellos de etrusco o de helenístico, debido a la fuerte tendencia al realismo de las estatuas griegas del siglo II a.C.

De esta época republicana son los retratos de Pompeyo, Cicerón y César, en los que ya aparecen fuertes caracteres romanos y que nunca vemos en la obra helenística, tales como la dureza de trazos y de expresión.

b) **Influencia del idealismo helénico (siglo I).** Estas características romanas duran poco y con Augusto como emperador, cuando Roma alcanza una grandeza que quiere ser divina, los retratos oficiales tenderán hacia un mayor helenismo, como ocurre con los del césar Octavio Augusto.

La divinización de Claudio en vida impone la representación semidesnuda y coronado de laurel, además de símbolos de dioses, como el retrato de Claudio con el águila de Júpiter, en el Museo Vaticano.

c) **Realismo romano desde los Flavios.** La tendencia helenizante que se da en los ambientes cultos y en los oficiales coexiste con una corriente más latina de carácter popular. Esta última va aflorando cada vez más en los retratos de la época de los Flavios hasta que con Trajano alcanzan su verdadera madurez y personalidad.

A partir de Adriano comienza a generalizarse el uso de la barba en el Imperio y así lo vemos en lo sucesivo. Podemos destacar el retrato de Marco Aurelio a caballo que es la más antigua estatua ecuestre conocida conservada hoy en el Museo del Capitolio en Roma, y el de Caracalla (Museo de Berlín), con la terrible expresión que denota su carácter enloquecido y cruel.

d) **Último período: simplificación.** Paulatinamente se va simplificando el modelo y acusando los rasgos, lo que ayuda a una mayor expresividad y comunicación psicológica; pero esa simplificación conduce a un excesivo esquematismo que ya apreciamos en los retratos del emperador Constantino, como el gigantesco que se encuentra en el Museo de los Conservadores, en Roma, en el que se apuntan las características de simplicidad y hieratismo que significarán el retrato bizantino.

▲ Retrato de Augusto. *El retrato es todo un análisis de las emociones contenidas al dirigirse a sus soldados. Transmite sensación de energía y de prudencia. En la coraza se encuentran preciosas esculturas que informan de los sucesos recientemente acaecidos en la Hispania y en la Galia.*

◀ Retrato de Constantino. *En la época de Constantino se advierten dos tendencias bien diferenciadas en la escultura y sobre todo en el retrato: una de corte clásico que sigue la pauta del retrato romano, y otra bizantinizante, mucho más expresionista y anticlásica. Esta cabeza pertenece a la segunda tendencia, la expresionista. La desmesura de las facciones se debe probablemente al tamaño de la estatua a la que pertenecía que se calcula en unos 15 m. Estas facciones de fuerte estructura geométrica establecen el patrón para lo que serán después los retratos bizantinos.*

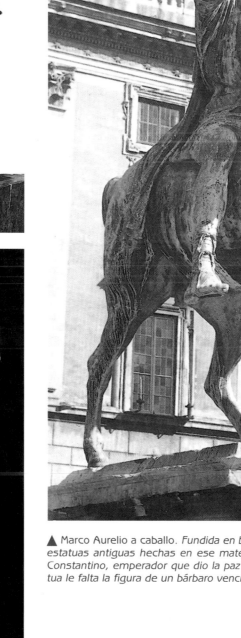

▲ Marco Aurelio a caballo. *Fundida en bronce, no fue víctima de la rapiña medieval de estatuas antiguas hechas en ese material porque se la confundió con la estatua de Constantino, emperador que dio la paz a la iglesia cristiana. Parece ser que a la estatua le falta la figura de un bárbaro vencido bajo la pata alzada del caballo.*

◀ Dama de la permanente, *siglo I. La helenización del retrato en este momento no fue tan patente fuera de los retratos oficiales y menos aún en el femenino, donde los tocados y distintos peinados quedan fielmente reflejados.*

6 LA PINTURA

La escultura que, por influencia griega, ha ocupado un papel preponderante en la plástica oficial hasta el siglo II, deja paso a la pintura a partir del siglo III. Las decoraciones de interiores, que en palacios y templos eran de carácter escultórico, pasan a serlo de carácter pictórico.

Esto ocurre en edificios públicos ya que en las casas siempre se prefirió la **pintura** porque permitía un mayor realismo, pues con ella se representan lejanía, atmósferas, paisajes y espacios de un modo que jamás alcanzó la escultura. En general estas pinturas se realizan al fresco y son protegidas finalmente por una capa de cera que aviva los colores.

Suelen establecerse cuatro **estilos pictóricos** bien diferenciados que, aunque se suceden cronológicamente, a veces coexisten:

a) **Primer estilo o de incrustaciones**: Tiene origen helenístico y se extiende hasta principios del siglo I a.C. Imita placas de mármol de diversos colores o decoración con poco relieve como en la Casa de Salustio (Pompeya).

b) **Segundo estilo o arquitectónico**: Pervive hasta los comienzos del Imperio. La decoración imita espacios arquitectónicos con lo que se amplía ilusoriamente el espacio. Se completa con paisajes (jardines) o figuras. Buen ejemplo son las pinturas de la Casa de Augusto y Livia (Museo de las termas, Roma).

c) **Tercer estilo u ornamental**: Coincide aproximadamente con la primera mitad del siglo I. La decoración extremadamente fina y lineal, se desarrolla sobre fondos oscuros. Desaparecen los efectos espaciales arquitectónicos, pero la decoración sigue enmarcando cuadros con figuras o paisajes, como los de la villa aparecida bajo la Farnesina en Roma.

d) **Cuarto estilo o del ilusionismo arquitectónico**: Corresponde a la segunda mitad del siglo I a.C. En él se acentuaron de nuevo el interés por los espacios y la sensación de profundidad, mediante el ilusionismo arquitectónico. Por otra parte las figuras ocupan grandes extensiones e importancia, comenzando aquí a ocupar ese lugar que hasta entonces tenía la escultura en la necesidad que el romano sentía siempre de imágenes. Sin lugar a dudas el mejor ejemplo lo ofrecen los frescos de la Villa de los Misterios, en Pompeya.

Al margen de esta clasificación hay que citar los **retratos pintados**. En el Egipto romano se descubrió una excelente colección de retratos sobre tabla; se realizaron para colocarlos sobre las momias. Igualmente en Pompeya y pintados al fresco, se descubrieron magníficos retratos como el de *El panadero y su esposa*, o el de una muchacha, ambos en el Museo de Nápoles.

▲ Pinturas de la Villa de los Misterios, *siglo I a.C., Pompeya.* *Este conjunto pictórico que ocupa toda una sala extendiéndose a modo de zócalo alto, es, sin duda, una de las obras monumentales de la Historia de la pintura. Dibujo, modelado, composición, color y expresión se aúnan magistralmente para narrar unas misteriosas iniciaciones a los ritos báquicos.*

◄ Retrato femenino, *siglo I, El Fayum. El vigor expresivo del retrato romano es más patente en las pinturas posiblemente porque no tenían la intención monumental de las esculturas.*

▶ Retrato del panadero Paquio Próculo y su esposa. *En pintura los romanos alcanzaron una considerable capacidad de síntesis, resolviendo con pocas pinceladas la expresividad y la sutileza del resto. En este excelente retrato, además de los detalles que aportan naturalidad y realismo, se añade un innegable matiz psicológico, lo cual le proporciona un carácter documental impresionante.*

7 EL MOSAICO

Los romanos usaron también la técnica del mosaico para decorar sus interiores, en la que siguen utilizando el *opus tesselatum* de origen griego pero aportan, como novedad, el *opus sectile*. No obstante, y en general, el mosaico es preferido para los suelos. Será más tarde, en la cultura bizantina, cuando el mosaico sustituya definitivamente al fresco en los muros.

Podemos destacar como obra cumbre el mosaico de *La batalla de Alejandro con Darío*, encontrado en la Casa del Fauno, en Pompeya. En España son muy representativos y de gran calidad los mosaicos *El sacrificio de Ifigenia*, en Ampurias, *El triunfo de Baco* en el Museo Arqueológico de Madrid y de *La Medusa* en el Museo Arqueológico de Tarragona. En estos mosaicos es muy frecuente el empleo de la técnica del *opus verniculatum* consistente en utilizar teselas muy pequeñas, de hasta 1 mm de lado, con lo que podían imitar el efecto de las pinceladas de una pintura.

▼ Mosaico que representa al dios Annus. *Aunque los romanos utilizaron el mosaico con un gran sentido decorativo en suelos y paredes, empleando para ello motivos geométricos, es evidente su intención de sustituir, frecuentemente, la técnica del fresco por la del mosaico que estimaban más duradera. Por ello el tratamiento de la forma de la expresión y del volumen es absolutamente pictórica.*

EL TEATRO DE MÉRIDA

Mérida, la *Colonia Emérita Augusta*, fue fundada por Augusto en el año 25 a.C., e inmediatamente se procedió a la construcción de los grandes edificios públicos: **foro, templos, mercado, circo, anfiteatro** y **teatro** quedaron alineados en un mismo eje constructivo. El teatro fue mandado construir por el cónsul Marco Agripa en el año 18 a.C. y la escena fue reedificada por Trajano y terminada por Adriano, en el año 135 d.C.

La *cavea* era colosal para un teatro de provincias. Mide 86,63 metros de diámetro y podía albergar 5.500 espectadores, lo que, dada la corta población de las ciudades, hace suponer que asistirían a las representaciones gran parte de la población campesina. Esta *cavea* se construye en parte, aprovechando la ladera de una pequeña colina, por lo que la *orchestra* queda mucho más baja que la calle que rodea la *cavea*. El exterior es de buena sillería granítica almohadillada, y tiene trece puertas de entrada que comunican, alternativamente, con uno u otro de los tres pisos de las gradas. La organización interna es inteligente y eficaz; pasillos curvados, adecuados al hemiciclo, comunican una salida o *vomitorium* con otra; como cada nivel de la *cavea* tenía sus puertas propias, el desalojo del público podía hacerse en cuestión de minutos.

A la *orchestra* se accede desde el exterior por otras dos grandes puertas que permitían el paso de carruajes a través de espacios abovedados con arcos diagonales de refuerzo en las esquinas. El *proscenio*, la *orchestra* y el *pulpitum* están pavimentados con mármoles que, en su colocación y diversidad de tonos, diseñan una elegante decoración geométrica. En el escenario hay restos de doce agujeros que debían servir para albergar mástiles que sujetaran el telón y la tramoya.

Pero desde el punto de vista artístico lo más importante es el muro que sirve de fondo a la escena. Bien conservado y mejor reconstruido a partir de las excavaciones de JOSÉ RAMÓN MÉLIDA en 1910 y 1915, puede apreciarse hoy en casi toda su monumentalidad. Consta de dos órdenes corintios superpuestos y el alzado frontal queda rítmicamente movido por siete pórticos, tres de ellos más profundos para las tres puertas rituales. Las columnas son de mármol gris azulado muy veteado y los capiteles y basas son

El teatro de Mérida

blancos. Entre las columnas se encuentran estatuas de Ceres, Venus, Baco, Plutón, Proserpina y varios emperadores; hoy todas ellas se encuentran en el Museo de la ciudad y en su lugar se han colocado copias exactas. En el pórtico central se interrumpía el orden superior y se cubría por un casquete de cuarto de esfera, hoy caído. La escena se cubría con una gran marquesina de madera, como era habitual en estos edificios.

La parte posterior es en su conjunto, tan amplia, o más, que la *cavea*. Los entrantes y salientes del muro de la escena son aprovechados para construir los camerinos, y detrás de todo ello se extiende un amplio espacio rectangular con pórticos, jardines, biblioteca, alberca y otras dependencias. Con ello se siguen al pie de la letra las recomendaciones de VITRUVIO: *"Detrás de la escena se deben construir pórticos para que, en el caso de que una lluvia repentina obligue a irrumpir la representación, tenga el público lugar donde recogerse"*. Esta postescena es semejante a la del teatro de Pompeyo en Roma, y el muro de la escena se parece al tunecino de Dugga.

La verdadera lección de este teatro nos la da el observar la tremenda sabiduría con que están integrados factores puramente técnicos, como la *cavea*, camerinos, comunicaciones, etc., con otros puramente artísticos, como el muro de la escena. La unión de los elementos se realiza sin esfuerzo, como si se tratara de algo natural.

Roma ha alcanzado, cuando construye el muro de la escena, su verdadera madurez expresiva y artística y deja bien patente su alejamiento de los orígenes griegos. Desde el organizado conjunto hasta los pequeños detalles, como las molduras y los capiteles, trasciende una latinidad llena de sensibilidad y fuerza, que ya es genuinamente romana.

ACTIVIDADES

- El teatro de Mérida se resuelve con órdenes corintios, como has leído. ¿Qué otros órdenes emplearon los romanos?

- ¿Cuáles son las diferencias arquitectónicas esenciales entre el teatro romano y el griego?

- En Mérida, además del teatro y otros edificios de utilidad pública los romanos edificaron un anfiteatro. Trata de averiguar dónde estaba situado y qué relaciones espaciales tenía con el teatro. ¿Sabrías deducir el término *anfiteatro* del término *teatro*?

- ¿Cómo son los sillares almohadillados? Intenta dibujar uno.

- Casi todo el material arqueológico y artístico de la cultura romana de Mérida se encuentra en un museo que ya es famoso universalmente como obra arquitectónica actual. Localiza el nombre del autor y los datos que sobre él puedas obtener. Si conoces este museo, intenta establecer una correlación entre el museo y la obra que contiene.

COMPARACIÓN: EVOLUCIÓN DEL RELIEVE ASIRIO, GRIEGO Y ROMANO

Relieve asirio

Relieve griego

Relieve romano

El relieve asirio se percibe muy plano si se compara con el resalte de las formas en los relieves de Grecia y Roma. Esta constatación puede verificarse comparando cualquier figura aislada; pero es más interesante la observación del conjunto de las escenas.

La plástica asiria carece de profundidad, la figura que aparece detrás se adosa a la de delante, y las figuras de otros planos no se colocan detrás sino encima.

En Grecia la composición respeta todavía el plano, mediante la yuxtaposición de las figuras, pero con un sentido volumétrico que puede percibirse en la manera de colocar las piernas, que ya no están adosadas.

Es en Roma donde la profundidad, los contrastes "delante, en medio, detrás" se cuidan; sin duda el relieve romano posee una concepción pictórica de la que carecían los anteriores. La rigidez asiria de los miembros ha desaparecido en el período clásico griego, cuando las formas son más flexibles, y en el romano.

Más próximos aparecen los dos últimos relieves, por su realismo, por su capacidad para relacionar grupos, y mucho más distante, arcaico, el relieve asirio, sin que esto mengüe su alta calidad expresiva.

ACTIVIDADES

- Los fragmentos de relieves griego y romano de esta página pertenecen a obras muy conocidas. Formad un pequeño grupo de trabajo y tratad de averiguar a qué obra pertenece cada uno, en qué siglos se esculpieron y qué representaban. Es importante que consigáis las fotografías de los relieves completos.

- Los asirios, como los egipcios, solían recurrir a relieves de muy poca altura y también utilizaban incisiones en la piedra para destacar algunos volúmenes. Buscad alguna otra fotografía de relieves asirios y egipcios y averiguad por qué lo hacían de ese modo.

BIBLIOGRAFÍA

BALIL, A., *Pintura helenística y romana*. Madrid, C.S.I.C., 1961.

BATLLE, P., *Arte paleocristiano*. Madrid, Plus Ultra, Ars Hispaniae, vol. II, 1947.

BIANCHI BANDINELLI, R., *Roma, El fin del arte antiguo*. Madrid, Aguilar, 1971.

DE OLAGUER-FELIÚ, F., *La pintura y el mosaico romanos*, Barcelona, Vicens Vives, col. Historia Visual del Arte 3, 1989.

GARCÍA BELLIDO, A., *Arte romano*. Madrid, C.S.I.C., 1990.

TARACENA, B., *Arte romano*. Madrid, Plus Ultra, Ars Hispaniae, vol. II, 1947.

WEELER, M., *El arte y la arquitectura de Roma*, Barcelona, Destino, 1995.

6.

Aportaciones artísticas del cristianismo

La crisis general que el Imperio romano atravesó en el siglo III había llevado a una fragmentación del poder político (sistema de tetrarquía) hasta entonces detentado por la persona del emperador. Al mismo tiempo la distinta estructura económica de las regiones occidentales y de las orientales era cada vez más visible, poniendo de relieve la superioridad de Oriente.

Al convertir la antigua colonia griega de Bizancio en capital del Imperio oriental (año 330), ésta toma el nombre de Constantinopla, en honor a Constantino el Grande, el cual culminó un proceso que aseguraba la pervivencia del Imperio de Oriente frente a la caída del sector occidental y de su capital Roma.

Las obras de arte realizadas en Europa desde el siglo V al XI reflejan el legado cultural clásico grecorromano con sus hallazgos arquitectónicos (adopción de las basílicas romanas, de los órdenes clásicos, columnas, capiteles, etc.), y el cristiano, que dio un nuevo sentido religioso a algunos temas paganos.

A dicho legado hemos de sumarle las aportaciones artísticas de Bizancio, que difundió las plantas de cruz griega, las cúpulas y los mosaicos dorados, y los nuevos elementos decorativos de los pueblos bárbaros, cuyos originales gustos artísticos conocemos por los utensilios, joyas y armas de sus enterramientos. Todas estas herencias de Arte y Cultura, configurarán la Europa románica del siglo XI.

En los mosaicos del presbiterio de San Vital de Rávena (siglo VI), resplandecen los paneles que representan a Justiniano que con su séquito lleva ofrendas al templo. Sus figuras son firmes, hieráticas, imponentes y parecen trascender los límites de una mortal y común humanidad.

MAXIMIANVS

I. Arte paleocristiano

1 UN PUENTE ENTRE DOS CULTURAS

Transición hacia las nuevas formas artísticas

El máximo valor del **arte cristiano primitivo** lo constituye el hecho de servir de puente entre las dos culturas occidentales: la clásica y la cristiana. Con el arte de las primeras comunidades cristianas asistimos al cambio decisivo de unas formas de arte a otras radicalmente diferentes, donde el realismo clásico será sustituido por el expresionismo cristiano. Las figuras planas y sin fondos sustituyen a la perspectiva y al modelado.

Las catacumbas

Las primitivas comunidades cristianas se congregan en casas particulares y con más frecuencia en **catacumbas**. No hay pues una arquitectura inicial que defina el nuevo espíritu cristiano. Sin embargo sí aparece una interesante línea pictórica paralela a la pintura pagana contemporánea. Esta pintura copia los temas de la mitología romana pero les da nuevos significados. Más adelante aparecen símbolos propiamente cristianos y temas del Antiguo Testamento que irán forjando la iconografía cristiana. Las mejores muestras de esta época se encuentran en las catacumbas de San Sebastián, en las de San Calixto y en las de Santa Priscila en Roma.

El Edicto de Milán

En el año 313, Constantino acepta el cristianismo por el llamado **Edicto de Milán**. A partir de aquí la nueva fe se va a manifestar con todo el esplendor que le da su triunfo. Las primeras basílicas toman como modelo las basílicas civiles romanas por ser éste el tipo de edificio más adecuado a las grandes concentraciones de fieles. De muy primera época son las basílicas de Santa María la Mayor y Santa Sabina en Roma.

◀ Pintura de las catacumbas de Domitilla, en Roma. *En sus primeros momentos los cristianos eran mayoritariamente gentes de las clases sociales humildes. Por eso, la técnica de estos primitivos pintores cristianos era la misma que la de los romanos paganos, pero un hálito de espiritualidad y de fervor religioso convulsiona las figuras que pierden clasicismo y ganan expresividad.*

▼ Sarcófago paleocristiano. *El cristianismo abandonó la incineración por respeto al cuerpo, templo del Espíritu Santo. Como muestra de este respeto aparecieron sarcófagos profusamente decorados con relieves.*

◀ Mosaico paleocristiano del sepulcro de Gala Placidia, *siglo V. Por su mayor duración el mosaico sustituye a la pintura al fresco, utilizando como en ésta los mismos temas del Antiguo y Nuevo Testamento. En éste podemos admirar la figura del Buen Pastor que apacienta sus ovejas. Obsérvese que la postura de Jesucristo, el cruce de los pies y la mano izquierda, todavía conservan los convencionalismos de la plástica clásica.*

También con Constantino aparecen monumentos circulares o poligonales destinados a mausoleos o a baptisterios.

La iconografía escultórica es víctima, igual que la pintura, de la religión hebraica que prohíbe la representación de la divinidad. Sin embargo en los sarcófagos, donde son suficientes los símbolos o los asuntos religiosos, se mantiene el estilo escultórico romano siendo a veces imposible distinguir unos de otros.

Son una excelente muestra el sarcófago de los Buenos Pastores en Roma o el del Museo Lateranense, también en Roma, que contiene escenas bíblicas.

Por influencia de Bizancio, la pintura abandona el procedimiento del fresco para acogerse al más refinado y duradero del **mosaico**. Las escenas serán tomadas indistintamente del Antiguo o del Nuevo Testamento. Paulatinamente asistimos al alejamiento de los ideales clásicos y así, mientras en las figuras de Santa Constanza de Roma (siglo IV) el modelado y el naturalismo de las formas es evidente, en las figuras de la iglesia de San Cosme y San Damián (siglo VI) ha desaparecido todo relieve para dar paso al color plano, sin claroscuros, perspectiva ni otros efectismos, resultando de este modo, hondamente expresivo como la nueva fe que estaba iluminando a la Humanidad.

II. Arte bizantino

2 RASGOS ESENCIALES DE LA ARQUITECTURA BIZANTINA

El arte bizantino experimenta a lo largo de su dilatada historia una evolución que no desdibuja las características básicas y constantes que configuran lo que denominamos **estilo bizantino**.

La aportación más sobresaliente tiene lugar sin duda en el campo de las realizaciones arquitectónicas, especialmente en la solución que da al **sostenimiento de las cúpulas**. Los problemas que planteaba la utilización de cubiertas abovedadas fueron resueltos con definitivo acierto al recoger y superar la tradición y técnicas romanas, aportando una solución válida al difícil obstáculo de los empujes mediante el empleo de *pechinas* (triángulos esféricos), medias cúpulas y otros elementos de sujeción y contrarresto más divulgados (contrafuertes, muros más gruesos). La multiplicación de cúpulas sobre pechinas parece ser a veces el fin fundamental de los edificios.

La técnica constructiva señalada está al servicio de una **nueva concepción del espacio**. Se trata de un espacio dilatado, dinámico, que no puede quedar limitado por los muros y que se expresa con más holgura en los templos de planta central, pero también en las cúpulas de las iglesias de planta basilical. La cúpula se abre y dilata hacia el espacio celeste y ambos (cúpula y cielo) se convierten en el trono del creador que desde allí preside en ademán de bendecir.

La **piedra** y el **ladrillo** usados como materiales constructivos son cubiertos con desigual riqueza según se trate de muros exteriores o de recintos interiores. En estos últimos, el mosaico cubre de forma continua las paredes, haciendo perder el interés en la decoración externa. Sin embargo en los siglos finales también los exteriores se embellecerán profusamente. El lujo ornamental se ha apoderado de todos los ámbitos. El espacio celeste no permite una delimitación de los fondos y por eso el oro los recubre completamente. Los espacios murales vienen a representar el cielo, la tierra y, en suma, el cosmos.

La basílica bizantina mantiene diversos **elementos constructivos** de la paleocristiana, los modifica e introduce alguno nuevo:

- El **atrio**, que alberga el fial, recipiente del agua bendita, en las últimas etapas queda reducido a un pórtico adosado a la fachada de la iglesia.

- El **nártex**, lugar de reunión de los catecúmenos (no bautizados), que sólo podían asistir hasta el canon de la misa.

- La **iconostasis**, especie de cancela con espacios abiertos y repleta de iconos, que separa el espacio destinado a los fieles del presbiterio (lugar que ocupan los sacerdotes).

- La **tribuna**, destinada a las mujeres, en el piso superior, constituye el antecedente de lo que será el *triforio* en las iglesias medievales del Occidente europeo.

3 LAS CIUDADES BIZANTINAS: EVOLUCIÓN DE SU ARQUITECTURA

Constantinopla hasta Justiniano

La extraordinaria importancia estratégica de Bizancio decidió a Constantino a convertirla en capital de su Imperio y a dotarla de edificios apropiados que dieran cabida a sus necesidades económicas, políticas y religiosas. Avenidas, foros, hipódromo, el palacio imperial, del que ya nada se conserva y la basílica de Santa Sofía, son los elementos que conforman esa capital que fue durante toda la Edad Media la ciudad más prestigiosa de Europa y del Mediterráneo.

La basílica de Santa Sofía es la obra más importante y madura de la arquitectura justinianea. Se construyó entre 532-537, siendo reconstruida en 562, tras su prematuro hundimiento. Santa Sofía es la cumbre de un estilo que recoge la herencia arquitectónica y decorativa del arte helenístico y romano y por otra parte del arte paleocristiano y de Asia Menor con su uso y dominio de la cúpula de los espacios abovedados.

Rávena en la época de Justiniano

La expansión mediterránea del Imperio de Justiniano posibilitó la grandeza de Rávena (Italia) en la que se da un conjunto monumental de inusitada belleza.

Entre las iglesias destaca San Vital (538-547) también de planta octogonal que influirá en la arquitectura medieval del Occidente europeo. Contiene, además, la más impresionante colección de mosaicos de todo el Imperio bizantino. Otros templos importantes son los de San Apolinar in Classe (549) y San Apolinar Nuevo (558) con planta basilical romana.

Fuera del Imperio bizantino pero en el interior del campo de sus relaciones culturales aparece el monumento más conocido del período final de Bizancio, San Marcos de Venecia, que se inspira en la iglesia de los Santos Apóstoles de Constantinopla. Es de cruz griega con cinco grandes cúpulas, una central y las otras cuatro elevadas sobre otros tantos brazos. La aparición de los ábsides es característica de la arquitectura bizantina posterior a Justiniano.

▲ Capitel y cimacio de San Vital. *La belleza de la decoración trabajada con profusión de labor de trépano (pequeño cincel) en el mármol del capitel se relaciona con el gusto musulmán. Sobre el capitel se coloca el cimacio en forma de pirámide truncada invertida, con objeto de aliviar la carga sobre el decorado capitel.*

▶ *El* interior de la basílica de San Apolinar in Classe *destaca por la luminosidad conseguida por el reflejo de la luz sobre las columnas de clarísimo mármol. Su planta es basilical. Sobre las dos filas de columnas se desarrolla paralelamente una larga procesión de figuras de mosaico.*

◄ *La basílica de San Vital, en Rávena, presenta una estructura exterior compuesta y armoniosa, dividida por una sucesión de pilastras adosadas a las paredes, entre las cuales se abren grandes ventanas.*

▼ *La planta de San Vital es octogonal, disponiéndose todos sus elementos en torno a la gran cúpula central que se apoya sobre ocho capillitas semicirculares de dos pisos de columnas. A su alrededor se desarrolla un amplio deambulatorio. A los pies del templo destaca el nártex rectangular.*

SAN VITAL DE RÁVENA

4 LA PINTURA

Época de Justiniano

Su importancia es superior a la adquirida por las restantes artes figurativas. La decoración mural de las iglesias se ajusta de ordinario a un esquema teológico que sitúa las figuras en uno u otro lugar según su mayor o menor categoría (el Pantocrátor en las zonas más elevadas, dominando el espacio poblado de ángeles; la Virgen ocupa el lugar más próximo, mientras que el coro de los santos se sitúa en la zona más cercana a lo terrenal).

En esta primera etapa, el **icono** (imagen) y la **pintura de los libros** constituyen las dos manifestaciones pictóricas más interesantes.

El **icono** es un cuadro religioso sobre tabla, con una función específica en el arte bizantino. Los iconos que representan a los santos mártires se conocen desde el siglo IV. Luego prevalecerán las representaciones de Cristo y de la Virgen María. Los rostros ofrecen una marcada rigidez y frontalidad características con las que se pretende resaltar su espiritualidad. Los esquemas plásticos perdurarán marcando fuertemente el arte cristiano hasta bien entrado el siglo XV y en la cultura popular, hasta nuestros días.

▶ Cristo Pantocrátor. *El modelo del Cristo Majestad que tanta fuerza y significado tendrá en la Edad Media, se configura en Bizancio. La rigidez y severidad, tan ajenas a toda tentación de naturalismo, ayudan a la impresión de solemnidad y eternidad.*

▼ La Trinidad *(izquierda) es un icono obra de* ANDRÉS RUBLEV *(hacia 1360-1430). Las tres divinas personas están representadas por ángeles siendo Cristo, en actitud de bendecir el cáliz, el que ocupa el lugar central. Color y dibujo se armonizan y constituyen el ritmo bidimensional tan apreciado por los pintores rusos. A la derecha, miniatura de la Crónica de J.* SKYLITZES.

Época iconoclasta (siglos VIII-IX)

En el siglo octavo, el movimiento iconoclasta supone una interrupción en el desarrollo de las artes figurativas. Aparece basado en dos tipos de razones: unas eran de tipo religioso tales como evitar la iconolatría y salvaguardar la pureza de la fe; otras razones eran de tipo político, ya que el culto de los iconos tenía su principal apoyo en los monasterios y éstos habían crecido en número, riqueza y poder. También hay que tener en cuenta la influencia del judaísmo y de la religión musulmana, que en aquellos momentos se encontraba en plena expansión.

5 EL MOSAICO

A diferencia del arte romano, que en su última época coloca el mosaico en los pavimentos, el arte bizantino en su deseo de riqueza recubre los muros y bóvedas de mosaicos de gran colorido y de exquisita finura. Suelen representar las figuras con un carácter rígido e inmaterial y con una disposición simétrica. Su gran luminosidad es un intento de reflejar lo sobrenatural. Son de enorme valor los mosaicos que adornan el presbiterio de San Vital de Rávena, creados por artistas de Constantinopla. Todo el fasto de la corte se exhibe en los séquitos del emperador Justiniano y la emperatriz Teodora.

Es curioso señalar que en el período iconoclasta el mosaico bizantino es adoptado por los califas omeyas de Damasco para decorar la mezquita, permitiendo una temática que, si bien elimina la figura humana, incluye elementos vegetales tratados con gran finura.

En los mosaicos de la iglesia de San Marcos de Venecia vemos concretado el estilo de la última época bizantina, que se manifiesta también en Sicilia (catedral de Cefalú, iglesia monástica de Monreale). San Marcos ofrece un punto de contacto entre lo bizantino y lo románico occidental.

6 LA ESCULTURA

Desde el siglo IV la importancia que había tenido la escultura disminuye; el desnudo pierde interés a causa del abandono de las creencias paganas y la irrupción de una nueva religión. Las primeras muestras de escultura bizantina son **relieves de sarcófagos** y **pequeños relieves** hechos sobre ricos materiales, destacando entre ellos los trabajados en marfil (cátedra de marfil del obispo Maximiano en Rávena). Por su número destacan los relieves conmemorativos.

▼ *La pintura bizantina bien en mosaico (izquierda), al fresco o al temple sobre tabla, define bien temprano unos caracteres hieráticos de gran solemnidad que perdurarán hasta nuestros días a través de los iconos populares. En la Edad Media, particularmente en el siglo XIV, ejerció una gran influencia sobre la pintura europea, especialmente en la italiana.*

Cátedra de Maximiano (derecha), siglo VI. Las denominadas artes decorativas resultan de inusitada riqueza en Bizancio. Joyas, marfiles, tejidos, vidrios, etc., recogen toda la suntuosidad oriental que incorporan a la herencia clásica. Buen ejemplo es esta cátedra portátil de marfil, trabajada con gran minuciosidad, cuyo anagrama central ha permitido la atribución al obispo Maximiano.

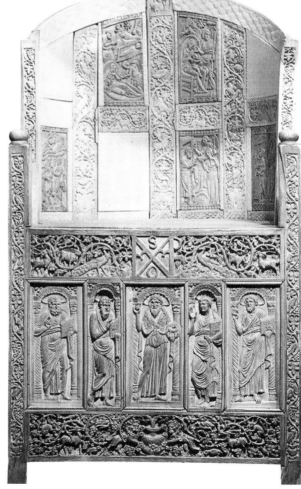

III. Arte prerrománico y mozárabe

7 EL ARTE DE LOS VISIGODOS

Caracteres generales de la arquitectura visigoda

Aunque los pueblos bárbaros aportaron poco a la arquitectura es en este campo donde los visigodos lograron resultados más interesantes.

Las características más notables de la arquitectura visigótica son: **planta basilical** (San Juan de Baños) o **cruciforme** (San Pedro de la Nave, de cruz griega); **capiteles corintios y bizantinos**, perfeccionando las toscas imitaciones de modelos clásicos llevadas a cabo en la primera etapa; empleo de la **piedra** como material constructivo predominante; aparejo generalmente bien tallado; utilización del **arco de herradura**, adoptado luego por los árabes, al que se concede función constructiva y no sólo decorativa, como en algunos antecedentes; empleo de la **bóveda de medio cañón** y a veces de la de arista; **escasez de vanos** y uso de ventanas de un solo hueco.

Etapas del arte visigodo

Se pueden distinguir dos etapas: la primera abarca los siglos V y VI, hasta la conversión al catolicismo de Recaredo, en el año 587. La segunda etapa se extiende desde la unificación religiosa de Recaredo hasta la invasión árabe (711). A esta etapa pertenecen la mayor parte de los monumentos conservados.

Los más notables se sitúan en la mitad norte de la Península: San Juan de Baños (Palencia, 661) y la parte más antigua de la cripta de San Antolín en la catedral de Palencia (siglo VII). De fines de este siglo es Santa Comba de Bande (Ourense) con planta de cruz griega y bóveda de arista. Muy destacada es la iglesia de San Pedro de la Nave (Zamora) con planta de cruz griega, y con decoración de temas animales, frutales y escenas bíblicas. Su esquema básico se ve complicado con estancias añadidas que podrían tratarse de celdas conventuales.

En el conjunto de iglesias de Tarrasa (San Pedro, Santa María y San Miguel), que pertenecían a la desaparecida diócesis de Egara, hay elementos que parecen testimoniar las características visigóticas de estos templos: la planta de herradura del ábside y diversos capiteles y columnas así lo atestiguan; las influencias bizantinas en los ábsides y elementos decorativos abonarían la idea de que en ellas se da la síntesis entre lo visigótico y el arte oriental.

▲ Capitel visigodo, con *primorosa labra en la escena del sacrificio de Isaac y círculos enmarcando temas vegetales en el cimacio.*

◄ *La iglesia de San Juan de Baños conserva sus perfectas proporciones. La nave central (9 m de altura) es el eje al que se adosan las dos laterales. Las tres tienen escasos huecos. En la entrada destaca un porche con un discutido remate donde se alojan las campanas. El armonioso color de los materiales empleados (piedra calcárea) se conjuga con la proporción externa y la rítmica situación de los soportes.*

8 EL ARTE CAROLINGIO

La arquitectura carolingia

El carolingio es un arte cortesano y eclesiástico, pues Carlomagno sueña con un imperio bendecido por Roma, en el que resalte la unidad espiritual por encima de las distintas naciones. Las primeras basílicas construidas por el emperador sólo se pueden conocer por medio de excavaciones o fuentes literarias.

No son muchos los restos de la arquitectura carolingia que han llegado a nuestros días. En los templos predominaba la planta basilical aunque los hay también de planta central. El crucero aparece más destacado que en las construcciones anteriores. Las cubiertas, generalmente de madera, se apoyan en columnas y pilares cruciformes. Los deambulatorios se abren paso por detrás del altar. El ábside cobra gran importancia.

El monumento más famoso es la capilla del palacio de Carlomagno, en Aquisgrán (consagrada en 805), aunque no sea el prototipo de este estilo. Su autor OTÓN DE NETZ tomó como modelo con toda probabilidad la iglesia de San Vital de Rávena. Es un edificio de planta central octogonal inscrita en un polígono de dieciséis lados. Sus pilares sostienen una tribuna o galería reservada al emperador y a su corte.

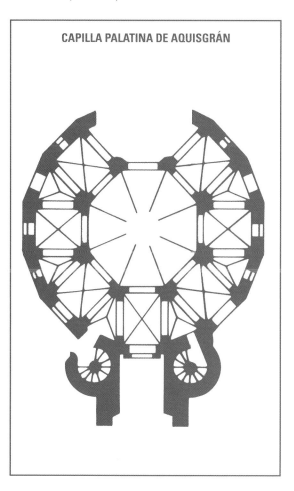

CAPILLA PALATINA DE AQUISGRÁN

◄ Bóveda de la capilla de Aquisgrán. *Esta cubierta se plantea a partir de la planta octogonal del cuerpo central, a modo de gran paraguas, constituyendo una interesante aproximación al sistema de cubiertas cupuliforme.*

▼ *El* interior de la capilla de Aquisgrán *ofrece una sensación de solidez que trata de determinar espacios bien definidos. En los pisos superiores, los arcos están subdivididos por columnas. Las bóvedas se cubrieron de mosaicos dorados según el gusto bizantino.*

◄ *La* planta octogonal de la capilla palatina de Aquisgrán *imita la de San Vital de Rávena; del modo bizantino de construir adopta el juego de contrapesos que se oponen a la pesada bóveda central que se apoya en los ocho pilares; para ello su arquitecto la rodeó de una nave poligonal de 16 lados.*

9 EL PRERROMÁNICO ASTURIANO

Al ser invadida la Península Ibérica por los árabes a principios del siglo VIII, surgió en Asturias el más importante foco de resistencia cristiana. Y en esa región sin antecedentes artísticos, incomunicada, sometida a la tensión de la guerra, va a florecer un arte asombroso, que con razón es considerado como el más claro antecedente del estilo románico.

Organización social en el reino asturiano

La tensión de una sociedad en guerra contra el Islam explica la proliferación de iglesias, en tanto que los monarcas y su nobleza impulsaban la edificación de minúsculos palacios, hospitales, baños y suntuosas villas de campo. Sólo conservamos los edificios religiosos y algunos de los palatinos, pero la arquitectura civil debió alcanzar una calidad notable.

De una sociedad original, que necesitaba reafirmar sus diferencias con el poderoso enemigo del Sur, emergió un arte original.

Evolución del arte asturiano

Tres reinados señalan tres fases artísticas: Alfonso II (791-842), Ramiro I (842-850) y Alfonso III (866-910). La plenitud corresponde al breve reinado de Ramiro.

En la primera fase todavía se aprovechaban fustes y piezas diversas de edificios romanos y visigodos; en la tercera se señala ya la influencia árabe en la decoración y en algún elemento arquitectónico. En la etapa ramirense, la planificación de edificios, supone la existencia de talleres artesanales y de arquitectos que crean según las funciones a que se destina la construcción.

Esta arquitectura es la auténtica precursora del románico por sus elementos y más todavía por su tectónica, por los sistemas constructivos empleados, así como por la incorporación de la decoración al edificio.

Rasgos característicos de la arquitectura asturiana

El más trascendental es el uso de la **bóveda de medio cañón**, a veces peraltada. En Europa no se generalizó hasta el siglo XI, pero en Asturias se utilizó con dos siglos de antelación. En los edificios de la etapa de Alfonso II son más usuales las cubiertas de madera, y la bóveda se reserva para tramos pequeños, como los ábsides.

Ya con Ramiro I, los arquitectos se atreven a cubrir la construcción con **bóvedas sobre arcos fajones**, que se apoyan interiormente en pilastras adosadas al muro y, exteriormente, en **contrafuertes**, cuya abundancia constituye una de las notas más llamativas.

▲ *Sorprende la altura de la iglesia de San Julián de los Prados, que permite colocar una cámara elevada sin comunicación con el interior, como vemos en esta vista de la cabecera, cuadrada por fuera, y con las esbeltas pilastras y las geométricas celosías vitalizando la superficie humilde de la mampostería.*

◀ *Santa María del Naranco era, en su origen, el Aula Regia o residencia del rey Ramiro. La iluminación se recibe de los pórticos laterales (solariums frecuentes en los palacios carolingios) donde destacan esbeltos arcos peraltados. El piso inferior debía ser lugar de aposento y baño.*

▶ *San Miguel de Lillo presenta una notable elevación respecto a sus reducidas dimensiones. Las diversas masas compensan hábilmente el empuje de la bóveda central, mientras son bien visibles los contrafuertes que sujetan los arcos interiores. Son interesantes los relieves que decoran las jambas de la puerta de acceso.*

▲ Santa Cristina de Lena muestra una íntima relación con *Santa María del Naranco.* Es peculiar su única nave, y la iconostasis de tres arcos que separa el presbiterio y que tiene bella decoración geométrica. Las columnas presentan adornos espirales acordonados.

El **arco de medio punto**, frecuentemente **peraltado**, constituye otro rasgo esencial. Se rompe por tanto con la forma de herradura del arco visigótico. Frente al sillar visigótico, los edificios asturianos utilizan en los muros la **mampostería** o el **sillarejo**, con refuerzo de sillares en las esquinas y los contrafuertes.

Para compensar la humildad de las piezas se emplearon elementos decorativos, como los **medallones**, o el **alfiz o moldura** que enmarca la ventana, como harán los árabes, o la **celosía**, tomada de Roma. Medallones, alfices y celosías, sabiamente combinados, junto con las pinturas murales, casi en su totalidad perdidas, prestaban al edificio una sensación de riqueza sorprendente, si se tiene en cuenta la pobreza de un reino que carecía de todo, hasta de territorio.

Las iglesias se diseñan con una serie de líneas rectas. Siguiendo la tradición paleocristiana, son de **planta basilical**, pero sustituyen las columnas por pilares que suelen carecer de capitel. Los **ábsides** son **rectangulares**, y el que corresponde a la capilla mayor tiene una cámara secreta con acceso solamente desde el exterior, probablemente para esconder el tesoro. Al cuerpo de la iglesia se le añade a veces un porche o pórtico lateral, anticipando características del románico castellano.

Principales muestras del arte asturiano

Al reinado de Alfonso II corresponde la Cámara Santa (catedral de Oviedo) y San Julián de los Prados (Santullano), construcción de proporciones amplias pero todavía cubierta con artesonado de madera.

El reinado de Ramiro I ofrece la obra magna de Santa María del Naranco, concebida inicialmente como palacio y consagrada como iglesia posteriormente. En este edificio, el deseo de decoración integrada en la construcción se hace notar en los mencionados medallones y sobre todo en los motivos con forma de cuerda (funículos), en los fustes y en los bordes de los capiteles. Al mismo período corresponde San Miguel de Lillo, del que se conserva sólo una pequeña parte, y Santa Cristina de Lena de planta rectangular y con una capilla mayor en lo alto.

En el reinado de Alfonso III, San Salvador de Valdediós, en el frondoso valle de Boides, adonde se retiró el monarca al ser destronado por sus hijos, introduce elementos mozárabes.

En orfebrería deben ser destacadas piezas singulares, desde la cruz de los Ángeles, que Alfonso II regaló, en el año 808, a la catedral de Oviedo, hasta la extraordinaria caja de ágatas, de principios del siglo X, con arcadas de oro, placas de esmalte en la tapa e incrustaciones de piedras preciosas.

10 EL ARTE MOZÁRABE

El concepto de mozárabe

La rápida expansión del Islam por el territorio peninsular fue facilitada por la debilidad de las comunidades hispanogodas y por una política de pactos que los musulmanes fueron concluyendo con los jefes locales. Todo ello permitió la veloz ocupación conseguida por los ejércitos musulmanes.

El arte y la cultura mozárabes son el resultado de la fructífera relación establecida entre las comunidades cristianas y los nuevos ocupantes musulmanes. En sentido estricto, **mozárabes** eran los cristianos que vivían en territorio musulmán, variando el grado de convivencia desde el mutuo respeto hasta el enfrentamiento y la persecución. Pero en un sentido más amplio también son mozárabes los cristianos que abandonan los territorios situados bajo dominio musulmán y marchan a poblar tierras incorporadas por los reyes cristianos.

La arquitectura mozárabe

La falta de unidad artística de los monumentos mozárabes se debe a su dispersión. Entre los

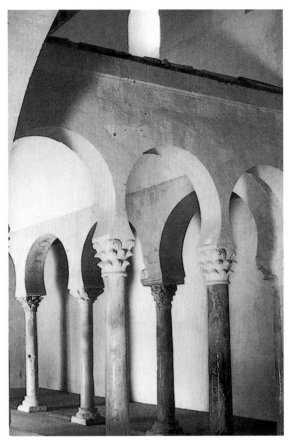

◄ *En el interior de San Miguel de Escalada sólo los arcos de herradura rompen la austeridad de su paramento liso. Una deliciosa cancela separa el presbiterio del resto de la iglesia, al igual que las iconostasis de las iglesias griegas.*

▼ *Vista exterior de San Miguel de Escalada. Este magnífico templo constituye uno de los mejores ejemplos de arquitectura mozárabe. De tres naves, remata éstas en sendos ábsides con planta de herradura.*

elementos arquitectónicos más característicos está el **arco de herradura**, más cerrado que el visigodo y que se enmarca con un **alfiz** según el gusto musulmán. Los tipos de bóvedas más empleados son la **bóveda de nervios** de tipo califal y la **gallonada**. Son muy característicos los **modillones de rollos** que sustentan los aleros y las cornisas que protegen los muros. Si su origen es musulmán, en su decoración se emplean temas de tradición visigótica.

Las iglesias suelen ser de tamaño reducido, lo que no impide que los edificios tengan estructuras complicadas dentro de una gran variedad de plantas (de una o varias naves, de cruz griega o basilical, etc.). Los muros son gruesos y en ellos se utiliza todo tipo de materiales (ladrillo, mampostería, sillares) aparejados de las formas más diversas.

En tierras de León se halla la obra más sobresaliente de la arquitectura mozárabe, la iglesia de San Miguel de Escalada, monasterio construido a principios del siglo X por monjes cordobeses huidos de la represión religiosa sufrida en esos años en tierras andaluzas, que aprovecharon los restos de una iglesia visigótica. La existencia de este cenobio es una muestra más del influjo ejercido por los usos y costumbres cordobeses en los rei-

nos cristianos del Norte y los numerosos asentamientos mozárabes en las tierras leonesas. San Miguel de Celanova (Ourense), Santo Tomás de las Ollas (Ponferrada) o San Pedro de Lourosa (Portugal) son otras muestras de la difusión del estilo por tierras del Noroeste de la Península.

En Castilla se han conservado diversos restos, pero las pérdidas sufridas en las temidas incursiones de Almanzor fueron cuantiosas. La iglesia de San Cebrián de Mazote en Valladolid se libró de esas devastaciones y en ella aparecen algunas de las contadas muestras de escultura mozárabe, como capiteles, canceles y algún relieve.

Las iglesias de San Millán de la Cogolla (Logroño) y de San Baudelio de Berlanga (Soria) testimonian con sus modillones, bóvedas nervadas y otros detalles el influjo cordobés. San Baudelio tiene una curiosa planta cuadrada en cuyo centro arranca una columna de la que parten arcos de herradura que soportan la bóveda y que van a terminar sobre el muro.

Por último señalemos algunos otros testimonios mozárabes del Alto Aragón (San Juan de la Peña) y de Cataluña, donde se entremezclan sus caracteres con la tradición carolingia, sobresaliendo San Miguel de Cuixá.

▼ Iglesia de San Millán de la Cogolla. *Fue consagrada en el año 984. Como alguna otra iglesia del núcleo aragonés, la cabecera con tres ábsides está integrada en la roca. Igual que las demás iglesias mozárabes recurre a los arcos de herradura y tiene algunos elementos tan singulares como dos bóvedas esquifadas sobre cuatro arcos cruzados de origen cordobés. De igual origen son los extraordinarios modillones de rollos, y los capiteles exquisitamente labrados.*

La iglesia fue incendiada por Almanzor en el 1002, y recompuesta más adelante con diversos añadidos. Sin embargo, las excavaciones de 1935 permitieron que aflorara casi todo lo fundamental de la obra mozárabe tal y como hoy se puede contemplar.

SANTA SOFÍA DE CONSTANTINOPLA

Datos: Autores: Antemio de Tralles, arquitecto artista, e Isidoro de Mileto, arquitecto técnico. Lugar: Constantinopla. Fecha: 532-537.

El arte bizantino logró en la basílica de Santa Sofía su monumento más sobresaliente y característico. El emperador Justiniano no regateó ningún esfuerzo para conseguir que este templo poseyera la grandeza conveniente para convertirse en centro espiritual del Imperio, en catedral de los Patriarcas, escenario de los actos estatales importantes y marco en suma donde se manifiesta el poder y la dignidad de su imperio teocrático.

La gran basílica de Santa Sofía vino a sustituir las anteriores iglesias que levantaron Constantino y Teodosio II y que habían sido también dedicadas a la Sabiduría Divina. En el año 532 Justiniano encargó las obras a ANTEMIO DE TRALLES y a ISIDORO DE MILETO, quienes la realizaron velozmente en el espacio de cinco años, ya que en diciembre de 537 era consagrado el nuevo y magnífico templo.

En la planta de Santa Sofía ya se descubren importantes novedades artísticas. En su lejana inspiración deben situarse las minúsculas iglesias de Asia Menor de planta cuadrada o poligonal. Se separa con ello de la tradición basilical romana, que se había mantenido todavía en las anteriores iglesias de Constantino y de Teodosio.

La nave central tiene 33 metros de anchura y el núcleo básico es un gran cuadrado, en el que cuatro enormes pilares sostienen la monumental cúpula, que os-

cila entre 30-31 metros de diámetro (esto a causa de las reparaciones efectuadas). Lo original es que esa cúpula no se apoya sobre un muro circular sustentante (tal era el sistema constructivo de los romanos usado por ejemplo en el panteón de Agripa) sino sobre cuatro pechinas que sirven de enlace con la planta cuadrada.

La cúpula aloja hasta cuarenta ventanas, que se sitúan en su arranque, y con el fin de aligerar su enorme peso se utilizaron tejas blancas y esponjosas fabricadas en Rodas y que son más ligeras que las tejas ordinarias. A 55 metros de altura se sitúa la clave de esta bóveda que cerraba el espacio interior pero que al tiempo era el reflejo de la inmensa bóveda celeste.

La sabia solución bizantina consistía en que el gigantesco empuje de la cúpula quedaba contrarrestado por un sistema de medias cúpulas adyacentes en la parte Este y Oeste, sustentadas por pilares dispuestos octogonalmente y contrarrestados a su vez por tres nichos que se abren en arcadas entre aquellos pilares. Se lograba así un pleno equilibrio mediante la tensión contrapuesta de los bovedajes.

En los costados orientados al Norte y al Sur, las naves laterales contrarrestan la central y su gran cúpula mediante simples bóvedas de cañón.

Los contrafuertes exteriores que se observan en la fotografía son añadidos tur-

cos, como lo son también los minaretes. Por encima de esas bóvedas de cañón, las superficies de las paredes están disueltas en ventanas y arcadas en tanto que bajo las bóvedas se alojan las tribunas o galerías altas.

Santa Sofía contaba con dos atrios; uno de ellos hoy ha desaparecido desgraciadamente, y formaba un espacio cuadrado con una fuente en su centro. El otro, que aún podemos contemplar en el costado occidental de la planta, es un nártex o antesala que contiene preciosas puertas de bronce.

El interior del templo es enormemente amplio, despejado, ligero, eximido de toda ley material; un espacio donde se percibe la dilatación continua que BRUNO ZEVI señala como aspecto clave de toda la arquitectura bizantina. Las exedras semicirculares y abovedadas se lanzan hacia afuera en un movimiento centrífugo que queda sumergido en un equilibrio mágico.

Las paredes, que son de ladrillo como los arcos y bóvedas, se hallaban recubiertas en su facies interior de dorados y maravillosos mosaicos que recibían el impacto de la luz y producían un efecto y un ambiente sobrenatural. Hoy desgraciadamente están recubiertas en su mayor parte de mediocres pinturas y caligrafías árabes del siglo XIX, hechas por los turcos. Sólo se respetaron los mosaicos de las pechinas que representaban cuatro ángeles.

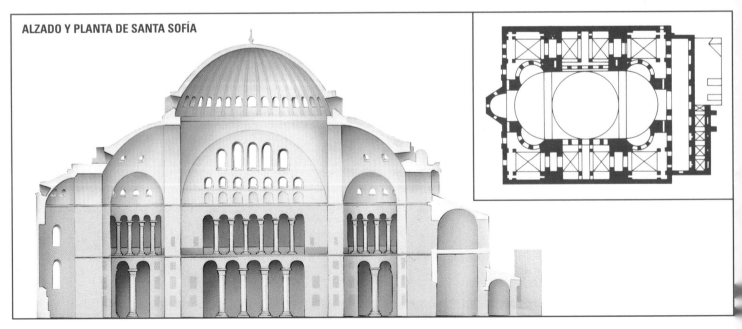

ALZADO Y PLANTA DE SANTA SOFÍA

Santa Sofía de Constantinopla. Exterior

Santa Sofía de Constantinopla. Interior

ACTIVIDADES

● La enorme altura a la que se eleva la cúpula de Santa Sofía obligó a los arquitectos a ingeniar un audaz sistema constructivo. Indica en qué consistió.

● Estas técnicas constructivas están al servicio de una nueva concepción del espacio. ¿Qué significado cobra el espacio en las edificaciones bizantinas?

● ¿Qué elementos decoraron el interior de la basílica? ¿Qué modificaciones se realizaron tras la conquista de Constantinopla por los turcos?

BIBLIOGRAFÍA

BONET CORREA, A., *Arte prerrománico asturiano*. Barcelona, Polígrafa, 1907.

GRABAR, A., *La Edad de Oro de Justiniano*. Madrid, Aguilar, 1966.

HUBERT, J., *La Europa de las invasiones*. Madrid, Aguilar, 1968.

KRAUTHEIMER, R., *Arquitectura paleocristiana y bizantina*. Madrid, Cátedra, 1988.

MANGO, C., *Arquitectura bizantina*. Madrid, Aguilar, 1990.

YARZA, J., *Arte asturiano. Arte mozárabe*. Cáceres, Universidad de Extremadura, 1985.

7.

El Islam y el arte islámico en España

La civilización islámica tiene su origen en una nueva religión predicada por el profeta Mahoma (571-632), que incorpora creencias de estirpe cristiana, judía y zoroástrica, junto a ancestrales prácticas de las tribus árabes. El Estado teocrático fundado por el profeta se extendió rápidamente por toda Arabia, Siria, Persia, Egipto, Norte de África y la Península Ibérica. En su expansión los musulmanes adoptaron y nacionalizaron las formas vigentes en las tierras conquistadas rebosantes de reliquias de arte romano, bizantino, persa y visigodo. Así se explica el hecho de que una civilización surgida en el desierto incorpore con decisión bellas formas en sus palacios y lugares de culto.

El pueblo islámico es profundamente religioso y la mezquita es el lugar sagrado de reunión para todos los fieles. Sin embargo mientras que los cristianos levantan sus templos hacia el cielo, los seguidores de Mahoma van a hacerlo en horizontal ocupando enormes extensiones inspiradas en las livianas y amplias tiendas de los nómadas del desierto. En la ilustración puede verse el edificio denominado cúpula de la Roca o, también, mezquita de Omar. Fue edificada en Jerusalén entre el 687 y el 691 para venerar la roca sobre la que, según la tradición, el profeta Mahoma ascendió a los cielos. No se concibió como una gran superficie, al modo de otras mezquitas, sino como pequeño relicario ya que el pueblo se congrega para rezar en la gran plaza exterior.

I. Arte islámico

1 RASGOS DISTINTIVOS DEL ARTE ISLÁMICO

Caracteres generales de la arquitectura

La **arquitectura islámica** es una síntesis de elementos bizantinos, cristianos, coptos, etc. Los edificios suelen tener poca altura; es constante la sensación de armonía con el paisaje, sea la ofrecida por los palacios con el desierto circundante, sea una situación elevada tan esbelta como la Alhambra granadina.

La piedra, por su exigencia de mayor trabajo, es menos usada que el ladrillo o el mampuesto, mientras el yeso y la madera son utilizados de forma general. Los problemas constructivos no interesan demasiado: los monumentos islámicos suelen inscribirse en volúmenes cúbicos en los que despuntan las semiesferas de sus cúpulas.

Las columnas y los pilares son generalmente delgados pues las techumbres que soportan son ligeras. Las bóvedas usadas pertenecen a tipos diversos, siendo abundantes las de crucería con la peculiaridad de que los nervios no se cruzan en el centro sino que dejan un espacio cuadrado o de varias figuras poligonales; también son frecuentes las gallonadas y las bóvedas caladas están llenas de fantasía.

Por herencia del arte visigótico hispano, los musulmanes adoptaron en Córdoba el arco de herradura y por su influjo se difunde hasta lejanos lugares. Los arcos polilobulados son desde el siglo X un motivo constante de decoración. En todo el ámbito musulmán se dibujan arcos de herradura apuntados: desde Córdoba se extiende el uso de dovelas que alternan de color (rojo y blanco) o de superficie (una decorada y la siguiente lisa).

Es común al gusto musulmán dedicar un mayor cuidado a la decoración interior, mientras que las fachadas exteriores ofrecen una sorprendente simplicidad, que sólo se abandona en portadas y recubrimientos de cúpulas.

La influencia bizantina es palpable en la elección de temas decorativos. Se excluyen los temas relativos a personas y animales y gozan de predilección los de carácter vegetal de forma estilizada (ataurique) y los de trazado epigráfico (versos del Corán escritos con trazos rectos o cursivos) o línea geométrica que en los dibujos de lazo (lacería) señalan seriaciones infinitas.

Otra de las labores singulares de esta cultura es la *de sebka* que consiste en un trazado rehundido de formas curvilíneas, a veces con apariencia vegetal, pero sujeto a una estricta red poligonal, generalmente en forma de rombos.

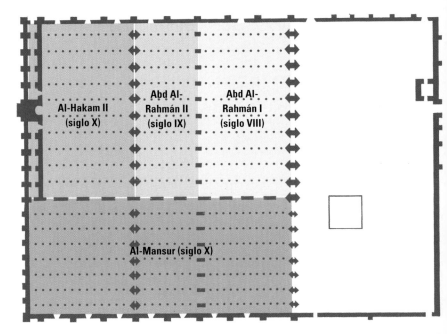

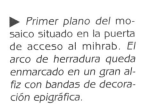

▲ Planta de la mezquita de Córdoba. *En un principio la mezquita contaba con once naves perpendiculares al muro de la quibla; los distintos soberanos fueron modificando su primitiva estructura. Abd Al-Rahmán III amplió el patio e hizo levantar el minarete hoy encerrado en el campanario del siglo XVI. En el dibujo no aparece la catedral cristiana.*

▶ *Primer plano del mosaico situado en la puerta de acceso al mihrab. El arco de herradura queda enmarcado en un gran alfiz con bandas de decoración epigráfica.*

▶ Capitel *perteneciente al palacio de Medina Azzahara. La afiligranada decoración a trépano y con bellísimos elementos vegetales es muestra de la deslumbrante belleza de este suntuoso palacio. Se puede apreciar claramente en este capitel la pervivencia del capitel romano compuesto, en el cual se superpone un orden jónico, con volutas, a un orden corintio.*

◄ Arcos lobulados. *La decoración de los arcos se complicaba añadiendo en su interior pequeños arcos en forma de lóbulos; éstos suelen ser cinco y se trazan adaptados a los lados de un arco apuntado equilátero. Este modelo de arco aparece por vez primera en la ampliación de la mezquita de Córdoba hecha por Al-Hakam II, a la que pertenece la ilustración. Es un arco netamente cordobés que sustituirá en el futuro, ca si en su totalidad, al de herradura.*

◄ Decoración labrada en placas de piedra o yeso. *Los temas decorativos solían ser vegetales o geométricos, repetidos con una desbordante fantasía. La abundante y menuda decoración de los interiores árabes solía resolverse con materiales blandos como el yeso o piedras calizas de escasa dureza dado que no tenían que soportar el paso destructor del tiempo. Sin embargo no resistieron el vandalismo de pueblos vencedores o la incuria de los habitantes de siglos posteriores.*

◄ *En un principio los árabes aprovechan cantidad de material romano y visigodo, como puede verse en la mezquita de Córdoba, pero en su momento de gran esplendor, cuando Abd Al-Rahmán III manda construir el palacio de Medina Azzahara, los artífices del mismo crean un lenguaje nuevo y sólo toman del pasado algún elemento formal, como capiteles y basas de columnas. En ésta, perteneciente al citado palacio, se aprecia la pervivencia de una basa ática, pero en la que la decoración ha incidido de tal modo que resulta una basa de estilo nuevo.*

La mezquita

La **mezquita** es el lugar de reunión de la comunidad musulmana. Su estructura deriva de la casa de Mahoma en Medina y es fácil encontrar el recuerdo de las basílicas paleocristianas. El esquema de estos edificios no se estableció de una vez sino poco a poco. Sus partes fundamentales son:

- El **patio** (*sahn*), a cielo descubierto, como queriendo evocar la extensión del desierto, rodeado de arquería, con su centro ocupado por una fuente para las abluciones (*sabil*) que suele estar cubierta con un templete. En uno de sus lados se sitúa la torre (*alminar* o *minarete*), que puede tener diversas plantas, siendo las más frecuentes la cuadrada, octogonal o circular: desde lo alto el almuédano llama a la oración.

- La **gran sala de oración**, dividida en numerosas naves (*haram*) que se orientan perpendicularmente hacia el muro llamado *quibla*, que da al Este, es decir en dirección a La Meca. El *mihrab*, nicho abierto generalmente en el eje central de la *quibla*, suele concentrar el mayor lujo decorativo, por ser el lugar santo de la mezquita. Ante el *mihrab* se sitúa la *maxura*, un recinto habitualmente cercado por estar destinado al califa o al imán. Junto a la *maxura* se sitúa el *mimbar* o púlpito.

- En época abbasida se añaden en palacios y mezquitas unas salas generalmente cubiertas con una bóveda, cerradas en tres de sus cuatro lados (*iwan*).

Escultura, pintura, cerámica y mosaico

Los musulmanes dan poca importancia a la pintura y a la escultura, restringidas ambas por motivos religiosos. Aparecen excepcionalmente en edificios de carácter profano. Sin embargo, son muy apreciadas las pinturas que se emplean en iluminar libros científicos o de cuentos (miniaturas), siendo Persia el centro de mayor fuerza creadora.

La cerámica islámica es muy sugestiva: sobresalen las piezas de barro cocido vitrificado que poseen un peculiar brillo metálico. El mosaico encuentra su mejor logro en el tipo alicatado constituido por piezas de diversas formas dispuestas regularmente llamadas *aliceres*.

2 EL ARTE ISLÁMICO EN ESPAÑA: EL ESPLENDOR DE LA CÓRDOBA CALIFAL

El arte islámico encuentra en España su más perfecta evolución. En sus realizaciones concretas queda claramente subrayada la unidad existente entre Al-Andalus y el Norte de África y la superior iniciativa artística ejercida por los hispanomusulmanes que dejan una huella profunda en las ciudades norteafricanas.

La mezquita de Córdoba

Con Abd Al-Rahmán I (756-788) comienza una de las obras supremas de la arquitectura hispanomusulmana y de todo el arte islámico: la mezquita de Córdoba. Sus sucesores en el emirato (que desde el 912 fue califato) fueron ampliando su recinto, para dar cabida a una población cada vez más numerosa, mientras hacían construir sus lujosas residencias. Mezquitas y palacios serán los máximos exponentes del arte islámico cordobés, que aceptó desde el primer momento elementos hispanorromanos (aparejos romanos de soga y tizón) y sobre todo visigodos, especialmente el arco de herradura, ahora más cerrado y enmarcado con una moldura denominada *alfiz*.

Estos ejemplos relativos al hábito islámico de tomar elementos de edificaciones anteriores sintonizan con el hecho de compartir en los primeros años de ocupación el recinto de la basílica de San Vicente con los cristianos cordobeses. Cuando en el año 786 Abd Al-Rahmán I ordenó la edificación de la mezquita se demolió la citada iglesia, pero se aprovecharon varios tramos de muros y numerosas columnas visigóticas e incluso romanas.

Para resolver el problema de la altura y la luminosidad, se sobrepusieron a las columnas unos pilares, desarrollándose así un bello entramado de arcos de herradura y de medio punto, de un efecto visual complejo y fascinante. Sus calidades decorativas se realzan mediante la alternancia de las dovelas (de colores rojo y blanco

▲ *La mezquita de Córdoba es una de las obras cumbres de la arquitectura y del arte musulmán, no sólo por su inigualable estética sino por los numerosos elementos técnicos o recursos arquitectónicos geniales que se emplean en su construcción. En la fotografía se advierten claramente los añadidos cristianos del siglo XVI.*

▲ *La distribución de esta entrada consiste en tres grandes vanos cubiertos por tres arcos de herradura tan altos que tienen que estar soportados sobre dos columnas superpuestas. El espacio superior está constituido por un entramado de arcos polilobulados que tras la apariencia decorativa, esconden verdaderos contrafuertes.*

o bien de materiales, piedra y ladrillo, tal como habían hecho los romanos en el acueducto de los Milagros de Mérida). La mezquita se ordena en once naves perpendiculares a la *quibla*, que mira al Sur en vez de hacerlo al Oriente, orientación peculiar de las mezquitas hispanomusulmanas.

Abd Al-Rahmán II (833-848) amplió la longitud de las naves hacia el lado meridional mientras que en tiempos del emir Muhammad I se construyó la puerta de San Esteban. Ya en época califal, a Abd Al-Rahmán III se debe la ampliación del patio y la erección del minarete (en la actualidad encerrado en la torre campanario del siglo XVI).

Al-Hakam II (961-969) fue el promotor de la reforma más importante, con la que la mezquita alcanzó sus más bellos y peculiares perfiles. Fue ampliada la longitud de sus naves y, sobre todo, se construye el actual *mihrab* y la *maxura* con su extraordinaria cúpula, decorado todo con mosaicos bizantinos de tema epigráfico y vegetal. Los capiteles y los arcos son típicamente cordobeses. Se combinan inéditos arcos polilobulados, que se entrecruzan y superponen en el aire.

Todavía a fines del siglo X Al-Mansur, respetando el plan inicial, aumentó el número de naves, añadiendo en esta ocasión al lado oriental otras ocho, con lo que totalizan diecinueve. Esta ampliación ocasionó la pérdida de la posición central que tenía el *mihrab*.

La mezquita cordobesa marcó su impacto en la mezquita de Kairuán (Túnez) construida a partir del año 836 y en la de Ibn Tulún en Egipto.

▲ Aspecto de las columnas y arcos de la sala del haram *de la mezquita cordobesa. Se logra un entramado perfecto entre arcos de herradura y de medio punto superpuestos. La alternancia de las dovelas (colores rojo y blanco) producen un bello y original efecto decorativo.*

▲ La extraordinaria decoración de la bóveda del mihrab *se llevó a cabo con mosaicos enviados por el emperador de Constantinopla, amigo y aliado del califa cordobés. Los nervios de la bóveda no se cruzan en el centro sino que dejan un espacio poligonal en su casquete.*

Otros edificios de la época califal cordobesa

Los califas cordobeses se hicieron construir lujosas residencias que nos permiten valorar los logros de la arquitectura civil hispanomusulmana. Los restos más destacados pertenecen al palacio de Medina Azzahara, próximo a Córdoba, mandado construir por Abd Al-Rahmán III para la favorita de ese nombre y que según las crónicas de la época encerraba una deslumbrante riqueza. Las excavaciones confirman esa descripción.

De la época final del califato es la interesante mezquita toledana de Bab-el-Mardum, convertida desde el siglo XII en iglesia cristiana con el nombre de El Cristo de la Luz. Sobre un planta cuadrada se acoplan unas bóvedas de crucería de estirpe cordobesa.

3 EL ARTE EN EL PERÍODO DE LOS REINOS DE TAIFAS

A la muerte de Al-Mansur el califato quedó desintegrado y la unidad política anterior es sustituida por la fragmentación que representan los diversos **reinos de taifas**. Estos reinos, sin contar con el poder económico que había tenido el califato, pretenden seguir sus fastuosos gustos artísticos.

Con materiales pobres se aspira a aparentar una riqueza decorativa externa, ya que no era posible la generación de nuevos y vigorosos resultados arquitectónicos. La complicación de los arcos alcanza un grado de paroxismo barroco. La Aljafería de Zaragoza es buena prueba de la inusitada complicación de elementos.

A la época de los taifas pertenecen otros edificios de interés, tales como las alcazabas de Málaga, Almería y Granada, todas ellas adecuadas en su función de fortalezas que albergaban la vivienda del gobernador y acuartelamiento de las guarniciones. Merecen particular interés las salas destinadas a baños, como el Bañuelo del recinto granadino o los baños de Baza y Palma de Mallorca.

4 ALMORÁVIDES Y ALMOHADES

EL arte de los almorávides

La rivalidad entre los distintos reyezuelos taifas propició la presencia en Al-Andalus de los **almorávides**, pueblo bereber que dominaba el Magreb. Su poderío militar logró constituir un extenso reino al incorporar las tierras del Sur de la Península Ibérica, que permanecieron ocupadas por ellos de 1075 a 1146. Desde el punto de vista religioso pretendieron una reforma basada en una interpretación más ortodoxa de la fe musulmana.

◀ *Las excavaciones que se están llevando a cabo en los últimos años en las ruinas de Medina Az-zahara están mostrando la grandiosidad del palacio que Abd Al-Rahmán III hizo construir en las cercanías de Córdoba.*

▶ *En 1195 el almohade* ABU YAKUB *levantó la esbelta torre de la Giralda, único resto de la desaparecida mezquita sevillana. Tenía cuatro cuerpos profusamente decorados con el típico paño de sebka y en su remate se alojaba un cuerpo de menores dimensiones. Sufrió diversas transformaciones hasta que en el siglo XVI se añade el remate de cuatro pisos con el fin de servir de campanario de la catedral. Este remate le da un aire característico a esta torre hasta el punto de formar parte de la cultura visual de todo un pueblo. Sin embargo es importante concebir la torre sin ese aditamento para comprender la sobriedad y belleza del arte almohade. Este alminar se hermana con otros muy importantes del Norte de África tal como la Kutubiyya de Marrakech.*

◀ *La pequeña mezquita de Toledo, que los cristianos llamaron iglesia del Cristo de la Luz, fue construida en los últimos años del siglo X.*

La invasión almorávide supuso un corte en la evolución cultural protagonizada por el califato cordobés pero permitió la entrada de algunos rasgos estilísticos de notable trascendencia: los **mocárabes**. Aunque habían sido utilizados con anterioridad, son un elemento decorativo característico del gusto almorávide y se disponen a modo de estalactitas que bajan de la bóveda. Suelen presentar forma de lazo o prisma.

El arco más usado es el de cortina, formado por dos porciones de circunferencia con centros exteriores y que se cruzan en la clave formando ángulo; el *alfiz* suele cortar el arco por sus lados; las bóvedas presentan nervaduras cada vez más finas; los pilares van sustituyendo progresivamente a las columnas.

El castillo de Monteagudo (Murcia), nuevo tipo de residencia en el que cobran especial relieve los jardines y estanques, y del que hoy solamente quedan sus ruinas, es el máximo exponente de la arquitectura almorávide en la Península.

Realizaciones artísticas de los almohades

Otro pueblo bereber, los **almohades**, reconstruyó de nuevo la unidad islámica de la Península y difundió un exigente ideal religioso que tuvo repercusiones en el arte. Como en el caso almorávide, la superioridad cultural cordobesa se tradujo en un importante influjo en las realizaciones almohades. Este arte se caracteriza por el uso de una abundante decoración que llega a enmascarar el nítido esquema constructivo empleado.

Los paños de *sebka* y sus peculiares redes de rombos cubren los espacios lisos, mientras que los vanos encerrados entre los arcos se ven complicados con elementos colgantes que arrebatan a aquéllos su misión constructiva. Los diversos rasgos que los almohades conservan de sus predecesores almorávides son el uso de la cerámica vidriada, los mocárabes, el arco de herradura apuntado así como la preferencia del pilar cuadrado sobre la columna.

En nuestro país, el monumento más representativo lo constituye la gran mezquita de Sevilla de la que tan sólo quedan el minarete –la Giralda– terminado en la última década del siglo XII y algunos arcos del llamado patio de los Naranjos en la misma mezquita.

Otros edificios almohades que deben considerarse son las fortificaciones. Frecuentemente se organizaban dobles murallas, llamándose *barbacana* la situada al exterior, y en la que se intercalaban algunas torres avanzadas con el objeto de vigilar lugares estratégicos como puentes o puertas de acceso. Estas torres podían colocarse incluso con independencia de la línea amurallada y se llamaban *albarranas*, de las que es un ejemplo bellísimo la Torre del Oro de Sevilla (1220).

5 EL ARTE NAZARÍ

Principales características

La severa derrota almohade en las Navas de Tolosa (1212) evidenció el empuje incontestable de los reinos cristianos y resquebrajó el poder musulmán, dividiéndolo en nuevos reinos taifas. A partir de 1238 el reino de los **nazaríes** de Granada fue el más rico y poderoso. En sus dominios surgieron algunas de las obras artísticas más sobresalientes del arte islámico, que constituyen a su vez las últimas muestras del magnífico arte hispanomusulmán.

En los edificios nazaríes destaca la sobriedad de los exteriores mientras una profusa decoración ornamenta los interiores. Se emplean materiales pobres, la mampostería y el tapial; el arco de herradura es sustituido por un arco peraltado de silueta acampanada, las formas mixtilíneas revelan la función puramente ornamental de los arcos granadinos; las columnas presentan fuste cilíndrico; los capiteles corintios son sustituidos por modelos llenos de originalidad, con dos cuerpos, uno cilíndrico con decoración de cintas y otro sobrepuesto, de forma cúbica y frecuente incorporación de mocárabes; la cerámica de tipo alicatado recubre las partes bajas o zócalos de las estancias, siendo más tarde utilizado generosamente el azulejo; el empleo de bóvedas de mocárabes resulta de un intenso efecto decorativo.

La Alhambra y otros monumentos

A lo largo del siglo XIV fue construido el conjunto de edificaciones de la Alhambra, palacio y fortaleza, que consigue una peculiar asimilación al paisaje circundante. Consta de un sinfín de va-

▶ *Los árabes fueron maestros indiscutibles en el uso de la geometría aplicada a la decoración, particularmente en el trazado de lacerías. La estructura es reticular y el elemento base suele ser un polígono regular, de seis u ocho lados. Las estrellas originadas al unir periódicamente sus vértices se van entrelazando hacia el infinito sin retornar jamás al punto de origen. A veces la red puede ser más simple, como ocurre en los azulejos de la ilustración inferior, donde de la malla fundamental está constituida por triángulos equiláteros.*

▲ *El conjunto de la Alhambra – "la roja", por el color de los ladrillos de torres y murallas– consigue una perfecta adaptación al medio natural circundante. Este equilibrio entre la obra del hombre y la naturaleza no suele darse con frecuencia, pero en Granada adquiere una dimensión única y está maravillosamente logrado. Puede distinguirse asimismo la obra correspondiente al palacio de Carlos V.*

◀ *Mirador de Lindaraja, Alhambra (Granada), siglo XIV. Esta pequeña habitación situada en el interior de una torrecilla tiene tres frentes con sendas ventanas que le proporcionaban unas maravillosas vistas sobre el paisaje. La decoración sobre yeso policromado es riquísima, rematándose con mocárabes. El zócalo cerámico emplea los temas geométricos estrellados tan relevantes en el arte islámico y, sobre todo, nazarí.*

riadas dependencias, unas destinadas a funciones militares (alcazaba, torres, murallas, etc.), otras a vivienda de un sinnúmero de servidores y sobre todo residencia del soberano y harén familiar (sala de las Dos Hermanas, mirador de Lindaraja, torre de la Cautiva); y junto a ellas espacios de carácter público y oficial (sala de audiencias).

Todo este rico complejo es fruto de la labor constructiva de varios reyes granadinos. El palacio o cuarto de Comares se debió a Yúsuf I (1334-1354) y son piezas magistrales el salón del Trono y el patio de los Arrayanes. El cuarto de los Leones corresponde a Mohamed V (1354-1391) y en él sobresalen la sala de los Abencerrajes, la sala de las Dos Hermanas y los jardines de El Partal.

Los monarcas granadinos poseían una residencia veraniega situada enfrente de la Alhambra. Es el recinto llamado Generalife, en el que los jardines, estanques y huertas alcanzan su máximo y esplendoroso desarrollo.

Algunos otros ejemplos de arte nazarí, lo constituyen algunas partes de la mezquita de Albaicín o el cuarto real de Santo Domingo, que era una torre del recinto defensivo, ambos en Granada, así como la mezquita de Ronda, en Málaga.

El influjo artístico granadino se hizo presente en diferentes edificios del Norte de África, prolongando su innegable huella incluso hasta el siglo XVI. Tal es el caso de la mezquita de los Kairuaníes, en Fez, que sigue muy de cerca el granadino patio de los Leones.

El arte nazarí no tiene la solidez estructural y funcional del califal ni del almohade, pero los supera en delicadeza y fantasía ornamental y ejerció una definitiva influencia en el arte mudéjar hispano.

▲ *Vista del patio de la Acequia, en el Generalife. Las estancias del Generalife son del siglo XIV y se hallan situadas fuera de la Alhambra; están rodeadas de floridos jardines y estanques. En el arte nazarí los arcos de herradura son frecuentemente sustituidos por nuevos arcos de perfiles peraltados e, incluso, de medio punto.*

▲ *El patio de los Leones es la muestra suprema del esplendor decorativo del arte hispanomusulmán del siglo XIV. El patio tiene pórticos en sus cuatro frentes con numerosas columnillas de fuste estilizado. Contrasta la tosquedad de las figuras de los leones, testimonio de la escasa evolución de la escultura árabe.*

II. Arte mudéjar

6 DEFINICIÓN DEL ARTE MUDÉJAR

A principios del siglo XI el fortalecimiento de la Europa cristiana coincide con la recuperación de los reinos cristianos peninsulares, frente al poderío del Califato de Córdoba que había logrado gran esplendor en el siglo X. La conquista de Toledo (1085) trasladó la frontera cristiana hasta el Tajo e inició un período en el que la expansión cristiana fue continua. La batalla de las Navas de Tolosa (1212) abrió las puertas de Andalucía a Fernando III, mientras que Jaime I, rey de Aragón, ampliaba sus límites tras la fundación del reino de Valencia, extendiendo su soberanía hasta incluir el reino de Murcia.

La situación así descrita tan brevemente permite constatar un hecho que tuvo notable trascendencia en la sociedad y en la cultura de la España medieval: el progreso de la Reconquista significa la incorporación a los territorios cristianos de comunidades islámicas y el consiguiente aporte de elementos artísticos y modos de vida de estos grupos. **Mudéjar** es precisamente el arte realizado en la España cristiana a partir del siglo XII, bien por mano de obra musulmana o bien por cristianos seducidos por la belleza del arte islámico.

7 CARACTERÍSTICAS GENERALES DEL ESTILO MUDÉJAR

a) Se trata de un arte que funde los estilos cristianos (románico y gótico básicamente) con motivos ornamentales y materiales empleados en Al-Andalus. A la estructura arquitectónica cristiana se sobreponen materiales generalmente pobres (ladrillos, yeso, madera) a los que se les dota de una novedosa función decorativa.

b) Los materiales señalados se utilizan en los diversos elementos arquitectónicos: el **ladrillo** en los muros y pilares; la **madera** en las artísticas techumbres originando bellos artesonados; el **yeso** como elemento de una decoración que varía según las épocas y las escuelas, ya que muestra clara preferencia por la **ornamentación geométrica**.

c) El estilo mudéjar se hace presente en iglesias, capillas, casas y palacios, fortificaciones o castillos y en murallas y puertas de acceso. En las casas y palacios, el **alfiz** aparece en las portadas; las puertas se disponen desenfiladas impidiendo ver el patio; los patios se adornan con bellos **arcos lobulados**; en las casas señoriales no faltan amplias salas de baño; en las fortificaciones, una galería corrida corona los muros para permitir una vigilancia más cómoda (**barbacana**).

▲ Santiago del Arrabal, *Toledo. Probablemente construida durante el reinado de Alfonso VI y reconstruida a mediados del siglo XIII es la iglesia mudéjar que más celosamente conserva los caracteres de su estilo.*

d) En el mudéjar, se suelen englobar las **sinagogas**, pues los judíos se sirvieron igualmente del arte musulmán. En su estructura se asemejan a los templos cristianos e islámicos (sala de oración, tribuna para las mujeres). En su decoración comparten con las mezquitas la carencia de motivos figurativos humanos y el uso de grandes inscripciones sobre sus muros.

▲ *El interior de Santa María la Blanca, sinagoga de Toledo, refleja la influencia almohade en los pilares poligonales, la labra de avispero de sus capitales y los motivos geométricos de la decoración.*

8 ETAPAS CRONOLÓGICAS Y PRINCIPALES ÁREAS DE DIFUSIÓN DEL MUDÉJAR

Desde el punto de vista cronológico se suelen distinguir tres etapas en el arte mudéjar: **románico-mudéjar**, correspondiente a los siglos XI y XII; **gótico-mudéjar** que se extiende entre los siglos XIII y XVI, y una tercera que se prolonga hasta el siglo XIX, pues es una constante la utilización de algunos elementos mudéjares en edificios de diversas épocas. En el siglo XIX cobra tal consistencia que son numerosos los monumentos catalogados como **neomudéjares**.

El **área de difusión** comprende León, las dos Castillas y Aragón como zonas principales. Es un estilo esencialmente español cuya localización más allá de nuestras fronteras es escasa (se cuentan algunos ejemplos aislados en Portugal y Francia). Sin embargo su presencia en Canarias y América es notable y los techos de madera el elemento de mayor difusión.

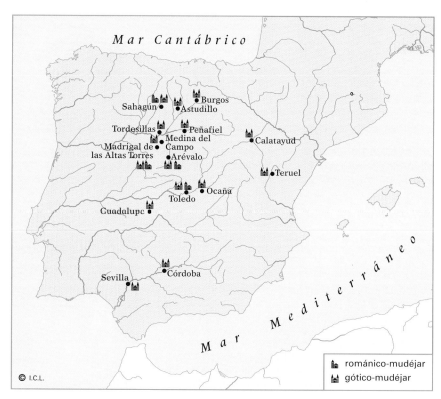

▲ *Este* mapa del múdejar *muestra la situación geográfica de los principales edificios de estilo mudéjar en la Península Ibérica. La concentración de monumentos en Castilla denota el inmenso atractivo que lo islámico ejerció en los reinos cristianos.*

El románico-mudéjar castellano-leonés

En el período denominado románico-mudéjar los restos más importantes se encuentran en León y en las dos Castillas.

En Toledo, se reconstruyen algunos templos mozárabes, incorporándoles evidentes influencias islámicas (San Román). En la misma ciudad, la iglesia del Cristo de la Vega representa la fusión decidida con el estilo románico pues mantiene el ábside semicircular precedido de un tramo recto; en el exterior, arquerías dobladas se alojan en los distintos cuerpos superpuestos.

Pero el ejemplar más perfecto es Santiago del Arrabal (pág. 118), con torre exenta, a la manera del románico italiano.

En Sahagún (León), las iglesias de San Lorenzo y San Tirso son dos ejemplares muy característicos con ábsides abovedados y torres de arquerías dobladas.

El gótico-mudéjar castellano-leonés

Desde el siglo XIII el mudéjar cobra un gran desarrollo tanto por su continuidad en León y en las dos Castillas como por su extensión a los territorios incorporados a los reinos cristianos.

La ciudad de Toledo sigue siendo el centro del mudejarismo, reuniendo en el interior de su recinto capillas, palacios, puertas y sinagogas pertenecientes a dicho estilo.

Las sinagogas fueron numerosas, dada la cuantiosa población judía. Destacan las de Santa María la Blanca y la del Tránsito. La primera es del siglo XIII, consta de cinco naves y tiene honda huella almohade (adornos poligonales en las paredes, cubierta, etcétera). La del Tránsito es posterior pues fue construida en el siglo XIV y presenta rica decoración de tipo granadino.

Entre los palacios, el de Tordesillas, mandado construir por Alfonso XI a mediados del siglo XIV, se adorna en la portada con el típico paño de *sebka* y redes de rombos de cuño almohade y un hermoso patio con arcos lobulados.

▶ *Del cinturón amurallado que protegía la ciudad de Toledo en el siglo XIV nos queda la puerta del Sol (arriba), puerta albarrana, destacada de la línea de fortificación, una de las piezas más representativas de la arquitectura militar mudéjar.*

San Tirso de Sahagún, León (abajo). Las arquerías ciegas de los ábsides son una nota característica del mudéjar. Los tres ábsides de la cabecera testimonian su relación con la arquitectura románica. La obra es de ladrillo, lo que no es habitual en la zona; sin embargo la influencia mudéjar hace gustar de ese material en una tierra en la que las construcciones se hacían habitualmente en piedra. Esta iglesia junto con otras leonesas y castellanas, constituyen un conjunto que ha dado en llamarse el románico de ladrillo.

El mudéjar andaluz

La incorporación de Andalucía favoreció la islamización de gustos y costumbres. El influjo nazarí, procedente del reino de Granada, es patente en el alcázar de Sevilla, en donde destaca el gran salón de Embajadores y su techumbre de madera con adornos de mocárabes.

En Córdoba tiene especial interés la capilla real de la mezquita y la de San Pablo, ambas con estimables bóvedas de crucería. Al grupo andaluz se puede añadir el claustro del monasterio de Guadalupe (Cáceres) de fines del siglo XIV, con su original templete central.

El mudéjar aragonés

Por último, en Aragón, encontramos el cuarto foco básico del arte mudéjar. Presenta ciertas peculiaridades respecto a los otros tres antes señalados.

En primer lugar muestra más claramente el influjo de artistas andaluces; la decoración es igualmente rica y profusa tanto en los exteriores como en los interiores; las paredes se recubren de fajas horizontales con variados temas decorativos geométricos que en ocasiones se convierten en cerámicas vidriadas polícromas.

Lo más interesante del mudéjar aragonés son las torres de las parroquias, que al estar situadas junto a las murallas son a la vez campanarios y puertas de acceso a la ciudad. De forma cuadrada son las torres de San Martín y El Salvador ambas en Teruel y con planta octogonal las de Santa María y San Andrés de Calatayud.

▲ *Con clara huella del arte mudéjar andaluz, el claustro de Guadalupe (Cáceres) es de finales del siglo XIV. El curioso templete central es de principios de la centuria siguiente.*

◄ *Las torres constituyen siempre un elemento principal de las construcciones mudéjares, ya se limite la ornamentación a la disposición geométrica de los ladrillos o se alcance el barroquismo con piezas cerámicas de colores, como en San Martín de Teruel. Ésta junto con la torre del Salvador, la de San Pedro y la de la catedral, constituyen el más impresionante conjunto del mudéjar aragonés. Las torres campanario del mudéjar de Aragón se encuentran siempre separadas del cuerpo de la correspondiente iglesia, lo que establece una clara vinculación con su origen islámico ya que se construyen al modo de los minaretes musulmanes.*

EL PATIO DE LOS ARRAYANES

Sobre la colina granadina de la *al-Sabika* fijó su residencia el primero de los reyes nazaríes, Ibn Alhamar; a su alrededor fueron situándose las mansiones de los miembros de la clase administrativa y aristocrática. Yúsuf amuralló el conjunto de construcciones que ocupaban ya un espacio de 740 metros de largo y hasta doscientos metros de ancho en su parte más abierta. Por el color rojizo de los ladrillos de torres y recinto se le llamó *Alhambra* (la roja) y su conjunto constituye el más bello, el más antiguo y el mejor conservado de los palacios árabes que quedan en el mundo.

De los edificios que comprenden la compleja planta de la Alhambra, el palacio de Comares era el más grandioso, pues constituía el tipo perfecto de palacio oficial urbano destinado a acoger la sede del trono. El resto de las dependencias se ordenan desde la entrada en ascendente sucesión de planos, desde el *mexuar*, lugar de recepción, abierto a todos los súbditos, hasta el salón del Trono. Así el otro mejor palacio de la Alhambra –el de los Leones y su bellísimo patio– quedaba reservado a las habitaciones privadas de la familia real –el harén.

Pues bien, el patio de los Arrayanes o de la Alberca, que es el que reproduce nuestra imagen, es el núcleo fundamental de la vida y ceremonial desarrollados en el palacio de Comares. En su centro hay un estanque o alberca rectangular, flanqueado a lo largo de su eje mayor por setos de arrayanes (arbusto mirtáceo de flores blancas y follaje siempre verde), especie vegetal de la que toma su nombre este patio.

Al patio se asoman dos espléndidas fachadas. La que aquí se reproduce corresponde a la torre de Comares; desde el patio no se pueden apreciar los más de cuarenta metros de altura que posee la torre. Hasta el amplio ventanal que aparece al fondo de la torre, y desde el que se contemplan vistas muy hermosas, se van sucediendo tres partes: el pórtico, la sala llamada de la Barca y al fondo el salón del Trono, la dependencia más amplia de la Alhambra.

El pórtico está compuesto por seis arcos que agrupados en dos tríos acompañan lateralmente a la arcada central, que se abre a más altura al ocupar el espacio de la *sebka* que corona a los otros seis; ello

El patio de los Arrayanes de la Alhambra de Granada

está justificado con el objeto de permitir la visión de la puerta de acceso al salón de la Barca. Los arcos, peraltados, angrelados (angrelo: muesca de intradós), con silueta de campana, carecen de función constructiva y son pura escenografía, están sustentados por otras estructuras a las que recubren decorativamente.

Las columnas, de fuste liso, tienen en sus extremos los anillos típicos de la Alhambra. También los capiteles ofrecen gran originalidad al presentar un doble cuerpo, el inferior con la decoración de cintas y el superior de forma cúbica y profusamente decorado.

Es sabido que en la Alhambra la decoración era polícroma. El modesto tapial de los muros era cubierto por arabescos e

inscripciones, destacando entre éstas las que reproducían frases coránicas. En los pilares superpuestos a las esbeltas columnas se descubren numerosas muestras de inscripciones caligráficas.

También la decoración de *sebka*, los típicos rombos de ascendencia almohade, alcanza una brillante representación en los espacios lisos que son recortados por los arcos ya descritos. Y todavía la abundancia decorativa encontrará nuevos espacios en el marco que delimita el zócalo de cerámica alicatada; la decoración de estuco parece imitar largas piezas de seda o el exquisito trabajo de los tapices orientales.

En el costado derecho del patio se ve la puerta del Baño Real, dependencia in-

PLANTA DE LA ALHAMBRA DE GRANADA

1. Plazoleta de ingreso
2. Primer patio
3. Ruinas de mezquita
4. Calle
5. Patio de Machuca
6. Torre de Machuca
7. Mexuar
8. Patio del Cuarto Dorado
9. Cuarto Dorado
10. Patio de los Arrayanes
11. Sala de la Barca
12. Sala de Comares
13. Baño Real
14. Patio de la Reja
15. Habitaciones de Carlos V
16. Torre del Peinador de la Reina
17. Jardín de Daraxa
18. Mirador de Daraxa
19. Sala de Dos Hermanas
20. Patio de los Leones
21. Sala de los Mocárabes
22. Sala de los Reyes
23. Aljibe
24. Sala de los Abencerrajes
25. Foso
26. *Rawda*
27. Capilla de la Casa Real nueva o Palacio de Carlos V
20. Palacio de Carlos V

BIBLIOGRAFÍA

BANGO, I. y BORRÁS, G., *Arte de Bizancio y del Islam*. Madrid, Historia 16, col. Conocer el arte, 1996.

CAMPS, E., *Módulo, proporciones y composición de la arquitectura califal cordobesa*. Madrid, C.S.I.C., 1953.

ETTINGHAUSEN, R., *Arte y arquitectura del Islam, 650-1250*. Madrid, Cátedra, 1996.

GÓMEZ-MORENO, M., *El arte árabe español hasta los almohades*. Madrid, Plus Ultra, Ars Hispaniae, vol. III, 1951.

GRABAR, O., *La formación del arte islámico*. Madrid, Cátedra, 1988.

GRABAR, O., *La Alhambra: iconografía, formas y valores*. Madrid, Alianza, 1996.

HOAG, J., *Arquitectura islámica*. Madrid, Aguilar, col. El Universo de las formas, 1976.

MARÇAIS, G., *El arte musulmán*. Madrid, Cátedra, 1985.

PAPADOPOULO, A., *El Islam y el arte musulmán*. Barcelona, G. Gili, 1977.

PIJOAN, J., *Arte islámico*. Madrid, Espasa-Calpe, Summa Artis, vol. XII, 1949.

TORRES BALBÁS, L., *Arte almohade. Arte nazarí. Arte mudéjar*. Madrid, Plus Ultra, Ars Hispaniae, 1949.

ACTIVIDADES

● Uno de los aspectos más interesantes de la arquitectura musulmana es la preocupación por el espacio. El patio de los Arrayanes, en el que se integran perfectamente espacio interior y exterior, es un ejemplo de ello. Indica qué elementos intervienen en su construcción.

● ¿A qué parte del palacio pertenece el patio de los Arrayanes? ¿Qué otras dependencias componen el conjunto?

● La Alhambra y el palacio del Generalife encierran espacios abiertos de gran belleza. El patio de los Leones y el de la Acequia (página 117), junto al que estamos comentando, así lo atestiguan. Obsérvalos e indica qué tienen en común y qué los diferencia.

sustituible en los palacios árabes; las salas del Caldarium, de las Camas, de la Pila Grande y de la Pila Pequeña, reproducen en su conjunto la estructura y funcionalidad de las termas romanas.

Los muros —hoy blancos— estarían recubiertos en gran parte de decoración de estuco y presumiblemente de enredaderas que treparían por esas fachadas cubriendo así un espacio que se vuelca sobre el estanque central. En efecto, el patio árabe no se concibe sin la presencia refrescante del agua contenida en una alberca.

Los palacios islámicos están trazados sobre el recuerdo de la sed milenaria y del abrasador sol de los desiertos arenosos. En los extremos del estanque se sitúan los dos manantiales que lo alimentan; labrados en mármol, relucen como un dinar de plata.

En las calurosas tardes de verano el umbral de la sala de la Barca sería el lugar preferido por el monarca y sus íntimos colaboradores. El surtidor se convierte en un hogar recoleto donde el fuego se ha transmutado en la fresca llama del manantial. Además al levantar la vista y posarla sobre la superficie de la alberca se descubre en ella el reflejo de los edificios circundantes y del mágico cielo. Agua, vegetación, el embrujo de los arcos, la fantástica decoración de arabescos y mocárabes, componen un escenario acorde con la fantasía oriental de sus creadores.

8.
El románico. Escuelas europeas

En el siglo XI, a lo largo de los caminos de peregrinación se levantaron edificios que ofrecían rasgos comunes por encima de las diferencias nacionales y regionales, de Francia a Inglaterra, de Italia a España, de Cataluña a Galicia. El románico fue ante todo un arte religioso que plasmaba las creencias y miedos del hombre del año mil. Nació como una siembra arquitectónica de edificios imponentes por su masa. Pero los artistas vivificaban las moles de piedra con esculturas que relataban la Historia Sagrada en tímpanos, jambas y capiteles, o con frescos que dotaban a los muros de ingenuas ilustraciones polícromas, convirtiendo a las iglesias en "*evangelios en piedra*". Arte de los caminos. Arquitecturas que hablaban. Vamos a examinar una de las aportaciones más genuinas de la religión al arte europeo.

Mármoles de colores, galerías de arcos vivos, predominio de la horizontalidad, son rasgos distintivos del románico italiano del que el conjunto de Pisa −baptisterio, catedral y campanile (torre inclinada)− son un buen ejemplo.

1 CIRCUNSTANCIAS HISTÓRICAS

Por encima de sus variedades regionales el románico nos ofrece el primer estilo internacional de la Edad Media. Quizás se caiga en una simplificación al resaltar antes los elementos comunes que los diferenciales, pero el hecho de que éstos existan por encima de las fronteras políticas ha inclinado a los teóricos de la Historia del Arte a estudiar sus circunstancias sociales, en la creencia de que se trata de la expresión artística de una época antes que de un país o una comarca.

Tres procesos históricos enmarcan el nacimiento de este arte continental: el terror milenario, las peregrinaciones y el feudalismo.

El terror del año mil

La obra de HENRI FOCILLON, *El terror del año mil,* ha resaltado el clima de angustia que invadió a las poblaciones de Europa durante el siglo X. Una serie de circunstancias políticas (invasiones de normandos, musulmanes, húngaros) generan este clima de desasosiego, pero los hombres del novecientos le dan una formulación religiosa y se propaga por todas partes la oscura profecía del Apocalipsis, en la que se entendía que el mundo desaparecería en el año mil.

Cuando se comprobó que ni en éste ni en el 1033 (milenario de la muerte de Cristo) se producía la última hora de la Humanidad, un sentimiento pietista de acción de gracias multiplicó las manifestaciones colectivas de fe.

▲ Mapa de la difusión del románico en Europa. *Tres observaciones: la Borgoña como centro, la línea de penetración por el Norte de la Península desde el Pirineo hasta Santiago a lo largo de las rutas peregrinas, y la comunicación de la Lombardía con Cataluña.*

▼ *En el tímpano occidental de Santa Fe de Conques se representa el Juicio Final. La figura poderosa de Dios Juez centra la escena que incluye grupos de personajes cuya animación no queda disminuida por su disposición plana.*

Para la mayoría de los cristianos el año mil no señalaba el fin del mundo, sino simplemente el inicio de una era de calamidades, hambres y enfermedades que en efecto conturbaron en bastantes ocasiones a las poblaciones. Como acción de gracias o como refugio de temores la piedad se expresa en una intensa renovación del arte religioso. Abonaría estas explicaciones la temática de la plástica románica, con su abundancia de monstruos y visiones infernales y con la insistencia en colocar el Juicio Final como escena que preside la entrada de los templos.

Las peregrinaciones

La importancia que adquieren los monasterios en el siglo XI y el hecho de que muchos de ellos guarden reliquias de santos les convierte en centros de afluencia de las masas devotas, afluencia que sin duda fomentan los monjes, estimulados por las ventajas económicas que las visitas colectivas comportaban. De manera eminente la peregrinación a las ciudades santas, Jerusalén, Roma y Santiago, se consideraba una expresión de fe similar, en otro plano, a la que movía a los cruzados. Así a lo largo de los caminos, y en concreto sobre los que conducían a la lejana Santiago de Compostela, surgen edificios para el culto vinculados por una serie de rasgos comunes.

El feudalismo

Como manifestación artística de la sociedad feudal se ha considerado en casi todos los estudios al románico, que no fue simplemente un **arte monástico** sino **también aristocrático,** como expresión de la superioridad social de los dos estamentos que culminan la pirámide social: el **clero** y la **nobleza,** e incluso de la identificación entre ellos.

Un mismo espíritu une a templos y castillos, pues el monasterio benedictino se levanta en la altura como una fortaleza y es muy conocida la expresión de OSKAR BEYER, quien definía a las iglesias románicas como "*castillos de Dios*". El arte cumple el cometido público de exhibir la majestad del poder; no se construyen edificios tan inmensos para que los fieles se reúnan a rezar o para que los campesinos convivan con los señores dentro del castillo, sino para resaltar la superioridad social de quienes podían despilfarrar en moles que impresionaban por su desproporción con respecto a las necesidades del uso.

Esta visión del mundo desde arriba se relaciona con una escala de valores que impregna la vida de los estamentos-clientes e informa la escultura. Para la nobleza belicosa que va a las Cruzadas o que recuerda las formas del séquito, Cristo es el héroe y en el Crucifijo no puede aparecer nada más que como triunfador. De la misma manera, la Virgen es la Señora entronizada, a la que se tributa el homenaje del caballero. La sensibilidad del feudalismo no permanece ajena al arte de la época.

▲ *Los monasterios se emplazaban en lugares privilegiados para favorecer el recogimiento. En torno a la iglesia se ordenaban las dependencias. En la ilustración, Santa Fe de Conques (Francia).*

▼ Carcasona. *Flanqueando la puerta, se despliega un complejo de torres defensivas, puente y foso, y murallas almenadas, elementos defensivos de las villas-fortaleza*

2 ELEMENTOS ARQUITECTÓNICOS

Un nuevo espíritu arquitectónico

Casi todos los elementos de la arquitectura románica pueden encontrarse en los estilos precedentes; pero no basta la yuxtaposición de una serie de rasgos para configurar un estilo, es preciso un espíritu nuevo, una concepción que los amalgame de una manera particular. El muro construido con sillares, el pilar y la columna, y el arco de medio punto, habían sido utilizados en diferentes siglos, pero a finales del X la civilización occidental concebía el recinto arquitectónico por sus valores espaciales, en contraste con Grecia y en algún caso Roma, que habían cultivado sus valores plásticos, su apariencia escultórica o formal. Por otra parte la construcción se somete a una métrica precisa que presta al edificio una impresión de organismo (un todo organizado).

Disposición de la planta

En la **planta,** todas las líneas están determinadas por la **cabecera.** Con el aumento progresivo del culto a los santos y la costumbre de la celebración diaria de la misa por todos los sacerdotes es necesario multiplicar los altares y, para acomodarlos, el número de capillas. La solución más corriente es la construcción de un **ábside** al fondo de cada nave; el ábside –de uno a siete, más frecuentemente tres– representa con su forma curva, cobijadora del altar, uno de los grandes hallazgos de la arquitectura. En otras ocasiones se enlazan las naves laterales mediante una especie de nave curvilínea, la **girola,** a la que se asoman las capillas en disposición radial.

Los elementos sostenidos

El elemento determinante es la **bóveda de cañón.** En las iglesias basilicales se había recurrido a las cubiertas de madera, pero razones de seguridad –el peligro de incendios– y estéticas influyeron en la generalización de la cubierta de piedra curvilínea, que exigía complicados cálculos de ingeniería.

Ahora, en diferentes sitios al mismo tiempo, se descubre el procedimiento para cubrir con bóveda de cañón grandes espacios; alrededor del año 1100 se reconstruye Cluny con bóvedas que tienen una anchura de doce metros y una altura de treinta. Una serie de elementos sostienen este imponente entramado de piedra. Arcos de refuerzo dividen en tramos la bóveda (**arcos fajones**) y descargan sobre los pilares, que a su vez están enlazados por arcos paralelos al eje de la bóveda (**arcos formeros**). En muchos casos una galería alta o **triforio** está cubierta por media bóveda que actúa como descarga de la nave central hacia el muro.

SAN SATURNINO DE TOULOUSE

IGLESIA DEL MONASTERIO DE CLUNY

▲ Plantas de San Saturnino de Toulouse y de Cluny. Compárese la de San Saturnino con la de Compostela (pág. 146). La planta de peregrinación se distingue porque prolonga las naves en torno al crucero.

▼ La bóveda de cañón se construye con series de arcos de medio punto; el dibujo permite deducir su carácter macizo y pesado, que requiere arcos de refuerzo, muros gruesos y contrafuertes.

BÓVEDA DE CAÑÓN

El **arco de medio punto,** muy pronto doblado, resaltando su intradós, sobre otro más estrecho, es el preferido. El deseo de adornarlos desembocó en su disposición abocinada en las puertas, en las que una serie de arcos cada vez más estrechos encuadran el acceso con lo cual además de adornar arcos, éstos se convierten a su vez en elementos ornamentales.

Los elementos sustentantes

El **muro de sillería** se impone pronto, en parte respondiendo al deseo de medida de los arquitectos; el sillar no puede tener una forma caprichosa, es la unión de la geometría y la piedra. Ha de ser un muro recio, que sea capaz de sostener la pesada cubierta. En correlación con los arcos transversales que en él descargan, se refuerza con estribos o contrafuertes, cuyo resalte rompe la lisura del muro, lo mismo que hacen los arcos transversales de la bóveda, obteniéndose así un efecto rítmico también en el exterior del edificio.

La **columna** no puede ser ya el único elemento sustentante pues para sostener la gran bóveda de piedra típica del románico es preciso el **pilar**, más robusto, aunque con frecuencia se alterna o se adosa la columna al denominado pilar compuesto. El canon clásico se ha perdido; la sección de la columna no aumenta con la altura, por lo cual en un mismo edificio se pueden encontrar cilindros iguales en las pequeñas columnillas del claustro y en las altísimas que recorren los pilares.

Edificios que se distinguen por el **predominio del macizo sobre el vano** presentan al constructor particulares problemas de iluminación. Las ventanas son estrechas, como exige el sistema de peso de la bóveda de cañón y quizás como desea la sensibilidad pietista de la época. Con el triforio pueden resolverse algunos de estos problemas de luz. No obstante los edificios son oscuros y se distinguen por su masa, que ofrece escasos puntos de comunicación con el exterior.

En los claustros, patios centrales de los monasterios destinados a paseos y rezos de los monjes, los elementos arquitectónicos —columnas, arcos, bóvedas— despliegan una gracia singular.

◀ *El* claustro de Moissac *(arriba) alterna la columna sencilla y pareada para montar una arquería levemente apuntada. En la serie de capiteles se combinan los elementos vegetales y las figuras conformando el más completo conjunto escultórico de los claustros franceses.*

Al igual que en el exterior, Santa Fe de Conques (abajo) exhibe en el interior la poderosa musculatura de sus pilares y arcos de medio punto para sostener la pesada cubierta. Es perceptible, asomado a la nave central, el triforio, aprovechando la diferencia de altura de las laterales.

3 PECULIARIDADES NACIONALES

Arquitectura románica en Francia. Diferencias regionales

Constituida en los siglos XI y XII por una serie de entidades políticas rivales, no presenta unidad de estilo; la Borgoña, la Normandía, el Poitou, etc, ofrecen notas diferenciales. Francia destaca por la cantidad y variedad de sus edificios románicos, debido a que es encrucijada de los caminos de peregrinación y cuna de la reforma cluniacense, en el monasterio de Cluny (Borgoña).

En **Borgoña,** aparte de Cluny, imponente construcción de la que hoy no poseemos más que testimonios, la iglesia de la Magdalena de Vézelay, en la que se creía que se guardaban las reliquias de Santa María Magdalena, se convirtió en un popular centro de peregrinación. Las bóvedas resultaban en su época llamativamente altas, especialmente la central; los arcos, con dovelas de colores alternados, y los ventanales relativamente amplios contribuyen a darle una personalidad original. Del mismo tipo de iglesia de peregrinación es de destacar la de San Esteban de Nevers, de clara influencia románica borgoñona.

Al Norte, en **Normandía,** cubren sus construcciones inmensas con techumbre de madera y encuadran sus fachadas entre torres. Generalmente las iglesias normandas carecen de la decoración escultórica, e incluso son parcas en decoración geométrica. La catedral de Caen es la más característica de una escuela que pasó a Inglaterra —donde al románico se le llama *normando*— e influyó en Sicilia, en Noruega, e incluso en el resumen del románico mundial, la catedral de Santiago de Compostela.

Al Oeste, en las comarcas entre el Loira y el Garona, especialmente en **Poitiers, Angulema** y **Périgueux,** se mantiene un sentido decorativo de resabio bizantino: torres de remate cónico con escamas, profusión escultórica en la fachada, cúpulas sobre pechinas, en algún caso sólo en el interior, como en Nuestra Señora de Poitiers. En Poitou las tres naves tienden a la misma altura, lo que impide la iluminación; los edificios resultan oscuros y alargados. Más al Sur, la catedral de Angulema supone el polo opuesto en cuanto a iluminación, el rasgo preponderante es la multiplicación de cúpulas (las de Angulema realmente majestuosas); en San Front de Périgueux la planta de cruz griega muestra directamente cuánto deben al arte bizantino algunas escuelas francesas.

La **Provenza** nos ofrece edificios de gran simplicidad, o una sola nave o preeminencia destacada de la central, como ocurre en San Trófimo de Arlés. La influencia de los edificios romanos (Arlés conserva numerosos restos) contribuye a la pureza del románico del Sur, exento de los elementos bizantinos que se detectan en el Oeste.

▲ *En Normandía (izquierda) las fachadas se encuadran entre dos enormes torres de aspecto defensivo, se diseñan con amplios ventanales y reducen la decoración escultórica al tímpano que remata la puerta principal.*

La fachada de San Pedro de Angulema (derecha) resume los rasgos del románico del Suroeste: torres cónicas recubiertas por escamas, arcos ciegos, intensificación de la decoración escultórica. La ilustración permite adivinar a la derecha una de las enormes cúpulas de la catedral, en las que se recoge la influencia bizantina.

◀ *Interior de Santa María Magdalena de Vézelay (arriba), que con la alternancia cromática de las dovelas de los arcos parece señalar un movimiento rítmico hacia el altar mayor.*

Abajo, pórtico de Vézelay, con un nutrido conjunto escultórico. Es la misma disposición que se adoptará en Santiago.

▶ *En San Saturnino de Toulouse el ritmo solemne de los pilares de la nave central y la elevada tribuna del triforio nos conducen hacia el ábside curvilíneo. Las iglesias románicas no eran simplemente un sistema constructivo; en otro aspecto representaban las partes del cuerpo humano o simbólicamente el camino hacia la divinidad.*

Originalidad de la arquitectura románica en Italia

La presencia en este país de las ruinas de los monumentos arquitectónicos del mundo clásico otorga al románico italiano una evidente originalidad. No es sólo el arte romano sino también la perspectiva longitudinal de las primeras basílicas paleocristianas, divididas por columnas en tres o cinco naves: es la tradición que resurge. Nos encontramos por tanto con la preeminencia de elementos antiguos.

Aunque las diferentes regiones ofrecen un cuadro variado, por ejemplo en el Sur es clara la influencia del arte normando y bizantino, el Norte –Lombardía y Toscana– ofrece ciertos rasgos formales generales:

- **Galerías de arcos vivos** (frente a los arcos ciegos, tapiados, franceses).

- **Importancia de la columna,** como elemento decorativo en las fachadas o como elemento sustentante en los interiores, donde sustituye a los gruesos pilares característicos del estilo.

- **Sustitución de la escultura como elemento decorativo por el color,** normalmente con la utilización de mármoles de variado cromatismo.

- **Separación del baptisterio y campanile,** como dos construcciones independientes.

- **Reviviscencia en las fachadas de elementos clásicos más o menos transformados;** por ejemplo en Parma y Módena son frecuentes los porches con columnas que se apoyan sobre leones, a la manera de los antiguos pórticos, y en toda la Lombardía y la Toscana el remate de la fachada en un tejadillo a dos vertientes es similar a la parte superior de los frontones.

El más impresionante conjunto de construcciones decoradas por las galerías de arcos y los mármoles es el de Pisa, en el que BOSCHETTO consiguió, al reforzar el grosor de una de las partes del *campanile,* mantener el equilibrio de la construcción tras haber cedido el suelo. Pero aunque la torre de Pisa, junto con la catedral y el baptisterio, terminado ya en estilo gótico, es la muestra más original del románico italiano, quizá la cumbre haya de buscarse en la iglesia florentina de San Miniato, en la que todos los efectos decorativos, incluida la galería de arcos, aquí simplemente dibujada, han sido pedidos al color.

► La catedral de Parma *(arriba) complica el espacio de su fachada con sucesivas galerías de arcos vivos y un porche con columnas sobre leones.*

San Miniato al Monte *(abajo). Iglesia levantada en una colina próxima a Florencia; posee la fachada más clásica del románico europeo: prodigio de simetría, de equilibrio, de geometría.*

Aspectos principales de la arquitectura románica en Alemania

El hecho de que los Otones, reyes germánicos, obtuvieran para Alemania la dignidad imperial tuvo una repercusión inmediata en la arquitectura: surge un estilo monumentalista, que entre otras innovaciones desplaza la cubierta plana de las edificaciones indígenas y la sustituye por la bóveda.

Lo que se ha denominado el *espacio prismático*, en el cual, en vez de las líneas continuas de las naves, el cuerpo arquitectónico queda dividido en partes autónomas, se inicia en el año mil en San Miguel de Hildesheim.

Esta iglesia poseía dos cruceros, dos presbiterios y dos ábsides, con lo que en planta asemeja a dos iglesias adosadas por la fachada y en el interior se rompe la monótona disposición de las iglesias paleocristianas.

Esta duplicación del ábside, en el testero y en lo que en teoría sería fachada, y la complejidad de sus líneas, ya que se construyen en ocasiones ábsides poligonales (Worms), distinguen al románico alemán.

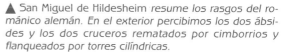 San Miguel de Hildesheim *resume los rasgos del románico alemán. En el exterior percibimos los dos ábsides y los dos cruceros rematados por cimborrios y flanqueados por torres cilíndricas.*

 Catedral de Durham. *La consideración de las iglesias románicas como "castillos de Dios" resplandece en el solemne emplazamiento de la* catedral de Durham, *en cuyo interior se introduce, como una genial innovación técnica, la* bóveda de crucería.

Influencia del románico normando en Inglaterra

La conquista de la isla en 1066 por Guillermo de Normandía transfiere el estilo normando francés, por ejemplo en las catedrales de Winchester y Gloucester, de **naves largas, enorme cimborrio** y en ocasiones **doble triforio**. En ocasiones, especialmente en el primer periodo, la nave central se cubre de madera. En la decoración predominan los temas rectilíneos y en el diseño general del edificio las formas cúbicas. El edificio más antiguo es la capilla de la Torre de Londres.

En Durham se introduce la bóveda de crucería, aunque los soportes gruesos, innecesarios para una cubierta tan liviana, definen el espíritu del románico. La nueva bóveda consigue un ritmo diferente, el de los tramos, en vez del continuo de la bóveda de cañón, y frente al peso inerte del muro manifiesta una vitalidad que anticipa la alegría de los interiores góticos. Su emplazamiento, en una colina, al lado del castillo del obispo, dibuja uno de los conjuntos más solemnes de Inglaterra.

4 LA PLÁSTICA ROMÁNICA

La escultura es el arte decorativo de los siglos del románico, de la misma manera que el mosaico lo es del edificio bizantino.

Nota peculiar será por tanto la subordinación al espacio arquitectónico, especialmente en los capiteles, cuya configuración obliga a retorcer la figura en posiciones acrobáticas, o a cincelar una sola cabeza en un ángulo para dos cuerpos, o a romper las proporciones con unas extremidades muy cortas. El escultor no se amilana ante dificultades o incorrecciones porque su obra tiene una función de lenguaje, de ilustración en una época en la que los fieles analfabetos leen las historias sagradas en los relieves, circunstancia que convierte a las iglesias en *evangelios de piedra*.

El antinaturalismo, la desconexión de lo representado con cualquier modelo real, es probablemente una herencia del arte bizantino. ¿Explica esta ruptura con la realidad los rasgos de tosquedad, quizás lo más perceptible y característico de cualquier figura o relieve románicos? Es una cuestión debatida y no resuelta. Sin duda las figuras son rígidas, se doblan y se vuelven con dificultad, lo que en las escenas genera composiciones yuxtapuestas, sin relación, sin formación de grupos. Por otra parte el modelado recuerda los períodos arcaicos de otras culturas: mejillas sin blandura, labios sólo delineados, posturas hieráticas, carencia de expresión de los rostros. La falta de volumen, el carácter plano, de apariencia frontal del primer románico, se añade como otro signo de arcaísmo. Una hipótesis asigna estas limitaciones al lenguaje rudo de una época que ha olvidado el culto de la forma bella clásica.

Es posible que se trate de *errores inconscientes*, de un arte arcaico por naturaleza. Pero no faltan los argumentos para estimar que se trata de *errores conscientes*, de que voluntariamente el artista románico utiliza la metamorfosis o simplemente la deformación para expresar, olvidado ya el culto a la belleza física, toda la espiritualidad de las vivencias religiosas.

A lo largo de dos siglos la escultura no deja de evolucionar. En el primer románico los frisos son copia de obras en marfil, metal, telas, etc., con figuras encuadradas en un marco rectangular y sin función arquitectónica. En su momento clásico, el siglo XII, ya la figura está concebida para un lugar determinado y definida por su marco arquitectónico, lo que obliga a variar de canon en los conjuntos y a imprimir movimiento.

En la última época la riqueza en pliegues dinámicos y el bulto redondo muestran el olvido de la función arquitectónica y la búsqueda de efectos pintorescos o anecdóticos. En todos los aspectos el cambio es perceptible: en las vestimentas, en el volumen y en las expresiones.

▲ *En el pórtico real de Chartres se conserva uno de los más notables conjuntos escultóricos del románico, donde podemos admirar los cuerpos alargados de las figuras, de acentuada verticalidad y la actitud serena y noble.*

▼ *La Eva de Autun, uno de los raros desnudos románicos, es para* FOCILLON *la figura "más femenina y sugestiva de esta gran época". Su posición contorsionada, su aire furtivo y la plasmación del paisaje la convierten en obra maestra.*

▲ *Otro de los temas que junto al Juicio Final se suele representar en las portadas es el de Cristo en majestad entre los símbolos de los Evangelistas (el tetramorfos), como podemos apreciar en el tímpano de San Trófimo de Arlés.*

5 LAS ESCUELAS FRANCESAS

Hemos indicado que en Italia es el cromatismo de los mármoles el elemento decorativo principal y en Alemania el arte monumental de los Otones prescinde de ornamentos que perturben la sensación de masa de la arquitectura; así pues, aparte de España, Francia proporciona los más interesantes conjuntos escultóricos.

En **Languedoc**, San Saturnino de Tolosa muestra el románico en estado puro, todavía sin evolucionar; el *Apostolado* de la girola exhibe el modelado sumario y los pliegues apenas apuntados del primer período del estilo. Más importante es la aportación de Moissac, sobre todo la portada, en cuyo tímpano un *Cristo en Majestad* revela el dramatismo que el artista puede obtener con la expresividad de algunos gestos rotundos.

El **Poitou** multiplica en sus fachadas esculturas y relieves, con un tratamiento del paramento casi de orfebrería. La escultura aún no tiene vida independiente y sigue con sus líneas sinuosas las cadencias de la arquitectura.

En la **Borgoña** la portada de Vézelay, para captar la atmósfera de Pentecostés, introduce el movimiento, que agita en remolinos los plegados. En el canon alargado de las figuras principales está presente una vez más el espíritu bizantino.

Más interesante todavía resulta la aportación de Autun, donde excepcionalmente conocemos

el nombre del más importante escultor, GISLEBERTO, autor del tímpano del pórtico occidental (*El Juicio universal y* del relieve de *La Tentación de Eva*), uno de los raros desnudos de esta época, admirable ejemplo de expresividad y de sugerencias de paisaje.

La región de **París** conserva en el pórtico real de Chartres la primitiva portada de la catedral románica, desaparecida para ser elevada la joya única de su catedral gótica. Chartres permite el estudio comparativo de la estatuaria románica y gótica. Sede de la más famosa escuela del siglo XII, el escultor, al representar el "*Sínodo de las artes liberales*", se inspira en los debates de la escuela. Las figuras de las jambas del pórtico real son rígidas y de canon muy largo, a manera de esculturas-columnas, y en contraste con el apasionamiento de la Borgoña mantienen una serenidad y una dulzura que anticipa el humanismo del gótico, aunque carezca del sentido de la relación entre las figuras que se exhiben en Santiago de Compostela.

Más avanzada es la escuela de **Provenza**, con las portadas de San Trófimo de Arlés y de la abadía de San Gil. La intensidad de la tradición romana explica que desaparezcan los monstruos y se reduzca el tema a figuras solemnes que recuerdan los efectos plásticos de los sarcófagos romanos, incluso en la colocación a lo largo de los frisos. Evitando las contorsiones de las posturas los escultores provenzales se concentran en plasmar la dignidad de la figura humana.

EL PÓRTICO DE SAN PEDRO DE MOISSAC

Datos: San Pedro de Moissac (Languedoc, Francia). Segunda escuela de Moissac. Conjunto escultórico de hacia 1115.

En el emplazamiento de una antigua abadía del siglo VII, saqueada por los musulmanes tras su derrota en Poitiers, e incendiada en 1042, se levanta, por instigación del Abad Durand, enviado desde Cluny, una nueva iglesia, que se consagra en 1063.

San Pedro de Moissac cobija alguna de las obras más importantes de la escultura románica francesa, en su claustro y en su pórtico. Las esculturas del claustro están fechadas con seguridad por una inscripción en 1100, fecha admitida con recelo por los arqueólogos, quienes durante algún tiempo estimaron que el arte escultórico del siglo XI era más tosco.

En efecto los capiteles del claustro se distinguen por sus formas elegantes, el modelado de los ropajes y las composiciones plenas de vida. La mayoría de los capiteles, estudiados por EMILE MALE y FOCILLON, recogen los temas del *Apocalipsis*, tomados del *Libro de Daniel*, su técnica y temática se continúan en el pórtico. Un cronista abad del siglo XIV, AYMERIC DE PEYRAC, atribuye claustro y portada a un único período, el del Abad Anquetil, muerto en 1115.

En el tímpano del pórtico se representa la visión descrita por SAN JUAN en el *Libro del Apocalipsis*, y a los lados diversas escenas bíblicas: Anunciación, Visitación, Huida a Egipto, plasmadas con un detallismo narrativo que sugiere que deben ser posteriores a las de la zona central. Limitamos nuestro análisis a los dos relieves reproducidos en las ilustraciones.

En el centro del tímpano, Dios, coronado como Rey y rodeado por un nimbo crucífero, está rodeado por el tetramorfos (los cuatro símbolos de los Evangelistas) y por las siluetas estilizadas de los serafines. En dos hileras y en el friso inferior, los veinticuatro ancianos del Apocalipsis vuelven sus miradas hacia el Padre Eterno. En esta figura los pliegues movidos de las vestiduras dibujan una serie de zigzags peculiares.

Una contemplación rápida permite comprobar los arcaísmos del estilo: expresión solemne un tanto deshumanizada, trazos sumarios del rostro, liviano pulido de las superficies, rigidez de los miembros, convencionalismo de los tamaños (Dios Padre de mayor tamaño y las restantes figuras en gradación descendente según su importancia). Todo nos acerca a un arte rudo, y sin embargo... Una contemplación más detenida nos invita a seguir la

fuerza de las líneas que se retuercen en ritmos diversos, o a admirar las contorsiones intrincadas de los cuerpos. Su autor se sentía movido a plasmar en la piedra las concepciones religiosas, los sueños de la fantasía y el sentimiento de una época de peregrinos.

Mientras en otras regiones más al Norte la escultura se reduce a un acompañamiento ornamental, en Moissac y en la iglesia abacial de Souillac, en la que influye, las figuras están impregnadas de un hondo patetismo.

La figura del Creador tiene un relieve aplastado, pero su volumen está sugerido por el vigor de los pliegues en forma de bandas, que delimitan superficies anchas de paños tensos.

Los ancianos están esculpidos en bulto redondo, de donde se deduce que la frontalidad plana de Dios es un efecto buscado y no una limitación técnica, y gesticulan y ofrecen unos rostros detenidamente esculpidos. El contraste expresivo es evidente: la fuerza solemne, sin concesiones delicadas, se concentra en la figura colosal del *Pantocrátor*; la delicadeza, la expresividad sin concesiones a la fuerza, se otorga a las pequeñas figuras de los lados y el friso inferior.

La disposición lineal de los ancianos está probablemente tomada de los sarcófagos paleocristianos. Pero en los modelos de la mayoría de las figuras MALE ha reconocido las miniaturas mozárabes de los *Comentarios del Apocalipsis*.

La escena de la Visitación nos muestra un arte más evolucionado y notas peculiares que definen el estilo escultórico de Moissac. Las figuras se alargan y acusan ostensiblemente su esbeltez. Numerosas flexiones del cuerpo dan un ritmo nervioso a las siluetas; así pueden convivir la elegancia del canon largo con el *pathos* arrebatado de los cuerpos contorsionados. Esta estilización nerviosa es alcanzada dentro de Francia solamente en algunas figuras de Souillac, que repiten el estilo.

Si comparamos este pórtico con el de Chartres y el de Compostela, podremos percibir la evolución en el tratamiento de las superficies, en la concepción del volumen, en la flexibilidad de los pliegues, en la expresión. Moissac, conjunto infravalorado hasta época muy reciente, exhibe la potencia de un arte solemne, en el que se intentó expresar a un Dios poderoso, casi amenazador.

ACTIVIDADES

- En el análisis hemos subrayado los contrastes de rudeza y gracia que pueden percibirse en este pórtico. Elige dos figuras del tímpano, una que destaque por su fuerza solemne y otra por su delicadeza, y coméntalas contrastándolas.

- En esta unidad dispones de las imágenes de tres tímpanos: el de Chartres (pág. 134), el de San Trófimo de Arlés (pág. 135) y el de Moissac en la página anterior. Después de observarlos con atención anota los elementos comunes.

- Haz la misma comparación entre la Eva de Autun (págs. 134-135) y algunas figuras del pórtico de Moissac. ¿Qué figuras te parecen más evolucionadas? Observa la flexibilidad de los miembros y los volúmenes para justificar tu respuesta.

- Un peregrino del siglo XI, al contemplar el Cristo Majestad del tímpano de Moissac, ¿qué impresión tendría, la de un Dios poderoso o la de un Dios próximo, humano?

BIBLIOGRAFÍA

BUSCH, J., *El arte románico en Alemania*. Barcelona, Juventud, 1971.

DECKER, H., *El arte románico en Italia*. Barcelona, Juventud, 1969.

DURLIAT, M., *Introducción al arte medieval de Occidente*. Madrid, Cátedra, 1985.

FOCILLON, H., *La escultura románica: investigaciones sobre la historia de las formas*. Madrid, Akal, 1986.

GANTNER, J. (et al.), *El Arte románico en Francia*. Barcelona, Juventud, 1969.

KUBACH, H. E., *Arquitectura románica*. Madrid, Aguilar, 1989.

SCHAPIRO, M., *Estudios sobre el románico*. Madrid, Alianza, 1995.

9.
El románico español

A través de los caminos de peregrinación franceses el estilo románico se introdujo en la Península, donde en admirable síntesis con las construcciones árabes y de prerrománicas visigodas y asturianas asumiría notas de gran originalidad. Las rutas peregrinas llevaban a Compostela y es en Compostela donde se elevaría el edificio más majestuoso del románico europeo, descrito con entusiasmo en el *Códice calixtino*: *"En esta iglesia, por fin, no se encuentra ninguna grieta ni defecto. Está admirablemente construida, es grande, espaciosa, clara, de conveniente tamaño, proporcionada en anchura, longitud y altura, de admirable e inefable fábrica y está edificada doblemente, como un palacio real. Quien por arriba va a través de las naves del triforio, aunque suba triste se anima y alegra al ver la espléndida belleza de este templo"*.

Cada región aportó variaciones que hacen más sugestivo el estudio del románico español. La escultura llegaría a su expresión más noble en el pórtico de la Gloria de la catedral compostelana. Y en pintura Cataluña y Castilla rivalizaron noblemente, proporcionando obras maestras en los frescos que los artistas del siglo XII representaron sobre la curvatura de los ábsides.

La portada de Santo Domingo de Soria es un ejemplo prodigioso de la plástica románica, un evangelio de piedra que plasma al Padre eterno en el tímpano semicircular, y en las arquivoltas escenas que van desde la Matanza de los Inocentes, la Anunciación, el Nacimiento, la Huída a Egipto, hasta la Crucifixión y la Resurrección.

1 PENETRACIÓN DEL ROMÁNICO EN ESPAÑA

Situación social y política de España en el siglo XI

La situación de España hacia el año 1000 es bien diferente de la europea. Empeñada en un enfrentamiento con el Islam, se ha desbordado ya la frontera del Duero y los cristianos van a establecerla a lo largo del Tajo (conquista de Toledo en 1085).

Santiago se ha convertido en la meta lejana de un circuito de peregrinación continental. Bajo el reinado de Sancho III el Mayor, Navarra es el reino más poderoso del Norte y es precisamente su monarquía la que contribuye al impulso peregrino y a la recepción de la cultura transpirenaica. Además, la escasez de población favorece la entrada de franceses (barrios de *francos* en muchas villas), otro factor de europeización.

La Reconquista ha contribuido a suscitar una sociedad original. En la meseta del Duero el campesino es libre y propietario de la tierra –dos rasgos insólitos en la Europa de entonces–; el monarca-caudillo posee un poder del que carecen los débiles reyes del feudalismo. Al Sur, el califato árabe se desintegra y Al-Andalus sufre una crisis de identidad cultural, de la que tardará en salir.

El arte en la España cristiana del siglo XI

Se estaba gestando un arte propio, mezcla de las creaciones árabes y cristianas, como el arte asturiano. Con la penetración del románico se impidió este injerto, pero la influencia de lo árabe en lo hispano-cristiano es perceptible en lugares tan distantes como León y Barcelona.

El románico español es importado. La influencia francesa, intensa, es evidente en iglesias como Santo Domingo de Soria. Por otra parte a Cataluña llegan los maestros lombardos, aportando su decoración de arquillos y su concepción de la torre como construcción "independiente" (o al menos eminente) del edificio.

Con la incorporación de elementos carolingios, románicos franceses, lombardos y árabes, podría haberse reducido el románico español a un sincretismo desprovisto de originalidad, pero los artistas cristianos de la Península, aprovechando la tradición visigótica y asturiana, consiguen crear un arte dotado de poderosa personalidad.

© I.C.L.

▶ Mapa del románico español *(arriba). Sólo la mitad septentrional de la Península, recorrida por los caminos de peregrinación, conoció la difusión del estilo.*

Abajo, la fachada de Santo Domingo de Soria recoge claramente la influencia francesa en las arquerías de arcos ciegos –tapiados–, simplemente decorativos. La decoración escultórica se concentra en la portada, y el único efecto de luz en el amplio rosetón central.

2 CATALUÑA

La influencia franco-árabe (ornamental). En Cataluña la influencia exterior es muy intensa. A mediados del siglo IX se había formado la *Marca Hispánica,* confederación de condados bajo hegemonía francesa. La ruptura de este vínculo en el orden político no impidió, en el orden cultural, la pervivencia de elementos carolingios, que unidos a la ornamentación árabe-califal caracterizan las obras más tempranas de la arquitectura románica catalana.

El impresionante monasterio de San Pedro de Roda, que domina la bahía de Port de la Selva, ofrece una gran bóveda de cañón que se apoya en un sistema poco usual: la columna arranca de un podio que le presta elevación y consistencia. La perfección de las estructuras hizo pensar en un edificio del siglo XII, mas la documentación demostró que se trataba de una obra temprana y por tanto de una pieza capital para el estudio de la formación de la arquitectura románica.

Este románico ornamental quedó desplazado durante cincuenta años, pero en el siglo XII los talleres de marmolistas del Rosellón contribuyeron a aumentar la decoración escultórica. La obra que en este siglo refleja con mayor intensidad la influencia francesa es San Juan de las Abadesas, con deambulatorio y capillas radiales. Algunos claustros constituyen las muestras más espléndidas del románico ornamental, entre ellos destacan el de San Cugat del Vallés, cercano a Barcelona, y el poético y diminuto de San Pablo del Campo, en la misma ciudad de Barcelona, en el que los arcos lobulados combinan la influencia árabe con la carolingia de los capiteles de hoja lisa y la románica francesa del enorme ábside central.

Influencia lombarda. La otra tendencia del románico catalán es la lombarda. En fecha temprana llegan a tierras de los condados pirenaicos cuadrillas de arquitectos y albañiles lombardos que trabajan de manera trashumante y repiten unos mismos tipos constructivos. Las arcuaciones ciegas *(arquillos lombardos)* apoyadas en franjas verticales, que parcelan el paramento, y la gran torre son los signos distintivos; pero fuera de este ornamento geométrico de las arcuaciones la parquedad decorativa se impone al resto del edificio.

El austero románico lombardo consigue impulsar en Cataluña una serie de construcciones, cuya obra magna es el monasterio de Ripoll, iniciado por el conde Guifré, continuado por el abad Oliva en el siglo XI, y terminado en el siglo XII.

▼ *Del monasterio románico de San Pedro de Roda podemos contemplar su iglesia, presidida por la torre solemne, y el conjunto de construcciones donde se desenvolvía la vida de los monjes. El paraje alejado de los centros de población permite un acercamiento más intenso a Dios.*

La torre inmensa, que domina desde algunas perspectivas el claustro, las cinco naves y su testero con siete ábsides, conforman en Ripoll un conjunto singular.

Más original es la impronta lombarda en los valles pirenaicos, sobre todo en el valle de Bohí. El románico catalán de montaña se destaca por la solemnidad de su torre –cilíndrica en Andorra, de sección cuadrada en Bohí– su paramento de sillarejo, sus cubiertas de madera y la gracia de los ábsides. La iglesia de Bohí, la de Erill-la-Vall y las dos de Tahull (San Clemente y Santa María), destacan con la silueta de sus torres sobre las líneas de un valle glaciar.

Románico de transición. El último capítulo está ocupado por las catedrales de Tarragona y Lleida, de transición al gótico.

La vieja Seo leridana tiene ya bóvedas de crucería y arcos apuntados, pero algunos elementos sustentantes macizos fueron concebidos para la pesada cubierta románica. Asimismo son románicas las portadas, con temas decorativos vegetales y geométricos.

▶ *De la solemne iglesia de Santa María de Ripoll podemos observar los siete ábsides del testero, la grandeza del crucero y cimborrio y, al fondo, asoma la gran torre que guarnece la fachada.*

▲ *En la Seo de Lleida se combina el románico tardío –construcción del siglo XIII– con el gótico.*

◀ *San Clemente de Tahull, ejemplar purísimo del románico catalán de montaña, con su paramento de sillarejo, su elevada torre y una disposición peculiar de las arquerías en la misma.*

3 ARAGÓN Y NAVARRA

En **Aragón,** la catedral de Jaca ejerce un intenso influjo a lo largo del Camino de Santiago. Alterna columnas y pilares, pero la bóveda románica se perdió y fue sustituida por crucería gótica en el siglo XVI. Su decoración geométrica de ajedrezado –*taqueado jaqués*– se repite constantemente, y el MAESTRO DE JACA interviene en la ornamentación de la basílica compostelana.

Otros monumentos destacados de Aragón son la iglesia y el castillo de Loarre y el monasterio de San Juan de la Peña. En éste el claustro, con valiosos capiteles, prescinde de la cubierta de las galerías al situarse bajo una gran roca que desempeña la función de una cubierta natural.

En **Navarra**, aparte de algunas edificaciones civiles en Estella, como el palacio de los Duques de Granada, el edificio más original es la iglesia del monasterio de Eunate, de forma poligonal. En otros, la influencia de Castilla parece indiscutible (San Miguel de Estella, San Pedro de Olite).

▶ *En el* claustro de San Juan de la Peña *se produce una de las más perfectas simbiosis de arquitectura-naturaleza conseguidas en la Edad Media.*

▲ Loarre *contrasta la gracia curvilínea de la cabecera de la iglesia con las formas macizas del castillo.*

▶ *El* monasterio navarro de Eunate *destaca por la originalidad de su planta poligonal, reforzada por la disposición en segmentos de las arquerías claustrales sin cubierta.*

4 LEÓN Y CASTILLA

El románico leonés

El pórtico de San Isidoro de León se construye en el siglo XI. La iglesia, del siglo XII, es un espléndido edificio de tres naves y tres ábsides; en el crucero se distingue un gigantesco arco, cuyo trasdós es de medio punto pero con intradós polilobulado, modificación que sólo puede ser atribuida a albañiles mudéjares. Los arcos de las naves señalan una fuerte tendencia al peralte e incluso a la herradura, como en Santiago. Más perfeccionado el estilo, aún siendo anterior, aparece el románico en San Martín de Frómista, con sillares cortados con una perfección llamativa.

En la región del Duero, próxima a Portugal, la influencia francesa es más intensa, quizás porque fue zona repoblada con colonos transpirenaicos. En la catedral de Zamora y en la vieja catedral de Salamanca son perceptibles los elementos bizantinos del Poitou: las torrecillas recubiertas por escamas y remate bulboso, el cimborrio sobre pechinas; pero otros elementos decorativos son hispanos: el taqueado y las bolas que recorren la cara exterior de las dovelas.

▶ San Isidoro de León *introduce en la masa románica un arco lobulado de origen oriental.*

▼ San Martín de Frómista, *con su planta de iglesia de peregrinación, destaca por la geometría perfecta del exterior.*

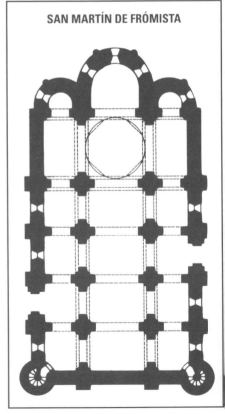

SAN MARTÍN DE FRÓMISTA

La arquitectura románica en Castilla

Una fuerte personalidad exhibe el románico de Segovia. Las iglesias segovianas (San Millán, San Esteban, San Martín) se caracterizan por sus torres solemnes, sobre todo la de San Esteban, y por su pórtico de arquerías sobre columnas sencillas o pareadas que se erige en uno, dos o tres lados de la iglesia. Estos pórticos cumplieron en la vida urbana del medievo una función de cobijo para la vida corporativa en una zona de invierno muy frío; gremios, corporaciones y concejo podían reunirse con cierto amparo en el pórtico soleado. Este elemento añadido al cuerpo de la iglesia se encuentra también en la iglesia de San Vicente de Ávila. En Soria, al lado de ejemplares románicos puros como San Juan de Rabanera, o de influencia francesa como Santo Domingo, se levantan monumentos que funden el mundo cristiano y árabe, como las arquerías lobuladas y entrecruzadas de San Juan de Duero (consideradas unas veces románicas y otras mudéjares).

La diversidad y la cantidad de monumentos –sólo en Palencia hay más de seiscientas iglesias románicas– convierten a Castilla en la otra región, junto con Cataluña, en la que coincidió el románico con una fiebre constructiva.

▶ *En San Esteban de Segovia resaltan la torre solemne y el porche lateral, que sirvió de recinto para los concejos medievales.*

▼ *San Vicente de Ávila (izquierda) muestra el amplio porche castellano; el claustro de San Juan de Duero (derecha), los arcos entrecruzados de influencia árabe.*

5 SANTIAGO DE COMPOSTELA

Construcción de la basílica

En la catedral compostelana, meta de los peregrinos europeos, culmina el románico español y aún, en muchos aspectos, el europeo. En coincidencia con el gran impulso que da a la Reconquista Alfonso VI, el obispo de Santiago, DIEGO PELÁEZ, pensó en demoler varias iglesias con el ánimo de levantar un gran santuario que superase a los que tanto encomiaban los peregrinos franceses. Las obras se iniciaron en 1075 y, con dos interrupciones, se terminaron treinta años después. Consta que el arzobispo Diego Gelmírez consagró la catedral en 1105.

Aparte de su categoría estética la catedral de Santiago constituye un ejemplar único en tres aspectos fundamentales: la creación de un **espacio para la circulación de masas**, como correspondía a la iglesia que es meta final de las peregrinaciones, el carácter de **compendio del prerrománico** y sus **innovaciones**.

Singularidad del espacio para peregrinos

Con su planta de cruz latina, girola con capillas radiales, ábsides colaterales y tres naves que continúan en el crucero encontramos, en Santiago, una vez más, el esquema de las iglesias de peregrinación. Éstas están concebidas para que los fieles puedan efectuar un itinerario desde la entrada y contornear en la girola el sepulcro del santo. Santiago cumple esta función con una concepción del espacio que desborda las ambiciones de las catedrales francesas. La girola, inusual en el románico español que prefiere los ábsides, es de grandes proporciones, en consonancia con las necesidades de una Ciudad Santa de la Cristiandad.

Pero lo que resulta de mayor tamaño es el crucero, con seis tramos en cada brazo y la misma longitud que la distancia axial entre el tramo central del cimborrio y el primero de la nave central, donde se levanta el pórtico de la Gloria. Igualmente, el triforio, otro elemento inusual del románico peninsular, que contornea toda la iglesia, es de grandes dimensiones y puede cumplir una función de tráfico o de alojamiento de peregrinos.

Esta organización constructiva dota al interior de una perfecta funcionalidad para combinar el movimiento de grandes masas con el desenvolvimiento paralelo de los actos del culto.

Compendio de soluciones arquitectónicas anteriores

El carácter de compendio procede de que en su construcción intervienen soluciones arquitectónicas anteriores prerrománicas, románicas españolas y francesas, árabes e incluso, en menor medida, elementos antiguos recogidos en Italia.

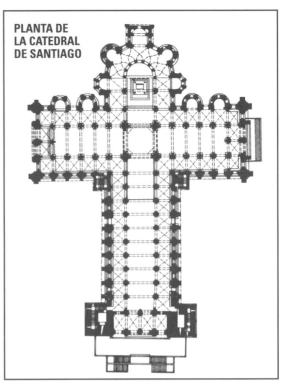

PLANTA DE LA CATEDRAL DE SANTIAGO

◄ La planta de la catedral de Santiago corresponde a las iglesias de peregrinación, con tres naves que se continúan en el crucero, y combina los dos sistemas de cabecera, la girola y los ábsides.

▼ La vista de la nave central nos permite contemplar la amplitud del triforio, el peralte de los arcos y la elegancia del conjunto.

► *En el alzado de la catedral de Santiago debemos destacar las torres que encuadraron primitivamente la fachada, el enorme desarrollo del crucero y la complejidad de la cabecera.*

▼ *En la puerta de las Platerías de la catedral de Santiago de Compostela trabajaron varios maestros de diferente calidad. Las figuras centrales, del Salvador y Santiago, de finales de siglo XII, apuntan ya al estilo del MAESTRO MATEO.*

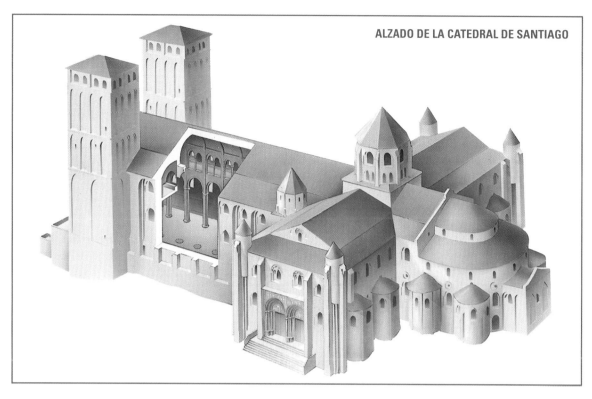

ALZADO DE LA CATEDRAL DE SANTIAGO

Del prerrománico toma los contrafuertes exteriores, típicos de las construcciones asturianas, y que pasan a Santiago después de haberse aplicado en Frómista; del románico exterior español adopta la disposición de la cabecera de Jaca y la mezcla de la nave central de cañón y los laterales de arista de San Isidoro de León; del mundo árabe el empleo de lóbulos decorativos en la capilla mayor y en la fachada de las Platerías y la tendencia a la herradura de muchos arcos –igual que en San Isidoro–; pero sobre todo del románico francés adopta la girola, el triforio y la prolongación de las naves en el crucero.

GÓMEZ MORENO ha demostrado que en algunos casos las catedrales francesas no son el modelo de Santiago sino a la inversa. En cualquier caso Santiago es la meta de rutas de Tours, Conques, Limoges, Toulouse, y el parentesco lógico no hace más que reforzar este carácter de síntesis de la basílica compostelana.

Innovaciones arquitectónicas en Santiago

Sus aportaciones no son menos interesantes. En primer lugar, las proporciones –casi 100 m de longitud, naves laterales de cinco metros, central de diez– y las relaciones entre las medidas de sus partes. Más notable todavía, su altura; no se trata de metros sino de sensación, conseguida por el notable peralte de los arcos. Y como ejemplar heterodoxo dentro del románico, su técnica de iluminación, ya que las proporciones amplias del triforio permiten la consecución de una zona luminosa en lo alto de la nave central en contraste con la penumbra del suelo.

6 LA FLORACIÓN PLÁSTICA DEL ROMÁNICO ESPAÑOL

Caracteres generales

Todos los lugares de edificio románico son considerados idóneos para plasmar las versiones ilustradas de los libros sagrados: los capiteles de los claustros, los tímpanos y arquivoltas, etc.

La dificultad que implica el trabajo del **capitel** con una disposición del espacio que obliga a la contorsión e incluso a la metamorfosis, no impide que en los claustros de todas las regiones (Silos, San Cugat del Vallés, San Juan de la Peña) se consigan escenas llenas de vitalidad.

No eran menores los inconvenientes que presentaban los **tímpanos** que había sobre las portadas, versión cristiana del frontón clásico: frecuentemente solían ser de una sola pieza, lo que obligaba a labrarlos en bajorrelieve, y con unas esquinas curvadas que, aun ofreciendo un espacio más plástico que los ángulos de los frontones, exigía respuestas de ingenio de los artistas. No obstante la serie de tímpanos, desde el austero de la catedral de Jaca hasta el excepcional conjunto de tímpano y arquivoltas de Santo Domingo de Soria, muestra un dominio creciente en la vitalización de unos espacios tan peculiares.

Separadas de su ámbito arquitectónico abundan también las obras maestras, como el *Crucifijo* en marfil de Don Fernando y Doña Sancha de León o los *Descendimientos* en madera de Tahull (Museo Nacional de Arte de Cataluña) y el tardío de San Juan de las Abadesas, cuyo emplazamiento ante el ábside lo convierte en uno de los conjuntos más dramáticos de la Edad Media. La riqueza de obras es tal que obliga a una síntesis breve.

La escultura románica en el siglo XI

En el siglo XI destacan tres conjuntos: los hastiales de San Isidoro de León, la fachada de las Platerías de la basílica compostelana y el claustro de Silos (Burgos).

El monumento capital del relieve castellano en el siglo XI es el piso bajo del claustro de Silos. De los 15 capiteles del lado oriental, trece aparean gacelas, arpías, avestruces que doblan sus cabezas hasta las patas, monstruos con un picado minucioso en plumas y pelajes de estirpe posiblemente califal. Mayor valor todavía ofrecen los relieves colocados en los ángulos: el sobrio *Los discípulos de Emaús* y el más escenográfico de *La incredulidad de Santo Tomás*. Que el escultor haya preferido el espacio más amplio de los paneles que el de los capiteles para las escenas muestra un artista capaz de enfrentarse con grandes composiciones.

▶ Crucifijo de marfil de San Isidoro de León. *Observemos la rigidez, la expresión solemne, que aleja cualquier sensación de dolor, los pies separados, el paralelismo de las extremidades con los brazos de la cruz.*

▼ El relieve de La Duda de Santo Tomás de Silos *exhibe la yuxtaposición de la composición, con la superposición de frisos para agrupar las figuras, y el tamaño mayor de la figura de Cristo.*

La escultura románica en el siglo XII

En el siglo XII la portada de Ripoll, del segundo cuarto de siglo, señala un momento álgido de la escultura en Cataluña. Dispuestas las figuras en una serie de frisos –en el superior el Salvador y los ancianos del Apocalipsis y en los tres inferiores escenas del Antiguo Testamento– la utilización de la línea curva y el alto relieve muestran en el maestro un espíritu barroco, y en efecto, si lo comparamos con los más estáticos conjuntos del XI, el de Ripoll resulta lleno de vida. Después de esta gran portada los escultores catalanes centran su atención en los claustros.

En Navarra la portada de Sangüesa es otro interesante conjunto que denota la intensa influencia francesa en el alargamiento de las figuras.

La escultura de transición al gótico

El último período del arte románico ha presentado dificultades de encuadre estilístico a los teóricos del arte. Así los historiadores franceses coinciden en considerar al MAESTRO MATEO como un artista más bien ya del gótico, mientras los españoles prefieren catalogarle todavía dentro del románico. En tres obras se señala esta pleni-tud que anuncia el humanismo gótico: la Cámara Santa de la catedral de Oviedo, San Vicente de Ávila y el pórtico de la Gloria de Santiago.

En el Apostolado de la Cámara Santa de Oviedo los fustes de las columnas están recorridos por figuras emparejadas que inician una relación mediante la ligera torsión del cuerpo y los gestos de las manos. Si se comparan con las posturas hieráticas, frontales, de las figuras de Chartres, se comprueba cuánto ha evolucionado el románico en la búsqueda de comunicación en los grupos. La humanización se completa con la variedad de posiciones de brazos y manos, la amabilidad de los rostros y la individualización de los personajes.

El escultor anónimo de la Portada de San Vicente de Ávila, que probablemente es el mismo del sepulcro de los santos Vicente, Sabina y Cristeta, del interior de la misma iglesia, refleja claramente una influencia francesa que irradia de Chartres y que podemos encontrar también en la parte baja de la fachada de Sangüesa. Desde el parteluz, el Salvador preside a los apóstoles que adosados a los fustes de las jambas conversan entre ellos. El modelado es menos seco que el de Oviedo y las figuras se encorvan ligeramente.

En el grandioso conjunto del pórtico de la Gloria de Santiago culmina la plástica románica. En tres arcos que se corresponden con las naves del templo, sobre los tímpanos, arquivoltas, jambas, conforman un conjunto que asombra por su magnitud y por la delicadeza del trabajo. El MAESTRO MATEO, del que poseemos algunos datos biográficos, es el encargado del pórtico, y aunque todas las figuras no se deban a su mano, en todas ellas se encuentra la huella de su arte.

Quizás la delicadeza se haga más visible en el Santiago del parteluz del arco central y en las jambas, en las que se sitúan a ambos lados figuras de profetas y apóstoles. Los ancianos charlan, las expresiones de los rostros son intensas y se tratan individualmente: unos manifiestan energía, otros amabilidad, en algunos apunta la sonrisa que va a caracterizar al primer gótico. La riqueza de los pliegues y la variedad de los cabellos muestran una perfección que en San Vicente de Ávila solamente se encontraba en vías de ensayo. Estas innovaciones hacen del pórtico compostelano una de las cumbres del arte medieval.

▶ Los Apóstoles del pórtico de la Gloria *(izquierda) destacan por la redondez de sus formas, el movimiento fluido de los pliegues y las expresiones individualizadas.*

En el parteluz del pórtico de la Gloria, el apóstol Santiago acoge a los visitantes, con dulce expresión pensativa (derecha).

▼ *El prodigioso pórtico de la Gloria es un conjunto de más de dos centenares de figuras dispuestas en tres arcos y sus apoyos.*

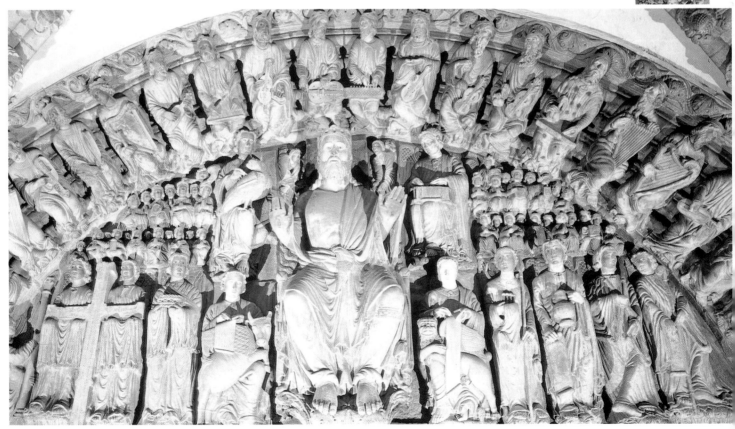

7 LA PINTURA

Raíces de la pintura románica

¿De dónde procede este arte **dramático** e **ingenuo** a un tiempo? La raíz parece ser doble. En primer lugar, la síntesis de la silueta mediante grandes rayas y el aire hierático provienen del mosaico bizantino, sometido a un proceso de vitalización en el Sur de Italia. En segundo lugar, las miniaturas de los códices mozárabes, con sus estilizaciones dibujísticas, sus pliegues paralelos y sus rasgos desorbitados contribuyen a que los esquemas bizantinos pierdan su carácter impasible para asumir la representación de las pasiones humanas.

Características principales

Desde el punto de vista formal la pintura románica se caracteriza por varios rasgos:

a) **Dibujo grueso,** que contornea enérgicamente la silueta y separa con un trazo negro cada superficie cromática; se explota el poder del dibujo para la construcción de formas. La seguridad de la siluetación es admirable tanto en las superficies curvas de los ábsides como en las superficies planas.

b) **Color puro,** sin mezclas, o a lo sumo con dos tonalidades. Se prefiere el plano cromático amplio, en el que se obtienen efectos violentos y con el que se expresa muchas veces algún simbolismo medieval.

c) **Carencia de profundidad y luz.** Las figuras se disponen en posturas paralelas a manera de relleno de un plano, y con frecuencia resaltan sobre un fondo monocromo o listado en franjas horizontales de diversos tonos. Al no proceder a la mezcla de los colores las escenas carecen de vibración lumínica, lo que contribuye a resaltar la geometría de las formas.

d) **Composición yuxtapuesta.** Preferencia por las figuras frontales y por la eliminación de cualquier forma que rompa el plano. En los grupos las figuras no se relacionan hasta el románico tardío, alrededor de 1200.

e) **El muro se prepara al fresco** de forma tan concienzuda que, arrancadas las pinturas de Berlanga o de Tahull, quedan siluetas y colores adheridos a la cal; quizás los toques finales se dieran con temple, lo que ha contribuido a mantener la viveza de los tonos.

La concepción antinaturalista de la pintura románica

En cuanto a la concepción que inspira la técnica, se trata de un arte antinaturalista, postura que continúa la del mosaico bizantino. El artista románico prefiere plasmar vivencias religiosas antes que reproducir formas reales.

▲ Frescos del ábside de Esterri d'Áneu *del* MAESTRO DE PEDRET *correspondientes al estilo "bizantino", de figuras alargadas y concentradas en su propia espiritualidad.*

▲ *En el ábside de Santa María de Tahull la curvatura de la superficie es aprovechada para dar un movimiento pausado a las figuras de la Virgen y el Niño y a los Reyes que se aproximan con sus ofrendas.*

De este antinaturalismo se deduce la ausencia del paisaje, o su representación esquemática, con elementos convencionales. A veces los gestos solemnes del *Pantocrátor,* el Cristo Majestad rodeado de los símbolos de los evangelistas, que es tema preferente de los ábsides, poseen la grandeza de las amenazas apocalípticas; en otras, adoptando una línea de candor infantil, se le confiere a las escenas de martirio un tono narrativo desprovisto de cualquier nota dramática.

El género por excelencia es la pintura mural; pero en tabla, en los frontales del altar, se pintaron también obras notables. Cataluña, con una recepción más intensa de la tradición bizantina, y Castilla, con un desarrollo más amplio de la miniatura, son las dos escuelas fundamentales.

La escuela catalana

Las vertientes simbólica y dramática del estilo se manifiestan con plenitud en las iglesias románicas de Cataluña, cuyas pinturas trasladadas al Museo Nacional de Arte de Cataluña, en Barcelona, lo han convertido en uno de los más interesantes recintos para el estudio del arte medieval.

En el MAESTRO DE PEDRET que trabaja en la iglesia mozárabe de San Quirce, y al que deben atribuirse también los frescos del ábside principal de Esterri d'Àneu, el cambio es sustancial. Probablemente se trate de un artista de origen italiano de la segunda mitad del siglo XII que se desenvuelve en lo que se ha denominado el estilo bizantino, transformado en Cataluña.

En efecto sus figuras alargadas y cubiertas de ricas vestiduras continúan la tradición del mosaico y de los monasterios benedictinos del Sur de Italia. Mas la gama de color se ha enriquecido y al recurrir al estudio del natural cuando la iconografía no le proporciona el modelo obtiene rostros intensamente expresivos que rompen las soluciones esquemáticas corrientes.

Quizás de algunos años anteriores, pero correspondientes a una fase más avanzada del estilo, son las pinturas de las dos iglesias de Tahull, en las que el románico catalán alcanza su máxima cota. Abundan en las dos iglesias los hallazgos de expresión, en la Virgen rodeada por los magos del ábside y en el enfrentamiento de David y Goliat del muro de la iglesia de Santa María, o en la figura del pobre Lázaro de la iglesia de San Clemente, por citar alguno de los muchos pasajes admirables de estos dos excepcionales conjuntos. El románico culmina en el ábside de San Clemente y más en concreto en el rostro del Cristo Majestad, en los trazos dispuestos como aureolas en torno a los ojos penetrantes y terribles.

Cataluña cultivó también la **pintura sobre tabla** en los frontales de altar, género más delicado, pero que carece de la fuerza poderosa de los frescos murales. Entre los frontales destaca el del MAESTRO DE AVIÀ, que conserva huellas de la solemnidad de Tahull en el rostro de la Virgen central y exhibe un tono ingenuo, de inocencia infantil, en la escena del Nacimiento.

▲ *En el* frontal del MAESTRO DE AVIÁ *se representan diversas escenas: la* Virgen con el Niño *en la* tabla central, *el* Nacimiento *(véase págs. 286-287) y la* Presentación del Niño en el Templo. *Los rasgos del estilo se suavizan, especialmente en la fuerza del dibujo.*

▶ *Insólita resulta dentro de los temas románicos esta escena de caza de San Baudilio de Berlanga, Soria (actualmente en el Museo del Prado), en la que se consigue el movimiento sin superar las rigideces de los miembros y se compone una escena llena de vida sin romper el plano. En esta obra actuaron dos artistas, quizás tres.*

La pintura románica en Castilla y León

Las cualidades de la miniatura mozárabe, con su expresividad y esporádicamente sus matices naturalistas, son heredadas por los pintores románicos castellanos del siglo XII.

En Castilla, a diferencia de Cataluña, se rehuye la repetición de los tipos, los formulismos, y el artista sigue de forma más libre su inspiración. Nos encontramos con un arte desprovisto de la terrible grandeza de Tahull, pero compensado con una mayor capacidad narrativa. No se recurre con tanta frecuencia a los simbolismos sino que se prefiere la observación de la realidad e incluso se plasma, aunque con convencionalismos, en breves toques el paisaje.

En las pinturas de la iglesia de la Vera Cruz de Maderuelo encontramos una vez más el miedo al vacío, el deseo de cubrir totalmente con frescos toda la superficie del paramento. Estilísticamente muestran semejanzas con las de Tahull (pág. 156). Encontramos aquí un arte liberado de las miniaturas contemporáneas, más espontáneo. El románico castellano y leonés culmina en el gran pórtico de San Isidoro de León (pág. 154).

Si se comparan los frescos del Panteón Real leonés con los de San Clemente de Tahull se perciben las diferencias de las dos escuelas: frente a los formulismos pirenaicos, la espontánea creación; frente al adosamiento de la figura al espacio arquitectónico, la independencia de los personajes y de sus movimientos; frente a la austeridad decorativa de la tradición italo-bizantina con su geometría de bandas, el naturalismo del paisaje leonés. En estos frescos el vitalismo del románico español desborda definitivamente el simbolismo monótono de la tradición bizantina.

▲ *El antinaturalismo del estilo es patente en las figuras de* Adán y Eva *de la ermita de la Vera Cruz de Maderuelo,* Segovia *(actualmente en el Museo del Prado). El dibujo enérgico, la composición plana, apoyada en un fondo neutro y la ingenuidad que respira la escena constituyen algunos de sus valores.*

LAS PINTURAS DE SAN ISIDORO DE LEÓN

Datos: Frescos románicos. Iglesia de San Isidoro (León). Fecha: segunda mitad del siglo XII.

El más bello conjunto de frescos románicos españoles decora la cripta de San Isidoro de León, obra arquitectónica del reinado de Fernando I, fechada en 1063. La ejecución de las pinturas es de un siglo posterior, del reinado de Fernando II. Diversos estudios las han situado entre los años 1167 y 1175 o entre 1181 y 1188. Se trata por tanto de una obra avanzada, correspondiente a la segunda mitad del siglo XII, período en el que los moralistas hispanos han incorporado todas las técnicas de la miniatura y el mosaico y han introducido hallazgos expresivos de poderoso vigor. En la cripta, denominada *Panteón de los Reyes*, yacen bastantes monarcas: Alfonso IV, Ramiro II y Ramiro III, Fernando II, etc. Con el mismo espíritu que en los hipogeos egipcios, las pinturas asumen el delicado papel de vitalizar un recinto funcional y arquitectónicamente severo. El panteón ofrecía al artista dificultades de iluminación y de superficie, ya que las bóvedas de arista capialzada en las que se sitúan las escenas principales añaden a los inconve-

nientes de su curvatura, igual que los ábsides, el de compaginar el filo de la arista con la distribución y posturas de las figuras. El pórtico ofrece un notable interés arquitectónico y escultórico, en algunos capiteles y en la pila bautismal, pero su valor máximo radica en sus pinturas, que ocupan un sector del muro, los intradoses de los arcos y seis tramos de bóveda.

A pesar de que la superficie lisa del muro de la iglesia ofrecía una homogeneidad plástica más favorable para la composición pictórica, las escenas de éste, que relatan episodios de la vida de la Virgen (Anunciación, Visitación, Nacimiento del Niño), presentan una cierta torpeza compositiva si se las compara con las de las bóvedas. Por ejemplo el ángel de la Anunciación a María es menos ágil y los pliegues de su ropaje menos fluidos que el de la Anunciación a los Pastores. Es posible que hayan intervenido en la realización de los frescos dos artistas; la comparación realza todavía más la calidad de las escenas de la cu-

bierta. Los intradoses cumplen una función ornamental con roleos vegetales, tallos, cuadrículas, y en uno de ellos se representan los meses del año, interesante serie de figuras que efectúan las tareas agrícolas en las sucesivas estaciones. Las seis escenas de las bóvedas son:

– **La Degollación de los Inocentes**, en la cual los soldados que blanden espadas contra los niños desnudos componen el conjunto más dramático.

– **La Última Cena** que divide el espacio con una estructura arquitectónica; un arco resalta la presencia de Jesús, quien señala la traición de Judas, y las figuras se distribuyen a ambos lados y tres de ellas delante de la mesa. La disposición ofrece una riqueza de grupos y posturas inusual en el arte románico.

– **El Pantocrátor** rodeado de los símbolos de los Evangelistas (**Tetramorfos**).

– **El Apocalipsis**.

Conjunto de pinturas de la cripta de San Isidoro de León

Anunciación a los pastores. Detalle de los frescos de San Isidoro de León

Detalle de los meses del año

– Un tramo con varias escenas: **Beso de Judas, Prendimiento**...

– **La Anunciación a los pastores** es la escena más famosa (de ella reproducimos un detalle) por su ingenuo sabor bucólico. Un ángel surge sinuosamente de la arista de la bóveda y hace el anuncio, secundado por dos pastores, uno tocando un cuerno y otro un caramillo, mientras un tercero, sorprendido, no deja de dar de beber a su perro. Esparcidas por la escena las ovejas pacen, dos cabras topan sus cuernos, otras mordisquean arbustos o levantan sus cabezas para contemplar el prodigio; algunos arbolillos ponen la nota del paisaje y separan los grupos.

En primer lugar, debemos resaltar en esta escena la nueva concepción del espacio; los personajes se "rodean" de un cierto halo de distancia, no están cuasiadosados, como en la mayoría de las composiciones románicas, y la curvatura de la superficie permite al pintor obtener unos tímidos efectos de lejanía. Frente a la rígida sucesión de San Baudilio de Berlanga aquí se recurre a la fórmula de rellenar una bóveda cuadrangular repartiendo en cuatro sentidos los grupos, los cuales, a pesar de ello, no dejan de subordinarse a un conjunto unitario. Las figuras son flexibles, se doblan, se vuelven; en la pelea

de cabras la vitalidad es perceptible en cuernos, pezuñas y patas. El pintor carece de la grandeza casi apocalíptica del MAESTRO DE TAHULL, lo que probablemente perturbaría esta atmósfera ingenua, pero en contrapartida ha roto todos los esquemas del arte bizantino, la yuxtaposición, el hieratismo, para sustituirlos por un arte vivaz, lleno de candor, que independiza las figuras del espacio arquitectónico y que incluso utiliza la arista de la bóveda como un procedimiento movilizador o distanciador. Los pliegues no son simples caligrafías sino dobleces generadoras de sombras.

La técnica que se utiliza es al temple, con cierta riqueza cromática, señalada por el predominio del almagre, ocre y negro, que se combinan con el azul, el verde, el amarillo y el carmín oscuro.

Aunque uno de sus estudiosos, POST, pone objeciones al origen francés, éste es aceptado por la mayoría de los autores, ya que estas notas de soltura y de alegría guardan escasa relación con el resto de los frescos peninsulares. El autor debió ser un miniaturista leonés, conocedor de la nueva sensibilidad que amanecía a finales del XII en tierras ultrapirenaicas; la expresividad de rostros y gestos llena una página original del románico en pintura y anuncia ya el humanismo gótico.

ACTIVIDADES

● Enumera las escenas que se integran en el Anuncio del Ángel a los pastores.

● Comenta algunos contrastes: por ejemplo la lucha de cabras con la escena del pastor dando de beber a un perro. Busca otros contrastes de energía y quietud.

● Elige una figura y dibújala.

● Comenta la concepción de la escena de la Anunciación. ¿Es ingenua?

● La técnica empleada en las pinturas murales de San Isidoro es al temple. ¿En qué consiste esta técnica? Repásalo (pág. 24) o busca información.

● En la mayoría de las escenas el pintor optó por un fondo blanco. Observa el detalle para decirnos qué colores prefiere para las figuras.

● En la cripta están enterrados muchos reyes: Ramiro II, Ramiro III, Alfonso V, Fernando II, doña Urraca, entre otros. ¿En qué otros momentos y culturas, como has estudiado, las pinturas están pensadas para crear una atmósfera de vida en las tumbas?

LAS PINTURAS DEL ÁBSIDE DE SAN CLEMENTE DE TAHULL

Datos: Pintura al fresco. Procedencia: San Clemente de Tahull (Lleida). Ubicación actual: Museo Nacional de Arte de Cataluña.

Al recoleto pueblecito de Tahull, en el leridano valle pirenaico de Bohí, llegan, avanzado el primer cuarto del siglo XII, dos pintores que se encargarían del recubrimiento ornamental de las dos iglesias románicas de Santa María y San Clemente.

Son dos artistas de procedencia italiana, pero que han incorporado las técnicas expresivas de miniaturistas y moralistas hispanos. El pintor de Santa María ha

pintado antes dos conjuntos importantísimos: San Baudelio de Berlanga (Soria) y la Vera Cruz de Maderuelo (Segovia), y como "maestro de Maderuelo" es por el momento conocido.

La pinturas de Tahull, en la actualidad en el Museo Nacional de Arte de Cataluña en Barcelona, constituyen la más alta cima del románico catalán y una de las cumbres de la pintura medieval, si bien nuestro examen se limitará al ábside de

San Clemente, el episodio más genial de las dos iglesias.

La perfección del ábside se explica por la simbiosis de un artista excepcional y una tradición tenaz de búsqueda de recursos expresivos de varias escuelas. Tres corrientes artísticas han de señalarse en el camino que desemboca en esta obra maestra: la bizantina, con su espiritualidad solemne, difundida por todo el Mediterráneo y que el artista aprendió en Ita-

Pinturas del ábside de San Clemente de Tahull

lia; la árabe, con su caligrafía ornamental, que rompe el hieratismo de las fórmulas bizantinas, y la mozárabe, que en las miniaturas del BEATO DE LIÉBANA ha conseguido con su sinceridad naturalista dotar a los rostros de una fuerza expresiva poderosa.

En principio un ábside ofrece una superficie poco propicia para la expresión plástica, pero los artistas románicos aprendieron a convertir su curvatura en un recurso intensificador y se sintieron tan cómodos para diseñar sus composiciones como en una superficie plana. Y su función de cabecera de la iglesia, cobijadora del altar y punto de referencia de los ritmos de las naves, convirtió al ábside en el lugar clave de las representaciones iconográficas.

A veces se distinguen tres zonas: la superior, el cielo, con Cristo Majestad y los Evangelistas; en medio, la Iglesia con la Virgen y Apóstoles; en una franja inferior, más estrecha, la Tierra, con símbolos y juegos de colores. En Tahull podemos encontrar únicamente las dos primeras zonas, que se completan con representaciones en el arco de acceso al espacio absidal. En la concha superior destaca la figura de Cristo Majestad en una mandorla mística, rodeado por cuatro ángeles que presentan los símbolos de los Evangelistas. En la parte cilíndrica del ábside una arquería enmarca una solemne serie de Apóstoles, y en medio de ellos la Virgen, que sostiene el grial o copa de luz. En la clave del arco de acceso la mano del Creador parece indicar un fluido de fuerza creadora, como cuatro siglos después conseguirá MIGUEL ÁNGEL en la escena de la Creación de la Capilla Sixtina. En el arco la escena del pobre Lázaro exalta los convencionalismos del estilo; por ejemplo obsérvense las llagas y músculos del desnudo de Lázaro o el diferente color de las patas y zonas del cuerpo del perro.

Todas las partes del conjunto merecen un estudio detenido. La Virgen, hierática, de larguísimo rostro, recuerda las fórmulas bizantinas, pero con la intensidad de sus ojos y los rasgos faciales enérgicamente subrayados nos introduce en la sensibilidad de los moralistas hispanos. Aunque el artista contó con colaboradores no dotados de su genio, como los que pintaron los serafines o las escenas del arco –salvo la mano pascual–, el diseño general traduce la voluntad de separarse de las fórmulas bizantinas; así se explica la ondulación de los ángeles, el deseo de simetría que se percibe en las dos mitades del conjunto o el leve escorzo de los círculos de

los símbolos evangélicos. Pero todo palidece en comparación con el Pantocrátor.

No nos hallamos aquí ante la Divinidad lejana e indiferente de los mosaicos bizantinos de Cefalú o Monreal; es un Dios cercano que muestra su poder en sus ojos penetrantes y su acercamiento a las criaturas en los gestos de sus manos, alzada en gesto solemne la derecha, y atril del libro con la leyenda "ego sum lux mundi" la izquierda. Se ha señalado el esquema arquitectónico de la figura y del rostro, diseñado con trazos fortísimos, pero la arquitectura se espiritualiza en el alargamiento de las formas y se vitaliza con arabescos de ritmo perfecto. A la gracia ondulante de las líneas, perceptible en las cejas, en el arco de los ojos, los pliegues de la túnica o el contorno de la boca, ha de añadirse la personal veladura de los colores, tratados como esmalte, y que consiguen resultados notables en pies, manos y rostro.

Los rasgos de la pintura románica son perceptibles, si examinamos el dibujo, el color, la concepción plana de la composición, etc. Pero más sugeridor, para valorar debidamente esta original creación, es reparar en sus contrastes. Las grandes líneas de la composición nos hablan de un alargamiento sistemático y de una tendencia a lo abstracto; las pequeñas líneas de los rasgos faciales traducen, por el contrario, un deseo de vida y de gracia. Los contornos son enérgicos, pero la vibración de los colores sugiere que la vida de la figura trata de ondularlos, y en algunas zonas, en el rostro especialmente, la vida predomina sobre la arquitectura. Sin el tono narrativo de los frescos castellanos de San Isidoro de León, pueden encontrarse en el ábside de Tahull notas de lirismo, gestos delicados, que no perturban la sensación de grandeza, la impresión de fuerza poderosa del Pantocrátor. La riqueza de color constituye otro rasgo destacable: azules de penetrante oscuridad; verdes claros para apaciguar la intensidad de los azules, rojos y carmines, ocres y almagres, negro. Que en los análisis no se hayan encontrado restos de las tierras del contorno ha hecho pensar que pudo traer de Italia los pigmentos básicos de su paleta.

La iglesia fue consagrada en 1123, fecha de remate de las pinturas, por San Ramón, prelado de Roda, quien probablemente llamó a este maestro, capaz de representar a la Divinidad de forma original en una época en la que los artistas consideraban tal representación como el sentido último de su arte.

ACTIVIDADES

- Intenta distinguir los rasgos formales de la pintura románica: dibujo grueso, color puro, carencia de profundidad. Observa el rostro de Cristo para decirnos si nos encontramos ante un arte realista o antinaturalista.

- Comenta la composición del ábside.

- Tras observar detenidamente las ilustraciones correspondientes, señala semejanzas formales y de concepción con otras obras de San Isidoro de León y de la Vera Cruz de Maderuelo.

- Con el mismo método de la comparación, apunta algunas diferencias entre Tahull y las otras dos iglesias.

- ¿Qué dificultades presenta un ábside para la pintura al fresco? ¿Crees que se han solventado en Tahull esas dificultades?

BIBLIOGRAFÍA

BANGO TORVISO, I., *El románico en España*. Madrid, Espasa-Calpe, 1998.

COOK, W. S. y GUDIOL J., *Pintura e imaginería románicas*. Madrid, Plus Ultra, Ars Hispaniae, T. VI, 1980.

DE OLAGUER-FELIU, F., *La pintura románica*. Barcelona, Vicens-Vives, col. Historia Visual del Arte 4, 1989.

GARCÍA GUINEA, M.A., – *El románico en Palencia*. Diputación provincial de Palencia, 1975.

– *El Románico en Santander*. Santander, Librería Estudio, 1979, 2 tomos.

GUDIOL, J. y GAYA NUÑO, J. A., *Arquitectura y escultura románicas*. Madrid, Plus Ultra, Ars Hispaniae, 1965.

SUREDA, J., – *La pintura románica en España*. Madrid, Alianza, 1995.

– *La pintura románica en Cataluña*. Madrid, Alianza, 1995.

YARZA, J., *Arte y arquitectura en España, 500-1250*. Madrid, Cátedra, 1987.

10.
El gótico europeo. Los primitivos flamencos

Un nuevo espíritu recorre toda Europa desde finales del siglo XII, con él la luz y la Naturaleza iluminan la fe y el entusiasmo de los pueblos. El despertar de las ciudades hace que los ciudadanos se encuentren y establezcan entre ellos, o con el mundo que les rodea, un diálogo permanente que les llega a proponer soluciones plásticas tan hermosas como las catedrales o instituciones tan decisivas para la cultura como las Universidades. La relación con Dios y con lo sobrenatural adquiere otro sesgo más moderado que el de siglos anteriores; con amor, sin terrores, y anunciando un incipiente Humanismo. El gótico eleva, como un símbolo, las agujas de sus iglesias en las ciudades y llena de iluminados colores los muros y los corazones. Frente al románico agrario, feudal y monástico se desarrolla ahora el gótico urbano donde el monasterio aislado en el campo es sustituido por la catedral ciudadana.

Catedral de Notre-Dame, *París (1163-1250). A finales del siglo XII convergen las condiciones necesarias para que Europa conozca uno de los momentos de más ferviente espiritualidad. El mejor exponente de esta época es la catedral y, desde entonces, y hasta nuestros días, es un verdadero símbolo del templo cristiano.*

I. Las escuelas europeas

1 SITUACIÓN EN LA HISTORIA

El arte gótico se extiende en el entramado general de espiritualidad que caracteriza a la Edad Media, pero de ninguna manera podrá considerarse como una continuación del espíritu románico. Desde el pensamiento filosófico hasta las nuevas situaciones socioeconómicas se plantean las condiciones necesarias para que aparezca un hombre nuevo y por ello un arte nuevo, allá a finales del siglo XII.

Condiciones socioculturales del gótico

Las principales condiciones que desembocan en el nuevo estilo serán:

a) **La reforma cisterciense.** Contra la relajación de la Iglesia, SAN BERNARDO emprende una tajante reforma, fundando la **Orden del Císter**. Entre varias innovaciones de orden espiritual, la nueva Constitución de la Orden contiene instrucciones muy precisas sobre los nuevos templos, proscribiéndose todo tipo de decoración y limitándose la arquitectura a sus elementos estructurales. Esta nueva situación permite a los arquitectos despreocuparse del ornato y atender únicamente a las cuestiones técnicas. De este modo la ingeniería arquitectónica da unos pasos gigantescos en la segunda mitad del siglo XII hasta alcanzar su madurez en el siglo XIII.

b) **El despertar del Humanismo.** SAN FRANCISCO DE ASÍS, en el siglo XIII, nos transmite una nueva dimensión del ser humano. En adelante el cuerpo no será un miserable soporte del alma, sino una maravillosa obra de Dios que hay que respetar. La Baja Edad Media ha dejado muy atrás el terror del milenario y se abre hacia una era de amor, de amor a Dios y a la naturaleza, de amor espiritual y de amor cortesano.

c) **Una nueva estructura social.** A partir del siglo XIII y tras las Cruzadas se abren nuevas rutas y se desarrolla un comercio creciente. Esto trae consigo la necesidad de nuevos esquemas laborales y técnicos para el avituallamiento de los mercaderes. Aparece una incipiente industria artesanal y con ella la concentración humana en las grandes ciudades. En ellas se van configurando los gremios y los burgos. Una nueva figura aparece en la Historia: el burgués.

▶ Alzado de una catedral gótica. *En el alzado se ve toda la teoría de empujes y contrarrestos. La bóveda central envía empujes oblicuos hacia tierra; dichos empujes son recogidos por los arbotantes que desvían la dirección de las fuerzas hacia la vertical del contrafuerte. Todo ello se cubre con un tejado a dos aguas para proteger la bóveda de piedra de las inclemencias del tiempo.*

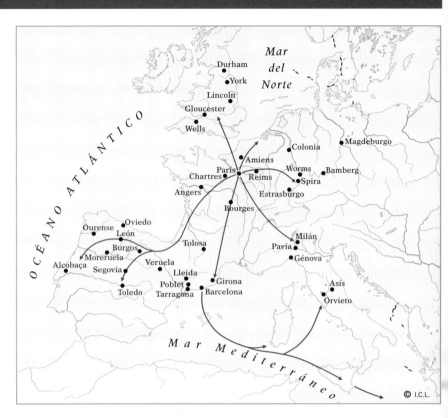

▲ Mapa de la expansión del gótico. *El espíritu gótico y el arte de su tiempo son esencialmente franceses. En el mapa se muestran las principales vías de penetración en Europa a partir de Francia.*

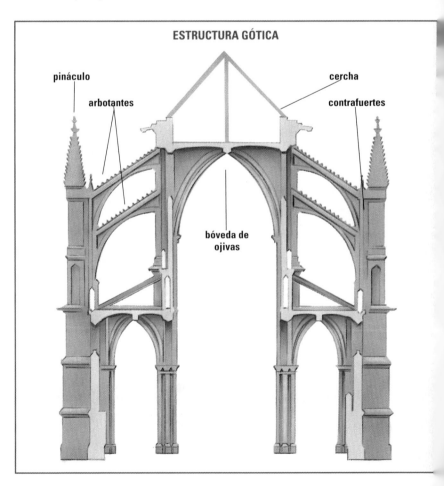

ESTRUCTURA GÓTICA

pináculo

arbotantes

cercha

contrafuertes

bóveda de ojivas

2 CARACTERIZACIÓN DEL ESTILO GÓTICO

Si algo caracteriza plásticamente el espíritu gótico es su arquitectura. Nunca hasta entonces se avanzó tan impresionantemente ni se alcanzaron unos logros tan sorprendentes en el arte de edificar.

Lenguaje expresivo. La importancia de la arquitectura gótica en la Historia europea no se debe sólo a sus increíbles avances técnicos sino al hecho de aceptarse plenamente como **lenguaje expresivo**. Esa espiritualidad ansiosa de luz y con un permanente e inquieto anhelo de elevación que caracteriza el siglo XIII se traduce fielmente en la catedral gótica. Desde entonces será el símbolo, por antonomasia, del templo cristiano.

Verticalidad. La catedral gótica es la línea vertical y esta línea invoca en el hombre una sensación de equilibrio inestable. Las catedrales estiran sus columnas y subrayan el **verticalismo**, haciendo desaparecer la horizontalidad de los triforios y las divisiones horizontales de fachadas en las primeras catedrales francesas, como en Notre Dame de París o en la de Laon. Por otra parte, la altura crece a límites inconcebibles. La nave central de Beauvais se levanta a 51 metros, pero la flecha exterior alcanza los 153 metros.

Principales elementos constructivos. La gran genialidad del arquitecto del siglo XIII consiste en la utilización del **arco apuntado** y de la **bóveda ojival**. Con el primero desvía mejor los empujes oblicuos del arco y con la segunda concentra los empujes en los cuatro extremos del tramo. Así, sólo le queda colocar ingeniosos soportes que trasladen estos empujes a tierra; estos soportes son el **arbotante** y el **contrafuerte** o estribo.

Vidrieras. El color alcanzará cimas únicas en la Historia a través de las **vidrieras**. Las nuevas teorías constructivas hacían virtualmente innecesarios los muros y por otra parte como el Humanismo incipiente empujaba al hombre hacia la luz, que le liberase de las oscuras tinieblas, los muros se cubren de **vidrios coloreados**. Con ello la pintura mural prácticamente desaparece y se desarrollan, en cambio, otros procedimientos como la **pintura sobre tabla** y los **tapices**. La primera dará lugar a la pintura de caballete que triunfa en todo Occidente a partir del siglo XVI.

◀ Iglesia del monasterio de Alcobaça, *Portugal*, (arriba). *Las iglesias cistercienses rechazan la decoración y son muy simples de líneas. Así, al prestar más atención a la construcción, la ingeniería arquitectónica da unos pasos gigantescos en la segunda mitad del siglo XII hasta alcanzar su madurez en el siglo XIII.*

Vidrieras de la Sainte-Chapelle, *París, 1242-1248* (abajo). *Nunca se ofreció un ejemplo tan rotundo como esta pequeña capilla, donde la arquitectura pierde su valor visual para cedérselo al vidrio y a la luz.*

3 FRANCIA

La arquitectura

La arquitectura gótica nace y se desarrolla en la Isla de Francia (París). Los hitos que jalonaron los avances serán las catedrales de Noyon (1150), de Laon y París (1160) y de Chartres (1195). Naturalmente la altura también es progresiva, y de 22 metros para la nave central en Noyon se pasa a 32,50 metros en París. Todas ellas tienen en común la pervivencia de algunos rasgos románicos y la ordenación del espacio interior dividido en dos pisos.

La catedral de Chartres se edifica sobre la anterior, románica, que tras un incendio a fines del siglo XII sólo conserva la portada occidental del crucero y parte de los dos campanarios. Es la primera catedral que se libera de la galería superior para desplegar airosos arbotantes y en su interior desaparece la alternancia de pilares y columnas, sustituyéndolas por **haces de columnillas** que se abren de un modo orgánico para distribuirse en las **bóvedas**. El conjunto es de una tremenda unidad vertical que induce a mirar al cielo.

El apogeo y verdadera época clásica comienza con los logros de Chartres, pero se fija en las catedrales de Reims, Amiens y Beauvais, construidas en la primera mitad del siglo XIII. El planteamiento de todas ellas es parecido: el crucero, casi al centro, se continúa con una serie de **capillas radiales**, que circundan la **girola** o **deambulatorio**. Dos **torres** gemelas al modo normando flanquean la portada principal, que, a su vez, tiene tres grandes puertas correspondientes a las tres naves. Una larga aguja se coloca sobre el **cimborrio**, destacando así el inequívoco deseo de ascensión de la espiritualidad gótica.

A partir de la segunda mitad del siglo XIII, los avances serán escasos. Se abandonan las alturas excesivas, aunque no la carencia de muros. Se profundiza más en la decoración, desarrollándose, particularmente, los grandes **rosetones** y toda aquella decoración menuda y calada que desemboca en el **gótico flamígero** del siglo XV.

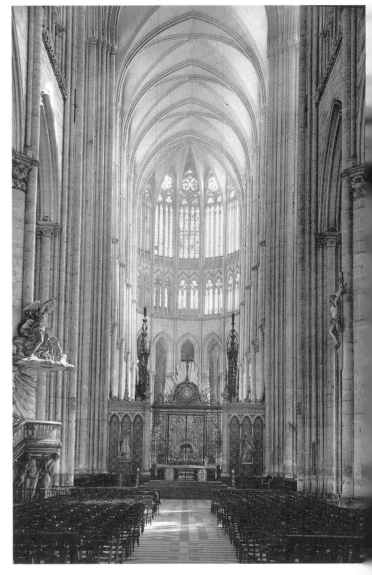

▼ Catedral de Chartres, *1260 (izquierda). De la primitiva iglesia románica se conserva parte de la fachada principal y de los campanarios. Fue consagrada en 1260 en presencia de San Luis.*

Catedral de Amiens *(derecha), 1236. Es, quizás, el más acabado y expresivo ejemplo del deseo ascensional que busca el gótico. A ello contribuye su proporción. La altura de la nave central es tres veces su anchura (14 × 42).*

La escultura

A comienzos del siglo XIII toda la producción artística está ligada a la arquitectura. La escultura se ciñe, según patrones aún románicos, a su marco arquitectónico, principalmente en las **grandes portadas**.

El **naturalismo** que caracteriza el gótico se va haciendo más patente a medida que avanza el siglo XIII. En las primeras portadas, en Notre Dame de París o en Amiens, las esculturas se adosan al muro sin atreverse a romper, todavía, el rigor del esquema constructivo. Sin embargo, en la misma catedral de Amiens las figuras del tímpano del portal de la Virgen Dorada anuncian, con su gracia de gestos y flexible plegado de paños, el abandono definitivo de los antiguos esquemas románicos, para insertarse en la nueva corriente de naturalidad y realismo.

Es en Reims donde la escultura gótica alcanza la madurez del estilo. La obra no resulta tan homogénea como en Amiens, y responde a varios artistas y a varios sentidos escultóricos, pero la calidad será irrepetible. Algunas figuras delatan un clasicismo helénico que hace comprender la pureza de ideales del primer gótico. Otras, como el Ángel de la Sonrisa, de tradición centroeuropea, anuncian los rasgos que definirán la escultura gótica de los siglos posteriores. Después de Reims, la escultura repetirá fórmulas sin convicción, por lo que, como en arquitectura, se entregará a un decorativismo suntuoso y elegante pero sin el entusiasmo del siglo XIII.

Las vidrieras

De las primeras **vidrieras** góticas francesas no han quedado sino descripciones. Sin embargo, en la catedral de Chartres queda la mejor colección de toda la Edad Media y sin duda la más influyente escuela de toda Europa en el siglo XIII. En este momento las figuras de los **vitrales** se ajustan a la geometría que determina la armadura. Los colores son vivísimos, predominando los azules y rojos, y en menor tono los amarillos y verdes.

Al final del siglo XIII se llega a prescindir de los muros, como en la Sainte-Chapelle de París, lo que conlleva un trazado muy regular de las armaduras de las vidrieras. La novedad más importante es el fondo en rojo y azul entrecruzados que le da una particular luminosidad púrpura al interior.

◀ Fragmento escultórico del portal de Reims (*arriba*), *1230-1260. Este conjunto resume las dos tendencias escultóricas de toda la iconografía occidental: el Ángel de la Sonrisa, a la izquierda, soñador, naturalista, centroeuropeo y la figura de la derecha de un clasicismo casi griego, idealizado, mediterráneo.*

Portal de la Virgen Dorada, Amiens (*abajo*). *Es un magnífico ejemplo para comprender la concepción del portal gótico y establecer diferencias con el románico.*

4 ALEMANIA

Quizá fue Alemania quien primero recibiera las influencias de la arquitectura gótica de la Isla de Francia, puesto que en el siglo XII ya aparecen elementos góticos. Por otra parte la acusada verticalidad de las obras románicas germanas favorecieron la adopción del nuevo lenguaje. El gótico alemán será siempre muy compacto. La verticalidad se acentúa únicamente por sus **agujas**. En el siglo XIV estas agujas se calarán con una originalidad netamente distintiva de este gótico.

El momento de transición queda señalado por las catedrales de Limburgo y Bamberg, ambas inspiradas en la de Laon. Los modelos franceses inspiran mucho más directamente las de Estrasburgo y Colonia, de hacia mediados del siglo XIII. En la catedral de Friburgo, de primeros del siglo XIV, se abandona el ideario francés y se tiende a una arquitectura más genuina. En Friburgo, por ejemplo, frente a las dos torres gemelas francesas, se prefiere trazar una única y genial aguja.

La escultura germánica encuentra sus propios valores de expresión ajenos a la elegancia francesa. Aquí todo resulta mucho más expresivo; el drama o la alegría se manifestarán con una tremenda fuerza comunicativa. Una de las obras más significativas es la estatua ecuestre del *Caballero de* la catedral de Bamberg. En la misma catedral, *El Juicio final* del portal de los Príncipes nos manifiesta la escena dramática y violenta con rasgos feroces y decididos.

▲ Tímpano del portal de los Príncipes *de la catedral de Bamberg, Alemania, 1237.*

▶ Exterior de la catedral de Estrasburgo, *siglos XIII-XV.*

▼ Nave central de la iglesia de Santa Isabel *de Marburgo, 1235-1249.*

5 INGLATERRA

El gótico inglés se apoya en una intensa influencia de los modelos franceses aunque pronto la arquitectura inglesa creará procedimientos totalmente originales dentro del gótico. Pueden distinguirse tres fases en su evolución:

- **Primera fase: gótico clásico** (*Early English* o primer estilo, siglo XIII). Se introducen en esta época todos los elementos de la arquitectura gótica francesa: arcos apuntados, pilares esbeltos, grandes ventanales, arbotantes. Un buen ejemplo son las catedrales de Lincoln y York.

- **Segunda fase: gótico decorativo** (siglo XIV). Se acometen los primeros ensayos de las bóvedas de nervios colgantes, y se multiplican los adornos, sobre todo los ondulantes. La catedral de Ely y algunas partes de las de Gloucester y Wells son de este momento.

- **Tercera fase: gótico perpendicular** (último cuarto del siglo XIV y siglo XV). Es la gran aportación inglesa al gótico europeo, y el momento de máxima originalidad. El rasgo fundamental es la multiplicación de las bóvedas y de las trompas en forma de abanico colgante y desplegado, que dan a los interiores una apariencia fastuosa de lujo y fantasía. Destacan las grandes capillas construidas bajo patronato real: capilla del Colegio Real de Cambridge, capilla de San Jorge en Windsor, capilla del Colegio de Eton y capilla de Enrique VII en la abadía de Westminster.

▲ Catedral de Lincoln, *siglo XIII*. Las torres cuadrangulares, no las agujas, serán las que definan el sentido vertical de la arquitectura religiosa gótica de este país.

▼ Catedral de Wells (*izquierda*), *siglo XIII*. En su conjunto pertenece al período clásico, aunque contenga elementos del período decorativo. La imponente fachada modula armoniosamente la luz con sus entrantes y salientes constituyendo el más genuino producto del gótico inglés.

Capilla Real de Cambridge (*derecha*), *siglo XV-XVI*. Las bóvedas en forma de abanico rompen el sólido esquema de las bóvedas de crucería utilizadas en el continente, provocando una sensación de liviandad nunca lograda hasta entonces.

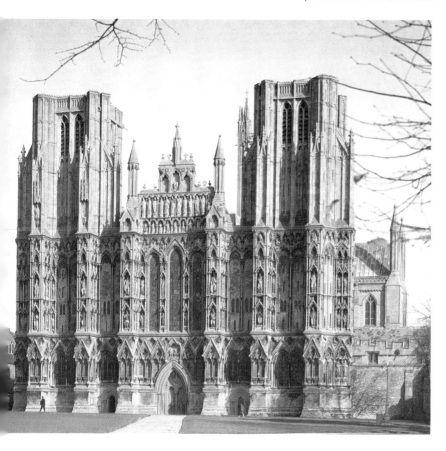

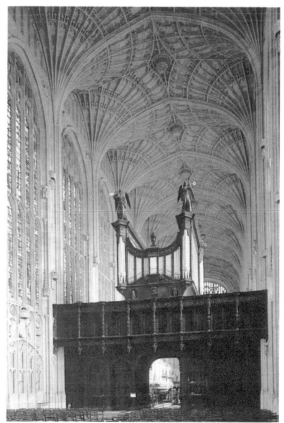

6 ITALIA

La arquitectura

En Italia el arraigo del gótico es precario; la intensidad de la tradición clásica contribuye a recibir con recelo un estilo *bárbaro*, cuyas raíces estilísticas rompen, especialmente en arquitectura, con los legados de las civilizaciones mediterráneas; la bóveda de crucería y sus sistemas de distribución de pesos son considerados *herejías* por los constructores. Así pues en la arquitectura religiosa son escasos los intentos de dotar a las ciudades de monumentos-símbolos similares a las catedrales francesas o alemanas. En cambio la estructura política de ciudad-comuna, gobernada por una familia o un grupo de familias, contribuye a la aparición de programas edilicios en los que los edificios públicos, como las *signorias*, recogen las esencias góticas. Nota peculiar del gótico italiano será, en consecuencia, la importancia de la arquitectura civil, superior a otras naciones europeas, y la comparativamente escasa difusión de la arquitectura religiosa.

La introducción del gótico se hace a través del Císter y en las primeras obras del siglo XIII se advierte una mezcla constante de nuevos elementos góticos franceses con los viejos temas románicos de más raigambre en Italia, como se puede contemplar en la basílica de San Francisco de Asís (1260).

Del examen de las siguientes notas del **gótico religioso** italiano se deduce su parentesco con el románico:

– **Clasicismo**, que se evidencia en los arcos de medio punto o en arcos tan livianamente apuntados que ofrecen un aspecto redondeado.

– **Ausencia de arbotantes**, lo que exige en el exterior la utilización de pilares más robustos como soporte de la bóveda.

– **Policromía**, mediante mármoles de colores, en la línea ornamental del románico italiano.

– **Predominio de la horizontalidad**; escasa altura de los edificios; franjas horizontales en el paramento, que subrayan el paralelismo con el suelo. Solamente la torre, como en los siglos del románico, despega verticalmente su silueta, ahora adosada al edificio.

Los dos monumentos que de manera más pura reflejan estos rasgos son las catedrales de Siena y Orvieto. En Florencia el escultor ARNOLFO DI CAMBIO levanta la catedral de Santa María dei Fiori, con una concepción que recuerda a las basílicas romanas, y probablemente a él se deba también la iglesia de la Santa Croce en la misma ciudad.

El **gótico civil** responde a dos tipos constructivos diferentes: el toscano y el veneciano. Los palacios toscanos ofrecen una estructura que se continuará, con variantes esenciales, en el Renacimiento y Barroco. El rasgo sobresaliente es la torre, altísima, como en los palacios de la *Signoria* de Florencia y Siena, quizás la única construcción que responde en Italia plenamente al espíritu gótico.

El gótico civil veneciano no ofrece un tipo unitario (Palacio de los Dux, C'a d'Oro), pero tiende a resaltar los elementos ornamentales en un deseo de mostrar el lujo de la construcción.

▶ Catedral de Siena. *En esta catedral es notable el empleo de bandas horizontales, tanto en el interior como en las fachadas laterales, que parecen empeñadas en borrar todo signo de goticismo. La fachada principal, comenzada en 1284 por GIOVANNI PISANO, distribuye el espacio mediante una simple y poderosa geometría bidimensional de cuadrados, círculos y triángulos, completamente alejada de las propuestas góticas en las que lo importante era la geometría unidimensional de las verticales.*

◀ Basílica de San Francisco de Asís, 1260. *Contiene dos basílicas de las que aquí puede apreciarse una. En Italia, salvo en los campanarios, predominará el remarcamiento de las horizontales sobre las verticales. En la ilustración pueden apreciarse casi todas las características citadas en el texto. Obsérvese como el cuerpo principal es un cuadrado perfecto y el frontón es medio cuadrado girado 45°.*

▲ Catedral de Milán. Fue comenzada en el siglo XIV y lo fundamental de la obra se labra en el siglo XV, es decir cuando toda Italia estaba volcada en el Renacimiento. Este singular edificio es el único monumento italiano que puede considerarse completamente gótico. Sin embargo, a diferencia del resto del gótico europeo, no remarca la verticalidad de la construcción mediante una o dos torres en su fachada.

◄ La Signoria de Florencia, siglo XIII. Las altas torres toscanas del gótico civil coinciden con el espíritu ascensionalista de otros góticos, pero aquí son usadas como símbolo del orgulloso poder de la República.

La escultura

El mismo espíritu clásico trasciende en toda la escultura de esta época en Italia.

El más sorprendente escultor del siglo XIII es NICOLÁS PISANO (1280). Su extraordinario instinto clasicista le lleva a producir una obra que se anticipa en el tiempo al Renacimiento. Aunque parece proceder del Sur, es en Pisa donde nos ofrece la obra más sorprendente y genial del *Duecento*. Para el baptisterio realiza los relieves del púlpito; éste es hexagonal lo que le permite labrar seis escenas de la iconografía cristiana, todas ellas tratadas con la solemnidad y la grandeza de la estatuaria romana.

Sin embargo, su hijo JUAN PISANO resulta un ardiente goticista, más próximo a la expresividad alemana y al fuerte dibujo francés, que a la serenidad de los clásicos. Labra púlpitos en Pisa y Pistoya y extraordinarias *Vírgenes con el Niño* para la catedral de Siena. Su dramatismo lleva a sus últimas consecuencias el expresionismo característico del realismo gótico.

La pintura

Frente a la más primitiva pintura italiana de influencia bizantina, preocupada por la decoración y el dibujo plano, la pintura del *Trecento* muestra un mayor interés por la belleza naturalista y el juego de los volúmenes.

En este siglo la actividad pictórica se acelera y aparecen en Toscana las dos escuelas de pintura que constituyen el antecedente directo del Renacimiento, la **florentina** y la **sienesa**.

La escuela florentina. Tiene en GIOTTO a su máximo representante; por su extraordinario y profético lenguaje pictórico marca una auténtica revolución en la historia de la pintura. GIOTTO rompe los convencionalismos del denominado *estilo bizantino*. Su espíritu de observación le distancia de los maestros sieneses; la monumentalidad de las figuras, por ejemplo su *Virgen en el trono* (Museo de los Uffizi, de Florencia), inicia el camino que van a recorrer MASACCIO y MIGUEL ÁNGEL; el dramatismo de las expresiones señala una observación de los rostros poco usual en la época;

▶ DUCCIO DE BUONINSEGNA: La Majestad, *1308 (fragmento). Puede considerarse a este pintor con esta pintura de la* Virgen *en* Majestad, *como el creador de la escuela sienesa. La delicadeza del gesto así como la estilización de las manos son características, entre otras, que definen el estilo.*

▲ NICOLÁS PISANO: Púlpito del baptisterio *de Pisa, siglo XIII.*

▶ SIMONE MARTINI: La Anunciación, *1333 (izquierda). La delicadeza y elegancia de este pintor sienés hacen de él uno de los mejores representantes del "gótico internacional".*

GIOTTO: Beso de Judas, capilla de los Scrovegni *(derecha). El movimiento de las lanzas crea una atmósfera dramática, que dinamiza los rostros y las siluetas solemnes.*

el movimiento, de una intensidad excepcional en las lanzas del *Prendimiento de Jesús* (frescos de la capilla de los Scrovegni, de Padua), anuncia un estilo nuevo, más vivo y más humano.

La escuela de Siena. Destaca por su delicadeza y elegancia que sugiere una afinidad con el espíritu del gótico internacional. La belleza de las líneas, la proliferación de las figuras y temas diversos que complican enormemente la composición y el carácter decorativo del color constituyen sus principales características.

Duccio de Buoninsegna pinta para la catedral de Siena *La Majestad*, tabla que representa por una de sus caras la Madonna rodeada de ángeles y por otra escenas de la Pasión. Otro artista genial de esta escuela es Simone Martini, que abandona todo recuerdo de bizantinismo para llevar la elegancia sienesa a su cima más alta. En Avignon trabaja para la corte papal; desde ella su arte se difunde por Francia y por toda Europa; *La Anunciación* del Museo de los Uffizi es su obra más conocida y representativa de su estilo.

II. Los primitivos flamencos

7 LAS CIUDADES FLAMENCAS

A partir de la segunda mitad del siglo XIII, momento que señala un cierto renacimiento comercial en el Occidente europeo, en las ciudades flamencas se concentra la producción de tejidos de lana que por la suavidad y belleza de sus colores desplazan a los de las ciudades francesas y conquistan los mercados mediterráneos. Al decaer éstas, las grandes compañías instalan en Brujas representantes encargados del comercio de telas de Flandes y Brabante. Esta bellísima ciudad se erige en el principal centro comercial del Occidente europeo hasta bien entrado el siglo XV.

8 CARACTERES DE LA ESCUELA FLAMENCA

En el siglo XV algunas ciudades de Flandes se convierten en sede de una extraordinaria escuela pictórica. Los pintores denominados **primitivos flamencos** son los notarios de estas ciudades, de su esplendor, de sus valores económicos, y la burguesía local constituye su clientela.

La mayoría de las obras son pequeñas, más apropiadas por tanto para adornar estancias hogareñas que templos o palacios. Con frecuencia constan de tres tablas (*trípticos*); las laterales sirven de puertas a la central, y en su cara exterior se las pinta con tonos grises (*grisallas*) que imitan el efecto de la escultura.

Algunas notas que consiguen fundir la tradición gótica con la sensibilidad renacentista caracterizan las obras de este grupo de pintores:

a) **Minuciosidad**. Concebidas para ser contempladas de cerca, los pintores se recrean en la representación de los detalles más nimios; las cabelleras son una serie de cabellos perceptibles uno a uno; en los prados pueden contarse las hojas de las hierbas o los pétalos de cada flor; en los libros se distinguen las líneas y las letras.

b) **Naturalismo**. El enfoque cercano inclina a los pintores a la representación veraz de la realidad; no encontraremos aquí la idealización física de las *madonnas* del *Quattrocento* italiano, antes bien se prefiere la captación de todos los detalles del cutis –poros, arrugas– y en algún caso, como en *El canónigo Van der Paele*, de VAN EYCK, es posible el análisis clínico del personaje a través de la deformación de sus tendones y la hinchazón de sus arterias.

c) **Amor al paisaje**. Montañas, caminos que se alejan, prados verdes y bosques se reflejan con unción y vibrando sobre las formas; en algunos maestros flamencos puede gozarse de la palpitación de las luces en el horizonte o en los brillos de las aguas. Cuando la escena es una habitación, el paisaje, muy detallado, aparece a través de una puerta o ventana.

▶ VAN EYCK: El matrimonio Arnolfini, *1443. Es considerada la obra maestra de este pintor. El cuadro de reducidas dimensiones, como corresponde a una pintura doméstica e intimista, es un prodigio de iluminación y, muy probablemente, fue pintado teniendo en cuenta la luz que recibía la pared en la que fue colocado; de ese modo el verismo de los objetos pintados era aún mayor. El gran realismo de todo lo representado es sobrecogedor y produce una inevitable sensación de misterio. Así los zuecos de madera o las frutas sobre el arcón parecen más símbolos que objetos que están ahí por casualidad. Por otra parte el equilibrio cromático del ropaje verde de la novia, con el violeta del mercader Arnolfini contribuye a la sensación de armonía que la obra pretende transmitir.*

◀ VAN DER WEYDEN: Descendimiento. *Esta monumental obra refleja las mejores conquistas del arte flamenco. La composición, la expresividad de los rostros, la sabia disposición de los grupos cromáticos, y el amor al detalle, así como a las distintas calidades tanto de la carne como de las telas, suponen la cima del planteamiento que se hizo de la pintura en los Países Bajos entre los siglos XV y XVI.*

d) Delectación en la reproducción de los objetos. No es frecuente la representación de la arquitectura, habitaciones, calles o casas pero en general los pintores se detienen más en las cosas pequeñas que llenan la vida cotidiana: objetos de vidrio o metal, monedas, mesas, telas; en éstas, a pesar de que el detallismo permite distinguir los hilos y el trenzado, se incurre en el arcaísmo de dotarlas de pliegues duros, geométricos (como si estuviesen almidonadas), manteniendo el espíritu de formas alargadas del estilo internacional.

e) El material utilizado es la tabla, como en los retablos góticos, pero se introduce la técnica del temple oleoso, que otorga más brillo a los colores y posibilita la minuciosidad de los detalles.

En el manejo de las luces y en la pasión por el paisaje, Flandes anticipa valores de la pintura renacentista, aunque todavía las formas estáticas, la escasa relación de las figuras –casi siempre dispuestas frontalmente– y el predominio de los detalles y las partes sobre el conjunto nos sitúan en la última etapa del gótico.

▶ MAESTRO DE FLÉMALLE: Santa Bárbara, *conjunto (arriba, derecha) y detalle (abajo), 1438. Esta tabla, perteneciente a la puerta lateral de un tríptico, es de una maestría pareja a la de los mejores pintores flamencos. La composición, que se comprende mejor al contemplarla junto con la otra puerta, resulta exquisita en la relación de masas y en el equilibrio del color. El plegado de la ropa es característico de esta escuela y la perspectiva conduce la mirada al infinito a través de la ventana. Todo está tratado con un inmenso amor al detalle. Estas tablas también suelen atribuirse a* ROBERT CAMPIN, *pintor que fue maestro de* VAN DER WEYDEN.

9 LOS PRINCIPALES MAESTROS

Los iniciadores del estilo, los hermanos VAN EYCK, pintan el extraordinario *Tríptico del Cordero Místico* en San Bavón de Gante (cuyo comentario incluimos en el *Análisis de una obra*, págs. 174-175), pero no son de menor valor los cuadros de JAN VAN EYCK, el gran retratista de la escuela, *La Virgen del Canciller Rollin*, *La Virgen del Canónigo Van der Paele* o *El matrimonio Arnolfini*. JAN se estableció en Brujas en 1430, ciudad que ya no abandonaría y donde iniciaría una extraordinaria escuela. En los retratos, la búsqueda de la verdad constituye su norte.

ROGER VAN DER WEYDEN es el pintor del dolor; introduce una preocupación por los sentimientos que lo aleja de la solemnidad hierática de los otros maestros, y en otro orden es el artista de las grandes composiciones, cuya distribución de elementos estudia detenidamente. En el *Descendimiento* (pág. 170) del Museo del Prado, coloca un fondo de oro, recurso gótico inusual en los primitivos flamencos, quienes prefieren el fondo paisajístico, para que el espectador contemple sin detalles que le distraigan las emociones que expresan los rostros de los personajes, especialmente el llanto silencioso del San Juan.

Brujas es la sede de un grupo de maestros con personalidad propia como GÉRARD DAVID, cuyas formas verticales señalan un rasgo extremado de una de las tendencias de la escuela, y sobre todo MEMLING. Su mundo es el antípoda de VAN DER WEYDEN; el silencio, la quietud, envuelven a sus figuras serenas, a veces pensativas, ensimismadas. La frente abombada y el párpado semicerrado, lo que contribuye a conseguir el ensimismamiento, caracterizan a sus figuras. En *La arqueta de Santa Úrsula* (Museo Memling, Brujas) demuestra además una sensibilidad para las luces nostálgicas, que prestan cierta melancolía al ambiente.

El paisaje es dimensión inexcusable de casi todas las pinturas de la escuela, pero en PATINIR y BRUEGHEL se convierte en género, en el tema mismo. La comparación entre los dos maestros resulta ilustrativa sobre la evolución de la concepción paisajística. PATINIR derrama en sus cielos una luz blanquísima, de gran intensidad, que brilla sobre una línea de horizonte muy alta, y sus prados están interrumpidos por rocas y lagunas; todos estos elementos son perceptibles en *El paso de la laguna Estigia* (Museo del Prado). Su concepción del paisaje es estática y se limita a un juego de líneas horizontales y verticales. En BRUEGHEL, maestro del siglo XVI, encontramos, aparte de un simbolismo tomado de EL BOSCO, una concepción dinámica del paisaje, con ondulaciones, y una vitalidad bullente, que prefigura los paisajes barrocos de RUBENS.

▲ *La concepción poética del paisaje en* EL PATINIR, *con líneas de horizonte alto e iluminado por intensa luz, y lagunas brillantes rodeadas por rocas, es visible en* El paso de la laguna Estigia *del Museo del Prado.*

▼ BRUEGHEL *practicó una concepción del paisaje más dinámica que la de* EL PATINIR, *destacando las formas bullentes, los horizontes inclinados, las hondonadas, como comprobamos en la obra* Retorno de los cazadores *(fragmento).*

▲ EL BOSCO: El jardín de las delicias. *El conjunto lo constituye un tríptico con escenas deliciosas o terribles sobre la Creación, la Vida y el Infierno.*

▼ *En* El carro de heno, *símbolo de los placeres prohibidos,* EL BOSCO *critica a quienes los buscan: los grandes en solemne procesión, las turbas arremolinadas, los amantes sobre el montón de heno, etc.*

El más original de los primitivos del Norte de Europa es EL BOSCO, pintor de ascendencia holandesa. Su concepción del paisaje se inspira en PATINIR, pero en las formas crea un mundo extraño. Sus temas son casi siempre alegóricos y están tratados con una ironía burlesca, desconocida hasta entonces.

EL BOSCO no se limita a contemplar la naturaleza y a reflejarla sino que crea un mundo imaginario, de sueños fantásticos, que hacen de su obra un antecedente remoto del Surrealismo del siglo XX. Su obra más ambiciosa, el tríptico *El jardín de las delicias* (Museo del Prado) ha suscitado diversas interpretaciones; en la tabla derecha (*El infierno*), con más de cincuenta símbolos con claves, se desborda la fantasía del autor: figuras híbridas hombre-animal, tormentos musicales, luces misteriosas, espacios opresivos (como los de DALÍ o CHIRICO o los del cine surrealista). En *El carro de heno*, símbolo de los placeres prohibidos, su crítica alcanza desde los grandes de la tierra a todos los sectores del pueblo.

JAN VAN EYCK: Tríptico del Cordero Místico

Datos: Óleo sobre tablas formando tríptico. Fecha: 1426-1432. Iglesia de San Bavón de Gante.

En el otoño de la Edad Media a las industriosas ciudades de Flandes afluyen pintores de las regiones próximas, el Limburgo, el Henaut, comarcas de Holanda y Alemania, para atender las peticiones de obras de los opulentos burgueses flamencos y de ricos comerciantes extranjeros, como los ARNOLFINI o los ORTINARI, y que eran retratados en posición orante (*"Los donantes"*) en los cuadros religiosos.

Un regidor de la villa de Gante, JOOS VIJD, encarga a los hermanos HUMBERTO y JAN VAN EYCK un retablo, que se termina en 1432 y que suponía en ese momento, por su técnica y concepción, una verdadera revolución; no va a ser superado por las obras posteriores de esta es-

cuela. Probablemente se trata de la obra maestra de la pintura de Flandes anterior a RUBENS. Los técnicos se han afanado en distinguir las partes que corresponden a cada uno de los dos hermanos pero la unidad de estilo es tal que se podría atribuir a un solo artista. La superficie total de esta obra es cuatro veces superior a las restantes obras de VAN EYCK que conocemos en la actualidad.

Desde el primer momento despertó entusiasmo; LUKAS DE HEER lo llamaba en 1559 *"el celeste tesoro del país de Flandes"*; DURERO lo consideraba un cuadro inteligente, un profesor de Nimega en el siglo XIX, F. VAN DER MEER, escribía que *"estas obras maestras debían tener un lugar en el paraíso en el fin de los tiempos"*.

Hagamos en primer lugar una descripción sumaria de este conjunto de tablas. Cerrado el tríptico, presenta en la parte superior la Anunciación (una ventana nos ofrece un admirable paisaje urbano) y en la inferior a San Juan Bautista y San Juan Evangelista y los retratos de los donantes JOOS VIJD y su esposa Elisabeth Borluut. Abierto, el tríptico ofrece un total de doce tablas. En la parte superior las centrales representan las tres figuras de la *déesis* o el calvario, Cristo en Majestad, la Virgen y San Juan, y a los lados Adán y Eva y los ángeles músicos y los ángeles cantores. La parte inferior de la tabla central está ocupada por la escena principal, las muchedumbres que adoran al Cordero Mís-

El tríptico del Cordero Místico, abierto

Cabeza de Adán. Detalle del tríptico

tico, colocado en un ara. En las puertas laterales cuatro grupos, caballeros de Cristo y jueces íntegros a la izquierda, ermitaños y peregrinos a la derecha.

Muchos son los valores de este gigantesco retablo. En primer lugar llama la atención el **brillo de los colores** (conseguido con la nueva técnica del óleo) y la **luminosidad**. La obra fue pintada para la capilla Vijd, de la iglesia de San Bavón en Gante, aunque en la actualidad se encuentre situada en otra estancia de la misma iglesia. La citada capilla recibe la luz por unos altos ventanales situados a la derecha del lugar donde se colocó el cuadro. Los artistas tuvieron en cuenta esa iluminación y en las figuras, en los objetos y en los detalles de los veinte paneles de la obra, la luz proviene de ese lado estando los sombreados, por lo tanto, al lado izquierdo. Pero los VAN EYCK consideraron también los focos imaginarios de su propia obra; así en la escena de la *Anunciación*, las sombras se dibujan hacia la derecha porque a través de la ventana puede deducirse que el sol está en el lado izquierdo de la ciudad.

El **realismo** con que se representan todos los objetos permite en la escena de los caballeros de Cristo, que parece una imagen de las Cruzadas, estudiar las armaduras, el metal con el que se han forjado, la manera de soldar las piezas, y en los fragmentos de vestimenta visibles admirar la textura de las lanas o la suavidad de los forros. Este realismo deriva de los retratos de los donantes en una penetración psicológica que aleja a estas figuras de los convencionalismos de la Edad Media.

La **minuciosidad** que va a distinguir a la escuela adquiere calidades asombrosas. La ventana de la escena de la Anunciación nos asoma a una calle del centro de Gante y nos enseña la calidad de los materiales de construcción, desde la piedra de un torreón del fondo hasta los diferentes tipos de madera, las casas opulentas de la derecha y las más humildes de la izquierda, peor conservadas, con mayor número de grietas y astillas. MAX FRIELÄNDER escribió a este respecto: "*Un espectador avisado advertirá que esta obra no ha nacido solamente de la habilidad, sino también de un arrebato ferviente y de un gran entusiasmo. El amor por todo lo que rodea al hombre y la atención prestada a la materia desvelan un nuevo sentimiento, precursor de una visión del mundo profundamente original*".

La **composición** está detenidamente pensada. Todos los rostros se vuelven, de manera espontánea, sin tensiones, hacia el centro. Si en la tabla principal trazáramos un esquema comprobaríamos que las líneas confluyen en el altar del cordero. Todos los movimientos son pausados y solemnes, como una procesión votiva.

El detalle que incluimos nos muestra algunos de estos valores. La cabeza de Adán, prodigio de realismo, es la de una figura que parece respirar. Cada cabello se dibuja con un trazo de plumilla y una lente de aumento permite seguir su recorrido; la piel no es una masa de color uniforme sino una superficie compleja, en la que se perciben poros, arrugas, venas; la minúscula mancha gris de la niña del ojo otorga expresión al rostro. La luz procede del lado derecho y provoca diferentes intensidades de penumbra en la nariz, la mejilla, el cuello y zonas de sombra en el cabello, tras la oreja.

El panel central nos muestra una vez más el realismo, la capacidad de detalle, los brillos, los delicados matices luminosos, que informan el conjunto y cualquier fragmento, incluso el más pequeño, del gran retablo. Es obra que exige del espectador tiempo y un punto de observación cercano para distinguir en medio de una composición enorme la gracia de lo diminuto.

Por último, las dos alas laterales, una vez cerrado el tríptico, están tratadas con una inmensa calidad plástica, mayor, si cabe, que alguna de las tablas del anverso. La moderada cromaticidad del conjunto sólo se exalta con las figuras del donante y su esposa, cuyos retratos son verdaderos estudios psicológicos.

BIBLIOGRAFÍA

CIRLOT, J. E., *Pintura gótica europea.* Barcelona, Labor, 1972.

CHICO, Mª V., *La pintura gótica del siglo XV.* Barcelona, Vicens Vives, col. Historia visual del arte 6, 1990.

CHUECA GOITIA, F., *La invención de una catedral.* Madrid, Abella, 1995.

DUBY, G., *La Europa de las catedrales.* Barcelona, Carroggio, 1966.

ERLANDE-BRANDENBURG, A., *La catedral.* Madrid, Akal, 1993.

PIQUERO, Mª A. B., – *Historia del arte de la baja Edad Media.* Barcelona, Planeta, col. Las claves del arte, 1994.

– *La pintura gótica de los siglos XIII y XIV.* Barcelona, Vicens-Vives, col. Historia Visual del Arte 5, 1989.

SIMSON, O., *La catedral gótica.* Madrid, Alianza, 1995.

YARZA, J. y MELERO, M., *Arte medieval II.* Madrid, Historia 16, col. Conocer el arte, 1996.

11.

El gótico español

En España durante el siglo XIII, las alianzas de León y Castilla con Francia hacen que el espíritu del abad de Saint Denis recorra como un magnífico halo la seca y recia meseta llenando de luz vertical sus templos y palacios. En Cataluña, sin embargo, las relaciones comerciales y culturales se desarrollan en la horizontal del Mediterráneo y será Italia, el Sur de Francia e, incluso, Bizancio, quienes transmitan un sentido clásico en los modos de vida y en las proporciones de sus edificios y sus imágenes. En el gótico español no se generalizarán las excesivas alturas ni los ventanales desmesuradamente grandes, incluso en la más francesa de las catedrales, la de León, la superficie acristalada no alcanza a la de sus hermanas de Francia. Tampoco en las dimensiones de la planta y alzados de los edificios hay posible parangón, siendo en España trazados más cortos, aunque alcanzando una exquisita proporción y, frecuentemente, una evidente genialidad.

En general la sensibilidad española no demandará tanta luz a sus iglesias como en Francia o Inglaterra. Las vidrieras de la catedral de León son una excepción y compiten con las de Chartres o de la Sainte-Chapelle, en Francia. La gama cromática no es la misma y aquí aparecen verdes y ocres, además de los rojos y azules tan frecuentes en las francesas.

1 CARACTERÍSTICAS GENERALES DEL GÓTICO ESPAÑOL

La arquitectura **cisterciense** debe ser considerada como el antecedente del nuevo estilo. Ha dejado monumentos como los monasterios de Santa María de Huerta (Soria), Santes Creus y Poblet (Tarragona).

En general la arquitectura gótica española se caracteriza por un menor interés hacia la altura que el que manifiestan los modelos franceses. En España las construcciones serán especialmente anchas, sin que las torres ni las agujas determinen el espacio exterior. Esta característica es mucho más acusada en Cataluña, Valencia y Baleares donde, como veremos, la línea predominante es la horizontal.

En España, como en Italia, la pintura tendrá un desarrollo tremendo. Mientras allí se trabaja al fresco sobre los muros, aquí se cubren las paredes con retablos que constituyen verdaderas galerías que muestran el singular genio creador hispano. Aunque es cierto que pueden encontrarse diversas influencias europeas, también es cierto que el desarrollo de la pintura alcanzó en nuestro país unas dimensiones únicas.

2 LA ARQUITECTURA GÓTICA EN LOS SIGLOS XII, XIII Y XIV

Reino de Castilla y León

Después de los primeros tanteos por establecer el gótico en los reinos de **Castilla** y **León** surgen de modo inexplicable dos catedrales singulares con un estilo perfectamente definido. Nos referimos a las catedrales de Cuenca y León.

La catedral de Cuenca es la más primitiva ya que se termina a principios del siglo XIII. La especial forma de tratar el triforio en combinación con los ventanales, así como lo extrañamente lanceolados que son los arcos, la hacen resultar la más exótica de las catedrales góticas españolas.

La catedral de León es la más sorprendente y deliciosa realización gala en nuestro suelo. Comenzada en el primer tercio del XIII es coetánea de las grandes catedrales francesas y con las más importantes pueden establecerse connotaciones. Un gótico así hace pensar en la existencia de un maestro francés en su traza original. Del primer arquitecto de quien se tiene noticias es de un tal ENRÍQUEZ, que por aquel tiempo también trabajaba en Burgos. En León la búsqueda de la luz tiene cumplidas soluciones con su impresionante conjunto de vidrieras, uno de los más importantes de Europa: en ellas el color es más rico que en las francesas y sobre el predominio de azules y rojos, tan francés, aquí se aporta la gama de verdes, ocres y amarillos.

▲ Expansión del gótico español. *La expansión del estilo queda condicionada por los avatares políticos. Castilla fija la frontera del Tajo en 1085 pero hasta las Navas (1212) el mundo árabe es una amenaza permanente. Por otra parte, la Corona de Aragón se constituye en 1137 y Valencia no se conquistará hasta 1238.*

En 1221, FERNANDO III EL SANTO coloca la primera piedra de la catedral de Burgos. Las conexiones con las catedrales francesas, especialmente con Bourges y Reims, son evidentes pero, con relación al ideal francés, a la de Burgos le falta altura. La obra actual resulta compleja debido a los constantes añadidos que se siguieron haciendo hasta el siglo XIX.

Sin embargo la catedral más genuinamente española de las catedrales góticas del siglo XIII es la de Toledo. Se coloca la primera piedra en 1226 por el mismo FERNANDO III. En las obras se sabe que trabaja el MAESTRO MARTÍN, de probable origen francés, y posteriormente PETRUS PETRI, de casi seguro origen español, a quien se deben las modificaciones que le dan el gusto marcadamente hispano. El conjunto se caracteriza por la poca altura y gran anchura. Además de esto, algunos detalles, como la brevedad del coro y el uso de arquillos lobulados y cruzados en el triforio del mismo, son netamente españoles. Las vidrieras manifiestan la superior policromía sobre las francesas, citada en León.

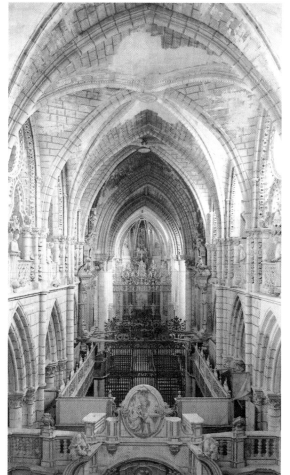

◄ *Vista exterior de la catedral de León. La mejor adaptación del gótico francés en nuestro suelo comenzó muy a principios del siglo XIII, y aunque continuó en el XV, los sucesivos maestros se adaptaron admirablemente al plan inicial, lo que da a esta catedral una gran unidad estilística, tan rara en España.*

▲ Catedral de Burgos (izquierda). *De gran pureza estructural, responde bien al esquema francés de su tiempo; sin embargo es recubierta en los siglos XV y XVI con añadidos que le dan su aspecto actual.*

Catedral de Toledo (derecha). *Sus cinco naves resultan poco frecuentes en el gótico y al sentido vertical y longitudinal del estilo se opone un sentido transversal. Por otra parte hay una notable diferencia entre la nave central y las laterales que son progresivamente más bajas.*

◄ Interior de la catedral de Cuenca. *Esta temprana y repentina catedral gótica es una muestra evidente de los intercambios culturales del momento y sobre todo, de la rapidez con que podían ser aceptados nuevos modos y corrientes.*

Corona de Aragón: Cataluña y Balears

En **Cataluña** el hondo sentido mediterráneo conduce a buscar, en arquitectura, las disposiciones horizontales antes que las verticales. Sus catedrales son alargadas sin predominio de la vertical, que no resulta remarcada por ningún elemento al exterior.

La distribución interna es muy inteligente y trata de resolver problemas prácticos, como el de la comunicación y visibilidad entre los fieles y el oficiante. La diferencia de altura entre las tres naves es mínima, con lo que no son necesarios los arbotantes, aunque ello exige un reforzamiento de los contrafuertes. Lo que pudiera ser un estorbo se torna útil al establecer entre los contrafuertes capillas laterales. De este modo los contrafuertes no suelen asomar al exterior y los paramentos resultan lisos sólo recorridos por unas leves molduras. Esta simplicidad a veces sobrecogedora, proporciona una solemnidad inusitada a los edificios. Las ventanas, aunque muy esbeltas, suelen ser pequeñas.

El principal grupo de iglesias catalanas se realiza en el siglo XIV. Es decir que mientras en el siglo XIII el gótico es decididamente castellano, en el XIV es catalán. Una de las catedrales más antiguas es la catedral de Barcelona, comenzada en 1298. Aunque no fue acabada en su fachada, que es del XIX, su interior de tres naves es de una grandiosidad majestuosa, y sin poseer grandes dimensiones parece gigantesca gracias a la esbeltez de sus pilares y la reducida dimensión de capiteles y adornos.

En Girona se realizó una de las más colosales síntesis del gótico europeo. Habiendo comenzado su cabecera a imitación de la de Barcelona, estaba prevista para tres naves, pero con un criterio funcional, en 1416, se aceptó un proyecto disparatado; el arquitecto Guillermo Bofill proponía simplificar las tres naves en una. El anhelo de obtener gran visibilidad quedaba así resuelto. Fue aprobado el proyecto y la colosal nave de algo más de 22 metros de anchura es aún hoy un verdadero prodigio de ingeniería constructiva.

No obstante las más bellas iglesias de esta época son la colegiata de Santa María del Mar, en Barcelona (págs. 190-191), y la catedral de Palma. La primera es probablemente el más lógico, el más científico y el más armonioso de los edificios de la época. Une, como ningún otro, la ingeniería y la poesía plástica. La segunda gana en soluciones externas lo que no alcanza en logros internos; de mayor tamaño que Santa María del Mar, es enorme de altura –la segunda catedral gótica europea en altura, después de Beauvais– no obstante la anchura también es enorme. Sin embargo, su costado sur, que mira hacia la bahía, es prodigioso en su teoría de altísimos contrafuertes como los mástiles de un navío presto a zarpar.

▲ *Interior de la catedral de Girona, siglo XIV. El plan inicial era similar al de otras iglesias catalanas, es decir de tres naves, como se ve en la fotografía. La genialidad de Guillermo Bofill consiste en romper con las tres naves y crear una nave única mucho más funcional.*

◄ *El diseño de la catedral de Barcelona se remonta a 1298, aunque su construcción es del siglo XIV. Tiene tres naves más otras dos capillas laterales situadas en los contrafuertes, cosa habitual en el gótico mediterráneo. Su interior da una sensación de grandiosidad majestuosa a lo que contribuyen sus elevados pilares. La fachada se hace en el XIX a partir de un modelo francés del siglo XV.*

► Catedral de Palma de Mallorca, *siglo XIV (interior, arriba; exterior, abajo). Su construcción dura tres siglos, lo que le resta cierta unidad. La altísima nave central exige robustos contrafuertes y doble solución de arbotantes, lo que no es usual en todo el reino de Aragón. Toda esta teoría de refuerzos externos le presta una belleza inconfundible en su costado meridional.*

3 LA ARQUITECTURA GÓTICA ESPAÑOLA EN EL SIGLO XV

En la arquitectura gótica española del siglo XV los avances no serán técnicos sino estilísticos y decorativos. Por otra parte, las influencias provienen de los Países Bajos, lo que dará un sello especial a nuestra arquitectura.

Arquitectos extranjeros, como JUAN y SIMÓN DE COLONIA, que trabajan en Burgos, o HANEQUÍN DE BRUSELAS, JUAN GUAS y ENRIQUE EGAS, en Toledo, irradian una obra singular y perfectamente adaptada al sentimiento español.

Con los Reyes Católicos se logrará este peculiar estilo en el que la grandiosidad frena el ímpetu decorativo de las últimas formas del gótico. Ejemplo singular es la iglesia de San Juan de los Reyes de Toledo.

En las catedrales de Sevilla, Salamanca y Segovia se dan los últimos grandes ejemplos del gótico hispano. Todas ellas de grandes dimensiones y sin subrayar excesivamente las diferencias de alturas entre las naves. Su espaciosidad y luminosidad nos sugieren más el nuevo espíritu renacentista que los ideales medievales.

▲ San Juan de los Reyes, claustro, siglo XV. *La pequeña iglesia y el claustro fueron construidos por deseo expreso de Isabel la Católica, en veinticinco años. La gran unidad estilística le hace ser el mejor ejemplo para comprender el gótico isabelino. Tiene una sola nave, con el coro levantado y en los pies. La decoración se resuelve con grandes escudos, algunas figuras y epigrafía gótica al modo musulmán. Toda ella, por otra parte, se concentra en el ábside.*

▼ Catedral de Sevilla. *La potencia económica y cultural de la Sevilla del siglo XV promueve el deseo de hacer la catedral "más grande (...) que haya en estos reynos". Su acusada horizontalidad viene subrayada por la tremenda superficie en planta. En el exterior apenas se nota esta horizontalidad por la abundancia de pináculos.*

4 LA ESCULTURA GÓTICA EN ESPAÑA

Siglo XIII

Las grandes obras del siglo XIII reclamarán el concurso de escultores y decoradores que, muy probablemente, provinieron de los países de mayor influencia sobre España en ese momento: Francia y Alemania.

Es en **Burgos** donde se encuentra la más rica y homogénea colección de este siglo. La puerta sur del crucero, la llamada del Sarmental, posee un delicioso conjunto de Apóstoles, y, en la misma catedral, en las torres y en el claustro alto se encuentra la bellísima estatua de la reina Beatriz de Suabia.

En **León** se encuentra la otra gran colección de estatuaria gótica del siglo XIII. Aunque menos homogénea que en Burgos ofrece obras notabilísimas, como el grupo de *La Virgen y el Niño*, *Los Tres Reyes* y *La Anunciación*. De gran esbeltez y elegancia revela conexiones con Amiens. De mano del MAESTRO ENRIQUE parece ser la bellísima *Virgen blanca*, del parteluz de la puerta principal.

Estatuas de la puerta de la Coronería, catedral de Burgos, siglo XIII. La solemnidad de las actitudes y su vinculación al papel de fustes tiene aún que ver con el reciente románico, pero el modelado y la forma de tratar los ropajes tiene mucho en común con la corriente francesa clásica.

La Virgen blanca, León. El naciente Humanismo recorrió como un aire de primavera la Europa medieval. Las esculturas se tornan humanas y sonrientes.

Tímpano de la puerta del Sarmental, Burgos, siglo XIII. La irrupción de la escultura gótica en España es coetánea con la de la arquitectura y también aquí hay que pensar en la venida de maestros franceses. Sólo así puede explicarse el naciente Humanismo que trasciende de estas esculturas.

Siglo XIV

Cataluña tiene en escultura su gran momento en el XIV, al igual que en arquitectura. Serán magníficos los retablos y los sepulcros. Los primeros son labrados en piedra, a diferencia de los castellanos, que serán de madera; tendrán un auge progresivo hasta desaparecer con el Renacimiento. Obra maestra es el retablo de Cornellá de Conflent, debido a Jaume Cascalls.

Siglo XV

El gran siglo de la escultura gótica española será el XV. En **Cataluña** la personalidad de Pere Johan llena de atractivos el siglo. Trabaja en el retablo de la catedral de Tarragona y en el de la de Zaragoza, donde sólo hace el banco, o parte baja del retablo, con la vida de Santa Tecla.

En **Castilla**, más que en Cataluña, se hace sentir la influencia borgoñona y flamenca. En estos países, donde el comercio había enriquecido a la burguesía, el realismo burgués sustituye al naturalismo religioso. Los focos de influencia se localizan en León y Toledo, donde un grupo anónimo trabaja en los sepulcros del Condestable.

Con esta auténtica invasión flamenco-borgoñona se llega a crear una escuela española en la que destaca Sebastián de Almonacid, quien trabaja principalmente en sepulcros. Basta para definirle el del llamado *Doncel de Sigüenza*.

Pero la gran figura del siglo XV es, sin duda, Gil de Siloé. Dotado de gran fantasía creadora, no se somete a reglas ni a cánones tradicionales. Con su increíble maestría técnica dota a sus imágenes del más exigente realismo burgués del momento. Entre otras obras importantes, como la portada del colegio de San Gregorio de Valladolid o el retablo de Santa Ana en la capilla del Condestable de la catedral de Burgos, destaca el magnífico conjunto de la cartuja de Miraflores, también en Burgos con los sepulcros de Juan II y su esposa, el de su hijo Alfonso y el extraordinario retablo.

► Pere Johan: San Jordi, *Palau de la Generalitat, Barcelona, siglo XV (arriba). Escultor de complejas influencias, traduce el dinamismo de la escena en incesantes ritmos curvos absolutamente calculados para que el gesto de la imagen no desborde el círculo en el que se encuentra. Puede observarse cómo la composición se ciñe a una división exagonal, como si de un rosetón se tratara.*

Gil de Siloé: *Sepulcro de don Alfonso, cartuja de Miraflores, Burgos, siglo XV (abajo). Es ésta la más fuerte personalidad de la escultura hispana del siglo. Su obra evoca la fastuosidad del tiempo de los Reyes Católicos.*

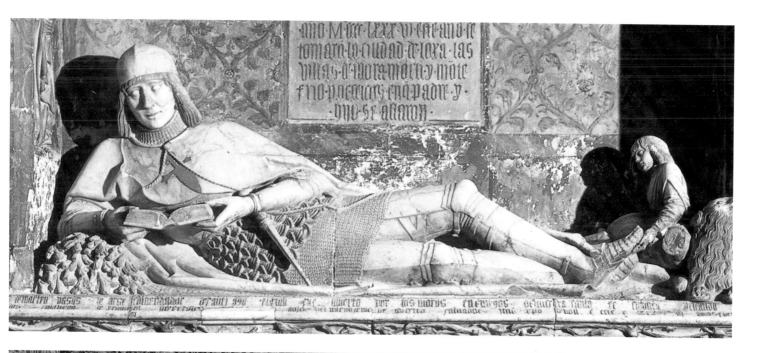

▲ SEBASTIÁN DE ALMONACID: Sepulcro de don Martín Vázquez de Arce, El Doncel de Sigüenza, *siglo XV. El naturalismo del primer gótico se vuelve realismo en el siglo XV. La tristeza y la melancolía de la muerte anuncian el otoño de la Edad Media.*

◄ Retablo de la cartuja de Miraflores. *En esta cartuja hace* GIL DE SILOÉ *un impresionante conjunto entre el que destaca el retablo. Éste adopta una composición geométrica muy simple presidida por un gran círculo central pero la gran fantasía y decorativismo, así como la gran vitalidad de las figuras, acaba por superar el esquema básico en una incontenible marea de fastuosidad y exotismo.*

5 LA PINTURA GÓTICA ESPAÑOLA

Después de Italia, es España el país que ofrece más interés por la pintura durante la Edad Media. Las diferencias en cuanto a calidad y a número de obras, respecto de la escultura, son notables. En España, se trabajará poco la pintura mural al fresco, prefiriéndose la tabla y se olvidará la tradición fresquista románica, que ya no recuperaremos nunca. Sin embargo se mantendrá vivo el interés por el color y una expresividad llena de naturalismo.

La pintura es la manifestación plástica donde menos se aprecian las dependencias del extranjero, ya que cuando llega aquí una influencia se asimila para recrearla en arte genuino.

Siglo XIII

El siglo XIII es el siglo francés por excelencia. En España hay poca pintura sobre tablas y menos aún sobre mural, cobrando mayor importancia las miniaturas entre las que deben destacarse las de las *Cantigas* de ALFONSO X. Sin embargo la pintura vitral tiene su más espléndido momento con las de León, ya citadas.

Siglo XIV

El cambio de siglo supone una variación en la primacía de las artes. Como ya se dijo es ahora **Cataluña** quien desarrolla una inmensa labor creativa. Sus contactos mediterráneos facilitan la influencia de la pintura trecentista italiana.

La dulzura y la elegancia sienesas se advierten en la obra del catalán FERRER BASSA y sobre todo en la de los HERMANOS SERRA. Su estilo se torna cada vez más elegante y sinuoso anunciando el próximo gótico internacional.

A mediados del siglo XIV ese arte cortesano que ensalzaba a las mujeres y a las gestas caballerescas, dotado de la elegancia italiana y del realismo flamenco, y que se ha llamado *gótico internacional*, llega a Cataluña siendo BERNAT MARTORELL el mejor representante de este movimiento. En su obra más representativa, el retablo de San Jorge subraya las características del estilo con su sinuosa composición llena de movimiento, un tanto artificial, pero a la vez profundamente expresivo.

▶ FERRER BASSA: Pinturas de la capilla de San Miguel de Pedralbes *(arriba)*, Barcelona, 1346. *Es el verdadero introductor del espíritu toscano en Cataluña. Su obra presta más atención al bulto que a la línea, y la elegancia de las formas resulta absolutamente sienesa.*

BERNAT MARTORELL: Retablo de San Vicente *(abajo)*, MNAC. *En la obra de* MARTORELL *se aprecia un claro avance en la percepción de las luces, apareciendo ahora luces rasantes y contraluces así como otros detalles próximos al naturalismo y realismo mediterráneo.*

▼ Pere Serra: Retablo de la Pentecostés,
*1394, Manresa. Las doce tablas laterales son
un prodigio de lirismo, así como la escena misma de la Pentecostés en la que la sinuosidad
de las formas le añade un rico colorido muy
alejado de las referencias sienesas. La tabla
central de la predela es de* Lluís Borrassá.

Siglo XV

En la primera mitad del siglo, dos recias personalidades ocupan el panorama pictórico hispano, NICOLÁS FRANCÉS en León y DELLO DELLI en Salamanca. El primero trabaja en la catedral, donde además de un retablo pinta al fresco parte del claustro. Su estilo es netamente internacional. DELLO DI NICOLO DELLI, florentino, muy influido por el color de Venecia y con decidido gusto por lo internacional, viene a España y en Salamanca pinta el retablo y la semicúpula del ábside de la catedral vieja. De una gran destreza técnica aporta los recursos no sólo de lo internacional sino de su Italia.

LLUÍS DALMAU viaja a Flandes para aprender con VAN EYCK. El aprendizaje fue magnífico como lo demuestra su *Virgen de los Consellers* en el Museo Nacional de Arte de Catalunya (MNAC), en donde la composición y los tipos son absolutamente flamencos. De este modo y de un solo golpe se importa el estilo a España. No obstante, Cataluña pronto recobra su personalidad y en el resto del siglo hará una pintura que, aunque puede tener conexiones con lo flamenco, será más dulce, más humanizada.

JAUME HUGUET († 1492) representa esta tendencia y es la figura cumbre del arte catalán del XV. Sus figuras son siempre equilibradas y solemnes, con una distinción sin aspavientos, muy española. Son impresionantes sus retablos de *San Vicente Mártir* en el Museo Nacional de Arte de Catalunya (MNAC), con una magnífica colección de retratos, y el de *San Abdón* y *San Senén*, en Tarrasa.

El cordobés BARTOLOMÉ BERMEJO († 1498) trabaja en Cataluña, Valencia y Aragón en este final de siglo. Sus formas recias, casi escultóricas, dan a su obra una gran monumentalidad a la que él añade un gran sentido de la elegancia. Sin duda es el más importante pintor de la Edad Media española. Entre su abundante obra puede citarse como muy representativa el *Santo Domingo de Silos*, del Museo del Prado y la *Piedad del Arcediano Desplá*, de la catedral de Barcelona. En ésta junto a la Virgen y el Hijo, la figura del canónigo donante DESPLÁ constituye un magnífico retrato, verdadero anticipo de las captaciones psicológicas de VELÁZQUEZ o GOYA.

En Castilla y León la figura más importante es FERNANDO GALLEGO (1507), que trabaja sobre todo en Salamanca. Las figuras angulosas, delgadas y los retratos con tendencia a la caricatura denotan ese sentido de la observación de la naturaleza tan propio del espíritu de Flandes. Entre su gran producción pueden citarse el retablo de *Santa Catalina* en la catedral de Salamanca y el de *San Ildefonso* en la catedral de Zamora.

Con el declive de la pintura flamenca a principios del siglo XVI, España y Europa entera tomarán el nuevo rumbo humanista que Italia iba señalando con persistencia desde el siglo XIV.

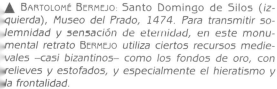

▲ BARTOLOMÉ BERMEJO: Santo Domingo de Silos (*izquierda*), *Museo del Prado, 1474. Para transmitir solemnidad y sensación de eternidad, en este monumental retrato* BERMEJO *utiliza ciertos recursos medievales –casi bizantinos– como los fondos de oro, con relieves y estofados, y especialmente el hieratismo y la frontalidad.*

FERNANDO GALLEGO: Crucifixión (*derecha*), *Museo del Prado, siglo XV. De rico colorido e inmerso en la corriente flamenca, acentúa rasgos hasta tornarse expresionista. Esta obra es notable por el desgarrro de San Juan y por el gran paisaje.*

▶ BARTOLOMÉ BERMEJO: La Piedad del Arcediano Desplá. *Todo en esta tabla hace pensar en un artista flamenco: la composición triangular, el plegado de las telas y este paisaje en el que incluso la iglesia es del Norte de Europa; pero los tipos y los rostros son recios y dramáticos retratos de raigambre hispánica.*

◀ JAUME HUGUET: Retablo de San Abdón y San Senén (*arriba*), *Tarrasa, siglo XV. La influencia flamenca se aprecia aún en la forzada perspectiva y, sobre todo en el paisaje. Sin embargo el plegado es más dulce y las actitudes más humanizadas.*

LLUÍS DALMAU: Virgen de los Consellers (*abajo*), *Museo Nacional de Arte de Cataluña, siglo XV. Es asombrosa la fidelidad con que* LLUÍS DALMAU *capta el espíritu de los* VAN EYCK. *La obra podría tomarse también por flamenca.*

SANTA MARÍA DEL MAR DE BARCELONA

Santa María del Mar de Barcelona es probablemente la más bella iglesia gótica española, y aun en algunos aspectos, una joya única del gótico europeo. No se trata de compararla con las grandes catedrales francesas, como Chartres o Reims, que nos abruman por sus proporciones y su luminosidad. De menores dimensiones, Santa María del Mar no es superada por su pureza de líneas y su ciencia constructiva.

Según la tradición, en la necrópolis romana sobre la que se encuentra la iglesia fue enterrada Santa Eulalia. Un documento del año 918 menciona una basílica que se encontraba en el camino del mar.

Durante los siglos XII y XIII armadores, mercaderes y descargadores construyen sus casas alrededor del templo, al tiempo que los nobles comienzan a edificar sus palacios en la vecina calle de Montcada. Se necesitaba una iglesia de mayores proporciones, y por iniciativa del canónigo Bernardo Llull inicia la construcción en 1329 el arquitecto BERENGUER DE MONTAGUT, ayudado por RAMÓN DESPUIG; en agosto de 1384, el obispo Pedro Planella dedica el templo a la Virgen y celebra la primera misa.

Exteriormente, define los rasgos peculiares del gótico catalán: torres octogonales terminadas en terraza, ausencia de arbotantes y multiplicación de contrafuertes macizos, preferencia por grandes superficies de paramento desnudo, dominio de la horizontalidad. No carece de originalidad la fachada, con sus torres altísimas y la calle central rota en dos planos, uno con la portada y otro hundido con el rosetón, con lo que se consigue un efecto de volumen poco usual. Los muros laterales, sin arbotantes y sin adornos, están más próximos a la austeridad románica que a la sensualidad del gótico. Pero es el interior lo que convierte a esta iglesia en un monumento excepcional; la afirmación de que la arquitectura es la creación de espacios interiores puede ser experimentada por el visitante con toda su plenitud.

La disposición interior rompe con la estructura del gótico francés y resume las características del gótico de Cataluña: planta de salón, tres naves de altura casi idéntica, multiplicación de capillas laterales aprovechando el alto número de contrafuertes (imprescindibles ante la ausencia de arbotantes). Al flanquear la entrada se experimenta una doble impresión: la de dominio visual de un espacio vasto y la de hallarse ante una arquitectura pura, sin ninguna concesión ornamental. El dominio del espacio se consigue con la enorme distancia entre los pilares, trece metros, insólita en el arte medieval, y su esbeltez, que no perturba la visión desde ningún ángulo, ya que la contemplación de la iglesia es tan completa desde una nave lateral como desde la central. Por otra parte los pilares al estar reducidos a octógonos, sin ninguna columnilla adosada, asemejan palmeras de piedra que se despliegan hacia los nervios de las bóvedas; la sensación de austeridad de la masa es tal que cualquier aderezo, un cuadro o una lámpara, la perturbaría.

Con la esbeltez de los soportes no sólo se consigue una preeminencia de los valores espaciales y plásticos sino que por añadidura es más acusado el efecto ascensional de los elementos arquitectónicos, que culminan en la impresión flotante de la bóveda de crucería. Resulta particularmente atractiva la iluminación de los ventanales de la fachada, contemplados desde el interior de las tardes de sol; pero en Santa María del Mar lo importante no es la luz, en perfecta armonía en las zonas altas con el despliegue de las bóvedas, o el color, sino simplemente la piedra.

Es frecuente hallar en una catedral gótica, un pilar más grueso o un ventanal descentrado o un tramo de bóveda más amplio, porque la distribución de pesos o un leve error en el sistema constructivo ha exigido rectificaciones. Pero en este caso el edificio ha sido levantado con la precisión de diseño de un dibujo (véase ilustración).

PLANTA Y ALZADO DE SANTA MARÍA DEL MAR

Vista interior de Santa María del Mar

La nave central de trece metros de anchura, es igual a la suma de dos laterales; la anchura total del recinto es igual a la altura de las naves laterales; la distancia de trece metros entre los pilares puede medirse en todos los sentidos, es decir, entre dos pilares de una misma nave o con el correspondiente de la otra; el número de pilares, cuatro en cada nave, se repite en la girola, ocho en total.

 Estas proporciones aritméticamente calculadas se ponen de relieve en el dibujo de alzado, ya que con una estructura de líncas se pueden enlazar todos los elementos arquitectónicos.

Lógicamente el visitante es ajeno a la existencia de proporciones tan cuidadas, pero las intuye en la serenidad majestuosa de un recinto en el que la piedra alcanza una impresión liviana y el espacio una grandeza magnífica.

ACTIVIDADES

- Senala las que, a tu juicio, son las características más importantes de la arquitectura gótica religiosa en Francia, España e Inglaterra.

- ¿Cuáles son las principales características diferenciales del gótico catalán respecto de los otros góticos europeos?

- ¿Qué forma geométrica decide los trazados de la iglesia de Santa María del Mar?

- La cabecera de la anterior iglesia contiene la girola que, como ves, está dividida en n tramos trapezoidales iguales. Cuenta cuántas son e intenta averiguar por qué, especialmente, ese número de veces.

BIBLIOGRAFÍA

DURAN I SANPERE, A., *Escultura gótica*. Madrid, Plus Ultra, Ars Hispaniae, 1956.

GUDIOL RICART, J., *Pintura gótica*. Madrid, Plus Ultra, Ars Hispaniae, 1955.

GUDIOL, J. y ALCOLEA, S., *Pintura gótica catalana*. Barcelona, Polígrafa, 1986.

MAYER, A., *El estilo gótico en España*. Madrid, Espasa-Calpe, 1972.

TORRES BALBÁS, L., *Arquitectura gótica*. Madrid, Plus Ultra, Ars Hispaniae, 1952.

12.

El Renacimiento italiano y su difusión europea

A lo largo del siglo XV en la Corte papal de Roma y en diversas ciudades italianas gobernadas por familias nobiliarias, la Florencia de los Médicis sobre todo, pero también Venecia, Bolonia, Parma, Ferrara, Vicenza, surgieron manifestaciones artísticas que tenían sus modelos en la Grecia y Roma antiguas. El estilo imperante en los siglos XV y XVI, que desde Italia se difundiría por toda Europa, se denominó *Renacimiento*, porque se entendía como una recuperación del arte clásico. Fue una edad esplendorosa. Miguel Ángel, Leonardo da Vinci, Rafael, Tiziano, Brunelleschi, Donatello, Durero, se dieron cita en este tiempo de furia creadora.

La figura humana, entendida como medida y ejemplo de toda la creación, es contemplada en el Renacimiento como nunca se hiciera desde la Antigüedad. BOTTICELLI, *en esta obra,* Nacimiento de Venus, *simboliza el nacimiento de la belleza y la perfección del cuerpo desnudo, frente a las dudas y temores de pasados siglos. La figura de Venus está inspirada en la estatuaria clásica de los mejores momentos y la radiante juventud y alegría que emana evoca toda la grandeza del nuevo Humanismo.*

1 CARACTERÍSTICAS DEL RENACIMIENTO

El retorno a la medida humana

El Renacimiento es ante todo un movimiento italiano. Al Humanismo emotivo del siglo XIII viene a sustituirle un Humanismo racional en el siglo XV. En las universidades se leen los clásicos en griego o en latín, se discuten postulados teológicos y se duda de los dogmas. La imprenta permite la divulgación de la cultura escrita y la brújula permite la ampliación de horizontes y la conquista del mundo.

Por primera vez desde la Antigüedad, el ser humano se siente el centro del Universo y reclamará un lenguaje a su medida. En el gótico las dimensiones del edificio poseen al hombre, lo elevan o lo distienden, pero en el Renacimiento será el hombre quien domine al edificio gracias a sus proporciones creadas por artistas que razonan según métodos y procesos humanos. El equilibrio entre las dimensiones de la planta y la altura responde a una exigencia humana según la cual no deben preponderar las dimensiones verticales sobre las horizontales.

El hombre es tridimensional, pero se relaciona con las cosas preferentemente sobre el plano horizontal. La contemplación del horizonte es afín a la biología humana, pero la observación de una aguja gótica requiere de un mayor esfuerzo que se traduce en desazón. En el primer Renacimiento, la arquitectura logra encontrar la medida humana al establecer proporciones sencillas, ceñidas a una geometría simple y comprensible. Es la misma medida humana que los griegos habían sabido encontrar para sus espacios exteriores pero que ahora la encontramos en los interiores.

La horizontal prevalece sobre la vertical y las fuertes y acusadas cornisas y molduras horizontales de los edificios subrayan ese intento. Por otra parte al ser más bajos los edificios no necesitan de la teoría constructiva gótica y desaparecen los arcos apuntados, volviéndose al arco de medio punto, que denota el equilibrio entre el estatismo y el dinamismo. Se vuelve al repertorio elemental y básico propio del clasicismo.

La visión unitaria

La obra plástica debe presentarse simultáneamente, y en su conjunto, al espectador, subrayando así su valor eminentemente espacial. La obra gótica conjuga tiempo y espacio; la catedral, por ejemplo, se proyecta para ser vista desde muy diversos puntos, lo que requiere un desplazamiento del espectador que percibe las sucesivas impresiones a modo de secuencias temporales. Con la pintura ocurre, igualmente, que las narraciones se hacen en recuadros que son verdaderas secuencias cinematográficas. Pero en el Renacimiento la obra se ofrece unida. La iglesia de San Lorenzo de Florencia, trazada por BRUNELLESCHI, nos ofrece un espacio interno de una sola vez, subrayando las líneas de perspectiva que conducen la mirada al fondo. El pintor MASACCIO nos relata el episodio evangélico del *Tributo* en un cuadro de composición unida y ejemplar, pero que en realidad representa tres escenas.

Este sentido de visión unitaria llevará en **arquitectura** a reducir la nave mayor de los templos, llegando incluso a la cruz griega, y por eso obras capitales como la capilla Pazzi de BRUNELLESCHI trazada a principios del siglo XV o el proyecto que BRAMANTE hace para San Pedro del Vaticano, un siglo después, se diseñan sobre planta de brazos iguales.

En **pintura** predomina la perspectiva central, no sólo como adquisición de un lenguaje espacial, sino porque esa perspectiva conduce, más que ninguna otra, a la unidad buscada. La pintura es centrípeta antes que centrífuga.

▼ Canon de LEONARDO. LEONARDO DA VINCI, *prototipo de humanista del Renacimiento, dibuja a fines del siglo XV la figura humana incluida en dos formas que él considera claves para la concepción del Universo, como son el cuadrado y el círculo, lo que es tanto como decir que el ser humano alcanza el mundo entero. Fija las proporciones que deben darse en el cuerpo humano.*

Arte y Humanismo

La figura clave para comprender el Renacimiento nos la da el **humanista**. Este hombre culto, versado en la Antigüedad, que lee en latín y griego, que discute sobre Platón o sobre Aristóteles, y que conoce las más avanzadas teorías sobre Geografía y Cosmología es, además, poeta y un gran *dilettante*. En el siglo XV era posible reunir en una biblioteca la mayor parte de los libros editados por la imprenta, que es tanto como decir toda la cultura escrita de su tiempo.

En las cortes renacentistas, deseosas de abrirse a un mundo nuevo, estos hombres son reclamados con veneración. Y en manos de ellos está el progreso del pensamiento y de la cultura, y en cierto modo del arte. Por vez primera la obra de arte es analizada racionalmente desde el punto de vista del espectador. Era lógico. Los pensadores renacentistas discutían sobre la *idea de la Belleza* y terminaron por discutir sobre la cosa bella, naciendo así la crítica del arte. Sin embargo el humanista siente por el artista un gran respeto y, con frecuencia, son amigos.

▲ Brunelleschi: San Lorenzo de Florencia, *1423. Es una de las obras más claras para comprender la visión unitaria que caracteriza y define al Renacimiento. En esta obra el arquitecto se inspira en la basílica romana pero acentuando el interés visual hacia el altar mayor.*

2 LA ARQUITECTURA DEL RENACIMIENTO

Los arquitectos del *Quattrocento* (siglo XV)

En la Florencia de principios del *Quattrocento* se vive un auténtico fervor constructivo. En el siglo anterior se había levantado la catedral de Santa María dei Fiori en el peculiar estilo gótico italiano, de amplias dimensiones y muy luminosa. Ofrecía un amplio espacio en el cimborrio para cubrirlo con una cúpula que debía ser de 42 metros de diámetro, es decir, tan grande como la del Panteón romano.

Se le encarga la obra a FELIPE BRUNELLESCHI († 1446), que ya había sido pintor y escultor notable. La audacia de BRUNELLESCHI es inmensa ya que lanza una airosa cúpula que además queda realzada por un tambor octogonal. A diferencia de las cúpulas romanas, e incluso las grandes cúpulas bizantinas, que quedan embutidas en espesos muros, la de BRUNELLESCHI se levanta orgullosa recortándose en el cielo de Florencia y dándole a la ciudad ese perfil característico. Con ella se inaugura la gran serie de cúpulas europeas desde la de San Pedro de Roma a los Inválidos de París o la catedral de San Pablo de Londres.

Por otra parte BRUNELLESCHI es también el auténtico renovador del estilo; en las iglesias de San Lorenzo y del Santo Espíritu adopta todos los elementos arquitectónicos clásicos inspirándose en las basílicas romanas. Más adelante, en la capilla Pazzi, BRUNELLESCHI presenta lo que será la auténtica arquitectura renacentista. Sobre planta cuadrada asienta una cúpula sobre pechinas y antepone un pórtico en el que un arco central rompe el dintel. Este conjunto vaticina el futuro de las grandes construcciones renacentistas.

A BRUNELLESCHI se debe también el modelo de palacio típicamente renacentista. En el Palacio Pitti la carencia de torre defensiva lo integra en la arquitectura urbana, y el tratamiento de los paramentos con sillares almohadillados le da un aspecto inconfundible de solidez. En los palacios el predominio de la línea horizontal será absoluto.

Una generación después de BRUNELLESCHI se puede proceder a un asentamiento racional del estilo. LEÓN BAUTISTA ALBERTI († 1472) es el artista más representativo de esta situación. Erudito y estudioso de la Antigüedad, escribe el tratado *De re aedificatoria*. La trasposición de elementos clásicos la encontramos en el inacabado templo de Malatesta de Rímini. Más puramente renacentista es el templo de San Andrés de Mantua, donde potencia la idea del malatestiano, de concebir la fachada como un gran arco triunfal. En Florencia ALBERTI edifica el Palacio Rucellai que, aun siguiendo el esquema brunelleschiano, rompe la monotonía de los paramentos mediante una serie de pilastras adosadas.

◄ Cúpula de Santa María dei Fiori *de Florencia (arriba); Cúpula de San Pedro de Roma (abajo). Entre estas dos cúpulas se encierra todo el espíritu y la historia del Renacimiento. De la juvenil y leve curva de la cúpula de Florencia hasta la poderosa línea de la de Roma no sólo hay todo un aprendizaje técnico sino una evolución de formas que se estabilizará para siempre en la de* MIGUEL ÁNGEL.

► BRUNELLESCHI: Capilla de los Pazzi, *Florencia. Esta es la única portada construida por* BRUNELLESCHI. *Su sencilla geometría es el más claro exponente del juvenil Renacimiento quattrocentista florentino.*

◄ BRUNELLESCHI: Palacio Pitti. *En este palacio* BRUNELLESCHI *fijó el modelo de palacio florentino estableciendo un primer piso, a modo de zócalo, con sillares muy rústicos en contraste con los paramentos superiores de sillares mejor labrados, las ventanas con dovelas fuertemente marcadas y todo el conjunto rematado con un entablamento clásico.*

La madurez del *Cinquecento* (siglo XVI)

A principios del siglo XVI, la capitalidad del arte pasa de Florencia a Roma. Son ahora los Papas los que ejercerán el mecenazgo sobre las artes. El papa Julio II llama a un experimentado arquitecto de Urbino para que haga el proyecto del nuevo San Pedro del Vaticano. Este hombre es BRAMANTE. La obra de BRAMANTE († 1514) es tan significativa en el siglo XVI como la de BRUNELLES-CHI en el XV. Ambos son la síntesis del Renacimiento.

BRAMANTE había hecho obras en el Norte de Italia en las que prevalecía el sentido decorativo del *Quattrocento*, pero en Roma es cautivado por la majestad de las ruinas romanas. Allí decide un arte en el que la estructura arquitectónica sea lo único dominante. Por encargo de los Reyes Católicos levanta, en lo que después será la Academia Española, el pequeño templo circular de San Pietro in Montorio. Este templo es todo un programa edilicio, algo así como lo que fue la Capilla Pazzi de BRUNELLESCHI. La austera sobriedad y la elegancia han adquirido una robustez auténticamente romana. Esa sobria robustez caracteriza toda la obra plástica, tanto en arquitectura, escultura o pintura, del *Cinquecento* romano.

Cuando Julio II le encomienda el proyecto de San Pedro, BRAMANTE lo concibe con grandiosidad romana. Diseña dos naves perpendiculares y de brazos iguales y en el centro una gran cúpula. La cúpula era el reto técnico a los arquitectos renacentistas como la bóveda lo fue a los góticos. En realidad el proyecto parece concebido sólo para soportar una cúpula.

Al morir BRAMANTE, se encarga de las obras el pintor RAFAEL, quien seguirá los trazados de BRAMANTE. Pero en 1546 el papa Paulo II encomienda la continuación de las obras a MIGUEL ÁNGEL. En ese momento el genial escultor contaba más de 70 años y era considerado el genio indiscutible de Occidente. Se aceptan sus condiciones de modificar el proyecto y en él desaparecen torres y torrecillas y queda dispuesto para recibir el principal tema arquitectónico: la cúpula. MIGUEL ÁNGEL levantará la cúpula sobre tambor, cerrando el ciclo de experiencias comenzado por el Panteón de Agripa en Roma, seguido en Santa Sofía de Constantinopla y en Santa María dei Fiori de Florencia. Se ha creado definitivamente el tipo de cúpula occidental y todas las que le sigan, hasta el siglo XIX, serán imitación de ésta.

Finalmente, MIGUEL ÁNGEL proyecta una sola entrada a la que antepone un pórtico adintelado y con doble fila de columnas exentas. Se consagra, de ese modo, la fórmula presentada por BRUNELLESCHI en la Capilla Pazzi. En la escasa labor arquitectónica de MIGUEL ÁNGEL se apreciará siempre más su sentido de los volúmenes antes que de los espacios interiores. Es genial la ordenación que hace de la plaza del Capitolio en Roma, siguiendo el ejemplo de la de Pienza, como también es genial la escalera de la Biblioteca Lauren-

▼ BRAMANTE: Templete de San Pietro in Montorio *(izquierda), Roma. Con este pequeño templo circular* BRAMANTE *encauza la arquitectura renacentista hacia su definitiva pureza de formas y hacia su grandiosidad.*

MIGUEL ÁNGEL: *Escalera de la Biblioteca Laurenciana (derecha), Florencia. En toda su obra arquitectónica se nos muestra el artista como un maestro en el manejo de las masas, de los espacios y de la luz.*

ciana, en la que en un escaso espacio logra dar impresión de gigantesca majestad con la sabia alternativa de dinámicas superficies curvas y estáticas rectas.

ANTONIO SANGALLO, EL JOVEN, continuador del sentimiento de sobriedad que había establecido BRAMANTE, es el creador del palacio cinquecentista romano. El modelo lo crea con el Palacio Farnesio. En él abandona el almohadillado florentino y las ventanas adinteladas carecen de parteluz. En el piso noble alterna los frontones curvos con los rectilíneos, lo que le da a la fachada una movilidad inusitada. En el interior dispone unas columnas adosadas. Utilizará los tres órdenes básicos, toscano, jónico y corintio, de modo que el más austero, el toscano, ocupe la base, lo que concuerda con la reciedumbre que se espera de la parte baja de un edificio. En el trazado colabora MIGUEL ÁNGEL, a quien se debe la cornisa y algunos elementos decorativos del patio interior.

Los tratadistas del clasicismo

A mediados del siglo XVI se ha alcanzado la cumbre del lenguaje renacentista. Y es en este punto de madurez, cuando se teme un declive. Por eso el empeño en codificar el lenguaje aprendido.

VIGNOLA († 1573) es sobre todo conocido por su tratado *Degli Ordini*, en el que desarrollan los cinco órdenes romanos, más multitud de composiciones clásicas, desde volutas a fachadas o arcos de triunfo. Su obra arquitectónica capital es la iglesia del Gesú de Roma, que difiere del concepto de los anteriores templos renacentistas. La distribución de luces y penumbras está más cerca del gótico del siglo XIII que de la luminosidad de BRUNELLESCHI. La portada del templo se debe a GIACOMO DELLA PORTA, discípulo de VIGNOLA.

PALLADIO († 1580) aprende en Roma, todo el vocabulario formal que el Renacimiento había rescatado de la Antigüedad, pero lo utiliza con una sintaxis distinta. Trabaja, sobre todo, en el Norte de Italia y deja en Venecia obras tan importantes como la iglesia de San Jorge. En su patria, Vicenza, construye el Palacio Chiericati y la basílica. En esta última utiliza las columnas en dos escalas distintas, la mayor para el entablamento y la menor para los arcos, creando lo que se conoce como el "orden gigante". Con ello combina genialmente el sentido estático de la arquitectura, puramente griego, con el dinámico, que es más romano. También en Vicenza hace el teatro Olímpico, una interpretación del teatro romano antiguo, pero con una concepción renacentista.

Con todo, quizás su mayor genialidad trascienda en sus villas, tratadas a veces como verdaderos templos; en ellas consigue integrar como nunca se había logrado la arquitectura y el paisaje. La más significativa es la Villa Capra, cerca de Vicenza, conocida también como "La Rotonda". Estas villas con pórticos a la entrada parecen haber originado, a través de Inglaterra, el tipo de mansión del Sur de Estados Unidos.

▼ ANDREA PALLADIO: Villa Capra, "La Rotonda". *En sus tratados teóricos sobre arquitectura PALLADIO dedica un libro a las villas de recreo de las que ésta puede tomarse como magnífico ejemplo: tiene planta de cruz griega y cuatro fachadas idénticas. Modifica el secular concepto de fachada única y principal dirigiendo la vista y los itinerarios de sus habitantes hacia los cuatro puntos cardinales. Esta multiplicidad de puntos de vista anuncia con cuatro siglos de antelación el concepto cubista de la plástica.*

3 LA ESCULTURA DEL RENACIMIENTO

En la Europa gótica, el sentimiento clásico en la escultura aparece antes que en la arquitectura. Ya hemos visto cómo en la catedral de Reims, a mediados de siglo XIII, se elabora una estatuaria casi clásica, y no es el único ejemplo. Pero será en Italia donde ese temprano brote tenga más trascendencia. Sin duda que debió influir la fácil presencia de estatuas romanas, principalmente sarcófagos, conservados en las iglesias; pero la presencia de esculturas no era mayor que la de monumentos arquitectónicos y, sin embargo, el desarrollo de una verdadera arquitectura renacentista es posterior. Podemos aceptar que la revolución técnica y estilística había sido tan profunda en la arquitectura gótica que era muy difícil olvidar los logros conquistados, aun en Italia, donde ya vimos que nunca arraigó demasiado el espíritu gótico. Al fin y al cabo es más fácil labrar una piedra adaptándose a un nuevo estilo que desmontar toda una teoría constructiva.

El *Quattrocento* (siglo XV)

Si el *Trecento* había sido en escultura un siglo sienés y pisano, el *Quattrocento* será florentino. La obra de la catedral era lo suficientemente importante como para merecer la atención de todos los artistas de la Toscana, pero los patricios de la ciudad tenían interés en que su República fuese realmente preeminente, y en 1401 convocan un concurso para realizar las dos puertas que aún faltan al baptisterio. Se presentan importantes artistas, entre ellos BRUNELLESCHI, pero el concurso se falla a favor de un joven escultor: LORENZO GHIBERTI († 1455).

Éste invierte casi veinticuatro años en su realización. La puerta, fundida en bronce, recoge escenas evangélicas, y supone una revelación en el panorama escultórico renacentista, que se hará aún más patente en la segunda puerta que se le encarga, la que fue llamada puerta de la Gloria. En ella desarrolla una concepción pictórica del relieve, que ya habían usado los romanos.

DONATELLO († 1466) es el escultor más gigantesco del siglo XV italiano. Amigo de BRUNELLESCHI y estudiante en el taller de GHIBERTI, conoce todos los caminos recorridos hasta entonces e intuye que el nuevo espíritu consiste en tomar al ser humano como razón de ser del Universo. Su obra inquieta y llena de búsquedas, se dirige siempre a representarlo lleno de vida.

▶ LORENZO GHIBERTI: Panel de la puerta de la Gloria *del baptisterio de Florencia (arriba).* GHIBERTI *introduce el sentido pictórico en el relieve, incluyendo perspectiva, paisaje y casi atmósfera.*

DONATELLO: El Gattamelata *(abajo). Sin duda* DONATELLO *tomó como referencia el retrato ecuestre de Marco Aurelio que, en aquel tiempo, estaba frente a la basílica de Letrán.*

En su estatua de San Jorge refleja el potente brío de la juventud desafiante y altanera que anuncia la *terribilità* miguelangelesca; y en la estatua del profeta Habacuc, llamada el *Zuccone* (el pepino), trasciende una dimensión humana llena de dignidad y nobleza. Su realismo ya hizo estremecer a sus contemporáneos. En Padua levanta la estatua del *Condottiere Gattamelata* que es un verdadero análisis psicológico del guerrero.

Otras obras importantes suyas son: el *David* desnudo y tocado con el delicioso sombrero de paja de los campesinos toscanos. Para Florencia y Prato labra unos relieves en las cantorías de sus iglesias; en ellos, narra la alegría de Florencia en la primavera del Renacimiento.

En la Toscana *quattrocentista* debemos señalar los escultores de mayor trascendencia en este siglo. JACOPO DELLA QUERCIA trabaja en Bolonia, donde en la portada de San Petronio deja unos altorrelieves alejados del estilo pictórico llenos de grandeza. Sus figuras hercúleas y monumentales anuncian la obra de MIGUEL ÁNGEL.

Otros artistas de alto valor son: LUCA DELLA ROBBIA, autor de los deliciosos relieves de una tribuna de la catedral de Florencia e introductor del barro vidriado, y ANDREA VERROCHIO, pintor y escultor que intenta seguir a DONATELLO. En su *David*, y, sobre todo en su *Condottiere Colleone* trata de acentuar la expresividad de las cabezas.

▲ DONATELLO: David *(izquierda). En esta obra, fundida en bronce, la gracia y composición de la figura transmite todo el equilibrio de la estatuaria clásica. Es la obra más conocida de* DONATELLO *y parece representar la glorificación de la joven Florencia.*

El profeta Habacuc (centro). De la gracia florentina del David, DONATELLO pasa a la expresividad casi gótica del profeta. Esta dualidad goticismoclasicismo será una constante en su obra.

VERROCHIO: El Colleoni, *Venecia, 1481 (derecha). Esta estatua es la réplica que Venecia quiso dar a la estatua que* DONATELLO *hiciera en Padua (el Gattamelata). Ésta resulta más teatral, dinámica y atrevida.*

◄ LUCA DELLA ROBBIA: *Relieve de la Cantoria, catedral de Florencia. A la serenidad clásica de la composición,* DELLA ROBBIA *añade el naturalismo de los pequeños gestos.*

El *Cinquecento* (siglo XVI)

El genio creativo de la Toscana, en donde confluyen la belleza y la expresividad, tiene su más impresionante representación en la figura de MIGUEL ÁNGEL BUONARROTI († 1564). Su personalidad llena de idealismo y rebeldía, es la de uno de los genios máximos de toda la Historia.

Su obra es variada y compleja, desde poesía hasta arquitectura o pintura, pero sobre todo, escultura. Toda su vida transcurre en un ardiente misticismo platónico tras la busca de la *idea de la Belleza*. Absolutamente inconformista, no le gusta ni LEONARDO ni RAFAEL, ni tampoco BRAMANTE; pero, desde luego, tampoco su propia obra. Utiliza, casi siempre, el blanco y compacto mármol de Carrara, por estimar que este noble material es el más adecuado para acercarse a la Belleza. Sobre él trabaja directamente, rabiosamente, con tremendos golpes.

Con frecuencia suele confundirse "gran tamaño" con "grandiosidad", cuando, en realidad, ésta no tiene nada que ver con las dimensiones físicas y sí mucho con las espirituales. Las figuras de MIGUEL ÁNGEL son siempre grandiosas, verdaderos titanes; son el arquetipo del ser humano, y el tratamiento de la anatomía sólo es un camino, un pretexto, para lograr el ideal buscado. En sus esculturas trasciende una irreprimible vitalidad contenida que es más de dioses que de hombres.

Nacido en Florencia, realiza sus primeras obras bajo la protección de los Médicis. Esta primera parte de su obra es aún clásica, inspirada directamente en las esculturas antiguas que adornaban el jardín de sus mecenas. De este tiempo es *La batalla de los Centauros* y *La Virgen de la Escalera*. En Bolonia siente como una revelación al contemplar la obra de JACOPO DELLA QUERCIA, que en su monumentalidad imprimirá un giro definitivo a su obra.

Marcha a Roma, donde esculpe su primera *Pietá*, la de San Pedro del Vaticano. Pero la obra más significativa de este momento es su *David* –hoy en Florencia–. De tamaño mayor que el natural es impresionante en su grandiosidad; la postura es helénica, pero en las manos dobladas y en el gesto terrible nos comunica la tensión espiritual que ardía en el corazón del artista.

La obra que más interesó a MIGUEL ÁNGEL fue el mausoleo que Julio II le encarga en vida. No pudo terminarlo. Del gran proyecto sólo esculpe el *Moisés* y otras figuras, entre las que hay que citar los *Esclavos*. Más tarde, en Florencia, realiza la sacristía nueva de San Lorenzo, y la capilla funeraria de los Médicis. En ella integra la arquitectura y la escultura, en los sepulcros de Julián y Lorenzo de Médicis. En los últimos años de su vida, su espiritualidad le lleva a verdaderos arrebatos religiosos y se siente atraído por el tema de la Piedad, que ya había trabajado en su juventud.

◄ MIGUEL ÁNGEL: Moisés. *Una de las pocas esculturas que adornan el sepulcro de Julio II. Su terrible gesto parece condenar a la Humanidad a una inexorable tragedia. La enorme fuerza contenida enuncia la* terribilitá *miguelangelesca.*

► MIGUEL ÁNGEL: *Escultura del sepulcro de los Médicis que representa "La noche".*

Las de ahora son dramáticas y asistimos a un proceso de mayor intensidad dolorosa en la cronología de los sucesivos grupos. El último, la *Pietá Rondanini*, inconcluso, muestra la terrible soledad de la Madre y el Hijo, indisolublemente unidos.

Con MIGUEL ÁNGEL, el equilibrio entre forma bella y movimiento expresivo, propio del *Quattrocento*, alcanza en la escultura su más alta expresión, pero con él este equilibrio se romperá en favor del movimiento, lo que será una constante en el Barroco. MIGUEL ÁNGEL aparece así como fin de una época y comienzo de otra. La tremenda tensión de su vida y de su obra termina por desbordarse en gestos y actitudes delirantes. El **Manierismo** tomará esta vía desbordada como vehículo de la nueva expresividad.

▼ MIGUEL ÁNGEL: Pietá del Vaticano (*izquierda*) y Pietá Rondanini (*derecha*). *Desde la esperanza que anima la* Pietá del Vaticano *hasta la consumida desesperación de la* Rondanini *se encierra la síntesis de la vida, el arte y la tragedia del genio.*

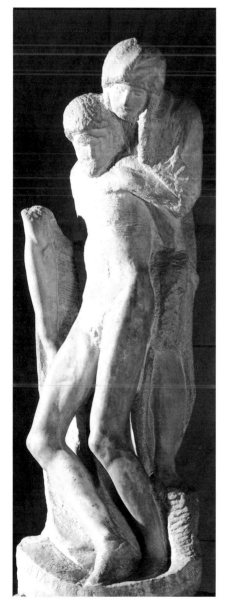

4 LA PINTURA DEL RENACIMIENTO

En las ciudades italianas, Venecia, Florencia, Roma, Padua, Ferrara, el arte pictórico experimenta un extraordinario impulso y una mutación constante. El número de artistas de primer orden es tal que nos parece aconsejable dedicar cierto espacio al sentido general de esta evolución y reducirnos después a poco más que una enumeración de las figuras principales.

Evolución de la pintura en el siglo XV

Las raíces de la pintura renacentista deben buscarse en el arte de GIOTTO, el gran maestro del siglo XIV. La pintura del *Quattrocento* (siglo XV) se diferencia claramente de la gótica. El retablo desaparece y con él la subordinación del tema a un conjunto: cada cuadro es un mundo en sí, sin conexión con un ámbito exterior. Sin dejar de tener una presencia constante el tema religioso se trata, con frecuencia, como tema profano. El paisaje, la belleza idealizada de los desnudos, el volumen de las formas y el sentido espacial, son las dimensiones cardinales de la pintura renacentista.

En el siglo XV el **dibujo** es un elemento capital, que a veces traduce el talante del pintor, sereno (FRA ANGÉLICO) o nervioso (BOTTICELLI); del imperio de la línea se desprenden contornos nítidos, la percepción no presenta ninguna dificultad. Esta prepotencia del dibujo deriva en una apariencia plana de las formas; la pintura es un arte de dos dimensiones y cada elemento –una silueta humana, un árbol– lo corrobora.

La **luz** se maneja con creciente perfección, pero en general sirve para resaltar los planos. En contraste con las formas planas, el pintor del siglo XV está obsesionado por la captación de la profundidad. El **paisaje** se cultiva con pasión. Carece del detallismo minucioso al que lo someten los primitivos de Flandes, pero sirve, con sus praderas primaverales para obtener efectos de profundidad y encuadrar las figuras. La **composición** del siglo XV es complicada; es frecuente introducir diversas escenas en un solo cuadro, o varias figuras principales.

Evolución de la pintura en el siglo XVI

En un siglo la evolución de la pintura es notable. En el siglo XVI el color se maneja de un modo más suelto y en consecuencia pierden su importancia el dibujo y el contorno. Las **formas**, con el claroscuro de sombras y luces, adquieren un aspecto redondeado en detrimento de su apariencia plana. Para conseguir el **volumen**, el artista utiliza múltiples recursos, aparte de los sombreados, por ejemplo el brazo delante del busto en los retratos, lo que empuja el cuerpo hacia atrás, como ocurre en *La Gioconda* (pág. 207).

La **luz** adquiere una importancia nueva y con ella las sombras, casi ausentes de los cuadros del siglo anterior. Se ha extinguido la obsesión por la perspectiva, y sin embargo las escenas adquieren una **profundidad** que ahora parece natural, no conseguida tras un esfuerzo. El **paisaje** se enriquece en vibraciones lumínicas y ya no siempre es la primavera y las praderas floridas el encuadre de las figuras; los fondos neblinosos, las rocas, los crepúsculos, prestan matices románticos a las escenas. La **composición** es clara, con frecuencia triangular (las líneas de las figuras pueden encerrarse en un triángulo), las figuras se relacionan con las miradas y con las manos, cada cuadro representa una sola escena o se destaca la acción y la figura principal.

Maestros del siglo XV

En Florencia, FRA ANGÉLICO representa el enlace con el gótico: su sentido curvilíneo y sus dorados recuerdan al estilo internacional y a la escuela de Siena, pero su concepción del volumen supone un nuevo elemento en la pintura. Es el pintor de las *Anunciaciones* (una de ellas en el Prado), en las que despliega su temperamento tranquilo. Paisajes, líneas y colores muestran el mismo equilibrio. Buena parte de su vida artística la consagró a decorar con frescos las celdas del convento de San Marcos, en el que vivió.

MASACCIO y PAOLO UCCELLO no están separados de FRA ANGÉLICO por edad cuanto por sensibilidad. La preocupación por el volumen de las figuras en MASACCIO y por la profundidad de los paisajes en UCCELLO, descubren uno de los objetivos de la pintura renacentista.

FILIPPO LIPPI en *La Virgen y el Niño* (Galería de los Uffizi) muestra además un tono humano, que trasluce la otra dimensión del Renacimiento, la preocupación por el hombre y sus sentimientos.

En la última generación del siglo destaca la figura estelar de SANDRO BOTTICELLI. Su dibujo eléctrico, recorrido por trazos nerviosos, el movimiento que agita todas sus formas –desde la cola del caballo al galope hasta las capas de los jinetes y las cabelleras de sus Venus– y la tristeza que asoma a todos los rostros que pinta son a un tiempo expresión del talante del pintor y de la melancolía que invade la vida florentina de fin de siglo, cuando se tiene conciencia de la inferioridad política y militar de las viejas repúblicas frente a los nuevos Estados nacionales que se están configurando en varias naciones europeas (España, Francia, Inglaterra). Por otra parte sus paisajes primaverales y la glorificación del cuerpo humano desnudo culminan los temas del *Quattrocento*, como puede comprobarse en *El nacimiento de Venus* (págs. 192-193), *Alegoría de la primavera*, *La calumnia* o las tablas de la historia de *Nastagio degli Honesti*.

▶ FRA ANGÉLICO: *La Anunciación*, *Museo del Prado*. Dibujo y colorido suavísimos constituyen el medio expresivo de la devoción del Ángel y la unción de la Virgen ante el misterio.

▼ Fresco de MASACCIO en la capilla Brancacci *de la iglesia del Carmine de Florencia. La obra de MASACCIO se caracteriza por la corporeidad que plasma en sus figuras. Las formas parecen tener peso real, lo que ya había ocurrido con* GIOTTO *y no vuelve a ocurrir hasta* MIGUEL ÁNGEL. *En su obra el volumen es más importante que el espacio perspectivo.*

▲ FILIPPO LIPPI: La Virgen y el Niño, Galería de los Uffizi, Florencia. Es, por su idealismo, la limpieza de su dibujo y la profundidad de su paisaje, una de las pinturas más expresivas del Quattrocento. Toda su pintura está llena de contradicciones situando a los personajes en los lugares más extraños o con paisajes increíbles más próximos a la ensoñación centroeuropea que a la realidad toscana.

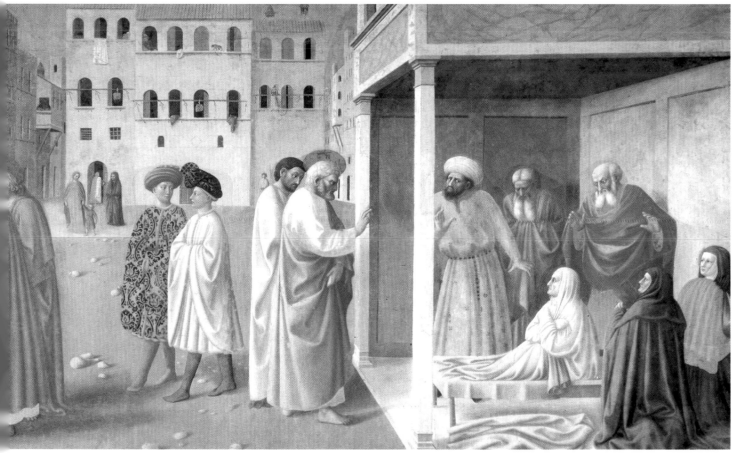

La evolución del arte desde FRA ANGÉLICO a BOTTICELLI es clara: el movimiento, la idealización de la belleza del cuerpo, la intensidad de los sentimientos, la profundidad y alegría de los paisajes, trazan los caminos de la pintura del siglo XV. Pero en medio aparecen algunos maestros revolucionarios que en vez de seguir un camino irrumpen como meteoros y anticipan valores del siglo siguiente. Así PIERO DELLA FRANCESCA, discípulo de FRA ANGÉLICO, pero tan diferente de su maestro; en sus frescos sobre *La leyenda de la Santa Cruz* de Arezzo muestra su capacidad para el manejo de la luz; su técnica de iluminación, por la parte posterior de las formas, y los delicados matices, sólo perceptibles tras un examen detenido, suponen una innovación.

Más revolucionario es el arte de MANTEGNA; en sus formas pétreas –telas duras, figuras escultóricas–, en sus escorzos (especialmente en su *Cristo yacente*) y en la profundidad de sus composiciones (*Tránsito de la Virgen*, del Prado) encontramos a un artista que se inspira en DONATELLO y se aleja de los pintores, incluso de MASACCIO, que es con el que más similitudes ofrece. PERUGINO no ofrece esta vertiente innovadora si nos detenemos en lo que hace de sus obras un prodigio de encanto: sus rostros nostálgicos, sus figuras lánguidas, pero su concepción espacial de la *Entrega de las llaves a San Pedro* (Capilla Sixtina) anticipa las composiciones de RAFAEL. En conjunto los frescos de los muros laterales de la Capilla Sixtina muestran la gracia y la transformación del arte pictórico del *Quattrocento*.

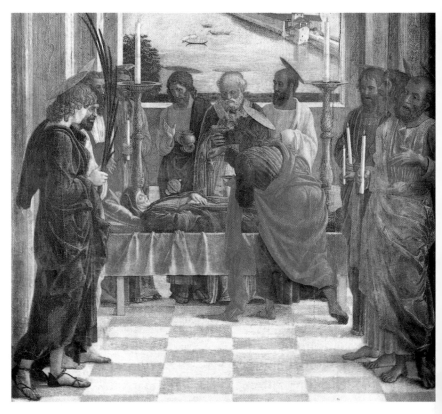

▲ MANTEGNA: Tránsito de la Virgen (*fragmento*), *Museo del Prado. La concepción escultórica de las formas –los valores táctiles– se une a una representación de la profundidad mediante líneas convergentes y juegos de luces en el suelo.*

▼ BOTTICELLI: Alegoría de la primavera. *Esta gran obra emblemática, no sólo de BOTTICELLI, sino de todo el Quattrocento florentino, suele tener varias interpretaciones siendo la más aceptada la del mito de Venus según la filosofía neoplatónica y que relaciona a Venus con la unidad y la armonía entre la naturaleza y la civilización.*

◀ Es casi milagroso el modelado de La Gioconda y todas las interpretaciones de la misteriosa sonrisa son posibles; pero no menos admirable resulta el paisaje lejano y las infinitas "sonrisas" de la luz. Iniciado el retrato en 1503, LEONARDO DA VINCI lo tuvo siempre consigo, lo sometió a retoques y lo cubrió con una gruesa pátina protectora.

▼ LEONARDO DA VINCI: La última Cena. A pesar de las últimas restauraciones la obra no se ve suficientemente bien; no obstante sí se aprecia su serena composición en la que la perspectiva dirige todo el conjunto y sólo los Apóstoles se arraciman en grupos que gesticulan y expresan toda gama de sentimientos. La serenidad de Cristo coincide con la que emana de la perspectiva y ofrece el contrapunto al drama humano de los Apóstoles.

El siglo XVI. Los pintores florentino-romanos

Florencia continúa siendo la capital del arte, pero sus máximas figuras se trasladan a Roma, donde la corte pontificia constituye el mecenazgo de una época nueva, o viajan por diversas ciudades. En general los pintores educados en Florencia conceden al dibujo una importancia mayor que otras escuelas. Tres gigantes aporta la escuela a la pintura del *Cinquecento*: LEONARDO, RAFAEL y MIGUEL ÁNGEL.

LEONARDO DA VINCI constituye, con su pasión por las más diversas formas del saber, el gran arquetipo del hombre renacentista. Sus manuscritos y dibujos nos hablan de su dimensión científica; sus escritos de su cultura clásica y de su afán de experimentar; sus contadas obras de arte muestran a un hombre excepcional igualmente dotado para la creación estética que para la ciencia. Dos de su pinturas, *La última Cena* y *La Gioconda*, son ejemplos cimeros de la historia de la pintura. Ya en *La Virgen de las Rocas* (págs. 30-31) LEONARDO se había mostrado como gran maestro de la composición triangular y de las luces. Somete al dibujo a un efecto de difuminado, por medio de contrastes suaves de sombras y luces, que prestan volumen y aire enigmático a las figuras. En los rostros una suave sonrisa introduce la misma impresión poco precisa, en el campo de las expresiones. Todos estos valores brillan en *La última Cena*, gran fresco muy estropeado por las sustancias químicas que el pintor introdujo en el aglutinante tratando de retardar el secado natural del fresco.

La obra de RAFAEL es enorme y la crítica hubo de adscribir a su taller buena parte de las atribuciones, lo que ha elevado todavía más su consideración al apartar su firma de obras de segunda categoría. Anunciaciones y diversos temas religiosos, retratos y grandes composiciones (las estancias del Vaticano) constituyen los tres capítulos de su obra. Es innegable el encanto de sus *Madonnas* y la calidad de los elementos pictóricos –luces, composición, etc.–, pero su aportación estriba en su concepción espacial, en la profundidad y la amplitud de espacio en la que se mueven las figuras de las grandes composiciones de las estancias vaticanas (*La escuela de Atenas, La disputa del Santísimo Sacramento*).

MIGUEL ÁNGEL es fundamentalmente un escultor y en consecuencia conserva la energía del dibujo y el deseo de movimiento y fuerza que inspira a su obra plástica. Tendríamos aquí que repetir los rasgos de su arte escultórico para definir los valores pictóricos de su aportación en la Capilla Sixtina, en el techo, como las escenas bíblicas de *La Creación*, y el plafón del fondo, con *El Juicio final*. El dinamismo llega a su plenitud. Y lo colosal no es sólo su mundo de gigantes de músculos tensos sino incluso las dimensiones de una obra tan vasta y pintada en condiciones tan particulares de posición e iluminación. En su obra se encuentran todas las raíces del Manierismo: los gigantes que se mueven con formidable impulso carecen de suficiente espacio y la atmósfera adquiere cierta sensación de angustia. Es un mundo dramático, diferente del equilibrio y el optimismo del hombre del primer Renacimiento.

▲ RAFAEL: *El encuadre arquitectónico de su obra* La escuela de Atenas *traspone las estructuras de* BRAMANTE: *en medio, Platón y Aristóteles señalan el centro de gravedad de una composición racional y espacial.*

▶ La Madonna del Gran Duque, *de* RAFAEL, *refleja la influencia de* LEONARDO *en la gradación suave de las luces y en la ligera torsión de los cuerpos. Las Madonnas de* RAFAEL *se distinguen por su expresión humana y su naturalidad.*

◄ MIGUEL ÁNGEL: La creación de Adán y detalle de La Creación de los Astros (arriba, derecha). Estas pinturas murales del techo de la Capilla Sixtina son el resumen de todos los avances conceptuales y formales de la plástica occidental desde la Antigüedad. La creación de los Astros señala la cumbre de una posición de la pintura hacia el Universo que se irá desmoronando hacia otros senderos hasta alcanzar la más pura abstracción en el siglo XX.

En La Creación de Adán, MIGUEL ÁNGEL construye unas poderosas figuras cuyo gesto, especialmente el de las manos, supone una imagen que es un verdadero logotipo (imagotipo) de la cultura universal. El amplio modelado y la sobriedad del color hacen que las figuras produzcan la sensación de masa y peso vista ya en GIOTTO y en MASACCIO.

La escuela veneciana

La influencia de Venecia en el arte de la pintura es capital. En el siglo XV los BELLINI y CARPACCIO ponen las bases de una escuela que va a caracterizarse por su culto del color siempre prevaleciente sobre el dibujo. En el siglo XVI una serie de grandes maestros, TIZIANO, VERONÉS, TINTORETTO, descubren para la pintura posibilidades que explotarán los artistas del Barroco.

Varias circunstancias confluyen a suscitar en Venecia una pintura original. En primer lugar la neblina de la ciudad de los canales desdibuja los contornos y otorga más interés a la forma que a los contornos, o dicho de otra forma, al color antes que al dibujo. El interés por el color está suscitado también por la Historia. La República veneciana es una metrópoli comercial y por sus calles se pasean gentes procedentes de lejanos países, ataviadas con indumentarias de colores vivos; así aparecen en los cuadros de VERONÉS turbantes, vestidos turcos, etc. No menos influyente es la sociedad veneciana, con su alegría de vivir, el esplendor de sus procesiones, el boato de sus fiestas y banquetes.

Algunos rasgos de escuela pueden encontrarse en diferente grado en todos los artistas:

— **El culto al color**. Frente a la línea de los florentinos, el cromatismo de los venecianos. Preferirán los tonos cálidos, más idóneos para plasmar la forma bella o el ambiente opulento.

— **Importancia de los temas secundarios**. A la anécdota, al detalle no fundamental se le concede la misma atención que al tema principal.

— **Exaltación de la riqueza**. Palacios, tela, música, definen los ambientes.

— **Contemplación poética del paisaje**, que se llena de luces y se siente con pasión romántica a partir de GIORGIONE, cuya concepción paisajística es heredada por TIZIANO.

TIZIANO es el retratista de la escuela (el retrato ecuestre de *Carlos V en la batalla de Mühlberg*, *Isabel de Portugal*, retratos en los que los elementos de encuadre, como el paisaje, las cortinas, un collar, etc. ocupan la atención tanto como el retratado) y el maestro de las formas blandas y redondas, como muestra su predilección por los desnudos femeninos e infantiles (*Venus y el Amor*, *Dánae*). En *La bacanal* (Museo del Prado), convierte una vez más un tema mitológico en un cuadro social, en una fiesta alegre, y aprovecha la composición para colocar en un ángulo un espléndido desnudo femenino, obtener brillos en las telas y los vidrios, y efectos de luz azulada en el cielo y los bosques. Su paleta evolucionó hacia una factura cada vez más pastosa, más gruesa, en la que la mancha parece deshacer la forma; así puede comprobarse en su autorretrato, ya muy anciano, del Museo del Prado y en sus últimas obras.

▲ TIZIANO: Carlos V en la batalla de Mühlberg. *El color es el medio expresivo en el pálido rostro del monarca enfermo, en la masa compacta de los árboles de la izquierda, en las luces lejanas de la pradera.*

◀ TIZIANO: Flora, *Galería de los Uffizi, Florencia. Esta obra muestra la plenitud del colorido cálido de* TIZIANO. *La suavidad de la piel y la gracia flexible de las telas anticipan el culto del pintor a la belleza de la mujer.*

VERONÉS es el pintor del lujo; las escenas se desarrollan en palacios de mármol, con columnatas y balaustradas, jardines con fuentes; sus figuras se envuelven en ropajes costosos y se adornan con alhajas. Su versión de *Venus y Adonis*, con Venus semivestida y con broches y pulsera de oro, refleja su sensibilidad diferente de la de TIZIANO, quien pinta en el mismo tema a Venus desnuda.

Por otra parte, su inclinación hacia los detalles anecdóticos marca el punto culminante de esta tendencia de escuela, como se puede comprobar en su gigantesco cuadro de *Las bodas de Caná* (Museo del Louvre), con músicos criados que portan bandejas, mesas atiborradas de manjares. En estas grandes composiciones VERONÉS es el heredero de las procesiones de BELLINI y CARPACCIO.

◄ TIZIANO *rinde culto en La bacanal a la alegría de vivir veneciana, en un paisaje luminoso, con un desnudo femenino en un ángulo, brillos sobre las telas lujosas y la exaltación del jarro de la bebida en el centro.*

▼ VERONÉS: Las bodas de Caná, *Museo del Louvre. Mármoles deslumbrantes, mesas repletas de manjares, criados que cortan carne o sirven, músicos. La escuela veneciana, con su amor por el lujo y el detalle, está resumida en esta gigantesca composición.*

TINTORETTO trasluce ya las crisis de los ideales renacentistas en sus composiciones manieristas. Maestro de las luces violentas, de los contrastes de luz y sombra, de los escorzos, del movimiento tenso, inestable, del paisaje romántico, de la profundidad obtenida mediante la alternancia de zonas de diferente intensidad lumínica, anticipa algunos de los valores del Barroco. Son conocidos los maniquíes de cera que construía para colgarlos a cierta altura y poder estudiar los escorzos, así como las iluminaciones que preparaba para obtener ese latigazo de luz que caracteriza a sus figuras.

En *El lavatorio de los pies*, del Museo del Prado, pueden comprobarse las peculiaridades de su estilo. Pero una valoración de su obra exige el estudio del más de medio centenar de obras de la iglesia veneciana de San Rocco; especialmente su *Nacimiento* y su *Calvario* ilustran sobre su forma de enfocar la escena, con un punto de vista bajo, como a ras de suelo, con lo que la lejanía del fondo se acusa de forma poderosa.

Su influencia en EL GRECO y en los primeros maestros barrocos son ejemplos de lo que Venecia aportó a la pintura del siglo XVII.

▶ TINTORETTO: Calvario. *La composición en violento ángulo está subrayada por los mástiles de las cruces que conducen la mirada hacia el supremo esfuerzo de Jesús.*

▼ *En* El lavatorio de los pies *(fragmento),* TINTORETTO *exhibe su sensibilidad por las luces dramáticas, su concepción prebarroca de la perspectiva y su inclinación como buen veneciano por la anécdota, al incluir en el cuadro la pugna de dos apóstoles por sacar una bota.*

5 Difusión del Renacimiento por Europa. Durero

A excepción de España, el Renacimiento no marcará una huella demasiado profunda en los intereses estéticos europeos. Mucho más atractiva para comprender la incidencia del Renacimiento por Europa es la figura del alemán Alberto Durero († 1528), hombre tremendamente inquieto y curioso, de espíritu auténticamente humanista, incansable viajero y enamorado del arte italiano. En su obra tratará siempre de conciliar su fantástico mundo interior propio del carácter alemán, con el lenguaje plástico propio de la Italia de su tiempo. Siempre dio en sus obras un valor preeminente al dibujo, por lo que tiene de analítico y objetivo. Trata de encontrar afanosamente la lógica de los números en todo lo que es bello y esto le hace escribir interesantísimos tratados sobre las proporciones humanas y sobre las maneras de medir en arquitectura.

El mismo interés científico le hace copiar plantas y animales con una fidelidad de perfecto naturalista. Su amor por el dibujo encaja perfectamente con su oficio de grabador, aprendido desde muy joven. En este terreno destaca como colosal artista y es uno de los mejores de todos los tiempos. En el procedimiento conocido como **xilografía** (talla en madera) realiza tres importantes series correspondientes a la *Pasión*, a la *Vida de la Virgen* y al *Apocalipsis*. Realiza también grabados calcográficos (sobre cobre), procedimiento que facilita una mayor flexibilidad de línea, que cumple mejor sus propósitos. Realiza una enorme producción y, aparte de dos series, hace muchos grabados sueltos como los de *La melancolía* o *El caballero y la muerte*.

En sus viajes a Italia va modelando poco a poco su lenguaje expresivo por influencia directa de pintores como Mantegna y Giovanni Bellini. De cierto apesadumbramiento que observamos en sus primeras composiciones, como la *Adoración de los Reyes*, pasa a una mayor ligereza de formas como apreciamos en *Adán y Eva*, del Museo del Prado.

Hacia 1520 hace un viaje a los Países Bajos y allí observa la pintura romanizante de Gossaert. Este viaje marca la última etapa de su vida, a la que corresponden las tablas de *Los cuatro Apóstoles*. La Reforma había calado profundamente en Durero y en estas tablas nos vuelve a manifestar, una vez más, su espíritu severo y reflexivo. Los recios colores y austeros fondos, así como la profundidad de los gestos de los apóstoles están lejos de la alegría cromática aprendida en sus viajes al Norte de Italia. Por otra parte, el plegado de los paños, tras su viaje a Amberes, denota la influencia de los artistas flamencos, lo que, en definitiva, es un retorno al modo de sentir y emplear el lenguaje plástico de los artistas alemanes.

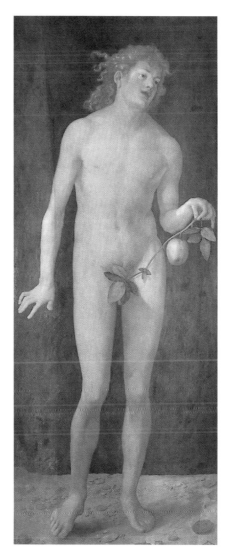 

▲ Durero: Adán y Eva, Museo del Prado. Estas pinturas constituyen los primeros desnudos de tamaño natural de la pintura alemana y son un extraordinario estudio anatómico. Los contornos fluidos y las formas rítmicamente suavizadas evitan la sensación escultórica.

◄ Durero: Autorretrato. Este autorretrato, que corresponde a la juventud del artista, manifiesta la conjunción de las dos corrientes que influyeron en su obra: por un lado la flamenca, denotada por el amor a los detalles y, por otro, la italiana manifestada en la serenidad de la postura y en la discreta intervención del paisaje.

6 EL MANIERISMO

Hacia la tercera década del siglo XVI podríamos decir que la práctica artística había desembocado en una clara tendencia de reacción anticlásica que ponía en cuestión la validez del ideal de belleza defendido por el Alto Renacimiento.

El concepto de *Manierismo* ha sufrido una larga y complicada evolución hasta llegar a su significado actual. Podemos señalar como características generales los rasgos siguientes:

a) **Liberación del culto a la belleza clásica** y a sus componentes básicos, tales como la serenidad, el equilibrio o la claridad. En varios casos se trata de la nota opuesta a la específica del período renacentista (*claridad/confusión, placidez/tensión*). Este paso se inicia en alguna de las obras de MIGUEL ÁNGEL o RAFAEL, los cuáles en uno u otro momento adoptan las soluciones y tendencias manieristas.

b) **Insumisión a la verosimilitud**, las obras reflejan una tensión interior que termina en el irrealismo y la abstracción, olvidando la relación *obra representada/escenario*, tan cara al Renacimiento rafaelesco.

c) **Convencionalismo en el color**, proporciones y disposiciones o posturas de las figuras humanas pintadas o esculpidas.

Como caracteres de la **arquitectura** manierista han de citarse:

- La arbitraria alteración de la correspondencia entre las partes y el conjunto del edificio, con lo que se rompe la lógica de las relaciones espaciales y se provoca la desintegración de la estructura renacentista.

- La preferencia por los espacios longitudinales y salas estrechas que favorecen la perspectiva.

- La pérdida o debilitación de las coordenadas axiales, las que ordenan el edificio según un eje de simetría.

Rasgo definitorio del Manierismo **escultórico** es la preferencia por la figura "*serpentinata*", contorsionada con artificio de formas que dibujan una ascensión helicoidal. La fuente de Neptuno en Bolonia (1563-1566) es buen ejemplo de esta tendencia y su autor, JUAN DE BOLONIA (1529-1608) dota a su obra de un complicado movimiento que exige una contemplación desde varios puntos de mira, ya que no se limita a ofrecer una perspectiva principal. El mismo movimiento empuja a un grupo de figuras en su célebre *El rapto de las Sabinas* (Florencia) de 1583. La tensión y el desgarramiento propios del estilo aparecen en la exagerada musculatura del *Perseo con la cabeza de Medusa* de BENVENUTTO CELLINI (1500-1571).

◄ JUAN DE BOLONIA: El rapto de las Sabinas. *Esta escultura se encuentra en la Loggia dei Lanzi, en Florencia, y constituye un vibrante grupo que serpentea en un giro helicoidal incontenible. El severo movimiento miguelangelesco se ha convertido en un angustioso grito ascendente que parece llegar al cielo. Como empezaba a ser usual en esta escultura se vencen grandes dificultades técnicas para resolver la unión de las tres figuras labradas en un solo bloque.*

▶ BENVENUTTO CELLINI: Perseo con la cabeza de Medusa. *Este artista tuvo alguna relación con* MIGUEL ÁNGEL, *pero no fue discípulo suyo; sin embargo en esta obra se manifiesta como un valioso seguidor de* BUONARROTI. *La poderosa musculatura y el gesto contenido son dignos del maestro aunque no logre la dimensión espiritual de aquél. La estatua se hizo por encargo de Cosme de Médicis y fue fundida en bronce en una sola pieza, lo que supone una enorme dificultad técnica.* CELLINI *fue, además, un buen escritor y genial orfebre.*

En **pintura** sorprende la arbitrariedad en el uso del color y de las proporciones. Las proporciones anatómicas se alteran a voluntad. El alargamiento de la figura es una constante y *La Madonna del cuello largo*, de PARMIGIANINO, uno de los mejores ejemplos. Se prefiere el trazado serpentiforme, los abundantes y tensos escorzos, la distorsión como forma de expresar una dramática escisión en la conciencia y en el mundo. Las figuras, como en la escultura, están constreñidas por marcos estrechos, lo que acentúa las expresiones angustiadas.

Por el contrario, otros hábitos nos anuncian el Barroco, así la utilización de los fondos negros, en los que resaltan las figuras como auténticos objetos-luz.

La pintura italiana de la segunda mitad del siglo XVI presenta este conjunto de innovaciones, en Florencia, Parma y Venecia, donde se encuentran los testimonios más interesantes.

De Parma son CORREGGIO y MAZZUOLI, PARMIGIANINO. CORREGGIO (1493-1534) es un maestro consumado del escorzo, combinando esta actitud con rasgos de exquisita delicadeza, sobre todo en sus figuras femeninas e infantiles.

PARMIGIANINO (1503-1540) desarrolló originales experiencias en el retrato, en consonancia con el libre juego de la perspectiva y proporción que adoptan los manieristas. Su célebre autorretrato fue realizado ante un espejo parabólico, convirtiéndose en una gigantesca y deforme mano.

▲ PARMIGIANINO: La Madonna del cuello largo (*izquierda*). Composición artificiosa propia del Manierismo: el contraste entre la gran Virgen estatuaria y el pequeño profeta junto a la columna fugada en el espacio, está manejado como medio estilístico.

Aún más patente resulta la composición alambicada del Manierismo en su Ganimedes (*derecha*), si reparamos en la posición del cuerpo y la convulsión de la túnica despegada.

MIGUEL ÁNGEL: David

Datos: esculpida en mármol. Dimensiones: 410 cm de altura. Fecha: 1501-1504. Galería de la Academia (Florencia).

El *David* es la obra en la que se exhibe de manera más clara el genio escultórico de MIGUEL ÁNGEL.

La escultura fue comenzada cuando el artista tenía 26 años; es por tanto una obra juvenil. Tras una estancia de cinco años en Roma, donde ha esculpido su maravillosa *Pietà* del Vaticano, MIGUEL ÁNGEL retorna a Florencia y esculpe, entre otras obras, su *Virgen con el Niño* de Brujas, dos relieves en forma de *tondo* con el mismo tema, un *David* de bronce, perdido, y el gigantesco que la República florentina le solicita.

El primer problema que le plantea el encargo es el tamaño. El escultor se inclinaba hacia las figuras colosales, con mayor motivo en este caso, una estatua que se desea símbolo de una ciudad y que ha de situarse en un pedestal en sitio público, requería un bloque de mármol de proporciones enormes. En esta ocasión disponía de un magnífico bloque de mármol que se encontraba en el patio de obras de la catedral desde hacía cuarenta años cuando el gremio de tejedores de lana había encargado una estatua del profeta, que un escultor no había sido capaz de cumplir.

MIGUEL ÁNGEL se siente inspirado ante aquel bloque interminable, pero su forma alargada y estrecha le obliga a hacer una obra casi plana, en la que no puede permitirse ninguna contorsión. En comparación con la riqueza de planos del *Moisés*, que labra muchos años después, el David está concebido como la figura de un relieve. La sabiduría del escultor radica en haber sabido concentrar en una figura sin formas centrífugas, de miembros que se contienen en torno al tronco, toda la tensión dinámica de un cuerpo vigoroso. Sólo mirándolo de flanco se perciben las dificultades que el artista tuvo que vencer, al verse obligado, ante el sutil espesor del bloque, a desarrollar una visión frontal.

El enorme atleta desnudo rompe además con la iconografía tradicional, en la que se representaba a DAVID como una figura pequeña, con frecuencia todavía adolescente (recuérdese, por ejemplo, la versión de DONATELLO). No puede entenderse esta obra si se prescinde de lo que significa la estatuaria griega, los atletas de POLICLETO y LISIPO especialmente, aun-

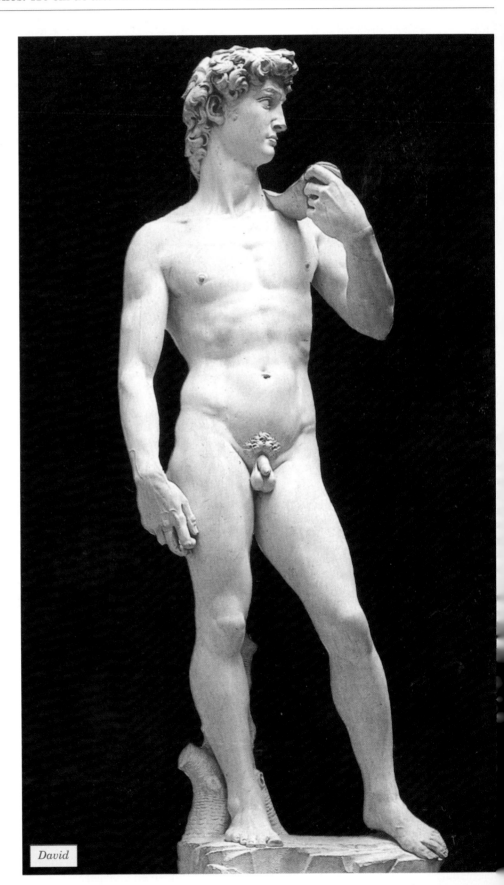

David

Detalle de la cabeza

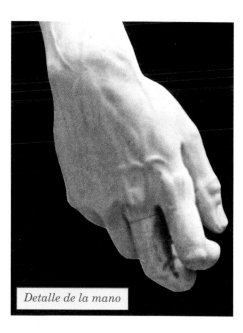

Detalle de la mano

ACTIVIDADES

- Tras un examen detenido, comenta los rasgos del estilo de Miguel Ángel en esta obra: *terribilità*, etc. Pon ejemplos y observa otras partes del cuerpo diferentes a las que se aducen en el análisis del libro.

- ¿Qué puede expresarse en la cabeza, o en el rostro de una escultura? ¿Qué expresa el *David*?

- Compara el *David* de Donatello (pág. 201) y el de Miguel Ángel. Destaca sobre todo las diferencias.

- Coloca juntas dos láminas del *David* y el *Moisés*, (pág. 202) las dos obras maestras de Miguel Ángel, y señala semejanzas y diferencias entre ellas. Fíjate en aspectos comparables, como los rostros o las manos.

- Haz una breve exposición acerca de la evolución del arte miguelangelesco comparando la *Pietá* del Vaticano y la *Pietá Rondanini*.

que este canto insuperable a la belleza corporal tenga raíces más diversas; probablemente acierta PAPINI cuando escribe que MIGUEL ÁNGEL fue la reencarnación de FIDIAS.

Los rasgos del arte miguelangelesco son fácilmente perceptibles, pero la angostura del bloque ha obligado a concentrarlos de una manera peculiar. En primer lugar la *terribilità*, el carácter terrible, amenazador, de sus gigantes que adoptan gestos dramáticos. La figura de casi cuatro metros y medio de altura está en tensión, la pierna derecha en que se apoya, el pie izquierdo que se aleja, la mano con la honda, el codo doblado, el cuello que gira... ni un solo miembro se encuentra distendido o estático; no obstante se rompe cualquier sensación simétrica (equilibradora) con una mayor tensión del brazo y pierna izquierda. El movimiento contenido, centrípeto, con líneas de fuerza que retornan hacia el bloque, a diferencia del movimiento centrífugo del Barroco, es evidente sobre todo en las manos, una casi unida al hombre, otra apoyada en el muslo. El detalle de la cabeza nos permite percibir la pasión del rostro, con su intensa sensación de vida interior, de figura que respira, casi jadeante, a la expectativa de un acontecimiento culminante. Es la misma expresión fuerte, patética, del *Moisés,* del *Esclavo,* del *Pensieroso...*

En otro sentido la perfección anatómica de los miembros retrata uno de los modelos ideales del cuerpo humano. Pero MIGUEL ÁNGEL no reduce la anatomía a un sistema armónico de formas; un tratadista del siglo XIX, CICOGNARA, pone de relieve que conocidas las formas orgánicas

de la construcción de los cuerpos y el mecanismo de sus movimientos, y ponderadas las leyes de la óptica y la perspectiva, el genio florentino rompe los cánones y busca las formas ardorosas. En efecto, en diferentes momentos se antepone la forma expresiva a la correcta; así resulta excesivamente grande, pero muy poderosa, la mano apoyada en el muslo.

Finalmente la musculatura en tensión, los tendones vibrantes, las venas y el rizado de la superficie, que dan la sensación de la vida bullente, circulando por la piel de la escultura, adquieren una suprema realidad (véase el detalle de la mano). Aunque el futurista UMBERTO BOCCIONI escribió que "*en MIGUEL ÁNGEL, el cuerpo es casi arquitectura*", lo cierto es que el escultor parece preferir la vida a la arquitectura y subraya fuertemente músculos y arterias bajo la piel, con un delicadísimo modelado en el que el mármol se riza y transparenta los huesos y adquiere una apariencia blanda y flexible. Nunca se había tratado con tal eficacia una materia dura y geométrica.

Se ha considerado el *David* como un símbolo de la libertad, al menos eso deseaban los regidores florentinos que le encargaron la obra. Algún tratadista ha considerado que representa la fortaleza, en el cuerpo robusto, y la ira, en el rostro apasionado. Todas las interpretaciones son válidas, porque en definitiva todas confluyen en reconocer en el maravilloso bloque de mármol de Carrara un paradigma del hombre renacentista, de la belleza de la anatomía humana y de los sentimientos de pasión y piedad que se pueden esconder bajo un gesto terrible.

BIBLIOGRAFÍA

ÁLVAREZ VILLAR, J., *La pintura del Renacimiento italiano: el siglo XV.* Barcelona, Vicens Vives, col. Historia Visual del Arte 7, 1990.

BENEVOLO, L., *Historia de la Arquitectura del Renacimiento.* Barcelona, Gustavo Gili, 1988.

FREEDBERG, S. J., *Pintura en Italia 1500-1600.* Madrid, Cátedra, 1983.

LETTS, R. Mª., *El Renacimiento.* Barcelona, Gustavo Gili, 1996.

MADRUGA REAL, A., *Historia del arte del Renacimiento.* Barcelona, Planeta, col. Las claves del arte, 1994.

NIETO ALCAIDE, V., – *La pintura del Renacimiento italiano: el siglo XVI.* Barcelona, Vicens Vives, col. Historia Visual del Arte 9, 1990.

– *Arte del Renacimiento.* Madrid, Hª 16, col. Conocer el Arte, 1996.

NIETO ALCAIDE, V. y CHECA, F., *El arte y los sistemas visuales: el Renacimiento.* Madrid, Istmo, 1993.

PITA ANDRADE, J. M., *La expansión de la pintura del Renacimiento.* Barcelona, Vicens Vives, col. Historia Visual del Arte 8, 1990.

WÖLFFLIN, H., *El arte clásico, una introducción al Renacimiento italiano.* Madrid, Alianza, 1995.

13.
El Renacimiento español

La pervivencia de formas de poder, propiedad y mentalidad medievales durante los siglos XV y XVI en nuestra Península, explica que el Renacimiento español se aparte significativamente del conjunto del Renacimiento europeo. Los elementos artísticos del gótico y del mudéjar, sabiamente combinados con las nuevas formas italianas, cuya entrada se ve facilitada por la intensa relación de los puertos mediterráneos españoles con Italia a lo largo de la Baja Edad Media y el intercambio de materiales y de artistas entre los distintos Estados italianos y los territorios de la monarquía española, darán como resultado un original estilo, el plateresco, que sólo en la segunda mitad del siglo XVI deja paso a un clasicismo más acorde con las modas del momento.

Fachada de la Universidad de Salamanca. *Tanto la composición como los elementos que constituyen este verdadero estandarte labrado en piedra revelan el proyecto de grandeza que incitaba a los reinos de España a la aventura de la modernidad. Grandes escudos, medallones, grutescos y amorcillos entrelazados en el juego plateresco del clasicismo y la fantasía, dan la clave para comprender este inicial momento del Renacimiento español.*

1 LA ARQUITECTURA. DEL PLATERESCO AL CLASICISMO

Transición del gótico al plateresco

La arquitectura española del siglo XV evoluciona desde una claridad de formas y una moderada ornamentación a una floración decorativa exultante, que se acentuará hasta el extremo en el período de los Reyes Católicos. En todo ese período el gótico florido se irá combinando con elementos mudéjares, pues en esa tarea están empeñados los numerosos maestros franceses o flamencos que vienen a España consiguiendo satisfacer las ansias de fastuosidad de la nobleza laica o religiosa. La decoración va desdibujando las formas arquitectónicas, repite sistemáticamente los yugos y las flechas, las *efes* e *ies* iniciales de los nombres de los monarcas, delinea unos módulos artísticos que se han calificado de **estilo de los Reyes Católicos** (iglesia de San Juan de los Reyes de Toledo), y ofrece el uso de algunos elementos que se reclaman independientes del gótico y portadores de formas renacentistas (Casa de las Conchas, en Salamanca).

Esta etapa de transición está protagonizada por la escuela de Toledo (EGAS y los GUAS), la escuela de Burgos (JUAN y SIMÓN DE COLONIA) y obras como las fachadas de San Pablo y San Gregorio, ambas en Valladolid, el hospital de la Santa Cruz (Toledo) y el palacio del Infantado (Guadalajara).

El plateresco

Se denomina **plateresco** al estilo que cubre la etapa que transcurre desde las últimas realizaciones del gótico flamígero hasta el afianzamiento de las formas propiamente renacentistas (lo que llamaremos clasicismo por su evidente impronta italiana o romanista), cuya implantación, aunque anterior, culmina en el reinado de Carlos I. El término lo creó en el siglo XVIII ORTÍZ DE ZÚÑIGA al comparar la labor hecha en la Capilla Real de la catedral de Sevilla con el trabajo de los orfebres y plateros. Básicamente, lo plateresco es un uso incontenible de los elementos decorativos: columnas abalaustradas, medallones, emblemas heráldicos, figuras humanas entrelazadas con animales y tallos formando figuras fantásticas (*grutescos*), uso que revela influencias italianas y creaciones genuinamente españolas y que se dan de forma simultánea.

En los primeros albores del plateresco y dependiendo aún de aquellas características de transición ya señaladas destaca el Colegio de la Santa Cruz de Valladolid, obra de LORENZO VÁZQUEZ DE SEGOVIA que también incorpora el almohadillado de origen italiano, que luego tomará carta de naturaleza en el Renacimiento castellano.

▲ Iglesia de San Juan de los Reyes, *Toledo*. Se levantó en pocos años, lo que le proporciona una gran unidad de estilo. Hecha al final del gótico, pero haciéndose eco de los nuevos aires que llegaban del renacimiento italiano, configura un arte muy personal que se ha llamado de los Reyes Católicos.

▼ Fachada de la iglesia de San Pablo de Valladolid. *Aquí los elementos constructivos cambian su función, que pasa a ser decorativa en un tipo plano de fachada, llamada de "estandarte" y muy vinculado al modelo de los últimos retablos góticos.*

Se suele incluir en el plateresco la serie de obras que bajo el nombre de **estilo Cisneros** se agrupan en Toledo por influencia del poderoso cardenal y por la labor del arquitecto PEDRO GUMIEL, que integra las formas recientes con un claro mudejarismo, y cuyas obras más importantes son la sala capitular de la catedral de Toledo y el paraninfo de la Universidad de Alcalá.

En Burgos hallamos buenos ejemplos platerescos. FRANCISCO DE COLONIA, que abandonó el goticismo de sus ascendientes familiares, nos ofrece los nuevos aires artísticos en la puerta de la Pellejería de la catedral. DIEGO DE SILOÉ lleva a cabo la famosa Escalera dorada, también en aquel templo, manifestándose como un fino ornamentista de grutescos.

Salamanca es la ciudad renacentista por excelencia. Los edificios más importantes son la portada de la Universidad (obra de paternidad discutida) con una concepción escultórica que ha sido calificada por CHUECA GOITIA como fachada-estandarte; la iglesia de San Esteban, de JUAN DE ÁLAVA, de una sola nave y cuya fachada constituye otro soberbio ejemplar de retablo de piedra.

El arquitecto más notable del plateresco salmantino es RODRIGO GIL DE HONTAÑÓN, a quien se deben edificios en la ciudad del Tormes (palacio de Monterrey, Casa de la Sabina) y en toda Castilla destacando la Universidad de Alcalá (1543).

▲ DIEGO DE SILOÉ: Escalera dorada, catedral de Burgos, 1523. En esta bella obra logra el arquitecto una de las más inteligentes soluciones arquitectónicas al problema de la escalera.

▼ La fachada de la Universidad de Alcalá se cubre con elementos platerescos pero cede espacio al muro liso; en ello y en la demarcación de sus distintos cuerpos con columnas muestra su proximidad a la línea clasicista del Renacimiento español.

Clasicismo renacentista

Al mismo tiempo que el plateresco deja su huella en iglesias y palacios, se van implantando en España los gustos italianizantes que darán paso al estilo clasicista, en el que prevalece lo puramente espacial y constructivo sobre los elementos decorativos. El espacio es concebido como un conjunto de elementos orgánicos, en el que ya no es preciso resaltar unas partes sobre otras. En 1527 PEDRO MACHUCA inicia en la Alhambra de Granada las obras del palacio de Carlos V, el más clasicista de los edificios renacentistas españoles.

La mayoría de los arquitectos a quienes llamamos clasicistas realizan también obras platerescas e incluso mezclan ambas opciones artísticas. Tal es el caso de RODRIGO GIL DE HONTAÑÓN, de ALONSO DE COVARRUBIAS (1488-1570), autor de la fachada del Alcázar de Toledo, efectuada con sobriedad paralela a la puerta de la Bisagra, también del mismo artífice, y de la extraordinaria escalera del palacio arzobispal de Alcalá, y de DIEGO DE SILOÉ, que al hacerse cargo de las obras de la catedral de Granada en 1528, abandona los planteamientos góticos que había iniciado EGAS, utiliza la columna clásica y convierte la Capilla Mayor en circular, coronándola con una cúpula, cuando lo tradicional hubiera sido situarla en el crucero. Obras suyas son también la catedral de Guadix y la de Málaga.

ANDRÉS DE VANDELVIRA (1509-1575) continúa los postulados de DIEGO DE SILOÉ y produce admirables edificios religiosos y civiles, entre los que destacan la iglesia del Salvador y el hospital de Santiago en Úbeda, la catedral de Baeza y la de Jaén (1540), en donde ensaya las cúpulas "vaídas". La decoración en sus obras es puramente arquitectónica.

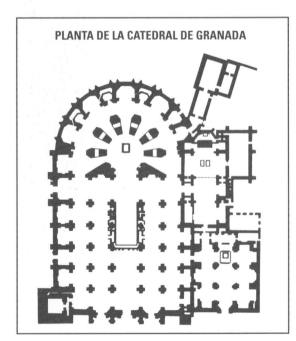

PLANTA DE LA CATEDRAL DE GRANADA

▲ PEDRO MACHUCA: Palacio de Carlos V, Granada (derecha). Constituye un ejemplo de temprano Renacimiento italiano en una España en la que aún se estaba consolidando el plateresco. No tiene precedentes y resulta una obra insólita. De sólida traza romana, es un magnífico palacio adecuado al césar Carlos V. Su interior contiene un hermoso patio circular de inspiración bramantiana (izquierda) que el arquitecto dejó inconcluso.

◀ DIEGO DE SILOÉ: Planta e interior de la catedral de Granada, siglo XVI. El arquitecto se encontró con la obra gótica de EGAS muy avanzada y en la que ya se habían levantado los pilares según el esbelto canon de fines de la Edad Media. SILOÉ optó por aprovecharlos y recubrirlos en estilo renacentista superponiendo dos órdenes.

▶ VANDELVIRA logró en la catedral de Jaén una de las cumbres del clasicismo arquitectónico español.

▼ Cúpula vaída es la cúpula semiesférica que al cubrir un espacio cuadrado es cortada perpendicularmente por la proyección de los planos que constituyen las cuatro caras de su base.

CÚPULA VAÍDA

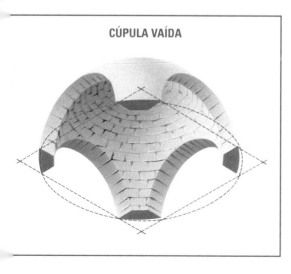

2 LA ESCULTURA

La influencia del *Quattrocento* italiano

La presencia de artistas italianos en tierras españolas y la constante importación de obras de su país es decisiva para la difusión del nuevo gusto estético. Los italianos FANCELLI, autor del sepulcro de los Reyes Católicos en la Capilla Real de Granada, y PIETRO TORRIGIANO ocupan un importante lugar en la labor de dar a conocer el nuevo estilo.

A los autores señalados y en orden a una mayor progresión hacia formas cada vez más renacentistas hay que añadir los nombres de FELIPE VIGARNI (1475-1543) que realiza el retablo de la Capilla Real de Granada y la sillería del coro de la catedral de Toledo, el valenciano DAMIÁN FORMENT, que empezó con notables connotaciones góticas en el retablo de la Virgen del Pilar de Zaragoza para alcanzar un indiscutible carácter renacentista en el retablo del altar mayor de Poblet, y a DIEGO DE SILOÉ, que realizó la capilla del Condestable de la catedral de Burgos y el sepulcro del cardenal Fonseca en Salamanca.

El pleno Renacimiento español: la escuela de Valladolid

Dos grandes escultores del Renacimiento español realizan su obra en Valladolid en el segundo tercio del siglo XVI.

ALONSO BERRUGUETE (1488 ó 90-1561), hijo del pintor PEDRO BERRUGUETE, se empapó durante su estancia en Italia del arte de DONATELLO y de MIGUEL ÁNGEL, pero dejando que lo intensamente dramático predominara sobre los valores de armonía y serenidad, por lo que preconiza en cierta medida el gusto barroco. Obra fundamental suya es el retablo de San Benito del Museo de Valladolid, una de cuyas estatuas, el *San Sebastián*, logró una gran popularidad y muestra hasta qué punto ha sido permeable el autor a la influencia renacentista. La otra obra más notable de BERRUGUETE es la sillería del coro de la catedral de Toledo (realizada a medias con FELIPE VIGARNI) y en la que sorprenden las huellas de ese desenfado técnico característico del autor. Frente a las formas colosalistas de MIGUEL ÁNGEL, las tallas de BERRUGUETE son figuras huesudas, gesticulantes y nerviosas.

El francés JUAN DE JUNI (hacia 1507-1577) posee cualidades muy diferentes del anterior; su labor lenta y meticulosa (*Grupo del Santo Entierro*), sus resultados grandiosos por la dimensión trágica y por la brillante y encendida policromía dan lugar a figuras grandes de gestos teatrales. Las composiciones, agobiadas por la falta de espacio, inician el Manierismo.

▲ ALONSO BERRUGUETE: El profeta David, *del coro de la catedral de Toledo. La vehemencia y grandiosidad de este escultor se aprecia mejor en sus obras de Valladolid, donde trabajó con entera libertad. Aquí, en Toledo hubo de someterse al "buen acabado" de tallistas de oficio, lo que le resta algo de su expresividad. No obstante, y como puede apreciarse en esta ilustración, destaca la tremenda fuerza, casi miguelangelesca, de sus figuras.*

▶ San Jerónimo penitente es la obra más famosa *de* TORRIGIANO. *Sus formas plenas acusando la musculatura, resultan de una corrección total, superando la convencional perfección estatuaria. La obra es de barro cocido (material de arraigada tradición en la región sevillana).*

▶ ALONSO BERRUGUETE: San Sebastián, *del retablo de San Benito, Valladolid, 1527. Es una de las más grandiosas creaciones de la estatuaria española. El joven adolescente, de rara armonía, está modelado con gran perfección siguiendo una composición helicoidal ceñida al árbol del que parece formar parte. Su tremenda expresividad hace pensar en una sutil línea de vehemencia religiosa más cercana a la Edad Media que a la mesura y equilibrio del Renacimiento.*

▲ Alonso Berruguete: La adoración de los Reyes Magos, *del retablo de San Benito, Valladolid. Altorrelieve con figuras casi exentas. El oro convierte en materia suntuosa la modesta madera de la talla.*

◀ El entierro de Cristo, catedral de Segovia. *Lo realizó* Juan de Juni *ya en su vejez, logrando un sentimiento profundo y una técnica depurada. Los personajes aparecen sobrecogidos por la gran pena que les abruma.*

3 PINTURA: PERVIVENCIAS FLAMENCAS E INCORPORACIÓN DEL INFLUJO ITALIANO

La introducción del *Quattrocento* italiano

La influencia italiana prerrenacentista se abre camino a través de JAIME HUGUET (1414-1492) aunque hasta el siglo XVI no pierde el predominio flamenco.

Pero quizás el pintor que mejor representa la transición del estilo internacional al italiano es PEDRO BERRUGUETE, quien sigue una original carrera artística. A pesar de su temprana estancia en Italia y del influjo recibido de sus preclaros humanistas retiene elementos flamencos a lo largo de toda su producción pero combinándolos con novedades romanas, como son la creación de escenarios arquitectónicos o la preocupación por la luz. Así lo vemos en la *Degollación del Bautista* (Santa María del Campo en Burgos) y en sus numerosos retablos, entre los que destacan los dedicados a Santo Tomás, para el convento del Santo de este nombre en Ávila, y el retablo de la catedral abulense, que terminó JUAN DE BORGOÑA.

Este último, JUAN DE BORGOÑA, es un cuatrocentista rezagado que trabajó en Toledo y a quien se deben las espléndidas pinturas de la sala capitular de la catedral. Como BERRUGUETE, muestra una preocupación por dar cabida a los factores arquitectónicos como elementos decorativos creadores de un espacio que enmarca las figuras, al tiempo que incorpora elementos vegetales y otros adornos.

La influencia de los grandes maestros italianos del siglo XVI

En el siglo XVI vamos a encontrar un grupo de pintores que nos muestran claramente reflejada la pintura del Renacimiento italiano, circunscrito a la obra de RAFAEL, LEONARDO y MIGUEL ÁNGEL. Igual que ocurrió con el resto de los movimientos de influencia italianizante, también será Valencia el portillo de entrada de este nuevo estilo.

El sello de LEONARDO, RAFAEL y GIORGIONE es patente en primer lugar en dos pintores manchegos afincados en Valencia, FERNANDO YÁÑEZ DE LA ALMEDINA y FERNANDO DE LOS LLANOS.

El eco rafaelista aparece con más fuerza en la dinastía pictórica iniciada por VICENTE MASIP, que tiene en su hijo JUAN MASIP, más conocido como JUAN DE JUANES, su más eximio representante. JUAN DE JUANES es un personaje clave, tanto por la adopción del rafaelismo como por la creación de devotos tipos iconográficos que lograrán gran fortuna en la pintura eclesiástica (*Sagradas Familias*, *Virgen con el Niño*, *Inmaculadas*). Su obra más famosa es *La Santa Cena*, conservada en el Museo del Prado, con una clara influencia de LEONARDO.

▲ PEDRO BERRUGUETE: Santo Domingo y la quema de libros, *Museo del Prado*. *El cuadro formó parte con tres más y uno mayor de un conjunto dedicado a Santo Domingo e instalado en un extremo del crucero de Santo Tomás de Ávila. En la obra se aprecia la influencia de su formación italiana tanto en la construcción de los personajes como en la perspectiva; quedan, no obstante, algunas reminiscencias flamencas particularmente en la figura que arroja libros al fuego. En Santo Tomás pintó dos retablos más del que sólo queda* in situ *el central.*

▶ JUAN DE BORGOÑA: El Descendimiento, sala capitular de la catedral de Toledo. Esta pintura, al fresco, constituye uno de los conjuntos más impresionantes del artista; junto con otras dos que representan la Piedad y la Resurrección, forman una unidad gracias al fondo que es continuo y que le da una innegable unidad espacial, además de gran profundidad. La obra denota la formación italiana, evidente en la composición y en el tratamiento de las figuras.

▼ JUAN DE JUANES: La Santa Cena. Es la obra más popular del autor. Es evidente la influencia de LEONARDO aunque ambos pintores eligieron diferentes momentos para su obra. En ésta, el artista muestra una gran sabiduría en el tratamiento del espacio, al colocar unos objetos en primer término, para conseguir profundidad, y un arco al fondo que no sólo enmarca la figura de Jesucristo, sino que hace que la mirada del espectador se aleje hacia el infinito. Por otra parte, la composición, rigurosa en su geometría, faculta el rechazo a Judas gracias a la línea oblicua que su figura representa en la derecha del cuadro. Esta obra ha conseguido formar parte de la cultura visual de la Humanidad ya que constituye, junto con la de LEONARDO, el estereotipo de cómo pudo ser la Santa Cena.

II. El Bajo Renacimiento español

4 ARQUITECTURA

El concepto **Bajo Renacimiento** se aplica al período cronológico que abarca aproximadamente el último tercio del siglo XVI. El monasterio de El Escorial, que se inició en 1563 en memoria de la victoria española de San Quintín y se terminó veinte años más tarde, es sin duda la obra más importante y representativa de esta época.

JUAN BAUTISTA DE TOLEDO fue encargado por Felipe II de levantar un conjunto que fuera a la vez palacio, iglesia, monasterio y enterramiento real. Su muerte a poco de iniciar las obras fue el motivo de que su ayudante JUAN DE HERRERA se hiciera cargo de la dirección. HERRERA (1530-1597) modificó significativamente los proyectos de su antecesor; eliminó hasta seis torres en su afán de quitar cualquier síntoma de profusión decorativa; elevó la fachada de poniente a la misma altura que las tres restantes (contra el proyecto de TOLEDO), y como quiera que la iglesia, que se sitúa en el núcleo central del edificio, quedaba sin suficiente visión, añadió a dicha fachada una portada que no tiene relación directa con la iglesia.

La decoración externa del conjunto es fruto del juego geométrico de pirámides y esferas y se mantiene dentro de la sobriedad más rigurosa, nota distintiva de un estilo que ha pasado a llamarse *herreriano* o también *escurialense*, y cuyo fundador ejerció no sólo un fuerte influjo estilístico sino un verdadero control artístico durante el reinado de Felipe II. De importancia mucho menor son otros proyectos de HERRERA, como la catedral de Valladolid, que dejó sin acabar a su muerte y la Lonja sevillana llevada a cabo con diversas modificaciones por su discípulo MINJARES.

▼ Monasterio de El Escorial (*abajo*) y patio de los Reyes (*arriba*). Este edificio constituye una simbiosis de monasterio, palacio y templo que, además, debía ser panteón. Es un palacio de la época, con gran portada en el centro de la fachada principal. El templo queda axialmente centrado pero ocupa la parte posterior de la planta general para obtener más solemnidad y perspectiva para ser contemplado. HERRERA supo elevar, ampliar o reducir espacios para que el espectador tuviese la visión en perspectiva que quería transmitir.

5 ESCULTURA

Ligados a las tareas de El Escorial están el toledano JUAN BAUTISTA MONEGRO, que hizo las estatuas de reyes del patio de este nombre y los italianos LEÓN y POMPEYO LEONI. El primero de los LEO-
NI hizo en Italia la estatua en bronce de *Carlos I
dominando el furor*, que se encuentra hoy en el
Museo del Prado. POMPEYO, su hijo, realizó en El
Escorial varios grupos sepulcrales que representan a los soberanos Carlos V y Felipe II y familiares en actitud orante. Esculturas de los LEONI rodean también el gran retablo de la iglesia, que
fue diseñado por el propio HERRERA dicho retablo
es, fundamentalmente, de pintura pero las esculturas en bronce de los Leoni rodean el mismo
creando un impresionante conjunto rematado por
un bellísimo *Calvario*.

▲ LEÓN LEONI y su hijo POMPEYO *en el conjunto de bronce
Carlos V dominando el furor responden al concepto pa-
latino de exaltación del monarca, cuya apostura vertical
resalta sobre la contorsionada figura caída.*

▲ POMPEYO LEONI: Grupo sepulcral de Carlos I y su familia. *El manejo de los volúmenes y el virtuosismo en el tratamiento de los materiales, característicos de esta época, logra transmitir un hálito de vida y animar brevemente al solemne conjunto del
emperador con su familia.*

▼ POMPEYO LEONI: Grupo sepulcral de Felipe II y su familia, *El Escorial. Se halla en el lado de la Epístola, enfrente del de Carlos I, y al igual que aquél mantiene la solemnidad y la idealización de los bellísimos retratos.*

6 PINTURA

Desde el punto de vista formal, la influencia de los grandes maestros italianos del Renacimiento junto a los promotores del Manierismo son la base artística de los principales pintores españoles de la segunda mitad del siglo XVI.

El extremeño LUIS DE MORALES es el exponente más destacado de esta pintura, ya que incorpora, además de la herencia manierista, un peculiar eco del gusto flamenco, y anuncia, con su tenebrismo en unas ocasiones y sus sentimentalismos en otras, características de la pintura barroca española. Es creador de *Vírgenes piadosas* y *Cristos dolientes*, que encontrarían favorable acogida en la religiosidad popular. Su *Cristo entre dos sayones*, el *Ecce Homo* o la *Virgen de la Piedad* son claros exponentes de su estilo, de figuras alargadas, colores fríos e intensas expresiones de fervor.

Un segundo grupo de pintores es el de la Corte de Felipe II. De ellos distinguimos a:

a) **Los que trabajan en la decoración de El Escorial**. Predominan los de nacionalidad italiana como TIBALDI que dejó su más lograda obra en la bóveda de la biblioteca o CAMBIASSO, el más proclive a las experiencias pretenebristas. Entre los españoles, el más importante fue JUAN NAVARRETE "EL MUDO" a quien el monarca encomienda en 1568 la decoración del monasterio. Su paleta trajo a España la influencia veneciana, en especial de TIZIANO y de TINTORETTO, a quien sigue en la representación de los intensos juegos de luz (*Adoración de los pastores*). A su muerte, en 1579, el rey pretendió sin éxito la incorporación a El Escorial de otros maestros venecianos.

b) **Los retratistas de la Corte**. El segundo grupo es el formado por los tres principales retratistas de la Corte: A. MORO, ALFONSO SÁNCHEZ COELLO y JUAN PANTOJA DE LA CRUZ. Para MORO el retrato es la única preocupación y en su *María Tudor* o *El emperador Maximiliano II*, ambos en el Prado, quedan patentes sus prioridades: el detalle de ropas y joyas, la penetración psicológica y la eliminación de los decorados, con el ansia de concentrarse en la figura. SÁNCHEZ COELLO (1531-1588) supo aprovechar la docencia recibida de MORO y, aunque produjo bastante pintura religiosa e incluso fue llamado a El Escorial, es el retrato su verdadera inclinación artística (*Don Carlos, Felipe II*, etc.). Con PANTOJA DE LA CRUZ (1553-1608) el retrato se acerca a las pautas barrocas; sus personajes se sitúan junto a una mesa o un sillón (*Isabel Clara Eugenia*). Los retratos de *Felipe II*, ya muy envejecido, y de *Felipe III* (Museo del Prado), son testimonio de la persistencia de la escuela retratista española a final del siglo XVI.

◄ MORALES: *La Virgen con el Niño, Museo del Prado*. Es un ejemplo del intento manierista de humanizar la pintura clásica mediante la introducción del sentimiento. Los colores fríos, el alargamiento de las figuras y la iluminación concebida para resaltar la ternura de los rostros aparecen documentados en esta obra.

▼ A. SÁNCHEZ COELLO, autor de este retrato de Isabel Clara Eugenia, supo aliar en sus obras la precisión y fineza del detalle con un respetuoso distanciamiento que le permite una captación veraz de la psicología de su modelo.

7 EL GRECO

DOMÉNICO THEOTOCÓPOULOS (1541-1614) nació en Creta y en esta isla recibió su formación, en contacto con los iconos, lo que explica la adopción de rasgos bizantinos en su políptico de Módena, rasgos que de forma fragmentaria estarán siempre presentes en su arte. Hacia 1560 marchó a Venecia, ciudad que además de metrópoli de las artes y de las letras era la capital política de los cretenses. Varias veces confiesa EL GRECO ser discípulo de TIZIANO; su cromatismo más cálido y algunos rasgos técnicos, así como referencias vagas de TIZIANO a un joven discípulo extraordinariamente dotado, acreditan tal aprendizaje, pero en su estilo influyó también la gama de VERONÉS, la composición de los BASSANO y sobre todo los escorzos, las grandes composiciones divididas en estancias, los choques brutales de blancos y negros y el nerviosismo ondulante del dibujo aprendidos en el arte tenso de TINTORETTO.

El centro de la actividad artística italiana se encontraba en la corte papal y el pintor se traslada, a finales de 1570, a Roma, donde se alberga en una buhardilla del palacio Farnesio, rematado por MIGUEL ÁNGEL. En un momento de auténtico culto por el arte del genial escultor, EL GRECO experimenta una gran decepción ante su obra pictórica, magra de material cromático y reducida casi a líneas y planos de color muy tenue. Pero sus juicios despectivos no pueden ocultar la influencia casi fatal que el artista florentino ejerce sobre la pupila del cretense en el dibujo, las formas y la concepción de los temas hasta bastantes años después de su llegada a España.

De su época italiana son *La expulsión de los mercaderes del templo*, el *Retrato de Giulio Clovio* y la *Anunciación*, así como las primeras versiones de *El expolio*. En poco tiempo traba relación con algunos personajes españoles afincados en la ciudad papal, circunstancia que, junto al atractivo de trabajar en El Escorial y quizá la conciencia del exceso de figuras existentes en Venecia o Roma, que dificultaban el éxito, le impulsó a la decisión de viajar a España.

Parece ser que a su llegada vivió algún tiempo en Madrid antes de trasladarse a Toledo para realizar su primer encargo: el retablo de *Santo Domingo el Antiguo* (1577-1579). Sus deseos de ingresar en el círculo de pintores de Felipe II le animaron a presentar al monarca *La adoración del nombre de Dios*, que se puede considerar como una muestra temprana de su más característico estilo. La oportunidad esperada se presentó en 1580 al serle encargado *El martirio de san Mauricio* para la iglesia del monasterio de El Escorial. EL GRECO quiso introducir tantas novedades que no gustó al rey y fue reemplazado por la versión de CINCINATO, más de acuerdo con las conservadoras preferencias del círculo real.

Inmerso en la sociedad toledana y en relación con los espíritus más inquietos del momento, EL GRECO fue alumbrando sus obras más personales: *La Trinidad*, *El expolio* y sobre todo el extraordinario *Entierro del conde de Orgaz*, que consigue una profunda fusión entre el mundo real y sus prolongaciones en el más allá, dos espacios que se reclaman y se explican mutuamente.

EL GRECO es una de las figuras máximas de la historia de la pintura, aunque su genio no fue reconocido hasta la publicación del estudio de COSSÍO (1908) sobre su obra y personalidad. A partir de ese año, una curiosidad creciente ha suscitado las teorías más diversas, desde que pintaba formas alargadas porque era astigmático (enfermedad de la vista) –en realidad lo hacía porque son más espirituales– hasta la de sugerir que utilizaba a locos del manicomio de Toledo como modelos para sus apóstoles (Doctor MARAÑÓN). Sin entrar en las discusiones interpretati-

▲ EL GRECO: La Trinidad, *Museo del Prado*. De MIGUEL ÁNGEL, EL GRECO *dijo "que no sabía pintar"; no obstante algo debieron influir en el cretense los gigantes de la Sixtina puesto que en sus primera obras en España se trasluce un gigantismo y una musculatura que pronto abandonará por una espiritualidad más veneciana.*

◄ EL GRECO: El entierro del conde de Orgaz, *Toledo*. Esta magna obra puede situarse en el centro de su desarrollo estilístico lo que, además, y en cierto modo, se refleja en el propio cuadro, correspondiéndose la parte inferior con una composición y sobre todo un modo de pintar más cercano a su época romana y la parte superior con la vehemencia veneciana y la fugacidad de pincelada que definirá el estilo inconfundible del artista.

▶ EL GRECO: La adoración de los pastores (fragmento), *Museo del Prado*. El artista, dueño ya de su estilo de formas espiritualizadas como llamas, ensaya una composición circular para destacar la imagen diminuta del Niño, sobre la que proyecta una luz brillante.

vas, la obra del pintor cretense se nos aparece como una constante búsqueda de las expresiones místicas y de las formas etéreas, ingrávidas. Cuando llega a España conoce ya todos los secretos del arte pictórico; en Venecia se ha empapado de color; en Roma, en la obra de MIGUEL ÁNGEL, ha indagado todas las posibilidades del dibujo. No obstante en Toledo su arte va a sufrir una poderosa transformación. Las obras de su etapa italiana todavía tienen paisaje, figuras robustas, con paños adheridos a los cuerpos, colores cálidos –tomados de TIZIANO– y composiciones recargadas en una zona de la tela mientras otros espacios permanecen vacíos.

En España sustituye los paisajes por celajes con luz de tormenta, y sólo excepcionalmente

un Toledo onírico, cuasi fantasmal, le hace abandonar su criterio de no pintar los encuadres espaciales de las escenas. Las figuras se alargan y pierden cualquier adiposidad, hasta reducirse a interminables hileras de formas huesudas, sobre las que los paños flotan, afirmando todavía más la sensación de adelgazamiento. Los colores son ahora fríos –el gris, el verde, gamas de azules–, más apropiados para plasmar sus visiones místicas. La composición es manierista; la falta de espacio tiende a impulsar sus gestos y cuerpos hacia lo alto.

El tema religioso ocupa casi exclusivamente su atención, ya se trate de la gran composición, como *La adoración de los pastores* o *El calvario* (Museo del Prado), ya figuras de santos (*San*

▶ EL GRECO: El Apóstol San Pedro. Pertenece a uno de los diversos apostolados que EL GRECO pintó por encargo. Los mejores son, sin duda, el de la sacristía de la catedral de Toledo y el de su casa-museo en la misma ciudad. La pincelada suelta, vigorosa y llena de fuego se va deshaciendo a medida que los apostolados son más tardíos. En los últimos trabajos las figuras de los Apóstoles parecen consumirse en un éxtasis arrebatador.

Francisco) o series de apostolados, en las que se percibe un misticismo cada vez más patético, hasta alcanzar, en el que se conserva en la denominada Casa del Greco (Toledo), el grado supremo de despego de todo lo terreno. En otro género menos cultivado, el retrato, sus innovaciones no son menos intensas. En los del Prado (*El caballero de la mano en el pecho, El médico toledano doctor Lafuente, Retrato de desconocido*) abandona los detalles de los venecianos (la cortina, los vestidos) para concentrar su atención en el rostro, habitualmente austero, de los caballeros castellanos y penetrar a través de la expresión triste de los ojos en el fondo del alma, o en los rincones escondidos de la personalidad.

"*El pintor de las formas que vuelan*", según EUGENIO D'ORS, ha tenido que esperar muchos años para que su genio fuera reconocido y su obra considerada como uno de los capítulos más puros, nobles y espléndidos del arte religioso.

▼ EL GRECO: El caballero de la mano en el pecho. *La más enigmática de sus obras ha sido rodeada por un halo poético y misterioso que se ha prestado a innumerables interpretaciones sobre el personaje retratado y sobre el significado de la mano sobre el corazón, no obstante ser éste un gesto frecuente en los retratos de la época a decir del propio* LOPE DE VEGA. *Aquí la mano parece cobrar significados propios y no es un mero gesto, adecuado sólo para la composición del cuadro.*

DOMÉNICO THEOTOCÓPOULOS, *EL GRECO*: El expolio

Datos: Óleo sobre tela. Dimensiones: 285 x 173 cm. Catedral de Toledo. Fecha: 1577-1579.

El expolio

Con este nombre, más que por su verdadero título, que es *El despojo de las vestiduras de Cristo sobre el Calvario*, es conocido el cuadro que para el altar mayor de la sacristía de la catedral toledana pintó EL GRECO entre 1577 y 1579. El cuadro fue trasladado en 1587 a la sacristía incluyéndolo en construcción que aún hoy puede verse, y que fue terminada en 1616. Constituye una de las obras más interesantes de este genial pintor y es ejemplo sobresaliente de la continuidad que une las pinturas realizadas en su etapa italiana con sus primeras creaciones efectuadas en tierra española.

B. MANUEL COSSÍO ha expuesto magistralmente el triple proceso llevado a cabo en esta extraordinaria pintura. En primer lugar la figura central de Cristo adquiere tal protagonismo que todo el cuadro significa un radical proceso de concentración. EL GRECO ha prescindido de la forma apaisada frecuente en las obras italianas y el formato alargado (2,85 m x 1,73 m) le sirve para destacar la figura del Salvador que parece llenar todo el cuadro. Sin embargo fiel a la tradición veneciana no se decidió a prescindir totalmente de episodios secundarios, pero éstos ya no están esparcidos en pla-

Esquema estructural de El expolio

zas o pórticos sino apiñados sin quedar más espacio libre que el necesario para los pies de Cristo.

A la izquierda de Cristo aparece un sayón que con fuerza y realismo barrena el madero de la cruz para hacer los agujeros; al otro lado colocó las tres figuras femeninas, que contrastan por su belleza y piedad con el bárbaro ahínco del sayón al que contemplan. A pesar de estas figuras e incluso del interés que despierta el caballero situado a la derecha de Cristo y que lleva una armadura propia del siglo XVI, todo el interés lo absorbe la figura de Jesús.

La composición está al servicio de ese plan concentrador. Las masas colocadas a la derecha e izquierda de Jesús así como las que ocupan el fondo de la escena se ordenan de forma circular alrededor de Jesús, única figura que aparece completa y que no oculta nada de su contorno.

El contraste espacial se logra plenamente (las tres Marías y el sayón; el capitán con el hombre que lleva la cuerda; las dos cabezas situadas a derecha e izquierda de Cristo) y al mismo fin concurre el colorido y el empleo del claroscuro. La iluminación del semblante de Cristo y la mancha roja de la túnica se contraponen con las sombrías caras de los sayones y el tono gris del fondo y esa misma luz se expande en numerosos puntos de iluminación que convierten el cuadro en un fascinante relampagueo de luces dispersas que llegan a crear una atmósfera irreal.

Un segundo proceso está orientado a lograr la plasmación realista de los personajes. Se basa en una observación inmediata de la realidad y se obtienen tipos de pronunciado naturalismo. El expolio no es un cuadro de sencilla devoción, sino una reflexión sobre el tema enérgico de la vida de Cristo, como hombre, víctima inocente de las pasiones humanas. Todo el cuadro es una escena humana. La naturaleza sólo queda representada por un palmo de tierra que Cristo pisa y la estrecha franja de cielo nuboso. El escenario se desvanece, nada indica el lugar. Todo se encamina a resaltar la figura central en la que rivalizan dos puntos por ser el centro de convergencia: el semblante y la mano en el pecho, la eterna mano de EL GRECO.

El tercer proceso desemboca en la plena españolidad de este cuadro. El expolio es testimonio del largo recorrido artístico de su autor. JUSTI encuentra ecos de la tradición bizantina en aspectos tales como

la vigorosa posición de frente en que está vista la escena o la simétrica posición de las figuras. Por su naturalismo y la fuerza de sus contrastes se separa de la manera veneciana, hasta lograr el punto culminante del elemento dramático. La tarea de EL GRECO es original, mira el porvenir aunque proceda de la escuela veneciana. Los efectos de la luz en los cascos, de tan audaz técnica, anticipan a VELÁZQUEZ.

En el uso del color las notas personales que se apuntaban en sus obras italianas (La expulsión de los mercaderes es su mejor muestra) se pronuncian vigorosamente desde las primeras obras toledanas y acrecientan la inconfundible originalidad del pintor. Ya no es el mero discípulo de TIZIANO o TINTORETTO, sino el maestro substantivo que se ha compenetrado con el nuevo ambiente castellano.

Prefiere el tono frío, abandonando el predominio de las tintas rojas y doradas, base de la coloración veneciana. Adopta la serie del azul y del carmín, los grises cenicientos, los contrastes radicales entre el color puro y las delicadas medias tintas.

En El expolio, el contraste entre el gris acerado del fondo y los primeros planos es perfecto. Las notas modernas apuntan con atrevimiento (el reflejo rojo de la túnica que aparece en la armadura del capitán o las tintas azules que se observan tras el brazo del sayón en el paño de su camisa).

El pleno logro de una vigorosa personalidad artística es patente en la obra que hemos comentado y de la que JUSTI afirma que es la pintura más original del siglo XVI en España.

Existen, además, varias copias, algunas de dudosa autenticidad, en las cuales el pintor ha ido simplificando las figuras y, en ocasiones, eliminando personajes. Es bien conocida la actividad de EL GRECO y de su taller, dados los numerosos encargos que se le hicieron. De sus obras guardaba bocetos y, en ocasiones, cuadros acabados que le servían de referencia. Ello hace que en las numerosas copias que existen se encuentren desigualdades de estilo y de calidad plástica, puesto que algunos encargos eran comenzados por ayudantes de su taller o eran pintados por él mismo con excesiva urgencia. Por otra parte hay que considerar que muchos clientes querían un cuadro igual a otro ya conocido del autor y no aceptaban de buen grado una innovación.

ACTIVIDADES

- Define los rasgos formales de la pintura de El Greco.

- El Greco rompe abiertamente con los gustos renacentistas pero trasluce las influencias recibidas de los grandes maestros italianos (Tiziano, Tintoretto, Miguel Ángel). ¿Cómo se reflejan en el cuadro que estamos comentando?

- El expolio lo mismo que la mayor parte de las obras del autor son extemporáncas no tanto por la temática cuanto por la técnica que utiliza. ¿Crees que ese fue el motivo por el que su obra no fue reconocida hasta muy tarde?

- La pintura que comentamos, a pesar del claroscuro, está concebida como una composición en la que no se persigue la profundidad como un valor expresivo, sin embargo contiene algunos extraordinarios escorzos; localízalos en el cuadro e intenta dar una explicación a este hecho.

BIBLIOGRAFÍA

ANGULO, D., Pintura del Renacimiento. Madrid, Plus Ultra, Ars Hispaniae, vol. XII, 1954.

AZCÁRATE RISTORI, Escultura del siglo XVI. Madrid, Plus Ultra, Ars Hispaniae, vol. XIII, 1958.

CAMÓN AZNAR, J., – La arquitectura y la orfebrería españolas del siglo XVI. Madrid, Espasa-Calpe, Summa Artis, vol. XVII, 1996.

– La escultura y la rejería españolas del siglo XVI. Madrid, Espasa-Calpe, Summa Artis, vol. XVIII, 1995.

CHECA, F., – Pintura y escultura del Renacimiento en España 1450-1600. Madrid, Cátedra, 1988.

– Arquitectura del Renacimiento en España. Madrid, Cátedra, 1989.

CHUECA GOITIA, F., Arquitectura del siglo XVI. Madrid, Plus Ultra, Ars Hispaniae,1953.

MANN, R. G., El Greco y sus patronos: tres grandes proyectos. Madrid, Akal, 1994.

MORALES Y MARÍN, J.L., El Greco. Barcelona, Círculo de Lectores, 1997.

14.

Arquitectura y escultura barrocas en Europa. El rococó

En el siglo XIX se crea el término *barroco*, parece ser que referido a ciertas perlas que resultaban deformadas e irregulares. Se utiliza por lo tanto en un sentido despectivo y durante un tiempo el Barroco se tuvo por un arte decadente y corrompido, aceptado, a lo sumo, como un mal menor que sirvió como puente entre el Renacimiento del XVI y el Neoclasicismo del XVIII. Sin embargo, en el siglo XX, en el que se revisan tantos viejos criterios y se proponen tantas novedades, movimientos como el Dadaísmo o la abstracción ponen sobre el tapete, nuevamente, el valor y la primacía de lo sensorial sobre lo racional. Desde esa óptica se ha reivindicado el Barroco como un arte tremendamente coherente y lúcido, lleno de inventiva y, sobre todo, un movimiento revulsivo que puso por primera vez en tela de juicio todas las afirmaciones y las pautas estéticas que Occidente se había venido planteando desde Grecia y Roma.

BERNINI: Columnata de la plaza de San Pedro del Vaticano, *1656. Esta plaza en su concepción barroca es todo un símbolo no sólo del papel rector de la Iglesia Católica sino del nuevo modo de valorar los espacios arquitectónicos.*

I. El Barroco en Europa

1 CARACTERÍSTICAS GENERALES

A finales del siglo XVI el predominio de la lógica en arquitectura o el equilibrio tenso de MIGUEL ÁNGEL en escultura terminan por fatigar la sensibilidad de las nuevas generaciones. De nuevo la sensación viene a suplir la razón. A la obra equilibrada y racional del Renacimiento viene a sustituirla la expresión desequilibrada del Barroco. En arquitectura aparece un repertorio de infinitas curvas. Elipses, parábolas, hipérbolas, cicloides, sinusoides, hélices, sustituyen el perfecto equilibrio del medio punto romano. Ahora las columnas se ciñen de fajas o se retuercen en hélices salomónicas, los frontones son curvos y mixtilíneos. Los muros se curvan a la búsqueda de mil quebradas perspectivas y efectos luminosos. Finalmente, la tradicional planta rectangular, heredada de la escultura greco-latina da paso a plantas elípticas, circulares y mixtas.

Ahora será la arquitectura quien gobierne la dirección plástica. No sólo la pintura sino también la escultura, se aunarán para formar con la arquitectura un todo magnífico en el que la percepción visual no sabrá distinguir dónde empieza lo uno y dónde termina lo otro.

La cúpula, uno de los máximos logros renacentistas, seguirá utilizándose en su apariencia externa, pero en su interior se verá aniquilada, como superficie semiesférica pura, por el torbellino de figuras que parecen ascender al infinito. La pintura al fresco cobra así un nuevo empuje que logra sacarla del humilde lugar al que la relegó la pintura de caballete del *Cinquecento*. Así, toda suerte de estucos y dorados crearán una ilusión nueva en la cual cada una de las artes vendrá a confundirse e integrarse en una nueva dimensión.

La arquitectura ocultará las estructuras fundamentales mediante enlucidos, relieves, ilógicos soportes, quebrando las cubiertas con fingidos cielos; la escultura fingirá transparencias etéreas, más propias de la pintura, y la pintura imitará sólidas arquitecturas. Así se creará el riquísimo y peculiar lenguaje del Barroco.

2 EL BARROCO COMO ARGUMENTO CONVINCENTE DEL PODER

Podríamos resumir la situación europea del siglo XVII como un conjunto de Estados entre los que se da una problemática que conduce al establecimiento de dos tipos de poderes:

a) Poder papal. La Iglesia Católica, después del Concilio de Trento, irá renunciando a las naciones protestantes, pero establece una férrea disciplina en las que permanecen dentro del catolicismo. Actúa de forma inteligente proponiendo como evidencia de la posesión de la verdad el oro y la riqueza de sus templos, de sus pinturas y de sus esculturas. Al pueblo ya no se le piden difíciles interpretaciones sobre la iconografía empleada y cegado por los múl-

▼ GUARINO GUARINI: Cúpula de la capilla del Santo Sudario, catedral de Turín. A la izquierda, interior de la cúpula y a la derecha, una vista del exterior. GUARINI (1624-1683) pertenece a la segunda generación de arquitectos barrocos y en su obra expresa todo el dislocamiento y el espíritu de aventura de este movimiento. Monje, filósofo, matemático y poeta, concibe unos espacios en los que los juegos de formas y de luz evocan una extraña dimensión y, sobre todo, rompe el espacio convencional de la cultura occidental elaborado lentamente desde el clasicismo. En esta cúpula, el entrecruzamiento de arcos y los huecos que quedan entre ellos crean, mediante la insólita geometría y el juego de luces, una atmósfera realmente mágica y sobrenatural.

tiples dorados y el riquísimo lenguaje visual no dudará más: la verdad tiene que estar donde existe tanta sensación de poder. Es importante considerar esta circunstancia para comprender lo distinta que resulta la iconografía barroca en los países protestantes.

b) **Poder real**. En los países de fuerte poder real, el monarca actuará con el pueblo, como la Iglesia con los fieles, le impondrá la obediencia ciega a través de la convicción que procede del deslumbramiento de sus palacios y edificios de gobierno. Pero el absolutismo traerá como consecuencia el establecimiento de una Corte y una administración inmensa, lo que hará aparecer un nuevo tipo de ciudad: la capital del Estado. El diseño de estas nuevas ciudades volverá a potenciar el urbanismo, desatendido durante el Renacimiento. Incluso en las ciudades viejas se derriban barrios y se trazan plazas, creando magníficas perspectivas para las construcciones civiles o religiosas.

3 ITALIA: LA PERMANENCIA DE LO CLÁSICO

El estilo **Barroco** nace en Italia y los nuevos mecenas son principalmente los Papas. Así el arte barroco italiano mantiene unos esquemas que son clásicos y prevalece la iconografía religiosa. El Barroco italiano nunca llegará a la exuberancia hispana ni a la frivolidad francesa. Italia impondrá un nuevo modo pero siempre procederá con ponderación, quizá por su natural espíritu de equilibrio.

La arquitectura

Los antecedentes más claros los encontramos en VIGNOLA, GIACOMO DELLA PORTA y CARLO MADERNA. Del primero ya vimos su iglesia del Gesú en Roma y de DELLA PORTA la fachada de la misma iglesia, que incorpora ménsulas invertidas para unir el cuerpo ático con el resto, siendo esta solución tema de inspiración de numerosas obras barrocas. CARLOS MADERNA es el arquitecto encargado de terminar la basílica de San Pedro. Deshace la primitiva idea de BRAMANTE, mantenida hasta MIGUEL ÁNGEL, de la planta de cruz griega y alarga la nave mayor. El ideal de la unidad queda olvidado, y el de universalidad tiene otra vía de expresión más acorde con el nuevo sentido de la Iglesia y que BERNINI sabrá interpretar magistralmente.

Pero el que lanza el manifiesto plástico que definirá la arquitectura barroca es JUAN LORENZO BERNINI († 1680). Hombre moderno de amplio espectro de actividades plásticas, es escultor, pintor, decorador, urbanista y por supuesto arquitecto. Educado en el espíritu jesuítico alcanza profundamente el sentido contrarreformista y refleja admirablemente las pretensiones del poder de la Iglesia. En 1624 construye el baldaquino que cobija el altar mayor situado bajo el cimborrio de la basílica de San Pedro (pág. 240). Esta inmensa construcción de bronce apenas tiene una línea recta, gira y se retuerce como una gran llamarada. BERNINI está utilizando la arquitectura como un escultor, lo hace con fines expresionistas ya que en un interior no le parece tan necesario mantener la disciplina formal del clasicismo; en este sentido es el contrapunto de la cúpula de MIGUEL ÁNGEL, bajo la que se encuentra.

▼ CARLO MADERNA: Fachada de la basílica de San Pedro del Vaticano, 1612. Este arquitecto terminó la gran fábrica de San Pedro iniciada más de un siglo atrás con el proyecto de BRAMANTE. Quizás influido por las clásicas plantas basilicales que tradicionalmente había usado la Iglesia Católica, decide prolongar la iglesia un tercio más de lo que dejara hecho MIGUEL ÁNGEL. Además diseña una grandiosa fachada que tiene poca correspondencia con el interior. La concibe como un gran frontal clásico en el que el cuerpo ático sustituye al frontón obligado, que reduce para no paliar el efecto de la poderosa cúpula que emerge aquí, como en toda Roma, a modo de símbolo.

Pero su obra más trascendental como arquitecto es la gran columnata que cierra la plaza de San Pedro en Roma. De planta elíptica (ver pág. 251), las columnas nacen de la fachada de la basílica como dos grandes brazos que acogen a la Humanidad. De la idea universalista de BRAMANTE propia del Renacimiento se pasa a la idea paternalista de la Contrarreforma. En este punto la intuición de BERNINI se manifiesta genial.

FRANCISCO CASTELLI († 1667) llamado EL BORROMINI, comienza su actividad colaborando con MADERNA y con BERNINI. Conoce, pues, el fondo del nuevo lenguaje expresivo. En una de sus primeras obras, la iglesia de Santa Inés en Roma, parte del aprendizaje con MADERNA en el Vaticano, para crear una obra propia. Esta iglesia, situada en la plaza edificada sobre la planta de un circo romano, es toda una declaración de principios de la arquitectura barroca. Partiendo de una concepción todavía clásica de división horizontal del espacio, el arquitecto logra crear un movimiento típicamente barroco de masas que se adelantan y se retraen.

Mucho más audaz es la iglesia de San Carlos de las Cuatro Fuentes, también en Roma, de planta elíptica. La fachada maneja los cuerpos de espacios curvos con gran soltura, acusando valientemente las cornisas y destacando las columnas que en el *Cinquecento* hubieran sido adosadas y ahora se tornan exentas. En la iglesia romana de San Ivo, remata el cimborrio con muros ondulantes y la cúpula en una originalísima linterna en forma de hélice cónica que denota la inagotable inventiva del artista.

FELIPE JUVARA († 1736) es el mejor representante del nuevo sesgo que toma la arquitectura tras las audacias de BORROMINI. El temple clásico de Roma reclama un reposo ante tanta dislocación. Su obra religiosa más importante es la basílica Superga en Turín.

▲ BERNINI: Baldaquino de San Pedro, *1624* (izquierda); BORROMINI: Iglesia de San Carlos de las Cuatro Fuentes, *1667* (derecha). Ambos son ejemplos magníficos del programa estético del Barroco, especialmente del italiano. En ambos casos se mantiene una referencia a las formas clásicas, tanto en las columnas como en los elementos de la fachada que, a pesar de su audacia, están inspirados en fórmulas ya ensayadas en el Bajo Imperio romano. La verdadera novedad está en el protagonismo que adquieren y en la proyección que esa idea tendrá sobre los espacios internos.

La escultura

BERNINI es con relación a la escultura del siglo XVII, lo que MIGUEL ÁNGEL fue a la del siglo XVI. Marca con su sello toda una época y basta su obra para comprender y sentir el Barroco italiano. Sus características principales serán: el movimiento exaltado, la búsqueda de calidades texturales no aceptadas antes como "escultóricas", y un profundo naturalismo. En una de sus primeras obras, *Apolo y Dafne*, ya marca el sello característico de su arte. Más adelante labrará su obra más conocida, el *Éxtasis de Santa Teresa*. El tratamiento de las calidades es absolutamente pictórico, dando a los paños una ligereza casi inmaterial que contrasta con la sensación de peso

de la Santa desvanecida. Se aborda la representación de las nubes, lo que es insólito en la escultura y que corresponde al deseo barroco de subvertir los valores genuinos de cada una de las artes.

Es importante la faceta de BERNINI como retratista. El naturalismo característico del Barroco favorece el arte del retrato, que, aunque practicado en el Renacimiento, no había tenido gran predicamento. Es especialmente representativo el *Busto de Constanza Buonarelli*. Sin embargo donde mejor pone de manifiesto su sentimiento escenográfico barroco es en los sepulcros que realiza: el de *Urbano VIII* y el de *Alejandro VII* en San Pedro de Roma.

▼ *BERNINI: Apolo y Dafne, 1624 (izquierda). BERNINI capta la oposición entre el dinamismo de Apolo y la paralización de Dafne, contraponiendo la suave piel de la muchacha y la aspereza del tronco del árbol.*

Éxtasis de Santa Teresa (derecha). El Barroco no está tan preocupado por la idea de la belleza como por la comunicación fácil y directa. Para ello recurre a mil sutilezas y efectos muchas veces escenográficos.

4 FRANCIA

Las motivaciones que los artistas franceses podían recibir para su creación son muy distintas que las de Italia. Francia ha permanecido católica, pero su situación política en el siglo XVI le hace atender más a los asuntos de Estado que a los religiosos. Este país se desembaraza del cerco hispano-austríaco y se convierte en la primera potencia europea a finales del siglo XVII.

En arte, el signo de Francia será palaciego antes que religioso. La arquitectura atenderá a los palacios y jardines, la pintura a escenas míticas bucólicas y de género y la escultura a los retratos e inmortalización de los poderosos.

Otro aspecto singulariza el Barroco francés de los demás Barrocos europeos. Opone los exteriores y los interiores. El exterior se mantendrá en una línea de relativa pureza clásica. El francés preferirá siempre la majestad a la suntuosidad, al menos hacia fuera. El interior es todo lo contrario. Los espejos y los cielos decorados nos sumergen en un mundo refinadísimo y suntuoso. Se comprende ya que una suntuosidad exterior en un palacio hubiera sido un insulto a unos ciudadanos mal atendidos. Por otra parte, ya desde Luis XIV se fundan las Academias para que orienten la creación artística hacia los fines políticos.

▶ HARDOUIN MANSART: Iglesia de los Inválidos, *París, 1691. La grandiosidad romana de los dos cuerpos horizontales se torna inequívocamente francesa en la elegante cúpula.*

▼ CLAUDE PERRAULT: Fachada del palacio del Louvre, *París, 1673. Este enorme palacio se levanta durante siglos, desde Francisco I hasta Napoleón III. En tiempos de Luis XIV, PERRAULT diseña esta fachada a modo de gran decorado que nada tiene que ver con el interior. Utiliza estructura de hierro, anticipándose al siglo XIX.*

La arquitectura

CLAUDE PERRAULT († 1688) define en su obra el sentido constructivo antes destacado. Levanta la columnata de la fachada exterior del palacio del Louvre de París, proyecto al que se había presentado BERNINI, quien fue rechazado. Es un excelente conocedor de VITRUVIO y sabe aplicar la solemnidad romana cinquecentista al espíritu real francés de su tiempo.

JULES HARDOUIN MANSART († 1708), arquitecto de Luis XIV, levanta la iglesia de los Inválidos de París. Inspirada probablemente en El Escorial, emplea una cúpula miguelangelesca, pero más airosa. Sin ser de grandes dimensiones es la cúpula más bella de Francia. Es un edificio clave para comprender el Barroco francés del siglo XVII.

Pero la obra que definitivamente consagra a HARDOUIN MANSART es el conjunto del palacio de Versalles. Aunque no es el único autor, él es quien configura su planta y alzados. De enorme extensión y con absoluto dominio de la horizontal, se distribuye en tres cuerpos, pero el inferior y el superior son basamento y coronación del principal o planta noble. Este señalamiento tan claro de esa planta nunca había sido tan evidente y crea el nuevo tipo de palacios que hará escuela en toda Europa hasta el siglo XIX.

Aquí mismo, en Versalles, HARDOUIN MANSART levanta la Capilla Real, cuyo interior es el paradigma del Barroco francés de interiores durante el siglo XVII. De dos pisos, resulta muy esbelta, y sus mármoles blancos y sobredorados le dan la buscada suntuosidad.

▼ HARDOUIN MANSART: Fachada del palacio de Versalles, *1690. Concebido con dimensiones gigantescas, es la mejor expresión arquitectónica del absolutismo de Luis XIV. El palacio barroco francés, del que éste es el modelo, nunca será muy alto a diferencia del italiano, por lo que ganará en extensión. Esta fachada tiene más de 600 m, aunque la sabia disposición de entrantes y salientes le resta toda monotonía.*

◄ HARDOUIN MANSART: Salón de los espejos, *palacio de Versalles. En los exteriores, el Barroco francés se manifiesta siempre muy sobrio y afín al clasicismo romano; a ello colaborará eficazmente la Academia recién creada. Sin embargo las licencias serán mayores e importantes para los interiores que serán decorados con una suntuosidad y un refinamiento exquisitos.*

La escultura

La misma razón por la que en Francia el Barroco es un arte palaciego hará que la escultura se dirija, principalmente, a complacer a los poderosos. Los temas serán mitológicos pero también abundará el retrato. Como en la Roma antigua: el homenaje a los dioses y el culto a los señores.

PEDRO PUGET († 1694) estudia en Italia y comienza su actividad como pintor. Más adelante se interesa por la escultura y es atraído por el lenguaje pictórico-escultórico de BERNINI, y en este mismo lenguaje labra sus primeras obras como el *San Sebastián*, de Génova. Ya en Francia madura su estilo tornándolo más escultórico y acentuando el realismo sin olvidar un cierto énfasis clásico. De esta época es el conocido *Milón de Crotona*, del Louvre.

A pesar de los rígidos condicionamientos que las Academias imponían al arte, sobresalen algunos artistas muy personales como FRANCISCO GIRARDON que trabaja sobre todo sobre asuntos mitológicos. Su mejor obra es *Apolo y las ninfas*, en Versalles.

▼ FRANCISCO GIRARDON: Sepulcro del cardenal Richelieu, *La Sorbona, 1694. Este escultor aprendió de BERNINI y de todo el Barroco papal. Esta obra podría parecer italiana pero la solemnidad del cardenal, casi ceremoniosa, la denotan como realmente francesa.*

▲ PEDRO PUGET: Milón de Crotona, *1682. Esta obra, en su incontenible dinamismo, representa la más ferviente oposición al academicismo oficial de este siglo en Francia.*

ANTONIO COISEVOX († 1720) es de mayor fuerza creadora que GIRARDON. Gran retratista, recurre con frecuencia a lo que era moda en Francia: retratar a los personajes como seres mitológicos. De esa forma la reverencia a la Antigüedad y la pleitesía a los poderosos quedaba aunada y potenciada doblemente.

El más interesante de estos retratos míticos es el de María Adelaida de Saboya, como *Diana cazadora*. Retrató a los más grandes personajes de las cortes de Luis XIV y Luis XV y, por supuesto, a los monarcas.

Su retrato, de honda captación psicológica, puede parangonarse con los antiguos retratos romanos. Ello hace que sea considerado como uno de los mejores escultores barrocos de toda la Europa del siglo XVII.

▲ ANTONIO COISEVOX: Estatua orante de Luis XIV, *Notre-Dame de París, 1715. La serena majestad del gesto y ese equilibrio, entre un afectado naturalismo y la solemnidad de tradición clásica, hacen de este retrato un gran ejemplo del arte oficial del "gran siglo" francés.*

▶ ANTONIO COISEVOX: Diana cazadora, *Museo del Louvre, 1710. El retrato es el de María Adelaida de Savoya representada como Diana. A pesar de seguir fielmente las normas de la Academia, logra transmitir la gracia y la vitalidad de la mejor época clásica.*

5 ALEMANIA Y AUSTRIA

Austria y el Sur de la actual Alemania habían permanecido fieles a Roma. Ello hubiera permitido, en principio, una difusión del arte religioso pareja a la de Italia, pero circunstancias económicas, políticas y religiosas hacen que esto no ocurra hasta bien entrado el siglo XVII. Sin embargo, el cambio de siglo marca un afianzamiento político y con ello un auténtico renacimiento artístico que tendrá como modelos el arte italiano y francés. En líneas generales en Alemania del Norte y Austria la influencia es italiana, mientras que en Alemania del Sur la influencia será más francesa.

La arquitectura

Se puede hablar de Barroco alemán en el período que va desde 1680 a 1730. Tras la Paz de Westfalia, Alemania y Austria se habían reconstruido lo suficiente para crear una arquitectura que, aunque deberá mucho a lo francés y lo italiano, irá logrando su propio vocabulario, que tendrá su más feliz eclosión en el último Barroco, es decir en el **rococó**. En el siglo XVIII el centro cultural de Alemania se fija en Dresde y allí destaca por su obra independiente DANIEL PÖPPELMANN quien construye el *Zwinger*. Introduce un modelo que se hará clásico en Alemania del Norte y que consiste en trazar dos alas diagonales desde el pequeño pabellón central, lo que le confiere a éste el lugar de fondo de una perspectiva y con ello mayor grandiosidad.

JUAN BERNARDO FISCHER VON ERLACH, arquitecto de gran solemnidad, trabaja en Viena y Salzburgo. Aquí edifica el castillo de Klesheim, de gran inspiración y sentido de la medida al modo italiano. Es parco en la ornamentación, lo que será una constante en su obra. En Viena, entre otras construcciones, realiza la iglesia de San Carlos Borromeo, la más singular obra religiosa del Barroco germánico.

La escultura

En Alemania y Austria se realiza una escultura absolutamente ligada a la arquitectura. Asume, pues, un papel decorativo y se ciñe a los patrones franceses e italianos. Al lado de ella coexiste una escultura popular, generalmente realizada en madera, en la que se siguen los rasgos genuinos de la talla alemana.

BALTASAR PERMOSER († 1732) aprende en Munich y en Roma. Comunica el mensaje del dinamismo berniniano a sus figuras, aunque la tensión dramática es mucho mayor en las del alemán. Junto con su hermano realiza en Munich la iglesia de San Juan Nepomuceno, de la que BALTASAR hace el altar mayor que constituye el conjunto más representativo de su arte. Su obra es nerviosa, palpitante, agitada por una furia que sólo se encuentra en la escultura del BERRUGUETE.

▲ DANIEL PÖPPELMANN: Pabellón Zwinger, *Dresde, 1722. Este pabellón de verano para la Corte define claramente el paso del Barroco al rococó. A la estructura de influencia francesa se le añade la fantasía más propia del nuevo estilo.*

▼ J.B. FISCHER VON ERLACH: Iglesia de San Carlos Borromeo, *Viena, 1737. Esta insólita obra es un verdadero homenaje al mundo romano aunque esta concepción no será permanente en el Barroco austríaco. De formas clásicas, sólo hay unas pequeñas concesiones al decorativismo barroco en los áticos de los cuerpos laterales y en la altísima cúpula. La gigantesca vertical que impone la cúpula queda equilibrada por dos columnas, que le comunican un insólito aire romano.*

6 INGLATERRA

En este país, como en Alemania, el lenguaje de formas clásicas se aceptará muy tarde, prácticamente no existe Renacimiento. Por eso a principios del siglo XVII el nuevo vocabulario llega a las islas con los artistas ingleses que han ido a estudiar a Italia, impregnado de ciertos matices ornamentales que ya definían el Barroco romano. Sin embargo, en Inglaterra, el arte del siglo XVII siempre será mesurado más que en ningún otro lugar. Incluso podría decirse que es en este siglo cuando en Inglaterra comienza a sentirse, por primera vez en su historia, el espíritu clásico.

La arquitectura

IÑIGO JONES, tras una larga estancia en Italia, será el arquitecto que lleve a Inglaterra el espíritu palladiano. Su arquitectura es de asombrosa racionalidad eludiendo, casi por completo todo elemento decorativo.

CRISTOBAL WREN († 1723) es el mejor representante del Barroco inglés. Se encarga de varias obras, incluso urbanísticas, tras el incendio de Londres (1666). La obra más representativa de WREN es la catedral de San Pablo de Londres. Quiere ser la respuesta anglicana a la iglesia de San Pedro de Roma. No llega a sus dimensiones, pero sí alcanza una gran monumentalidad. De planta muy larga, asienta una gran cúpula en el centro. Los tramos cubiertos por cúpulas, las pilastras agrupadas armoniosamente y la sabia distribución de los espacios exteriores en dos pisos, al modo francés, le dan un perfecto sosiego lleno de grandeza, característico de toda obra clásica.

En San Pablo, WREN levanta una cúpula oval, peraltada y sobre un esbelto tambor al modo bramantino. Sin embargo esta cúpula exterior cobija otra más baja, con lo que los empujes de ésta quedan reducidos por los de aquélla. Con esto además de un problema técnico resuelve un problema de percepción espacial, ya que la cúpula alta resultaría excesivamente vertical vista desde dentro, y la baja resultaría muy achatada al ser observada desde fuera.

Del Renacimiento al Neoclasicismo

En el siglo XVIII, Inglaterra sigue manteniendo su lenguaje de formas severas y elegantes, sin que nunca llegue a conocer en su suelo el rococó europeo. Esta serenidad permanente es, sin duda, una de las más interesantes características diferenciales del arte inglés de este período.

ROBERT ADAMS es la figura clave de la arquitectura inglesa del siglo XVIII. Estudioso del helenismo en el Sur de Italia, lleva a su país la pureza de líneas helénicas, enlazando directamente con la nueva corriente neoclásica que comienza a vivir Europa.

▲ *El Barroco nunca encontró terreno bien abonado en Inglaterra que prefirió una severa línea al modo del mejor Renacimiento romano, como ocurre en esta obra de JONES, en la que sólo las guirnaldas del piso superior hacen una concesión a un tímido decorativismo.*

▼ CRISTOBAL WREN: Catedral de San Pablo, *Londres. A la línea de absoluto purismo que caracteriza lo inglés, WREN añade su sabiduría técnica al levantar una altísima cúpula. Desde el punto de vista mecánico esta cúpula es una consecuencia de las experiencias iniciadas por BRUNELLESCHI en Florencia.*

II. El rococó

7 DEFINICIÓN DEL ROCOCÓ

El **rococó** es un estilo que se produce a mediados del siglo XVIII; deja de ser un arte regio para ser el preferido por la aristocracia y la alta clase media, amantes de un estilo mundano, atractivo, íntimo y delicado. El nuevo gusto, a mitad de camino entre aquel Barroco cortesano y el prerromanticismo burgués, encontrará en el rococó el estilo-puente necesario que conduzca a una posición alejada de los lenguajes formales barrocos y en mayor grado del Renacimiento.

La élite intelectual y artística gusta de reunirse en los "salones" dirigidos por damas (Pompadour, Du Barry) o en círculos privados; los temas artísticos varían igualmente, siendo preferidos las "*fêtes galantes*", aventuras amorosas, rigodones, minués, fiestas campestres, siempre en alegre tono de sociedad.

Desde el punto de vista formal, lo más característico del estilo rococó es la utilización de un tipo de decoración con forma mixta de palmeta y concha (*rocaille* y *coquille* que darán origen al término *rococó*), rocalla, de gran aceptación para ornamentar interiores y grandes lienzos de paredes, o bien en puntos de sutura de dos elementos espaciales distintos. Semeja una concha de trazado irregular y asimétrico cuyo borde se enrolla en torno a una escena bucólica o un espejo.

8 LA ARQUITECTURA ROCOCÓ

Principales características

a) El rococó impone la **acumulación de elementos decorativos barrocos** (líneas ondulantes, elementos irregulares, etc.), pero traduciendo una nueva sensibilidad y un nuevo talante que resume los deseos de galantería, ironía e interés por cosas pequeñas de la época.

b) En los edificios permanece un **trazado externo simple**, sin embargo **en el interior la decoración se desborda**.

c) El **palacio urbano**, en el que se pretende disfrutar de una cómoda intimidad, sustituirá al edificio pensado para resaltar un esplendor público y oficial, propio de la época anterior.

d) Alcanza mucha difusión el **gusto chino** –*chinoiseries*– que había entrado en Europa con las piezas de porcelana, telas o lacas, y que decorará los salones occidentales.

Arquitectura rococó en Francia y España

En Francia, este estilo está bien representado en interiores (tales como el Hotel de Soubise), fuentes y rejas (de la place Stanislas, de Nancy).

En España el advenimiento de la dinastía borbónica trajo como resultado la interrupción de la tradicional manera barroca y la adopción del gusto francés con cuantiosas influencias italianas. El rococó español encontró un terreno abonado por la herencia de los CHURRIGUERA, que se refleja particularmente en el interior de los palacios barrocos construidos en esta época, por ejemplo el Salón Gasparini del Palacio Real de Madrid.

La arquitectura rococó en Alemania

En Alemania se alcanza en este siglo la madurez expresiva que permite crear un arte propio y desbordar los patrones provenientes de la Francia rococó.

BALTASAR NEUMANN (1687-1753) es uno de los arquitectos que realiza una arquitectura esencialmente alemana. Es ejemplar su iglesia de los Catorce Santos en la alta Franconia. Allí la arquitectura, la escultura y la decoración se funden armoniosamente difuminando la sutil barrera entre el Palacio del Príncipe y el Palacio de Dios.

Pero, sin duda, la más bella y representativa obra del rococó alemán es la abadía de Ottobeuren siendo uno de los principales arquitectos JOHANN MICHAEL FISCHER (1692-1766). Constituye un conjunto impresionante de edificios con una coherencia formal y funcional que le ha valido el sobrenombre de *El Escorial de Suabia*. Pero es la iglesia la obra maestra en Ottobeuren; fue construida de 1736 a 1766 y responde al esquema alemán de un Barroco elegante y sobrio al exterior y un rococó exultante en el interior. El interior es el prototipo de rococó alemán del Sur y del rococó austríaco. Sobre una rigurosa y académica estructura clásica, estucada en blanco, se aplica una sinfonía de colores y de oros, de rocallas y de ángeles revoloteando como amorcillos paganos entre los retablos y bóvedas decoradas.

◀ JEAN LAMOUR: Reja de la plaza Stanislas, *Nancy, 1756* (arriba). El hierro se presta admirablemente para la decoración, por lo que se usa con un tremendo sentido de la exuberancia. En esta reja la fantasía vuela con enorme libertad.

Salón Gasparini (abajo). En el Palacio Real de Madrid, la arquitectura no comparece, excepto en la curvatura del techo. El resto es pura decoración pictórica que envuelve al espectador con una delirante telaraña de retorcidas formas.

▶ NEUMANN: Iglesia de los Catorce Santos (arriba). En el centro de la luminosa nave principal se eleva el altar en el que los elementos decorativos se funden caprichosamente. Destacan las semicolumnas de mármol resplandeciente, situadas junto a los pilares.

Iglesia de la abadía de Ottobeuren (abajo). Sobre una mínima estructura de porte clásico, FISCHER propone el más bello ejemplo de Barroco alemán. La obra constituye el mejor ejemplo para diferenciar este Barroco de los otros Barrocos europeos.

UNA PLAZA BARROCA: San Pedro del Vaticano

BERNINI toma como punto de partida el eje central, notoriamente alargado ahora, y sobre él se diseña una de las más impresionantes plazas de Occidente. Partiendo de las experiencias de la plaza de Pienza, o de la del Campidoglio de MIGUEL ÁNGEL en Roma, traza dos amplísimos brazos rectos desde los extremos de la fachada y que convergen hacia el eje. Aquí, la convergencia, como en Pienza o en el Campidoglio, produce un engaño óptico que da mayor dimensión a la fachada principal.

Estos brazos rectos, que avanzan en una longitud tan grande como la que hay desde el baldaquino interior hasta la fachada exterior, están constituidos por una magnífica columnata dórico-romana que remata en un entablamento coronado por estatuas. Pero la genialidad de BERNINI estriba en el encurvamiento de esta columnata. Lo hace describiendo una elipse, curva de mayor dinamismo que el círculo, y situando cerca de sus focos dos magníficas fuentes; de esta forma hay una constante en la suma de apreciaciones de las mismas desde cualquier situación del espectador en la elipse.

La columnata curva consta de cuatro hileras de cuatro órdenes distintos y proporcionan un total de 296 columnas que, sobre el entablamento, sostienen 140 estatuas de santos, obra de los discípulos del maestro. El efecto de este deambulatorio es impresionante, ya que el bosque de columnas no parece acabarse sea cual fuere el punto elegido. Con ello BERNINI quiebra, definitivamente, el ideal de perspectiva central que había presidido la arquitectura desde BRUNELLESCHI. La gran fachada de la basílica queda siempre condicionada por las infinitas posibilidades de observación que ofrece la curvada columnata.

No puede decirse que haya un punto único e ideal de observación, sino la integración de todos ellos, porque la única posibilidad de ver la basílica desde el gran eje central queda truncada al haberse colocado allí, en el centro de la elipse, un obelisco egipcio de 40 metros de altura. Su presencia obliga a desplazar el punto de vista hacia los lados, lo que conviene al ideal barroco que aporta BERNINI con esta obra.

Por lo demás el largo eje axial se hace enorme y supera ampliamente la dimensión mayor de la propia basílica. Este alargamiento de los ejes longitudinales será una constante en las grandes urbanizaciones barrocas posteriores, desde Versalles a La Granja o al París de HAUSSMANN.

Plaza de San Pedro del Vaticano

**PLANTA DE LA PLAZA Y BASÍLICA DE
SAN PEDRO DEL VATICANO**

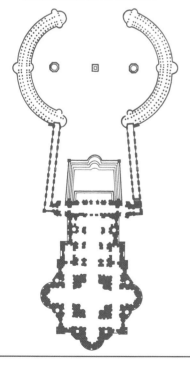

ACTIVIDADES

● Busca información sobre la plaza denominada del *Campidoglio* de Roma, y averigua por qué su diseño produce la sensación de que la fachada del edificio principal es mayor de lo que es en realidad.

● Las desviaciones y pequeñas correcciones en los trazados arquitectónicos ya eran conocidas por los griegos. ¿Te parece posible que Bernini hubiera conocido los "arreglos" ópticos establecidos en el Partenón (pág. 63)?

● ¿Por qué en el texto se dice que situándose en cualquier punto del perímetro elíptico de la columnata, la suma de las distancias de observación a las fuentes de la plaza, colocadas en los focos de la elipse, es constante?

● En la propia Roma el otro gran arquitecto barroco, Borromini realiza en 1652 una sorprendente galería en el Palazzo Spada en la que los efectos ópticos son sensacionales, coincidiendo con el más puro estilo barroco. Procúrate información sobre ello.

BIBLIOGRAFÍA

ARGAN, G. C., *La arquitectura barroca en Italia*. Buenos Aires, Nueva Visión, 1960.

BLUNT, A., *Arte y arquitectura en Francia 1500-1700*. Madrid, Cátedra, 1983.

BONET CORREA, A., *Barroco y Renacimiento*. Sevilla, Ediciones Andaluzas Unidas, 1986.

CHECA, F. y MORÁN, F., *El arte y los sistemas visuales: El Barroco*. Madrid, Istmo, 1994.

D'ORS, E., *Lo barroco*. Madrid, Aguilar, 1993.

SEBASTIAN, S., *Contrarreforma y Barroco*. Madrid, Alianza, 1989.

TAPIÉ, V. L., *Barroco y Clasicismo*. Madrid, Cátedra, 1981.

WITTKOWER, R., *Gian Lorenzo Bernini, el escultor del barroco romano*. Madrid, Alianza, 1990.

15.

El Barroco español. Arquitectura y escultura

El Barroco tiene su máxima expresión en los países que apuestan por la Contrarreforma sobre todo en los edificios religiosos. Esplendor, lujo, fantasía desbordada, son términos asociados con la idea de Iglesia Católica en el siglo XVII. En España las condiciones son muy favorables: por un lado el enorme poderío económico de la Iglesia, aparejado con el control moral que ejercen los príncipes del Estado y, por otro, una situación económica en claro declive mientras crecía la desesperanza de los habitantes de estos reinos, los cuales veían en la religión la esperanza y el consuelo para sus desdichas. De este modo, no se hacen grandes obras públicas, ni siquiera grandes palacios, pero sí templos, magníficas casas de Dios, edificadas con genial vehemencia y buscando en ello la justificación de su existencia. De igual manera será una época de imágenes y pinturas de carácter religioso que expresarán la fe, en ocasiones desesperada, de un pueblo que alcanza las más altas cimas de la creación artística.

La magnífica fachada del Obradoiro de la catedral de Santiago oculta un edificio románico de primer orden. Es lógico que en el siglo XVIII pareciese insuficiente la sobriedad de la portada románica por lo que se encarga una puerta más brillante para la catedral que había sido el hito de las grandes peregrinaciones europeas durante tantos siglos. CASAS NOVOA lo resuelve con una solución de compromiso entre la arquitectura románica y la de su tiempo trazando, además, unos grandes e insólitos ventanales que facilitan la entrada de luz al impresionante pórtico de la Gloria.

1 CARACTERÍSTICAS GENERALES

España es uno de los paladines de la Contrarreforma católica. Los jesuitas españoles luchan en Trento para defender la indiscutibilidad del dogma y la primacía absoluta de los asuntos espirituales sobre los materiales, y por otra parte la acción de la Inquisición velará porque así sea. El poder de la Iglesia será tremendo y dada la unidad española y su expansión americana tendrá mayores consecuencias que en la dividida Italia.

Esto explica las características más notorias de nuestro Barroco: la primera es que la temática plástica tendrá un definido carácter religioso; la segunda es que el arte, como en Roma, será utilizado como argumento convincente del poder católico. También aquí, y con gran éxito, el arte se dirigirá antes a la sensación que a la razón.

Nunca un estilo alcanzó unas resonancias tan hondas y prolongadas en la plástica popular. El Barroco español es una poderosa mezcla de ornamentación y sobriedad: junto a los más dislocados asuntos arquitectónicos encontramos amplios paramentos lisos que no osan curvarse o quebrarse. En el siglo XVIII la ornamentación es tan abundante y complicada como el rococó alemán; pero las diferencias son notables. Mientras que el primero resulta elegante y femenino, el Barroco hispano es siempre emotivo y alucinado.

La rica policromía de la escultura o el atormentado movimiento de las figuras están sustentados por una imagen patética o desgarradamente dramática.

Otra característica es la pobreza de los materiales. El siglo XVII, con su brillo, oculta en España una economía débil. El oro de América, mal empleado, no ha hecho sino precipitar las cosas. Pero no se quería renunciar al papel de gran potencia que asumió en el siglo XVI, no lo quería ni el rey ni la Iglesia, cada uno por diversas razones, aunque obvias, todas ellas. Por eso se levantan magníficas iglesias y grandes palacios pero el ladrillo es mucho más frecuente que la piedra y el mármol.

En cuanto a la escultura, la madera, de honda tradición castellana, se empleará casi en exclusiva, incluso para las grandes máquinas de las arquitecturas-esculturas de los retablos que inundarán todas las iglesias coetáneas o anteriores.

El Barroco español, tras la época de oficial austeridad del Escorial, parecerá dispararse a modo de riquísimos fuegos de artificio en mil innovaciones llenas de fantasía creadora. La última característica que señalamos es su enorme variedad, ya que casi cada autor es un estilo distinto. Ello hace difícil, y a veces imposible, una clara agrupación por escuelas.

2 LA ARQUITECTURA

En arquitectura el Barroco español mantendrá los esquemas fundamentales del edificio, sobre los que diseñará toda la fantasía ornamental. Sin embargo no se atreverá a modificar sustancialmente las plantas, como lo hicieron los italianos; de este modo los espacios internos no se dislocan excesivamente y mantienen una unidad relativamente clásica.

El inicio de la arquitectura barroca española

Uno de los primeros arquitectos que se despega de la austeridad escurialense es JUAN GÓMEZ DE MORA. Hace la portada del convento de la Encarnación de Madrid, dentro de un gran purismo, pero en 1617 realiza la Clerecía de Salamanca, gran colegio de la Compañía de Jesús, que es el prototipo de Barroco equilibrado. En Madrid traza la plaza Mayor y el Ayuntamiento, ambos conjuntos de recuerdo claramente herreriano.

Otro interesante monumento barroco de este momento es la sacristía del monasterio de Guadalupe. A pesar de lo profuso de su decoración todo ello se encuentra enmarcado en severas líneas arquitectónicas; como por otra parte los elementos arquitectónicos no son muy salientes y la decoración recuerda los grotescos renacentistas, podría denominarse a este tipo de Barroco "*Barroco-plateresco*". El conjunto integra la colección de obras de ZURBARÁN que fue pintada para esta sala.

▶ JUAN GÓMEZ DE MORA: Convento de la Encarnación, *Madrid, 1616. A pesar de la austeridad de líneas hay elementos que apuntan la nueva estética, como el excesivo alargamiento de la fachada o el aguzado frontón.*

▼ Sacristía del monasterio de Guadalupe, *Cáceres, 1647. Este bello ejemplo, de autor desconocido, es uno de los más perfectos logros de integración de la arquitectura con la pintura y la decoración.*

▼ Plaza Mayor de Madrid. *Su ordenación y la sucesión de soportales se deben a* GÓMEZ DE MORA. *El proyecto es de 1617, modificado tras varios incendios en los siglos XVII y XVIII. La plaza está presidida por la Casa de la Panadería, con pinturas en la fachada, hoy reinventadas.*

▲ ANDRÉS GARCÍA DE QUIÑONES: Claustro de la Clerecía *de Salamanca, siglo XVIII. La obra, comenzada por* GÓMEZ DE MORA *pero continuada por* GARCÍA DE QUIÑONES, *tiene su epílogo en este patio con órdenes gigantes y acusado ritmo.*

La plenitud del Barroco castellano

Entre tantos escarceos en la búsqueda de lenguajes expresivos, nace en Madrid José de Churriguera († 1724). Su genio creador rompe todos los moldes establecidos y alcanza la auténtica libertad expresiva.

Sin embargo el mismo José de Churriguera no fue extremado en su decorativismo que, como es frecuente en España, se concentra en unos pocos lugares. Pero José no fue el único Churriguera; él pertenece a toda una generación, casi una dinastía de Churriguera que llenan la geografía española de sus obras. Con frecuencia trabajaban varios familiares en las mismas obras, lo que hace difícil precisar la labor concreta de cada uno. Lo que sí está claro es que los sucesores de José fueron recargando y descoyuntando más el estilo con una fantasía, casi desesperada, única en Europa.

Se sabe que son del mismo José de Churriguera el palacio e iglesia de Nuevo Baztán y la de Loeches. A él se debe también el retablo de San Esteban, en Salamanca, en el que utiliza unas columnas salomónicas gigantescas y define el tipo de retablo que se extenderá por las dos mesetas.

A los Churriguera se deben importantes obras como la plaza de Salamanca, la cúpula de la catedral de esta ciudad, el remate externo de la catedral de Valladolid, y un estudio planimétrico de Madrid.

Narciso Tomé es padre de otro grupo de arquitectos decoradores. Narciso, violentamente barroco, es quien mejor sabe expresar el nuevo lenguaje espacial que propone el Barroco italiano. Su obra fundamental es el *Transparente* en la girola de la catedral toledana (1732) en el que las tres artes plásticas quedan integradas en un solo lenguaje expresivo.

Pedro Ribera († 1742) es el más importante arquitecto de todo el Barroco español, de insólita imaginación creadora y un excelente ingeniero constructor. Su obra no se limita a los aspectos más decorativos sino que posee un gran sentido del espacio y de las estructuras internas.

Trabaja principalmente en Madrid, ciudad a la que da una inconfundible fisonomía, con lo que se ha dado llamar *Barroco madrileño*. Utiliza todos los elementos ornamentales del vocabulario churrigueresco pero con especial preferencia los estípites. Es esencial en su obra el empleo del **baquetón**, o moldura cilíndrica muy gruesa que se quiebra o encurva ciñendo puertas y ventanas. Son interesantísimas las numerosas portadas madrileñas, como la del Antiguo Hospicio, la del cuartel del Conde Duque. Entre sus obras de ingeniería merece especial atención el puente de Toledo en Madrid.

▲ José de Churriguera: Retablo de San Esteban, *Salamanca, 1693. En este retablo Churriguera usa sistemáticamente la columna salomónica, pero se ve forzado a modificaciones importantes en los capiteles compuestos y en los entablamentos, que reduce para subrayar más las cornisas que separan los dos cuerpos del retablo y que articulan todo el conjunto en una estructura arquitectónica todavía reconocible.*

◀ NARCISO TOMÉ: El Transparente de la catedral de Toledo (izquierda). Representa el Don de la Sagrada Comunión a la Humanidad. Nunca se había utilizado en España el Barroco con tanta vehemencia; las tres artes plásticas quedan integradas en un solo lenguaje expresivo. El contraste de esta catarata de luz rompiendo la plementería de las bóvedas, con la serenidad del gótico de la girola, acentúa el dinamismo de la composición hasta el paroxismo.

PEDRO DE RIBERA: Antiguo Hospicio, Madrid (derecha). A diferencia de los CHURRIGUERA, RIBERA no utiliza esquemas clásicos. Su genial inventiva le lleva a crear un verdadero "nuevo estilo" rompiendo y curvando entablamentos y utilizando los estípites con una gran lógica ornamental.

▼ ALBERTO CHURRIGUERA y GARCÍA DE QUIÑONES: Plaza Mayor de Salamanca. La exquisitez de proporciones, así como el acertado juego de arcos y el profundo subrayado de la horizontalidad le hacen ser la más humana, acabada y bella plaza mayor de España.

Arquitectura barroca en Andalucía y Galicia

En **Andalucía** lo árabe y mudéjar estaba en el fondo del alma popular, y en una época de tanta libertad expresiva aflora con enorme vivacidad. En Sevilla se da el Barroco más singular, síntesis feliz de lo morisco, lo plateresco y lo Barroco. Tiene sus mejores artífices en la dinastía de los FIGUEROA. A LEONARDO DE FIGUEROA se debe la obra maestra de este tiempo: la iglesia de San Luis. Es de una claridad bramantesca, con una gran cúpula sobre el cimborrio de la cruz griega. El juego de espacios y volúmenes es magistral, según el criterio italiano. La decoración menuda combina el ladrillo y la piedra.

En **Galicia**, y particularmente en Compostela, nos encontramos con una escuela regional en la que el Barroco alcanza notas de gran originalidad. La dureza del material utilizado, el granito, obliga a los arquitectos a limitar la ornamentación, que es sustituida por combinaciones de figuras geométricas.

En la primera de las tres generaciones de arquitectos compostelanos, ANDRADE, en la torre del Reloj de la catedral, ya señala esta tendencia de resaltar la estructura sobre el adorno, al superponer dos cuerpos prismáticos –cuadrangular y octogonal–, coronados por un remate en forma de cúpula; pero es en la fachada de la iglesia de Santa Clara donde SIMÓN RODRÍGUEZ lleva a su apoteosis el ansia geométrica, combinando una serie de cilindros que prestan a esta originalísima fachada la apariencia de diseño de un cuadro cubista.

En la segunda generación de arquitectos, además de SIMÓN RODRÍGUEZ ha de señalarse la figura excepcional de CASAS NOVOA, autor de la fachada del Obradoiro de la catedral de Santiago de Compostela (págs. 252-253), quizás la creación más conseguida de todo el Barroco peninsular. Entre dos torres, el maestro eleva un gigantesco arco de triunfo que remata en una serie de elementos curvados, consiguiendo la sensación ascendente de las catedrales góticas.

En la tercera generación, FERNÁNDEZ SARELA en las casas del Deán y el Cabildo insiste en la pureza de las formas y en la austeridad decorativa. Por otra parte en Compostela se puede admirar la grandeza espacial del urbanismo barroco en las plazas del Obradoiro y la Quintana.

► FIGUEROA: Iglesia de San Luis, *Sevilla (arriba). En esta iglesia aparece de manera rotunda la columna salomónica que se aviene perfectamente al sentimiento ornamental sevillano de este siglo.*

SIMÓN RODRÍGUEZ: *Iglesia de Santa Clara (abajo), Santiago de Compostela, siglo XVIII. El arquitecto inventa formas absolutamente nuevas y utiliza una dislocada sintaxis que se eleva en un crescendo pétreo rematado en un arco el cual soporta unos inquietantes y puros sólidos geométricos.*

Arquitectura palaciega

Adquiere importantes dimensiones con los Borbones. Las lógicas relaciones con Francia consiguen abrir en la católica España una vía de interés por la suntuosidad cortesana. A partir de finales del XVII con la nueva dinastía llegan a España arquitectos franceses e italianos que introducirán tardíamente las plantas elípticas de BORROMINI, así como las fachadas curvas. Pero su labor más importante se centra en los palacios. En Madrid, JUVARA y SACHETTI levantan el Palacio Real. En Aranjuez, los italianos BONAVIA y SABATINI amplían el palacio construido bajo Felipe II y trazan la urbanización del pueblo entero.

Hay que señalar cómo animó la influencia francesa a fundar Academias que, aquí como allí, velasen por la pureza de las artes, preocupados por el descontrolado desbordamiento barroco.

▲ Palacio Real, *Madrid. La traza general se debe a* FELIPE JUVARA, *pero hubo de concluirlo su discípulo* SACHETTI. *Los tremendos órdenes gigantes, así como la clara división en dos grandes cuerpos horizontales, dan al edificio una inusitada solemnidad.*

▼ *Palacio Real de Aranjuez. Es concebido con una cierta regresión estilística, volviendo, en algunos aspectos, a los trazados herrerianos de los tiempos de Felipe II. No obstante no se sustrae al sentimiento barroco expresado en los volúmenes de los elementos arquitectónicos.*

3 LA ESCULTURA

El signo que caracteriza las artes figurativas españolas del siglo XVI es, ante todo, el **realismo**. Tras el paréntesis obligado del purismo renacentista, donde era forzoso buscar la inspiración en los modelos idealizados de la Antigüedad, España torna a lo que le es más entrañable, es decir, a ese realismo que vemos como denominador común en todos los tiempos, en las letras y en la plástica.

La temática queda fijada por quien es casi único cliente: la Iglesia. Pero ante los retablos de pura arquitectura clásica se alzan, ahora, retablos libres en los que la escultura aparecerá exenta y rara vez en bajorrelieves. El menor papel que la escultura ocupa en los retablos, viene compensado por la proliferación progresiva de esculturas independientes.

La escultura en la Corte

Curiosamente no es la Corte lugar que atraiga el interés de los escultores. Ello se explica si consideramos, una vez más, que el primer cliente de los artistas era la Iglesia, y la Iglesia se encuentra más asentada en Castilla y León y Andalucía que en Madrid.

La estatuaria oficial apenas existe, y cabe citar las estatuas ecuestres de Felipe III en la plaza Mayor de Madrid, y la de Felipe IV, en la plaza de Oriente. Esta última resulta una de las más importantes estatuas ecuestres de la Historia. Diseñada por VELÁZQUEZ fue fundida por PIETRO TACCA en Italia. Se sabe que MONTAÑÉS hizo un modelo que sirvió para la cabeza, y se supone que GALILEO hizo los necesarios cálculos para que la estatua pudiera sujetarse en un difícil equilibrio.

La escultura en la Corte se mueve bajo el realismo castellano y la elegancia andaluza. El más interesante de todos es el portugués MANUEL PEREYRA, que vivió en Madrid casi 30 años, hasta su muerte en 1667. Su realismo es sobrio y se inspira directamente del natural. Hizo varios retablos, obras sueltas y esculturas de piedra para exteriores. Es notabilísima la de *San Bruno* en la Academia de San Fernando. PEREYRA influye y define lo que será la escuela de Madrid.

Castilla: el realismo violento

GREGORIO FERNÁNDEZ († 1636) es gallego. Es el primer gran escultor español que desde el Renacimiento no tiene nada de italiano. Profundamente religioso trata de transmitir su fe y sus emociones en un estilo directo y muy convincente.

Su realismo es patético pero sin caer en las vulgaridades inútiles. Su primera obra, de gran patetismo, es el *Cristo yacente* del Pardo.

▲ PIETRO TACCA: Estatua ecuestre de Felipe IV, *plaza de Oriente, Madrid. Realizada en Florencia por no haber en España una buena escuela de fundidores, es una de las mejores obras en el mundo de la estatuaria ecuestre.*

◄ MANUEL PEREYRA: Estatua de San Bruno, *Academia de San Fernando. En esta obra se manifiesta como un escultor realista y vigoroso muy alejado de los patrones clásicos. Antes que un santo o un místico la figura parece un verdadero hombre lleno de energía conduciendo a los fieles que le están mirando.*

Es la síntesis de su modo de entender la plástica. El tema hizo fortuna y a partir de él se han realizado cientos de imitaciones de Cristos yacentes con pequeñas variaciones. El mismo escultor repitió varias veces este tema para toda Castilla.

No podrían faltar las *Vírgenes dolorosas* y el tema de la *Purísima Concepción*. Este tema, tan querido por la devoción española, lo resuelve GREGORIO FERNÁNDEZ dando a sus Inmaculadas un ingenuo candor que convence sin reservas, como la de San Esteban de Salamanca.

Andalucía: el realismo clásico

Con el comercio de América, los puertos del Sur, especialmente el de Sevilla, transforman a Andalucía en la zona más rica de esa época. Esto supondrá un mayor desarrollo artístico para la región. Por otra parte, Granada había sido la gran ciudad del Renacimiento andaluz, donde los SILOÉ habían dejado una marcada herencia clásica. Sevilla y Granada serán, pues, los polos de atracción del arte andaluz del siglo XVII.

JUAN MARTÍNEZ MONTAÑÉS († 1649), nacido en Alcalá la Real (Jaén), aprende en Granada y pronto marcha a Sevilla. Su prestigio llegó a ser tan grande que eclipsó a todos los escultores contemporáneos. Mantuvo siempre en su obra una distinción y mesura clásicas, pero al servicio de una innegable realidad. Su talla está muy bien modelada y sus grandes paños dan grandiosidad a la imagen. Su policromía bien equilibrada dista mucho del cromatismo desgarrador de la escultura castellana.

▼ GREGORIO FERNÁNDEZ: Cristo yacente. *En esta excelente obra encontramos a un escultor genuino, sin dependencias italianas, y que es capaz de sentir y expresar profundamente el drama como no se había hecho antes. El plegado de los paños acusa una dureza más vinculada con el antiguo espíritu gótico que con la suntuosidad y texturas berninianas. La policromía es desgarrada y lacerante, como ocurre en casi toda la escultura castellana, aunque sin llegar a extremos desagradables.*

▼ GREGORIO FERNÁNDEZ: Dolorosa, Virgen de las Angustias. *Este grupo formaba parte de un conjunto más amplio constituyendo un paso de Semana Santa. En esta obra, FERNÁNDEZ vuelve, tanto en la composición como en los ropajes, a un cierto goticismo de la última época, quizás como contrapunto al modelado de las figuras que ahora lo hace sobrio y austero, sin dramatismos.*

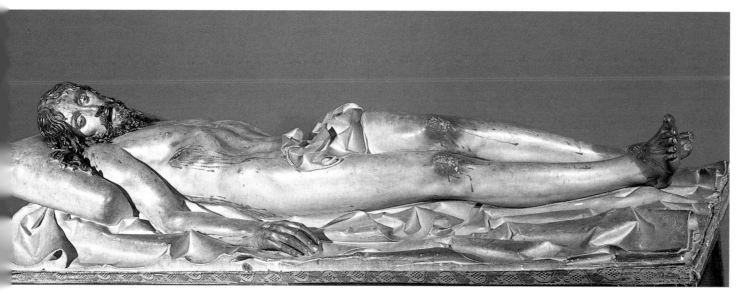

La verdadera revelación de su personalidad es el *Cristo de la Clemencia*, hecho a los 38 años. Es el prototipo andaluz del Cristo en la Cruz.

Poco después realiza obras tan importantes como el retablo de Santo Domingo, del que sólo queda la estatua del titular con el torso desnudo y dispuesto a disciplinarse. También crea el tipo de Niño Jesús desnudo y bellísimo. De toda la serie que hizo el mejor es el de la parroquia del Sagrario en Sevilla. Probablemente el mejor momento de MONTAÑÉS se refleja en el retablo de Santiponce, en donde destaca San Jerónimo.

Muy avanzada su obra y su vida logra crear un tipo de Inmaculada, que será una de sus más sugestivas obras. Para la catedral sevillana hace una Virgen: una mujer joven, con el manto caído sobre los hombros, recogido en una de sus puntas, lo que produce amplios pliegues que le procuran una serena majestad. Muy al final de su vida viaja a Madrid para hacer un busto del Rey y VELÁZQUEZ pinta de él un retrato. Su fama, en vida, sólo es comparable a la que MIGUEL ÁNGEL tuvo en Roma.

ALONSO CANO († 1667) nace en Granada y aunque estudia en Sevilla desarrolla casi toda su obra en su ciudad natal. Es una de las personalidades más fuertes del arte español. Violento y orgulloso, soñador y utópico, luchó toda su vida por conciliar sus ideales con la realidad. Como los maestros renacentistas, es pintor, escultor y arquitecto, lo que le permite elaborar sus retablos de forma íntegra. Su obra trata de romper el recuerdo clasicista de MONTAÑÉS, y gana en hondura expresiva y dinamismo.

Alcanza la madurez artística cerca de los 30 años de edad. En ese tiempo hace el retablo de la iglesia de Lebrija, donde talla una gran imagen de la Virgen madre, solemne, casi hierática, que recoge su manto en la parte superior y se ciñe a los pies, creando así un modelo de gran trascendencia en la iconografía católica. Son particularmente bellas sus imágenes pequeñas como la de la *Inmaculada* llamada *del Facistol* (Granada). Con ella crea un tipo distinto a la de MONTAÑÉS. Alejándose del clasicismo no resulta extremadamente realista. La cabeza inclinada, abstraída, parece sobreponerse al espacio y al tiempo. Al final

▲ MONTAÑÉS: Inmaculada *(izquierda)*. No han sido los grandes retablos lo que más fama dieron a MONTAÑÉS, *sino las esculturas exentas, como las Inmaculadas, quizás por lo cerca que se hallan de la sensibilidad más elemental del pueblo.*

ALONSO CANO: Inmaculada *(centro). Parte del tipo creado por MONTAÑÉS y logra crear, en escultura, el prototipo de Inmaculada.*

PEDRO DE MENA: San Francisco *(derecha). Inspirado en una obra de CANO, MENA alcanza, aquí, la cumbre del ascetismo. Los sobrios plegados conducen la mirada inflexiblemente hacia el demacrado rostro.*

de su vida nos sorprende con unas geniales esculturas miguelangelescas a gran tamaño de las cabezas de Adán y Eva (catedral de Granada).

PEDRO DE MENA († 1688), discípulo y colaborador de CANO, trabaja en Granada y en Málaga. Muy distinto a su maestro es más realista que él y comunica los estados de ánimo de modo muy directo. De su mejor momento resultan muy representativos y admirables el *San Pedro de Alcántara* y sobre todo el *San Francisco* de la catedral de Toledo, que es junto con la *Inmaculada* de CANO una de las obras más trascendentales de nuestra imaginería. Su gran calidad técnica y su sentido realista nos ha dejado una extensa colección de retratos, de estatuas de penitentes, Dolorosas, *Ecce Homos* y Magdalenas, de gran tensión dramática y vibrante realismo, pero dentro de la mesura andaluza.

Diferencias entre las escuelas castellana y andaluza

Ambas escuelas son realistas, pero mientras la castellana es hiriente, con el dolor o la emoción a flor de piel, la andaluza es sosegada, buscando siempre la belleza correcta sin huir del rico contenido espiritual.

Otra característica diferencial la constituye la **policromía**. Hasta el siglo XVI se utilizaba el fondo de oro, sobre el que se pintaba y rascaba para hacer salir los dibujos (**estofado**). Este oro matizaba los colores dándoles una elegancia y suntuosidad muy digna.

Con GREGORIO FERNÁNDEZ se abandona el oro en Castilla para obtener un mayor realismo. Sin embargo en Andalucía se continúa durante mucho tiempo. De esta forma la policromía castellana tendrá menos elegancia que la andaluza.

Murcia: Francisco Salzillo

SALZILLO (1707-1783), hijo de un escultor napolitano, trabaja en Murcia toda su vida. Muy enroncado con el arte italiano de la época, trasluce en su obra ese encanto frívolo y rococó tan de moda en la Europa del siglo XVIII. Sabe contactar con el alma del pueblo, por lo que fue admirado y comprendido inmediatamente. Su obra más importante es el paso de *La oración en el huerto*. El desnudo del ángel, casi clásico, está imbuido de un gran ímpetu realzado por el brazo en contraste con el desmayado Cristo. La figura del ángel resulta así confortadora. Como buen hijo de napolitano, trae a nuestro país el gusto por los esebres, realizando uno que puede citarse entre lo mejor de su obra.

SALZILLO cierra en España el gran ciclo del Barroco y abre, con el equilibrio de su plástica, el gusto por lo clásico.

▲ SALZILLO: La oración en el huerto, *Museo Salzillo. Es un grupo de madera policromada perteneciente a las escenas de la Pasión destinadas a pasos procesionales. Las peculiaridades plásticas de las figuras las sitúan en la transición de la expresión religiosa barroca al refinamiento rococó y al canon neoclásico.*

▼ SALZILLO: *Grupo de madera policromada representando* La Sagrada Familia, *perteneciente a la iglesia de San Miguel, Murcia.*

PEDRO DE MENA Y MEDRANO: La Magdalena penitente

Datos: Talla de madera policromada. 1,50 m de altura. Museo Nacional de Escultura de Valladolid.

PEDRO DE MENA y MEDRANO nace en Granada en 1628. Hijo del escultor ALONSO DE MENA, se hace cargo pronto del taller de su padre que muere cuando aquél tenía dieciocho años. Allí, en Granada, le descubre ALONSO CANO que le reclama como colaborador cuando estuvo trabajando en esa ciudad.

Esta colaboración fue de lo más afortunada ya que el magisterio de CANO impresionó notablemente al joven MENA quien resultó, no sólo estimulado, sino provisto de un repertorio de imágenes que utilizaría durante mucho tiempo con gran éxito.

Sin embargo, el influjo de CANO no pasó del impetuoso arranque que introdujo a PEDRO DE MENA en el mundo de la Gran Escultura. La obra de MENA es radicalmente distinta a la de su maestro, como lo eran los caracteres. ALONSO CANO era todo vehemencia y versatilidad creativa; MENA, por el contrario, fue todo sosiego y orden. Hombre de gran fe religiosa y muy devoto, amigo de obispos y clérigos, tuvo cinco hijos que ingresaron en diversas comunidades religiosas. Alcanzó gran prestigio social y ello le valió para ocupar cargos como los de Teniente de alcalde del castillo de Gibralfaro, en Málaga, y el de Familiar del Santo Oficio. Fue, en suma, el prototipo del caballero de su época.

Su obra, que no resulta tan imaginativa como la de su maestro de juventud, está, sin embargo, llena de sensibilidad y, a veces, de tremenda emoción contenida. Es una obra realista, de un realismo conmovedor, sin estridencias, y ahí está, precisamente, la clave de su éxito en vida. Conectó plenamente con la sensibilidad de su tiempo que prefería esta actitud plástica a los arrebatos o idealismos de la generación anterior. Como hace notar ELENA GÓMEZ MORENO, "MENA, *artista nada rebelde, disciplinado, bien hallado en su ambiente, recuerda a* ZURBARÁN *por su prosaísmo, su sencillez y su amor, casi místico a la realidad*".

No obstante hay que señalar que este realismo no es tan exacerbado como el castellano y siempre estará presidido por la mesura y elegancia andaluzas. Suele preferir rostros de óvalos levemente estilizados y ojos algo rasgados.

La Magdalena penitente

Detalle de la cara

Emplea el vidrio para lágrimas y ojos, y la policromía, que nunca realizó él mismo, está ajustada en tonos serios sin ninguna disonancia. El trazo de su gubia es largo y simplificador y con el tiempo tiende a simplificarlo aún más.

PEDRO DE MENA recibe pronto un gran encargo para el coro de la catedral de Málaga. Allí se traslada con su familia y monta su taller, que será el definitivo. De Málaga no saldrá excepto para su viaje a la Corte, probablemente en 1663, y otro a Granada en 1675. MENA muere en Málaga en 1688.

Precisamente y tras su viaje a la Corte, realiza por encargo de la Casa Profesa de los Jesuitas de Madrid, la *Magdalena penitente* que comentamos. Está fechada en Málaga en 1664, un año después de otra de sus obras maestras: el *San Francisco* de la catedral de Toledo (pág. 262).

Probablemente MENA se inspiró en la *Magdalena penitente* que se encontraba en las Descalzas Reales de Madrid, atribuida a GREGORIO FERNÁNDEZ y que, sin duda, es anterior a la estancia de MENA en la Corte ya que aparece citada en 1615. En todo caso el tema es muy singular y aunque se han conocido en Castilla versiones parecidas, algunas posiblemente posteriores, no tuvo mucho eco en Andalucía, donde no se conocen otras Magdalenas de este tipo.

La influencia castellana de esta escultura es patente; la figura juvenil, de perfiles hebreos, se consume a sí misma, llena de pena y de angustia. Sujeta con fuerza contenida el crucifijo con la mano izquierda y con la derecha se oprime el corazón como impidiendo que se desborde. El modelado de estas manos es delicado y de una suprema elegancia. Los mechones de cabello, largos y húmedos parecen conducir hacia el suelo el llanto de la mujer, y oculta el cuerpo casi tanto como el tosco sayal de hoja de palma entrecruzada que anula cualquier tentación de anatomía o de sensualidad.

La obra, resuelta con maestría genial, es escueta y su tremenda sencillez obliga a centrar nuestra atención en el punto de mayor expresividad: el rostro.

El bellísimo óvalo de facciones grandes, acentuadas por el gesto abrumado y dolido, proclama toda la contenida emoción de un infinito arrepentimiento. Los labios resecos, los ojos enrojecidos y vacíos de lágrimas, el cuello tenso y sobrecogido, anudan el corazón del espectador tanto más cuanto que la juventud de la figura hace insoportable la idea de tanto sufrimiento.

Finalmente la policromía suave, sin las estridencias castellanas, subraya con el color sólo lo necesario para que la expresión de las formas tenga validez por sí misma.

El mismo carácter doliente de la figura queda magnificado con la sobriedad de paleta: ocres, pardos, algunos "tierras de Sevilla" (marrón rojizo) y pocos oscuros impiden altos constrastes que arruinarían el contenido dramatismo que emana de la obra.

Ya se ha dicho que el tema de la *Magdalena penitente* no tuvo réplicas conocidas en Andalucía, excepción hecha de la que el mismo MENA labró en 1677 de pequeño tamaño, y hoy desaparecida.

Aquí parece que MENA abandonó el dramatismo castellano e hizo una obra menos apasionante; la figura y la cabeza quedaban erguidas y el brazo que sujetaba el crucifijo quedaba extendido, lo que le restaba el recogimiento y concentración de la *Magdalena* del Museo de Valladolid.

PEDRO DE MENA torna al patetismo en obras tan famosas como los *Ecce-Homo* y las Dolorosas, en los que llega a crear prototipos inéditos en la Historia. Sin embargo, ciertamente, pocas de sus grandes obras alcanzaron la trascendencia para la historia de la escultura como su *Magdalena penitente*.

ACTIVIDADES

- A veces las esculturas incorporaban en su policromía dibujos hechos con la técnica del estofado. Averigua en qué consiste dicha técnica.

- ¿Qué diferencias esenciales hay entre la escultura barroca española y la italiana?

- Busca alguna Inmaculada hecha por Pedro de Mena y establece relaciones con otras Inmaculadas de artistas de su tiempo, tanto escultores como pintores.

- Una de las obras que más fama dieron a Mena fue la sillería de la catedral de Málaga. Trata de encontrar una reproducción de alguno de los cuarenta y dos tableros que talló y haz un comentario analítico del mismo que incluya, incluso, la arquitectura del tablero.

- Pedro de Mena creó un prototipo de San Francisco de Asís que se encuentra en la catedral de Toledo y que ves reproducido en la página 262. Intenta localizar otras reproducciones del mismo y haz un análisis estilístico, al modo del que se hace aquí sobre la Magdalena penitente.

BIBLIOGRAFÍA

CHAMOSO LAMAS, M., *La arquitectura en Galicia*. Madrid, C.S.I.C., 1955.

GÓMEZ MORENO, M. E., *La gran época de la escultura española*. Barcelona, Noguer, 1970.

KUBLER, G., *Arquitectura de los siglos XVII y XVIII*. Madrid, Plus Ultra, *Ars Hispaniae*, vol. XIV, 1957.

MARTÍN GONZÁLEZ, J. J., – *Escultura barroca en España 1600-1770*. Madrid, Cátedra, 1993.

– *Escultura barroca castellana*. 2 vols, Madrid, Tecnos, 1972.

RODRÍGUEZ G., DE CEBALLOS, A., *Los Churrigueras*. Madrid, C.S.I.C., 1971.

TOVAR, V. y MARTÍN GONZÁLEZ, J. J., *El arte del Barroco. I, Arquitectura y escultura*. Madrid, Taurus, 1990.

16.

Escuelas europeas de pintura barroca

Las dos raíces históricas del arte barroco, el absolutismo monárquico y la contrarreforma católica, tuvieron su reflejo también en la pintura. En los palacios y en las iglesias de mármoles brillantes, las grandes telas o los techos pintados con escenas de carros triunfales multiplicaban ópticamente las proporciones y el lujo de los recintos. Pero la grandilocuencia no fue el rasgo más destacado de la pintura barroca. En un siglo de guerras y epidemias, los artistas volvieron los ojos a la sociedad en que vivían. El realismo fue un principio irrenunciable. En la nómina de pintores comparecen docenas de artistas memorables, entre los que destacan el holandés Rembrandt, el flamenco Rubens, el italiano Caravaggio, además de los grandes maestros españoles, a los que dedicamos la lección siguiente.

En su obra, Ronda de noche, (*Rijksmuseum, Amsterdam*), REMBRANDT *revoluciona el retrato de las corporaciones, tradicionalmente un grupo de personajes estáticos que posan para que se vea su rostro y lo convierte en un grupo en movimiento, en una escena relampagueante de luces, en la que lo importante es el dinamismo del grupo de tiradores que salen en cortejo.*

I. Escuelas y maestros de la pintura barroca

1 CARACTERES FORMALES

El deseo de realismo, de plasmar la vida en su totalidad reflejando sus aspectos dolorosos, la vejez, la tristeza, la fealdad, contrastan con el idealismo antropológico, con la sublimación de la realidad humana en el mundo mítico de diosas Venus, ninfas, héroes y atletas que hemos contemplado en el Renacimiento. Nuevos temas más cercanos a nosotros atraerán ahora la atención de los artistas. Con frecuencia el paisaje es argumento exclusivo; otras veces bodegones y naturalezas muertas muestran que el hombre barroco exalta la plasticidad de una flor, o una fruta o un vaso de cristal con el entusiasmo con que un siglo antes se celebraba la belleza de vírgenes y madonnas. Así pues desde el punto de vista formal, la pintura barroca se distingue por varios caracteres:

a) **Predominio del color sobre el dibujo**. En los grandes maestros las manchas son las definidoras de las formas; se puede comprobar en un bosque serrano de VELÁZQUEZ o en las arrugas que surcan la frente de un viejo de REMBRANDT.

b) **Profundidad continua**. La conquista de la tercera dimensión ha sido ambición casi constante de los pintores. En el Barroco se acentúa la selección delante-detrás y la pintura parece poseer tres dimensiones. Un camino que se aleja hacia el fondo, como en la *Avenida de Middleharnis* de HOBBEMA, traza la gradación de la profundidad barroca.

c) **Hegemonía de la luz**. El Barroco es el arte de plasmar, pictóricamente, la luz. En correlación, la sombra juega un papel hasta entonces inédito, especialmente en los primeros ensayos del estilo (**Tenebrismo**). Mientras en el Renacimiento la luz se subordina a la forma y nos permite percibir con mayor seguridad los rasgos, en el Barroco la forma se subordina a la luz, y pueden desvanecerse las formas por debilidad o intensidad del centelleo luminoso.

d) **Composición asimétrica y atectónica**. La tendencia instintiva a colocar la figura principal en medio y a pintar dos mitades de tela semejantes (simetría) se pierde, de la misma manera que se desecha la malla de horizontales y verticales del arte clásico (composición tectónica). Se prefiere cuanto muestre desequilibrio o sugiera que la escena continúa más allá de los límites del marco.

e) **Movimiento**. Arte de la vida, el Barroco no puede detenerse en formas estáticas; la turbulencia se antepone a la quietud. Con la composición atectónica, especialmente las diagonales, se consigue una primera impresión dinámica; las figuras inestables, los escorzos, las ondulaciones, insuflan vida en el tema.

▼ *Detalle de un autorretrato de* REMBRANDT *(izquierda). Obsérvese el predominio del color sobre el dibujo y el realismo del cutis y de los ojos.*

En la Avenida de Middleharnis *de* HOBBEMA *(derecha) se conquista la profundidad óptica con la convergencia de las líneas. Esta obra constituye uno de los más claros ejemplos de la profundidad continua peculiar del Barroco.*

2 EL PUNTO DE PARTIDA: EL TENEBRISMO ITALIANO

El Tenebrismo. Caravaggio

Las indagaciones de los pintores barrocos en los recursos para plasmar la luz y en sus posibilidades expresivas parten del Tenebrismo, estilo iniciado en Italia por MIGUEL ÁNGEL CARAVAGGIO. En la línea de GIOTTO, MASACCIO y MANTEGNA, postula CARAVAGGIO la representación de las cosas como son, exploradas en su encuadre espacial y luminoso. No es preciso buscar los temas, simplemente la observación de la realidad proporciona al pintor los objetos y la circunstancia en que la pupila humana los aprehende. Uno de sus biógrafos nos dice que pintaba con luz de sótano, es decir, con un foco de luz elevada y único, que normalmente cruza en diagonal la escena pintada y resalta ciertos aspectos mientras arrumba en la penumbra otros detalles. No se trata ya de la luz suave, conformadora de los volúmenes, de LEONARDO, antes bien el arte caravaggiesco ofrece, a pesar de que se forja en tierra lombarda, más contacto con los venecianos, con los contrastes de luz y sombra de los BASSANO o las luces violentas de TINTORETTO.

Estas atmósferas de luz y tiniebla suelen enmarcar temas concebidos con un fuerte naturalismo, que prefiere bucear en los aspectos desagradables de la realidad. Cuando CARAVAGGIO eligió para modelo de María, en *El entierro de la Virgen*, a una mujer ahogada en el Tíber, el vientre hinchado y el rostro abotargado fueron considerados como gestos de impiedad. Los escorzos violentos, similares a los de TINTORETTO, prestan un aire tenso a las composiciones. Finalmente CARAVAGGIO recurre con frecuencia a la adopción de un punto de vista bajo, especie de contrapicado cinematográfico, como si la escena fuese contemplada por una persona tumbada en el suelo, con lo que adquiere grandeza y profundidad, así en *El entierro de la Virgen, La crucifixión de San Pedro, El entierro de Cristo* o *La conversión de San Pablo. La vocación de San Mateo* es la obra en la que más claramente se percibe la nueva manera de tratar la luz, al colocar las figuras en una habitación oscura que recibe iluminación únicamente de un ventanillo que no se ve, en un ángulo superior del cuadro. CARAVAGGIO muere en 1610, cuatro años antes que EL GRECO; el contraste entre el idealismo de éste y el naturalismo caravaggiesco y entre las luces místicas y claras de EL GRECO y las destructoras de la forma de CARAVAGGIO nos ilustran sobre el temperamento revolucionario del maestro italiano y sobre su importancia en la pintura del Barroco.

El Tenebrismo es la máxima contribución de Italia; lo siguen en gran parte de su obra GUIDO RENI, GUERCINO y DOMENICHINO. Y en casi todos los países de Europa hubo una etapa tenebrista, o pasaron por ella los grandes maestros. Algunos nunca desecharon definitivamente sus principios lumínicos como REMBRANDT o ZURBARÁN; otros, después de ensayarse en ellos, los dejaron a un lado, como MURILLO o VELÁZQUEZ.

◄ CARAVAGGIO: La vocación de San Mateo, manifiesto del Tenebrismo. La luz cruza desde un ángulo en diagonal iluminando rostros y manos. La mesa con monedas contribuye a la creación de espacio y empuja la composición hacia el fondo. La figura principal, Cristo, se desplaza hacia un lado, pero su elevada efigie y el solemne gesto de la mano, inspirado en La Creación de la Sixtina de MIGUEL ÁNGEL, destacan su protagonismo.

Las escuelas de Bolonia y Venecia

Además de la revolución caravaggiesca la aportación de Italia al Barroco se resume en otras dos escuelas, la boloñesa en el siglo XVII y la veneciana en el siglo XVIII.

En Bolonia forman un triunvirato pictórico los tres CARRACCI (Aníbal, Agustín y Luis) quienes fundaron una academia y decidieron los rumbos de la escuela. De la escuela de los CARRACCI saldrá la interesante figura de GUIDO RENI. Admirador de la obra de RAFAEL y cultivador de composiciones manieristas –*La matanza de los inocentes*– rindió tras su viaje a Roma culto a las técnicas de iluminación y composición de CARAVAGGIO en *La crucifixión de San Pedro*, en la cual incluso recurre al punto de vista a ras del suelo. Pero tras su regreso definitivo a Bolonia se decidió por el gran estilo decorativo de colores claros y temas ampulosos.

Venecia mantiene en el setecientos su título de capital de la pintura. En TIÉPOLO, un veronés del siglo XVIII, por su ansia de lujo y monumentalidad, tiene la ciudad de los canales a su artista más internacional. Las bóvedas de las salas de la Residencia de Würzburg (Alemania) suponen la apoteosis de cielos con nubes y carros. Más ligados a su metrópoli están los paisajistas CANALETTO y GUARDI.

Las vistas de Venecia de CANALETTO, que preparaba meticulosamente tras horas de observación y centenares de apuntes, constituyen ejemplos acabados de la concepción barroca del paisaje, con la profundidad, conseguida al colocar conjuntos urbanos al fondo y el canal en medio o en primer plano, y los efectos de luces sobre los palacios. GUARDI es más disolvente en la factura y más agitado en la plasmación de las formas, que se mueven con universal convulsión interna.

▼ CANALETTO: Retorno de Bucentauro al muelle el día de la Ascensión. *Hasta el siglo XVIII la pintura veneciana mantiene su amor por la escenografía, resaltada en este caso por la búsqueda de la profundidad. Los sutiles efectos luminosos en las aguas y los edificios suponen largas horas de contemplación del paisaje urbano.*

3 LA ESCUELA FLAMENCA. RUBENS

La originalidad de los primitivos flamencos se había perdido en el siglo XVI con el influjo de la pintura italiana y especialmente de LEONARDO DA VINCI. En el siglo XVII una personalidad poderosa, RUBENS, otorga nuevamente un carácter peculiar al arte pictórico de Flandes. El catolicismo, fortalecido por la presencia de las tropas españolas, contribuye a mantener la importancia de los temas religiosos, con una constancia que define una nota diferencial con respecto a la escuela holandesa. Pero Flandes no destacará por la emoción religiosa, siempre más tibia que la que inspira a los pintores españoles, sino por su optimismo, por su carácter alegre, exultante, que a diferencia del naturalismo caravaggiesco se inclina por los aspectos placenteros de la existencia.

Así los temas costumbristas, bodas, fiestas aldeanas, que enlazan con la temática de BRUEGHEL, son género cultivado con frecuencia. En bodegones y naturalezas muertas se exhibe el culto de la comida bien sazonada; los bodegones flamencos se distinguen por las grandes piezas de caza y la opulencia de las mesas que rebosan de frutas y manjares, y si se comparan con las españolas, de austeridad franciscana, entrevemos cómo en este género se manifiesta el talante vital de una sociedad enriquecida desde la Edad Media con el comercio de los paños y acostumbrada a los buenos placeres de la vida.

Rubens y su obra

PEDRO PABLO RUBENS nace en tierra alemana, de padres flamencos, y se traslada a vivir a Amberes, ciudad que va a convertir en su verdadera patria; en el gran puerto de Flandes se conservan todavía hoy su casa, su tumba y algunas de sus obras más personales. En RUBENS el Barroco brilla con extraordinaria vitalidad. Pero no debemos buscar en el maestro de Amberes un paradigma de la escuela; sus viajes constantes, como diplomático, por España e Italia, dan a su pincel un tono clasicista, incluso en los temas, por ejemplo, en su insistencia por plasmar la mitología.

El estilo de RUBENS podría resumirse en tres exaltaciones: el color, el movimiento y la forma gruesa. La gama de colores utilizados, la soltura de la pincelada y el uso de la paleta adquieren una intensidad pocas veces alcanzada. Las composiciones adquieren un dinamismo extraordinario: músculos en tensión, diagonales enérgicas, árboles que se retuercen como sarmientos, suelos ondulantes... La vertical, la horizontal y la forma estática parecen haberse alejado de sus temas. Finalmente sus mujeres gruesas muestran su inclinación hacia la figura redonda, tan propicia para ser plasmada por la técnica pictórica.

◀ RUBENS: Elena Fourment y su hijo Franz, *uno de los más enternecedores retratos familiares del pintor. La composición en círculo de las dos figuras destaca la protección materna. Una mancha oscura en la rubia cabellera infantil se contrapone a las luces de un ambiente esplendoroso de lujo.*

▼ RUBENS: La adoración de los Reyes. *El tema religioso es un pretexto para introducir un cortejo de personajes lujosamente ataviados y componer una escena rica en color y movimiento.*

▲ *El tema mitológico de Meleagro y Atalanta permite a* RUBENS *pintar un excepcional paisaje de árboles ensortijados y luces restallantes en los calveros del bosque. El movimiento se subraya con las formas ondulantes de los canes que se arrojan sobre el jabalí.*

◄ *En* Las tres gracias, *Museo del Prado,* RUBENS *repite el rostro de Elena Fourment, da rienda suelta a su devoción por las formas femeninas ampulosas y realiza una composición en guirnalda elíptica, la más característica de su estilo, al enlazar las tres figuras femeninas.*

▼ RUBENS: *Ninfas perseguidas por faunos. En la composición se gradúan las tensiones, desde la ninfa que huye hasta la que hace frente a la persecución, y se contrasta el cutis curtido de los faunos con el nacarino de las ninfas.*

La obra legada por Rubens es enorme, aunque actualmente se atribuye parte de ella a su taller.

Sus escenas religiosas, *La adoración de los Reyes* del Prado, o el mismo tema de la capilla del *King's College* de Cambridge, o los dos trípticos de la *Erección de la Cruz* y el *Descendimiento* de la catedral de Amberes, se conciben como escenas cortesanas, en las que se enlazan las columnatas de mármoles, las telas costosas y los cofres cargados de alhajas en torno a Vírgenes bien alimentadas.

En las obras mitológicas se revela como el gran intérprete de la fábula pagana, con una concepción miguelangelesca del desnudo masculino y una evidente admiración por Tiziano en la concepción del desnudo femenino: *Las tres gracias, Ninfas perseguidas por faunos, El juicio de Paris* (todas en el Prado), resaltan el contraste entre los músculos broncíneos de los sátiros y la piel nacarada de las ninfas.

El mismo lenguaje solemne de la mitología encontramos en sus obras de historia, como la serie de *Las bodas de María de Médicis* (Museo del Louvre).

Los retratos, por ejemplo el de *María de Médicis*, del Prado, presentan una estructura de líneas que tienden a romper el marco y propenden a resaltar telas y joyas, con un espíritu narrativo probablemente aprendido en los maestros venecianos del Renacimiento.

En los retratos ecuestres, como en el del *Duque de Lerma*, el caballo no sólo se encabrita en la clásica postura barroca, sino que gira y se ondulan su cola y sus crines en una apoteosis de vitalidad.

Finalmente en los paisajes, Rubens despliega sus ansias de movimiento y sus juegos de luces; el que conserva el Museo de los Uffizi es uno de los más bellos del siglo XVII, y en ocasiones un tema mitológico, como el *Meleagro y Atalanta*, del Museo del Prado, es en realidad un paisaje con los ramajes ensortijados, los troncos retorcidos como columnas salomónicas, manchas gruesas que se convierten en luces en los calveros, caminos serpenteantes; la vida bullente que se anunciaba en los paisajes de Brueghel recorre estos poemas de la naturaleza con impulso desbordante.

◄ *La tremenda vitalidad del caballo en escorzo, con su cola y crines al viento, y la sarmentosa ascensión del tronco, acentúan el dinamismo de este* Retrato del duque de Lerma, *que* Rubens *sitúa sobre un fondo de batalla y destacando las siluetas ante un cielo eléctrico de tormenta.*

Discípulos de Rubens

La personalidad de RUBENS preside el Barroco de Flandes, y en su taller se forman todos los maestros de primera fila. VAN DYCK, gran retratista (varios retratos de Carlos I, *La duquesa de Oxford, El pintor* y *sir Endimion Porter*), une la vitalidad flamenca con la finura inglesa y anticipa lo que va a constituir una interesante escuela en el XVIII. Otro discípulo, JORDAENS, es también un RUBENS en tono menor; en realidad su personalidad es la que más fielmente refleja a Flandes, sin la formación clásica de RUBENS y sin la veta inglesa de VAN DYCK. *El rey bebe* puede considerarse un homenaje a la glotonería de sus paisanos; y sus retratos, incluido el del *El pintor y su familia* del Prado, un muestrario de personas sanas, de mejillas de manzana. Otros maestros, como BROUWER y TENIERS, plasman escenas populares o acontecimientos de la vida del campo con el mismo tono sano de RUBENS.

4 SOCIEDAD Y PINTURA EN HOLANDA

Holanda va a escribir en el Barroco una de las páginas más brillantes del arte de la edad moderna. País y sociedad originales, su pintura va a estar dotada de una fascinación especial.

En primer lugar la personalidad de Holanda está en gran parte definida por el mar; por su condición de tierras bajas el mar ha sido siempre amenaza, pero también un elemento con el que se lucha y al que se domina. Tierra llana, en la que sin obstáculos del relieve puede contemplarse un cielo de nubes, pocas veces sereno, con agua por todas partes, en sus canales, sus mares interiores, sus innumerables lagunas, los reflejos y la amplitud de los horizontes sensibilizan la pupila de sus pintores, mientras la intensidad de los brillos, en el cielo y las aguas, va a transmutarse poéticamente en luz en los cuadros.

El calvinismo ha suscitado en la sociedad holandesa una conciencia más ambiciosa de las responsabilidades del hombre frente al destino. En los templos se rehúsa toda decoración e imagen. Desaparece así el mecenazgo de la Iglesia y el tema religioso. Aunque atendido excepcionalmente por REMBRANDT nunca encontraremos el tríptico desmesurado que se coloca en un crucero o en un gran altar sino la emoción del retrato o de la escena familiar.

En un continente de naciones monárquicas, Holanda es una república; en un siglo de monarcas absolutos y aristocracias privilegiadas, Holanda es una sociedad burguesa, de comerciantes y hombres de mar. La clientela de los artistas es bien diferente de la de otros países y no es difícil explicarse la inclinación de los pintores por plasmar moradas confortables y muebles delicados.

▲ VAN DYCK: El pintor y sir Endimion Porter, *Museo del Prado*. VAN DYCK *apaga el color y ensalza las formas elegantes –la postura arrogante del aristócrata inglés– en comparación con la exuberancia de su maestro* RUBENS.

▼ JORDAENS: El pintor y su familia, *Museo del Prado. La vida plácida del artista se expresa en este retrato de grupo, cuyos personajes risueños rebosan salud. Es perceptible el influjo de* RUBENS, *pero se ha atemperado el color y el movimiento.*

El país es pequeño, las distancias cortas, las poblaciones no crecen demasiado; todo se mide con una escala humana. Y de ahí se deriva, siguiendo las directrices que en el siglo XV habían señalado los primitivos flamencos, el amor hacia lo cotidiano, o hacia el detalle aparentemente nimio. Donde maestros de otras latitudes buscarían una gran línea monumental los ojos del pintor holandés descubren una trenza de cabello, una hebilla en un manto, el brillo de un botón. El pincel sigue al ojo y la acción se detiene en los encantos de la existencia cotidiana.

5 GÉNEROS Y MAESTROS DE LA ESCUELA HOLANDESA

Mientras otras escuelas manifiestan clara preferencia por un género determinado, por ejemplo Flandes por la mitología y España por los temas religiosos, en Holanda se presta atención a los géneros más diversos, y podemos encontrar maestros dedicados a plasmar escenas aldeanas, interiores burgueses, paisajes, retratos, bodegones o flores.

La vida rural encuentra su tratadista más entusiasta en OSTADE, pintor dotado de cierta vena satírica, que plasma sus escenas de aldeanos con pincelada suelta e intensos efectos de luz. Los aldeanos que cantan y beben en la taberna componen su argumento preferido (*Concierto de campesinos*, Museo del Prado); sus obras más revolucionarias en cuanto a la técnica son las que actualmente se encuentran en la Galería Nacional de Londres.

Los interiores burgueses son tratados por TERBORCH (*Concierto*) y METSU (*Sesión de música*), maestros inclinados a representar telas de raso y terciopelo y muebles caros, para crear ambientes refinados.

Pero el más delicado, y una de las máximas figuras de la pintura barroca, es VERMEER DE DELFT, en cuyas composiciones la luz alcanza una sutileza suprema. Con mayor sensibilidad que otro pintor de interiores, PIETER DE HOOCH, VERMEER capta la suavidad de las luces dentro de las habitaciones, iluminando figuras silenciosas, como *La lechera*, *La mujer que cose* o *El pintor en su taller*. Los objetos de la vida cotidiana, jarros, mesas, sillas, telas, están tratados con la misma unción que los rostros.

> VERMEER: La lechera (*arriba*). Otro magistral estudio luminoso, con una naturaleza muerta de intensa poesía sobre la mesa y un acorde de amarillos y azules típicamente vermeeriano. "Extraordinariamente bueno", se consignó en la subasta de Amsterdam de 1696.

El pintor en su taller (*abajo*). Prodigioso estudio de luz que penetra por el ángulo superior izquierdo iluminando la cortina por delante. A través de una ventana invisible la luz se difunde por la habitación con diferentes intensidades en cada zona.

El paisaje es género cultivado de forma preferente por los maestros de la escuela; de entre ellos destacan RUYSDAEL y HOBBEMA. Los paisajes holandeses son inconfundibles; la línea de horizonte es muy baja, con lo cual un cielo de nubes eléctricas ocupa la mayor parte de la tela; las luces que se filtran a través de ellas y se reflejan en las aguas son el elemento fundamental. Aun coincidiendo en la manera de concebir el tema, los dos maestros difieren en la sensibilidad.

RUYSDAEL (*El molino*, Museo de Amsterdam) prefiere las luces de tormenta, el viento, las aguas alborotadas de una cascada; HOBBEMA (*Avenida de Middelharnis*, pág. 268), más sereno, se inclina por los paisajes estáticos, por los árboles erguidos y los caminos que se alejan hacia el horizonte.

En un país cuya vida depende del mar no podían faltar los pintores de marinas, como VAN DE CAPELLE; ni, como reflejo de una actividad económica, los que utilizan el paisaje como encuadre de sus elementos animados, así WOUVERMANN es especialista en caballos y POTTER en vacas. O

bien se prescinde de la visión de conjunto para atender exclusivamente uno de los elementos del paisaje holandés, como hacen los pintores de flores (HUYSUM).

Los bodegones ofrecen la misma originalidad en la concepción. A medio camino entre los opulentos banquetes de Flandes y los severos condumios de España, los holandeses otorgan a los manjares una importancia accesoria y se recrean por el contrario en captar la calidad de los platos, del mantel que recubre la mesa, y sobre todo la transparencia y el brillo de los vasos. Los maestros más importantes son CLAESZ y HEDA.

El retrato adquiere tal relevancia que los holandeses terminan profiriendo el retrato de grupo, al que convierten en estampa social. El género alcanza su cenit en REMBRANDT, pero también es importante la aportación de FRANS HALS, del que conservamos en su Museo de Haarlem varios retratos de corporaciones. Su pincelada de manchas, sus expresiones intensas y una alegría bohemia son rasgos definitorios de retratos como *La gitana* (Louvre) y *El hombre que bebe*.

▲ RUYSDAEL: El molino, *Rijksmuseum, Amsterdam. Esta obra ha sido considerado un símbolo de Holanda y lo es asimismo de la pintura holandesa, con su inmenso cielo plomizo, las luces fugitivas sobre los tejados y las aguas y en contraposición la mole quieta, desafiante, del molino.*

▶ HEDA: Mesa con el desayuno. *En vez de la opulencia flamenca de manjares, los bodegonistas holandeses procuran el brillo de las copas de vidrio, la calidad de la plata y la organización geométrica de la composición.*

▲ FRANS HALS: Banquete de los oficiales de la milicia cívica de San Jorge en Haarlem. Retrato colectivo en el que se capta el orgullo de pertenecer a la institución. La luz destaca los rostros alegres, pictóricos de salud.

▲ FRANS HALS: La gitana, Museo del Louvre. La tendencia de HALS a retratar tipos populares con un tono desenfadado, y su factura cromática suelta son notas destacadas.

6 REMBRANDT

Con REMBRANDT VAN RIJN (1606-1669) la pintura holandesa adquiere su máxima altura y aporta al arte universal una de sus figuras cimeras.

Nace en Leyden, pero tras sus primeros estudios viaja a Amsterdam, ciudad en la que va a transcurrir toda su vida, ya que a diferencia de RUBENS es un hombre sedentario, consagrado a su oficio de pintor. En Amsterdam contrae matrimonio con Saskya, joven de una familia de la alta burguesía local. El año 1642 va a trazar una cesura en su biografía. Es el de su obra maestra, la *Ronda de noche*, que inicia el rechazo social hacia su arte, hasta entonces aplaudido, ya que REMBRANDT en este gran retrato colectivo se niega a halagar a las figuras que aparecen en la escena.

La muerte de Saskya y la aparición en su vida de otra mujer, de extracción social humilde, Hendrikje Stoffels, a la que ha contratado para cuidar a su hijo Tito y con la que inicia una relación sentimental, pero con la que no puede contraer matrimonio por las trabas del testamento de Saskya, aumenta el rechazo de una sociedad puritana, rechazo que provoca la ruina de sus negocios. En los últimos años las muertes de Hendrikje y de Tito aumentan su soledad; la pobreza extrema y la enfermedad –se llega a hablar, con escaso fundamento, de locura– asedian a un hombre cansado, que sólo vive para su arte. Es en esos años sombríos cuando su reflexión sobre la vejez y el destino del hombre alcanza su mayor hondura y sus obras, perfiles más personales.

El legado artístico de REMBRANDT asombra por su abundancia, sólo autorretratos poseemos más de 60. El retrato es su género preferido; los seres próximos son representados constantemente, Saskya, Hendrikje, Tito, solos o, a veces en escenas familiares. No obstante sus obras más ambiciosas son los retratos colectivos, en los que continúa los de corporaciones de FRANS HALS; así la *Lección de Anatomía* (Museo de La Haya), obra maestra pintada en plena juventud, la llamada *Ronda de noche* (págs. 266-267) y los *Síndicos de los pañeros*.

▼ REMBRANDT: Lección de Anatomía, *Museo Mauritshuis, La Haya. Es un admirable retrato colectivo. En una serie de arcos se disponen las cabezas; los rostros expresan diversos grados de atención, la luz destaca la masa inerte del cadáver, el libro introduce un elemento simbólico en la composición.*

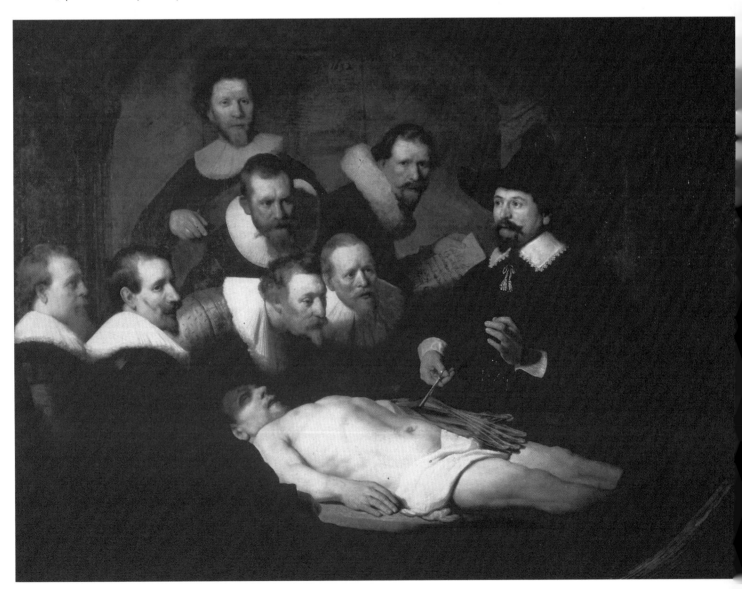

A diferencia de sus compatriotas a REMBRANDT le atrae el tema religioso, contemplado con profunda emoción puede compararse su *Erección de la Cruz* o su *Descendimiento*, concebido como una luz que ilumina un cuerpo dramático, con la interpretación escenográfica de palacios y telas de RUBENS; su vecindad en el barrio judío y su amistad con comerciantes judíos, con frecuencia tipos de sus cuadros, le incitan a plasmar con insistencia temas bíblicos.

Por el contrario la mitología, tan cara a RUBENS, no impresiona su sensibilidad, más atenta a la realidad humana, y sus escasas versiones aparecen tratadas con ironía, por ejemplo su *Ganimedes*, representado como un niño asustado.

En los paisajes prefiere escenas de otoño e invierno, en las que destila la suave tristeza habitual en su talante al pintar las casitas y los caminos de los alrededores de Amsterdam; pero pronto abandona los paisajes reales para plasmar visiones oníricas, en las que los puentes y ríos, imágenes del fluir de la existencia, se difuminan entre luces fantasmales.

Finalmente en los grabados (la colección más importante se encuentra en su casa de Amsterdam) muestra cómo con rayas y tintas sabe obtener los mismos efectos de luces o de expresiones pensativas; la Pasión de Jesús es el tema más tratado en este género, en el que se convierte en uno de los artistas más grandes que hayan existido.

▲ REMBRANDT: Descendimiento de la Cruz, *Pinacoteca de Munich. Un rayo de luz rompe la atmósfera de tinieblas e ilumina el dramático descenso del cuerpo muerto.*

▶ REMBRANDT: Paisaje tempestuoso. *Mediante manchas, luces y símbolos como el puente, REMBRANDT transforma la visión real en visión soñada.*

REMBRANDT es uno de los máximos maestros del color y la luz. El color lo aplica en manchas gruesas, hasta formar una ancha costra porosa, sobre la que bromea su discípulo y amigo HOUBRAKEN cuando dice de un cuadro que *"permaneció en el aire sostenido por la protuberancia de la nariz"*. En la luz no le interesan los valores ópticos, como a VELÁZQUEZ, sino los poéticos, obtenidos por focos intensos o débiles o enfermizos, y que se difunden de forma caprichosa, sin seguir las leyes de la física.

Pintor que se eleva en sus últimos paisajes a regiones surrealistas, en la frontera de la realidad y el sueño, es en sus retratos profundamente realista y trata de penetrar más allá de la apariencia del rostro, en la que se detiene FRANS HALS, en el alma del personaje.

Se ha definido varias veces al maestro de Amsterdam como pintor del hombre. Frente al retratismo de rostros de FRANS HALS el suyo es un retratismo de almas; frente al culto a la riqueza de RUBENS prefiere bucear en la vejez desvalida. Igual que en VELÁZQUEZ encontramos no sólo una técnica mágica en el uso de los colores y de las luces, sino sobre todo una forma de contemplar la realidad humana.

En los dos hay ternura al mirar, pero mientras en VELÁZQUEZ su temperamento eleva la condición de los seres, la sublima poéticamente (piénsese en sus bufones), en REMBRANDT encontramos la aceptación filosófica de las facetas dolientes de la vida y el ser humano.

◄ REMBRANDT: Retrato de Saskia riendo, *Museo de Dresde. Los juegos de luz y sombra, la textura suelta y la penetración psicológica llevan al retrato a un nuevo nivel de profundidad expresiva.*

▼ REMBRANDT: Autorretrato ante el caballete (*izquierda*), *Museo del Louvre. La penumbra crea una atmósfera inquietante; la mirada intensa transmite al espectador la pesadumbre de un hombre solitario.*

Retrato de Hendrikje (*derecha*), *Galería Nacional, Edimburgo. El rostro intenso, con una expresión indefinida de sorpresa o complacencia, los contrastes entre la zona iluminada y la penumbra, la textura cromática de los almohadones, se combinan en una obra que desea rebasar los límites clásicos del retrato.*

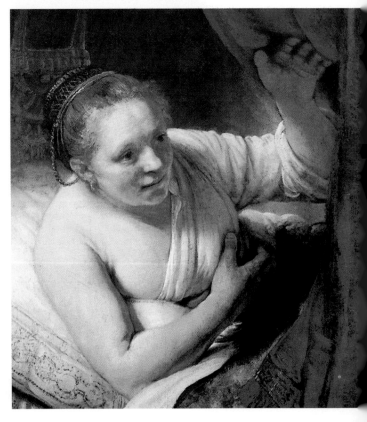

7 LA PINTURA BARROCA EN FRANCIA

Del siglo XVII al XVIII el arte pictórico experimenta una gran transformación en Francia e Inglaterra. Nos referiremos ahora solamente al XVII francés, dejando el siglo de Luis XV y el setecientos inglés para más adelante.

En Francia son evidentes las raíces cortesanas y la dimensión social del arte en un mundo aristocrático. RIGAUD con sus *Retratos de Luis XIV* nos ofrece el estilo ampuloso, de vestimentas fastuosas de Versalles. La representación de otros ambientes, burgueses y aldeanos, ha de buscarse en los tenebristas, como LA TOUR y LE NAIN, quienes reaccionan contra el empaque de la pintura palatina en los temas pero también en el tratamiento, al responder a una concepción más verista de la pintura relacionada con el naturalismo caravaggiesco. El famoso cuadro de LA TOUR, *La Magdalena*, con un candil sobre la mesa como centro focal que ilumina tenuemente la composición, fue concebido en la línea de preocupación por los efectos luminosos del Barroco y por los contrastes de penumbra del Tenebrismo, pero además está impregnado de un sentimiento melancólico estrictamente personal.

Mayor notoriedad han alcanzado los paisajistas POUSSIN y LORENA. El sereno POUSSIN, a quien EUGENIO D'ORS definió como "*el pintor de las formas que se mantienen en pie*" (por oposición a EL GRECO, "*el pintor de las formas que vuelan*"), reacciona tanto contra el naturalismo descarnado de CARAVAGGIO como contra las pompas de RUBENS o de RIGAUD, buscando la serenidad, el sentido de la medida, el orden en la naturaleza. Sus paisajes con ruinas clásicas definen un rasgo de escuela, que LORENA comparte, y sus temas mitológicos son concebidos como escenas costumbristas desprovistas de cualquier tono heroico. *El Parnaso* (Museo del Prado) constituye un resumen de su arte, porque aunque en esta reunión de sabios en el Olimpo no haya edificios representados, el carácter solemne y hierático de las figuras y de los árboles, los convierte en columnas humanas y vegetales de un imaginario templo vivo.

CLAUDIO DE LORENA es autor de algunos de los más interesantes paisajes de su época y el más insistente en captar la luz del sol refractándose a través de las nubes de manera difusa, renunciando a los efectos dramáticos de RUYSDAEL o REMBRANDT. Es autor de puertos imaginarios que evocan el esplendor de la antigua Ostia o escenas bucólicas de la campiña romana: *Paisaje con la huida a Egipto* (Nueva York), *El puerto de Ostia en el embarque de Santa Paula* (Prado), varios *Paisajes con pastores*. Sus puertos están flanqueados por pórticos monumentales; sus valles con arboledas componen una verdadera colección arbórea en la que según el tema las encinas, coníferas o sauces envuelven a las figuras. Si en la simetría de la imagen parece un artista poco barroco, en el desvanecimiento suave de la iluminación o los focos del fondo –véase *Marina con Ezequiel llorando sobre las ruinas de Tiro*– es uno de los artistas más representativos de este arte de la luz y uno de los que mayor influencia ejerció.

▼ LA TOUR: San José carpintero (*izquierda*). El pintor francés innova las posibilidades del Tenebrismo, al representar la luz de una vela en un recinto oscuro, afrontando ensayos audaces de iluminación de las formas por detrás cuando coloca una mano ante el foco luminoso.

LOUIS LE NAIN: La carreta (*derecha*), Museo del Louvre. Compendia los temas campesinos y la manera respetuosa con que el artista los contempla, destacando la dignidad de los personajes y la posición estática, casi solemne.

II. La pintura rococó

8 PINTURA ROCOCÓ EN FRANCIA

Los tres máximos representantes del rococó francés son WATTEAU, BOUCHER y FRAGONARD. Por supuesto no agotan la expresión pictórica en el XVIII, pero encarnan el ideal estético del momento de modo relevante por la temática y la técnica de sus obras.

ANTOINE WATTEAU (1673-1721) ejerció enorme influencia entre sus contemporáneos. Es el gran cantor de la vida alegre de la corte francesa; de su maestro CLAUDE GILLOT recibió un gran interés por los temas de la comedia italiana; aunque viajó a Roma no obtuvo allí éxito y vuelto a París dio mayor cabida al influjo de la pintura holandesa y flamenca. A WATTEAU le agrada mucho pintar paisajes en donde coloca sus figuras con ricos vestidos de seda; retrata una aristocracia que se recrea en paisajes o teatros, siempre aparentando una vida fácil y regalada que gusta de fiestas y reuniones. Quizá por influjo de su escasa salud su pintura refleja con frecuencia una cierta y frágil nostalgia encarnada en sus personajes (Gilles, el payaso o incluso el cuadro que retrataba la tienda de su amigo Gersaint). WATTEAU hace gala de un brillante colorido en sus paisajes; prefiere los pequeños tamaños a los grandes lienzos de colores opacos del academicista francés LE BRUN.

FRANÇOIS BOUCHER (1704-1770), parisino, llegó a ser profesor de pintura de Madame Pompadour, figura central de la Corte. Gozó de gran prestigio como retratista, sabiendo captar la riqueza de las telas tanto como el primor de los afeites y de las modas. Cultivó el desnudo femenino, al que añadió una sensualidad no carente de distinción (*Nacimiento de Venus, Diana regresa de la caza,* etc).

La tríada de pintores de la vida galante se completa con JEAN-HONORÉ FRAGONARD (1732-1806), pintor nacido en el Sur de Francia y que tras viajar a Roma, donde consiguió gran éxito y el codiciado Premio, ingresó en la Academia parisina (1765). Su pintura significa un triunfo del sentimiento decorativo. Se ha señalado un cierto sabor romántico en sus escenas de amor. Con *El columpio* logró una de las obras más representativas del arte rococó.

▶ WATTEAU: Reunión en un parque con un flautista (arriba), *Museo del Louvre. El juego amoroso y la galantería de aristócratas ricamente vestidos son plasmados en un paisaje inmerso en una atmósfera vaporosa a mitad de camino entre el sueño y la realidad.*

El arte de FRAGONARD *aparece poseedor de una irreprimible y aérea vivacidad, tomando de la tradición italiana una sensual plenitud de color y formas. El columpio (abajo), Colección Wallace, Londres, es una muestra acabada de frescura y búsqueda de felicidad.*

9 RETRATISTAS INGLESES DEL SIGLO XVIII

Continúa la tradicional atención prestada al retrato desde el siglo XVI. Pintores nativos seguirán la senda de los maestros extranjeros VAN DYCK, HOLBEIN, aunque estos estuvieran muy identificados con la corte británica.

En general la pintura inglesa es casi toda de temática profana, rehuyendo incluso las representaciones bíblicas en aras de una rígida concepción puritana. El retrato inglés se caracterizará principalmente por su elegancia, buen porte y distinción.

WILLIAM HOGARTH (1697-1764) es el primer gran representante de esta corriente. Imprime a sus obras un sentido satírico y moralizante. Criticó en sus cuadros los vicios de la sociedad del momento (la serie de *Matrimonio a la moda*) y sintetizó los gustos en una interesante obrita titulada *Análisis de la Belleza*, en la que manifiesta sus diferencias respecto a la tradición pictórica inglesa y su radical oposición a la pintura italiana de Vírgenes, Sagradas Familias, etc.

Sir JOSIAH REYNOLDS (1723-1792) fue, además de un retratista de rápido y amplio éxito, fundador de una sociedad de pintores, que se transformó en 1768 en la Royal Academy, y que él mismo presidió. Se conservan sus discursos anuales con ocasión de la apertura de curso o en el reparto de premios con sus principales teorías sobre el arte y la pintura, pues era un verdadero estudioso de los grandes pintores, en especial de los italianos a los que conoció en varias estancias suyas en aquel país. Todo ello le caracteriza como verdadera figura fundadora de la escuela retratista inglesa y defensor de un elevado estilo en pos de resaltar la belleza femenina.

THOMAS GAINSBOROUGH (1727-1788) compartió con REYNOLDS la fundación de la Academia, poseía un carácter más independiente y quizás genial. Destacó en el retrato de niños (*Las hijas del pintor* y el *Blue Boy*) y de damas (*Lady Home*). Fue pintor del rey Jorge III así como de una numerosa pero selecta clientela. A sus retratos les infundía un movimiento y una vibración psicológica que los separaba de cualquier pose académica. Además del retrato, GAINSBOROUGH cultivó el paisaje, hecho que lo hace considerar como el más notorio antecedente de los célebres paisajistas ingleses del XIX (CONSTABLE, TURNER). Prefirió siempre situar sus personajes en ambientes naturales, a los que representa con una encantadora visión poética.

Los retratistas ingleses son muy numerosos en este momento y de entre ellos debe destacarse GEORGE ROMNEY (1734-1802) e incluirse con los dos anteriores decididamente en la gran ríada de retratistas del XVIII. Fue delicado pintor de rostros femeninos.

◀ HOGARTH *en los retratos de su época madura se entrega con acierto y mayor libertad a la alegría del color, eligiendo una pincelada cada vez más suelta. De ello es ejemplo esta* Muchacha vendedora, *Galería Nacional, Londres.*

▼ REYNOLDS: Retrato del niño Hare, *Museo del Louvre. La densidad cromática y los efectos luminosos acompañan los retratos de los niños absortos y reflexivos preferidos por* REYNOLDS.

Vermeer: Vista de Delft

Datos: Óleo sobre tela. Dimensiones: 98,5 x 118,5 cm. Fecha: 1658-1660. Museo Mauritshuis de La Haya.

En este cuadro se apoyó Thoré, que escribió sobre arte con el pseudónimo de William Bürger para reivindicar en una publicación de 1866 la pintura de Vermeer. Marcel Proust afirmaba en una carta de 1921 que era *"el cuadro más bello del mundo"*. Es sin duda un paisaje excepcional, en el que los valores del Barroco holandés adquieren calidades excelsas.

Se han señalado como constantes de la producción del pintor de Delft las atmósferas de recogimiento, en las que parece palparse el silencio, y a veces la soledad, la intuición melancólica de una ausencia, que trasluce la mujer que lee o cose. Estas atmósferas exigen composiciones equilibradas, montadas sobre una armazón de líneas horizontales, verticales y diagonales, en las que se disponen los temas habitualmente en tres planos bruscamente diferenciados en sus dimensiones. Nos encontramos además ante uno de los máximos maestros de la luz; Hughe (*La poética de Vermeer*, 1948) ha observado que al alcanzar su máxima intensidad la disuelve no en el negro –forma normal de extinguirla– sino en el blanco; así puede percibirse en la parte central del paisaje, en el horizonte entre las dos torres. Sobre sus colores ha escrito Van Gogh en una carta a Émile Bernard: *"La paleta de este extraño artista comprende el azul, el amarillo limón, el gris perla, el negro y el blanco. Es verdad que en los cuadros que ha pintado puede hallarse toda la gama de colores; pero reunir el amarillo limón, el azul apagado y el gris claro es característico de él..."*. La sensación de quietud hace pensar siempre en naturalezas muertas, en cosas en reposo, y de ahí que la *Vista de Delft* haya sido llamada *"naturaleza muerta de ciudad"*. Tolnay ha denominado a la quietud vermeeriana *"Stilleben"*, *"sueño de una realidad perfecta en la que la calma que envuelve las cosas y a los seres humanos se hace casi sustancia"*. Estas constantes artísticas, recogimiento, composición equilibrada, luminosidad, paleta peculiar, quietud, pueden degustarse en este paisaje serenísimo.

El cuadro recoge los lugares centrales en la vida del pintor. La ciudad de Delft es-

Vista de Delft

tá vista desde el canal de Rotterdam; en el centro se levanta la puerta Schiedam, con un reloj que señala las siete y diez; a la derecha, la puerta Rotterdam; entre ambas, al fondo, iluminada, se destaca la torre de la iglesia, donde VERMEER fue bautizado, y a la izquierda la de la Iglesia Vieja, donde recibió sepultura.

Su encanto máximo reside en el juego variado de luces y sombras, dentro de las preocupaciones del Barroco, pero con una sensibilidad por las circunstancias meteorológicas del instante pasajero que anticipa las preocupaciones de los impresionistas, ya que más que ante una perspectiva urbana nos encontramos contemplando un *"rayo de sol sobre la ciudad después del temporal"*, que es la idea del pintor. El sol cae sobre Delft desde la derecha, difuminando con su intensidad las siluetas de los edificios de este lado; en contraposición una luminosidad fría permite destacar los contornos de los edificios de la izquierda. Con una

técnica puntillística, de pequeños toques coloreados, se consigue evocar una sensación de humedad. La barca de la izquierda, examinada de cerca, parece una iridiscencia de gotas luminosas.

El amarillo domina las zonas sólidas, más brillante en el primer término, más apagado, próximo al verde en los muros de la otra orilla. El azul prepondera en el canal y en el cielo y reposa incluso en algunos tejados y en las copas de los árboles. El cuadro posee una absoluta unidad focal, ningún elemento margina a los que le rodean. El amplísimo cielo de los paisajes holandeses se presenta tan suavizado, en sus colores y líneas, que en ningún momento relega a un plano secundario la contemplación de las casas.

La composición es de una serenidad insuperable. Tres zonas, la orilla del canal, el canal y el conjunto urbano, trazan la gradación de la profundidad barroca. Pero nada perturba la quietud; ninguna fi-

gura se mueve, ninguna barca recorre el canal, ninguna ola ondula el absoluto reposo de las aguas, ni un árbol mueve su fronda ante un soplo de viento. Todo se encuentra en silencio. Imaginemos este paisaje contemplado por RUYSDAEL, el pintor de las nubes eléctricas y los árboles azotados por el vendaval.

El detalle (un fragmento de la derecha del cuadro) nos permite apreciar la convergencia de líneas que generan la profundidad, la transparencia y brillos del agua, los innumerables matices de luz y penumbra en las casas, y en la intensidad luminosa del fondo, en el que destaca la silueta de la torre. Es un arte desprovisto de todo artificio, cuya contemplación impresiona al espectador sensible porque ha sido trabajado con la tensión creadora de la obra que el artista siente. VERMEER sentía el color y la luz, y circundó su ciudad con la emanación de sus sentimientos.

Vista de Delft. Detalle

ACTIVIDADES

● Este paisaje de Delft merece una contemplación detenida. ¿Cómo consigue el pintor el efecto de profundidad?

● Obsérvalo detenidamente antes de anotar tus impresiones. Di si te parece un paisaje sereno o agitado.

● En esta obra de Vermeer, ¿tiene importancia la luz? ¿Qué efectos busca el pintor?

● Se ha dicho que el pintor capta los rayos del sol después de un temporal, cuando el aire es más transparente y con gotas de agua. ¿Percibiríamos la misma luz en otro instante o en otra hora del día?

● Reúne cuadros de Vermeer y elige uno para comentar con detenimiento los efectos de luz, la profundidad, la sensación de silencio.

EVOLUCIÓN DE LOS ELEMENTOS PICTÓRICOS DEL ROMÁNICO AL BARROCO

El tratamiento de un mismo tema, el Nacimiento, nos permite comprobar con mayor facilidad esta evolución.

El **dibujo** románico es de línea gruesa, el gótico más fino (compárense los rostros de las Vírgenes); en el cuadro del Renacimiento el dibujo tiene una importancia capital, contorneando figuras y pilares, pero en el Barroco desaparece ante la fuerza del cromatismo y la iluminación.

El **color** en el románico, no ofrece matices sino amplios planos monocromos (ver el manto de la Virgen), los matices aparecen en el gótico (ver la túnica de San José); en la obra del PERUGINO la factura es terminada, está retocada, lo que presta a las figuras una apariencia escultórica; en REMBRANDT puede admirarse el imperio de la mancha gruesa que diluye cualquier impresión metálica.

La **luz,** ausente en la primera obra, aparece tímidamente en el *Nacimiento* de MUR (por ejemplo en el tejado); en la pintura renacentista su papel es mayor, por ejemplo se contrasta la luz de los pilares y la penumbra de la cubierta, pero es evidente que donde se convierte en el eje de la composición es en el cuadro de REMBRANDT, misterioso temblor de luces y sombras. La obra románica del MAESTRO DE AVIÁ carece de **profundidad**. Las figuras se disponen en un plano tras el que se despliega un fondo oscuro. MUR con el paisaje introduce un deseo de distancia, muchísimo más ostensible en PERUGINO, cuya gradación de profundidad está conseguida por las figuras, los pilares en disposición abocinada y los árboles que se yerguen lejanos. La profundidad barroca es mucho más compleja, más continua, como si el cuadro tuviera tercera dimensión; el primer término oscuro nos lleva hacia el foco de luz del centro, pero detrás se vislumbran las maderas del pesebre.

La **composición** yuxtapuesta del románico y gótico aparece ya más compleja en el Renacimiento, pero es perceptible que las figuras del PERUGINO carecen del movimiento, de la riqueza de posturas, de la soltura del gran maestro barroco.

También varía la concepción del **tema**, ingenua en las dos primeras tablas (el Niño es enorme y sus formas son extrañas), idealizada en el PERUGINO (su arquitectura es más de palacio que de pesebre, sus personajes están ataviados como cortesanos), realista en el Barroco.

Nacimiento románico

Nacimiento gótico

Nacimiento renacentista

ACTIVIDADES

- Desarrolla con mayor amplitud la comparación.

- Busca cuatro ilustraciones de un mismo tema y diferentes estilos y compáralas.

- Puesto que el color es el elemento fundamental de la pintura, intenta un examen más detenido del color en cada estilo. Por ejemplo, anota los colores predominantes en la escena románica, si se perciben manchas o se pule como un esmalte en el Perugino, si la factura es suelta o retocada en Rembrandt...

- A partir de estas cuatro escenas, apunta en un croquis los diferentes recursos de que se vale el pintor para conseguir la profundidad; convergencias de líneas, contrastes de volúmenes, zonas de luz. Después de confeccionar el croquis, explícalo en unas líneas.

- Detente en la obra de Rembrandt, que corresponde a esta unidad. Analiza sus elementos: dibujo, color, luz, profundidad, composición. Estos son los rasgos formales. Conviene que completes el análisis con otros rasgos: concepción del tema, realismo, religiosidad, atmósfera de misterio.

Nacimiento barroco

BIBLIOGRAFÍA

FERNANDEZ GARCÍA, A., *Los grandes pintores barrocos*. Barcelona, Vicens Vives, col. Historia Visual del Arte 10, 1989.

FRANCASTEL, P., *Historia de la pintura francesa*. Madrid, Alianza, 1989.

GREGORI, M., *Caravaggio*, Madrid, Electa, 1995.

PORTELA SANDOVAL, F. J., *La pintura del siglo XVIII*. Barcelona, Vicens Vives, col. Historia Visual del Arte 12, 1990.

ROSENBERG, J., *Rembrandt. Vida y obra*. Madrid, Alianza, 1987.

SCHONBERGER, A., *El Rococó y su época*. Barcelona, Salvat, 1971.

VARIOS AUTORES, *Rembrandt, el paisaje natural y humano. Grabados*. Barcelona, Fund. La Caixa, 1998.

17.
Pintura barroca española

España pierde en el siglo XVII poder político y militar. En compensación sus artistas prolongan el período de esplendor que llamamos *Siglo de Oro*. Y en él ocupan un lugar de honor los pintores. Zurbarán y Murillo, Ribalta y Ribera, sobre todos Velázquez, el gran maestro de la luz, llevan la pintura española a sus cotas más altas. Mostrando predilección por los temas religiosos, los pintores hispanos entendieron la religiosidad como una emoción íntima y convirtieron a sus santos y penitentes en paradigmas de expresión mística.

Si se compara con la holandesa, la otra gran escuela del Barroco, la española se distingue por la insistencia y el fervor de las escenas religiosas; pero en todos los géneros destaca, pues los retratos y paisajes de Velázquez se sitúan entre las creaciones más excelsas del arte de todos los tiempos y los bodegones de Zurbarán ofrecen la misma emoción que los rostros de sus santos en oración.

VELÁZQUEZ: La rendición de Breda *(2-7-1625). La composición curvilínea se aprecia en las posturas de las figuras centrales y se acentúa en el soldado de espaldas, que está a la izquierda, y en el caballo de Spínola, a la derecha. La victoria es resaltada en la superioridad de las lanzas españolas sobre las picas holandesas.*

1 CARACTERÍSTICAS DE LA PINTURA BARROCA ESPAÑOLA

Además de los rasgos comunes señalados en el tema anterior y de los que algunas obras españolas son realizaciones excepcionales, la pintura barroca realizada por los artistas españoles ofrece algunas notas relevantes más por su contenido y su reflejo social que por sus perfiles formales propiamente dichos.

a) Es muy notoria la ausencia de rasgos que fueron habituales, especialmente en Italia, durante el Renacimiento: lo heroico, los tamaños superiores al natural, las glorias corales de los fresquistas italianos. Predomina una cierta intimidad y un sabor de humanidad nada teatral. En resumen, se prefiere un **equilibrado naturalismo** y se opta por la **composición sencilla**.

b) **Predominio de la temática religiosa** y especialmente de su expresión ascética o mística. La expresión del sentimiento religioso se ve ayudada por elementos como el éxtasis, la mirada dirigida al cielo, el movimiento de la composición. El naturalismo aludido no amplía demasiado la temática. A VELÁZQUEZ se debe la incorporación del paisaje y la fábula pagana. Más frecuente es el retrato o el tema mitológico. Los bodegones constituyen también, sobre todo en ZURBARÁN, un género característico.

c) **Ausencia de sensualidad**, por obra de una implacable vigilancia que no se ablanda en España con la tolerancia que fue introduciéndose poco a poco en Italia o en Flandes; precisamente las obras que demuestran una naturaleza más exaltada testimonian una notable influencia rubeniana.

d) **El Tenebrismo** expresa muy bien esos valores, por lo que se comprende mejor su éxito entre nosotros y no es posible reducirlo a un recurso o técnica meramente importada de Italia.

2 RIBALTA Y RIBERA: LA PLENA INCORPORACIÓN DEL TENEBRISMO

El carácter evolutivo de las técnicas pictóricas queda bien ilustrado en la labor de FRANCISCO RIBALTA (1565-1628), pues muestra una notoria semejanza con las composiciones de NAVARRETE y con algunos otros pintores italianos de El Escorial. La huella de CARAVAGGIO pudo introducirse en alguna estancia suya en Italia y se plasma de manera reconocible en su *Cena* (Museo de Valencia).

En JOSÉ DE RIBERA (1591-1652) nos encontramos con una de las figuras más representativas de la pintura barroca. Nacido en Játiva (Valencia), estudia con RIBALTA y se traslada muy joven a Italia, donde recibe el influjo de CARAVAGGIO. En Roma vive en ambientes humildes e introduce en sus temas el mundo doliente de los mendigos.

En su estilo se fundirá la profunda emoción religiosa de la pintura española, que ha aprendido en RIBALTA, y el dominio del color y de las luces, a partir del estudio de los grandes pintores renacentistas romanos y de los tenebristas. Así nos hallamos ante un arte sombrío y dramático, próximo a CARAVAGGIO, pero con mayor riqueza cromática y religiosidad más patética que la de este artista, bien diferente del arte sensual que practicaban los pintores italianos del Sur.

En su obra no faltan cuadros realistas, inspirados por su vivencia bohemia de Roma, como *El niño cojo* (Louvre), quien sonríe mostrando la suciedad de sus dientes ajeno a la tragedia de su pie destrozado, ni los cuadros naturalistas, como *La mujer barbuda* (Toledo), que demuestra que el ansia de bucear en la realidad que inspira a los pintores barrocos desemboca a veces en la representación de todo aquello que se da en la naturaleza, aunque sea desagradable, raro o feo.

Con frecuencia cultivó el tema mitológico, a veces con ironía, otras para plasmar inmensas figuras musculosas que representan en el Barroco el mismo mundo sobrehumano de MIGUEL ÁNGEL; así su serie de gigantes: *Ixión, Ticio* (Prado).

El género religioso ocupa la parte central de su actividad. Sus apóstoles, como *San Andrés* (Prado) y sus ermitaños (*San Pablo, La Magdalena*), que hacen penitencia en cuevas oscuras, iluminadas al fondo por una entrada que permite ver un tronco desnudo, traducen su religiosidad heroica, que bebe en la sensibilidad de los primeros cristianos, y su inclinación a los cuerpos arruinados por la vejez o el hambre. En las grandes composiciones como *El sueño de Jacob* (Prado), insiste en su preocupación por la fuerza; nada más alejado de un sueño plácido que el dormitar de este hombre fornido, cuya cabeza pesa como una mole sobre su mano áspera. Un compendio de su estilo puede verse en el llamado *Martirio de San Felipe*, fechado en 1639.

Su manera de sentir lo religioso es profundamente original. Ya lo señalaba PALOMINO, un autor del siglo XVIII, en 1724: "*No se deleitaba tanto* RIBERA *en pintar cosas dulces y devotas como en expresar cosas horrendas y ásperas*". Afán constante de su estilo es la representación de la ruina del cutis humano; es el pintor de las frentes arrugadas, los dedos ásperos, los muslos delgados, que permiten la visión de los huesos. Su sensibilidad dramática le inclina hacia el tema de los anacoretas y penitentes, que expresan en sus rostros un intenso misticismo y en sus cuerpos demacrados los efectos de la abstinencia.

Si en la riqueza del color y en la maestría de la composición podría ser considerado un pintor italiano, por la emoción religiosa y por su realismo intenso constituye uno de los exponentes más altos del Barroco español.

▶ RIBERA: Martirio de San Felipe. *Compendia el arte del pintor valenciano: misticismo violento, fuerza en el poderoso cuerpo desnudo del mártir y de los sayones, diagonales dinámicas, contrastes entre el tema doloroso y el niño dormido.*

▼ RIBERA: El sueño de Jacob. *Aun tratándose de obra religiosa, el artista se concentra en la fuerza escultórica del personaje, que reposa sin perder la tensión de las manos. El tronco desnudo fija poderosamente una de las diagonales de la composición.*

▲ RIBALTA: Crucificado abrazando a San Bernardo.

▼ RIBERA: San Andrés. Los contrastes de luz y sombra destacan las formas y la expresión mística del santo.

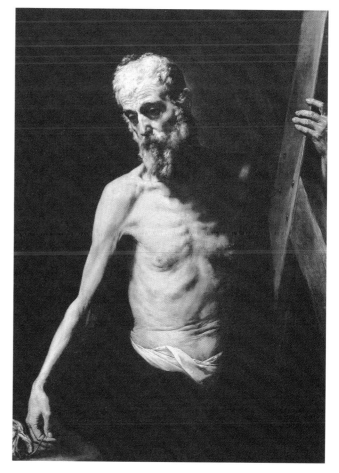

3 LA ESCUELA ANDALUZA

Los máximos representantes de la pintura barroca del siglo XVII están relacionados en su mayoría con la ciudad de Sevilla, por ser esta ciudad la de mayor población de la Península y concentrar en su puerto el comercio de las Indias. Este negocio reclama la presencia de mercaderes enriquecidos, que ayudan a crear un animado mercado artístico.

Zurbarán

FRANCISCO ZURBARÁN (1598-1664) tuvo sus mejores clientes en los conventos sevillanos y extremeños. De esta última región era natural (Fuente de Cantos, Badajoz). Pertenece a la misma generación que VELÁZQUEZ, con quien mantuvo amistosas relaciones. A pesar de haber trabajado en la Corte en la ornamentación del Salón de Reinos y practicado allí temas de batallas y mitologías (*El socorro de Cádiz* o las *Historias de Hércules*) sin embargo su horizonte parece que se limita con gusto a los temas monacales.

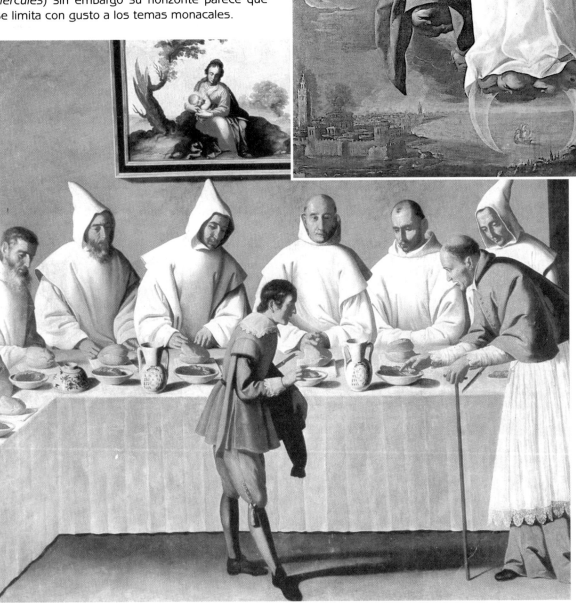

▲ *Las* Inmaculadas d(
ZURBARÁN *aparecen com(
una de las muestras má.
altas del misticismo hú
mano de la escuela espa
ñola. A diferencia de la
de* MURILLO, *el pintor ex
tremeño prefiere rehu
los triunfalismos y repre
sentar a la Virgen com(
una doncella tímida, per
sativa, solitaria, sin (
nimbo de ángeles d(
otras interpretaciones.*

◀ ZURBARÁN: San Hug(
en el refectorio de l(
cartujos (Sevilla) es ot(
exponente de un arte r(
ligioso: la disposició(
yuxtapuesta, los blanqu(
simos hábitos, el bod(
gón sobre la mesa.

▲ ZURBARÁN: Bodegón. *Tenebrismo y colorismo. Jugando con la luz y la sombra el pintor nos transmite su asombro ante la belleza de la flor y las manzanas.*

▼ ALONSO CANO: Milagro del pozo, *Museo del Prado. Composición en círculo que destaca a la izquierda la forma vertical de San Isidro, en una escena que rezuma elegancia y distinción.*

Esta elección le separa al mismo tiempo de la pompa que caracterizaba a la pintura sevillana. Queda así ZURBARÁN como un pintor aparte de sus grandes contemporáneos, como un cantor de la religiosidad más severa y menos retórica, apoyándose en el uso del blanco y prescindiendo de los fondos arquitectónicos.

El pintor de Fuente de Cantos es autor de largas series de lienzos monásticos que constituyen su más eximia especialidad (los del monasterio de San Pablo de Sevilla hoy perdidos desgraciadamente en su casi totalidad; las pinturas del convento de la Merced (1628), también en la ciudad del Guadalquivir, narradoras de la vida de San Pedro Nolasco; las series de la cartuja de Jerez y las del monasterio de Nuestra Señora de Guadalupe). En ZURBARÁN la luz juega un papel original y decisivo; es un tenebrismo peculiar en el que las figuras irradian ellas mismas una vivísima iluminación y que hace olvidar la anécdota para expresar mejor la intemporalidad de la experiencia religiosa de esas imágenes transfiguradas.

Un género que ZURBARÁN cultivó con lograda perfección es el de los bodegones, en los que sabe imponer una sobria ordenación y logra una inimitable inmaterialidad a base de la luz blanca. Con SÁNCHEZ COTÁN define un tipo de bodegón bien distinto del carácter glotón de los bodegones flamencos e italianos.

Alonso Cano

Otro gran maestro de la escuela andaluza es ALONSO CANO (1601-1667), granadino de cuna pero formado también en el taller sevillano de PACHECO, donde coincidió algún tiempo con VELÁZQUEZ (1616). Cultivó diversas artes como la talla y la traza de retablos e incluso la arquitectura (entre otras obras, es autor de la fachada de la catedral de Granada). Pasó varios años en la Corte retornando finalmente a su ciudad natal como racionero de la catedral (1652). Protagonizó a lo largo de su vida situaciones difíciles relacionadas con la sospecha de crímenes que le valieron polémicas y destierros.

ALONSO CANO era hábil dibujante, muy estudioso de la composición de sus cuadros y creador de tipos femeninos que repetirá de forma ininterrumpida, en los que busca una belleza plástica y una feminidad infantil tales que, al quedar distanciado de los estilos más recios de ZURBARÁN o VELÁZQUEZ permiten hablar de una inflexión en la pintura española que se relacionaría con el modo de hacer de MURILLO.

De su época madrileña es el famoso *Milagro del pozo*, en el que San Isidro rescata a su hijo, y cuya factura responde al colorido realista usual en CANO. En *La Virgen y el Niño,* del Museo del Prado, queda definido el tipo propio de su ideal femenino destacando ante un paisaje la luz mortecina.

4 VELÁZQUEZ: CUMBRE DE LA PINTURA BARROCA

DIEGO DE SILVA VELÁZQUEZ (1599-1660) nació en Sevilla, en una época en la que la ciudad andaluza, centro de las comunicaciones con las Indias, era la ciudad más importante de España. A los 11 años ingresó en el taller de PACHECO, con cuya hija contraería matrimonio años más tarde, y de él aprendió el arte de la pintura. Pero pronto rompió con los rígidos preceptos de PACHECO en los que el dibujo era el fundamento del cuadro, para iniciar un arte más vivo, observando la realidad y copiando incansablemente los modelos con sus movimientos y expresiones.

En las obras de su etapa sevillana muestra una evidente devoción por el Tenebrismo. Al lado de alguna obra religiosa, *La adoración de los Magos* (Prado), preponderan los temas realistas, de escenas de la vida ordinaria, como *El aguador de Sevilla* (colección Wellington, Londres) o la *Vieja friendo huevos* (Edimburgo). En *El aguador*, interpretado como una alegoría de las tres edades del hombre en los tres personajes representados, ensaya una composición audaz en círculos con las tres cabezas, al tiempo que destaca en el primer plano el gran cántaro iluminado, recursos que repite en la *Vieja friendo huevos*, obras ambas que le señalan como un artista poseedor de los recursos más difíciles de la composición al tiempo que de una notable técnica lumínica.

▲ VELÁZQUEZ: El aguador de Sevilla. *Una escena costumbrista de su primera etapa, todavía en la corriente estilística del Tenebrismo.*

◄ VELÁZQUEZ: La fragua de Vulcano. *Escena mitológica que destaca por la sabiduría de la composición, la iluminación de un recinto cerrado y el tratamiento casi burlesco del tema.*

Con el apoyo de su suegro, el aval de sus obras sevillanas y credenciales de notables locales consiguió trasladarse a la Corte, ser nombrado en 1623 pintor de cámara regio y gozar del favor del omnipotente conde duque de Olivares y de la amistad del monarca Felipe IV. Su larga permanencia en la Corte no le aparta de una vocación pictórica fiel a la naturalidad, que aplicará tanto a las personas reales como a los temas populares o mitológicos.

Durante esta época su tiempo y su paleta se ocupan fundamentalmente en retratos y temas mitológicos, habiéndole espoleado en su dedicación a estos últimos la visita de RUBENS en 1628. Parece que el gran pintor de Amberes le aconsejó que visitara Italia, viaje que VELÁZQUEZ pudo realizar con la ayuda de una bolsa real. La estancia le llevará al abandono del Tenebrismo, al tiempo que le hace concebir nuevas preocupaciones por el color, el desnudo y la perspectiva aérea.

Obras compuestas en ese tiempo son *La túnica de José* y *La fragua de Vulcano*, tema mitológico representado con elementos estrictamente humanos, sin ampulosidades grotescas y con una leve ironía. Una comparación de *La fragua* con *Los borrachos* —obra anterior al viaje— permite comprobar la intensa evolución del arte velazqueño; más ricos matices luminosos, composición más dinámica, profundidad, rostros de mayor intensidad expresiva.

A su regreso de Italia se afianza como el gran retratista de la Corte: retratos ecuestres del *príncipe Baltasar-Carlos*, del *conde duque de Olivares* y la larga serie dedicada al rey Felipe IV, a quien retrata desde su juventud hasta la edad crepuscular con una mirada infinitamente melancólica. En este género, VELÁZQUEZ se distancia de la sensibilidad de otras escuelas europeas, aunque sea perceptible el influjo de RUBENS, omitiendo todo recurso escenográfico, salvo los fondos serranos que resaltan la gravedad de las figuras, y acentuando los símbolos —la caza es uno de ellos— y la hondura psicológica de la expresión, lo que le acerca más a REMBRANDT, al que no conoció, que al gran maestro de Flandes.

Pero también es el genial retratista de tipos tan curiosos y variados como los de la serie de los bufones (*El niño de Vallecas, El Primo*, entre otros) a los que trata de un modo casi redentor.

Algunos temas mitológicos de esta época son retratos llenos de penetración, tales como los que dedica a los dos mendigos filósofos (*Esopo* y *Menipo*). Obra cumbre de este período es el cuadro de *Las lanzas* (*La rendición de Breda*, págs. 288-289), en el cual más allá de las efigies de los caudillos que presiden la gran composición se despliega un paisaje luminoso y brumoso a un tiempo, de campos de combate y humos confundidos con los cielos nostálgicos del Norte de Europa.

▼ VELÁZQUEZ: Retrato ecuestre del príncipe Baltasar Carlos *(izquierda)*. *La diagonal del caballo en semiescorzo introduce el dinamismo propio del barroco. Los azules y blancos del Guadarrama dan al paisaje y a la composición entera una atmósfera maravillosa de pureza y melancolía.*

La entonación verde es predominante en el retrato de Francisco Lezcano (derecha), el enano vizcaíno, conocido también como El niño de Vallecas. Su enorme cabeza y la expresión reflejan la incapacidad mental del retratado. El fondo recuerda el paisaje de Guadarrama, tan frecuente en VELÁZQUEZ.

VELÁZQUEZ realizó un segundo viaje a Italia en 1649 con el encargo de hacer acopio de cuadros para las galerías reales españolas, y durante su estancia en aquel país pintó el retrato del *papa Inocencio X*, y el de su propio criado *Juan de Pareja*.

Su calidad de retratista es paralela a sus dotes extraordinarias para el paisaje. Dos pequeños lienzos, *Paisajes de villa Médicis*, captan la vibración lumínica mediante pequeños toques luminosos. Se anticipa aquí en más de doscientos años a la técnica del Impresionismo, hasta el punto de parecer dos "monets" del siglo XVII, celebrados por MANET y RENOIR.

El amor de VELÁZQUEZ al paisaje se percibe en muchos de sus retratos, en los que los personajes destacan sobre el fondo del Guadarrama; las cumbres se vislumbran envueltas entre nubes azules y blancas, en las vaguadas los bosques se desdibujan en neblina, la distancia se consigue con una mayor acuosidad de los verdes; una simple mancha se convierte ante la pupila del espectador en una forma –césped, tronco o copa–.

El retorno a la Corte en 1651 le dará ocasión de pintar sus obras más importantes, en las que alcanza calidades insuperables: *La Venus del espejo*, *Las Meninas* y *Las Hilanderas*. Estas pinturas reservan para su creador un puesto central y señalan la plenitud del arte barroco, diferenciado de la tradición clásica; la distribución de sus figuras en los lienzos ha sugerido variadas interpretaciones y una abundantísima bibliografía.

En *Las Meninas* la escena de la entrada de la infanta Margarita con su pequeña corte de damas y enanos en el salón en el que VELÁZQUEZ se encuentra pintando a los reyes, le permite al gran artista plasmar una serie de magníficos retratos, incluido su autorretrato en penumbra, y obtener efectos de profundidad dentro de una habitación cerrada por medio de la alternancia de zonas de diferente intensidad luminosa.

Algunas aportaciones del arte de VELÁZQUEZ en el manejo de la luz y la conquista de la profundidad han quedado como modelos nunca superados. La sensación óptica de la luz que circula por *dentro* de la tela –la neblina de los paisajes, el etéreo polvillo que flota en las habitaciones– ha sido denominada *perspectiva aérea*. ANTONIO PALOMINO escribía refiriéndose a la obra *Las Meninas*: "*Entre las figuras hay aire ambiente*". Más que en los brillos de su paleta –en los que hay una preferencia por el verde, el azul y el blanco–, o en la vitalidad de sus retratos, o en la piedad sincera de los pocos cuadros religiosos que pintó (por ejemplo su *Crucificado* del Prado), aspectos en los que otros artistas barrocos igualan al gran maestro español, es en el aire iluminado y en la profundidad visual donde estriba la más genuina esencia del arte velazqueño.

▲ VELÁZQUEZ: Villa Médicis. *La ligereza de la pincelada, la captación de la impresión de aire libre ante un paraje real y la enorme sensibilidad en el trazo de la luz hacen de esta pintura una sólida precursora del Impresionismo.*

▼ VELÁZQUEZ: La Venus del espejo. *La diosa, humanizada, en actitud de abandono, es uno de los raros y más bellos desnudos de la pintura clásica española.*

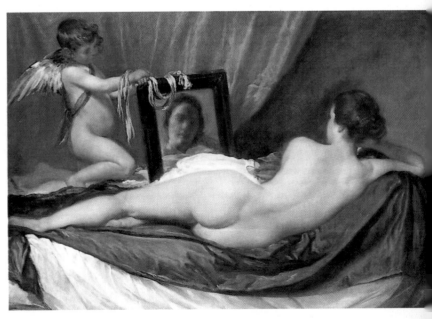

▶ VELÁZQUEZ: Las Meninas. *La luz y la atmósfera reducen a su imperio las líneas fundidas, los perfiles imprecisos, las formas convertidas en manchas. Desde el centro del cuadro, no ideal sino luminoso, todo el resto es un juego de relaciones subordinadas a la distancia de ese punto focal.*

5 LA ESCUELA MADRILEÑA

VELÁZQUEZ al morir no dejó una escuela que continuara su magisterio artístico; quienes podemos llamar discípulos suyos son además familiares o servidores. Tal es el caso de JUAN BAUTISTA MARTÍNEZ DEL MAZO, su yerno, que terminó algunos cuadros dejados inconclusos a la muerte del maestro y a quien siguió en algunos retratos que patentizan la enorme distancia de la calidad de sus pinceles y cualidades compositivas. También JUAN DE PAREJA, que fue su servidor, es considerado un pintor velazqueño.

Por escuela madrileña se suele entender el grupo de pintores que trabajan en la Corte, pues si bien es absolutamente cierto que ésta reservó a VELÁZQUEZ la intimidad y la gloria del retrato, también proporcionaba encargos a otros artistas cuyas condiciones pictóricas y características estéticas hacen hablar de un barroco en tono menor y son testimonios de una pintura cortesana y de altar de desigual valor.

ANTONIO DE PEREDA (1608-1678) destacó por su pintura religiosa y sus bodegones, de los que no excluye un tono retórico y una intención moralizante que lo ponen en relación con VALDÉS LEAL (*Bodegón de la calavera*).

FRAY JUAN RIZZI (1600-1681), conocido como el *Zurbarán castellano*, dejó su mejor obra en San Millán de la Cogolla.

Un último grupo de artistas formará el núcleo de pintores cortesanos de Carlos II. Entre ellos destaca la labor retratista de CARREÑO (1614-1685) y de CLAUDIO COELLO (1642-1693). Ambos comparten la difícil tarea de representar el papel que le correspondiera a VELÁZQUEZ cerca de Felipe IV y de trasladar al lienzo los personajes de una corte que vive una decadente postración y que ofrece unos modelos tan poco atractivos. CARREÑO retiene algunos rasgos velazqueños en sus retratos de enanos y bufones (*La monstrua*).

CLAUDIO COELLO remata la historia de la escuela madrileña del siglo XVII al ser el último pintor de cámara de los Austrias. En su pintura religiosa cede a una versión amable en abierto contraste con la que predomina en la primera mitad del siglo (*Cristo Niño a la puerta del templo*). También cultivó el fresco.

En su calidad de pintor de cámara logró la cumbre de su arte en su conocida pintura de la sacristía de El Escorial, en la que aparece Carlos II adorando la Sagrada Forma, pintura que puede reclamar una matizada ascendencia velazqueña. En esta gran composición el artista consigue un efecto de profundidad admirable, prolongando ópticamente el efecto de perspectiva de la sacristía y, por otra parte, exhibe sus magníficas condiciones para el retrato en la figura del Rey y de los principales personajes.

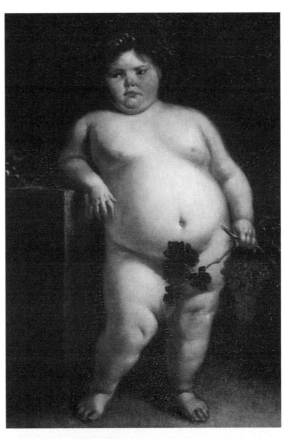

◄ CARREÑO: La monstrua, *Museo del Prado. Es un ejemplo de naturalismo. A diferencia de* VELÁZQUEZ, *que habría disimulado con amplio vestido las formas,* CARREÑO *no tiene reparo en resaltar las deformaciones anatómicas.*

▼ CARREÑO: La reina Mariana de Austria. *En los retratos, incluida la serie que dedicó a doña Mariana,* CARREÑO *refleja la influencia de* VELÁZQUEZ, *en los toques sueltos de pincel y la indefinición de las líneas. La palidez y melancolía del personaje demuestran la sutileza del artista para captar los caracteres.*

El realismo de los maestros barrocos españoles es patente en este retrato de Carlos II pintado por Claudio Coello. Soslayando las liturgias cortesanas de los franceses —recordemos a Rigaud— Coello capta la decadencia física e intelectual del monarca y acusa su prognatismo y su labio caído.

Claudio Coello: La adoración de la Sagrada Forma, *sacristía de El Escorial. La pintura de* Claudio Coello *es una auténtica galería de retratos de la corte de Carlos II, resaltando el preciosismo de los bordados y paños.*

6 MURILLO Y VALDÉS

Cronológicamente, corresponden a la generación final del Barroco del XVII, pasada la era tenebrista de los valencianos RIBALTA y RIBERA, terminado el esplendor de ZURBARÁN, que lo mantuvo, como vimos, hasta los años de 1640, y la primacía indiscutible del genio de VELÁZQUEZ.

BARTOLOMÉ ESTEBAN MURILLO (1617-1682) se adaptó al gusto imperante y plasmó una religiosidad familiar y tierna que "*prefiere las seducciones de la religión en detrimento de sus rigores*". Su mayor preocupación la constituye el colorido y no presta atención a la investigación plástica que tanto atareó a ZURBARÁN y VELÁZQUEZ.

En su juventud se inició en la técnica tenebrista; a esta época pertenecen obras que reflejan el ambiente de golfillos y mendigos de los bajos barrios sevillanos.

En las décadas centrales del siglo (1640-60) conoce un éxito grande, atendiendo innumerables encargos que le impidieron poder ausentarse de su ciudad y le imponen un horizonte algo estrecho, al tiempo que adolece de una superficial fecundidad, pues temas muy poco numerosos y variados se repiten sin cansancio.

Obra suya muy divulgada es *La Sagrada Familia del pajarito* de amplio éxito popular. En ésta y otras MURILLO ofrece una pintura llena de ternura, intimidad y misticismo que culmina en sus *Vírgenes y Niños* (*El Buen Pastor, San Juan Bautista con el cordero*). Sus *Inmaculadas* con rostros juveniles y sus *Anunciaciones* son el culmen de este género tan característico. Mucho más recios y testigos de una elevada factura son los dos lienzos conocidos como *El sueño del patricio* (ambos en el Museo del Prado).

VALDÉS LEAL (1622-1690) es otro sevillano alejado de la Corte y ocupado en satisfacer a una clientela ávida de pintura religiosa.

A este género pertencen sus largas series, como las del monasterio de San Jerónimo de Buenavista (Sevilla), o los retablos de Córdoba. Pero llega a su más caracterizada expresión en las terribles pinturas del hospital de la Caridad (*In ictu oculi, Finis gloriae mundi*), llenas de melodramática teatralidad y con una severa y clara intención moralizante.

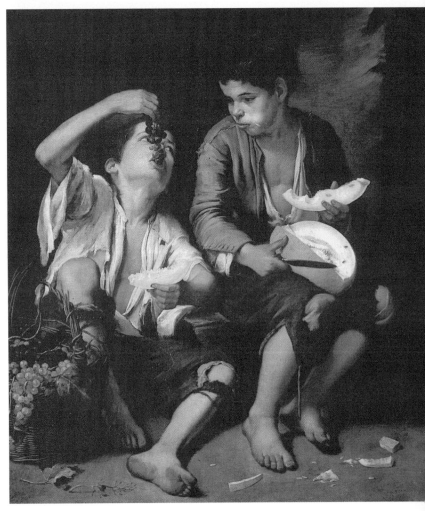

▶ MURILLO: *El Buen Pastor* (arriba) y *Niños comiendo melón y uvas* (abajo). *Una escena religiosa y otra costumbrista, una impregnada de un cierto misticismo, la otra acusadamente realista; dos polos del arte de MURILLO con el denominador común de la infancia.*

MURILLO: La Sagrada Familia del pajarito, *Museo del Prado*, es un derroche de gracia y ternura; la escena religiosa se concibe como un episodio hogareño.

▼ Entre las últimas y más perfectas Inmaculadas *que pintó* MURILLO merece destacarse la del *Museo del Ermitage*, en la que la gloria ascendente del paño y el cortejo de ángeles alcanza su máximo impulso sin perder la figura la serenidad sobrenatural de su belleza.

▼ *Las terribles* pinturas del hospital de la Caridad *son las más interesantes representaciones de la pintura de* VALDÉS *que se empapan de las preferencias dramáticas de la religiosidad del siglo XVII. También son exponentes de la complicada psicología de este autor.*

DIEGO DE SILVA VELÁZQUEZ: Las hilanderas

Datos: Óleo sobre tela. Dimensiones: 220 x 289 cm. Fecha: 1657. Museo del Prado de Madrid.

Temática

Durante mucho tiempo, *Las hilanderas* fue considerado como un cuadro de costumbres, una escena amable que representaba unas obreras de tapicería trabajando en el taller. Se aducía que esa realidad formaba parte del mundo habitual de VELÁZQUEZ pues en su condición de Aposentador Real visitaba con frecuencia el taller de retupido de tapices de palacio.

Esta simple interpretación resultaba insatisfactoria y, aunque para algunos autores la dificultad es casi insalvable, se va descubriendo, en este cuadro, una temática mitológica sobre la que ORTEGA Y GASSET ya avisó hace años.

La fuente literaria sería la *Fábula de Aracne*, narrada por OVIDIO en su *Metamorfosis*. Recordemos su contenido: *Aracne* (o *Ariadna*) era una hábil tejedora de Lidia que al sentirse admirada por las mujeres de su provincia deseó competir con los dioses y en concreto con Palas Atenea, que presidía las artes y oficios. Palas, disfrazada de vieja, intenta disuadir a la muchacha de su insensato propósito, pero su esfuerzo es vano, por lo que decide aceptar el reto. La victoria sonríe a la diosa y en castigo por su soberbia la tejedora de Lidia es convertida en araña.

VELÁZQUEZ se propuso trasladar esta historia al espacio limitado de un lienzo y parece lógico que se apoyara en un espectáculo que le era familiar, es decir el trabajo en el taller de tapicería. La fábula quedará enmascarada en una escena cotidiana de dicho taller.

Composición

En un primer plano las figuras están llenas de realismo. La joven de la derecha, con blusa blanca y falda verdosa, puede ser interpretada como Aracne, mientras que la que aparece a la izquierda con la pierna descubierta podría encarnar a Palas disfrazada de anciana pero que, como adivina LAFUENTE FERRARI, en su juvenil pierna nos descubre su verdadera personalidad y nos aclara la intención mitológica del cuadro velazqueño.

Las hilanderas

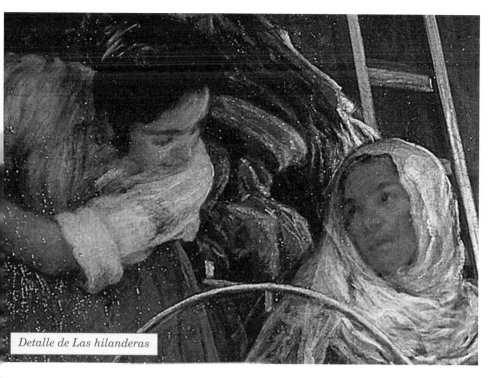

Detalle de Las hilanderas

ACTIVIDADES

● Trabajo en equipo: señalad las sucesivas zonas de luz y sombra de *Las hilanderas*. A continuación precisad las de *Las Meninas* (pág. 297) y comparad los efectos de profundidad en ambos cuadros.

● La magia de Velázquez reside en la captación de la atmósfera, la sensación de polvo y aire que consigue en sus escenas. Comenta esta impresión en *Las hilanderas*.

● Compara este interior de Velázquez con un interior de Rembrandt, estudiado en la unidad precedente. Apunta alguna diferencia entre la luz y la concepción de los temas en ambos maestros.

Un segundo plano presenta una figura de mujer a contraluz; parece recoger madejas del suelo. Ocupa el centro del cuadro y es el punto de mayor penumbra. Es justamente lo contrario de lo que ocurría en *Las Meninas*, en donde la cabeza de la infanta Margarita centra la composición y es el punto de mayor luminosidad.) Se trata de una pantalla de sombra entre dos escenarios o planos luminosos.

El plano del fondo representa una estancia brillantemente iluminada por rayos de luz que caen diagonalmente. Tres damas, vestidas a usanza de la época del pintor, contemplan un tapiz. Se ha sugerido que podría tratarse de la infanta María Teresa, futura esposa de Luis XIV, y sus damas. El tema del tapiz podría ser el desenlace de la fábula con Palas dirigiéndose en actitud conminatoria (el brazo levantado) a la joven tejedora. El exceso de luz impide ver realmente la escena; en el tapiz habría una réplica del conjunto del cuadro de la fábula.

La técnica barroca

El equívoco velazqueño es contundente. En todo el cuadro los planos han creado sabios y difíciles problemas. VELÁZQUEZ representó varios momentos de la misma narración aunque reduciéndola a una unidad original de entonación y luz. El genial artista ha prescindido de toda jerarquización de figuras que pudiera llevar al espectador a un lugar preferente.

Las dos figuras del primer plano forman una estructura dual equilibrada, sin decidirse por ninguna.

La destreza de VELÁZQUEZ en lograr la sensación de transparencia llega a su culmen en el giro veloz de la rueda; ha captado un instante y ha logrado eternizarlo. Los juegos de las luces laterales o frontales concentran toda la técnica *impresionista*. *Las hilanderas* y *Las Meninas* significan la cima de la técnica de su creador. Ambos son interiores en los que la luz y la atmósfera son captados de forma insuperable.

Algunas circunstancias de interés

La conservación de este cuadro no es satisfactoria. Una ancha faja ha sido añadida en los márgenes, parece ser que para arreglar los daños que pudo sufrir en el incendio del Alcázar Real en 1734. En la parte superior no serán velazqueñas ni la bóveda ni el óculo que se distinguen.

No conocemos para quién pintó VELÁZQUEZ este importantísimo cuadro. Parece excluido que fuera un encargo real. LAFUENTE FERRARI puso de manifiesto que estaba en el *Catálogo de la colección particular del caballero Pedro de Arce*, en 1664, y todavía no figura en la relación hecha a la muerte de Carlos II, en 1700, por lo que –concluye este investigador– debió adquirirlo Felipe V de la propiedad particular en que entonces se hallase.

BIBLIOGRAFÍA

ANGULO, D., *La pintura española en el siglo XVII*. Madrid, Plus Ultra, Ars Hispaniae (vol. XV), 1958.

BROWN, J., *Velázquez, pintor y cortesano*. Madrid, Alianza, 1992.

CALVO SERRALLER, F., *Teoría de la pintura del Siglo de Oro*. Madrid, Cátedra, 1981.

DOMÍNGUEZ ORTIZ, A. y PÉREZ SÁNCHEZ, A. E., *Velázquez*. Madrid, Museo del Prado, 1990.

GALLEGO, J., *Visión y símbolos en la pintura española del Siglo de Oro*. Madrid, Cátedra, 1987.

MARAVALL, J. A., *Velázquez y el espíritu de la modernidad*. Madrid, Alianza, 1987.

OROZCO, E., *El barroquismo de Velázquez*. Madrid, Rialp, 1965.

PÉREZ SÁNCHEZ, A. E., *Pintura barroca en España 1600-1750*. Madrid, Cátedra, 1992.

PORTELA SANDOVAL, E. J., *Grandes maestros de la pintura barroca española*. Barcelona, Vicens Vives, col. Historia visual del Arte 11, 1989.

18.
El Neoclasicismo. La ruptura: Goya

"*La Antigüedad no ha cesado de ser la gran escuela de los pintores modernos, y la fuente donde beben las bellezas de su arte. Tratamos de imitar a los antiguos en el genio de sus concepciones, la pureza de su dibujo, la expresión de sus rostros y las gracias de sus formas*", así definía el pintor David el arte de su época, arte que denominamos Neoclasicismo porque suponía, como el Renacimiento, un retorno a los modelos clásicos. Pero esta mirada hacia atrás no satisfacía todas las misiones del arte en una época de revoluciones políticas. La ruptura, la búsqueda de nuevos caminos, fue iniciada por Goya en los primeros años del siglo XIX. Tradición clásica y ruptura revolucionaria, dos actitudes contrapuestas que vamos a contrastar en este capítulo. Al estudiarlas juntas te resultará más fácil percibir la profundidad del arte goyesco.

En Los fusilamientos del 3 de mayo de GOYA, el patetismo alcanza una intensidad excepcional con los efectos de luz blanca sobre los rostros ocultos y los dedos crispados. El Expresionismo, la escuela pictórica que en el siglo XX intentó expresar la angustia de los seres humanos, tiene aquí su manifiesto con cien años de anticipación.

I. El arte neoclásico

1 EL NEOCLASICISMO

La caída del Antiguo Régimen francés en 1789 era el resultado de la larga oposición de las clases medias y populares a un sistema político-social dominado por la aristocracia.

De forma paralela el arte aristocrático, es decir el estilo rococó, también había sido "contestado" y DIDEROT atacará duramente la pintura de BOUCHER recomendando en los gabinetes y despachos la serenidad del arte antiguo.

Una serie de circunstancias van a permitir este redescubrimiento de la Antigüedad clásica. En primer lugar se habían producido importantes hallazgos arqueológicos (Herculano, 1719 y Pompeya, 1748, sepultadas por las cenizas del Vesubio) y se alumbra una importante bibliografía arqueológica, entre la que sobresalen las obras de WINCKELMANN, *Historia del Arte de la Antigüedad* y la de STUARD, *Antigüedades de Atenas*. LESSING publicó su *Laocoonte* como ensayo estético.

También las Academias creadas a lo largo del siglo han subrayado el valor normativo de lo clásico y ven confirmados sus métodos en los brillantes descubrimientos ya reseñados. Sus campañas antibarrocas en pos del llamado "buen gusto" verán así coronados sus esfuerzos.

Por otra parte el cansancio y agotamiento de las formas decorativas del rococó sin apenas trascendencia en los exteriores, cuyos trazados se repiten desde largo tiempo, produce una crisis estética cuyas salidas eran o el ingente esfuerzo de crear un nuevo estilo o bien confiar en la ejemplaridad del pasado e imitar la Antigüedad clásica, que los arqueólogos están redescubriendo y que tenía la necesaria serenidad para que la vista y el espíritu descansaran de más de un siglo de inquietante dislocación de formas y embriaguez decorativa.

Estos planteamientos artísticos, en principio dotarán de una posibilidad de alternativa estética, de un lenguaje plástico, a los revolucionarios empeñados en la supresión de todo resto de Antiguo Régimen y, por ello, de las creaciones artísticas del acabado período histórico. Los representantes de la Revolución ven en el Neoclasicismo la derrota de la aristocracia y sus salones. El arte neoclásico se prolongará hasta el período napoleónico y su estilo imperio: el nuevo emperador necesitaba del arte de los césares para expresar el imperio universal al que aspiraba.

El epicentro del nuevo movimiento es Francia pero sus consecuencias abarcarán todo el mapa europeo, afectando tanto a la arquitectura como a las otras artes figurativas, pintura y escultura.

2 LA ARQUITECTURA NEOCLÁSICA

Arquitectura neoclásica en Francia, Inglaterra y Alemania

Grecia más que Roma es el origen del **Neoclasicismo**. Se utiliza el orden dórico con fuste acanalado, la columna recobra su antigua importancia, y vuelven los frontones poblados de estatuas. De Roma se recuerda su ciencia del espacio. La cúpula se ha hecho insustituible y ahora se tienen modelos modernos a los que imitar (San Pedro). En líneas generales predomina la copia sobre la imaginación renovadora.

En **Francia**, SOUFFLOT utiliza los elementos más representativos del clasicismo greco-romano en la iglesia de Sainte Geneviève (1757-1790), con bello pórtico columnario y con gran cúpula (inspirada en San Pedro de Roma y San Pablo de Londres). La iglesia de La Madeleine de París es un templo corintio; el legado romano está vivo en el arco de la Estrella (París) o en la columna conmemorativa (de recuerdo trajano) que GOUDAIN y LEPÉRE, levantan en la plaza Vendôme para recuerdo de las hazañas napoleónicas.

En **Inglaterra** SMIRKE (1781-1867) edificará el Museo Británico con una columnata jónica, y no menos clásica pretendía ser la Galería Nacional de Londres, obra de WILKINS. A lo largo del siglo XIX persiste el estilo conviviendo con frecuentes construcciones neogóticas, a las que hay mucha afición en Inglaterra y cuyas primeras muestras se remontan a mediados del siglo XVII (WALPOLE y su mansión neogótica de Strawberry Hill). Tanto en las casas de ciudad como, en las de campo, fue muy notable la influencia de PALLADIO. La aportación más original ha de buscarse en el campo del urbanismo, del que han quedado muestras notables en Bath. JOHN WOOD diseñó la plaza de la Reina (Queen's Square), con un pórtico central. Su hijo JOHN WOOD jr. el Royal Crescent (Creciente Real), con una inmensa fachada de treinta casas dispuestas en forma semielíptica y gigantescas columnas jónicas, plaza que ha sido escenario de varias películas.

En **Alemania** el arte neoclásico se difunde más fácilmente en la parte Norte, mientras que en el Sur continúan erigiéndose edificios barrocos, aunque también se adopte el nuevo estilo en importantes edificios como por ejemplo la Gliptoteca de Munich obra de VON KLENZE. La puerta de Brandenburgo, debida a LANGHANS (1733-1808), es el monumento alemán más representativo. Tanto esta puerta como los propíleos de Munich se conciben como entradas triunfales, recuerdo de los propíleos de la Acrópolis ateniense por sus elementos arquitectónicos y por su grandeza.

▶ La Madeleine *fue ordenada construir por Napoleón como homenaje al gran ejército francés. Acabada en 1842 resulta solemne pero algo fría y demasiado fiel a los cánones clásicos.*

◀ GOUDAIN y LEPÉRE: *Columna conmemorativa, plaza Vendôme, París, 1810. La columna, situada en la barroca plaza Vendôme, se elevó para glorificar a Napoleón al modo de la columna Trajana. Es un claro ejemplo del intenso deseo de emular las formas y fórmulas romanas de la Antigüedad.*

◀ *En la fachada del Museo Británico (Londres, Inglaterra) el arquitecto empleó el orden jónico, el preferido por los neoclásicos. El cuerpo central, hundido, adquiere profundidad entre las dos alas salientes, en la típica distribución simétrica del estilo. Esta amplia fachada influirá en la silueta grandiosa, combinada con una cúpula, del Capitolio de Washington.*

▼ LANGHANS: *Puerta de Brandenburgo, Berlín, Alemania. Es el monumento neoclásico alemán más representativo. Evoca con su severa columnata dórica los propíleos atenienses. El grupo escultórico de la cuadriga que remata la construcción es de J. VON SCHADOW.*

La arquitectura neoclásica en España

En España, por el gran peso del Barroco, el arte neoclásico tendrá que vencer una mayor resistencia; pero desde mediados del siglo XVIII hay un esfuerzo de depuración de formas, tarea en la que las recientes Academias ponen sus mejores empeños.

VENTURA RODRÍGUEZ (1717-1785) se forma en el grupo de arquitectos que trabajan para Fernando VI, entre los que destaca SACCHETTI. Aunque VENTURA RODRÍGUEZ está considerado como un clasicista consumado, sin embargo en sus obras afloran frecuentes influencias del Barroco dieciochesco italiano. Obras suyas son la remodelación del templo del Pilar de Zaragoza, la fachada de la catedral de Pamplona y la iglesia de los Agustinos de Valladolid. En todas ellas se aprecia una alta dosis de eclecticismo muy propio de los momentos de transición en que VENTURA RODRÍGUEZ realizaba sus trabajos.

Carlos III encargó a SABATINI (1727-1798) levantar la puerta de Alcalá, terminada en 1778. A este arquitecto se debe también el edificio de la Aduana (hoy Ministerio de Hacienda) y la última remodelación de San Francisco el Grande, todos ellos en Madrid.

Pero la figura más importante de la arquitectura neoclásica española es JUAN DE VILLANUEVA (1739-1811). De familia de artistas, es alumno de su hermano el arquitecto DIEGO VILLANUEVA. Estudió siete años en Roma pensionado por la Academia. Allí conoció el fascinante mundo romano que definió toda su obra. A su vuelta fue nombrado arquitecto de El Escorial, en cuyas cercanías levantó la Casita de Arriba (para el infante Don Gabriel) y la de Abajo (para Don Carlos). Su obra principal es el actual Museo del Prado (Madrid) en el que consigue conciliar la monumentalidad clásica, la modernidad de su tiempo y la funcionalidad de la obra. El edificio fue concebido para museo de Historia Natural y estaba incluido en una zona ajardinada de función científica en la que se encuentra el Jardín Botánico (junto al museo), donde VILLANUEVA diseña las portadas y, sobre todo, el delicioso Observatorio Astronómico, que es toda una síntesis de la grandeza creadora de este arquitecto.

El arte neoclásico produjo numerosos edificios en toda España (Palacio Rajoy en Santiago, Lonja de Barcelona, catedral de Lleida, Fábrica de Tabacos de Sevilla, etc.). Siguió vigente durante la primera mitad del siglo XIX conviviendo así con los nuevos gustos románticos. En 1850 se terminaba el Palacio de las Cortes, de Madrid.

▲ VENTURA RODRÍGUEZ: Catedral de Pamplona, *1783. El pórtico es sin duda de una grandeza romana; formado por dos filas tetrástilas de órdenes corintios, crea una zona de acusadas sombras que contrasta con la sencillez de los parámetros restantes.*

▶ SABATINI: Puerta de Alcalá, *1778, Madrid. El arquitecto desvincula el proyecto de los modelos romanos y le da una fuerte personalidad radicada sólo en la proporción y sencillez ornamental.*

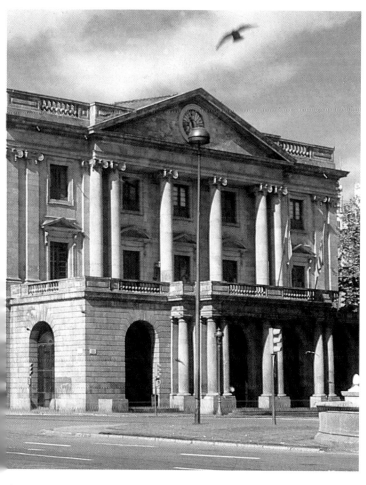

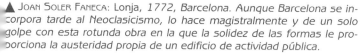

▲ Joan Soler Faneca: Lonja, *1772, Barcelona.* Aunque Barcelona se incorpora tarde al Neoclasicismo, lo hace magistralmente y de un solo golpe con esta rotunda obra en la que la solidez de las formas le proporciona la austeridad propia de un edificio de actividad pública.

▲ Juan de Villanueva es el autor del *Observatorio de Madrid,* rematado por un templete central circular que revive las construcciones del Renacimiento, y del edificio del *Museo del Prado (abajo),* en cuya fachada principal se despliegan el pórtico solemne y las galerías elevadas.

3 LA ESCULTURA

Con las otras artes neoclásicas su último sentido se encuentra en la imitación de modelos de la Antigüedad con especial vigencia de los romanos.

El italiano ANTONIO CANOVA (1757-1822) se inspira directamente en los modelos romanos que conoce bajo el influjo y guía de WINCKELMANN. Abandona progresivamente los restos del barroquismo veneciano que reflejaban sus primeras obras (Monumento funerario de Clemente XIII) para alcanzar una técnica plenamente neoclásica en sus temas mitológicos como demuestran sus obras *Venus y Marte* y *Hebe*.

Desde 1802 trabaja en París, donde realiza retratos de Napoleón y sus familiares, figurados como personajes del panteón romano y ataviados con indumentarias adecuadas (testimonio de ello es la estatua yacente de *Paulina Bonaparte* como Venus Vencedora).

En Alemania el más importante escultor neoclásico es GOTTFRIED SCHADOW (1764-1850) que había recibido una sólida formación clásica en Roma donde entró en contacto con CANOVA. Es el autor de la cuadriga que adorna la puerta de Brandenburgo.

También en Roma trabaja el danés THÖRWALDSEN (1770-1844) escultor que nos legó una numerosísima producción, siempre en busca de una pureza formal que la hace algo fría y académica. Sus asuntos preferidos son los héroes y dioses griegos (el *Hermes*, del Casón del Buen Retiro).

► CANOVA: Napoleón, Milán, 1809. La mitificación del Emperador cobra espléndida imagen en esta escultura en bronce. El gesto decidido, pero contenido y elegante, así como el modelado de la anatomía y del ropaje son realmente propios de una escultura griega.

▼ CANOVA: Estatua yacente de Paulina Bonaparte, *Galería Borghese, Roma.* Hermana del emperador, está dotada de una secreta languidez; personifica a Venus encarnando el canon del clasicismo: contemplación frontal.

◀ *En la cuadriga de la puerta de Brandenburgo (Berlín), SCHADOW combina el movimiento de la escultura romana y la perfección formal neoclásica.*

▼ THÖRWALDSEN: *Grupo en mármol de Las tres Gracias, Copenhague (izquierda). Sus estatuas están definidas por sistemas de proporciones, sacrificando el movimiento y el espacio a un exacto contrapeso de los volúmenes.*

Es evidente el culto de THÖRWALDSEN a la estatuaria griega en la escultura de Jasón (derecha) exquisita de dibujo y con un pulido suavísimo del mármol.

4 LA PINTURA: REVOLUCIONARIOS Y ACADÉMICOS

Los pintores neoclásicos no disponen de modelos de pintura clásica con la facilidad que ofrecían la arquitectura y escultura de las que tantas muestras se conservaban en Italia. Podían recurrir a los relieves pero no era fácil superar la pobreza cromática ofrecida por aquéllos.

El máximo representante de la pintura neoclásica es el francés JACQUES LOUIS DAVID (1748-1825). Su agitada biografía refleja con exactitud el curso de los acontecimientos revolucionarios hasta la caída de Napoleón. En la época inicial recibe influencia de BOUCHER; en un segundo período cultiva la pintura de tema clásico, y a este momento corresponden sus obras, *El juramento de los Horacios* (1785) y *Las Sabinas* (1799), cuadros de Historia antigua que levantaron enorme entusiasmo.

Al estallar la revolución, DAVID se entrega plenamente a la política. Nombrado superintendente de Bellas Artes, decidió suprimir la Academia sometiendo el arte a una dictadura personal. Se mostró enemigo implacable del arte rococó, llegando sus discípulos a apedrear las obras de WATTEAU, acción que reflejaba el fin del arte del Antiguo Régimen. Puso sus pinceles al servicio de los ideales revolucionarios que quedaron plasmados en *El juramento del Juego de Pelota* y en su *Muerte de Marat*. Al hacerse Napoleón con el poder, DAVID fue nombrado pintor de cámara.

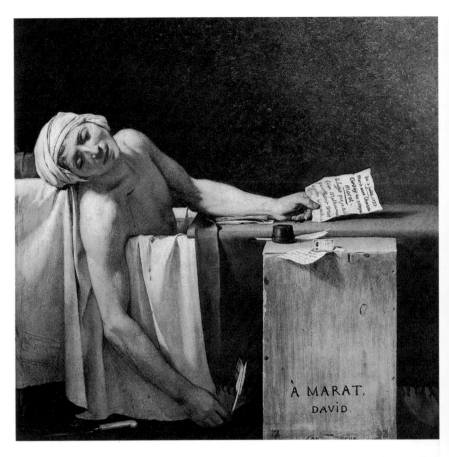

▲ DAVID: Muerte de Marat. *El dramatismo de esta obra se refuerza con el muro desnudo y la mesa-lápida.*

▼ DAVID: El juramento de los Horacios. *Colorido frío y racional, estilización del gesto heroico, composición ponderada.*

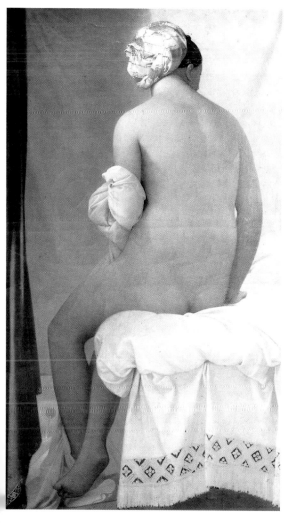

◀ INGRES: La bañista de Valpinçon, *Museo del Louvre*. *Refleja la poética canoviana de la "belleza ideal" que* INGRES *comparte y a la que aspira mediante el juego de relaciones que establece entre la línea, el color y la luz. El cuerpo ha dejado de ser un modelo aristocrático como si fuera una estatua antigua.*

▶ INGRES: El voto de Luis XIII *(catedral de Mantauban) recoge el momento en que el monarca pone a Francia bajo la protección de la Virgen de la Asunción. La composición demuestra el enlace Renacimiento-Neoclasicismo, porque, en clara imitación de* RAFAEL, *adopta una disposición triangular o piramidal, aunque la armonía alcanzada se basa en la firmeza del claroscuro y el colorido intenso.*

▼ *Para las bóvedas del Palacio Real de Madrid pintó* MENGS Apoteosis de Trajano, *donde rinde culto a los despliegues celestes del Barroco y rococó, aplicando a las formas su concepción de la belleza ideal.*

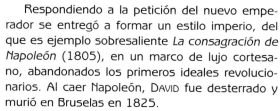

Respondiendo a la petición del nuevo emperador se entregó a formar un estilo imperio, del que es ejemplo sobresaliente *La consagración de Napoleón* (1805), en un marco de lujo cortesano, abandonados los primeros ideales revolucionarios. Al caer Napoleón, DAVID fue desterrado y murió en Bruselas en 1825.

JEAN AUGUSTE INGRES (1780-1867) es el otro gran pintor neoclásico y para muchos incluso superior a DAVID. Había estudiado largos años en Italia y guardaba una profunda admiración por RAFAEL, sentimiento que expresa en *El voto de Luis XIII* (1824). Dirigió la Academia de Bellas Artes, desde la que defendió la tradición davidiana frente a los impetuosos románticos, especialmente frente a DELACROIX.

Los descubrimientos de WINCKELMANN y sus juicios estéticos tuvieron gran influencia entre los pintores de la época. Pero fueron decisivos en ANTONIO RAFAEL MENGS (1718-1799), pintor alemán que a raíz del encuentro con WINCKELMANN en Roma abandonó la pintura al pastel para convertirse en un decidido neoclasicista. Contribuye a la definición de la pintura neoclásica en España a donde llega en 1761 invitado por Carlos III para pintar en el Palacio Real de Madrid.

II. Goya

5 DATOS BIOGRÁFICOS

FRANCISCO DE GOYA Y LUCIENTES nace en 1746 en Fuendetodos, pueblo de Zaragoza. Hasta los cuarenta años, GOYA se limita poco más que a pintar escenas costumbristas, en las que es difícil adivinar el maestro singular de las etapas posteriores.

Protegido por la duquesa de Osuna, a la que llaman la atención sus primeros retratos se convierte en 1785 en pintor del rey Carlos III, y en 1799 en pintor de cámara de Carlos IV. Esta proximidad a la familia real le abre la puerta de los salones aristocráticos de Madrid y el pintor se convierte en el retratista de moda. En sus retratos su finura y su elegancia son notas peculiares. Hasta entonces ha triunfado artística y socialmente y vive con holgura.

Hacia 1790 una enfermedad le deja sordo; a esta dolencia todos los estudios sobre GOYA le han atribuido un influjo decisivo. Si el sufrimiento es un extraordinario generador de energías espirituales, en el caso de GOYA se inicia una auténtica metamorfosis de su personalidad artística a través de esta experiencia de dolor personal. La sordera le inclina al aislamiento y la introspección. En otro momento posterior el dolor colectivo terminó de dar a su arte una nueva dimensión.

A partir de 1808 la Guerra de la Independencia, con su secuela de horrores, va a suponer una experiencia dolorosa que intensifica su veta pesimista y crítica; ya el arte de GOYA no volverá a ser la representación de un mundo amable. Las escenas del *Dos de mayo* y la serie de dibujos y grabados de los *Desastres* señalan cotas pocas veces alcanzadas en la expresión del dolor de un pueblo y la degradación de los sentimientos.

Tras la guerra, a pesar de que ha sido retratista de José I, Fernando VII le repone en su puesto de pintor de cámara, pero, liberal convencido, los excesos del absolutismo le inclinan a aislarse de todo trato mundano. Es la época de sus *pinturas negras* realizadas en los muros de la Quinta del Sordo. En 1823, con el inicio de la represión absolutista, GOYA decide abandonar España, para lo que solicita permiso regio y se instala en Burdeos, donde muere en 1828. En 1901 sus restos fueron exhumados y trasladados a Madrid y en 1929 se decidió su entierro definitivo en San Antonio de la Florida.

6 SIGNIFICACIÓN SOCIAL DE LA PINTURA DE GOYA

La relación arte-sociedad o artista-sociedad se evidencia con trazos muy claros en el caso de

▶ GOYA: Retrato de Jovellanos. Corresponde a la primera época goyesca. La atención, la luz, y el color se concentran en el rostro pensativo del intelectual asturiano. Más que un retrato de un personaje, el artista intenta representar un grupo social que se calificaba por la aplicación de la inteligencia a los problemas nacionales.

▼ La familia de Carlos IV se inscribe en la tradición de Las Meninas y los retratos colectivos. La ordenación vertical y la falta de movimiento responden a cánones neoclásicos. Pero el color y la intensidad psíquica de los personajes, más perceptible en los bocetos, caracterizan a un artista profundamente original.

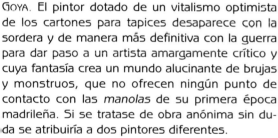

GOYA. El pintor dotado de un vitalismo optimista de los cartones para tapices desaparece con la sordera y de manera más definitiva con la guerra para dar paso a un artista amargamente crítico y cuya fantasía crea un mundo alucinante de brujas y monstruos, que no ofrecen ningún punto de contacto con las *manolas* de su primera época madrileña. Si se tratase de obra anónima sin duda se atribuiría a dos pintores diferentes.

Situada su biografía entre dos épocas históricas, el Antiguo Régimen, con sus monarquías absolutas y la prepotencia social de los estamentos privilegiados, y el Régimen Liberal, nacido de los principios revolucionarios franceses, GOYA es testigo no sólo de los acontecimientos sino también de los cambios profundos. Partidario de las nuevas ideas, no se limita a testificar sino que contribuye con su crítica a desmontar un mundo que declinaba. Para ello, le favorecieron algunas circunstancias pues un siglo antes la Inquisición hubiera impedido una parte de su producción.

Desde el punto de vista social su experiencia no pudo ser más completa. Por familia pertenecía a la clase artesanal lugareña, por su trabajo se codeó con la aristocracia de la Corte e incluso con la familia real, por talante se convirtió en amigo y contertulio de los intelectuales reformistas, como JOVELLANOS, MORATÍN, CEA BERMÚDEZ, por los que muestra en sus retratos predilección, especialmente en el espléndido *Retrato de Jovellanos* (Museo del Prado). Punto oscuro es si fue o no afrancesado, en nuestra estimación no probado. GOYA es un patriota y su serie bélica una acusación contra los excesos de los invasores franceses. Si su colaboración con José I fue ocasional parece indiscutible su personalidad liberal, reflejada en el grabado *"Por liberal"*.

Algunas notas se desprenden de su extensa obra. En primer lugar el **amor al pueblo**, en el que puede leerse su intuición de que se aproxima la serie de revoluciones que lo convierten en sujeto protagonista de sus propios destinos. Las escenas populares, fiestas y trabajos, están plasmadas con simpatía y los cuadros patrióticos traslucen una honda compasión por los sufrimientos colectivos. En contraposición, aunque de manera sutil, puede vislumbrarse en la serie de retratos reales y nobiliarios una **posición crítica**, que en parte se dirige a las personas pero también a las instituciones; los rostros abotargados de Carlos IV, María Luisa de Parma, Fernando VII, sus figuras panzudas, no pueden citarse como un modelo de respeto, y las caras inexpresivas de las figuras de escenas en ambientes ricos (por ejemplo, *La gallina ciega*) parecen algo más que casualidad. La crítica social, lo que ama y lo que aborrece el artista, se pone de manifiesto en los expresivos pies de sus grabados.

Quizás la perspectiva goyesca haya de encontrarse en la **apología de los contrarios**; criticando los horrores de la guerra en la impresionante serie de *Los desastres* —en la que se exhiben la crueldad, la tortura, el absurdo, la orfandad, el hambre— se deducen las excelencias de la paz; exhibiendo lo monstruoso, lo irracional, se canta la necesidad de la razón; criticando ciertas tradiciones, como la aceptación por la mujer de las bodas desiguales de la joven con el viejo ricachón (*La boda aldeana*), ensalza una sociedad libre, que rompa las irracionales ataduras de los convencionalismos sin sentido.

▲ Carretas al cementerio (Desastres de la guerra). *El artista se siente obligado a dar testimonio de la tragedia colectiva y representa, no su vertiente heroica, sino su incidencia sobre el pueblo, agobiado por el hambre, el temor y la muerte.*

▼ *En los detalles de las cabezas de los reyes (La familia de Carlos IV) se perciben las expresiones vacías, abotargadas, y, seguramente, la crítica velada del artista hacia las instituciones vueltas hacia el pasado.*

7 EVOLUCIÓN ARTÍSTICA

En conjunto podríamos distinguir dos etapas artísticas, que se corresponden con dos fases de su biografía. En la primera, la de triunfos profesionales y visión optimista de la vida, predominan los colores rojos y grises, la factura acabada, el dibujo de trazo continuo y los temas amables; en la segunda, de sufrimiento y visión patética, la creciente presencia del negro, la factura de manchas, el dibujo roto, los temas dramáticos o de una fantasía sombría. En el decurso de los dos estilos una continua actividad de corrección y profundización.

En pocos años el número de los personajes de sus pinturas aumenta, las posiciones y los ademanes se multiplican, y la paleta se vuelve más clara y brillante, en parte influida por el estudio de VELÁZQUEZ. En *La vendimia*, el Guadarrama al fondo, la luz gaseosa y las figuras desdibujadas por la distancia, se inspiran en el arte velazqueño. En su paleta, el gris se convierte en un color alegre.

El paso a un arte más hondo puede encontrarse en sus **cuadros costumbristas**. *El albañil herido* señala un cambio en los temas, pero además en la técnica pictórica, con manchas y pasajes oscuros, por ejemplo, en la cabellera del herido. *La nevada*, con los tonos fríos, la sensación de viento –la atmósfera que poco después van a intentar captar los paisajistas ingleses– y un hallazgo expresivo, la ocultación de los rostros para envolver la figura en una indefinida expresión de dolor –como hará en *Los fusilamientos*–, refleja, si se compara con *El pelele* o *La gallina ciega*, cuánto ha cambiado la sensibilidad del maestro.

En los **cuadros patrióticos** suscitados por la Guerra de la Independencia se enriquece la paleta, se descubren nuevas posibilidades a las manchas y la composición se mueve de manera trágica con la utilización de escorzos dinámicos –las figuras se doblan y retuercen a un tiempo–, mientras el lenguaje de las manos –puños crispados, dedos agarrotados o desesperadamente abiertos– intensifican la sensación de opresión. Estamos en pleno expresionismo; no es simplemente una escena lo que contemplamos, es un símbolo, con gritos, frío, respiración.

La ausencia de color, el negro, pasa de ser un elemento más en los cuadros patrióticos a protagonista de las *pinturas negras* de la Quinta del Sordo. Es el imperio de la mancha, desaparecido ya el dibujo, y de las visiones oníricas. El pintor que se ha pasado muchas jornadas contemplando fiestas o reuniones sociales, abandona la representación de lo visible y crea un mundo de monstruos horribles, en una especie de alucinación mental: "*El sueño de la razón engendra monstruos*", apunta.

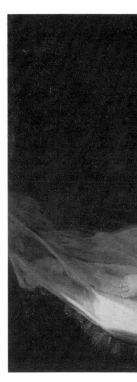

▲ GOYA: La condesa de Chinchón *(izquierda)* y La maja desnuda *(derecha)*. Pretendido retrato de la duquesa de Alba, de identificación improbable, La maja muestra la evolución de GOYA hacia la representación de figuras que rompen con las tradiciones académicas y su rugosidad en los empastes, observable en el almohadón.

▼ GOYA: *En* La vendimia, *Museo del Prado*, GOYA plasma el mundo amable de la abundante cosecha y los niños alegres. Corresponde a su primera etapa, la de los bocetos para tapices.

▼ GOYA: La última comunión de San José de Calasanz, *obra pintada en 1819, admirable composición de intensa expresión mística.*

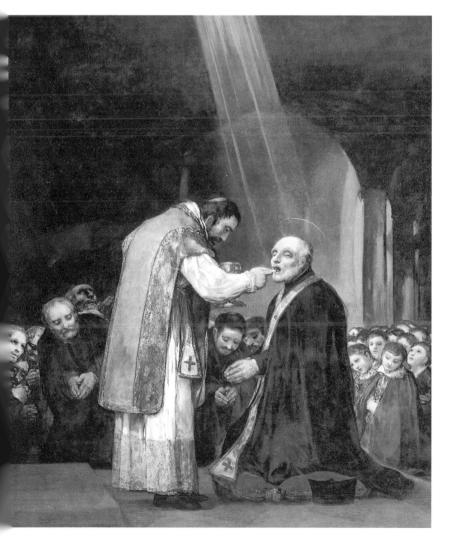

8 LA OBRA

Aunque nos parece más interesante el estudio por épocas en un pintor de evolución inagotable, resulta más fácil sintetizar la ingente obra goyesca por temas. A este procedimiento vamos a atenernos, aclarando que algún género es característico de una época, por ejemplo, los bocetos para tapices, mientras otros, los retratos, pueden encontrarse a lo largo de varios períodos:

a) **Costumbristas**. Sobresalen entre ellas los cartones para tapices. Podemos encontrar reflejada la vida madrileña, ferias, romerías, peleas, juegos. En las composiciones luce la gracia del rococó y su encanto formal hace pensar en maestros ingleses o franceses del XVIII, aunque GOYA tome sus elementos de luz y paisaje de los maestros barrocos españoles, especialmente de VELÁZQUEZ. En esta serie destaca *La pradera de San Isidro*, en el que, demostrando su maestría en la composición, introduce centenares de figuras y docenas de grupos, a veces sugeridos con una simple mancha, y una capacidad para la miniaturización de las formas que sólo tiene su antecedente en los primitivos de Flandes, si bien las técnicas no tengan ningún punto de contacto.

b) **Retratos**. Es el género en el que GOYA, por exigencias de su clientela, tuvo una actividad más constante. Destacan por su penetración psicológica, puesto que no se limita a captar rasgos físicos sino que traspasa, como REMBRANDT, la apariencia para escrutar los rasgos anímicos y mostrar su antipatía o simpatía por el personaje y lo que representa socialmente.

Son numerosos los retratos de personajes de la familia real: *Carlos III, Carlos IV, María Luisa de Parma, Fernando VII*. Para el colectivo de *La familia de Carlos IV* debió de inspirarse en *Las Meninas*. Entre los retratos masculinos son notables el de *Jovellanos* y el de *El conde de Fernán Núñez*, aunque GOYA sintió predilección por lo femenino, como se aprecia en el de *La condesa de Chinchón* y sobre todo las famosas *majas*, con textura más rugosa la vestida. Una veta del carácter de GOYA puede vislumbrarse en sus retratos de niños, como los que aparecen en *La familia Osorio* o los de su nieto *Mariano*, comparables y posiblemente influidos por la escuela inglesa.

c) **Pinturas religiosas**. No es GOYA pintor religioso; incluso su serie de frescos de San Antonio de la Florida (Madrid), se concibe como escenas populares y cortesanas. Pero excepcionalmente tuvo ocasión de demostrar que no carecía de fervor para estos temas, como el dramático *Prendimiento* de la catedral de Toledo y sobre todo en *La última comunión de San José de Calasanz*, impregnado de emoción mística.

d) Pinturas de tema patriótico. No son creaciones únicas pero han monopolizado la atención las dos gigantescas composiciones del Museo del Prado: *El dos de mayo en la Puerta del Sol* (carga de los mamelucos en la Puerta del Sol) y *Los fusilamientos en la montaña del príncipe Pío*, auténticas epopeyas de movimiento y de dolor, de hallazgos expresivos y misteriosos efectos de luces y sombras. Especialmente en *Los fusilamientos* el contenido del cuadro adquiere la dimensión simbólica que será objetivo artístico de algunas escuelas pictóricas en el siglo XX.

e) Pinturas negras. La expresividad del "no-color", del negro, fue descubierta por GOYA en sus últimos temas costumbristas, en los que el apagamiento de tonos le servía para crear una atmósfera en los cuadros de crítica social. En *El coloso* (pág. 320) ya la mancha negra se ha enseñoreado de una composición de la que ha desaparecido la línea y gran parte de los colores, y los símbolos han desplazado a las formas concretas y reales.

En su quinta de las riberas del Manzanares, siguiendo estas pautas ensayadas en *El coloso*,

GOYA plasma un mundo alucinante de brujas, machos cabríos, luchas fraticidas, amenazas planetarias. En *Dos viejos comiendo sopa* no retrata a dos viejos, sino la vejez; en *Saturno devorando a sus hijos* no se limita a pintar un tema mitológico sino que alcanza el cenit del horror. Rostros brujescos, procesiones nocturnas, un mundo poblado por el miedo y la superstición, llenan páginas, las más originales del arte goyesco.

f) Grabados y dibujos. Como grabador GOYA puede codearse con DURERO, en el que precisamente se inspiró, y REMBRANDT, los otros dos gigantes de la historia del grabado. Todas las posibilidades de expresión en los rostros o de la luz en las atmósferas se consiguen con las manchas negras y los rayados. En *Los caprichos* encontramos un mundo compañero del de las pinturas negras; en *Los desastres de la guerra* el más temible muestrario de sufrimientos y excesos provocados por una contienda; en la serie de estampas de la *Tauromaquia* estudios de movimiento y fuerza. En sus últimos años GOYA utiliza una técnica recién descubierta, la **litografía.**

▲ GOYA: Carga de los mamelucos en la puerta del Sol. *Al finalizar la guerra, GOYA desea plasmar las acciones más heroicas "contra el tirano de Europa". En esta gran composición –que hace pareja con* Los fusilamientos– *el tema épico, el movimiento impetuoso, la violencia de las luces y la riqueza cromática señalan los caminos del Romanticismo; la irrupción del negro en la paleta nos introduce en la última época goyesca, turbada por el sufrimiento.*

▶ GOYA: Ligereza y atrevimiento de Juan de Apiñani *(grabado de la serie* Tauromaquia). *El tema de los toros, en el que insistió con frecuencia hacia 1816, permitió a GOYA realizar estudios de movimiento y fuerza, conseguidos con la intensidad dinámica de las líneas.*

9 TRASCENDENCIA PICTÓRICA DEL ARTE DE GOYA

La pintura de GOYA implica la ruptura con la tradición, aunque la asuma –hemos indicado su deuda con VELÁZQUEZ, con el Barroco italiano, con DURERO, con los maestros ingleses del siglo XVIII– en el sentido de que abandona el respeto a las leyes ópticas, de pintar lo que se ve, aunque se represente de manera diferente o subjetiva, para asumir la responsabilidad de crear un mundo propio, en el que la fantasía y la crítica juegan un papel más importante que la realidad visual.

Se pueden encontrar antecedentes a su fantasía y monstruos en EL BOSCO, a sus visiones apocalípticas en VALDÉS LEAL, pero en ningún caso con la conciencia y la grandeza del pintor de Fuentetodos. Pero al margen de su concepción del arte de la pintura como un arte de testimonio y transformación más que de representación, sus aportaciones estrictamente técnicas le colocarían en un lugar de privilegio.

GOYA rechaza del Neoclasicismo su consideración dibujística, académica, acromática y estática

y saltando sobre él enlaza con los grandes maestros barrocos para postular una pintura en la que el dibujo pierde su imperio y se ensalza en cambio el color, la inspiración y el movimiento. En la riqueza de brillos, colores y luces, el mundo goyesco destaca claramente de sus contemporáneos, como DAVID. La esencia de la pintura está en el color, no se puede prescindir de él. Más que una lección en GOYA encontramos una confirmación. Todos los movimientos pictóricos posteriores beben en su obra, por eso no es exagerado llamarle "el primer pintor moderno".

En el siglo XX, durante la crisis de conciencia de la Primera Guerra Mundial, el movimiento expresionista intentará plasmar el dolor y el miedo, el mundo interior de seres turbados, pero elevándolos a categoría, prescindiendo de la representación concreta. Sus sentimientos son los que hemos encontrado en GOYA, sus objetivos coinciden en gran parte.

La pintura entera de los siglos XIX y XX, con todas sus múltiples escuelas o tendencias, sin lugar a dudas tiene en GOYA su fuente de inspiración y de técnicas.

▼ GOYA: Dos viejos comiendo sopa (arriba, izquierda). Alucinante deformación de la figura humana para expresar la esencia de la vejez: decrepitud, pobreza y soledad.

Las manchas negras intensifican esta terrorífica interpretación del tema mitológico de Saturno devorando a sus hijos (derecha), en este caso devorando "a un hijo". Perteneció a la Quinta del Sordo, y probablemente en el deseo del artista constituía el cuadro clave, en el que se presentaba al dios como símbolo de cáracter tenebroso y de las fuerzas de la destrucción. Se ha propuesto que GOYA pudo inspirarse en un cuadro de RUBENS, pero su tremenda intensidad expresiva es superior a la del maestro barroco.

Francisco de Goya y Lucientes: El coloso

Datos: Óleo sobre tela. Dimensiones: 116 x 105 cms. Museo del Prado.

El coloso y detalle

Los testimonios pictóricos de GOYA sobre la Guerra de la Independencia pueden resumirse en sus dos grandes composiciones del 2 y 3 de mayo, la serie de grabados *Desastres de la guerra* y este enigmático cuadro, que en el inventario de los bienes de GOYA del año 1812 lleva el título de *Un gigante*, y que por similitud con un grabado (*El coloso*, 1808) empezó más tarde a ser mencionado con su denominación actual, aunque en el catálogo del Museo del Prado se le cite como *El pánico*. Ignoramos la fecha; sabemos con seguridad de su existencia en 1812, el año más terrible de la guerra, cuando según MESONERO ROMANOS, mueren de hambre en Madrid 22.000 personas.

Sin duda el tema encierra un simbolismo; GLENDINNING observa que el coloso está casi de espaldas a la muchedumbre que huye, y sobre tan precaria base monta su versión de un genio protector en vez de amenazador.

Más plausibles parecen las versiones del gigante como símbolo de Napolcón, o simplemente de los horrores de la guerra, y en última instancia la posición de espaldas podría interpretarse como una sugerencia de que otra caravana despavorida huye en otra dirección, más allá de la escena que contemplamos, con lo que se completaría la sensación de dispersión que se genera con la huida de carros y personas hacia la izquierda y reses hacia la derecha. Sólo un asno permanece impasible en medio de la desbandada. Debemos subrayar que durante la guerra, GOYA atribuye al asno –y a los animales parlantes– un simbolismo de cataclismo social y de inversión de valores.

Si su simbolismo ofrece interés como reflejo de un momento histórico, *El coloso* constituye por otra parte un hito en la transformación del arte del maestro aragonés; el último estilo, el de las pinturas negras, inicia aquí su ciclo.

Si se compara con las dos versiones de mayo de 1808, *El coloso* se destaca por la mayor intensidad en la utilización del negro y por la agresividad de las manchas, lo que produce una auténtica descomposición de las formas. En consecuencia nos parece interesante incluir un breve análisis técnico.

La forma de aplicar el color es ya revolucionaria; por ejemplo en las nubes que envuelven la cintura del gigante se distinguen empastes dados con pincel y extendidos luego con espátula, procedimiento entonces insólito.

Las figuras llevan sobre la pasta "pigmento" (color en polvo), lo que les otorga fuerza dinámica; la sensación de movimiento agitado se obtiene precisamente con estos toques que parecen despegarse de las formas sólidas. El pintor supo en algún momento obtener efectos intensos simplemente superponiendo cosas o masas cromáticas; así el bosque de la derecha era, primitivamente, una montaña, y algunas manchas adicionales de negro le han dado esa impresión de bosque en tinieblas.

El cuadro se debió de pintar muy deprisa, en tres o cuatro sesiones. En una primera sesión GOYA pintó un gran fondo y lo cubrió con superficies enérgicas de pasta y diseñó un paisaje sucinto, en la segunda procedió a su acabado con más generosa utilización del aceite; en la última o últimas preparó varias gamas de colores y con toques sueltos obtuvo las formas en movimiento. El conjunto cromático es oscuro, se reduce a negros y a "tierras" (marrones, pardos).

Aparte del acierto de la composición general, el contraste entre el gigante sin piernas visibles y la muchedumbre que huye, es de admirar en la observación cercana el dinamismo de cada grupo, la sensación de miedo, de crispación, de cosas que no llegamos a ver, que solamente intuimos.

El detalle nos permite distinguir esos grupos que en la tela ocupan tan sólo unos centímetros, y la sensación de distancia, casi surrealista, en las hileras del fondo. Para el espectador que en el Prado se detiene ante el original resulta asombroso cómo unas manchas, que contempladas desde muy cerca son sólo toques de pasta, se convierten al alejarse unos pasos en formas tensas y patéticas.

La radiografía del cuadro, cuyos resultados se publicaron en 1987, nos ha permitido conocer los cambios que el pintor introdujo en su primer diseño.

GOYA colocó inicialmente al gigante de frente al espectador y con su brazo izquierdo apoyado en la cadera, pero resultaba más estático y al girarlo aumentó su dramatismo y su indefinición misteriosa. El bosquecillo de la derecha era una cumbre desnuda y nevada, quizás los Pirineos.

Probablemente las modificaciones de la pintura se concibieron principalmente para multiplicar su fuerza amenazante.

ACTIVIDADES

- Di si este cuadro representa a tu juicio una escena real, algo visto por el pintor, o intenta ser el símbolo de una amenaza. Razona la respuesta.

- Debate acerca de la influencia que pudo desempeñar la Guerra de la Independencia en el tema del cuadro.

- Analiza dos o tres rasgos formales del cuadro: color, composición etc.

- Compara *El coloso* con otras dos obras de Goya: *La gallina ciega* y *Los fusilamientos del 3 de mayo*. (pág. 304) ¿Con cuál de ellas ofrece mayores semejanzas?

BIBLIOGRAFÍA

ARIAS ANGLÉS, E., *Goya*. Madrid, Debate, 1996.

ARIAS DE COSSÍO, A. Ma, *La pintura del siglo XIX en España*. Barcelona, Vicens Vives, col. Historia visual del arte 14, 1989.

BOZAL, V., *Goya y el gusto moderno*. Madrid, Alianza, 1994.

CALVO SERRALLER, F., *Goya*. Madrid, Electa, 1996.

FRANCASTEL, P., *Arte, arquitectura y estética en el siglo XVIII*. Madrid, Akal, 1980.

HONOUR, H., *Neoclasicismo*. Madrid, Xarait Libros, 1982.

JONES, S., *El siglo XVIII*. Barcelona, Gustavo Gili, col. Introducción a la Historia del Arte, 1992.

LUNA, J. J. y MORENO DE LAS HERAS, M., *Goya 250 aniversario*. Madrid, Museo del Prado, 1996.

NOVOTNY, F., *Pintura y escultura en Europa 1780-1880*. Madrid, Cátedra, 1989.

PORTELA SANDOVAL, F. J., *La pintura del siglo XVIII*. Barcelona, Vicens Vives, col. Historia visual del arte, 1990.

PRAZ, M., *El gusto neoclásico*. Barcelona, Gustavo Gili, col. Arte, 1982.

SÁNCHEZ CANTÓN, F., *Escultura y Pintura del siglo XVIII*. Madrid, Plus Ultra, Ars Hispaniae, vol. XVII, 1958.

VALLENTIN, A., *Goya*. Madrid, Anaya, 1994.

19.
Arquitectura y urbanismo en el siglo XIX

Un siglo que comienza recreando el Partenón y termina por construir la torre de Gustave Eiffel es, sin duda, un siglo contradictorio. A la belleza depurada de las formas clásicas se opone la estética de lo funcional. El siglo XIX es un tiempo de gestación; la nueva sociedad, la nueva cultura industrial, necesitaba una respuesta arquitectónica a sus necesidades y esta respuesta, que no será dada hasta el siglo siguiente, se gesta arduamente en este siglo XIX. Este tiempo va a ser de grandes cambios sociales que imponen, por primera vez en la Historia de la Humanidad, grandes aglomeraciones urbanas, por lo que va a ser este el momento de plantearse científicamente, a la par que estéticamente, el diseño de las ciudades. Va a ser tiempo de urbanismo, de revolución estética, de nuevos materiales y, en definitiva, de nuevas dimensiones que se afrontarán, como veremos, con esperanza y fe inusitada.

Ya en 1909 la Comisión del Ensanche de Barcelona concede a La Pedrera *(Barcelona, 1906-1910) el carácter de monumental, con lo que la propia ciudad reconocía el inmenso valor de este verdadero "cataclismo geológico", según la define Carlos Flores.* GAUDÍ, *con un criterio genuinamente modernista, anticipa soluciones de futuro, que, a finales del siglo XX, se están considerando como realmente trascendentes.*

I. La arquitectura

1 EL SIGLO DE LA INDUSTRIALIZACIÓN

Las construcciones realizadas a lo largo del siglo XIX seguirán dos grandes líneas de acción: la **arquitectura-arte** y la **arquitectura-ingeniería**. La persistencia de la primera buscando su camino en las formas, y la audacia de la segunda, guiada por la técnica, ofrecen un panorama complejo, cuando no contradictorio. Algunas condiciones influyen en la variada trama de la arquitectura de este tiempo y conviene considerarlas de modo escueto para una mejor visión de toda ella:

a) **El Romanticismo.** Es el grito de rebeldía contra el siglo de la Razón y de las Academias. A la *Gran Europa* de Napoleón se oponen las nacionalidades que luchan por su independencia o por la búsqueda de su identidad. Grecia lucha contra Turquía o Polonia contra Rusia, pero Francia, España, Alemania o Inglaterra buscarán en sus propias **fuentes medievales** la raíz de su personalidad y su **desvinculación** de la dictadura greco-romana **del clasicismo**. El gótico, el mudéjar o el románico serán la fuente de inspiración de ciertas concepciones arquitectónicas de ese tiempo.

b) **La aventura colonial.** De las colonias, principalmente de las de Asia, retornará a las metrópolis europeas toda una **cultura exótica** que será inmediatamente aceptada sobre todo por los espíritus post-románticos, aventureros e imaginativos. Palacios, invernaderos, cafés, monumentos, etc. adquirirán aires indios, árabes e incluso chinos.

c) **La nuevas necesidades.** La organización social conllevará modificaciones profundas en las estructuras materiales. Nacen nuevos medios de comunicación, como el ferrocarril, que exige estaciones, puentes y, en general, **grandes obras públicas**; además, las nuevas industrias requieren instalaciones de características y dimensiones hasta entonces desconocidas. Surgen las grandes **exposiciones internacionales** con sus enormes instalaciones provisionales que exigen un alto desarrollo de la técnica constructiva, principalmente del hierro.

d) **Los nuevos materiales.** El hierro había sido utilizado desde la Antigüedad como complemento de la arquitectura para grapas o uniones, en general, pero hasta el XVIII no se obtiene un hierro lo suficientemente consistente como para utilizarlo en la construcción. El **hierro colado**, sustituyendo a la **forja**, permite fabricar largas vigas pero también permite la elaboración de adornos a un costo reducido. El **vidrio** cobra igualmente alta importancia gracias al desarrollo técnico que, a primeros del siglo XIX, logra producir hojas de hasta 2,50 x

1,70 metros. Los invernaderos, estaciones de ferrocarril, museos, nuevas tiendas, pabellones para exposiciones, etc., utilizan el vidrio como una verdadera piel traslúcida que sustituye al muro o a la cubierta. El **cemento** no hará su aparición hasta finales de siglo, y aunque no influirá apenas sobre la concepción arquitectónica del XIX sí anticipará el valor constructivo y estructural de la arquitectura del siglo XX.

2 ARQUITECTURA HISTORICISTA

De todas las evocaciones hacia un pasado, la que ofrece mayor persistencia es la gótica. Esto se explica en un principio porque, aparte de los estilos exóticos como lo mudéjar o lo hindú, lo gótico expresa mejor el ideal de oposición del Romanticismo al arte oficial-clasicista, sobre todo el Romanticismo del Norte de Europa que creía acercarse, así, a sus raíces medievales. Este goticismo nórdico más parecía encontrar su propio yo en la verticalidad y funcionalismo, que fue siempre constante de su espíritu frente a la horizontalidad y reposada belleza latinas. Inglaterra, Francia y Alemania admiran en el gótico no sólo su belleza formal sino su lógica constructiva.

EUGÈNE MANUEL VIOLLET-LE-DUC es el más ferviente propagandista del retorno al gótico. Analiza matemáticamente la teoría constructiva gótica, que estima perfecta, y llevado de su entu-

siasmo acomete la restauración de las principales catedrales góticas francesas. Chartres, Reims, Nôtre-Dame de París así como la ciudad entera de Carcasona, deben su aspecto actual a sus cuidados. Con él, el gótico adquirió la nobleza y trascendencia que había tenido en el siglo XIII. Pero la labor de VIOLLET-LE-DUC no fue únicamente la de restaurador y propagandista, sino que partiendo del sistema constructivo gótico, proyecta nuevos edificios en los que emplea el hierro como material básico.

3 LA PERVIVENCIA DE ROMA

Paralelamente a todas las corrientes innovadoras, a las búsquedas incesantes y a los *revivals* historicistas, se mantiene una arquitectura que permanece fiel al pasado clásico. Esto era inevitable en los países mediterráneos en los cuales resulta más acusada la pervivencia latina; columnas y entablamentos seguirán utilizándose sobre estructuras clásicas con armaduras de metal, pero la decoración delatará el ansia de desasirse del rigor neoclásico. Un nuevo Barroco –contenido– inundará fachadas en las que abundan las figuras modeladas en argamasa y los hierros entrelazados en mil filigranas decorativas. Una de las obras más significativas de esta referencia al clasicismo es la Ópera de París (1875), debida a CHARLES GARNIER.

4 LA ARQUITECTURA DEL HIERRO

Ya se ha señalado cómo en el siglo XIX se utiliza el hierro en grandes obras públicas. En 1777 se construye el primer puente de hierro del mundo, el de Coalbrookdale (Inglaterra) y, ya en el siglo XIX, el mismo VIOLLET-LE-DUC no vacila en emplear el hierro para sus estructuras neogóticas.

Los mejores exponentes de la arquitectura del hierro lo ofrecen las **Exposiciones Universales**. La naturaleza de las mismas exigía pabellones enormes que le dieran a todo ello una unidad de aspecto y una cierta coherencia.

Por otra parte, estas exposiciones, a pesar de su carácter universal, eran el exponente orgulloso del país que las organizaba. Por ello los pabellones se construyen con los medios técnicos más avanzados y haciendo gala de la mejor sabiduría constructiva posible. Por otra parte, como no tienen por qué perseguir una monumentalidad de "estilo", los arquitectos-ingenieros se preocupan al máximo de la funcionalidad. En estos grandes pabellones estará la clave que modificará la construcción tradicional. Los tres edificios más significativos son: el Palacio de Cristal, de PAXTON (Londres 1850-51), la Galería de las Máquinas, de DUTERT y CONTAMIN y la Torre, de GUSTAVE EIFFEL (París 1889).

La poca duración de las exposiciones y la necesidad de su demolición será una constante de todas ellas. El concurso abierto para la Exposición de Londres de 1851 exigía que los materiales pudieran ser empleados de nuevo y que, por ello, pudiera desmontarse. JOSEPH PAXTON gana el concurso y lo resuelve con elementos prefabricados que se montan y desmontan como en un "mecano". Este edificio será el prototipo en el que se inspirarán la mayoría de los palacios de cristal europeos y todos los demás pabellones destinados a usos semejantes.

El siguiente y definitivo paso se dará en la Exposición de París en 1889. Principalmente con la Galería de las Máquinas y la Torre Eiffel. La primera sorprende por sus dimensiones (420 metros de largo por 115 de anchura). Esta increíble anchura se obtiene con un solo arco constituido por dos medias parábolas articuladas en su unión. Es la mayor luz conseguida hasta entonces en arco o bóveda alguna. Su sistema de elementos prefabricados, como los de PAXTON, permitieron un montaje y desmontaje rapidísimos y altamente económicos.

Mucho más controvertida fue la torre del ingeniero EIFFEL. Criticada por la mayoría de sus contemporáneos, ZOLA, MEISSONIER, GARNIER y GONCOURT, entre otros, acaba por ser admitida como elemento insustituible del paisaje urbano parisino. EIFFEL levanta su torre de 300 metros como un orgulloso monumento a la técnica.

▲ JOSEPH PAXTON: Palacio de Cristal, *1851. El siglo XIX es tiempo de audacias y de ruptura. La conquista de nuevos mercados provoca la necesidad de grandes exposiciones. Nuevas técnicas facilitan, por primera vez, la fabricación de grandes planchas de vidrio, de hasta dos metros de anchura; además, aparece el hierro laminado y con ello la construcción modular fácilmente desmontable.*

▼ Dutert y Contamin: Galería de las Máquinas. *Esta obra resulta, por sus dimensiones y su concepción mecánica, absolutamente genial. En realidad era el marco adecuado para la orgullosa exhibición del nuevo dios sobre la tierra: la máquina.*

▲ Gustave Eiffel: Torre Eiffel, *1889. Es una magnífica representación de la arquitectura del hierro, absolutamente genuina, sin referencias al pasado.*

5 La Escuela de Chicago

Entretanto, América ofrece un panorama insólito y altamente prometedor. La joven nación, hija cultural de Europa, sabe descubrir bien pronto los dilatados horizontes de la industria, del comercio, y de todo aquello que iba a constituirla en gigantesca potencia en el siglo siguiente. Su herencia europea es solamente formal, porque su espíritu ya es distinto.

América gozaba de una ventaja sobre Europa, y era la de no estar encorsetada por ninguna tradición en su suelo virgen; por ello los edificios pueden diseñarse según las exactas conveniencias del presente, sin referencias al pasado. Al referirse a la **Escuela de Chicago**, Giedion ha señalado: *"La importancia de esta escuela en la historia de la arquitectura reside en el hecho de que por primera vez en el siglo XIX se elimina el cisma entre construcción y arquitectura".*

En Chicago, se va a formar en el último tercio del siglo la escuela americana más importante de arquitectura. La vieja ciudad había sido destruida por un incendio en 1871, y el ánimo emprendedor de sus ciudadanos les lleva a vivir un auténtico maratón constructivo.

De todo el grupo de Chicago la figura más trascendente es la de Louis Sullivan. Como otros arquitectos de su tiempo estudia inicialmente en América para viajar después a París y retornar a su país, donde desarrolla una prodigiosa labor constructora. En 1891 termina en Saint-Louis el *Wainwright Building*, de perfectas proporciones que nacen de la estructura, y no al revés, como ocurría en la arquitectura esteticista europea. Es una de las claves para comprender la grandeza anticipadora de Sullivan ya que la anteposición de la funcionalidad a la estética es la premonición de lo que será la gran arquitectura racionalista.

Otra de sus grandes obras son los Almacenes Carson, Pirie y Scott (1899) en los que el uso de la ventana apaisada, característica de esta escuela, así como el remarcamiento de las bandas horizontales, le hacen resultar eminentemente alargado. La fórmula contraria –refuerzo de las verticales– la había adoptado en otra de sus obras maestras, el *Guaranty Building* de Búfalo, que anuncia en su empuje ascensional los grandes rascacielos del próximo siglo. Sullivan, arquitecto, ingeniero y poeta, será además un excelente decorador.

Resumiendo, la **Escuela de Chicago** tiene especial relieve debido a dos razones. La primera es la creación del **rascacielos** como alternativa funcional, y la segunda, que por vez primera fueron los arquitectos quienes emprendieron la renovación, y no los ingenieros u otros intrusos.

▲ Sullivan: Almacenes Carson, *1889 (arriba). Para comprender la grandeza anticipadora de este arquitecto es necesario comparar los edificios coetáneos europeos. La coherencia entre la organización interna y las fachadas es absoluta.*

Sullivan y Adler: El auditorium, Chicago, *1887-90 (abajo). Esta genuina y temprana escuela americana lucha todavía con un cierto compromiso con la de Europa. El palacio renacentista aún pervive en el trasfondo de la concepción de esta obra.*

6 WILLIAM MORRIS Y LOS *ARTS AND CRAFTS*

Paralelamente al funcionalismo de Chicago y a las búsquedas europeas, se da en Inglaterra, a mediados de siglo, un interesante movimiento que tiene raíces sociales y filosóficas y que influirá definitivamente en el diseño arquitectónico e industrial de fin de siglo. Nos referimos a la obra de WILLIAM MORRIS y sus *Arts and Crafts* (artes y oficios).

MORRIS era seguidor de las ideas de RUSKIN y detestaba el maquinismo en cuanto que era capaz de inundar el mercado de perfiles estilo Renacimiento o adornos tipo Imperio, sofocando toda sensibilidad e iniciativa creadora. Por esto MORRIS levanta su voz airada en favor de una vuelta a la artesanía.

Por otra parte, MORRIS contempla el retorno de la artesanía como una reconquista social, ya que el hombre, al liberarse de la tiranía de la máquina, puede encontrar el placer del trabajo bien hecho, según sus propias condiciones y habilidades. Llega a definir el arte como *"la expresión, por parte del hombre, del placer que halla en su trabajo"*. En esta línea de pensamiento y de acción, la arquitectura que propugna MORRIS supone una vuelta a la casa de campo humilde, nacida de un núcleo y recrecida con el tiempo por sucesivos añadidos que le dan un verdadero carácter orgánico.

7 EL MODERNISMO

En la última década del siglo, se dan las condiciones necesarias para que la arquitectura europea encuentre una salida a la crisis en la que se hallaba el historicismo gestado y desgarrado. De una parte la insatisfacción ante el eclecticismo, de otra la alternativa ofrecida por los *Arts and Crafts,* por otro lado el creciente número de arquitectos que, cada vez más, utilizaban los nuevos materiales con absoluta libertad expresiva y, finalmente, el ejemplo de libertad creadora y de ruptura con el pasado dado por los pintores, son las circunstancias que concurren en las complejas manifestaciones plásticas de final de siglo.

Las causas, las fechas y los nombres, serán diferentes en cada país europeo. En Bélgica será *Art-Nouveau,* en Alemania *Jugendstil,* en Austria *Secesión vienesa, Liberty* en Italia y *Modernismo* en España. Los artistas elaborarán sus propios lenguajes expresivos con una individualidad tan feroz que difícilmente se puede hallar un programa o ideario común que defina el movimiento. Pero todos tendrán en común el ardiente deseo de crear nuevas formas, libres, por fin, del peso de la Historia, y con el bagaje de casi medio siglo de conquistas técnicas.

▲ LUTYENS: La vivienda del Deán, *1901. El retorno a la arquitectura de orígenes domésticos por los seguidores de* MORRIS, *es una protesta contra el historicismo grandilocuente, pero también el camino para que la arquitectura encontrara su verdadero sentido orgánico.*

▼ VICTOR HORTA: La casa Tassel *(interior).* HORTA *supone, él solo, todo un programa estético. Significa para Bélgica lo que* GAUDÍ *para Cataluña. Utiliza el hierro como material esencial en la estructura y en la decoración y a través de él renueva el diseño de los espacios internos y de las fachadas.*

8 LOS GRANDES RENOVADORES

VICTOR HORTA es el pionero en Bélgica y en toda Europa. Con su casa para el ingeniero Tassel en la calle Turín de Bruselas fija los fundamentos de un nuevo vocabulario y de una nueva sintaxis. En la casa que para él mismo construye en Bruselas, se ocupa de todos los elementos, desde los puramente espaciales y cromáticos hasta los muebles, suelos, escaleras, etc., con lo que alcanza una dimensión perfectamente integrada del espacio habitable. La libertad de formas es sorprendente, pero un ojo avisado puede reconocer que todo queda ceñido a un plan sabiamente calculado.

HORTA era radicalmente arquitecto y por eso su obra pervive, pero era un intuitivo que no llegó a racionalizar el lenguaje. Esa misión parece corresponderle a HENRY VAN DE VELDE, que a fin de siglo escribe: *"Creo firmemente poder conseguir mis fines en virtud de una estética fundada en la razón y, por tanto, inmune al capricho"*. VAN DE VELDE cree que el arte puede regular los modos de producción y de distribución de los objetos de uso, asumiendo así una misión planificadora.

Su propuesta es, pues, ir al fondo de la cuestión en una permanente tarea investigadora que le llevará a diseñar desde edificios hasta muebles y objetos de adorno. Una gran ocasión de experimentar sus teorías la tiene al arreglar su casa de Ucle, cerca de Bruselas, en 1894. Su labor como propagandista del nuevo sentido plástico se ve culminada al dirigir la *Werkbund* en 1907, que es la primera gran escuela de diseño moderno.

El escocés MACKINTOSH conjuga armoniosamente amplios planos de tenues colores con formas lineales de singular belleza que se cierran creando nuevas formas subordinadas. Su arquitectura, heredera de MORRIS, es grandiosa y serena en su misma lógica y sencillez.

Mientras, en Viena, la *Secesión* encabezada por OTTO WAGNER lleva a la arquitectura hacia una libertad absoluta en la búsqueda de los espacios y en la distribución de los interiores. Libertad creadora en arquitectura y el inmenso papel conquistado por la decoración, serían el resumen de este período que cierra un siglo complejo y terriblemente polémico.

▶ CHARLES RENIE MACKINTOSH: Hill House, *Helensburg, 1903 (arriba). En esta obra del arquitecto escocés se aprecia el respeto a las propuestas de MORRIS de mantener los orígenes domésticos de la arquitectura, a la par que la audacia en romper esquemas convencionales, según lo demuestra la configuración y organización de las ventanas o la síntesis plástica realizada con las chimeneas y los volúmenes contiguos.*

OTTO WAGNER: La casa de Mayólica *(abajo). WAGNER realiza una arquitectura muy esquemática con volúmenes muy simples. Si recurre a la decoración, lo hace con un sentido pictórico antes que arquitectónico, como ocurre en esta casa.*

9 ANTONI GAUDÍ

La fuerte personalidad de este sombrío genio obliga a un estudio independiente de su obra, ya que muchas de sus propuestas se encuentran fuera del contexto general de la dinámica constructora europea de su momento. En realidad, la fuerza creadora de GAUDÍ es posible dentro del esquema liberal del Modernismo, pero no participa en la línea modernista europea ni catalana.

GAUDÍ nace en Reus en 1852, estudia arquitectura en Barcelona y en esta ciudad centrará la mayor parte de su trabajo. Sus primeras obras se acogen a un cierto mudejarismo, primero, y a un particular goticismo después como se aprecia en el Colegio Teresiano o en la Casa Vicens de Barcelona y en el palacio arzobispal de Astorga. Simultáneamente se manifiesta lo que será una de las constantes de su obra: el amor a la naturaleza. *"Ser original"* dice *"es volver al origen"*. En las formas vivas, vegetales o animales, encontrará las más íntimas fuentes de inspiración.

En la Casa Batlló, del Paseo de Gracia en Barcelona, las paredes se ondulan para aceptar de modo más natural toda la enorme fantasía que se vuelca sobre ella. El tejado parece el dorso de un poderoso dragón y los balcones exhiben unos enormes antifaces. En esta casa el arquitecto cuidó extremadamente todos los aspectos del diseño interior, gracias a lo cual el visitante puede comprender mejor el pensamiento del arquitecto y de su época.

En esta misma calle realizará entre 1905 y 1910 su edificio de viviendas más extraordinario: la Casa Milá, llamada también *La Pedrera* (págs. 322-323). El edificio resulta de una organicidad vegetal inaudita; la contemplación de su planta hace pensar en formaciones vivas absolutamente naturalistas. GAUDÍ cancela siglos de historia rompiendo la racional ortogonalidad de las habitaciones y confiriendo a éstas una sintaxis biológica de pasillos curvos y superficies trapezoidales encajadas como un auténtico tejido celular. El exterior se mueve en poderosas ondulaciones soportadas por óseas columnas que se agudizan hacia el cielo, donde GAUDÍ diseña el más alucinante tejado que pueda concebirse.

➤ GAUDÍ: Casa Batlló *(arriba)*, Barcelona, *1904-1906.* En esta originalísima casa el arquitecto nos muestra cómo su genio ha superado definitivamente el historicismo del siglo XIX.

La Pedrera, interior (abajo). La organización de este conjunto supone la integración de dos casas que GAUDÍ resuelve mediante dos patios interiores que tamizan delicadamente la luz. En cuanto a los aspectos formales, el interior está diseñado con elementos que sugieren el mismo origen telúrico que el exterior, adelantándose, con ello, a las teorías de los maestros racionalistas que proponen el exterior como trasunto del interior.

▶ GAUDÍ: El Capricho, en Comillas, Santander. Es una de las pocas obras que el arquitecto construye fuera de Barcelona. Constituye, junto a la Casa Vicens, de la que es contemporánea, un verdadero manifiesto. Aquí las referencias medievalistas son menores y las propuestas son más genuinas y más en consonancia con la libertad creadora del Modernismo.

▶ GAUDÍ: Parque Güell, 1900-1912. El acceso al parque se hace por una monumental escalinata que preludia el ritmo ondulado que presidirá todo el recinto. En la ilustración se aprecia, al fondo, las columnas dóricas que soportan la gran superficie del teatro griego bordeado por un impresionante banco continuo que recorre todo el contorno exterior de la plataforma con un original trazado de curvas y contracurvas. Para esta obra, como para otras muchas, GAUDÍ contó con la inestimable colaboración del arquitecto JOSEP MARIA JUJOL.

Arriba, izquierda, uno de los medallones en mosaico del parque.

▲ GAUDÍ: Sagrada Familia. GAUDÍ *no llega a ver terminada ni siquiera la fachada del Nacimiento, que fue la primera en construirse. Aunque no se conoce el proyecto definitivo sí se tienen datos para saber cómo era la estructura general del mismo. Éste consistía en una iglesia de cruz latina con cinco naves y tres inmensas fachadas de las que, en la actualidad, sólo hay terminadas las dos correspondientes a los extremos del crucero. El proyecto supone un impresionante bosque de torres símbolo con un profundo mensaje esotérico. Por otra parte GAUDÍ nos sorprende con el aspecto formal de las torres. Estaban destinadas a albergar unas impresionantes campanas tubulares diseñadas por él mismo y en su parte superior se recubrieron con cerámicas esmaltadas y doradas procedentes de Murano (Italia). Cerca del remate iban previstos unos reflectores para iluminar la ciudad, como verdaderos símbolos de la fe cristiana.*

Entretanto, iba labrando dos de sus obras de mayor empeño y volumen: el Parque Güell y el Templo expiatorio de la Sagrada Familia. La primera se la encarga su amigo y protector EUSEBIO GÜELL, quien ya le había hecho otros encargos con anterioridad. Esta gran finca situada entonces en los aledaños de Barcelona iba a ser convertida por GAUDÍ en una verdadera ciudad jardín, con lo que se anticipaba a las ideas de HOWARD; para ello se dividió el terreno en sesenta parcelas y, aprovechando los desniveles, diseñó una gran cisterna que recogía las aguas pluviales y sobre ella un mercado cubierto por una gran plaza con aspecto de teatro al aire libre y que en realidad era el centro social de la comunidad. Aquí pone muy claramente de manifiesto sus teorías de empujes y contrarrestos calculando pilares de contención oblicuos, para seguir así la línea oblicua de los empujes.

Pero la dimensión de estos cálculos estructurales tendrá su máximo relieve en la obra de la Sagrada Familia. A ella consagró GAUDÍ media vida; se hizo cargo de las obras en 1883 y llegó a vivir en el mismo taller hasta cerca de su muerte en 1926. Lo concibe dentro de un cierto neogoticismo muy personal y lo colosal del proyecto es capa a toda ponderación ya que, por otro lado, no se hizo sino una pequeña parte del mismo: la conocida fachada del Nacimiento correspondiente al extremo de uno de los brazos del crucero. A pesar de ser sólo un fragmento del conjunto es impresionante en las soluciones técnicas, en su modelado naturalista y en sus dimensiones. Desde su edificación dibuja el perfil de Barcelona dándole su especial fisonomía. Las torres de perfil parabólico horadadas para resistir mejor los vientos, son a la vez intrumentos sonoros y símbolos religiosos. A todo el conjunto, el cemento, la piedra, el hierro, y los mosaicos cerámicos, le dan una riqueza plástica inaudita, rara vez contemplada en la historia de la arquitectura.

Más sorprendente aún es el interior, del que se conocen proyectos y una gran maqueta en yeso. Las columnas se inclinan, funcionalmente, para recoger los empujes oblicuos de las bóvedas, pero a pesar de ello, y como el peso de éstas resultaría excesivo, las columnas se ramifican en la parte superior para distribuir mejor el soporte de los empujes. El aspecto es de una lógica orgánica y naturalista impecable, anticipándose a los diseños arquitectónicos e industriales basados en la moderna biónica.

Con este proyecto, GAUDÍ se nos muestra como uno de los más claros resúmenes de *"arquitecto-artista-ingeniero"* que conoció la arquitectura contemporánea. Sus intuiciones y visiones del futuro, su claridad de exposición y de conceptos y la pureza naturalista de sus formas espaciales, le sitúan entre los genios proféticos insuficientemente comprendidos.

II. El urbanismo

10 NECESIDAD DE PROGRAMAS URBANÍSTICOS

Los graves problemas del urbanismo no surgen hasta que se agudizan los problemas de habitabilidad en las ciudades, esto es, en el siglo XIX, cuando la Revolución Industrial "fabrica ciudades" con la misma ceguera e insensibilidad con que una máquina fabrica tejidos o herramientas. Esta enorme masa que inundó las ciudades lo hizo de modo anárquico, sin que importasen las condiciones de vida de los nuevos y forzados ciudadanos. La ciudad, en su sentido tradicional de cuerpo orgánico, se asfixia y desintegra.

En el siglo XIX el ansia de mejoras económicas lanzó al hombre agrario a la ciudad, igual que en el siglo XX el ansia de mejoras psíquicas lanza al hombre ciudadano al campo. Ambos casos ocurren violentamente, en poco tiempo, y las ciudades se crean sin plan previo, diseñadas a merced del mayor rendimiento económico del suelo. El resultado angustioso y traumático es el mismo en ambos casos. La dimensión humana ha sido olvidada, pisoteada, hasta unos límites tan inconcebibles que hacen pensar, a veces, que la situación es irreversible. Sin embargo el problema no es el mismo para todas las grandes ciudades o las grandes áreas de expansión y "descanso", y por ello los planteamientos de soluciones han sido diversos.

11 LOS ENSAYOS

Las penosas situaciones a las que se llegó en menos de cincuenta años en la Europa industrializada del siglo anterior, dieron inmediatamente origen a conflictos sociales de índole desconocida hasta entonces. Apareció el proletariado como fuerza organizada a la que el propio capital, que lo había creado, llegó a temer. Este temor pudo ser la motivación de algunos estadistas para reformar las viejas ciudades o mejorar los infectos suburbios, pero no fue la única razón; a veces la visión anticipadora de futuro o la sensibilidad ante el drama humano decidió también las nuevas soluciones urbanísticas.

La ciudad jardín

La reacción ante el maquinismo y la concentración urbana llevó al hombre a volver a mirar a la naturaleza como terapia ante la locura de las asfixiantes ciudades; RUSKIN, DICKENS o ENGELS preconizan de un modo u otro este retorno. Muy a primeros del siglo XIX algunos industriales fueron sensibles a la situación, y así ROBERT OWEN planea, en 1816, una ciudad nueva en la que combina la agricultura y la industria de modo que la ciudad resulte autosuficiente. Es la base de las ideas de EBENEZER HOWARD, que a fin de siglo crea las **ciudades jardín** con su ciudad Letchworth, acta de nacimiento del urbanismo moderno.

▼ Crecimiento de Londres. *Es, sin duda, la ciudad que más deprisa y desordenadamente crece en el siglo XIX. Sin embargo es la primera gran ciudad que halla una solución genial. Aprovechando el gran destrozo producido por los bombardeos en la IIª Guerra Mundial, los urbanistas* ABERBROMBIE *y* FORSHAW *parten de reconsiderar los núcleos históricos anteriores al siglo XIX y reestructuran la ciudad de modo que, en cierta medida, vuelvan a ser autónomos, aunque interconectados entre sí.*

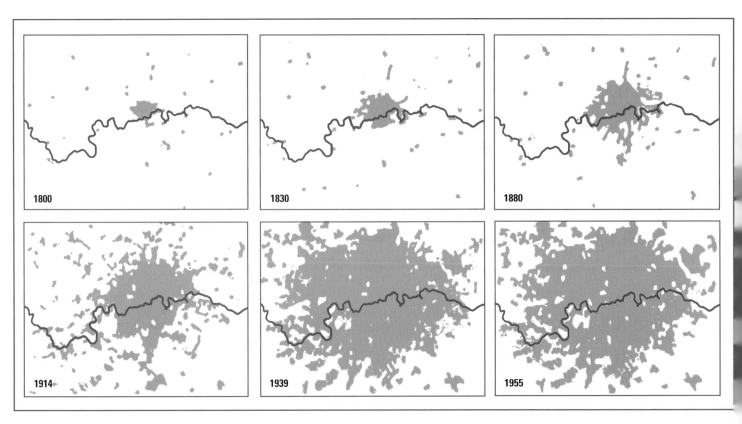

1800

1830

1880

1914

1939

1955

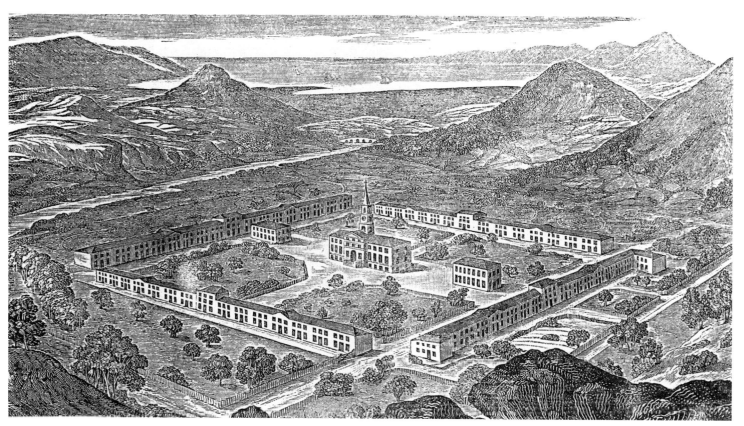

▲ ROBERT OWEN: Ciudad ideal, *1816. Aunque de un modo utópico, esta ciudad ideal combina armoniosamente el campo y la ciudad. Esta fue la meta de todos los urbanistas del siglo XIX y del XX. En el fondo siempre se trata de resolver dos problemas simultáneos: uno el del equilibrio psíquico de los habitantes y otro el de evitar el abandono del campo, lo que parecía inevitable a partir del crecimiento de la sociedad industrial.*

El principio básico de la ciudad jardín consiste en salvar la ciudad y el campo, simultáneamente. La ciudad, de la congestión y el campo, del abandono. Se planifican cuidadosamente las comunidades de modo que no excedan de un cierto número de habitantes. Las ocupaciones de éstos serán repartidas equilibradamente entre el campo y la industria. A este efecto se instalan ciertas industrias en el área, y todo ello queda ceñido por un amplio cinturón agrario. La comunidad resulta así autosuficiente. Por otro lado ninguna calle de excesivo tránsito cruza la ciudad. Las vías de gran densidad de tráfico así como el ferrocarril están fuera y comunican las diversas ciudades jardín, y éstas con la central, que puede ser la vieja ciudad a la que se pretende salvar con estas soluciones.

La idea, asombrosamente sencilla y eficaz, fue pronto olvidada por los movimientos racionalistas del siglo XX, mucho más dogmáticos y de soluciones más grandiosas. Hoy día las pocas ciudades jardín que se construyeron han sido ampliadas asumiendo los espacios verdes para nuevas edificaciones, de modo que han traicionado su esencia y su utilidad.

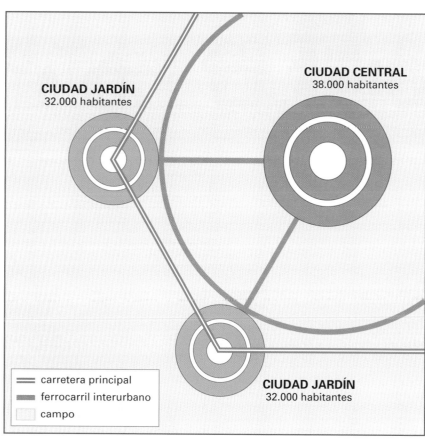

CIUDAD JARDÍN
32.000 habitantes

CIUDAD CENTRAL
38.000 habitantes

CIUDAD JARDÍN
32.000 habitantes

═══ carretera principal

▬▬▬ ferrocarril interurbano

☐ campo

▲ EBENEZER HOWARD: Diagrama explicativo de la ciudad jardín. *La ciudad jardín prevé un desarrollo orgánico ilimitado. Sin embargo, propone como condición esencial que cada núcleo esté aislado por un cinturón de campos en explotación agraria. Estos pequeños núcleos circundan la ciudad central, de carácter administrativo, y una inteligente red viaria asegura las buenas comunicaciones. El tejido urbano se hace así lógico y diáfano.*

La ciudad lineal

Es una interesante aportación española al urbanismo del siglo XIX. En 1882, Arturo Soria proyecta la ciudad lineal de Madrid, que aún hoy subsiste en parte, y que consiste en un eje de más de 5 kilómetros alrededor del cual se alinean las casas. Detrás de ellas, sólo hay campo. El eje central es la vía común de comunicaciones, en una época en que el automóvil era sólo experimental. La mayor ventaja era el aprovechamiento de las vías naturales de comunicación, caminos, costas, ríos, y, sobre todo, que el carácter lineal impedía la expansión transversal, con lo que nunca se perdía el contacto con el campo. Naturalmente la solución era válida para un número limitado de habitantes, pues conseguía el propósito fundamental de evitar la aglomeración y no perder el contacto con la naturaleza.

La retícula

Este plan urbanístico se asemeja a un verdadero tejido nervioso en el que los núcleos de interés vienen determinados por plazas, monumentos o centros de servicios. Las uniones de estos lugares se trazan con lógica y dan gran fluidez al tráfico. La malla resultante tiene un carácter realmente biológico y puede llegar a ser muy eficaz si no se desbordan las previsiones para las que fue concebida.

Es el sistema empleado por el barón Haussmann, prefecto de París, quien acomete en 1852 la enorme tarea de remodelar la capital, lo que logra hacer en un plazo de 25 años. Realiza una verdadera operación de cirugía para superponer al trazado antiguo uno más amplio y más funcional, a la par que más bello. Para ello derribó manzanas enteras de casas y abrió amplias avenidas, pero sin demoler los edificios notables.

Haussmann había heredado del Barroco el gusto por las perspectivas teatrales y procuró que sus principales avenidas estuvieran cerradas por un monumento. Con ello consigue una estructura subyacente de centros de interés que es ajena a la retícula funcional y que es la que logra dar el verdadero corazón a la ciudad.

▼ Arturo Soria: *Perfil transversal de la calle principal de la ciudad lineal de Madrid, 1882. Una vez más la preocupación de humanizar las ciudades acercándolas al campo. El mayor inconveniente de esta solución es el de no poder extenderse ilimitadamente. Sin embargo, se resuelve de forma admirable el uso de grandes ejes viarios naturales tales como ríos, caminos, etc. que resultan, de ese modo excelentemente aprovechados.*

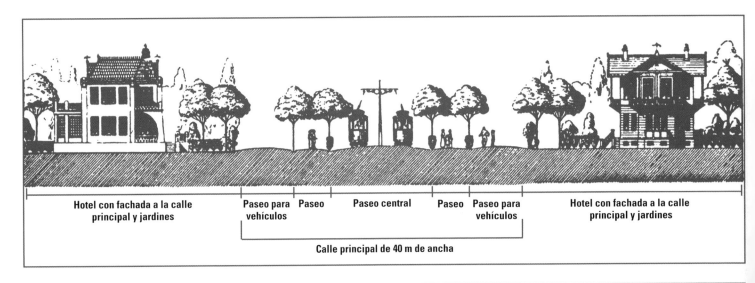

Hotel con fachada a la calle principal y jardines — **Paseo para vehículos** — **Paseo** — **Paseo central** — **Paseo** — **Paseo para vehículos** — **Hotel con fachada a la calle principal y jardines**

Calle principal de 40 m de ancha

▶ Georges-Eugéne Haussmann: Esquema de las reformas de París, 1852. *El emperador Napoleón III quiso hacer de París una magnífica ciudad realmente moderna. Con su decisión desaparecieron gran cantidad de callejuelas y rincones urbanos medievales y de otras épocas que asfixiaban el desarrollo de la moderna ciudad en que se quería convertir París. El prefecto de la ciudad, Haussmann, dirigió admirablemente esta obra, creó una inteligente infraestructura de servicios y dividió la ciudad en veinte barrios (arrondissements), relativamente autónomos. En el dibujo puede verse: en color, las nuevas calles; en blanco, las antiguas: en trazos cruzados las zonas de expansión y rayados, los grandes bosques de Boulogne y Vincennes, auténticos pulmones que la ciudad transformada iba a necesitar.*

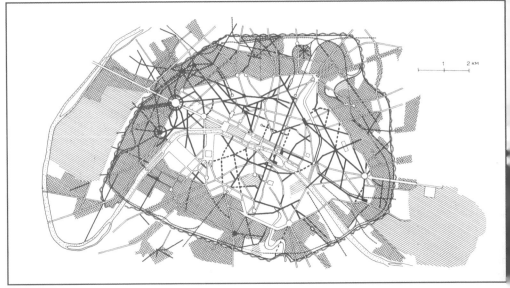

La cuadrícula

Es el más simple y racional de los trazados. Lo encontramos en Tell-el-Amarna, en la Mileto de HIPPODAMOS, en los campamentos romanos y, en fin, en todas aquellas circunstancias en las que se quiera diseñar una ciudad *ex novo* de un modo racional, simple y eficaz, como ocurrió en las ciudades coloniales españolas primero, e inglesas después; con este patrón se diseñan en el siglo XVI, las ciudades de Méjico, Cuzco, Santiago de León (hoy Caracas), Quito, Guadalajara y, en el XIX, Nueva York en 1812 y Chicago en 1832.

Una de las más interesantes experiencias europeas de trazado en cuadrícula es la de ILDEFONSO CERDÁ en 1859 para Barcelona. Esta ciudad, con su doble actividad portuaria y textil, experimentó un incremento demográfico similar al del resto de Europa; y de la vieja ciudad medieval pasó, en cincuenta años, a ocupar un área cinco veces mayor. CERDÁ elabora un plan inteligente, en el que combina el emparrillado clásico con el principio que origina las ciudades jardín, diseñando sus edificios inmersos en vegetación.

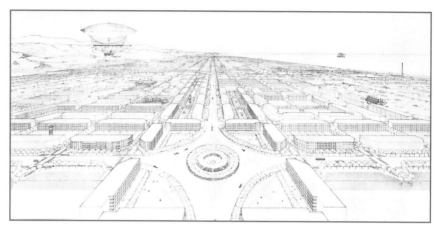

▲ Perspectiva del Plan Cerdá para Barcelona, *1859. Es de una increíble anticipación de futuro. Lejos de la grandilocuencia de* HAUSSMANN, ILDEFONSO CERDÁ *proyecta una ciudad humana. Por otra parte a él se debe el primer tratado sobre urbanismo, Teoría general sobre la urbanización, lo que matiza su faceta de anticipador.*

▼ Vista aérea de Nueva York. *La forma más rápida y racional de instalar una ciudad nueva es el trazado en cuadrícula. De ese modo se diseñó buena parte de la isla de Manhattan, que es el corazón de la ciudad. Sin embargo esta solución no fue aprovechada para dotar de fluidez a las comunicaciones sino que, con un concepto posliberal de la ciudad, las calles se convirtieron en simples corredores para circular entre la abrumadora aglomeración de las viviendas, agudizada por la concentración de rascacielos.*

ILDEFONSO CERDÁ: Plan de ensanche de Barcelona

A pesar de la oposición del Ayuntamiento barcelonés, partidario del Plan ROVIRA, menos ambicioso y más respetuoso con los propietarios, el Ministerio de Fomento aprueba por Real Orden de 7 de junio de 1859 el Plan CERDÁ. Fue una fortuna para el futuro de Barcelona, aunque no lo entendieran así los propietarios del casco antiguo, quienes arreciaron en sus protestas. El Plan diseña uno de los modelos más avanzados de gran ciudad de la era industrial, en el cual, de haberse realizado en su totalidad, se hubiera producido la simbiosis del complejo fabril con el ámbito y la calidad de vida de la ciudad jardín, y aun a pesar de sus mutilaciones constituye la infraestructura de todas las realizaciones urbanísticas de la actual Barcelona. Enumeremos sus líneas maestras, en cuanto que configuran uno de los ejemplos más imaginativos del urbanismo contemporáneo.

a) **Cuadrícula.** La trama ortogonal, de vieja estirpe, como demuestran las ciudades romanas, se convierte en co-mún denominador de los urbanistas románticos y realistas; compárese la coincidencia con el Plan CASTRO de Madrid. El contorno general sería un rectángulo, no un cuadrado, para mantener una vinculación de su lado mayor con la línea de costa. Rompiendo con el dédalo de los cascos antiguos, la calle ancha y recta, que se cruza perpendicularmente en todas sus intersecciones, es la calle del futuro. Para soslayar su eventual monotonía CERDÁ dibuja dos ejes horizontales de mayor anchura, canalizadores del tráfico, con lo que anticipa el fundamento de la ciudad lineal de ARTURO SORIA, y dos grandes vías diagonales, de las que sólo llegó a contruirse una, además de las dos secundarias de Paralelo y Meridiana.

b) **Policentrismo.** A diferencia de la ciudad antigua, que posee un centro en la Plaza Mayor o en torno a la catedral, la ciudad industrial evitará privilegiar el centro y distribuirá equitativamente los equipamientos a lo largo de la trama urbana, porque sólo así se evitarán desplazamientos innecesarios y la congestión en el centro gravitacional. En su modelo teórico CERDÁ asigna un centro social para cada 25 manzanas, un mercado por cada 100, un parque urbano por cada 200, un hospital por cada 400.

c) **Una estación de estaciones.** El policentrismo debería conjugarse, no obstante, con las exigencias que ya imponía el transporte en un siglo que está revolucionando los medios de comunicación, por lo que propone una "colonia mercantil y marítima", es decir, una estación central cercana al puerto, en la que confluirían ferrocarriles, carruajes y barcos.

d) **Calles arboladas.** En 1859 Barcelona aglomeraba 859 habitantes por hectárea, frente a los 86 de Londres, los 348 de Madrid y los 356 de París. Para ganar espacio y sanear el am-

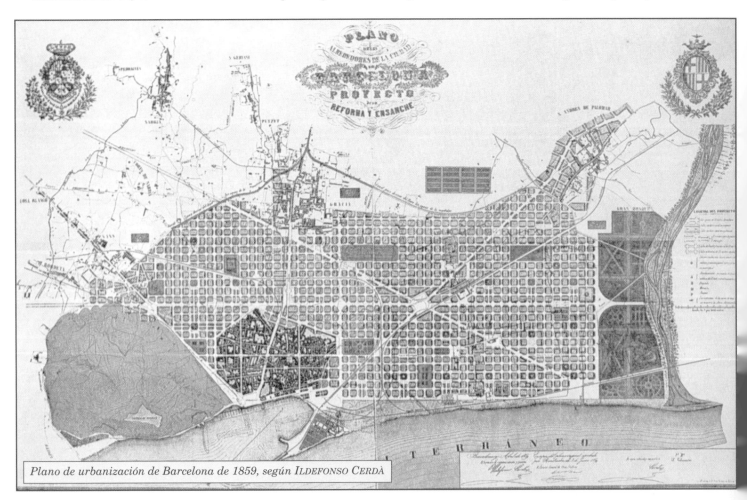

Plano de urbanización de Barcelona de 1859, según ILDEFONSO CERDÀ

biente se prevé la plantación de 100 árboles en cada manzana, 56 en los bordes de las aceras y 36 en los espacios interiores, distribución que, de haberse dado, hubiera convertido a Barcelona, se ha dicho, en un área "arbolada como una rambla inmensa".

e) Manzanas de dos lados. Aquí nos encontramos con la más genial y utópica propuesta del Plan. CERDÁ en un informe para un proyecto de expansión de Madrid afirmaba que era más importante pensar en la manzana que en la casa, porque a escala de manzana se distribuye el espacio colectivo de la ciudad, y en uno de sus escritos llama a las manzanas cerradas "cajones de una grande anaquelería". En vez de la manzana de cuatro lados propone la de dos, edificados bien uno frente a otro, separados por un espacio arbolado, bien formando "eles". Además de romper la monotonía de la trama ortogonal y de disponer de zonas verdes inmediatas a la vivienda, en las manzanas en L se podrían configurar grandes plazas cuadradas. Por desgracia la prevalencia de criterios económicos terminó cerrando los cuatro lados de la manzana con edificios, elevando alturas y privatizando los recintos interiores. De haberse aplicado el diseño del gran urbanista catalán, Barcelona sería en la actualidad la ciudad más arbolada, más rica en espacios verdes y de mayor número de plazas.

f) Chaflanes. En sus primeros dibujos realizados, sobre planos de Nueva York y Londres, CERDÁ no indica el corte del chaflán en la esquina de manzanas; posteriormente tuvo la intuición de este corte que amplía la visibilidad y espacio en todos los cruces. La importancia de este sistema, tan sencillo, es bien evidente en un paseo por la Ciudad Condal.

CERDÁ, que nació en 1815 en una masía del municipio barcelonés de Centelles, murió en 1876 arruinado y olvidado por todos. Su obra sin embargo, incluso rebajada por criterios menos generosos que los de su visión futurista, permanece vigente en la trama de Barcelona. Otros arquitectos nos han legado edificios singulares; este ingeniero, el diseño soñador de una gran ciudad.

ACTIVIDADES

- La cuadrícula que propuso Ildefonso Cerdá tiene origen helenístico y fue especialmente empleada por los romanos. ¿Puedes explicar por qué?

- A tu juicio, ¿qué ventajas e inconvenientes tiene la cuadrícula como diseño urbanístico?

- Busca información sobre otras ciudades que, entre el siglo XIX y el XX, se hayan planteado la cuadrícula como solución urbanística.

- Busca algunos planos sobre las modificaciones urbanísticas hechas en Barcelona con motivo de la Olimpíada de 1992 y realiza un análisis personal sobre el proyecto y su concordancia con el Ensanche de Cerdá.

- En el plano anterior puedes ver que Cerdá previó unas actuaciones urbanísticas trazando unos ejes ortogonales en la ciudad vieja. ¿Cuál crees que fue el motivo? Explica por qué la ciudad antigua tiene ese trazado.

Vista actual del Ensanche de Barcelona

BIBLIOGRAFÍA

BENEVOLO, L., *Diseño de la ciudad.* Barcelona, Gustavo Gili, 1979.

BOHIGAS, O., *Arquitectura modernista.* Barcelona, Lumen, 1968.

BONET CORREA, A., *Morfología y Ciudad. Urbanismo y arquitectura durante el Antiguo Régimen en España.* Barcelona, Gustavo Gili, 1978.

CHUECA, F., *Historia de la arquitectura occidental. El siglo XX. De la Revolución Industrial al Racionalismo.* Madrid, Dossat, 1979.

DORFLES, G., *Arquitectura moderna.* Barcelona, Ariel, 1980.

FLORES, C., *Gaudí, Jujol y el Modernismo catalán.* Barcelona, Aguilar, 1982.

FREIXA, M., *El Modernismo en España.* Madrid, Cátedra, 1986.

MORRIS, W., *Arte y sociedad industrial.* Valencia, F. Torres, 1975.

PONENTE, N., *Estructuras del mundo moderno.* Barcelona, Skira, 1965.

SCHMUTZLER, R., *El Modernismo.* Madrid, Alianza, 1985.

20.
Las artes figurativas en el siglo XIX: Romanticismo y Realismo

La Revolución Francesa se había presentado con el estandarte de la libertad, incluida en su tríada programática (Libertad, Igualdad, Fraternidad). Será el lema del movimiento romántico, y tendrá su manifiesto en el cuadro de Delacroix *La Libertad guiando al pueblo*. A mediados de siglo, la clase social que se ha alzado con el poder, la burguesía, cansada del fragor de las barricadas, muestra su preferencia por el disfrute de la vida sin sobresaltos. A esta nueva época, también turbada por los problemas sociales de la industrialización, corresponde un nuevo estilo, el Realismo. La evolución paralela de la sociedad y el arte es muy clara a lo largo de la centuria.

MILLET: Las espigadoras. *El tema del trabajo de campesinos y obreros y el cansancio o la monotonía se convierten en argumentos centrales del arte realista, aunque* MILLET *trate a sus figuras con dignidad, destacándolas en el primer plano sobre un fondo de luces de estío.*

1 EL MOVIMIENTO ROMÁNTICO

Con la caída de Napoleón y la consolidación de los regímenes políticos de la Restauración, que intentan borrar de Europa cualquier vestigio de la Revolución Francesa, un movimiento cultural, el Romanticismo, se convierte en bandera de las jóvenes generaciones que aspiran a encarnar en la política, la literatura, la filosofía y todas las artes, los principios revolucionarios que en 1814 quedan momentáneamente soterrados.

El Romanticismo es antes que nada un grito de libertad. Así lo resume VÍCTOR HUGO en el prólogo de su drama *Hernani*: "*Libertad en el arte, libertad en la sociedad; ahí está el doble objetivo*". Individualismo, conversión de la intimidad en tema, representación subjetiva del paisaje, exaltación del pueblo, son algunos de los principios medulares de la nueva sensibilidad. El Romanticismo se difunde con el ímpetu de una revolución; el ansia de libertad impregna las polonesas de CHOPIN o las obras de Historia de MICHELET, los cuadros de DELACROIX o los versos de BYRON. En los cenáculos de "*La Joven Francia*" se congregan en torno a VÍCTOR HUGO, BERLIOZ, MÉRIMÉE, ALFRED DE VIGNY, DUMAS, SAINTE-BEUVE; los talleres de los pintores se convierten en centros de tertulia; a París afluyen artistas de toda Europa (LISZT, CHOPIN, BONNINGTON); los movimientos de liberación de los pueblos, como la lucha de los griegos contra los turcos, provocan un gran entusiasmo.

No se impuso sin resistencias esta explosión de libertad en el mundo artístico. En 1819 expone GÉRICAULT *La balsa de la Medusa*, que es acogida con una acerba crítica por los círculos conservadores; al año siguiente las *Meditaciones políticas* de LAMARTINE son consideradas como de mal gusto; las obras de DELACROIX, *La barca de Dante (1822)*, *La matanza de Quíos (1823)* y *La muerte de Sardanápalo (1827)*, producen una irritación creciente entre los partidarios de la pintura neoclásica, y en la exposición de la última los insultos se mezclan con las amenazas; los estrenos de *Hernani* y *Cromwell* de VÍCTOR HUGO se convierten en escándalos resonantes.

Los prebostes del arte oficial, que estimaban que la misión del artista se reducía a la producción de armonías formales, no podían entender a un pintor como DELACROIX, que consideraba el arte una vivencia patética y escribía: "*La pintura me atribula y me atormenta de mil maneras como exigente enamorada... Al amanecer me apresuro y corro a este trabajo fascinante, como a los pies de la enamorada más querida*".

Nos encontramos con un nuevo tipo humano, que implica una relación arte-sociedad diferente. El artista deja de ser un doméstico del poder y esto favorece su esfuerzo para emanciparse de las directrices académicas.

2 EL ROMANTICISMO PICTÓRICO FRANCÉS

Principales características

Los pioneros del Romanticismo se han formado en los talleres de DAVID y sus discípulos. La pintura romántica rechaza las convenciones neoclásicas y saltando sobre ellas enlaza con los valores de la pintura barroca. Podemos destacar como signos característicos:

a) La recuperación de **la potencia sugestiva del color** en detrimento del dibujo neoclásico; así se liberan las formas, los límites excesivamente definidos y se divorcia el arte pictórico y el escultórico. GOYA, que ha demostrado que un pintor no puede nunca desertar del color, se convierte en paradigma técnico.

b) Con el cromatismo resucitan **las luces vibrantes,** que refuerzan a las manchas en su tarea de destructoras de las formas escultóricas.

c) **Las composiciones dinámicas**, cuyas líneas directrices están marcadas por las posiciones convulsas y los gestos dramáticos, que contrastan con las figuras quietas, verticales o sentadas, del Neoclasicismo.

d) **El culto al paisaje** no es sólo una inclinación del *páthos* romántico sino también un recurso para desplegar colores luminosos y para encuadrar entre nubes eléctricas y oleajes furiosos los grupos humanos, con lo cual los objetos pierden su aspecto convencional para traducir, más allá de su dimensión visual, los estados de ánimo.

e) **Los temas de las revoluciones políticas** o **los desastres** que señalan un enfrentamiento fatalista con la naturaleza (como en *La balsa de la Medusa*, de GÉRICAULT) definen la postura de los pintores, al lado también de escritores, políticos y filósofos en la edificación de un mundo nuevo.

Géricault y Delacroix

Los máximos representantes del Romanticismo francés son GÉRICAULT y DELACROIX.

THÉODORE GÉRICAULT (1791-1824) es el símbolo más claro del nuevo estilo, cuya esencia encarnó en su corta vida llena de aventuras. Tras algunas obras en las que va marcando sus diferencias con los modelos oficiales, especialmente por su tendencia colorista, en 1819 presentó su hermosísima pintura *La balsa de la Medusa*, en la que abandona la calma clásica y se entrega al contacto directo con la rabiosa actualidad de un suceso que emocionó a la opinión pública. Es sencillamente un *cuadro-manifiesto*, en el que subraya vigorosamente el movimiento como cualidad pictórica.

▶ GÉRICAULT: La balsa de la Medusa. *En julio de 1814 naufragó la fragata "Medusa", dejando 149 pasajeros en una balsa en el mar embravecido. Sólo 15 supervivientes fueron rescatados días después. GÉRICAULT interrogó al carpintero que había construido la balsa y examinó los cadáveres recuperados en el depósito, para pintar una tela majestuosa, llena de dramatismo. Los contrastes de luz recuerdan a CARAVAGGIO y las figuras fornidas a MIGUEL ÁNGEL, dos artistas estudiados en Roma por el pintor francés. Movimiento, luminosidad, dramatismo: todo un anuncio del Romanticismo.*

▶ GÉRICAULT: Oficial de húsares ordenando una carga (izquierda), 1812 *Este cuadro anuncia la ruptura con el Neoclasicismo y la nueva sensibilidad romántica: frente a estatismo, brío y movimiento; frente a dibujo escultórico, color en pinceladas audaces; frente a luminosidades artificiales, la luz vibrante de las atmósferas de tormenta.*

El loco asesino (derecha) está relacionado con la serie de retratos que GÉRICAULT pintó en colaboración con el psiquiatra E. Georget. En esta serie, el pintor francés intentó penetrar en zonas escondidas del sufrimiento y la irracionalidad continuando las investigaciones que hizo sobre la psiquis de los supervivientes de "La balsa".

EUGÈNE DELACROIX (1798-1863) es sin duda el centro del movimiento romántico francés. Se formó en el taller del neoclasicista GUÉRIN, siendo allí compañero de GÉRICAULT. Desde muy joven, empero, sus preferencias apuntaban a RUBENS y los venecianos. En 1822 el Salón aceptó su obra *La barca de Dante*, provocando esta decisión oficial una aguda controversia. Escritores y periodistas salieron en su defensa. Un fenómeno parecido se repite en 1824 cuando presentó *La matanza de Quíos*, inspirada en la guerra de independencia griega frente al poderío turco. El movimiento y el color dramáticos son notas descollantes de ésta y del resto de sus obras, compartiendo así el modo de pintar de los paisajistas ingleses.

Durante treinta años fue el maestro indiscutido del Romanticismo. Su éxito se repitió con *La muerte de Sardanápalo* (1827) y sobre todo con *La Libertad guiando al pueblo* (1830) obra de patriótico y emotivo argumento (págs. 354-355). En su biografía, a partir de 1832, se destaca una etapa de temática oriental y musulmana, tras un viaje realizado por el pintor a Marruecos.

Desde el punto de vista técnico su paleta evoluciona constantemente; antes de 1820 ha abandonado los colores terrosos y los sustituye por los intensos y puros, para desembocar en una exaltación de los más potentes –amarillo, rojo, naranja, azul, verde, amarillo verdoso–. Pero el color es para él solamente una forma de elocuencia, una manera de subrayar los gestos de arenga y las composiciones exultantes.

▲ DELACROIX: La matanza de Quíos. Con esta tela DELACROIX *toma partido por la causa de la independencia griega, lo mismo que lord Byron, al plasmar la masacre de patriotas helenos a manos de los turcos. Crueldad y sufrimiento recorren el primer plano de la escena, convirtiendo al espectador en testigo.*

▶ *En* La muerte de Sardanápalo, DELACROIX *recuerda a* RUBENS, *por su exaltación del color cálido y del movimiento.*

3 EL ROMANTICISMO ALEMÁN

La época romántica coincide con un extraordinario esplendor de la cultura alemana, del que son cumbres BEETHOVEN, GOETHE, SCHILLER. A pesar de ello, el arte romántico alemán pasó desapercibido hasta época reciente. Dos procesos lo enmarcaron: nacionalismo y religiosidad. Nación dividida tras los acuerdos del Congreso de Viena, el sentimiento nacional inspiró a poetas y pintores; patria de la reforma luterana, los artistas protestantes o católicos insuflaron un renovado fervor a su creación en los albores del siglo XIX.

Entre los pintores románticos germanos destaca la personalidad enigmática de CASPAR DAVID FRIEDRICH. Desde su primer paisaje religioso, *La cruz en la montaña*, el pintor intentó representar sentimientos místicos antes que lugares concretos.

Su concepción del arte como expresión de visiones interiores quedó recogida en sus aforismos: "*Cierra el ojo físico para ver primero tu cuadro con el ojo espiritual.*" Y con no menor claridad en sus pinturas, en las cuales situaba de espaldas un personaje minúsculo, enfrentado a la grandeza del mar o de las montañas, como hombre solitario inerme ante las fuerzas inexorables del destino. En *Monje a orillas del mar* la soledad y la indefensión asumen una intensidad agobiante. Por su tendencia a representar espacios opresivos se convirtió en un ídolo para los surrealistas en el siglo XX.

Aparte de esta figura estelar, una escuela, los nazarenos, resumió el protagonismo de lo religioso en el Romanticismo germano. Dirigida por OVERBECK, y con la participación posterior de otro artista notable, PETER CORNELIUS, la escuela, organizada en Hermandad con sede en Roma, proporcionó escenas de la vida de Jesús inspiradas en los grandes artistas del Renacimiento, FRA ANGÉLICO en una primera etapa, RAFAEL posteriormente, antes de incorporar por decisión de CORNELIUS el estudio de los grabados de DURERO.

El enlace del Romanticismo con el Renacimiento fue muy estrecho en los nazarenos, incluso en su respeto por el dibujo y las composiciones serenas de cuño rafaelesco.

➤ FRIEDRICH: La cruz en la montaña *(arriba) es una tinta sepia prodigiosa. Con una sola tonalidad, en la que introduce tonos más o menos intensos para conseguir claros y oscuros, una cruz recibe por detrás los rayos del sol naciente. Religiosidad y misterio, los dos valores del Romanticismo germano, se funden aquí.*

Viajero en un mar de niebla (abajo) condensa los valores del arte de FRIEDRICH: *el hombre solitario ante el destino, la visión interior que se asoma a los misterios de la naturaleza, las lejanías vaporosas que envuelven valles y montañas en una atmósfera religiosa.*

4 DE LOS PAISAJISTAS INGLESES A LA ESCUELA DE BARBIZON

Los paisajistas ingleses

La labor de los paisajistas ingleses, CONSTABLE y TURNER, exhibe el empirismo inglés, tan cercano a la naturaleza, y una sensibilidad que se encuentra en la escuela de escritores de los *lakistas* escoceses, de finales del siglo XVIII.

A diferencia de los románticos franceses no les atraen los temas políticos, quizás porque el sistema parlamentario británico les tenía habituados a un marco de libertad y la isla escapa a los coletazos de las revoluciones de 1830 y 1848.

JOHN CONSTABLE (1776-1838) es uno de los primeros paisajistas modernos; acude a pintar al aire libre y huye del taller, actitud que hace presentir el Impresionismo. El tratamiento de la luz, de sus reflejos y movimientos, es constante preocupación. Su obra *El carro del heno*, expuesta en París en 1824, entusiasmó a los románticos e irritó a los neoclásicos por su falta de idealismo. En Inglaterra gozó de escasa estima, pues se tachaba a sus cuadros de *"descuidados"* y se censuraba su afirmación de que *"la línea no existe en la Naturaleza"*. Varias veces explicó el pintor que su preocupación era captar la luz en lo grande (la tela debe estar llena de luz, de chorros que descienden del cielo sobre prados y colinas) y en lo pequeño (ha de vibrar en los objetos e incluso en las sombras).

A DELACROIX le confesó que la viveza de sus verdes se debía a que cada pincelada era la superposición de una serie de tonos verdosos diferentes. Esas pinceladas, *"bardas y rudas, que ofenden al tacto"*, decía el crítico NODIER, admirado de que a cierta distancia el cuadro tuviese tanta vitalidad, sirvieron al maestro inglés para captar el viento, la lluvia, la tempestad.

JOSEPH W. TURNER (1775-1851), de carácter extravagante, llevó todavía más lejos el libre uso y el valor provocativo del color, utilizado de forma exuberante. Dejó una abundantísima obra en la que no es fácil seguir la evolución de su técnica por su hábito de realizar constantes experimentaciones, tal y como vemos en sus cuadros *La décima plaga de Egipto (1802)*, *El último viaje del buque de guerra Temerario (1839)* o *El camposanto de Venecia (1840)*; en todos ellos atiende de modo especial a los fenómenos atmosféricos. La luz y el color no son realidades visuales, como en CONSTABLE, sino visiones imaginarias que nos distancian de los datos de los sentidos para introducirnos en evocaciones oníricas.

Junto a estos dos grandes artistas e igualmente dentro de la línea paisajista y de gran valoración del color debemos citar a BONINGTON (1802-1828) pintor excelente, de vida muy corta

▲ JOHN CONSTABLE: La catedral de Salisbury. *Los efectos de luz, la carga emotiva con que se contempla el paisaje y sobre todo la técnica de apliques sueltos de color con la espátula anticipan valores del Impresionismo. La luminosidad se enseñorea del cuadro y estalla victoriosa en torno a la desafiante aguja gótica de la catedral.*

▼ TURNER: Lluvia, vapor y velocidad, 1844. *Más alejado de la realidad que* CONSTABLE *TURNER, al diluir las formas, da rienda suelta a emanaciones de su imaginación. La lluvia más parece sueño que observación.*

y que trabajó en París. Pudo ser una gran figura por su dominio de la acuarela y la pincelada, en las que anuncia a los pintores de Barbizon.

WILLIAM BLAKE (1757-1827) es un artista extraño y visionario pero de notable peso en la pintura del siglo XX, pues es considerado un efectivo precursor del Surrealismo. Se formó en el grabado y aunque cultivó especialmente la acuarela, le preocuparon otras muchas parcelas del arte (en particular la poesía). Un hábito simbolista inspira sus numerosas obras de tema bíblico, tanto pintadas como grabadas, para ilustrar la edición de los libros sagrados; citemos entre ellas *La conversión de Saulo* o *El descanso de la Sagrada Familia durante la huida a Egipto*.

La Escuela de Barbizon

CAMILLE COROT (1796-1875) aunque recibe una formación clásica se forja como paisajista en sus estancias en Italia, en donde practica la pintura directamente de la naturaleza. Considerado un puente entre los serenos paisajes de Lorena y los de los impresionistas, su pincel es de colores suaves, íntimo y sin estridencias; su estudio de la luz es constante y su experiencia visual está abierta a una incesante renovación. Estas características, que afloran en obras tan descollantes como *La danza de las ninfas, El palacio de los Papas de Avignon* o *La catedral de Chartres (1830)*, le hacen figurar como el primero de la larga serie de paisajistas franceses, que sin ser catalogables como románticos hacen sin embargo de la naturaleza serena su marco pictórico y vital.

Si COROT es un personaje que, aunque no niega la influencia inglesa, preserva su independencia de los estilos y escuelas de su entorno y en ese camino solitario entra en comunión con la naturaleza, el descubrimiento y disfrute colectivo del paisaje se va a hacer en Francia en el seno de la Escuela de Barbizon. Su jefe indiscutible es THÉODORE ROUSSEAU (1812-1867) y dicho colectivo va a protagonizar una etapa necesaria entre el Romanticismo y el Impresionismo.

Entre estos dos movimientos, el núcleo de Barbizon se esfuerza por observar la naturaleza pero no con intención de idealizarla sino con el compromiso de copiarla fielmente hasta el detalle. Buen ejemplo son las obras de ROUSSEAU, *Linde del bosque en Fontainebleau* y *El roble de las rocas*, pintadas en campo abierto y que caen incluso en cierto fotografismo. Su oposición radical al arte oficial fue la causa de que sus obras fueran constantemente rechazadas por los jurados del Salón, al que sólo conseguirán acceder después de 1848.

Miembros del grupo de Barbizon son DAUBIGNY (1817-1878), el holandés JONGKIND, gran pintor de puertos y canales, y MILLET.

WILLIAM BLAKE: La ascensión (arriba). El espíritu visionario convierte las imágenes en comunicaciones del mundo interior; y desde el punto de vista formal, los colores intensos y las posturas convulsas marcan los inicios del Romanticismo en Inglaterra.

COROT: Niña peinándose (abajo). Lo mismo que en sus paisajes, COROT consigue en sus retratos una atmósfera suave de luces y posturas, en las que resplandecen todas las armonías de la Escuela de Barbizon.

5 EL REALISMO PICTÓRICO

Factores del Realismo

En las décadas centrales del siglo XIX, el Romanticismo y su idealización de la Historia, de la sociedad y sobre todo de la naturaleza, cuyo tratamiento era un motivo de pura evasión, deja paso a una corriente de interés por la realidad concreta. A este cambio contribuyen procesos diversos:

a) La definitiva implantación de la burguesía, que ahora olvida los principios solemnes que enarboló en 1789 y prefiere saborear los placeres de la vida; para los artistas constituye una clientela poco propicia a aplaudir los temas íntimos o de evasión.

b) El positivismo filosófico de AUGUSTE COMTE, quien considera la observación y la experiencia como únicas fuentes de conocimiento. La postura de análisis de la realidad gana también a los escritores; ZOLA describe el sistema de recogida de materiales que debe seguir el novelista; *"lo que yo quiero son hechos"*, exclama un personaje de DICKENS.

c) La conciencia en los artistas de los terribles problemas sociales de la industrialización: trabajo de niños y mujeres, horarios extenuantes, viviendas insalubres. DICKENS coincide con COURBET, por poner sólo dos ejemplos, en estimar que la misión del artista, descendiendo de los olimpos de las ideas abstractas y de las evasiones estéticas, estriba en la denuncia de estas lacras.

d) El desencanto por los fracasos revolucionarios de 1848 es el estímulo inmediato; el arte abandona los temas políticos, del tipo de *La Libertad guiando al pueblo* de DELACROIX o *La Marsellesa* de RUDE, y se concentra en los temas sociales.

El Realismo se niega a idealizar las imágenes; hombres y mujeres son representados en sus tareas normales y el tema de la fatiga se convierte en motivo fecundo de inspiración. La serie la inicia MILLET en el año 1848, al enviar al Salón una pintura que representa a un aldeano cribando trigo.

Principales pintores del Realismo

MILLET (1814-1875) es un pintor firmemente ligado a la tierra, en la que trabajaba para obtener un sustento complementario. Infunde en sus cuadros una sencillez y calma que el propio pintor afirma encontrar tan sólo en los bosques y en los campos. Un espíritu de fraternidad humana inspira sus temas, incluso cuando reflejan el esfuerzo del trabajo, por lo que se aleja claramente del efectismo y de la teatralidad de los románticos. Todas estas características pueden observarse en obras como *Los leñadores*, *Los canteros*, *La colada*, *El sembrador* y sobre todo, *El Ángelus*.

▼ MILLET: El Ángelus. Los personajes de MILLET son seres dignos en un ambiente de sencillez y calma, que resaltan sus masas sobre los fondos y las luces doradas de los cuadros.

HONORÉ DAUMIER (1808-1879) es uno de los mayores dibujantes de su generación (*La sopa; Escenas de don Quijote*, etc.), que pueden ser considerados como las únicas concesiones románticas. Su realismo está al servicio de la causa republicana y en pugna con el orden establecido. Sus temas evocan el mundo de la marginación (*Los presos, Los mendigos*) y de los gestos reivindicativos (*El motín*).

COURBET (1819-1877) hubo de esperar a la Revolución de 1848 y la suspensión del sistema de jurados para ser admitido en el Salón; incluso después su pintura siguió provocando enormes polémicas por los temas elegidos (personajes vulgares como los de *Un entierro en Ornans*, 1849) y por sus ideas programáticas sobre arte. Llegó a montar una muestra paralela a la Exposición Universal de 1855, destacando entre sus obras allí reunidas su cuadro *El taller*. Su trayectoria artística se confunde con una febril actividad política, llegando a ser director de Bellas Artes durante La Commune de 1871. Al término de esta experiencia revolucionaria tuvo que exiliarse en Suiza, donde falleció en 1877. Su activismo revolucionario se remansó al tratar, con sincera ternura, los temas cotidianos de las gentes sencillas, hombres silenciosos concentrados en su trabajo, mujeres que ahechan la harina, colocados en un primer plano para resaltar su tristeza o su comunicabilidad con el espectador.

▲ *En* Crispín y Scapín *de* DAUMIER, *el dibujo caricaturesco serpenteante entre manchas onduladas y la luz de las candilejas llevan el realismo al límite del naturalismo.*

▼ *El taller de* COURBET *que enfureció a los moralistas y concitó la admiración del rebelde estudiantado, resume su mundo social. A la derecha, sus amigos, los artistas; en el centro, el pintor con su musa, la Realidad; a la izquierda, los miserables y quienes viven explotando su miseria. Es en este último grupo, de colores oscuros y textura suelta, donde se exponen de forma más directa los objetivos del Realismo.*

6 LA PINTURA ROMÁNTICA ESPAÑOLA

Iniciado el movimiento romántico pronto aparecerán grupos de artistas españoles, que cultivarán las distintas facetas de la nueva tendencia cultural y pictórica.

Aunque FEDERICO MADRAZO consiguiera sus mayores éxitos en el retrato, su pertenencia al movimiento romántico queda atestiguada en cuadros de historia tales como *Godofredo de Bouillon en el Sinaí*, que hizo por encargo de Luis Felipe de Orleáns para el palacio de Versalles, o el de *El Gran Capitán contemplando el cadáver del duque de Nemours*. Junto a MADRAZO es el sevillano ANTONIO ESQUIVEL (1806-1857) el mejor continuador de la técnica del retrato.

Entre los pintores románticos catalanes es de justicia destacar a JOAQUÍN ESPALTER (1809-1880) pues en sus obras se abarca toda la gama de temas románticos. Cultivó el retrato (*Familia Flaquer*) y dejó otros cuadros de vigorosa emoción (*Melancolía de un corazón virgen*).

La abundancia y diversidad de paisajes y costumbres de nuestra nación proporcionó inagotables motivos para los pintores deseosos de plasmar el pintoresquismo de tipos populares en los llamados cuadros de costumbres. VALERIANO DOMÍNGUEZ BÉCQUER, hermano de GUSTAVO ADOLFO, viajó por varias regiones tomando apuntes, para publicar luego sus dibujos en revistas gráficas.

Una dirección distinta tomó el costumbrismo romántico en los pintores de la llamada "*veta brava*", ALENZA y LUCAS, ambos de indiscutibles alientos goyescos. EUGENIO LUCAS (1817-1870) mantuvo vivo el interés por la temática de los personajes populares, toreros, manolas, bandoleros y por asuntos como las corridas de toros, los procesos inquisitoriales y los aquelarres.

LEONARDO ALENZA (1807-1845) nos dejó una abundantísima colección de dibujos y grabados destinados a publicaciones periódicas. La coincidencia en este capítulo con LUCAS nos muestra la importancia de la ilustración gráfica, poco estudiada, fruto de numerosos artistas anónimos, y tan practicada en esta época en dos direcciones principales: la sátira política y el dibujo costumbrista.

El paisaje tuvo también valiosos cultivadores en España. Junto a PÉREZ VILLAAMIL debemos colocar a CARLOS DE HAES (1826-1898), más creativo en sus numerosos apuntes del natural que en sus elaborados lienzos del tipo de *Picos de Europa*.

7 LA PINTURA DE HISTORIA

En la segunda mitad del siglo XIX cobra importancia el género histórico. Desde DAVID gozaban los pasajes del mundo clásico de un relumbrante prestigio; los románticos habían trasladado su interés al período medieval. Los lienzos de historia suelen ser de gran tamaño; en muchos casos prevalece la nobleza o interés del tema tratado sobre las calidades artísticas.

Entre los pintores destacan el alicantino ANTONIO GISSERT (1834-1901), autor del célebre *Fusilamiento de Torrijos y sus compañeros*, en el que se rinde tributo a la causa liberal.

▶ ROSALES: *Fragmento de El testamento de Isabel La Católica (arriba). Los juegos de luces y la composición se concentran en un punto y eliminan los datos innecesarios y la retórica de otras obras históricas.*

FORTUNY: *La vicaría (abajo) quizás sea la cumbre del Realismo español, una de cuyas corrientes es el costumbrismo. El autor observó tipos, vestidos y ambientes de las oficinas eclesiásticas cuando preparaba su boda con la hija de MADRAZO. FORTUNY, empleando la técnica goyesca de la mancha suelta, representó una escena encantadora, rebosante de tipos humanos.*

▼ EUGENIO LUCAS: *Revolución de 1854 en la puerta del Sol. En el arte de LUCAS se unen admirablemente la influencia de GOYA y la atmósfera y rasgos del Romanticismo. La escena se concibe en la estela de GOYA de su cuadro sobre la carga de los mamelucos el dos de mayo (pág. 318), pero las luces y el movimiento de la muchedumbre conectan con DELACROIX.*

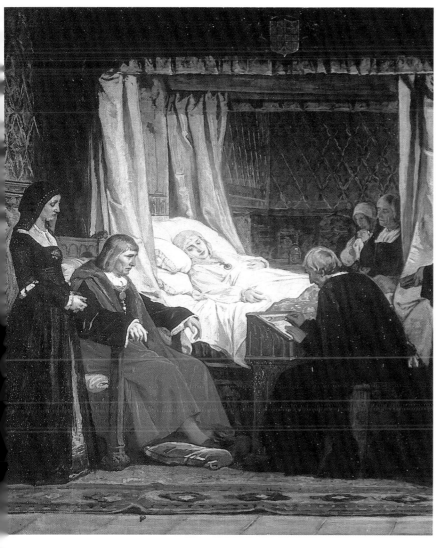

José Casado del Alisal (1832-1886), palentino, ganador de varias medallas, y autor de una de las obras maestras del género, *La rendición de Bailén,* que recoge, con una cierta pretensión de rememorar *La rendición de Breda* velazqueña, la primera gran derrota de los ejércitos napoleónicos.

Un evidente progreso es realizado por el madrileño Eduardo Rosales (1836-1873), artista malogrado pero que fue capaz de abrir nuevos caminos plásticos.

Se suele señalar su obra *El testamento de Isabel La Católica* (1864) como la más importante pintura de historia de la época, al quedar abandonado en su ejecución el tono retórico y artificioso tan habitual en este género y sumergida la escena en una atmósfera de estirpe velazqueña y que apunta hacia las preferencias impresionistas, de acuerdo con la expresa voluntad del autor de practicar la pintura al aire libre.

Rigurosamente contemporáneo de Rosales es Mariano Fortuny (1838-1874), también como él de corta existencia. La obra de este pintor de Reus está llena de minuciosidad y efectismo.

Suele citarse *La vicaria* como su obra cumbre. Es una tela costumbrista, muy al gusto de la época, con la que alcanzó enorme fama y disfrutó de una desahogada posición económica. Como pintor de historia nos dejó obras teñidas de exotismo, por ejemplo, *La batalla de Wad-Ras,* episodio que pone fin a la guerra de África de 1859-1860, y otros cuadros de tema marroquí y que le hacen figurar como hábil acuarelista.

8 LA ESCULTURA EN EL SIGLO XIX

La penetración de los ideales del Romanticismo en la escultura es menos intensa y durante las primeras décadas perduran las formas estáticas y de superficie pulida del Neoclasicismo; GAUTIER decía que el arte escultórico, por su raíz clásica, era el menos propicio para expresar la exaltación romántica. Sin embargo la poderosa personalidad de DELACROIX terminó transmitiendo sus valores a los últimos reductos conservadores, y nace una escultura pictórica que tiende a ensalzar los fastos históricos, desde las revoluciones en RUDE hasta las solemnidades del Segundo Imperio en su discípulo CARPEAUX.

Como fundamento de la nueva sensibilidad ha de considerarse la necesidad de captar el movimiento y de introducir a las masas en acción; los valores de la plástica neoclásica no servían ya para los temas de una sociedad en ebullición ni para los valores de la era de las revoluciones.

◀ *Discípulo de* RUDE, CARPEAUX *muestra otra sensibilidad, una atención más detenida de la realidad y por tanto una concepción más verista del arte. El pescador de la caracola, obra de juventud, nos muestra una figura nerviosa, flexible, que inicia una sonrisa tímida. Si en la expresión señala su vocación realista, en la forma contorneante* CARPEAUX *anticipa sus futuras apoteosis de la danza.*

▼ *El forjador de* MEUNIER *recoge los temas del Realismo pero su técnica de superficie rugosa y la multiplicación de planos de sus miembros anticipan los procedimientos del Impresionismo escultórico.*

▲ *La Marsellesa del arco de la Estrella de París, de* RUDE, *plasma en escultura los gestos de arenga, el movimiento desbordante y la pasión de los temas de la pintura romántica.*

Desde el punto de vista formal la escultura romántica rehúye el modelado liso del neoclásico y propende a las superficies ásperas y al gesto grandilocuente. Obra manifiesto del Romanticismo escultórico es el gigantesco relieve de RUDE denominado *La Marsellesa*, del arco de la Estrella de París, esculpido entre 1834 y 1836; el gesto de arenga de la Victoria alada recuerda al de *La Libertad guiando al pueblo* de DELACROIX.

En CARPEAUX tras su período de aprendizaje encontramos ya el paso al Realismo; el artista observa cada detalle de los rostros y los cuerpos. En sus bustos predomina el análisis de los rasgos visibles en vez de la construcción retórica, subjetiva, de las grandes composiciones de su maestro RUDE.

Otra figura destacada es el belga CONSTANTIN MEUNIER, cantor del trabajo y del esfuerzo *(El pudelador, El forjador, El cargador)*, lo que hace su obra gemela de la de MILLET o COURBET; su forma de concebir la figura destaca por la tensión miguelangelesca de los miembros y la riqueza de planos, notas que anticipan algunos rasgos plásticos de RODIN. Comprometido en un arte de testimonio social, tras una visita a las fábricas de Seraing comienza a cultivar la pintura, que le permite escenas de mayor entraña social, aunque a los pocos años vuelve a la escultura; estos virajes de una biografía personal pueden aleccionarnos sobre los objetivos que informan en el Realismo a las artes figurativas.

▲ BELLVER: El ángel caído, *parque del Retiro, Madrid. Una de las pocas esculturas del diablo. Está llena de vitalidad y dio gran prestigio a su autor que la modeló estando pensionado en Roma.*

▶ *La gracia y perfección técnica de MARIANO BENLIURE se manifiesta siempre, tanto en las esculturas de gran solemnidad como en las más populares, como en ésta el Monumento a la manzana, erigido en Villaviciosa por suscripción del pueblo.*

9 LA ESCULTURA ESPAÑOLA DEL SIGLO XIX

La nómina de escultores españoles a los que podemos calificar como románticos es muy corta. Es acertado atribuir perfiles románticos a JOSÉ GRAGERA, autor de una estatua hoy destruida de Mendizábal, así como al aragonés PONCIANO PONZANO (1813-1877) creador del tema *España y la Constitución* del frontón del palacio de las Cortes de Madrid.

Los escultores que en el último tercio del XIX son asimilables a la corriente naturalista son más abundantes. JERÓNIMO SUÑOL, RICARDO BELLVER (a quien debemos *El ángel caído*, de excelente factura) son autores que encarnan esa tendencia naturalista plasmada con notable soltura en los habituales monumentos y retratos. El valenciano MARIANO BENLLIURE (1862-1947) puede ser considerado como el puente entre esta corriente y las que se irán prodigando con el inicio del siglo XIX. La gran fecundidad de BENLLIURE, que trabajó en Madrid y llegó a ser director de la Academia Española (1901), no le hizo perder su alto grado de perfección, que aplicó en retratos y grupos escultóricos tanto de tema notable como popular *(Monumentos a Alfonso XII* y al *general Martínez Campos*, o el erigido a *Joselito*, o el tema infantil del *Niño de la Avispa*).

Delacroix: La Libertad guiando al pueblo (el 28 de julio de 1830)

Datos: Óleo sobre tela. Dimensiones: 260 x 325 cm. Fecha: 1830. Firmado. Museo del Louvre, París.

Como protesta contra una serie de ordenanzas que restringían libertades ciudadanas se inicia en París el día 27 de julio de 1830 lo que se ha denominado "tres jornadas gloriosas". En la noche del 27 al 28 jóvenes republicanos se ponen al frente de la insurrección; de día se elevan ba-

rricadas en los barrios del Este de París (Saint-Marceau, Saint-Antoine); el día 29 los insurgentes son dueños de la ciudad. Los acontecimientos de París se convierten en el detonante para un movimiento continental; en todas las naciones se lucha contra los reyes absolutos o

contra los ocupantes que impiden la independencia nacional.

DELACROIX elige el día álgido del combate en las calles de París, el 28, para exaltar con los pinceles el proceso revolucionario. En una carta de 18 de octubre escribe a su hermano el general CHARLES

La Libertad guiando al pueblo (el 28 de julio de 1830)

CNRI DELACROIX: "*He comenzado un tema moderno, una barricada... y, si no he luchado por la patria, por lo menos pintaré para ella*". Este cuadro constituye el manifiesto de la pintura romántica. Es la primera composición política de la pintura moderna y señala el momento en que el Romanticismo deja de mirar a la antigüedad y comienza a querer participar en la vida contemporánea. El deseo de compromiso se evidencia al retratarse el artista en la escena (el hombre del sombrero de copa).

El cuadro recoge muchas enseñanzas de GOYA, de CROS y más directamente de GÉRICAULT. Frente a la paleta apagada de los neoclásicos DELACROIX exalta el color; su viaje a Inglaterra, en 1825, le ha puesto en contacto con la obra de REYNOLDS y TURNER, la de CONSTABLE la había conocido en Francia en una exposición de 1824, y por entonces inicia el uso de los barnices ricos que le permiten efectos brillantes. En vez del color uniforme y plano prefiere la vibración de tonos diversos combinados con pincelada suelta; las fachadas y tejados de las casas de la derecha, que se yerguen cerca de Nôtre Dame, se resumen en una serie de pequeños toques, y el grupo de soldados (en el centro del borde derecho) no es otra cosa que un conjunto de manchas oscuras, cuya fuerza sugeridora de las formas recuerda a GOYA.

La luz se convierte en una obsesión para el pintor; cuando copia a RUBENS su atención se concentra en identificar el momento del día al que corresponde el cuadro. En *La Libertad guiando al pueblo* la luz es un elemento primordial, está en la blusa del cuerpo caído en primer término, envuelve convulsivamente la figura de la Libertad, disuelve entre tonos y brillos las nubes y casas del fondo. Es una luz violenta que presta a la escena su atmósfera tensa.

La profundidad, en relación con el primer término, vuelve a ser un elemento de la composición. En este caso al fondo hay un piquete que dispara, en el primer

término cuerpos caídos; la relación temática es clara. En su diario escribe DELACROIX: "*En Rembrandt –y ahí está la perfección– fondo y figura constituyen un todo. El interés está presente donde quiera: nada puede ser aislado*".

Color, luminosidad profundidad, son tres rasgos intensificados en la obra de DELACROIX. Pero es evidente que lo que distingue a *La Libertad...* es el movimiento; nos encontramos ante una composición dramática, en la que se ondulan las líneas y las pinceladas de color, en la que los personajes hacen gestos de arenga con un impulso que transmite a los miembros la pasión de los sentimientos. Comparémosla con otra composición gigantesca, *La consagración de Napoleón* de DAVID, con sus personajes quietos y solemnes y sus grupos ordenados como líneas de una figura geométrica, y comprobaremos la ruptura que en el arte de componer supone el Romanticismo.

La admiración de DELACROIX por RUBENS se pone de relieve en esta obra capital. Todas las formas están recorridas por un temblor ondulante, por una especie de terremoto interior. En la figura central se ondula la bandera, el cabello, el cinturón, la tela; el muchacho de su derecha flexiona los brazos, las piernas; la figura del pañuelo, que se incorpora, echa para atrás su cabeza mientras parece caerse; los cuerpos del suelo tienen dobladas las piernas, o el cuello... resulta difícil encontrar una forma recta e imposible percibir una figura estática, o serena, o indiferente. Todo está en tensión revolucionaria. La contraposición entre el ademán hacia adelante de las figuras que encabezan a los combatientes y los cuerpos caídos hace más ardoroso el avance.

Cuando en su diario escribía el pintor, muchos años después, "*Este género de emoción, propio de la pintura es, en cierto sentido, tangible; no pueden darlo la poesía ni la musica*", es posible que recordara el vigor patético de una obra con la que intentó mover las conciencias en la Revolución de 1830.

BIBLIOGRAFÍA

ARIAS DE COSSÍO, A. Mª., *La pintura del siglo XIX en Francia*. Barcelona, Vicens Vives, col. Historia Visual del Arte 13, 1989.

– *La pintura del siglo XIX en España*. Barcelona, Vicens Vives, col. Historia Visual del Arte 14, 1989.

AUTORS DIVERSOS, *Marià Fortuny (1838-1874)*. Barcelona, Fundació La Caixa, 1989.

CALVO SERRALLER, F., *La imagen romántica de España: arte y arquitectura del siglo XIX*. Madrid, Alianza, 1995.

FRIEDLAENDER, W., *De David a Delacroix*. Madrid, Alianza, 1989.

GAYA NUÑO, J., *Arte del siglo XIX*. Madrid, Plus Ultra, Ars Hispaniae, vol. XIX, 1966.

HILTON, T., *Los prerrafaelistas*. Barcelona, Destino-Thames and Hudson, 1993.

HONOUR, H., *El romanticismo*. Madrid, Alianza, 1966.

KEYSER, E., *El Occidente romántico 1789-1850*. Barcelona, Carroggio, 1965.

NOCHLIN, L., *El realismo*. Madrid, Alianza, 1991.

RÀFOLS, J. F., *El arte romántico en España*. Barcelona, Juventud, 1954.

REYERO, C., *La pintura de historia en España. Esplendor de un género en el siglo XIX*. Madrid, Cátedra, 1989.

ROSEN, CH., y ZERNER, H., *Romanticismo y Realismo. Los mitos del arte del siglo XIX*. Barcelona, H. Blume, 1988.

ACTIVIDADES

● Una forma de entender la transformación de la pintura en el Romanticismo consiste en comparar una obra romántica con otra neoclásica. Compara esta obra de Delacroix con *La consagración de Napoleón* de David, y señala las diferencias: composición, dibujo, luz, tema.

● Te proponemos una redacción breve. En 1830, los franceses se alzaron contra el monarca Carlos X que quería restablecer el Antiguo Régimen. ¿Crees que este cuadro espolearía el entusiasmo revolucionario de los franceses que lucharon en la calle durante tres días de julio?

● El segundo estilo del siglo XIX es el Realismo. Elige un cuadro realista –puedes tomarlo de la ilustración de esta unidad– y haz un diagrama con las diferencias que existen entre un cuadro realista y uno romántico, fijándote sobre todo en los temas.

21.
El Impresionismo

La trayectoria del arte pictórico del siglo XIX está presidida por la preocupación por la luz, desde los encuadres luminosos vibrantes con que el Romanticismo acompaña su temática revolucionaria hasta los poéticos paisajes de la Escuela de Barbizon. En el último cuarto de siglo el Impresionismo culmina esta tendencia de unir visión y luz, inherente a toda la pintura occidental desde el Renacimiento, y afronta el problema de representar el paisaje con sus elementos fluctuantes, sus circunstancias atmosféricas que varían de un momento al siguiente.

Los pintores impresionistas estudiaron las teorías físicas acerca del fenómeno luminoso. Cuando todavía era estudiante en Bellas Artes, Georges Seurat leyó los tratados científicos sobre óptica y color, y especialmente los de Eugène Chevreuil en torno a los elementos constituyentes de la luz. Algunos maestros, caso de Monet, encontraron en la luz un lenguaje similar al de la poesía. Otros, como Van Gogh, ya en la etapa de revisión del Impresionismo, buscaron más allá de las apariencias luminosas la vida que late en los objetos. Toda la pintura del siglo XX tuvo como guía al más avanzado en la investigación de la realidad: Cézanne. Con su centro en París, el fin de siglo fue un período prodigioso, de maestros, de exposiciones, de cambios incesantes.

MONET: Paseo por el acantilado, *1882 (Chicago Art Institut). Maravilloso estudio de color y luz. Tres zonas: el acantilado, el mar y el cielo; en ellas, juegos de formas: gradas de rocas, velas y nubes. La hierba se distingue por la intensidad cromática, el agua por ondulaciones de azul. Las dos figuras, vibradas por el viento, contrastan por su pequeñez con el paisaje imponente.*

1 SITUACIÓN HISTÓRICA DEL FENÓMENO IMPRESIONISTA

Antecedentes: preocupación por la luz

La captación de la luz mediante toques cromáticos sueltos fue ambición de todos los grandes maestros, de los que se ha afirmado que tuvieron una fase "impresionista", y de ahí que el Impresionismo se nos aparezca a la vez como una constante del arte y como un fenómeno de época.

PIERO DELLA FRANCESCA en el siglo XV, LEONARDO y TIZIANO en el siglo XVI, VELÁZQUEZ y los maestros holandeses –FRANS HALS y REMBRANDT– anticiparon la técnica y el objetivo de la escuela del Impresionismo, pero son especialmente los paisajistas ingleses, CONSTABLE y TURNER, los que constituyen por su preocupación luminosa y su captación del viento, la lluvia y el sol, el antecedente más directo. Se trata, por tanto, de la culminación de una evolución del arte, pero al nacimiento del estilo contribuyen algunas circunstancias históricas.

Con el positivismo filosófico y los avances de las ciencias físicas se postula una actitud de verismo ante la realidad; de la misma manera que el evolucionismo de DARWIN revoluciona las ciencias biológicas con sus métodos de observación o que el positivismo invierte los términos de la indagación filosófica al primar la experiencia, el pintor se siente comprometido a buscar la verdad visual.

El problema del alejamiento aéreo había sido eliminado en la pintura del XV al XIX mediante la explotación de la perspectiva lineal, y fuentes luminosas artificiales prudentemente manejadas habían desempeñado un papel constructivo. En expresión de HUYGHE, "*la luz había sido domesticada por el pintor*". Pero las investigaciones de MICHELSON y MORLEY revelaban su extraña complejidad. No podía sostenerse por más tiempo su papel de acompañante; a la máxima preocupación investigadora del fenómeno luminoso por parte de los físicos debía corresponder una actitud nueva de los pintores. "*La noche que se acerca y el día que amanece*", pintaba MONET, según un verso de su contemporáneo el poeta HENRY DE REGNIER.

▼ MONET: Impresión. Sol naciente. *Este cuadro, pintado en el puerto de Le Havre en 1872, daría nombre a la escuela. Representa el imperio de la mancha suelta de color para conseguir sutiles efectos de luz. Levísimas veladuras de azules y rosas nos transmiten casi el rumor de la ondulación de las aguas. El sol naciente asoma tímidamente tras la neblina del amanecer.*

La plasmación de este realismo visual exige una manera diferente de mirar, de contemplar la naturaleza. Se busca lo fugitivo, lo fluido; se prefieren los ríos vaporosos o helados, la tierra húmeda y brumosa, los humos de las aglomeraciones urbanas, cuanto suponga prepotencia de los elementos evanescentes, sugeridores del paso del tiempo. Un teórico ha definido el Impresionismo como *"el combate del tiempo y la luz contra la materia sólida".*

Reacción social contra el Impresionismo

Pero la sensibilidad social fue tan hostil a la nueva manera de pintar como a algunas doctrinas científicas, por ejemplo al evolucionismo. En 1863 expone MANET su famoso cuadro *Le déjeuner sur l'herbe*, que escandaliza a los sectores tradicionales ligados a las exposiciones oficiales de arte y entusiasma a los innovadores. Una de las notas más emotivas de estos años de rechazo es el sentimiento de amistad que une a los artistas, y su propósito de luchar juntos por el triunfo de sus ideales estéticos. Se reúnen en el parisino Café Guerbois. Dos de ellos, MONET y RE-NOIR, acuden a una población cercana a París, Bougival, y pintan juntos en La Grenouillère, islita del Sena, los reflejos en la superficie del río y la iridiscencia de la vegetación de las orillas.

La breve historia del Impresionismo se inicia con la exposición del año 1874 en la galería Nadar. En los sarcasmos se destacó un periodista, LEROY, quien al burlarse del cuadro de MONET, *Impresión. Sol naciente,* dio involuntariamente nombre a los artistas, al apellidarlos con desprecio *impresionistas. "Esa pintura, a primera vista vaga y brutal, nos parece ser al mismo tiempo la afirmación de la ignorancia y la negación de lo bello y lo verdadero",* escribe en su crítica LEROY.

En la exposición de 1877 las burlas se centran en el más avanzado, CÉZANNE, cuya geometrización de la realidad se apartaba de los planteamientos sensoriales de sus compañeros. Pero meses después, la compra por marchantes norteamericanos de bastantes cuadros suscita una actitud de respeto, aunque todavía a finales de siglo el Estado francés selecciona como dignos de un museo muy pocos cuadros impresionistas.

▼ *Once años antes de la primera exposición impresionista* MANET *presentó el cuadro* Le déjeuner sur l'herbe (El almuerzo campestre), *que se convertiría en la biblia estética de los impresionistas. El tema, conversación de figuras vestidas y desnudas en una pradera, está tomado de* GIORGIONE. *Pero la técnica es absolutamente revolucionaria. Gradaciones en la intensidad de los verdes proporcionan la sensación de transparencia del agua, de humedad del bosque. En medio destaca la figura desnuda resplandeciente. La luz se difunde por el aire, como si se tratara de un* Velázquez *del siglo XIX.*

2 LA TÉCNICA

No nos encontramos ante una escuela de artistas intuitivos, que trabajan de prisa, antes bien cada uno de ellos dedica un largo período a estudiar la técnica pictórica. Durante la guerra de 1870 MONET, PISSARRO y SISLEY se trasladan a Inglaterra y allí admiran la obra de CONSTABLE y TURNER; a su regreso trabajan juntos a orillas del Sena y durante algún tiempo sus obras presentan rasgos evidentes de parentesco.

A MANET se debe la abolición del claroscuro convencional; CÉZANNE aporta del Sur un colorismo diferente, más claro; RENOIR descubre la luz frágil y los efectos ondulantes; MONET aplica la teoría del color fragmentado y explora las posibilidades del divisionismo científico de las manchas. Veamos en qué consiste su técnica.

a) Teoría de los colores. No desconocen las teorías sobre la descomposición de la luz al pasar por un espacio prismático, emitidas por NEWTON en el siglo XVII, pero se apasionan todavía más con los recientes descubrimientos de ROOD y CHEVREUIL, aplicados a los lienzos con mayor rigor por SEURAT y SIGNAC. Fundamentalmente pueden resumirse en la afirmación de que existen tres colores primarios (amarillo, rojo y azul) y tres complementarios (violeta, verde y naranja respectivamente). Asociados los colores primarios dan el complementario del tercero, por ejemplo la unión de amarillo y rojo produce el naranja; pero en vez de fundirlos en el pincel ha de ser el *ojo* del espectador el que confunda los toques próximos de colores primarios. Además según la ley de los contrastes simultáneos, propuesta por CHEVREUIL, los colores difunden una orla del cromatismo complementario: así el blanco opuesto al rojo parece verdecer, lo que permite obtener efectos de contraste.

b) Plasmación de la luz. Siguiendo los escritos de CONSTABLE afirman que los objetos sólo se ven en la medida en que la luz incide sobre ellos. El pintor dispone en su paleta de pigmentos que corresponden a los colores, o sea a divisiones de luz, según las comprobaciones de NEWTON. A la inversa que el físico, que descompone la luz en colores, el pintor recompone los colores en sensación lumínica. Hay que dejar de pensar en la paleta y en los objetos, y estudiar el color como una modalidad de la luz y la pintura como un entretejido de tonalidades luminosas.

c) Apariencias sucesivas. Un mismo tema es pintado repetidas veces sin más cambio que matices de iluminación cromática, de intensidad solar o de espesor de la neblina. El cuadro es simplemente un efecto de luz. El modelo de este propósito es la serie de cinco vistas, en cinco momentos, de la catedral de Rouen por MONET.

d) Coloración de las sombras. Las sombras dejan de ser oscuras y se reducen a espacios coloreados con las tonalidades complementarias (por ejemplo luces amarillas/sombras violetas); en consecuencia desaparecen los contrastes del claroscuro, y el dibujo, otro elemento de contraste que puede perturbar las vibraciones, se extingue o reduce a leves trazos disueltos entre el color.

e) Pincelada suelta. Para traducir mejor las vibraciones de la atmósfera rehúyen cualquier retoque de las pinceladas y prefieren la mancha pastosa y gruesa, cuyas posibilidades habían sido exhibidas por GOYA. Todos coinciden en una técnica de toques yuxtapuestos de colores claros, aunque cada uno se singularice por su peculiar manera de aplicar el pincel: toques en vírgulas y entrelazados en MONET, netos y puros en CÉZANNE, en puntos en SEURAT Y SIGNAC *(puntillismo)*, largos y llameantes en VAN GOGH.

f) Tónico de aire libre. Los pintores huyen de los talleres al campo. *"Cuando llego a mi taller creo entrar en una tumba"*, declara MANET. Esta proyección hacia los lugares abiertos viene impuesta por la temática pero más todavía por el deseo de *"limpiar de barro"* los colores, de verlos y reproducirlos puros, y de hallar un correctivo a la composición demasiado mecánica, de pose, del estudio.

▶ Cuatro versiones de la catedral de Rouen *en sucesivas horas del día y variadas circunstancias atmosféricas. Cuando pintó esta serie de imágenes imprecisas, en las que la catedral destaca solemne sobre la casa de la izquierda,* MONET *había conseguido superponer imágenes visuales y mentales, lo que veía y lo que el recuerdo mantenía vivo en su retina.*

▼ Teoría de los colores. *Las superposiciones de los círculos de colores primarios generan los respectivos colores complementarios.*

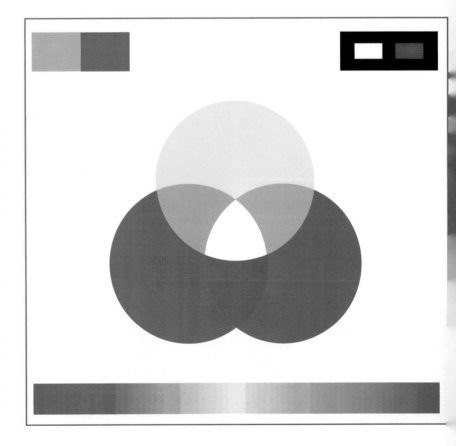

▲ *La mancha suelta caracteriza a todos los impresionistas, pero la forma de aplicar el pincel difiere, desde el toque mínimo de un puntillista hasta la pincelada larga y ondulante, como se puede observar en la reproducción de pinceladas de diferentes maestros.*

3 LOS MAESTROS DEL IMPRESIONISMO

A MANET, que se coloca entre los pintores cotizados antes que sus compañeros, le correspondió la misión histórica de la ruptura; tras una etapa en que respeta los cánones académicos provoca el escándalo en el "Salón de los Rechazados" con su *Le déjeuner sur l'herbe* (El almuerzo campestre) en 1863 y su *Olimpia* en el Salón de 1865. El Impresionismo tendrá dos cabezas de escuela: MANET hasta los primeros años 70 y MONET a continuación (su cuadro *Impresión. Sol naciente* es de 1872).

En *El almuerzo* pueden hallarse ya muchos de los fundamentos técnicos del nuevo estilo. MANET admira a los pintores españoles, cuya obra conoce en un viaje a España, especialmente a VELÁZQUEZ y GOYA, y en tono menor a EL GRECO, hasta el punto que se habla de él como de "*un español de París*". Su pincel grueso es utilizado con prudencia, más que grumos de color en sus cuadros se contempla una masa uniforme.

El más poético de los pintores impresionistas es CLAUDE MONET. Llegó a ejecutar cerca de tres mil cuadros, la mayoría paisajes, marinas y escenas fluviales; de Argenteuil hizo su centro de trabajo, de la captación de los centelleos luminosos en la superficie del agua su devoción. Sus series: *Catedral de Ruan, Acantilados, Vistas de regatas*, etc., traducen las más sutiles modificaciones de la atmósfera. Las barcas de vela y los remansos de Argenteuil han sido considerados como los temas de sus cuadros más puros, pero en MONET hay un afán denodado por captar las formas en continua vibración y su aportación al Impresionismo radica en su sensibilidad más que en obras aisladas. Las *Ninfeas* de su jardín, obra de vejez, muestran el grado supremo de disolución etérea al reflejarse las luces temblorosas sobre la superficie quieta y sucia del estanque familiar.

Cualquier pretexto le sirve a MONET para mostrar su concepción fluida de la naturaleza: los peñascos entre las olas, la aldea sobre la colina, los barcos de vela en el río, los pinos doblados por el viento. De cerca sus telas vibran con listados de rayas anaranjadas, rojas, azules y amarillas.

RENOIR es al mismo tiempo un revolucionario y un artista con un fuerte peso de la tradición; en algún momento su técnica recuerda a la de TIZIANO, sus figuras de mujeres gruesas a RUBENS. Con tonalidades fuertes, rojas y amarillas, capta las vibraciones de la luz ondulante entre las hojas; así puede admirarse en los dinámicos temblores de *Le moulin de la Galette* (1876), su obra más famosa. A veces elige una amplia extensión de flores y hierba para resaltar nudos de colores vivaces. Aunque en sus cuadros, las figuras reclamen la atención del espectador, el artista distribuye por la tela entera sus llamadas de color.

▲ MANET: Argenteuil. *Esta tela supone el abandono de los colores oscuros de su etapa realista y una pincelada más suelta para captar la vibración de las luces en las aguas y la vestimenta de los personajes.*

▼ MONET: El puente de Argenteuil, 1874. *El artista no busca la profundidad, como los barrocos, sino la luminosidad y la realidad cambiante de los veleros y las aguas sacudidas.*

◀ Ya en su vejez, MONET dedicó casi un centenar de cuadros a la serie de las Ninfeas, en las que captó la luz, dormida, en el estanque de su jardín de Giverny, rebosante de hojas, nenúfares y hierbas. En la serie elimina paulatinamente las formas, el puente, las orillas del estanque, los árboles, para quedarse sólo con la luz que desciende y diluye las formas. El objetivo del Impresionismo alcanza aquí su límite; si se traspasa este límite nos encontramos ya con la pintura abstracta, el color sin formas.

▼ RENOIR: Le moulin de la Galette. *Las manchas intensas de colores primarios prestan a la composición una apariencia vibratoria, un temblor pocas veces conseguido.*

El parisino DEGAS, tras estudiar en Italia a RA-FAEL y seguir en Francia a INGRES, se convierte a partir de 1862 en uno de los contertulios habituales del Café Guerbois y en defensor del credo impresionista. Pero es un impresionista de la forma más que del color. En muchos de sus cuadros la luz brillante de la atmósfera es desplazada por la palidez de las candilejas; la irisación de las ondas de MONET es en él brillos de faldas de bailarinas, captadas en posturas comprometidas, en un momento fugaz, el giro, el momento de atar la zapatilla. Siente especial interés por la figura humana y su capacidad de contorsión. Su sensibilidad por el movimiento se concreta en su tema constante de las bailarinas, pero también en sus numerosos cuadros de carreras de caballos, y en sus esculturas (bailarinas y caballos).

PISSARRO era el mayor del grupo y jugó un papel de cohesionador, de fortalecedor de los lazos de amistad entre los pintores. Se instala en Pontoise y capta las luces en los árboles, caminos, tejados de las casas. A partir de 1885 se interesa por los ensayos de SEURAT y SIGNAC.

En la obra de SISLEY se encuentra el mayor parentesco con los temas acuáticos de MONET, con el que convive en Argenteuil, pero sus brillos no

▲ DEGAS: La clase de danza. *No se representa la danza en la apoteosis del teatro sino en el descuido de la clase o el descanso. El pintor capta las luces blancas de la sala y los pliegues vaporosos en movimiento.*

◄ PISSARRO: La carretera de Versalles a Louveciennes. *Es perceptible la influencia de CÉZANNE en las posturas hieráticas de las figuras, la fachada y el árbol, así como en el juego cubista de los tejados.*

▼ SISLEY: *En* La nieve en Louveciennes *estudia los efectos de refracción de la luz en la nieve.*

poseen la refulgencia del arte monetiano. Tras años de privaciones se instala en Moret-sur-Loing, en las cercanías de Fontainebleau, y aquí, hasta su muerte, pinta paisajes en los que las luces transparentan la serenidad de la región y brillan en las aguas tranquilas del Loing.

En los años 80 algunos maestros estimaban que la recreación poética en la luz no respondía a las existencias científicas de estudio del color, con que se había iniciado la escuela, y sustituyen la pincelada larga por pequeños toques, puntos de colores puros, que exigen un estudio detenido de la tela y meses de tarea. Es el período **puntillista** o **divisionista**, que aplica la ley de los constrastes simultáneos de CHEVREUIL. Sus maestros destacados son SEURAT, quien expone en 1886, en la octava y última exposición impresionista, *Un domingo por la tarde en la isla de Grande Jatte*, y SIGNAC, más inclinado a los temas marinos, que cultiva hasta su muerte en 1935; uno de sus cuadros más sinceros, *Las velas amarillas*, es de 1933; mucho había cambiado el arte de la pintura hasta ese año con PICASSO, los expresionistas y los surrealistas, pero estos poetas del paisaje que fueron los impresionistas se mantenían fieles a sí mismos.

◀ SIGNAC: Rue de Coulaincourt. Molinos de Montmartre. *La pincelada más breve difumina en un grado extremo las formas, aunque algunas destacan, relativamente, por la solemnidad de sus perfile. La farola en primer término, los molinos al fondo, parecen emerger en un mar de colores.*

▼ SEURAT: Un domingo por la tarde en la isla de la Grande Jatte, *1884-1886. El tema del paseo al aire libre se descompone en una serie de puntos coloreados que la pupila ha de volver a unir (mezcla óptica).*

4 LA REVISIÓN DEL IMPRESIONISMO

Dos pintores de biografía trágica, TOULOUSE-LAU-TREC y VAN GOGH, presiden la etapa denominada postimpresionismo, en la que se inicia la revisión de algunos postulados de la escuela. El postimpresionismo supone entre otras cosas una recuperación de la importancia del dibujo y la preocupación por captar no sólo la luz sino también la expresividad de las cosas y las personas iluminadas.

TOULOUSE-LAUTREC nace en Albí, y es descendiente de los condes de Toulouse. Una fractura de niño en una caída impide el crecimiento de sus piernas. En el alcohol y en la bohemia parisina intenta olvidar su tragedia. Su cobijo es Montmartre, el Moulin Rouge y el Moulin de la Galette, cabarets donde toma apuntes de las bailarinas y los tipos singulares. Los trazos rotos y nerviosos, especie de síncopas, de abreviaciones inestables de las formas, se combinan con toques coloreados aprendidos en SEURAT, planos cromáticos tomados de las estampas japonesas y sobre todo líneas dinámicas y posiciones intantáneas estudiadas en DEGAS. A los 40 años muere, tras un período en el que eleva el cartel a la categoría de obra de arte.

El holandés VAN GOGH llega a París en 1886, aprende la técnica impresionista, y en febrero de 1888 se establece en Arlés. Plenamente entusiasmado con la luz de la Provenza pinta paisajes y figuras de formas serpenteantes, flamígeras, que traducen su fuego interior. Los cipreses llameantes, los suelos que parecen estremecidos por terremotos, los edificios de líneas retorcidas, constituyen los temas preferidos de su extensa obra, y en sus convulsiones transparenta su turbación de enajenado. En Auvers-sur-Oise pinta sus últimas obras maestras. El 27 de julio de 1890, cuando sólo tenía 37 años, se suicida con un disparo de revólver, en un lamentable ataque de locura. Algunos fundamentos de la pintura del siglo XX se encuentran apuntados en la obra del genio holandés.

GAUGUIN se inicia en el Impresionismo con PISSARRO; deja una vida confortable y a su mujer e hijos y se instala pobremente en París y Bretaña; durante algún tiempo convive con VAN GOGH en Arlés; finalmente en 1891 se traslada a Tahití, donde pinta sus series de mujeres tahitianas; es la suya una biografía de renuncias para consagrarse de manera plena a su vocación artística.

La luz pierde en GAUGUIN su cetro absoluto en aras de una exaltación del color. La fascinación de sus cuadros radica en la calma de las zonas anchas de colores, como si realizara vidrieras, y en sus figuras grandes, contorneadas de manera nítida, cual tallas de madera. Al mismo tiempo renuncia a la perspectiva, suprime el modelado y las sombras e identifica la sensación de plano igual que en las pinturas japonesas. Así se unen lo que ve y lo que imagina y adquiere el color una intensidad poética excepcional.

◀ TOULOUSE-LAUTREC: Jane Avril bailando en el Moulin Rouge, *1892. Los post-impresionistas, al recuperar el dibujo, señalan un creciente interés por las figuras, en este caso la bailarina melancólica que levanta con agilidad el pie.*

▶ VAN GOGH: Girasoles. *Los objetos reflejan en sus volúmenes bullentes el ánimo atormentado del pintor, que eligió el tema de los girasoles, con sus formas tensas y culebreantes, como vehículo de su angustia. Pocas veces en la Historia del arte las formas han alcanzado con tanta fuerza esta función de lenguaje del psiquismo.*

▼ VAN GOGH: Habitación del pintor en Arlés, *Museo Van Gogh, Amsterdam. En sus notas* VAN GOGH *indica que desea sugerir reposo, pero la intensidad del color y la inestabilidad de los objetos, torcidos o de contornos ondulantes, traduce la inquietud de su temperamento.*

▲ VAN GOGH: La Iglesia de Auvers-sur-Oise. To-do, el cielo con torbellinos de manchas azules, la iglesia gótica que parece desmoronarse, los caminos que serpentean, está amenazado por un cataclismo. Es el mundo patético de VAN GOGH.

◀ GAUGUIN: El mercado (Le marché), 1892. De la serie de sus tahitianas, esta obra señala la tendencia hacia el plano y los colores puros, a mitad de camino entre el Impresionismo y el Fauvismo de principios del siglo XX.

367

◄ Con obstinación pintó
CÉZANNE *las formas geo-
métricas de* La montaña
Santa Victoria (1904-
1906), *cuya masa gris,
cristalizada, emerge dra-
máticamente sobre un
primer término de casas
cubistas.*

Más revolucionario todavía es el arte de CÉZAN-
NE, en el que se inspiran los grandes maestros
del siglo XX. El pintor de Aix-en-Provence no vio
reconocido en vida su genio; a partir de 1885,
hasta su muerte en 1906, vive retirado en la Provenza, solitario y desconocido, meditando sobre
las relaciones entre la forma y el color. Superando la representación visual de sus compañeros
de las primeras exposiciones impresionistas, CÉ-
ZANNE busca en la naturaleza las formas esenciales, que para él son figuras geométricas, el prisma, la esfera, la pirámide, y en consecuencia
procede a la cristalización de lo que contempla.
En sus paisajes destaca la silueta de los árboles,
concebidos como cilindros, de sus casas, cuya
geometría arquitectónica resalta mediante el ensamblaje de series de planos, de los caminos
con cercas de contornos enérgicos; esta geometrización llega a su grado de máxima racionalidad
en *La montaña de Santa Victoria.* El mismo propósito de subrayar la forma mediante el color, en
vez de diluirla como los primeros impresionistas,
se detecta en los frutos de sus *Naturalezas
muertas* y en sus cuadros con figuras como *Los
jugadores de cartas.* Un arte tan puro exigía de
su creador una entrega apasionada. Los *nabis,*
los *fauves* y los cubistas le reconocerán sucesivamente como su maestro indiscutible.

▲ CÉZANNE *mantiene la misma preocupación geométrica en* La montaña de Santa Victoria *que en* Los jugadores de cartas, *pintado en 1890-1892 (Museo del Louvre, París) cuyas figuras están construidas con cilindros y planos en medio de una sinfonía
de sutiles matices de color.*

5 EL IMPRESIONISMO EN ESPAÑA

La técnica de manchas, que rompe con la factura retocada de la mayoría de los cuadros de historia, se anticipa en ROSALES y FORTUNY, pero faltaba todavía un paso, separarse del taller y entregarse a la captación de los paisajes vivos. Algunos maestros viajan a París y conocen la nueva sensibilidad; así ZULOAGA traba contacto con la obra de TOULOUSE-LAUTREC, y REGOYOS a su regreso aplica en sus paisajes las técnicas del neoimpresionismo. Pero sobre todo el movimiento del último cuarto de siglo está representado por SOROLLA.

La obra de JOAQUÍN SOROLLA asombra por su fecundidad: casi tres mil cuadros y más de veinte mil dibujos y apuntes. Durante algún tiempo cultivó los temas de historia, pero un viaje a París le inclinó hacia la mayor sensibilidad social por los temas del presente. La luz de Valencia termina de incorporarle a los módulos impresionistas; no obstante su parentesco con la escuela francesa es discutible. SOROLLA mantiene en muchos de sus cuadros un dibujo poderoso y afronta problemas de composición y movimiento de los que poco se cuidaron los maestros galos. El estudio de VELÁZQUEZ y GOYA influye sin duda en su diseño de los temas. De su obra destacan sus escenas valencianas de playa y pesca, en las que con una técnica suelta de mancha gruesa capta la vibración lumínica del cielo mediterráneo y sus brillos en las velas, en las arenas y sobre todo en los cuerpos mojados de los niños que juegan en la orilla.

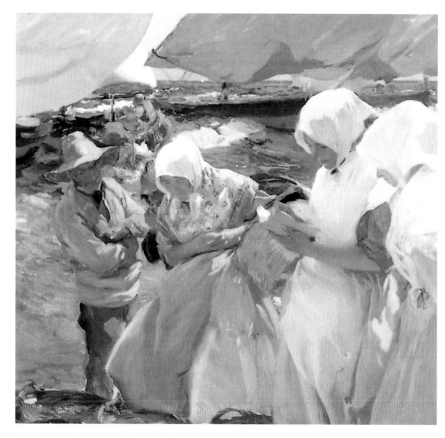

▲ SOROLLA: La venta del pescado. *Contrastes entre la blancura de las telas, las velas y el mar. Tema social, de ascendencia realista.*

▼ SOROLLA: Niños en la playa. *La pincelada suelta para destacar el brillo intenso de la luz en los cuerpos desnudos de los niños es el valor dominante en esta tela.*

6 LA ESCULTURA. RODIN

El Impresionismo es un movimiento fundamentalmente pictórico; pero ejerció en las décadas finales del siglo XIX una profunda influencia en la música, la literatura y la escultura. No parecía en principio la plástica escultórica un procedimiento idóneo para traducir las vibraciones atmosféricas. No obstante algunos maestros supieron introducir juegos lumínicos mediante una renovación de las técnicas; de entre ellos sobresalen MEDARDO ROSSO y AUGUSTE RODIN.

La personalidad de AUGUSTE RODIN es una de las más grandes de la historia de la escultura y desborda los límites del Impresionismo, a pesar de lo cual sus contemporáneos franceses rechazaron la mayoría de sus creaciones con excepción de *El beso*. Sus estudios de modelado con CARPEAUX le enseñan a plasmar el movimiento; mas son dos viajes los que definitivamente conforman su estilo.

En 1871 se traslada a Bélgica, para decorar la Bolsa de Bruselas, y allí descubre los efectos subconscientes del barroco flamenco, la vida que bulle en las obras de RUBENS y los bodegonistas. En 1875 viaja a Italia y puede venerar la obra de MIGUEL ÁNGEL, cuya *terribilità* le seduce definitivamente. Su arte rompe todos los cánones académicos, y mientras los críticos le defienden y conquista encargos oficiales, el público se burla de sus creaciones más personales. *El beso* (1886) señala el inicio de su época más fecunda: *El pensador, Los burgueses de Calais, Balzac*.

En el arte de RODIN se funden una técnica impresionista, que con la rugosidad de las superficies y la multiplicación de planos obtiene efectos de luz, la vida profunda y la fuerza colosalista de las figuras. Sin abandonar la temática de las formas ondulantes su estilo deriva en plena madurez hacia las formas simbólicas, como *La catedral*, reducida a dos manos en posición orante, o *La mano de Dios*, en la que de una etérea nube de mármol brota un cuerpo humano. Estas versiones intelectuales de los temas son similares a las que acomete CÉZANNE en pintura. El deterioro de las anatomías en *Los burgueses de Calais* anuncia las vigorosas deformaciones del Expresionismo. El lenguaje escultórico del siglo XX tiene su punto de partida en este extraordinario creador.

▶ En El pensador *de* RODIN *(arriba), hay huellas del estilo de* CARPEAUX *pero el influjo determinante es* MIGUEL ÁNGEL, *cuyo recuerdo está vivo en la enérgica concentración del rostro, en los músculos tensos y las manos fornidas.*

Aunque no se trate de una creación del último período de RODIN, Los burgueses de Calais *(abajo) anticipan con sus formas sarmentosas y sus expresiones enigmáticas algunos de los cambios escultóricos de nuestro siglo.*

▲ *En* La catedral, RODIN *supera la representación sensible del Impresionismo y se introduce en el simbolismo. La disposición de las dos manos crea huecos, que se convertirán en sustancia escultórica en los grandes plásticos del siglo XX (GARGALLO, MOORE, etc.).*

► *El beso es uno de los pocos grupos escultóricos de RODIN que disfrutó de aceptación popular. Supone a un tiempo la apoteosis de la belleza y el movimiento, con la multiplicación de los planos y la suave ondulación de la superficie.*

Vincent van Gogh: La noche estrellada

Datos: Óleo sobre tela. Dimensiones: 73 x 92 cm. Saint Rémy, junio 1889. Museo de Arte Moderno de Nueva York.

La noche estrellada

Esta obra de VAN GOGH nos sitúa en un momento cumbre de su producción y de su pasión por la vida. Es un cuadro nocturno, pintado en su estancia en el hospital psiquiátrico de Saint Rémy de Provence, y refleja todo el drama del hombre ansioso de comunicación y de integración en la Naturaleza.

El año anterior, en Arles, había tenido una tremenda pelea con GAUGUIN por sus diferencias sobre arte. Muy deprimido, se había cortado una oreja. Posteriormente se volvieron a repetir sus depresiones, por lo que es internado, a petición de los propios ciudadanos, en el hospital de Arles. En ese tiempo realiza varias pinturas nocturnas, como el *Café nocturno* y *La noche estrellada sobre el Ródano*; para ello se vale de candelas prendidas en el ala del sombrero y de otras sujetas alrededor del cuadro. Esto le permite afrontar del natural temas que nunca antes se habían realizado en directo. Es la vocación de consulta viva a la Naturaleza, heredada de los impresionistas.

Pero lo verdaderamente importante es el hecho de sentirse subyugado por lo nocturno. En un tiempo en el que la iluminación artificial era muy pobre (luz de gas) no cabía esperar del natural los espectaculares efectos de las iluminaciones actuales, por otra parte en el cuadro que comentamos la luz artificial es casi nula y se refiere sólo a la que pueda encontrarse en las casas del pueblo, abajo y en el centro del cuadro. Se trata, pues, de un nocturno auténticamente puro y cabría preguntarse qué ocurriría en la atormentada alma del artista para que sintiera la necesidad de refugiarse en la infinita negrura de la noche.

VAN GOGH había decidido en mayo de 1889 recluirse en Saint Rémy; allí había obtenido, gracias a la intervención de su hermano, dos estancias, una de las cuales le servirá de estudio. Además consigue permiso para salir a pintar en el exterior acompañado de un vigilante. Los momentos que vive, angustiado por su enfermedad que le deja inutilizado de tiempo en tiempo, se traslucen en su obra *La noche estrellada*. El vértigo de las estrellas parece devorar la oscuridad, dando a la obra un resplandor fosforescente, como si su parpadeo quisiera ser la última tabla de salvación a la que se asiera el hombre, hundido en su desesperación. Los ritmos ferozmente destacados con haces de pinceladas paralelas se convulsionan y retuercen sobre sí mismos para lanzarse nuevamente al vacío en una alucinante promesa de vida eterna. Pensando en este cuadro, MIRBEAU escribió en 1891, un año después de la muerte del pintor: *Van Gogh se entrega todo él en beneficio de los árboles, de los cielos, de las flores, de los campos, a los que infunde la sorprendente savia de su propio ser. Esas formas se multiplican, se encabritan, se retuercen; y hasta en la admirable locura de esos cielos en los que astros ebrios giran y vacilan, donde las estrellas se alargan en colas de cometas desenfrenados; hasta en la pujanza de las fantásticas flores que crecen y se empinan, parecidas a enriquecidos pájaros, Van Gogh conserva siempre sus estupendas cualidades de pintor y una nobleza que emociona, una grandeza trágica que asusta".*

El cuadro incorpora, además, otro de los asuntos favoritos del artista en ese momento: los cipreses. A mediados del año de su reclusión en Saint Rémy comienza a interesarse por ellos; en julio de 1889 escribe a su hermano Théo: *"Los cipreses me preocupan siempre, quisiera hacer algo como las telas (cuadros) de los girasoles, porque me sorprende que nadie los haya pintado todavía como yo los veo. En cuanto a líneas y proporciones, un ciprés es bello como un obelisco egipcio".*

A partir de entonces, son varios los cuadros en los que el ciprés, o el conjunto de ellos nos sobrecoge con su ímpetu ascensional. En *La noche estrellada* aparecen dos llameantes cipreses, uno grande y otro pequeño, compuestos de forma que ambos dan sensación de apoyo y de unidad. Su dinamismo vertical es el contrapunto a la vorágine horizontal de las estrellas y, gracias a estos cipreses, el cielo alcanza su profundidad y su verdadera dimensión. Por otro lado la subrayada verticalidad de los árboles, que se repite a menor escala en la aguja de la iglesia, contiene en un precario equilibrio la arrolladora fuerza del cosmos horizontal. Es como una llamada de amor hacia Dios y casi como una súplica. VAN GOGH, que nunca hizo pintura religiosa, a pesar de sus arrebatos místicos de juventud, parece buscar en estos cipreses la vía de comunicación con el Supremo Hacedor de la Naturaleza y de su propia vida.

El cuadro, de dimensiones medias, se encuentra en el Museo de Arte Moderno de Nueva York, y hay un dibujo, posiblemente preparatorio del mismo cuadro, que se encuentra en la Kunsthalle de Bremen (Alemania). En éste como en aquél la potencia expresiva de los haces de trazos negros comunica toda la enfebrecida angustia y vitalidad de un verdadero gigante de la pintura.

ACTIVIDADES

- Examina atentamente la pincelada de Van Gogh. ¿Qué reflejan esos remolinos: ansiedad o serenidad?

- ¿En qué hace pensar el ciprés del primer término?

- Apoyándote en el comentario de esta obra, elige otra de Van Gogh y coméntala. Tu análisis debe tener en cuenta la pincelada, los colores, las formas.

- Mirbeau escribía en 1991 que Van Gogh infundía en los árboles, los cielos, los campos, la savia de su propio ser. Escribe unas líneas sobre esta idea.

- Elige un paisaje de otro pintor impresionista, Monet o Cézanne, y señala las diferencias con Van Gogh.

- Lee este pasaje de una carta de Van Gogh a su hermano Théo: "Yo mismo no sé cómo pinto, vengo a sentarme con un panel blanco, miro lo que tengo delante de los ojos y me digo: este panel debe convertirse en alguna cosa". Haz una breve redacción sobre esta forma de pintar o esta forma de inspiración.

BIBLIOGRAFÍA

ARIAS DE COSSÍO, A. Ma., *La pintura del siglo XIX en Francia*. Barcelona, Vicens Vives, col. Historia Visual del Arte 13, 1989.

DENVIR, B., *Crónica del Impresionismo. Su historia día a día*. Barcelona, Destino, 1993.

GALLEGO, J., *La pintura contemporánea*. Barcelona, Salvat, Biblioteca básica, 1971.

JALARD, M., *El postimpresionismo*. Madrid, Aguilar, 1970.

PARSONS, Th. y GALE, I., *Historia del Postimpresionismo. Los pintores y sus obras*. Madrid, Libsa, 1993.

REWALD, J., – *Cézanne. Paisajes*. Barcelona, Gustavo Gili, 1969.

– *Historia del Impresionismo*. Barcelona, Seix Barral, 1994.

– *El postimpresionismo. De Van Gogh a Gauguin*. Madrid, Alianza, 1988.

WALTHER, I. F. y METZGER, R., *Van Gogh. La obra completa. Pintura*. Colonia, Taschen, 1997.

22.

Arquitectura y urbanismo en el siglo XX

Los problemas del ser humano del siglo XX son absolutamente inéditos y sus necesidades son nuevas, es decir sin antecedentes que sirvan de referencia. Un rascacielos o un aeropuerto no tienen precedentes en la Historia, y por ello cualquier tentativa de edificarlos según modelos góticos, renacentistas o griegos, estará condenada al fracaso. De modo que, ante problemas nuevos, con la rebeldía ante el pasado ecléctico, y con la libertad que caracteriza al artista de comienzos de este siglo, se está en condiciones de plantearse una nueva estética, sin depender del pasado. De este modo los arquitectos del siglo XX manejarán los volúmenes y los espacios con criterios absolutamente originales. Desaparecen las columnas, los entablamentos, los arcos ciegos y, en fin, todo el lenguaje plástico de la Antigüedad, y ahora serán los recios o sutiles volúmenes, producto de los nuevos materiales y de las nuevas necesidades, quienes impondrán el repertorio de formas.

FRANK GEHRY: Museo Guggenheim, *Bilbao, 1998. La arquitectura, como todo el arte del siglo XX, traza un inmenso arco que parte de la más pura abstracción y racionalismo, en un principio, al más delirante expresionismo en las últimas décadas, aunque las conquistas logradas en el campo de la funcionalidad, en la primera parte del siglo, no se abandonarán jamás. De ese modo el museo de* FRANK GEHRY *combina sabiamente unos espacios internos subyugantes con la violenta explosión del metal y las superficies alabeadas en el exterior. Con todo acierto, ha sido definido como "una tormenta de titanio a las orillas de la ría de Bilbao".*

I. La arquitectura

1 UNA NUEVA CONCEPCIÓN ESTÉTICA

Ya hemos visto como, en arquitectura, el *Art Nouveau* rompe definitivamente con los supuestos estéticos de la herencia clásica.

De la misma manera que en pintura y en escultura todos los movimientos plásticos del siglo XX suponen una nueva conciencia estética, la arquitectura de nuestro siglo exige para su comprensión una toma de postura ante los nuevos significados del arte y de la construcción. Dicho de modo más directo: no puede comprenderse la arquitectura actual si mantenemos la misma actitud contemplativa con que suele observarse la arquitectura del pasado, es decir, si mantenemos la misma pobre actitud historicista-estética con que se enfrentaron los arquitectos del siglo XIX a los tremendos problemas sociales y humanos que conllevaba la Revolución Industrial.

Ante todo se revisa el verdadero significado de la arquitectura. Son tiempos en los que se acomete una profunda revisión conceptual de todos los modos de expresión. BERGSON y EINSTEIN dan un nuevo sentido a las relaciones tiempo-espacio, que son las coordenadas en las que se mueve la plástica; la fotografía y el cine, por otra parte, obligan a las artes plásticas tradicionales a definirse en su verdadera e inmutable esencia, sin connotaciones marginales: la pintura será, ante todo, color; la escultura, volumen, y la arquitectura, espacio, espacio interior, espacio habitable. A partir de este momento no podrá juzgarse suficientemente una obra arquitectónica si no la visitamos en su interior, o si no disponemos de las plantas y secciones del mismo. Ésta será la más preciada conquista del arte de edificar.

Con todo esto se llega a anteponer la función primordial, la habitabilidad, a las funciones secundarias, como la ornamentación o el *"buen aspecto"*. La arquitectura del siglo XX, la buena arquitectura de todos los tiempos, ha sido, sobre todo, funcional. Esta teoría es especialmente defendida por los grandes maestros de la primera mitad del siglo. Pero sería incorrecto aceptar este postulado como peyorativo en cuanto suele interpretarse que lo funcional no es bello.

En realidad, la nueva estética radica en la función. Si el edificio está armoniosamente distribuido en su interior, si la luz está matizada convenientemente, si está integrado en el entorno, si, en fin, resulta altamente grata su habitabilidad, el edificio es bello. Claro que habrá otros factores técnicos que facilitarán el bienestar, como el acondicionamiento térmico y acústico, los cuales no son factores estéticos, pero aquí nos referimos a los aspectos plástico-visuales y éstos, ciertamente, determinan la nueva estética arquitectónica.

▶ WALTER GROPIUS: Edificio del barrio Siemenstadt, *Berlín, 1930. El pragmatismo funcional de* GROPIUS *se refleja claramente en este grupo de viviendas berlinesas en las que la sencillez de los volúmenes se ajusta a la exacta función de habitar.*

▼ LE CORBUSIER: La Villa Saboya, *1929-31. Los puntos básicos de la arquitectura corbusierana están presentes en esta joya. La simplicidad de formas, los volúmenes elementales, su exacta proporción y su funcionalismo hacen que sea el mejor ejemplo del racionalismo.*

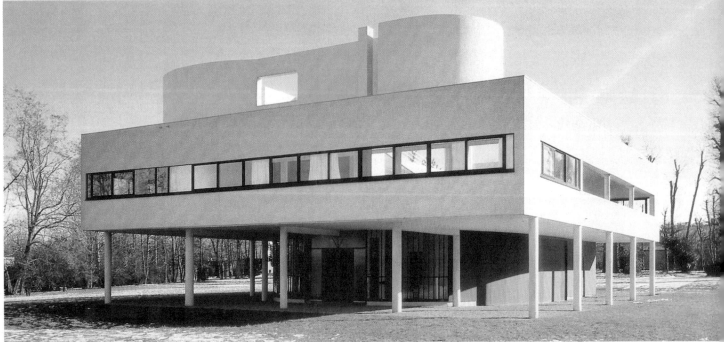

2 EL RACIONALISMO

El **racionalismo** agrupa las más fuertes personalidades de la arquitectura de este siglo. Su
obra y su teoría son profundamente individuales,
pero tienen el denominador común de la simplicidad de formas, del retorno a los volúmenes
elementales (cubo, cilindro, cono y esfera) y de
la lógica constructiva antes que la evasión ornamental.

El gran período racionalista que corresponde
a la época de entreguerras, tiene sus prolegómenos en las múltiples experiencias que vienen haciéndose en América del Norte y en Europa, en
las cuales la función y la razón priman sobre la
ornamentación y la sensación.

Los más destacados arquitectos de este momento son: LE CORBUSIER, MIES VAN DER ROHE y
WALTER GROPIUS. Un breve estudio sobre el significado individual de cada uno de estos arquitectos
puede darnos una más rica dimensión de esta
trascendental gramática constructiva.

▲ MIES VAN DER ROHE: Edificio Seagram, *Nueva York, 1956. Toda la pureza del racionalismo y las particulares conquistas de* MIES *sobre espacios abiertos son puestas de manifiesto en este rascacielos neoyorkino. El vidrio, no sólo permite mayor luz, sino que
le quita la impresión de pesadez con sus transparencias y reflejos.*

Le Corbusier

Su verdadero nombre es CHARLES-ÉDOUARD JEANNERET. Suizo de nacimiento e hijo de un relojero, parece heredar de su padre el gusto por la precisión y la matemática. El hombre tomado como colectividad será el centro de su preocupación y al igual que los grandes tratadistas de la Antigüedad o del Renacimiento sentirá la necesidad de establecer proporciones y cánones a partir de las medidas humanas que fijen las dimensiones estandarizadas de todos los objetos, pasando, naturalmente, por la vivienda. Estas reglas quedan recogidas en su obra teórica el *"Modulor"*, y en ella se fijan las proporciones que permiten construir armónicamente desde un sello de correos a una ciudad.

Los principios básicos que resumen toda su obra arquitectónica son cinco:

a) **Los pilares.** La casa queda libre y aislada del suelo gracias a los pilares. El jardín y la calle pueden seguir un trazado independiente. Se eliminan las humedades y los locales oscuros.

b) **Los techos-jardín.** Las azoteas se aprovechan para solarium, jardín, tenis, piscina, etc.

c) **La ventana longitudinal.** Al perder el muro su función sustentante se diseñan ventanas alargadas que iluminan más y no restan espacio.

d) **La planta libre.** El sistema de pilares y la ausencia de muros de carga permite que cada piso pueda ser distribuido independientemente.

e) **Fachada libre.** Ya no se está sujeto a una ordenación regular impuesta por los muros de carga, y la fachada puede diseñarse en función de las necesidades de cada piso.

La obra que mejor representa estos enunciados es la Villa Saboya (1930) en Poissy (Francia). Puro y elemental volumen habitable, resulta exacto en su concepción y lleva nuestro espíritu a una nueva y desconocida complacencia estética.

En 1947 realiza la Unidad de Habitación en Marsella, que es la mejor comprobación de sus teorías de humanización de la arquitectura. A las primeras obras en las que el rigor racionalista impone volúmenes limpios y de claras connotaciones cubistas y constructivistas suceden unas fases en las que las superficies se alabean o se quiebran con un mayor sentido expresionista y poético; tal ocurre en la iglesia de Ronchamp o en el Museo de Arte Occidental de Tokio.

▶ LE CORBUSIER: Unidad de Habitación, *Marsella. Es una de las pocas realizaciones completas que traducen sus postulados. Elevada sobre pilares deja el suelo libre, y las plantas libres permiten distribuciones internas variadas en las que, en general, la vivienda se plantea en dos niveles comunicados visualmente entre sí, como puede verse en el alzado y planta de la derecha.* LE CORBUSIER *ensaya por primera vez el espacio vertical frente al horizontal, habitual en la vivienda.*

ALZADO

PLANTA

▶ Villa Stein en Garches, 1927. La estética racionalista es una estética de la proporción, tanto o más que en un templo griego. Las formas se desnudan de todo decorativismo para estar sólo al servicio del establecimiento. Según el propio LE CORBUSIER este tipo de arquitectura busca exclusivamente la "satisfacción del espíritu".

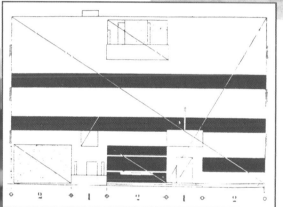

◀ LE CORBUSIER: Trazado regulador de la Villa Stein en Garches, 1927. Constituye una aplicación directa de su "Modulor". Los elementos quedan contenidos en triángulos rectángulos semejantes en los cuales el cateto menor es la sección áurea del mayor, siendo ésta, por lo tanto, la relación entre las dos dimensiones de la fachada y entre los lados de los diversos rectángulos que se conjugan.

▲ LE CORBUSIER: Iglesia de Ronchamp, Francia, 1952. Pasado el primer interés por un cubismo puro en arquitectura (Villa Saboya), LE CORBUSIER modula los volúmenes con mayor vehemencia alcanzando un interesante nivel de expresividad. Magnífico ejemplo de esta última época es la iglesia de Ronchamp; en su exterior el movimiento de las superficies elude una axialidad convencional para tornarse vivamente expresivas.

El interior (a la izquierda) matiza las luces hasta crear un ambiente sobrecogedor e intimista como no había vuelto a lograrse desde el Renacimiento.

Walter Gropius y la *Bauhaus*

Mientras en Francia y buena parte de Europa se mantenía la dicotomía arquitectónica entre técnica y arte, en Alemania se habían dado pasos gigantescos para aunar lo uno y lo otro. La *Werkbund* es una escuela de aprendizaje en la que, desde principios de siglo, se trata de conciliar ambas cosas. Por ello WALTER GROPIUS no tiene demasiada resistencia para crear en Weimar la primera *Bauhaus*.

Esta es la primera escuela de diseño en la que los estudiantes llegan a realizar todo lo que proyectan. Se investiga sobre toda actividad plástica relacionada con la industria, muebles, lámparas, tapices, útiles domésticos, edificios, teatro, cine, fotografía, luminotecnia, etc. Nombres tan prestigiosos como KANDINSKY, PAUL KLEE, MOHÓLY-NÁGY, imparten allí sus clases o realizan múltiples experiencias.

La personalidad de GROPIUS queda indisolublemente unida a su obra didáctica. GROPIUS no acepta ideas apriorísticas y su arquitectura se va ciñendo a cada necesidad concreta. Esa carencia de "estilo" es, precisamente, la mayor virtud de GROPIUS.

En el pabellón industrial de la *Werkbund* en la Exposición de Colonia de 1914 revela su gusto por las superficies diáfanas, que vuelve a reflejar en la fábrica Fagus, donde, como siempre, rehúye todo compromiso con posturas preestablecidas, desarrollando una arquitectura lógica, tranquila y sin estridencias. Diseña el centro de la *Bauhaus* en su segunda etapa, es decir, cuando hubo que rehacerla, por falta de espacio, en Dessau. Es la obra maestra del arquitecto en su período alemán.

A diferencia de LE CORBUSIER, que presenta sus volúmenes de modo simultáneo, casi de un modo clásico, GROPIUS plantea la *Bauhaus* para ofrecer infinidad de puntos de vista, coincidiendo así con el espíritu cubista picassiano. La transparencia de sus grandes ventanales pone a la vista la estructura interna y las fachadas posteriores dando así una imagen simultánea de las diversas partes del edificio, que responde al mejor espíritu cubista.

◄ GROPIUS: La Bauhaus. *Vista planimétrica (izquierda) y vista exterior del edificio (abajo). Su sentido del espacio es más libre que en* LE CORBUSIER. *En la planta de ésta, su obra maestra, podemos apreciar la elasticidad de la obra edificada de forma que los volúmenes se mueven en direcciones contrarias y una de las vías de circulación pasa por debajo del edificio que, en este punto, está formado por un corredor aéreo.*

▲ MIES VAN DER ROHE: Reconstrucción del pabellón alemán de la Exposición Internacional de Barcelona, *1929*. Desaparecido durante muchos años se ha tenido el gran acierto de reconstruir este edificio que en tantos aspectos arquitectónicos se adelantó a su época.

◄ Plano del pabellón alemán de la Exposición Internacional de Barcelona, *1929*. Constituyó una clara muestra del sentido centrífugo y abierto de la arquitectura que tenía MIES VAN DER ROHE. Los largos muros se continúan, eludiendo esquinas y configurando espacios internos abiertos.

◄ WALTER GROPIUS: Oficinas de la fábrica Fagus, *1911-1914. La pureza de formas y un mayor empleo del vidrio lo diferencian de los anteriores racionalistas. Los diedros de cristal, que caracterizan los ángulos de esta obra, son un verdadero hallazgo que subvierte el sentido tradicional de las esquinas poderosas y sustentantes de la obra arquitectónica tradicional. Sorprende, en un momento en el que se buscaba un lenguaje nuevo, la sencillez con la que se articulan los distintos cuerpos de la fábrica, sin estridencias que llamaran la atención. Observando la planta se advierte cómo aquéllos se van acoplando de la forma más simple y económica.*

Mies Van der Rohe

Nace en Aquisgrán en 1886. Hijo de un trabajador de la piedra se interesa desde siempre por los materiales como elemento expresivo. Esta característica definirá particularmente su obra; la piedra, los mármoles, el acero, el vidrio, serán utilizados por MIES en su más absoluta desnudez y pureza adquiriendo con ello una trascendencia poco común.

Pero para MIES VAN DER ROHE el regusto gozoso con el que maneja los materiales no es sino la brillante instrumentación con que ejecuta la sinfonía de sus espacios centrífugos. Quizás ésta sea la principal característica que defina al arquitecto. Sus espacios no son nunca cerrados, se abren y se distienden hacia el exterior buscando la integración con el entorno.

Los primeros intentos arquitectónicos de MIES son aún conservadores, pero en 1919 traza un increíble proyecto de rascacielos de metal y vidrio con el que sentó las bases de todos los modernos edificios de gran altura. En 1920 hace otro proyecto de altas torres cilíndricas que le hace ponerse a la cabeza de los nuevos tiempos, no sólo porque resulta tremendamente adecuado a la nueva época, sino porque, aún hoy, es una lección magistral de técnica, claridad y

sencillez expositiva. Para el arquitecto el hierro y el hormigón en lo que tienen de sólido e instrumental, no sólo físicamente sino simbólicamente, deben ir al interior, como un fuerte esqueleto, mientras que el vidrio era como un brillante velo que podía extenderse sobre el esqueleto para formar la piel; *"construcción de piel y huesos"* llama MIES a esta fórmula. Unas deliciosas muestras de esta concepción las constituyen el histórico pabellón alemán de la Exposición Internacional de Barcelona (hoy reconstruido) y la Casa Tugendhat, en la República Checa.

En 1930 es nombrado director de la *Bauhaus* en Dessau. La reorganiza en un clima de disciplina y eficacia pero por presiones políticas tiene que trasladarla a Berlín, donde, al fin, decide que es mejor su cierre.

Asfixiado por la atmósfera política nacionalsocialista de HITLER, decide abandonar Alemania y trasladarse a los EE UU. El paso es decisivo para la arquitectura mundial por dos razones. La primera porque el espíritu de la *Bauhaus* no murió definitivamente y, segundo, porque, por fin, MIES VAN DER ROHE encuentra el terreno propicio para desarrollar sus magníficos y proféticos proyectos. En Illinois funda el Instituto de Tecnología que, en cierto modo, sigue la línea experimental de la *Bauhaus*.

3 ARQUITECTURA ORGÁNICA

La crisis creadora provocada por los regímenes totalitarios europeos y el estallido de la Segunda Guerra Mundial detienen toda actividad constructora en Europa. La continuidad de la obra arquitectónica se desarrollará en América, donde la joven sociedad, ávida de novedades, aceptará de buen grado el caudal creativo que llegaba de Europa. Pero en América se había ido desarrollando una arquitectura también nueva, absolutamente moderna, pero menos intelectual que la europea.

Es la arquitectura orgánica. Ésta toma al hombre como referencia constante, pero no para ordenar medidas, como hiciera LE CORBUSIER, sino en un sentido más individual, quizás más directo y más poético.

Frank Lloyd Wright

Es, sin duda, el más impresionante arquitecto americano de este siglo. De compleja personalidad y con una capacidad de trabajo enorme, decide no sólo una época sino un modo distinto de entender la arquitectura. Es el arquitecto "orgánico" por excelencia, discípulo de SULLIVAN, formado en la más auténtica tradición arquitectónica del país. Trata de integrar la arquitectura en su ambiente natural y siempre considerando las características de las personas o del grupo de personas a quienes va destinada.

Siente profunda admiración por la arquitectura japonesa, con la que tiene claras coincidencias en la elaboración de espacios internos que se continúan y confunden con los externos. Buenos ejemplos de esta concepción lo constituyen las casas Willitts y Bradley, en Illinois.

Su obra se torna más audaz en el empleo de volúmenes netos en contacto con las corrientes racionalistas europeas y de este enriquecimiento surgen obras como la Casa Kaufmann (Casa sobre la Cascada, pág. 392).

De excepcional importancia para la Historia es su Museo Solomon Guggenheim, en Nueva York (1959). En forma de tronco de cono invertido, consiste en una suave rampa interior que permite la contemplación de las obras en una continuidad permanente donde el espacio y el tiempo parecen constituir una unidad indisoluble.

▶ FRANK LLOYD WRIGHT: *Museo Solomon Guggenheim, Nueva York, vista interior (arriba). La concepción de espacio abierto le lleva a concebir el museo como una suave y continua rampa helicoidal. De este modo no hay esquinas ni sensación de límite.*

FRANK LLOYD WRIGHT: *Casa Bradley, Illinois, 1900 (abajo). La arquitectura japonesa ejerció una influencia decisiva sobre* WRIGHT. *Por otra parte la tradición anglosajona de las casas de campo iba a forjar un concepto de arquitectura abierta sin que los espacios llegasen a cerrarse nunca y en permanente contacto con la naturaleza.*

4 LA ARQUITECTURA DE LA POSGUERRA

Particularmente interesante es el caso de Italia, en donde el individualismo es superior a las tareas colectivas de urbanización.

El arquitecto más trascendental de Italia y de la Europa de este momento es PIETRO LUIGI NERVI, nacido en 1891; de una gran calidad técnica sabe explotar todos los recursos de la nueva tecnología así como de los nuevos materiales para crear una obra monumental y llena de sensibilidad. Una de sus obras capitales, el Palacete del Deporte en Roma, resume el aprovechamiento de las tensiones y contrarrestos con la gracia de la movilidad a la que somete el hormigón de la cubierta. En colaboración con GIO PONTI realiza el Edificio Pirelli, en Milán. Una vez más las estructuras de NERVI son puestas al servicio de una gran funcionalidad y de una belleza formal inaudita que resume el mejor espíritu italiano de todos los tiempos.

Países americanos como México, Venezuela y Brasil, que alcanzaban unos buenos niveles económicos, se lanzaron a la búsqueda de una arquitectura más definitoria de su nueva situación que resolutiva de sus problemas sociales y urbanos.

Así OSCAR NIEMEYER y LUCIO COSTA trazan la capital administrativa de Brasil, Brasilia (véase pág. 390) con una concepción de la arquitectura mitad símbolo mitad función. Hay en esta arquitectura como un deseo de crear un paisaje edilicio de hormigón, acero y cristal allí donde el desierto no ofrecía nada.

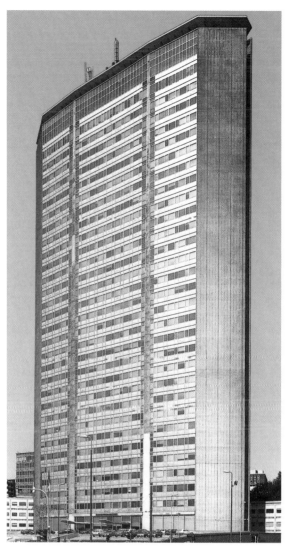

◀ LUIGI NERVI: Edificio Pirelli *en Milán. Estas obras sirven para comprender la exquisita depuración formal y la elegancia de la estética italiana de este arquitecto, pero también el sabio aprovechamiento de los factores técnicos.*

▼ OSCAR NIEMEYER y LUCIO COSTA: Brasilia, *1956. Los tres grandes edificios representativos de los poderes públicos quedan al final de una recta avenida, con un gran sentido expresionista-simbólico. El eje menor de la ciudad lo constituye una inmensa avenida recta, al final de la cual está la Plaza de los Tres Poderes con sus emblemáticos edificios. Lucio Costa consigue en ellos reunir función y símbolo de forma magistral. Este concepto, que resulta teatral y funcional al mismo tiempo, confiere a esta ciudad y a sus edificios un carácter realmente sobrecogedor.*

En Cataluña el racionalismo había tenido un tímido eco durante la República, recogido por el GATCPAC (Grupo de Artistas y Técnicos Catalanes Para el progreso de la Arquitectura Contemporánea) en Barcelona, del que LLUIS SERT es su mejor representante, y por el GATEPAC (las mismas iniciales, pero con el término *españoles*) en Madrid.

La labor de ambos grupos, al modo de la *Bauhaus* alemana, es profunda e interesante por lo que tiene de puesta al día del pensamiento arquitectónico. No obstante la guerra civil truncó los tímidos brotes del racionalismo incipiente.

Al margen de ello es interesantísima la obra de EDUARDO TORROJA, que da una plasticidad al cemento desconocida en todo el mundo. Posteriormente, y tras la arquitectura oficial de carácter herreriano-imperial, hacia los años cincuenta se reencuentra el camino de la buena arquitectura. El edificio de los Sindicatos en Madrid es el primer intento de volver a un criterio seriamente funcional.

En las dos últimas décadas personalidades tan acusadas como MIGUEL FISAC, SÁENZ DE OIZA, VÁZQUEZ MOLEZÚN, ORIOL BOHIGAS, RICARDO BOFILL, FERNÁNDEZ ALBA, RAFAEL MONEO, etc., alcanzan en sus proyectos y en sus obras un actual sentido racional no exento, a veces, de un expresionismo claramente humanístico.

▲ ORIOL BOHIGAS: Viviendas de la avenida Meridiana, 312-316 (1964). Probablemente es uno de los arquitectos catalanes más trascendentales de la segunda mitad del siglo XX. En 1986 traza el Plan regulador para la Villa Olímpica de Barcelona.

◄ VÁZQUEZ MOLEZÚN: Edificio de Bankunión, 1975 (izquierda). Traza un espacio interno racional e inteligente consiguiendo eliminar soportes intermedios. El exterior denota una gran sensibilidad en el contrapunto de las superficies curvas frente a la cuadrícula funcional de las ventanas.

SÁENZ DE OIZA: Torres Blancas de Madrid, 1965 (derecha). La sabia disposición interna tiene su trasunto en una dinámica estructura externa en la que la curva y la recta se combinan con la misma sensibilidad que en un orden clásico.

5 ARQUITECTURA TARDOMODERNA Y POSMODERNA

LE CORBUSIER, padre de la arquitectura racionalista, llamada de modo general *moderna,* muere en 1965. Había hecho unas propuestas radicales, absolutamente geniales, pero que apenas pudieron ser experimentadas. Sus proyectos exigían desmantelar mucha construcción mediocre, pero, sobre todo, desmantelar muchos prejuicios y viejos criterios éticos y estéticos.

Del moderno se entendió sólo una estética superficial y su extensión se debe a cientos de arquitectos, verdaderos manieristas del racionalismo, que empleaban un lenguaje formal carente de contenido. De esta suerte el mundo entero se vio inundado por bloques inhumanos, asépticos y fríos, que siempre fueron impopulares. El aburrimiento ante la estética moderna, así como la "crisis ambiental" de fines de los sesenta, son las causas de presión que obligan a iniciar nuevas búsquedas. Dos son las vías que pueden sintetizar estas nuevas aventuras: el **tardomoderno** y el **posmoderno**.

El tardomoderno

El **tardomoderno** es en realidad una continuación del movimiento moderno. Utiliza el mismo vocabulario formal, pero exagera y realza la tecnología, a fin de ofrecer un nuevo sentido estético. En realidad es un manierismo creativo del movimiento del que procede. El nombre se le da por analogía con otros movimientos "*tardo*", como el tardogótico o el tardobarroco, los cuales, igual que el tardomoderno, estiran unos valores ya existentes.

En el tardomoderno, como en el moderno, la decoración es la propia construcción. Tómese como buen ejemplo el Centro Pompidou en París, 1971-1977, de RICHARD ROGES y RENZO PIANO. En él los elementos constructivos sobresalen al exterior, adornándolo.

JAMES STIRLING (Glasgow, 1926) comienza siendo un racionalista puro, pero su interés por la utilización de materiales nuevos así como su inquietud por la expresividad de sus obras le lleva a soluciones radicales admirables como la Escuela de Ingeniería de Leicester (1984) y el edificio de la Olivetti, cerca de Londres (1972).

Otros arquitectos importantes son el americano THOMAS GORDON SMITH, el grupo inglés ARCHIGRAM y el italiano ALDO ROSSI. Pero especialmente interesante es el caso japonés. En su arquitectura tradicional, se daban las características básicas del moderno: planificación en retícula, coordinación modular y estandarización. Por otra parte la filosofía de este pueblo le permite aceptar rápidamente innovaciones. Así, aceptan el lenguaje del moderno y lo potencian sin los prejuicios que condicionan la cultura occidental.

▲ RENZO PIANO y RICHARD ROGES: Centro Pompidou, *París. Frecuentemente el tardomoderno recurre a la exteriorización de las estructuras. Es lo que se ha llamado "segunda estética de la máquina". Tras la arquitectura del hierro del pasado siglo, aparece ahora otra arquitectura en la que la expresividad se confía a los elementos estructurales puestos al desnudo, como los tubos de ventilación o las escaleras.*

▼ ARATA ISOZAKI: Palau Sant Jordi, *Barcelona, 1990. Construido para las Olimpíadas de 1992 es un excelente ejemplo de la obra de este arquitecto. Maneja un lenguaje en cierto modo tardomoderno pero muy ceñido a la funcionalidad que se le reclama. La imponente cubierta sugiere, deliberadamente, la montaña de Montjuich, donde se halla, integrándose armoniosamente con todo el conjunto olímpico.*

Los más notables arquitectos son: Kenzo Tange, discípulo de Le Corbusier, cuyas principales obras son el Gimnasio Nacional para los Juegos Olímpicos de Tokio (1964), o la Embajada y Cancillería de Kuwait, en Tokio (1970); Kisho Kurokawa que inicia el movimiento llamado *metabolismo*, que consiste en la creación de grandes infraestructuras en las que se insertan, según las necesidades, distintas edificaciones como en su más significativo edificio: la torre de apartamentos Nakgin, en Tokio, 1972; Arata Isozaki, discípulo de Tange, es un arquitecto de gran creatividad que maneja los estilos formales más variados pero mejorando sus propuestas. Sus obras más significativas son el Banco Fukuoka-Sogo (1972) y el Museo Gunma, en Japón, 1974 y el Palau Sant Jordi (1990) en Barcelona.

El posmoderno

A diferencia del tardomoderno, que tiene un código simple, el **posmoderno** tiene un código doble. Por un lado permanece vinculado al moderno y acepta ciertas posiciones del tardomoderno tratando así de comunicarse con una élite cultural. Por otra parte trata de ser aceptado por el público en general; por ello recurre al *historicismo*, a los *revivalismos*, a *los* aspectos *vernáculos* de la región y hasta al *kistch*.

La arquitectura posmoderna crea espacios sorprendentes, ambiguos, abandona la cuadrícula racionalista y recurre a plantas con ángulos oblicuos, a colores fuertes y absurdos y a efectos visuales equívocos. La posición posmoderna resulta aún más atractiva porque en su intento de ser aceptada por el público, logra unos espectaculares resultados utilizando la ornamentación y el simbolismo como elementos esenciales de su arquitectura. En cierto modo está más cerca de los postulados del *Art-Nouveau* que del moderno, aunque el lenguaje sea muy diferente.

Los arquitectos más representativos del posmoderno pueden ser: Michael Graves, que en su edificio The Portland, en Portland (EEUU) 1980-1982, maneja de forma muy evidente el doble código del posmoderno. En él la construcción no es sólo una solución técnica, sino también decoración y escenografía. El mejor ejemplo de este movimiento es Robert Venturi (Filadelfia, 1925), gran investigador y teórico que trata de integrar en la arquitectura los elementos propios de la región a fin de hacerla más comunicativa. El Museo de Arte Allen (1977) y las clases Trubeck y Wislocki son ejemplos importantes de su obra.

Ricardo Bofill (Barcelona, 1939) y su taller de arquitectura inician su tarea en un particular tardomoderno como el de los apartamentos Plexas y Xanadú, en Calpe, 1967, y los apartamentos "El Castillo" de Sitges, 1968. En ellos es singular la complejidad espacial y la búsqueda de una valiente expresividad de las formas.

▲ Michael Graves: The Portland Public Services Building, *1982. El doble código frecuente en el posmoderno se hace aquí patente al plantear todo el edificio como una gran columna, dividida en basa, fuste y capitel. A su vez el haz divergente procedente de las dos grandes e imaginarias columnas de la fachada sugiere la idea de grandeza y luminosidad de propósitos muy al gusto del pueblo norteamericano.*

▼ Ricardo Bofill: Los espacios de Abraxas, *París. En muchos sentidos esta obra es la antítesis de lo moderno, entendiendo este movimiento como el conjunto de planteamientos de racionalistas y organicistas del primer tercio de siglo. Un inusitado barroquismo preside los espacios de Abraxas y en esta revulsión de conceptos el ciudadano puede vivir en una columna, en un pedestal o en un friso.*

Posteriormente traslada su taller a París y allí hace una de las obras más representativas del posmoderno, Les Arcades du Lac (cerca de Versalles), 1981, y Los espacios de Abraxas, en donde son muy significativos los rasgos historicistas que, frecuentemente, caracterizan su obra.

En 1987 se reúnen en Barcelona 12 arquitectos europeos para intentar certificar la muerte del posmoderno y sustituirlo por la denominada *arquitectura débil* en alusión a la *filosofía débil*. Esta arquitectura trata de volver a la pureza de los orígenes, a la condición decorativa y monumental que siempre tuvo la arquitectura.

Arquitectura actual

El panorama en el último decenio del siglo XX resulta más esperanzador, no tanto por la existencia de un programa o unas tendencias generalizadas sino por la obra, colosal a veces, de arquitectos aislados.

Tres son las figuras que pueden definir el final de este siglo: el canadiense FRANK GEHRY (1929), que se caracteriza por su estilo anticlásico y rebelde en el cual las formas se mueven con una libertad orgánica inusitada. En su obra maestra, el Museo Guggenheim de Bilbao, 1998 (págs. 374-375), los espacios interiores se curvan e incurvan tridimensionalmente creando una sensación de vitalidad permanente, mientras que al exterior las alabeadas cubiertas de titanio le confieren una espectacular belleza que podría tildarse de terrible.

El español RAFAEL MONEO (1940) posee un estilo equilibrado y clásico. Respetando los materiales clásicos, con un sentido minimalista, dota a sus espacios de una funcionalidad y grandiosidad llena de poesía, como ocurre en el Museo de Mérida o en la estación de Atocha de Madrid. En 1996 recibe el premio Prizker y en 1997 termina el Museo de Arte Contemporáneo de Estocolmo, obra de sabio racionalismo.

El holandés KEM KOOLHAAS dirige el joven grupo MVRDV y hace las propuestas más revolucionarias y subversivas de finales de siglo. Para este grupo los suelos ya no tienen que ser horizontales y se pliegan una o varias veces, con lo que desaparece la continuidad horizontal y el suelo se va convirtiendo en pared y en techo. Un ejemplo lo constituye la Villa VPRO en Hilversum (Holanda).

A los anteriores habría que añadir la obra del ingeniero valenciano SANTIAGO CALATRAVA que dota de una peculiar belleza a sus construcciones siguiendo la línea iniciada por EIFFEL y continuada por TORROJA o CANDELA, según la cual la obra de ingeniería puede ser plenamente estética. Son magníficos ejemplos el puente sobre el Bidasoa, en Bilbao, la estación de Lyon y la estación de Oriente de la Exposición Universal de Lisboa (1998).

▲ RAFAEL MONEO: Museo de Mérida. *Su arquitectura puede calificarse de cordial, por la flexibilidad con la que se adecua al entorno. Utiliza con parquedad los materiales a los que dota de una gran nobleza, bien sea el ladrillo en Mérida o Atocha o el hormigón en Estocolmo.*

▼ SANTIAGO CALATRAVA: Estación de Lyon, *1989-1994. Es uno de los pocos ingenieros que son conscientes de que la materia con la que trabajan puede modelar una obra de arte. Impregnado de un cierto posmodernismo transmite a sus obras la sorpresa y fascinación propias del movimiento.*

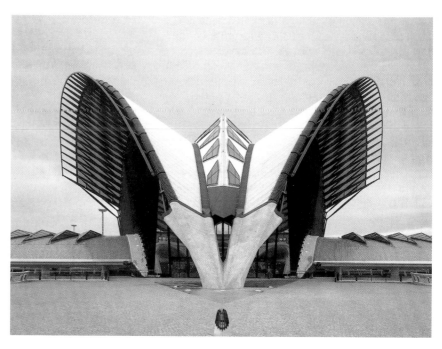

II. El urbanismo

6 URBANISMO RACIONALISTA

LE CORBUSIER enuncia así su criterio sobre el urbanismo: *"El urbanismo es la expresión de la vida de una sociedad manifestada en las obras del ámbito dedicado. Y es, por consiguiente, el espejo de una civilización".* El urbanismo es el que mostrará lo que una civilización puede hacer: *"No se trata de una ciencia limitada, estrictamente especializada y específicamente técnica, sino de una manifestación de sapiencia que tiene por objeto y como efecto discernir los fines útiles y enunciar los programas correspondientes".*

Espejo de civilización y programas. He aquí la síntesis del genio corbuseriano, que es el enunciado del urbanismo racionalista. Los arquitectos-urbanistas racionalistas son eminentemente utópicos. Sobre el caos constructivo elevan sus teorías, matemáticamente perfectas, y de una clara visión anticipadora del futuro. Pero en ese racionalismo utópico subyace un idealismo que les hace soñar con una nueva civilización y una nueva ciudad que remodele al ser humano, que provoque un ser humano nuevo.

Garnier y Le Corbusier

El pionero de esta nueva concepción es el francés TONY GARNIER, que en 1901 diseña su *ciudad industrial. Es una* ciudad dividida según las funciones: trabajo, residencia, zona de recreo, vías de tráfico, etc. Anticipa soluciones del más puro racionalismo corbuseriano: casas sobre pilotes, terrazas-jardín, ordenación rectangular, etc. GARNIER construye, como ejemplo vivo de sus ideas, toda la zona industrial de Lyon.

El gran urbanista racionalista es LE CORBUSIER. Su entusiasmo y capacidad creadora es asombrosa. Con valentía inaudita replantea toda la ciudad, desde las urbes viejas en creciente congestión, hasta ciudades nuevas. Los cinco principios básicos de su arquitectura son extrapolados a la gran ciudad: los pilotes reducen la superficie de apoyo de la casa a ¡sólo la milésima parte!, con lo que el suelo queda libre para trazar vías de peatones independientes a la situación de las casas; preconiza la extensión vertical sobre la horizontal: grandes edificios verticales de 50 metros; cada edificio puede ser autónomo en la mayoría de los servicios. Es lo que él llamó la *unidad de vivienda.* Con la conquista del suelo, con el *suelo libre,* desaparece la tiranía de la calle como carril de circulación. Las vías de circulación son independientes y se clasifican según los servicios.

Merece la pena seguir al propio LE CORBUSIER en la descripción de lo que constituye el máximo hallazgo de la habitabilidad en la ciudad nueva, es decir, el **sector.** El sector es una consecuencia de la **V3,** y así mismo un arreglo moderno del cuadrado español (procedente de la antigua Roma) que se imprimió en el trazado de las ciudades americanas. En realidad, el sector es el primer estadio del acomodamiento urbano moderno. Puede contener desde 5.000 a 20.000 habitantes. Se encuentra únicamente consagrado a la vivienda, pero posee su calle comercial con los artesanos, las tiendas, las diversiones cotidianas, el mercado del sector, en comunicación con los depósitos centrales de abastos (la recolección y la distribución de los artículos, sin faltar el control de los precios y de la calidad).

Una vez más LE CORBUSIER no se limita a teorizar, sino que levanta decenas de proyectos tan interesantes como el *Plan Voisin,* que suponía la remodelación del centro de París, respetando el núcleo histórico, y creando una auténtica "ciudad verde", el de Barcelona, el de Saint-Die, el de Buenos Aires, el de Río de Janeiro y otros muchos que no fueron llevados a cabo. Otros, como la "ciudad radiante" de Marsella y sobre todo el de Chandigard, capital de Punjab, en la India, son realidades construidas que testimonian la validez del sueño racionalista.

El pensamiento racionalista, y especialmente el de LE CORBUSIER, llegan a cristalizar en un documento capital conocido como la *Carta de Atenas* publicada en 1941 y que es el resultado de los trabajos de los CIAM (Congresos Internacionales de Arquitectura Moderna).

7 URBANISMO ORGÁNICO

Como en arquitectura, la postura orgánica trata de salvar la crisis del racionalismo. A la concentración masificada e inasimilable por el espíritu se opone la diseminación y una absoluta y real integración con la naturaleza viva. El más claro representante de esta tendencia es LLOYD WRIGHT, que resume su credo en el proyecto de su ciudad imaginaria *Broadacre City.* En ella las edificaciones no son necesariamente altas (como las de LE CORBUSIER) para evitar excesivas concentraciones y están entreveradas por granjas y zonas verdes. Posee, además, pequeñas fábricas, pequeñas unidades industriales, pequeñas clínicas y, en fin, todo lo necesario para una comunidad autosuficiente.

El problema del tráfico y de las comunicaciones no está tan racionalizado como en las ciudades de LE CORBUSIER; consiste en una red interior elemental y suficiente, en otra red exterior amplia para la unión entre las ciudades y, sobre todo, en una ampliación del tráfico aéreo que va desde los grandes aviones de transporte a los helicópteros-taxi de reducidas dimensiones. El conjunto resulta una ciudad armoniosa y vinculada a sus habitantes de modo orgánico, pero utópica.

▶ LE CORBUSIER: Teoría de las 7V. *Es una magnífica solución para grandes aglomeraciones. En sus estudios teóricos analiza los costes de la infraestructura de la ciudad que resultan absolutamente reducidos en relación a los que son habituales.*

▶ TONY GARNIER: Ciudad industrial, *1901-04, dibujo. El proyecto prevé una ampliación de 35.000 habitantes, es decir que tiene un sentido orgánico al modo de las ciudades jardín de HO-WARD. Sin embargo, aquí están más delimitadas las zonas y las funciones de la ciudad, lugares de trabajo, zonas de recreo, industria, mercados, etc. La impecable lógica francesa de GARNIER anticipó en varios años las tesis de los grandes urbanistas del racionalismo. Es muy importante comparar esta solución con las propuestas, más esteticistas pero menos humanas de HAUSSMANN.*

▶ WRIGHT: Broadacre City. *Es la oposición sajona al racionalismo francés. La idea de la "vuelta al campo" que protagonizaron MORRIS o HOWARD se desarrolla extraordinariamente en el organicismo de WRIGHT. Para una gran comunidad requiere, sin embargo, una mayor extensión que en los proyectos racionalistas, pero esto no resulta difícil de aceptar en Estados Unidos, donde las grandes distancias y la motorización no eran problema.*

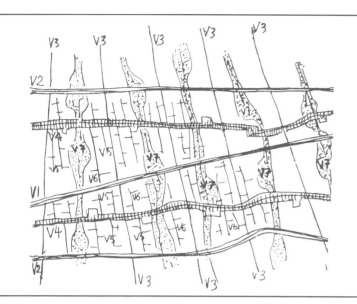

Es necesario conocer la regla de las siete V (vías) para comprender definitivamente la radical transformación que proponía LE CORBUSIER. Fueron establecidas en 1948 a petición de la **UNESCO** y constituyen un verdadero sistema sanguíneo y respiratorio para la ciudad.

V 1: Carretera nacional de provincia, que atraviesa el país o los continentes.

V 2: Creación municipal, tipo de arteria esencial de una aglomeración.

V 3: Reservadas exclusivamente a las circulaciones mecánicas, carecen por tanto de aceras; sobre ellas no da ninguna puerta de casa o edificio. La V 3 tiene como consecuencia una creación moderna del urbanismo: el sector.

V 4: Calle comercial del sector.

V 5: Penetrando en el sector, conduce a los vehículos y a los peatones a las puertas de sus casas, con el auxilio además de la V 6.

V 7: Franja que alimenta en toda su longitud la zona verde donde se encuentran las escuelas y los deportes. Es exclusivamente peatonal.

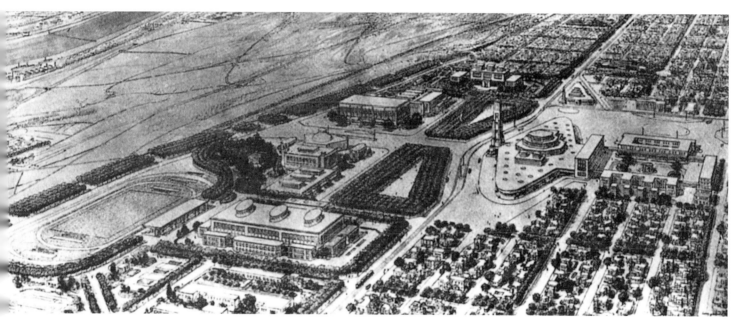

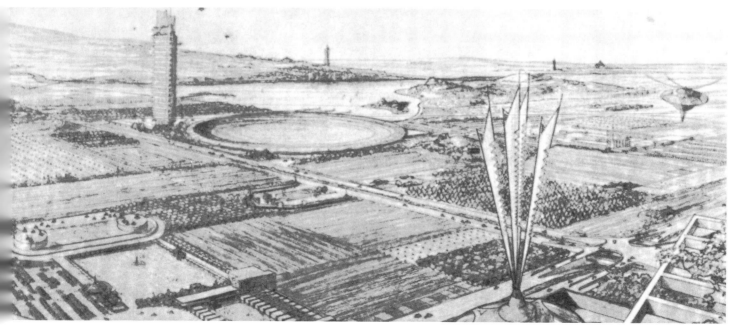

8 DOS ENSAYOS CONCILIADORES

No cabe duda que los planteamientos racionalistas y orgánicos resultan opuestos y sin embargo válidos por sí mismos. WRIGHT propone la vivienda unifamiliar atendiendo así a razones psicológicas individuales pero encarece los costos; LE CORBUSIER opone su unidad de vivienda para cientos de personas, reduciendo los costos e integrando al individuo en la dinámica socializadora de los nuevos tiempos. Ante esa disyuntiva surgen dos grandes realizaciones que pudieran constituir el lugar de encuentro de las dos posiciones: una es el plan de reconstrucción de Londres, y otra la ciudad de Brasilia.

El plan de reconstrucción de Londres

Este plan procede de 1941 y se debe a ABERBROMBIE y FORSHAW. Se hace después de los primeros bombardeos alemanes de la ciudad, que sólo fueron un pretexto ya que la ciudad no fue ni mucho menos arrasada.

Londres había ido devorándose a sí misma y diluyendo en una amalgama caótica sus barrios de expansión (véase pág. 334). Los ingleses, con un sentido pragmático envidiable, procedieron a una remodelación en la que se siguió el proceso expansivo al revés. Se partió de un estudio profundo de la morfología de la ciudad, y se vio que en el siglo XIX se habían ido fundiendo las unidades separadas y autosuficientes. Había que dotar, otra vez, de la autosuficiencia a cada unidad natural con los medios del siglo XX, proporcionándole escuelas, mercados, centros de recreo, etc. A su vez estas unidades quedaban enlazadas y articuladas de modo natural. El procedimiento fue tan lógico y económico que aún hoy asombra.

La creación de Brasilia

El otro gran proyecto realidad lo constituye la nueva capital de Brasil: Brasilia. En 1956, el presidente de Brasil, Kubitschek, decide el traslado de la administración al interior del país y nombra a NIEMEYER, presidente del comité ejecutivo de las obras. El mismo NIEMEYER hará algunos edificios como la residencia del gobernador y un hotel, pero será LUCIO COSTA el que presente el proyecto premiado que definirá la nueva ciudad.

La concibe a partir de dos ejes perpendiculares en los que el mayor es curvo. El eje menor está concebido con un criterio helenístico que recuerda las escenografías barrocas o los trazados de HAUSSMANN en París. Es el eje monumental del Palacio Presidencial y de la plaza de los Tres Poderes concebidos como "esculturas", en cuanto que se diseñaron para producir una imagen externa. El eje mayor es una aplicación de la ciudad lineal, pero tiene en cuenta la lección corbuseriana en el trazado de los bloques edilicios; es la zona residencial y los edificios se levantan sobre pilotes y se agrupan formando "sectores" como los que propusiera LE CORBUSIER en sus 7V.

9 LA REALIDAD DEL PRESENTE

Después de las teorías y de los ensayos de la primera mitad del siglo XX, los grandes proyec-

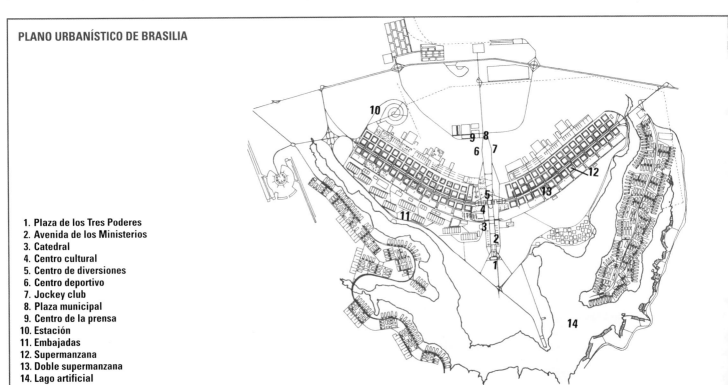

PLANO URBANÍSTICO DE BRASILIA

1. Plaza de los Tres Poderes
2. Avenida de los Ministerios
3. Catedral
4. Centro cultural
5. Centro de diversiones
6. Centro deportivo
7. Jockey club
8. Plaza municipal
9. Centro de la prensa
10. Estación
11. Embajadas
12. Supermanzana
13. Doble supermanzana
14. Lago artificial

▲ ORIOL BOHIGAS: Villa Olímpica, *Barcelona, 1986-92. BOHIGAS, junto con MARTORELL, MACKAY y PUIGDOMÈNECH, remodelan el litoral de la ciudad que, siendo esencialmente marítima, vivía de espaldas al mar. Donde antes había vertederos y zonas insalubres hay ahora limpias playas, zonas de esparcimiento y un conjunto de viviendas que constituyen el mejor acuerdo entre la ciudad y el mar.*

◄ LUCIO COSTA: Plano urbanístico de la ciudad de Brasilia. *Concebida a partir de dos ejes perpendiculares, el eje Este-Oeste contiene los edificios monumentales y el eje Norte-Sur las vías de comunicación; éste se curva en el centro para romper la excesiva perspectiva y destacar, aún más, el corazón de la ciudad. COSTA escribe: "El espacio de la inmensa ciudad será supervisado y unificado por medio de dos instrumentos principales: por un lado la técnica moderna de las autopistas y por otro la técnica paisajística de los jardines y de los parques".*

tos tuvieron que ceñirse a la realidad. Las grandes reformas que requieren las grandes ciudades se han visto habitualmente frenadas por la indiferencia e incomprensión de políticos y constructores. La gran labor educativa que los arquitectos racionalistas u organicistas trataban de hacer con sus fervientes proclamas, con sus textos y con sus obras, no ha dado todavía suficiente fruto porque ni ha incidido apenas sobre la sociedad ni sobre sus dirigentes.

Kenzo Tange

Quizás lo más importante de la década de los setenta lo ofrezca el arquitecto japonés, KENZO TANGE, nacido en 1913, que propone una nueva concepción urbanística en la que el espacio es un modo de comunicación por encima de consideraciones como las económicas y sociológicas que condicionan el urbanismo tradicional.

En su obra más ambiciosa, el Plan de Ordenación y Ampliación de Tokio, TANGE da un salto gigantesco en la historia del urbanismo al plantearse, como punto de partida, una ciudad de más de diez millones de habitantes. Su plan se funda, básicamente, en la creación de un eje viario que reemplazaría al antiguo sistema radial. Ese eje estaría elevado sobre pilotes, se iría adentrando progresivamente sobre la bahía y sería una vía de alta velocidad y gran capacidad. A ella confluirían, ortogonalmente, las vías secundarias comunicando las zonas residenciales y laborales.

TANGE llega a proponer una ampliación racional de este plan a todo el país, con lo que los grandes centros urbanos quedarían enlazados con la misma fluidez y lógica que las distintas zonas del proyecto para Tokio. Como es fácil de comprender esta visión urbanística es una ampliación, a escala gigantesca, de la Ciudad Lineal de ARTURO SORIA (pág. 336).

El posmodernismo y el fin de siglo

Mucho más modestos son los proyectos que aporta el **posmodernismo**. El más significativo es el proyecto, hecho en 1976, para La Villette, en las afueras de París, por LEO KRIER. Como otros posmodernos retoma la vieja institución del *ámbito público* (ágora, plaza, mezquita o gimnasio) y alrededor de ella confecciona el tejido urbano. La solución, no obstante, es impensable para una gran urbe.

En la última década del siglo XX las economías emergentes del Sureste asiático reclaman nuevas ciudades o, mejor, la remodelación de las ya existentes. Esto atrae arquitectos y urbanistas como ALDO ROSSI o KOOHAAS.

Del primero queda alguna obra y del segundo un colosal proyecto de reforma urbanística. El derrumbamiento de estas economías, a final de siglo hace que todo quede en el papel.

Más afortunadas son algunas experiencias, menos ambiciosas en su extensión pero importantes en cuanto a remodelación urbana, como la planteada por ORIOL BOHIGAS y su equipo en la Villa Olímpica de Barcelona en 1986. Sobre el viejo tejido industrial del siglo XIX del *Poble Nou*, traza una ciudad moderna y luminosa, bien comunicada y que enlaza la gran urbe con el mar.

FRANK LLOYD WRIGHT: Casa sobre la Cascada

Datos: Vivienda unifamiliar. Fecha: 1935-1939. Bear Run, Pennsylvania, EE UU.

El concepto orgánico de la arquitectura wrightiana se traduce en una verdadera arquitectura de expansión centrífuga, en la que los espacios se generan desde dentro hacia afuera. Un ejemplo magnífico es la llamada *"Casa sobre la Cascada"*.

WRIGHT recibe el encargo de esta obra en 1935 para Edgar Kaufmann, director de una gran tienda en Pittsburg. Se construye en Bear Run, en un paisaje rocoso, vegetal, y surtido de manantiales. La denominada *Falling Water House* termina en 1939 y es, desde entonces, una de las piezas claves para comprender no sólo a WRIGHT sino toda la arquitectura del siglo XX.

En ella la continuidad del espacio es un problema que está claramente resuelto, ya que los juegos de grandes planos horizontales de hormigón juegan contra los muros verticales de piedra, pero sin llegar nunca a construir una caja al modo racionalista. Todos los ángulos interiores están disueltos con vidrios y evitan así la cerrazón a la que obliga un diedro de obra opaca. La intercomunicación de los espacios interno y externo queda, así, asegurada. En la *Falling Water House* la vista se pierde desde el interior al exterior sin solución de continuidad.

La casa se diseña en tres plantas escalonadas, de la cuales la inferior –véase ilustración– ocupa una gran sala de estar asentada sobre una roca que emerge del suelo para convertirse en base de la chimenea. Una gran terraza de hormigón vuela sobre la cascada, integrándola de un modo espacial en la propia vivienda. El piso superior lanza otra terraza cuyo eje forma 90° con la de abajo, sobresaliendo de ella en una parte. De este modo sirve para techo y refugio de la inferior, pero al no ocultarla del todo no impide que en una zona de ésta el sol sea permanente.

En este recio juego de volúmenes ortogonales se ha creído ver una influencia del estilo racionalista europeo que, en estas fechas, bien podía llamarse "internacional", pero lo que en LE CORBUSIER era juego volumétrico de valor más bien escultórico, en WRIGHT es pura expansión de espacios interiores. Finalmente para WRIGHT las paredes tienen la esencial misión de dirigir el espacio hacia afuera.

La Casa sobre la Cascada

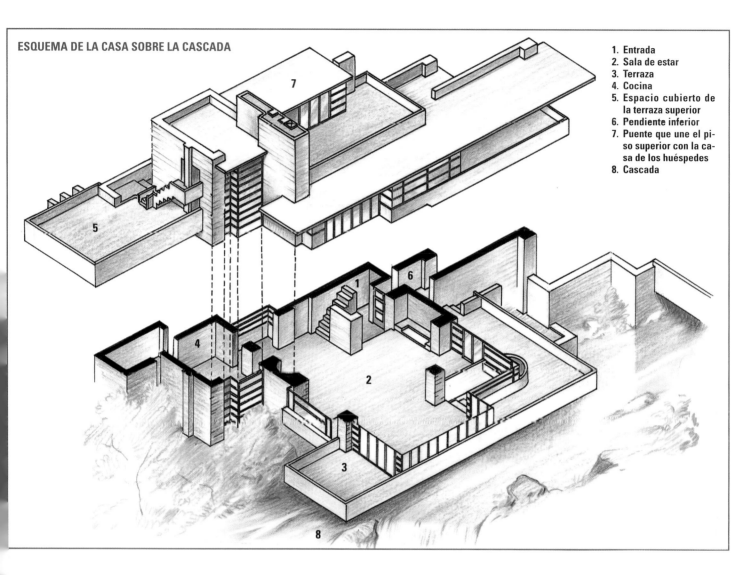

ESQUEMA DE LA CASA SOBRE LA CASCADA

1. Entrada
2. Sala de estar
3. Terraza
4. Cocina
5. Espacio cubierto de la terraza superior
6. Pendiente inferior
7. Puente que une el piso superior con la casa de los huéspedes
8. Cascada

Heredero de la tradición americana de casas de campo en forma de cruz, es decir, de carácter centrífugo, basa en esa idea sus primeras viviendas individuales, pero en la *Falling Water House* desaparece todo vestigio de planta cruciforme, resultando inútil tratar de encontrar en ella cualquier estructura reguladora. La libertad de planta de cada piso es absoluta e independiente y se diseñan en función de las necesidades individuales.

La casa sobre la Cascada es, por otra parte, un maravilloso prodigio de aventura técnica. Aprovecha al máximo las innovaciones arquitectónicas que permitían los nuevos materiales, lo cual era constante en los edificios diseñados por WRIGHT.

Con la *Falling Water House*, integrando la naturaleza toda en la vivienda, se cierra una cierta visión romántica de la casa, pero se abre una nueva dimensión espacio-temporal para el refugio del hombre.

ACTIVIDADES

- Busca información sobre la Villa Saboya de Le Corbusier y haz una comparación con la Casa sobre la Cascada de Wright. En esta comparación debes intentar destacar, sobre todo, el uso que de los espacios internos hacen uno y otro arquitecto.

- De las ilustraciones que aquí se te adjuntan (fotografía y dibujo) deduce cuál es la terraza señalada en la planta con el número 3.

- Trata de explicar a qué se refiere el texto de este documento cuando dice: "*Todos los ángulos interiores están disueltos con vidrios...*".

- Averigua qué es el encofrado y cómo se utiliza en la construcción.

- En la Edad Media se empleaba, a veces, la técnica de utilizar contrapesos para que una parte del edificio se mantuviera en equilibrio aunque la apariencia exterior fuera inestable. Intenta buscar algún caso muy conocido (especialmente en Italia).

BIBLIOGRAFÍA

BENEVOLO, L., *Historia de la arquitectura moderna*. Barcelona, Gustavo Gili, 1997.

DROSTE, M., *Bauhaus*. Colonia, Taschen, 1990.

HITCHCOCK, H. R., *Arquitectura de los siglos XIX y XX*. Madrid, Cátedra, 1989.

JENCKS, Ch., –*El lenguaje de la arquitectura posmoderna*. Barcelona, Gustavo Gili, 1981.

– *Arquitectura tardomoderna y otros ensayos*. Barcelona, Gustavo Gili, 1982.

SOBRINO, J., *Arquitectura industrial en España 1830-1990*. Madrid, Cátedra, 1996.

TERÁN, F., *Planeamiento urbano de la España contemporánea (1900-1980)*. Madrid, Alianza, 1982.

ZEVI, B., *Historia de la arquitectura moderna*. Buenos Aires, Emecé, 1959.

23.
Evolución de las artes figurativas en el siglo XX

En el siglo XX las artes figurativas experimentan una transformación tan profunda que en uno de sus movimientos, la abstracción, pierden su carácter de representación de la realidad concreta, es decir, dejan de ser figurativas. Esta revolución morfológica no depende de los arbitrios de una generación de artistas, ya que éstos no hacen más que traducir las concepciones intelectuales y sociales de un momento histórico. Por tanto son los cambios filosóficos, científicos y políticos los que exigen del arte una forma diferente de afrontar la realidad.

La revolución de la física con la *Teoría de la relatividad* de Einstein y de la medicina con las doctrinas de Freud, impelen a la pintura a posiciones desconcertantes a veces para los propios artistas. El pintor de 1900 se entera con asombro de que el espacio y la materia son realidades diferentes a las visibles y que el ser humano es mucho más complejo y profundo de lo que se había pensado en siglos anteriores. Y ha de llevar al lienzo estas dimensiones nuevas descubiertas por la ciencia.

En su obra París, a través de mi ventana, MARC CHAGALL *ofrece una versión poética del Surrealismo. Los elementos reales –ventana, casas, Torre Eiffel–, representados con la alegría cromática que había caracterizado el Fauvismo, se combinan con los elementos soñados: el tren que anda invertido y sin vías, el hombre de dos perfiles, la pareja que pasea en posición horizontal, el hombre que flota hacia la cúspide de la Torre. Es un mundo amable y mágico.*

I. Los "ismos"

1 ENCRUCIJADA DE LA PINTURA EN 1900

Actitud del artista: interpretación o representación

El último cuarto del siglo XIX ha supuesto para la pintura una conmoción; los impresionistas anteponen a las arquitecturas sólidas de la materia la captación de algo tan sutil como la luz, pero se encuentran con que los físicos discuten sobre su naturaleza, no saben en realidad qué es el fenómeno luminoso, y por añadidura algunos maestros, como VAN GOGH o CÉZANNE, buscan detrás de las apariencias iluminadas otra realidad desconocida. De esta revisión de lo visible han de partir los pintores de 1900.

Por otra parte una técnica por entonces en auge, la fotografía, comienza a ocuparse de este papel de representación, mientras aparatos, como el microscopio, descubren a la pupila humana dimensiones hasta entonces desconocidas de la materia. Las fotografías aérea y microscópica y los montajes fotográficos, en algunos de los cuales se consiguen poéticos efectos de luz o profundidad, desplazan el arte pictórico hacia la interpretación antes que hacia la representación.

Búsqueda de nuevas formas de expresión artística

Pero no se reduce la coyuntura a la prometedora aventura que la física y la matemática, y la medicina y la filosofía, están iniciando. En la encrucijada de 1900 concurren también procesos deshumanizadores. La situación de la política internacional con bloques armados y tensiones intermitentes deja entrever la amenaza de un conflicto que puede afectar al continente europeo. De manera similar los problemas de la industrialización y el hacinamiento de las masas humanas en megalópolis agravan las tensiones del ser humano que se asoma al siglo XX.

La pintura y la escultura se encuentran en el umbral del nuevo siglo con un gigantesco desafío. Mirar hacia el pasado, continuar manteniendo su sintaxis milenaria, supone despegarse definitivamente de los niveles que el conocimiento científico está alcanzando y separarse de las personas, de las otras personas, que viven unos problemas peculiares y de dimensión planetaria.

2 EL FAUVISMO

Fundamentalmente el **Fauvismo** supone una reacción contra el Impresionismo en pro del color y del objeto, que los pintores de fin de siglo habían reducido a tonalidades luminosas. Así lo justifica teóricamente VLAMINCK: "*Prendido por la*

▲ DERAIN: El puente de Westminster. *Sus estudios de paisaje se centraron en el color. "La exactitud no es la verdad", fue el lema de los fauves, lema que se puede comprobar en esta obra, en la que el verde del puente, el amarillo de aguas y cielo y el azul de los edificios se combinan en una sinfonía cromática.*

▼ VLAMINCK: Paisaje con árboles rojos. *El enlace de los fauvistas con los post-impresionistas es perceptible en esta tela. En las casas se recoge aún la herencia de CÉZANNE y, sobre todo, en la violencia de los árboles el espíritu de VAN GOGH. Pero ahora el color se convierte en protagonista. El rojo estalla y domina la composición.*

▲ Matisse: El mantel: armonía en rojo. *Pintada inicialmente en azul, sustituido luego por el rojo, fue una obra muy meditada que nos transmite el gusto de Matisse por los colores intensos. Corresponde a la etapa de influencia de Cézanne, del que se toman los contornos enérgicos y la apariencia sólida de figuras y objetos.*

▼ Dufy: Carteles en Trouville. *El pintor rinde culto al trazo enérgico en los perfiles y al color violento en las formas, tanto en los carteles y casas como en los paseantes de un apacible rincón urbano.*

luz, desdeño el objeto. O se piensa en la naturaleza, o se piensa en la luz." Un crítico, Luis Vauxcelles, da el apelativo peyorativo de "fauves" (fieras) a los pintores que en el Salón de Otoño de 1905 se distinguían por su violencia cromática.

El color vuelve a ser el ingrediente principal del cuadro y se utiliza de manera apasionada. Derain se entusiasma con las obras de Vlaminck y los dos aplican la pasta directamente del tubo, en la plenitud de su potencia cromática, sin alterarlo con mezclas en el pincel o en la paleta. En vez de los pequeños toques que Signac había enseñado a Matisse, los pintores *fauves*, que se agrupan de manera pasajera entre 1905 y 1907 para seguir después caminos diferentes, se inclinan por la mancha plana y ancha. El color se independiza del objeto, se puede pintar un caballo verde o una modelo azul desde el cabello a los pies o un mar violeta o árboles con hojas de colores distintos y troncos polícromos o habitaciones en las que rectángulos de color desbordan desde la pared hacia las puertas o desde un diván hacia el suelo. Para respetar el objeto, que se perdería entre las violencias y arbitrariedades coloristas, la línea recupera su energía con trazos gruesos y nítidos. La luz suele desaparecer y con ella la profundidad; las composiciones propenden al plano único, a la manera de Gauguin. Los temas son los mismos del Impresionismo: paisajes, personajes en habitaciones, naturalezas muertas con abundancia de frutas, cuyas formas geométricas se resaltan.

Henri Matisse se convierte en el jefe del grupo y es el pintor que se mantuvo más leal a los principios fauvistas. Frente al encanto leve de los impresionistas, Matisse busca la solidez; frente a la obra como efusión de los ojos propugna la obra como creación de la mente. En el *Retrato de Madame Matisse* (1913) el verde y el azul, en bandas que se oponen a ondulantes franjas rojas, crean una sensación de melancolía; las líneas recuerdan por su función de parcelación de superficies el dibujo de los románicos.

Mayor importancia tiene la línea en Rouault, cuyas formas patéticas derivan rápidamente hacia el Expresionismo.

Vlaminck es el autor de paisajes dramáticos que se inspiran directamente en los de Van Gogh; a su *Paisaje con árboles rojos* dedicó una minuciosa explicación, en la que hace confesión de su amor al color.

El Fauvismo pasó pronto, aunque la utilización autónoma del color va a resurgir en la pintura abstracta; pero algunos de sus seguidores no dejaron de ensayar muchos años después los principios teóricos de 1905. Uno de los más expresivos cuadros del estilo es el de Dufy, *El artista y su modelo en el estudio de El Havre*, pintado en 1929.

3 EL CUBISMO

El apelativo **Cubismo** parece deberse también al crítico Luis VAUXCELLES, quien en 1908 decía que las telas de BRAQUE estaban compuestas de pequeños cubos. En 1913 GUILLAUME APOLLINAIRE publicó un ensayo con el título *Los pintores cubistas*, que sancionó en la literatura un término por entonces de uso corriente, al menos desde la exposición del año 1911, en el Salón de los Independientes.

Las nuevas teorías físicas sobre el espacio y la obra de SCHOPENHAUER, *El mundo como representación*, nutren algunos de los conceptos del movimiento; pero la fuente inspiradora más directa es la obra de CÉZANNE. Los cubistas no utilizan la perspectiva convencional ni los colores de la realidad, ni adoptan un punto de vista único. Un sentido más austero del arte les inclina a los tonos neutros: grises, blancos, verdes claros; los ángulos desde los que se contempla el objeto se multiplican para obtener así la cuarta dimensión o suma de todas las perspectivas; los interiores se representan mediante transparencias, la luz desaparece definitivamente y la exaltación del plano es más intensa que en el Fauvismo.

El Cubismo en pintura

Con el **Cubismo** la pintura inicia un viaje apasionante por las realidades que el cerebro humano puede construir o destruir libremente. PICASSO (al que estudiamos en otra unidad) y BRAQUE fueron las dos figuras cubistas inspiradoras; JUAN GRIS, FERNAND LÉGER, JEAN METZINGER, ALBERT GLEIZES, algunos de los principales maestros.

BRAQUE respeta o al menos no se separa tanto de la realidad visual como PICASSO. Se ha observado que los cubistas no introducen los nuevos objetos de la civilización técnica: el automóvil, el tren; se mantienen vinculados a los tradicionales: jarras, figuras humanas, instrumentos musicales. En una fase avanzada añaden las letras o recortes pegados (*papiers collés*), que BRAQUE comienza a utilizar en el verano de 1912.

Las naturalezas muertas de JUAN GRIS, con frecuencia animadas por instrumentos musicales, señalan, por su cerebralización, una enorme distancia de las sensoriales de HENRY MATISSE a pesar de que muchas veces las fechas coinciden. El Cubismo de primera hora tuvo algunas derivaciones. En una de ellas, representada por

▼ BRAQUE: Naturaleza muerta con naipes (*izquierda*), Museo Nacional de Arte Moderno, París. Reduciendo el cromatismo con un baño frío de colores grises el pintor geometriza y disloca las formas para crear una nueva realidad mediante superposiciones y transparencias.

JUAN GRIS: Naturaleza muerta sobre una silla (*derecha*). La geometría rotunda de la silla parece abrazar las formas geometrizadas y transparentes en un ejercicio característico del Cubismo.

◀ BRANCUSI: Columna sin fin. *Hacia 1907 el ruma-no* BRANCUSI *rompe con la escuela de* RODIN *e inicia sus ensayos geométri-cos, creando arquetipos del Cubismo en escultu-ra. La insistencia en la geometría se exhibe en esta columna de roble, que se inspira en las tra-diciones de su país, en los cultos rumanos al ár-bol y a la madera, aquí transfigurados.*

▶ ARCHIPENKO: Pierrot Ca-rroussel, *Museo Guggen-heim, Nueva York. Intro-duce el color en escultu-ras definidas por un ensamblamiento de pla-nos, esferas y geome-trías arbitrarias.*

DELAUNAY, se recupera la sensorialidad del color; sus pinturas de 1912 semejan arcos iris frag-mentados.

El Cubismo en escultura

En escultura el ideal geométrico del Cubismo tuvo bastantes seguidores, aunque muchos de ellos pasaron por el estilo únicamente a la mane-ra de un ensayo episódico. BRANCUSI, JULIO GONZÁLEZ, LIPCHITZ, tuvieron una fase cubista. Otros, como DUCHAMP-VILLON y ARCHIPENKO, hicie-ron del Cubismo su credo estético.

El ruso ARCHIPENKO tomó contacto en París con los cubistas en 1910. En principio trató de mol-dear formas geométricas con un solo material, pe-ro en 1912 introduce la combinación de diferen-tes materiales –madera, metal, vidrio–, a la mane-ra de los *collages* de los pintores; por otra parte fue el primero en comprender el valor expresivo del hueco en alternancia con la protuberancia, co-mo años después ensayaría HENRY MOORE.

Muchos maestros cubistas abandonaron el movimiento aunque la creación mental de las for-mas y las superposiciones y transparencias per-durarán en toda la pintura del siglo XX.

4 EL EXPRESIONISMO

El grupo *Die Brücke* de Dresde

Hasta finales del siglo XIX el arte pictórico había expresado las facetas visibles –físicas y morales– del ser humano, la belleza (el Renacimiento) o el dolor (el Barroco); sólo GOYA, excepcionalmente, había destrozado las convicciones con las que se representaban las anatomías para bucear en los misterios del mundo interior.

Este camino es seguido aisladamente por algunos pintores de diferentes países, el belga ENSOR, el suizo HODLER, el noruego EDWARD MUNCH, cuya obra *El grito* (1893) es un símbolo de la emoción delirante que se ha introducido en muchas obras de arte.

En 1905 se constituye en Dresde un grupo que adopta la denominación de *Die Brücke* (*El puente*), coetáneo del movimiento fauvista francés; pero mientras los pintores *fauves* se dejan ganar por la sensualidad del color para plasmar un arte amable, los alemanes, con una técnica similar en cuanto a la intensidad de las siluetas y las masas cromáticas, aunque prefieren los to-

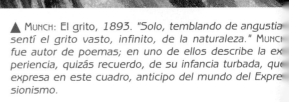

▲ MUNCH: El grito, *1893. "Solo, temblando de angustia sentí el grito vasto, infinito, de la naturaleza."* MUNCH fue autor de poemas; en uno de ellos describe la experiencia, quizás recuerdo, de su infancia turbada, que expresa en este cuadro, anticipo del mundo del Expresionismo.

◀ MUNCH: Ansiedad. *Las raíces de las ondulaciones significativas de forma y pincelada están en* GAUGUIN *y* VAN GOGH. *El influjo de* MUNCH *marca el punto de partida del Expresionismo, corriente que bucea en los estratos más hondos de la realidad.*

nos oscuros, con inclusión del negro, difieren por su concepción atormentada, por la plasmación de las angustias interiores del ser humano, que esto viene a ser el **Expresionismo**.

En el grupo de *Die Brücke*, influido por MUNCH, destacan NOLDE y KIRCHNER, considerado jefe de escuela. Con su pintura, KIRCHNER intenta demostrar los oscuros deseos de los seres humanos. En muchas obras, NOLDE ha conseguido pintar la desnudez de las almas. Este arte interior, abyecto y angustiado a un tiempo, concebido como un excavamiento bajo la superficie de una sociedad hipócrita, era ya un movimiento ampliamente seguido, pero carecía de nombre hasta que el historiador del arte WORRINGER en 1910 acuña el término **Expresionismo**.

Dos años después el historiador publica *Esencia del arte gótico*, que constituye una justificación estética para los pintores alemanes: frente al humanismo clásico del Sur, el gótico traduce las inquietudes de hombres que viven en un ambiente austero y frío; la condición fundamental del hombre nórdico es su ansiedad metafísica y su arte un recurso catártico, ya que al expresar la angustia el pintor encuentra la serenidad.

▲ EMIL NOLDE: Danza en torno al becerro de oro. Con remolinos de pinceladas, a la manera de otro expresionista, PECHSTEIN, NOLDE nos transmite su visión original de los temas bíblicos, que en ocasiones concibe como una orgía sensual. En sus cartas rechaza la pintura narrativa, postulando un arte que bucea en la intimidad de los personajes, como por estos años intentaba IBSEN en el teatro.

◄ KIRCHNER: Calle de Dresde. Es la primera pintura importante de una serie que se conserva en el Museo de Arte Moderno de Nueva York. Un tema bien simple, gentes paseando por una calle, es presentado de forma casi amenazadora.

El grupo de Munich

Por entonces hacía algunos años que la capital del movimiento había pasado de Dresde –el grupo *Die Brücke* se disuelve en 1913– a Munich, adonde llegan el ruso KANDINSKY y el austríaco KOKOSCHKA.

KANDINSKY en su libro *De lo espiritual en el arte* sostiene que todo arte auténtico es la expresión exterior de una necesidad interior, y por lo tanto a una época angustiada debe corresponder un arte angustiado. Con su concepción de la pintura como expresión, mediante colores, de las emociones, el arte pictórico se aproxima a la música, que plasma no imágenes ni formas sino sencillamente emociones mediante el lenguaje de los sonidos. KANDINSKY en bastantes páginas compara música y pintura, y su traductor, SADLER, ha dicho gráficamente: "*Kandinsky pinta música*" (págs. 416-417).

En torno al maestro ruso se constituye otro grupo, *El jinete azul*, que lleva la denominación de uno de sus cuadros; en él destacan FRANZ MARC, KLEE y el compositor ARNOLD SCHÖNBERG. La guerra destruye el grupo: MARC muere, KANDINSKY regresa a Rusia, KLEE entra en el ejército.

Pero el Expresionismo no se extingue, por el contrario la visión de los mutilados, los incendios, la desolación que invade campos y ciudades de Europa incita a los pintores a traducir en su arte el dolor de aquel tiempo de locura.

▶ MODIGLIANI: *Desnudo sentado. Frente a las geometrías cubistas y el patetismo expresionista,* MODIGLIANI, *más próximo a estos últimos, prefiere exaltar las formas sinuosas de los desnudos femeninos, cuya languidez se subraya con el abandono de la cabeza.*

◀ KANDINSKY: *Improvisación 7 (1910). Tanto en sus series de cuadros como en sus escritos* KANDINSKY *inicia por estos años una peregrinación hacia el arte abstracto. Las figuras se estilizan alejándose de su realidad plástica y el color evoluciona hacia una sinfonía de manchas.*

◀ MARC: Los pequeños *caballos azules. Obsesionado por el movimiento,* MARC, *al conocer la escuela de Munich, comprendió que el color debía estar liberado de la naturaleza. Movimiento y color libre son los rasgos de la serie de caballos que pintó a partir de 1910, en la que figuran caballos rojos y estos caballos azules, pletóricos de vitalidad. El amor de* KANDINSKY *y* MARC *por los caballos y el azul dio nombre a la escuela* Der blaue Reiter (El jinete azul).

▶ OSKAR KOKOSCHKA: La *novia del viento. El profundo expresionismo del estilo de* KOKOSCHKA *le lleva a trascender lo puramente figurativo y anecdótico para expresar contenidos interiores a través de sus composiciones.*

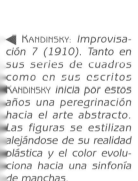

OSCAR KOKOSCHKA se convierte en guía de los pintores jóvenes. Herido en la guerra, sus obras de estos años constituyen una manifestación de asco por la degradación a la que ha llegado la Humanidad. *La tempestad* (1914), en la que de manera simbólica se plasma el artista y la mujer amada, refleja la perduración de la pasión amorosa en medio de las circunstancias adversas y constituye un resumen del Expresionismo: poder, intensidad emocional, misticismo expresado de manera brutal. Para su *Mujer en azul* (1919) preparó 160 bocetos preliminares.

Otros expresionistas

Una serie de pintores denominados –para rehuir clasificaciones comprometedoras– independientes, aun sin relacionarse nada más que episódicamente con los grupos de Dresde y de Munich, utilizan las deformaciones significativas del Expresionismo.

El francés ROUAULT es un ejemplo de cómo se puede pasar del Fauvismo al Expresionismo, sin cambiar los signos formales, sólo con un cambio en la concepción. El italiano MODIGLIANI destaca por sus formas humanas alargadas y nostálgicas y el holandés PERMEKE por la fuerza amenazadora de manos y rostros arquitectónicos. La crítica corrosiva del Expresionismo fue utilizada también por escritores como HENRICH MANN y con más fuerza por algún dramaturgo, como el BRECHT de sus primeras piezas teatrales.

5 EL FUTURISMO

El 20 de febrero de 1909, en *Le Figaro*, aparece por vez primera el término **futurismo** aplicado al arte. Incluía un manifiesto del poeta italiano MARINETTI: *"Declaramos que el esplendor del mundo se ha enriquecido con una belleza nueva: la belleza de la velocidad. Un automóvil rugiente, que parece correr sobre la metralla, es más bello que la Victoria de Samotracia"*; con furor iconoclasta terminaba diciendo: *"Queremos demoler los museos, las bibliotecas, combatir el moralismo, el feminismo y todas las vilezas oportunistas y utilitarias"*.

La afición a los manifiestos fue nota peculiar del grupo de pintores que rodeó a MARINETTI; en 1910 BOCCIONI redactaba, apoyado por CARRÀ, RUSSOLO, BALLA y SEVERINI, el *Manifiesto de pintores futuristas* que insistía en el tema de la velocidad como expresión de la vorágine de la vida moderna. La representación de las cualidades dinámicas de la realidad comienza en el Impresionismo, pero para los futuristas se había detenido en el umbral, había que decidirse a poner en el caballo a galope veinte patas y darle a cada una dispersión triangular. Característico del estilo será otorgar a los objetos una serie de posiciones sobre un plano con el deseo de representar el movimiento. En consecuencia pintan caballos, perros y figuras humanas con varias cabezas o se-

▲ BALLA: La niña que corre por el balcón *(1912) Mediante la yuxtaposición de imágenes idénticas, aplicando en cierta medida la técnica del sello, el artista desea transmitirnos la sensación de movimiento más que los rasgos precisos de la niña. El dibujo difuminado y la desenvoltura de las pinceladas contribuyen también a la desintegración dinámica de las formas.*

◀ BOCCIONI: Dinamismo de un ciclista. *El pintor explica que hay en nosotros "casos y choque de ritmos absolutamente opuestos, que llevamos no obstante hacia una armonía nueva". Las líneas dinámicas alternan con los espacios vacíos, que expresan el desánimo.*

ries radiales de brazos y piernas; el sonido puede ser representado como una sucesión de ondas y el color como una vibración de forma prismática.

Milán, ciudad industrial por excelencia, fue la capital de este intento italiano, de vida breve, ya que el cine, que ofrecía posibilidades más auténticas de representar imágenes en movimiento, lo desplazó, aunque perduraron algunos recursos geométricos en otros estilos. Los títulos de las obras son bastante expresivos; por ejemplo varios de CARRÀ: *Los funerales del anarquista Galli, Lo que nos cuenta el tranvía*, de SEVERINI: *Dinamismo de una bailarina*, o de BALLA: *La niña que corre por el balcón, Automóvil y ruido*. El Futurismo dejó casi como única herencia la sensibilidad por objetos típicos de nuestro tiempo –máquinas– y una dimensión de la vida moderna: la velocidad.

6 EL MOVIMIENTO "DADÁ"

La guerra dispersa los grupos de pintores que se han formado en París, Munich, Milán. Algunos artistas, huyendo de la guerra, se refugian en la neutral Suiza y se congregan en Zurich, en un café bohemio llamado *Cabaret Voltaire* –que dio nombre a una revista de 1916–. Con la excepción de MARCEL DUCHAMP se trataba de artistas de segunda fila, TRISTAN TZARA, PICABIA, o que hasta el momento no habían triunfado, HANS ARP; pero pronto encontraron el apoyo de maestros que, como PICASSO, KLEE y KANDINSKY, pensaban que la destrucción de la guerra había ido tan lejos que debían colaborar en un movimiento destructor de la pintura, con la esperanza de que la paz traería un mundo nuevo para la raza humana. En un diccionario abierto al azar encontraron la voz infantil "*Dadá*" con que se bautizó al grupo.

En la fundación del **Dadaísmo** confluyen la decepción ante la situación mundial, el desencanto personal de pintores escasamente considerados y el deseo de llevar a la pintura la destrucción que asolaba a Europa. Así hablan los primeros manifiestos de sabotaje artístico e incendiarismo, y adoptan el lema de BAKUNIN: "*La destrucción también es creación*". Empeñados en escandalizar a la burguesía utilizan medios que demuestran al menos una inagotable inventiva: hacen cuadros con basuras, exaltan un orinal a la categoría de obra de arte, PICABIA pinta máquinas en las que se burla de la ciencia, DUCHAMP se mofa del arte tradicional al poner bigotes a una copia de *La Gioconda*. Durante el último año de la contienda van surgiendo centros dadaístas en varias ciudades alemanas, lo que demuestra que la actitud destructiva del *Dadá* sintonizaba con el cansancio y la amargura de la derrota. Pasada la histeria de la guerra los maestros más auténticos derivan hacia otras posiciones y el Dadaísmo se extingue; su fuego purificador no podía mantenerse encendido tras el final de los combates.

▲ *La burla demoledora del Dadaísmo se exhibe en este cuadro de* GROSZ: *Los pilares de la sociedad. Un periodista bizquea y lleva un orinal por sombrero; un sacerdote de nariz roja bendice con los ojos cerrados. Todos los presuntos pilares de Alemania, el político –con libro y banderita–, los soldados amenazadores, las restantes figuras, representadas de forma caricaturesca, llevan a la nación al incendio que se plasma en la parte superior izquierda. Es una crítica feroz, una obra de 1926 que anticipa los horrores a los que Alemania se vería conducida.*

7 EL SURREALISMO

Ruptura con la consciencia

De la mano de ANDRÉ BRETON, junto con LOUIS ARAGON, SOUPAULT y ÉLUARD, la actitud irracionalista del movimiento *Dadá* deriva hacia un intento de mayor envergadura.

BRETON estimaba que la situación histórica de posguerra exigía del arte un nuevo esfuerzo de indagación para comprender en su totalidad al ser humano; como estudiante de medicina había trabado contacto con las doctrinas de FREUD y sus métodos de investigación y pensó en la posibilidad de la autoaplicación del sistema coloquial de la terapéutica psicoanalítica, entendiendo que la palabra escrita discurre tan deprisa como el pensamiento y que las ensoñaciones y las asociaciones verbales automáticas podían ser también métodos de creación artística. En definitiva el **Surrealismo** trata de plasmar el mundo de los sueños, de los fenómenos soterrados por la consciencia, fenómenos cuya importancia estaba siendo demostrada por el psicoanálisis.

En el *Primer manifiesto del Surrealismo* (1924), BRETON define el propósito del grupo de escritores y pintores que se congregan en sesiones en las que se aplica el automatismo para crear frases y grafismos y, privados de la aplicación de la lógica, descubren las profundidades del espíritu: "*Creo en el encuentro futuro de esos dos estados, en apariencia tan contradictorios, como son el sueño y la realidad, en una especie de realidad absoluta, de surrealidad*". La poesía, el teatro, el cine, la pintura, la fotografía, se afanan en representar este mundo aparentemente absurdo ya que los fenómenos del subconsciente escapan a la razón. Los pintores se encontraron una serie de precedentes plásticos: EL BOSCO, BRUEGHEL y el GOYA de los *Caprichos*.

Los recursos utilizados por los pintores presentan una cierta cohesión de escuela: animación de lo inanimado, metamorfosis, aislamiento de fragmentos anatómicos, máquinas fantásticas, confrontación de cosas incongruentes, perspectivas vacías, creación evocativa del caos. A menudo, como referencia a sus raíces psicoanalíticas y a la importancia que el psicoanálisis otorga a todas las dimensiones del sexo, se cultiva el tema erótico, tratado de forma lúbrica (por ejemplo en los desnudos de DELVAUX).

En el Surrealismo de los años treinta se renueva la temática con la representación de autómatas, fotografías de espasmos, dibujos de líbido inconsciente, contactos sorprendentes del desnudo con la maquinaria. De la ruptura con la consciencia el Surrealismo ha pasado con frecuencia a la ruptura con las convenciones sociales, de ahí que las excentricidades hayan sido una connotación de su historia.

▲ MARC CHAGALL: Yo y la aldea. CHAGALL evoca una serie de elementos reales –casas, vacas– de su tierra natal, pero la magia del sueño los transmuta: la vaca acoge en su cabeza a la lechera ordeñando, la campesina puede andar con la cabeza en el suelo, etc.

◄ MAGRITTE: La voz de los vientos, 1932. Con diferentes procedimiento. que DALÍ, encontramos l. premonición de un. amenaza: los globo. agrupados flotan y pesa. como símbolos de alg. que puede aplastar.

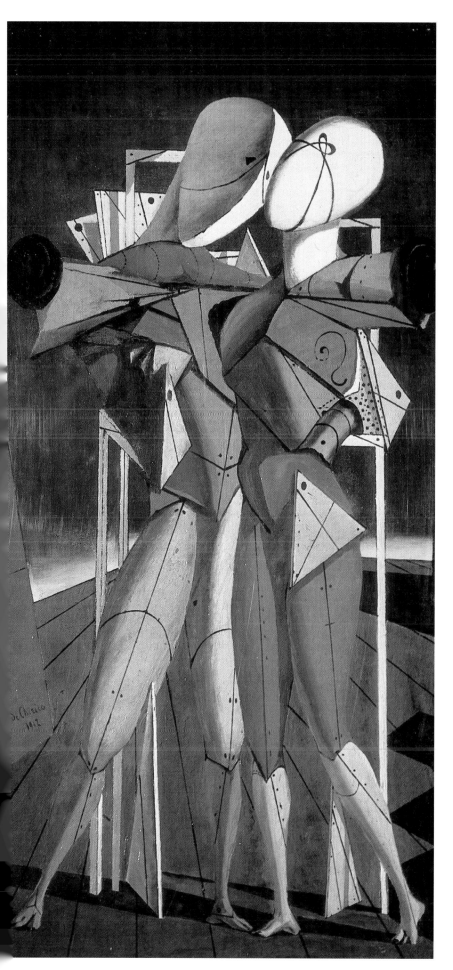

Principales artistas del Surrealismo

La relación de artistas que se mueven dentro de la corriente del Surrealismo es extensa: MARCEL DUCHAMP, MAX ERNST, SALVADOR DALÍ, MARC CHAGALL, GIORGIO DE CHIRICO, RENÉ MAGRITTE, YVES TANGUY, PAUL DELVAUX.

Para algunos grandes maestros el Surrealismo fue solamente una fase, tal es el caso de JOAN MIRÓ, quien protestó de que se le "etiquetara" como surrealista, pero sin duda su etapa de grafismos infantiles, en los que se acerca al monigote, se mueve dentro de los presupuestos de este movimiento, y su forma de trabajar ofrece todas las vertientes del automatismo, si aceptamos su confesión: "*Me es difícil hablar de mi pintura, pues ella ha nacido siempre en estado de alucinación, provocado por un shock cualquiera, objetivo o subjetivo, y del cual soy enteramente irresponsable*".

Dos posiciones polares dentro de la escuela están señaladas por la obra de DALÍ y de CHAGALL. Lo más auténtico del arte daliniano debe buscarse en sus alucinantes perspectivas de *Premoniciones de la Guerra Civil* o *Tentaciones de San Antonio* –con una concepción de los espacios vacíos similar a la de su famoso *Cristo* y a la de la *Asunción*–. En aquellas obras la distorsión y el alargamiento de los cuerpos ofrecen un dramatismo extraordinario.

En el polo opuesto, CHAGALL nos ofrece un arte seráfico, mágico, en el que todo es posible: las personas andan de cabeza o vuelan, las casas se apoyan en el tejado, los animales encierran en sus cabezas sueños de complejo argumento, el cielo está surcado por ángeles músicos (*Yo y la aldea*, *París a través de mi ventana*). Los inmensos panoramas oníricos vuelven a encontrarse en la obra de TANGUY, donde el horizonte lejano, la desnudez de las playas, los rayos en la fuga de las perspectivas se combinan con formas orgánicas perdidas en una desolación sin esperanza (*La luz de las sombras*).

Otra perspectiva del Surrealismo es la del italiano DE CHIRICO, poeta del misterio, pintor de casas inhabitadas y calles desiertas, o sólo pobladas por minúsculas figuras solitarias (*Misterio y melancolía de una calle*). Cierta similitud con DE CHIRICO ofrece MAGRITTE, por ejemplo en *El tiempo detenido*, interior de una habitación en el que un tren sale llameante de una chimenea doméstica.

◀ DE CHIRICO: Héctor y Andrómaca, *1917. Quizás como una huida de la guerra, el pintor italiano prefiere a dos maniquíes como habitantes únicos de sus plazas desiertas y de sus calles que se sumergen en el infinito.*

8 LA ESCULTURA

La escultura, expresión de la angustia del ser humano actual

Es posible que sea el arte escultórico el que experimenta una revolución más radical en el siglo XX. Durante algún tiempo sigue los caminos trazados por RODIN, pero el Cubismo supone ya la ruptura definitiva con la tradición; la figura humana pierde su omnipresencia para dejar paso a las formas geométricas. Mas no es la plasticidad espacial de la geometría el fundamento de la escultura del siglo XX sino cierta propensión al patetismo, a veces disimulada, y que convierte el lenguaje escultórico en otro medio de expresión de la angustia del ser humano actual.

La intensificación expresiva del realismo mediante deformaciones ofrece a principios de siglo dos tendencias, la dramática, de ERNST BARLACH que consigue convertir sus mensajes en muecas punzantes (*El terror*, 1912; *Los abandonados*, 1913), y la que se convierte en testimonio de los seres resignados a un sufrimiento invencible y que tiene su mejor representante en WILHELM LEHMBRUCK, escultor de figuras lánguidas y adelgazadas, postradas física y mentalmente; el ahondamiento de su temática puede percibirse comparando su *Mujer arrodillada*, de 1911, todavía serena, con su *Hombre abatido*, de 1915, de rodillas y con la frente en el suelo, que nos transmite una pesadumbre agobiante.

Aprovechando las aportaciones geométricas del Cubismo tres escultores van a contribuir a la invención de formas nuevas: el rumano BRANCUSI y los españoles JULIO GONZÁLEZ y GARGALLO.

Invención de formas nuevas

BRANCUSI es el más grande de los innovadores del lenguaje escultórico. Uniendo las formas del Cubismo y la potencia comunicativa del Expresionismo crea algunas de las obras más originales de la plástica actual: *Adán y Eva, Pájaro en el espacio*. Raras veces en la Historia de la escultura se encuentra un maestro que sienta con tanta intensidad los materiales, el bronce, el mármol, durante la Primera Guerra Mundial la madera, sobre los que trabaja con insistencia hasta obtener una pátina similar a la del paso del tiempo.

En estos materiales insufla un aliento espiritual; por ejemplo, en su *Pájaro en el espacio* el ritmo dinámico, vertical, se ha entendido como la tensión ascensional de la vida, de la que espacio y pájaro serían símbolos.

◀ BRANCUSI: Pájaro en el espacio, *1925*. La superficie lisa, la forma alargada y esbelta, la ondulación tensa del contorno, nos transmiten no la imagen de un pájaro sino la de su poder para elevarse hacia lo alto. En esta obra excepcional la plástica se eleva a categoría de símbolos.

▲ GARGALLO: El profeta. *El hierro permite combinar la lámina plana, el tubo ondulado y el hueco.*

◀ JULIO GONZÁLEZ: Mujer ante el espejo. *Entre el Cubismo y la abstracción, el escultor español nos presenta una figura geométrica, que en los huecos incorpora el espacio a la plástica.*

▲ GIACOMETTI: La mujer cuchara. *Las figuras, y en otros casos los objetos, se vinculan o evocan realidades distintas de las visuales.*

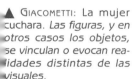

▶ ZADKINE: El grito, 1953-54 (arriba). *La potencia expresiva de una formas concebidas para ser vistas desde abajo, se concentran en un monumento que desea ser testimonio de la capacidad de destrucción del hombre.*

HENRY MOORE: Grupo familiar (abajo). *En esta obra la potencia sugestiva de los espacios vacíos anticipa los huecos de las creaciones de su último período.*

Los dos artistas españoles GONZÁLEZ Y GARGALLO son los grandes innovadores en el trabajo del hierro: JULIO GONZÁLEZ, partiendo de formas cubistas llega hasta la abstracción, modelando poliedros abruptos y eruptivos de picos (*Cactus*); GARGALLO descubre primero en las chapas de hierro su configuración geométrica, pero pronto llega a aprovechar los espacios vacíos y a dotarlos de fuerza, lo mismo que a las aristas. *El profeta*, su obra más conocida, ofrece formas cubistas pero se mueve dentro de los presupuestos espirituales del Expresionismo. La potencia sugeridora de GARGALLO es admirable; las obras de los años veinte enseñan los músculos en los huecos, los rasgos del rostro en las aristas, el volumen por medio de placas curvadas.

El Expresionismo es, lo mismo que en pintura, una constante del lenguaje escultórico; los artistas descubren pronto la intensidad expresiva de las deformaciones y el vitalismo de los gestos crispados. El suizo ALBERTO GIACOMETTI en sus obras de los años veinte investiga en las metamorfosis: *Cabeza plana* (1927), *La mujer cuchara* (1928). Pero a diferencia de la pintura, el paso del Expresionismo al Surrealismo se efectúa poco a poco y casi de manera imperceptible; la mayoría de las obras de GIACOMETTI, entre 1925 y 1935, buscan la representación de un universo onírico; el *Palacio a las cuatro de la mañana* (1933) recuerda la concepción urbana de los recintos vacíos y los inquilinos extraños de DE CHIRICO. Entre los españoles el Surrealismo sugestiona a ALBERTO SÁNCHEZ y al propio JOAN MIRÓ, quien alterna de vez en cuando algunas creaciones escultóricas con su pintura.

Pero la espantosa tragedia de la Segunda Guerra Mundial provoca de nuevo una vuelta al Expresionismo, todavía con posibilidades expresivas. Los escultores insisten en las deformaciones y en los gestos de angustia, o en las formas geométricas gesticulantes, como LIPCHITZ, o ZADKINE en su terrorífico *El grito* –monumento a la destrucción de Rotterdam– (1953-1954).

En estos años adquiere gran difusión la obra de una figura cumbre de la plástica contemporánea, el inglés HENRY MOORE. Su humanismo se concreta en una serie de temas, de los que no suele evadirse: grupo familiar, maternidad, guerrero herido. La figura es tratada como si fuera arquitectura, adquiere un aire monumental, incluso cuando es pequeña. Su profundización en los secretos de la forma-expresión se mueve entre la abstracción, la figuración y la semifiguración. Es un artista original, aislado de cualquier escuela, pero cuyas invenciones morfológicas han revelado las posibilidades de la revolución plástica. Quizás la obra más conocida y representativa de MOORE sea su *Grupo familiar* del Museo de Arte Moderno de Nueva York.

II. Abstracción y vanguardia

9 LA PINTURA ABSTRACTA

El objeto había sido sometido en la pintura del siglo XX a toda suerte de experimentos: reducido a color en el Fauvismo, geometrizado en el Cubismo, distorsionado en el Expresionismo, vibrado dinámicamente en el Futurismo, soñado en el Surrealismo. En el arte abstracto se procede a su eliminación.

El propósito de los artistas abstractos es prescindir de todos los elementos figurativos para concentrar la fuerza expresiva en formas y colores sin relación con la realidad visual. Se trata de un intento anterior al Surrealismo, pero que lo desborda en el tiempo puesto que al agotarse la escuela surrealista la bandera que guía a los pintores es la de la abstracción.

La obra de arte se convierte en una realidad autónoma, sin conexión con la naturaleza, y por tanto ya no representa hombres, paisajes, casas, flores, sino simplemente combinaciones de colores que intentan expresar, con un lenguaje sin formas, como el de la música, la necesidad interior. "*En la pintura* –escribe KANDINSKY– *una mancha redonda puede ser más significativa que una figura humana*".

Kandinsky y Klee

Es KANDINSKY quien, en Munich, hacia 1908, tiene por vez primera la revelación de la pintura no figurativa. No rompe por entonces todavía con los elementos figurativos del Expresionismo, pero en 1913 publica en *Der Sturm* un artículo que define la nueva concepción: "*El elemento interior determina la obra de arte*". Si este elemento predomina, el exterior queda reducido a una simple emanación instrumental. Después de una estancia en Rusia, KANDINSKY se traslada a Berlín en 1921 y allí se une a la *Bauhaus*; en 1924 funda el grupo de *Los Cuatro Azules*, con KLEE, FEININGER y JAWLENSKY.

La aventura intelectual de KANDINSKY es de una enorme audacia; mientras BRAQUE y PICASSO en dos años han encontrado los fundamentos del Cubismo, el maestro ruso aparece sumido en una constante duda, como dando tumbos.

Su compañero, el suizo PAUL KLEE, en sus clases de la *Bauhaus* y en sus escritos explica cómo los elementos gráficos –punto, línea, plano y espacio– adquieren significación por una descarga de energía dentro de la mente del artista.

▼ KLEE: Senecio (*izquierda*). Corresponde a su etapa de profesor en la *Bauhaus*, cuando combina las imágenes geométricas con juegos de colores, para detenerse a veces en escenas surrealistas o ingresar en composiciones abstractas.

MONDRIAN: Composición con rojo, amarillo y azul (*derecha*). Los tres colores puros ordenan la realidad física. Cada rectángulo constituye un módulo estático; su yuxtaposición genera un ritmo.

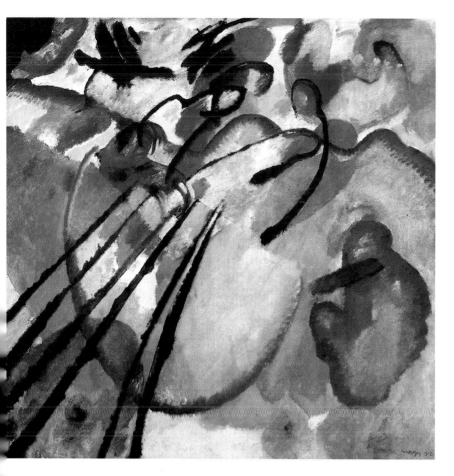

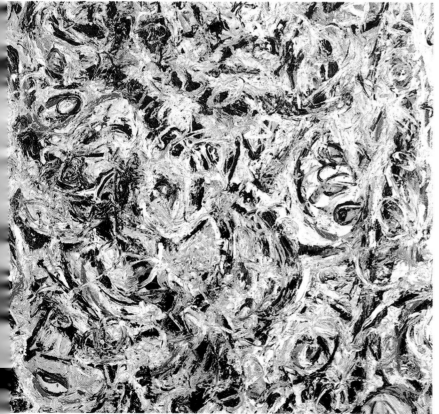

<KANDINSKY: Improvisación (arriba), ejemplo de la libertad cromática del arte abstrac-
o, en el momento en el que el color se impone a las formas. POLLOCK pasó del Su-
realismo al Expresionismo abstracto, y aplica en Senderos ondulados (abajo), 1947,
neas de pasta de tubo con trazados violentos.

El Constructivismo o Neoplasticismo

En KANDINSKY y KLEE el color se ordena libremente a impulsos de la inspiración, pero en otras
corrientes de la abstracción se buscan relaciones
matemáticas entre las formas coloreadas. Es la
preocupación de la revista *De Stijl* (El estilo), a
cuyos maestros se les ha encuadrado bajo la denominación de **Constructivismo**, aunque MON-
DRIAN prefería la de **Neoplasticismo**. Los maestros
de *De Stijl* (VAN DOESBURG, MONDRIAN, BRANCUSI, CÉ-
SAR DOMELA) y algunos independientes (MALÉVITCH,
una fase de KANDINSKY) construyen los cuadros
más abstractos de la pintura moderna con la utilización de colores primarios (rojo, amarillo y azul)
dispuestos en franjas delimitadas por líneas horizontales y verticales y en fase posterior por diagonales. Es patente el influjo del Cubismo.

Informalismo o Expresionismo abstracto

Un nuevo capítulo se inició después de la Segunda Guerra Mundial con el **Informalismo** o **Expresionismo abstracto**. El grupo de los llamados
pintores matéricos inventó una variante del *collage*; con mezclas de arena, yeso, arpilleras y otros
materiales consiguieron dar al lienzo plano la rugosidad tridimensional de la escultura. Otros, los
tachistas (de *tache*, mancha) comenzaron a ad-
vertir el poder naciente de la mancha (evidente
ya en MIRÓ). Con manchas y pastas nuevas se
podía representar la textura de la materia.

En Estados Unidos, adonde se habían trasladado bastantes pintores durante la guerra (CHA-
GALL, ERNST, MONDRIAN, etc.), se comenzó una nueva tendencia, en la que JACKSON POLLOCK se erige
en figura representativa. Interesante resulta su
obra *Retrato y un sueño* (1953), con una cabeza
casi picassiana en un lado y una combinación
confusa de rayas y manchas en el otro, precisamente el más vivo, el que posee una dinámica
interna. En España hacia 1953 TÀPIES comenzó a
utilizar sus mezclas de cola, yeso y arena, con
las que refleja una desesperación por el presente
industrial y una nostalgia de lo natural.

El arte abstracto transforma el lienzo en grito,
en algo inarticulado e incomprensible. CAMÓN AZ-
NAR estima que responde a una raíz destructiva
que está en el fondo de la cultura moderna.

🔟 OTRAS CORRIENTES ARTÍSTICAS

Entre tanto en México triunfaba en la década
de los 30 una importante escuela de muralistas
cuya obra resulta ajena a la abstracción y a otros
movimientos coetáneos, desarrollándose dentro
de un realismo tremendamente expresivo, de
hondo alcance social y político (que tendrá vastos alcances en toda América del Centro y del
Sur). OROZCO, RIVERA y SIQUEIROS (pág. 413) son
los principales protagonistas de esta singladura.

Neofiguración

Es el paso que marca el nuevo rumbo de la abstracción hacia la figuración. Los más claros representantes son el francés DUBUFFET, que no renunció nunca a una cierta figuración y se aproxima voluntariamente al vocabulario infantil y primitivo para comunicarnos un mundo desarticulado y gesticulante; y el irlandés FRANCIS BACON, uno de los pintores más trascendentales de nuestro siglo; en espacios surrealistas, sin atmósfera, coloca sus atormentadas figuras que se distorsionan y funden en desgarrador patetismo; su influencia en Europa y particularmente en España es enorme.

Pop-Art

Desarrollado en los años sesenta subraya el valor iconográfico de la sociedad de consumo. El *Pop-Art* (arte popular), a pesar de su nombre no va dirigido al pueblo sino que toma de él, de sus intereses, la temática. Los objetos industriales, los carteles, los embalajes, incluso las imágenes son el mundo del *Pop-Art*. Es un arte eminentemente ciudadano, nacido en las grandes urbes, y ajeno por completo a la Naturaleza; utiliza las imágenes conocidas con un sentido diferente (como ya hicieran los *Dadá*) para lograr una nueva estética o alcanzar una postura crítica de la sociedad de consumo. Uno de los mejores representantes es ANDY WARHOL, quien parte de variaciones fotográficas de un mismo tema mítico, como *Marilyn Monroe*, *Elvis Presley* o la *Lata de sopa Campbell*.

Hiperrealismo

Es ésta la tendencia realista más absoluta de la Historia y se afianza en los años sesenta. En América, donde tanto sentido había alcanzado el *Pop-Art*, se ha trabajado con la reproducción pintada de los objetos de consumo y de sus imágenes publicitarias, y en este camino se encuentra la reproducción manual de fotografías, lo que constituye la esencia del Hiperrealismo americano. CHUK CLOSE o DON EDDY nos ofrecen en sus imágenes esos aspectos aburridos y sin alma característicos de la civilización de masas, con el mismo objetivismo de una cámara fotográfica. En realidad transfieren a la plástica las vivencias adquiridas por la cultura de la imagen.

En Europa, por el contrario, el Hiperrealismo no suele tener connotaciones *pop* y está impregnado de un lirismo casi surrealista. La obra del español ANTONIO LÓPEZ es el más genial exponente de esta versión del Hiperrealismo.

▼ BACON: Lying figures nº3 *(izquierda)*. *Soledad, horror son los ingredientes de la obra del inglés* BACON *en la que se grita el asco por una civilización irracional.*

ANDY WARHOL: 200 latas de sopa Campbell *(derecha)*. *El arte pop se convierte en un medio de expresión de la civilización del consumo. Aquí juega, más que pinta, con un artículo popular que sería en nuestro tiempo el equivalente irónico de los bodegones barrocos.*

Arte conceptual

Éste es un arte en el que lo conceptual priva sobre lo puramente formal. Ensaya nuevos lenguajes plásticos, creándose ambientes cromáticos, luminosos, o sencillamente modificaciones sobre la naturaleza. Su principal característica es la de ser radicalmente antiburgués y anticonsumo, ya que estas creaciones, por su ubicación o por ser efímeras, no pueden tener poseedor.

Son muy significativas, en esta concepción del arte, las obras de CHRISTO JAVACHEFF, quien envuelve o empaqueta grandes monumentos o edificios enteros por un corto período de tiempo.

También dentro del arte conceptual, como ya se ha dicho, se entienden las modificaciones de la naturaleza o *Earth Art* (arte terrestre). Quizás la obra más famosa y representativa sea la *Spiral Jetty* de SMITHSON, quien en el Gran Lago Salado, en Utah (EEUU), crea una inmensa espiral de arena y rocas (1970).

A finales del siglo XX advertimos el cataclismo que han padecido las artes, pero también vemos que la conquista de la absoluta libertad expresiva constituye el más preciado legado de la cultura plástica de hoy.

▲ *El búlgaro* CHRISTO *o* CHRISTO JAVACHEFF *–de las dos formas firma y se le conoce– tuvo una etapa correspondiente al Land Art o Earth Art, en la cual pone grandes telas o papeles a formas naturales o a arquitecturas, dentro de una preocupación ecológica por protegerlas y artística por ocultar tras un velo la plenitud de su realidad, como en el empaquetado del Reichstag, Berlín (Alemania) 1971-1995.*

◀ SIQUEIROS: *Las fuerzas revolucionarias, Museo Nacional de México. Esta obra es un buen ejemplo de la concepción grandiosa del mural integrado en el edificio, lo que es una característica del grupo de muralistas mexicanos.*

11 ABSTRACCIÓN Y MOVIMIENTO EN LA ESCULTURA

Por la abstracción pasa buena parte de los artistas plásticos del siglo XX. El también pintor HANS ARP ensaya en un arte de tres dimensiones las formas de sus pinturas. Dentro de la escultura abstracta la escuela denominada **Constructivismo** busca la forma al margen de la masa, profiriendo un desarrollo de las superficies en el espacio; tal es el estilo de los dos hermanos PEVSNER, paralelo al pictórico de MALÉVITCH; los PEVSNER, a diferencia de BRANCUSI, cultivan las formas ahuecadas antes que los volúmenes cerrados.

NAUM GABO PEVSNER en 1920 regresa a Rusia y publica junto con su hermano su manifiesto. En ese año, anticipando futuros rumbos, realiza la primera escultura cinética del mundo, consistente en una lámina que vibra por impulso del motor, y que demuestra cómo una superficie se convierte virtualmente en un volumen. ANTONIO PEVSNER se distingue por los desarrollos helicoidales de superficies curvas formadas por varillas de bronce, *Columna desarrollada* (1942), o *La columna de la paz* (1954), cuatro ángulos entrecruzados que muestran el deseo de materializar el espacio.

La abstracción es asimismo la fase final del arte de algunos españoles, como ÁNGEL FERRANT con *Tres mujeres*. Más audaz es la aportación del toledano ALBERTO SÁNCHEZ que muestra un cierto horror al vacío, y a los espacios huecos que tan bien había aprovechado GARGALLO, y se afana en combinar la geometría del Cubismo, la vida angustiosa del Expresionismo y la tendencia a la abstracción, en formas que sólo lejanamente recuerdan el modelo, como *Perro asustado* o *Signo de mujer rural, en el camino, lloviendo.* El último paso hacia la abstracción plena tiene un cultivador, entre los españoles, en el guipuzcoano CHILLIDA, quien abandonó sus estudios de arquitectura para esculpir enormes bloques de hierro, en los que parece haber señalado el punto de encuentro de arquitectura y escultura.

En los ensayos por plasmar el movimiento se refleja la más violenta ruptura con la Historia. La escultura tradicional, incluso en sus momentos más excelsos, había representado el movimiento fijo, como una instantánea (por ejemplo MIRÓN, MIGUEL ÁNGEL o BERNINI). En el siglo XX los escultores futuristas superponen láminas o deshacen las superficies rugosas para presentar posiciones sucesivas de una figura; así es la fase dinámica de BRANCUSI.

BOCCIONI entabla amistad con los escultores cubistas, pero juzga estáticas sus obras; al volumen cerrado opone el volumen abierto: *Formas de continuidad en el espacio, Desarrollo de una botella en el espacio.* En sus creaciones la forma cilíndrica se une al espacio por una evolución que pasa por la curva cerrada y la curva abierta, y por otra parte el cilindro se abre para mostrar el espacio exterior. Esta unión entre el interior y el exterior de la escultura resume lo que es el movimiento, las posiciones sucesivas, en las que la figura "conquista" fragmentos de espacio.

▶ CALDER: Móvil *(arriba). El equilibrio inestable que genera movimientos prolongados de las formas es el objetivo de la escultura cinética.*

BILL WOODROW: Aguas tranquilas, *1985 (abajo). Tres mascotas de radiador, tres colchones de muelles, esmalte y pintura acrílica. Es la escultura objetual, que rompe con el concepto de linealidad e incorpora toda suerte de objetos a las formas.*

▼ CHILLIDA: Abesti Gogora *(izquierda). En sus esculturas,* CHILLIDA *nos marca ya la plena abstracción, a través de la cual, sin embargo, podemos notar con frecuencia una mutua influencia de la arquitectura y la escultura.*

OTEIZA: Homenaje a Malevitch *(derecha). Con pequeñas planchas de hierro o acero galvanizado el escultor juega con las formas y ondula el espacio.*

Pero el paso definitivo lo da la escultura cinética, gemela de la ingeniería, inspiradora de obras que se sostienen de manera inestable sobre un precario punto de apoyo, que giran con el viento o que se mueven de forma continua por un sistema descompensado de pesos.

El norteamericano CALDER, que comenzó diseñando con alambres figuras estáticas, desde 1931 crea obras accionadas por motor, a las que denomina *Móviles*, como el gigantesco realizado para la UNESCO (1958).

El húngaro NICOLÁS SCHOFFER por medio del motor eléctrico realiza una síntesis de la pintura, la escultura y el cine, en combinaciones en las que las formas coloreadas se suceden sin interrupción.

Las innovaciones plásticas del siglo XX son de una audacia innegable. Podríamos sintetizarlas en varios principios:

- **El hueco**. Crea formas como el silencio en la obra musical (GARGALLO).

- **Deformación**. Constituye un recurso tradicional del artista, en el que se descubren nuevas posibilidades (MOORE).

- **Incorporación del espacio**. La escultura se funde con su contorno (hermanos PEVSNER).

- **Abstracción**. Las formas sin apoyo en la realidad han renovado el léxico escultórico (CHILLIDA).

- **Movimiento**. Unión de la energía y la forma en esculturas-máquinas (CALDER).

En los años ochenta los escultores continuaron innovando las formas e introduciendo nuevos materiales. Entre los artistas más renovadores debemos citar al británico ANTHONY CARO, quien además de utilizar acero oxidado desde los años sesenta comenzó en los ochenta a combinarlo con madera y plomo.

Por otra parte se rompe la forma continua, tradicional en escultura, y se sustituye por formas integradas por pequeños objetos, que a veces recuerdan un puzzle sin montar. Es una técnica parecida a la del *collage* en pintura, técnica en la que sobresalieron los escultores EDUARDO PAOLOZZI y BILL WOODROW. WOODROW en *Los tres cerrojos* (1983) combina fragmentos de coche y de aspiradores con trozos de armario.

Es evidente que la escultura se aproxima al diseño en muchas de estas realizaciones. Quizás su mayor interés estriba en la introducción de materiales nuevos y en la forma de tratarlos. Y aunque estos caminos despierten controversia, en parques y calles algunos monumentos de materiales nuevos resultan sugerentes y bellos. Es el caso de *Como un caracol* (1987) de DEACON, una forma ondulante de acero y contrapachado en un estanque de Münster (Alemania).

WASILY KANDINSKY: Líneas radiales

Datos: Óleo sobre lienzo. Dimensiones: 98 x 73 cm. Fecha: 1927. Museo Solomon Guggenheim de Nueva York.

Líneas radiales

Cuando KANDINSKY pinta este cuadro, hace un año que ha editado una de las obras más esclarecedoras de lo estructural en el arte: *Punto y línea frente al plano*. Ambas obras, el libro y el cuadro, son intentos racionales de analizar los componentes básicos de la plástica pictórica.

El cuadro que tenemos ante nosotros se limita al uso de las formas simples en su desnuda pureza: el **cuadrado**, el **círculo** y el **triángulo**. A la sazón, KANDINSKY es profesor de la Bauhaus y persigue la coherencia con los postulados de su obra *Punto y línea frente al plano*. Es didáctica pura. Unos obsesivos círculos excéntricos y tangentes entre sí presiden la composición; la oposición cromática de los mismos hace que el grito sea más penetrante.

En la definición del punto KANDINSKY anota: *"El punto se incrusta en el plano básico y ahí se queda por los tiempos de los tiempos"*. Por otra parte renace la infancia musical del artista, que asocia los elementos a una verdadera poética sonora. *"En el instante en que el punto se desplaza del centro del plano básico, se hace perceptible la bisonancia: 1) Sonido absoluto del punto. 2) Sonido del sitio dado del plano básico"* escribe. Pero la composición que aquí vemos integra sucesivos puntos subordinados que emiten diferentes sonidos.

Al final, los puntos se agrupan en una ordenación, de mayor a menor, que podría tenerse por lineal. Sin embargo, la línea no había surgido, viene después. Esas líneas radiales que le dan "temperatura", vitalidad ascendente a la pintura.

En sus líneas radiales, la mayor fuerza visual la comunica el haz de cuatro rectas blancas que acuden al grupo de círculos principales. Su vivo calor comunica al cuadro un dinamismo ascensional modulado por el contrapunto de otros conjuntos de líneas horizontales que tratan de paliar la excesiva agresividad de la bisonancia principal.

Una forma menor (ángulo inferior izquierdo) está presidida por el triángulo, que es la forma opuesta al círculo. Su antagonismo le hace resultar inquietante y destructora.

En la obra se dan, pues, dos mundos diferentes y subordinados. El primero presidido por el conjunto dominante dinámico-ascensional de puntos y rectas, y el segundo, el conjunto subordinado, agresivo y destructor, de triángulos y rectángulos. Todo ello situado sobre un fondo alejado y profundo de verdes y negros implacables. De ese modo el artista logra una permanente inestabilidad emocional difícilmente transcriptible a términos literarios o de carácter muy subjetivo, lo que es esencial en la más pura ortodoxia del abstraccionismo.

Finalmente es muy interesante insistir en la circunstancia, no casual, de las connotaciones musicales que KANDINSKY busca en la obra de esta etapa de su vida. De muy joven había cursado estudios de música en Odesa y las emociones abstractas que presuponen el mundo del sonido definieron buena parte de su pensamiento y obra artístico-plástica. En MUSORGSKY, por ejemplo, la música es pintura y por ello tiene verdadero carácter plástico-representativo, y en KANDINSKY la pintura es música, y por ello tendrá un auténtico carácter abstracto-lírico.

La obra, de 98 x 73 cm, pintada al óleo sobre lienzo, se conserva junto con otras 180 del mismo artista en el Museo Solomon R. Guggenheim de Nueva York, obra del arquitecto FRANK LLOYD WRIGHT. En la rampa helicoidal, que es la esencia misma del museo, bañados por una tamizada luz, destacan valientes, comprometidos y proféticos los cuadros de uno de los personajes centrales del arte del siglo XX.

ACTIVIDADES

- Seguramente te parecerá difícil esta obra de Kandinsky, pero si haces un esfuerzo de aproximación comprenderás bastantes cosas. En primer lugar debes intentar establecer una relación de las formas que ves: líneas rectas, ángulos, puntos, círculos, etc.

- Para Kandinsky la música era el arte puro por excelencia. Imagina que estos puntos son notas musicales, cuya duración depende del tamaño y cuyo tono agudo o grave depende del color. Imaginemos que los rojos son los agudos. ¿No parece ofrecer este cuadro alguna similitud con una partitura?

- Estás contemplando una obra abstracta. Busca obras de Kandinsky de otros períodos. O si lo prefieres, de otros artistas, Miró, Chagall, etc.

- Kandinsky es autor de libros sobre el arte actual, el más interesante: *De lo espiritual en el arte*. Si quieres profundizar sobre su arte podrías leer algún capítulo.

BIBLIOGRAFÍA

ARANCIL, A., y RODRÍGUEZ, D., *El arte y los sistemas visuales: El siglo XX*. Madrid, Istmo, 1994.

BOCK, M. (et al.), *De Stijl: 1917-1931. Visiones de utopía*. Madrid, Alianza, 1986.

CIRLOT, J. E., *Arte del siglo XX*. Barcelona, Labor, 2 vols., 1972.

CIRLOT, L., *Las últimas tendencias pictóricas*. Barcelona, Vicens Vives, col. Historia Visual del Arte 17, 1989.

DIEGO, E. de, *Arte Contemporáneo II*. Madrid, Historia 16, col. Conocer el Arte, 1996.

ELDERFIELD, J., *El Fauvismo*. Madrid, Alianza, 1993.

EVERITT, A., *El expresionismo abstracto*. Barcelona, Labor, 1984.

GOLDING, J., *El cubismo. Una historia y un análisis*. Madrid, Alianza, 1993.

LUCIE-SMITH, E., –*El arte hoy*. Madrid, Cátedra, 1983.

–*Movimientos artísticos desde 1945*. Madrid, Destino, 1991.

MARCHAN FIZ, Simón, *Del arte objetual al arte de concepto*. Madrid, Akal, 1994.

MOSZYNSKA, A. *El arte abstracto*. Barcelona, Destino, 1997.

OLAGUER-FELIÚ, F., *Los grandes "ismos" pictóricos del siglo XX*. Barcelona, Vicens Vives, col. Historia Visual del Arte 15, 1989.

PIERRE, J., *El cubismo*. Madrid, Aguilar, 1970.

PLEBE, A., *¿Qué es verdaderamente el expresionismo?*. Madrid, Doncel, 1971.

RAMÍREZ, J. A., *Arte del siglo XX*. Madrid, Dpto. de Historia y Teoría del Arte, 1986.

SANDLER, I., *El triunfo de la pintura norteamericana: historia del expresionismo abstracto*. Madrid, Alianza, 1996.

SUREDA, J. y GUASCH, R. M., *La trama de lo moderno*. Madrid, Akal, 1987.

VARIOS AUTORES, *Los movimientos pop*. Barcelona, Salvat, col. G. T. nº 41, 1973.

24.
Picasso y la aportación española a la pintura del siglo XX

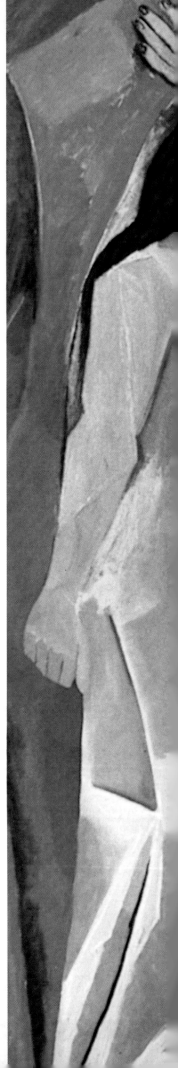

Después de 1898 España parece vivir encogida y de espaldas a todo lo que ocurría en Occidente. Incluso las artes siguen mirando más hacia el pasado que hacia el joven y prometedor siglo. Tal vez Barcelona, sea la excepción ya que está viviendo su particular aventura de la industrialización y la modernidad y desde allí van a salir los grandes genios que colocan al país en una nueva Edad de Oro de la pintura. El malagueño Picasso, y los catalanes Miró, Dalí y Tàpies, van a significar los más recios pilares en los que se apoya la plástica universal de este siglo. El resto del país despierta definitivamente con el estallido de la abstracción en el centro del siglo y otras ciudades y comunidades se irán incorporando a la permanente azaña de la creatividad y la originalidad, proporcionando artistas universales como Viola, Antonio López o Miquel Barceló.

PICASSO: Las señoritas de la calle de Avinyó y tres dibujos preparatorios, *un manifiesto del arte contemporáneo. Se inicia la geometrización de la figura humana y las deformaciones de los rostros se intensifican de izquierda a derecha y, en proceso paralelo, el fondo se vuelve azul. A este cuadro dedicó el artista álbumes enteros de apuntes y ensayó sucesivas modificaciones de la composición hasta conseguir la síntesis de las nuevas formas.*

I. Picasso

1 TRAYECTORIA ARTÍSTICA

PABLO RUIZ PICASSO (Málaga, 1881-Mougins, 1973) es la máxima figura del arte del siglo XX. Su obra señala para el arte pictórico el punto de no retorno; a partir de ella no podrá volver a detenerse en la representación cromática del mundo visible y ha de esforzarse por una parte en ser un medio de comunicación con el universo, en el sentido en que el filósofo BERGSON escribía "*en vez de dar vueltas alrededor de las cosas para hacer un mapa, penetrar en ellas para alcanzar lo absoluto*", y por otra en adquirir un compromiso con los problemas de los hombres de la época en que vive el artista, quien convierte su arte en símbolo. Ciencia y humanismo, antes que armonía de colores y formas.

Con el genial artista malagueño la pintura experimenta una alteración radical de sus presupuestos estéticos y conceptuales semejante a la que vive la física con la *Teoría de la relatividad* de EINSTEIN o algunas ramas de la medicina con las doctrinas de FREUD.

Época de aprendizaje

Su aprendizaje evidencia un ritmo vertiginoso. A los catorce años domina el dibujo y el color con la maestría de RAFAEL, como muestran los cuadros de ese período que conserva el Museo Picasso de Barcelona; a los dieciséis pinta la tela *Ciencia y caridad* y a los diecinueve decora con veinticinco retratos los muros de la taberna barcelonesa *Els Quatre Gats*, en la que forman tertulia NONELL, EUGENIO D'ORS, MIGUEL UTRILLO y el que será su íntimo amigo, SABARTÉS; a los veintitrés se establece definitivamente en París, y se impregna primero del espíritu de TOULOUSE-LAUTREC y más tarde del fauvismo de MATISSE.

En estos dinámicos años juveniles encontramos ya en la vida y temática picassianas un humanismo del que no abdicará nunca apoyado en la intensidad de su trato y en su preocupación por el mundo de los humildes.

Época azul

Este sentimiento patético domina su primer estilo personal de la **época azul**. El hallazgo de los valores simbólicos del azul se efectúa en Barcelona, en dos retratos de 1896, uno de ellos totalmente compuesto con gamas azuladas; quizás sin necesidad de haber leído a RUBÉN DARÍO, cuyo libro *Azul* se había publicado en 1888, en la asistencia a tertulias modernistas meditó en la capacidad simbolista de este color. Pero es definitivamente en París (entre 1901-1904), donde construye, mediante una monocromía azul elegida por su atmósfera calmante, su capacidad para resaltar la melodía de las líneas y su simplicidad.

El PICASSO de los veinte años se ve acometido por la desesperación y contempla la vida desde un ángulo pesimista que le inclina a la denuncia de las miserias; mendigos y mujeres vencidas por la vida, trágicos ciegos, figuras tristes de cabezas tronchadas, componen su iconografía. El símbolo de este mundo melancólico será el circo ambulante, con sus juglares errantes, hambrientos y demacrados. Incluso las *Maternidades* (Museo Picasso, Barcelona), de 1903, rehúyen cualquier connotación de alegre ternura para plasmar la inquietud por la salud o la alimentación del hijo.

El dibujo es severo, los elementos del cuadro los imprescindibles; es una pintura en huesos, igual que sus personajes, más descarnada en las raras ocasiones en que el pintor prescinde del color, como en el estremecedor aguafuerte de *La comida frugal* (Museo Picasso, Barcelona, 1904), en el que el alargamiento anguloso de brazos, manos, cabezas, transparenta el influjo de EL GRECO, del que había tomado bastantes notas durante su año de estudio en Madrid.

Época rosa

En la denominada **época rosa** este color se combina con toques azulados, pero se distingue más que por una modificación del cromatismo por la evolución desde las formas angulosas y escuálidas a las más graciosas y llenas y a los rostros que expresan una indiferencia sosegada; el dibujo se basa en la rapidez vivida de las líneas, en los resúmenes expresivos. Durante varios meses insiste en el tema de los arlequines, dotados de una romántica melancolía.

En el año 1906 conoce a MATISSE y su obra, que influye en el enriquecimiento de su paleta, pero sabe que sus mendigos azules y sus arlequines rosas carecen de la vivacidad cromática del gran maestro francés y no piensa que su camino esté en explotar la sensualidad del color, sino en la creación de un mundo de formas severas, independientes de la naturaleza. A ello es estimulado por una exposición de escultura negra y por el estudio de los antiguos relieves ibéricos y del arte egipcio, que se le revelan como formas de expresión con orígenes emotivos antes que intelectuales. Pasa el verano de 1906 en el pueblecito ilerdense de Gósol y comienza junto a la distorsión grequiana de algunas figuras la petrificación de los rostros y la esquematización arquitectónica de las figuras.

Estaba naciendo el Cubismo, cuyo manifiesto es *Las chicas de la calle Avinyó* (mal llamada "Señoritas de Aviñón") (págs. 418-419), iniciada en 1906 y terminada al año siguiente, obra que rompe con el arte amable de MATISSE e introduce a la pintura en un mundo demoníaco y mágico.

▶ PICASSO: El viejo judí[o] es otro intento de de[-]nuncia de la pobreza y [la] marginación de grupo[s] sociales —en este cas[o] un desvalido viejo judío[-]. Con gamas de azules [el] pintor obtiene una a[t-]mósfera de melancolía[,] con un dibujo vivaz la m[i-]rada de la resignación.

▶ PICASSO: El guitarris[ta] ciego. Es una de la[s] creaciones de la époc[a] azul. Compendia los v[a-]lores del período azu[l:] melancolía de la mono[-]cromía fría, dibujo ne[r-]vioso, figuras grequia[-]nas dobladas por la i[n-]defensión y gobernada[s] por el hambre.

▲ PICASSO: La familia de saltimbanquis, de la Galería Nacional de Washington, es una muestra de los valores de la época rosa: tema circense, presencia de un suave cromatismo rosado, flexibilidad de las formas, personajes dotados de una elegancia serena, que se alejan de los ciegos famélicos de la época azul.

◄ PICASSO: La señora Canals. Se trata del retrato de Benedetta Bianco, esposa de Ricard Canals, amigo próximo de PICASSO. El óleo, fechado en París en otoño de 1905, señala la evolución del artista hacia las formas clásicas. Prodigio de expresividad y de penetración psicológica, pronto PICASSO diría adiós a las formas reales. Si se compara con el retrato de Ambrosio Vollard (pág. 422) se recorre un itinerario prodigioso en cuanto a los cambios en la anatomía humana.

Época del Cubismo y etapa clásica

En *Las señoritas de la calle Avinyó*, al influjo de la escultura negra y del arte ibérico se añade el impacto de CÉZANNE, del que en 1907 se celebra una exposición conmemorativa. En las cabezas puede distinguirse una gradación creciente de la geometrización, pero no es todavía plenamente un cuadro cubista; una cristalización más acusada de las formas puede encontrarse en los paisajes de Horta de Ebro, del verano de 1909.

En los años siguientes el **Cubismo** se somete a una serie de ensayos y pasa por varios períodos: **analítico**, **sintético**, **hermético**, **período cristal**. Tras la ruptura de líneas del objeto del primer período se acentúa en el Cubismo sintético el recelo del color y PICASSO utiliza para las perspectivas la proyección de los planos y la transparencia; el Cubismo hermético es el punto culminante en la liberación del tema, el adiós total a la naturaleza; en el período cristal el cuadro se convierte en un juego de formas coloreadas en el espacio.

Al término de la Primera Guerra Mundial, aunque ya no abandonará totalmente el Cubismo, que reaparece en la figura humana de las dos versiones de *Tres músicos* y en el Cubismo curvilíneo de 1923-1925, la paz y dos acontecimientos, un viaje a Italia y el contacto con los ballets rusos, abren una **etapa clásica**. En Italia PICASSO contempla las obras de la Roma antigua, Pompeya, el Renacimiento. Es el momento creador de las máscaras, en las que con un dibujo portentoso inmoviliza la expresión mientras se limita a apuntar las otras partes de la figura.

◀ PICASSO: Retrato de Ambrosio Vollard. Es el típico retrato cubista. A pesar de la disección de las formas se percibe la semejanza con el modelo, marchante de los impresionistas y sobre todo de CÉZANNE. *En CÉZANNE se apoya la tela de araña cristalina de la composición.*

▼ PICASSO: Fábrica de Horta de Ebro (*izquierda*). PICASSO *se inspiró directamente en los paisajes de CÉZANNE para pintar este óleo, que perteneció a GERTRUDE STEIN. Reducido a formas geométricas, entre las que destacan chimeneas, casas y palmeras, el paisaje asume una monumentalidad majestuosa, característica del Cubismo analítico.*

Desnudo con una toalla (*derecha*). *Las figuras de cubismo analítico influidas por las tallas africanas, se caracterizan por curvas enérgicas, que años después PICASSO empleará para sus obras expresionistas.*

▲ Picasso: Mujer sentada a orillas del mar. *Representa las metamorfosis de los períodos expresionistas. Un tema plácido –el descanso de una mujer, desnuda, sobre la arena, a orillas de un mar tranquilo–, es interpretado con tonos dramáticos. Curvas violentas contorsionan el cuerpo e intensifican su advertencia profética en el rostro.*

◄ Picasso: Mujer que llora, *obra de 1937, varios meses posterior al Guernica, recoge el mismo sufrimiento desgarrador. La boca que muerde el pañuelo, los dedos crispados, los ojos suplicantes, se combinan en una sinfonía de dolor.*

2 LA METAMORFOSIS

A partir de 1925 la temática cambia y algunos tratadistas hablan de una **fase surrealista**. En efecto el pintor español muestra por entonces una gran admiración por los escritos teóricos de BRETON y por la obra de ARP, MIRÓ y TANGUY, pero en él la representación de lo onírico no pasa de ser un ensayo, un intermedio.

Sin dejar de atender a la realidad no pasan desapercibidos para su pupila analítica ciertos síntomas amenazadores, como el ascenso de los fascismos o una economía desbocada en un consumismo creciente. Su amor por la vida no le oculta los absurdos, y poco a poco se inclinará hacia una representación inédita de la realidad, en la que llega a inventar la anatomía.

Su *Mujer sentada al borde del mar* (1929) coincide con el estallido de la gran depresión económica que se inicia en Estados Unidos y produce ruinas de empresas, suicidios y millones de parados en todo el mundo.

Para PICASSO la pintura es un conjunto de signos, y la metamorfosis o modificación de las formas con el equivalente a una metáfora, un lenguaje con el que expresa las angustias de la época. Se desenvuelve esta "*de-formación*" dentro de los presupuestos del Expresionismo, aunque en ningún momento se ate a una disciplina de escuela ni siquiera llegue a una relación personal con otros maestros expresionistas.

Hasta 1929 las metamorfosis se basaban en curvas y elipses, desde ese momento la figura humana es una estructura de trazos angulosos y agudos de una violencia que refleja un espíritu atormentado.

La Guerra Civil española aumenta la tensión dolorosa de sus pinturas. Dos obras de 1937 señalan el clímax de un arte sobreexcitado: *Guernica* (págs. 434 a 436) y el desgarrador rostro de la *Mujer que llora*. El dibujo destierra las curvas demasiado conciliadoras, los volúmenes son quebrantados por coléricas deformaciones. Pocos son en esos años los gestos de esperanza, como la vela que incluye en *Naturaleza muerta, cabeza de toro negro, libro, paleta y candelero* (1938).

Al terminar la guerra española, la Segunda Guerra Mundial sigue pidiendo a PICASSO símbolos del sufrimiento.

Gato y pájaro (1939), con el vientre del ave desgarrado por la poderosa dentadura y las zarpas de tenaza del gato, se sitúa en ese nivel de queja, más intenso en *Cráneo de buey* (1942) ante una ventana cerrada –muerte, soledad, desesperanza–, cuadro en el que el dolor por la guerra se intensifica con la muerte reciente de su amigo, el escultor JULIO GONZÁLEZ.

▶ PICASSO: Cráneo de buey. *Es un símbolo de la muerte en el terrible año de 1942.* PICASSO *acababa de perder a su amigo, el escultor* JULIO GONZÁLEZ. *La guerra se encontraba en una situación de tablas, mientras sembraba cadáveres. Ante la ventana cerrada, sin esperanza, el cráneo es un símbolo de la desesperación.*

▼ *Con la llegada de la paz* PICASSO *retorna a los temas amables, sin ángulos, ni curvas, ni deformaciones. Los pichones, bucólica asamblea de aves en el balcón abierto al azul del Mediterráneo, es una de las obras de posguerra.*

La segunda posguerra señala otro paréntesis de la tensión testimonial. PICASSO llena las telas con balcones abiertos al azul del Mediterráneo, con palomas o temas pastorales. Es la época de Antibes; los cráneos y las cabezas de toro son sustituidos por fábulas alegres.

En los años cincuenta, con la Guerra de Corea inicia una nueva fase expresionista, *Matanza en Corea*, que continúa en los años sesenta con la extraordinaria serie de *Las Meninas* (Museo Picasso de Barcelona), contrapunto de las concepciones espaciales y humanísticas de VELÁZQUEZ (pág. 437). En los últimos años, PICASSO cultiva con intensidad los grabados y las cerámicas en las que puede fundir animales, formas geométricas y humanas, en una síntesis de cuanto ha ensayado, desde el Cubismo al Expresionismo. En alguna figura de niño intenta resumir la dualidad de la existencia: el dolor y la alegría, la desesperación y la esperanza.

3 SIGNIFICACIÓN DEL ARTE PICASSIANO

La obra de PICASSO es un símbolo de nuestra época; en ella están los miedos, las angustias, las supersticiones y mitos del ser humano del siglo XX. En su calidad de compromiso, no podía ser el suyo un arte alegre o sereno. Claramente lo escribió: "*El artista trabaja sobre sí mismo y su tiempo, trabaja para dar claridad ante su conciencia y sus contemporáneos de sí mismo y de su tiempo*". Se trata de un nuevo humanismo, que podría resumirse en dos notas que le distancian del clasicismo renacentista: es un humanismo angustiado, colectivo. Frente a la orgullosa concepción antropocéntrica del Renacimiento, que ensalza la belleza, la seguridad, la forma armoniosa, el humanismo picassiano con su desgarramiento morfológico traduce el sufrimiento de la Humanidad; frente al humanismo individualista de un LEONARDO o un MIGUEL ÁNGEL, que ensalzan la fémina o el héroe singular –*La Gioconda, David*– PICASSO esgrime su pincel para plasmar los procesos colectivos, y así *Guernica* no es simplemente el bombardeo de una ciudad concreta sino todo el horror de una guerra, de todas las guerras.

PICASSO es por encima de todo el artista de la libertad, una libertad que no puede ser frenada por la tradición, ni por los convencionalismos, ni por los prejuicios de los contemporáneos, ni siquiera por su propia obra; su cerebro insatisfecho impele a su pincel a trabajar constantemente en nuevas direcciones. En cualquier caso, y en medio de sus incesantes cambios, se encuentran unas constantes, su compromiso con el tiempo en que vive –la alternancia de sus revoluciones plásticas y de sus intermedios clasicistas coincide con períodos de tensión o relajamiento internacional– y su solidaridad con los humildes de cualquier lugar o momento.

II. Aportación española a la pintura del siglo XX

4 LA BÚSQUEDA DE NUEVOS CAMINOS

El grupo de *Els Quatre Gats*

En la España de fin de siglo destaca Barcelona como inquieta ciudad que se adentra en la dinámica europea con tremenda fuerza creadora, y en sus cenáculos se reunían los artistas que darían un sesgo distinto, moderno y audaz a la pintura oficial de las Exposiciones Nacionales que dominaba en la España decimonónica.

En 1897 se inaugura el café *Els Quatre Gats* donde se reúnen los que definirían la avanzada más importante del país: PICASSO, CASAS, RUSIÑOL y UTRILLO.

De todos ellos, RAMÓN CASAS († 1932) es quien mejor representa el sentimiento impresionista francés. Su paleta limpia y jugosa, transmite la luminosidad y lo fugaz de cada momento. Su pintura alcanza un sentimiento poético difícilmente logrado por sus coetáneos impresionistas más atentos al nuevo formalismo y a la expresividad. Viaja a París donde reside unos años con RUSIÑOL y MIGUEL UTRILLO, y donde hace cientos de dibujos como corresponsal de *La Vanguardia*. Su calidad dibujística es impresionante y da testimonio del desenfado vital de la ciudad francesa.

ISIDRO NONELL († 1911) es un auténtico post-impresionista de la generación siguiente a CASAS. Parece haber asumido la lección impresionista y trata de acentuar el valor expresivo de los grandes maestros franceses. Su pincelada suelta, desunida y vigorosa alcanza matices desgarrados hondamente emotivos al tratar, principalmente, lo que parece fue su mundo: el alma gitana.

JUAN GRIS († 1927), cuyo verdadero nombre era el de José Victoriano González, no pertenece al grupo catalán, ya que nace en Madrid, pero se vincula a él en París a través de PICASSO, de quien es gran amigo. Entiende la pintura de un modo cerebral, por lo que fácilmente coincide con el ideario cubista del que es el más racional exponente. Las formas se recomponen en una nueva creación simplificada y se insertan en una composición geométrica que transmite la primera emoción en su obra.

▼ RAMÓN CASAS: Interior, hacia 1890 (izquierda). *La incorporación de la técnica impresionista es perfecta; el recuerdo de* MANET, *perceptible. ¡Pero cuántas diferencias! En plena atmósfera modernista el pintor busca ante todo la elegancia, la distinción de la figura en un marco espacial compensado.*

ISIDRO NONELL: La Manuela (derecha). *La obra de este artista está llena de sombría ternura, a lo que contribuyen los tipos representados y la sobriedad de su paleta. Auténtico post-impresionista, expresa, como ningún otro pintor español, la brevedad de los instantes con sus fugaces y valientes pinceladas.*

Joan Miró

JOAN MIRÓ († 1983) es uno de los mejores pintores del siglo XX. Su obra inicial, esencialmente mediterránea, está llena de luz, sencillez y alegría; después de breves escarceos en el Cubismo y en el Dadaísmo encuentra en París, tras una profunda crisis interior, su verdadero camino en una línea imaginativa, surrealista y tremendamente lírica que nunca abandonará. Su obra *Tierra labrada* es el enunciado de su programa vital.

En 1924 se relaciona con BRETON y los surrealistas, lo que reafirma su cauce de acción irreal, infantilmente onírico. El mismo BRETON dice de su surrealismo visceral, genuino: *"Miró es probablemente el más surrealista de todos nosotros"*. De la primera época data su *Carnaval del Arlequín*. Más tarde muestra sus primeras esculturas-objeto, y después de iniciarse en la litografía pinta grandes obras murales y decorados teatrales. En 1950 hace los mosaicos-murales del palacio de la Unesco en París.

Desde 1956 residió en Palma de Mallorca, donde continuó su labor, principalmente de litografías y aguafuertes. Su última fase, muy sintética, reduce la expresión a una sola línea desarrollada sobre un color único. La obra de MIRÓ produce la fascinación del encuentro con la alegría, el sortilegio hecho luna, pájaro o niño.

◄ JOAN MIRÓ: Mujeres y pájaro al claro de luna. *El artista convierte en un juego las formas. En la parte alta la luna creciente, estilizada, y las estrellas de diferente topografía crean una atmósfera sedante, en la que irrumpe el pájaro. Abajo, las mujeres son armonías de superficies monocromas. Los simbolismos se funden con las sugerencias; la mujer de la izquierda parece embutida en una silueta de toro.*

▼ JOAN MIRÓ: Personaje fascinante (*izquierda*). *Se percibe la evolución hacia la abstracción. Alejada de la representación real, la figura se reduce a un juego de colores intensos, contorneados por los vigorosos trazos negros que se transforman en sugestiones poéticas.*

El ala de la alondra aureolada de azul de oro llega al corazón de la amapola que duerme sobre el prado engalanado de diamantes, *de 1967 (derecha).*

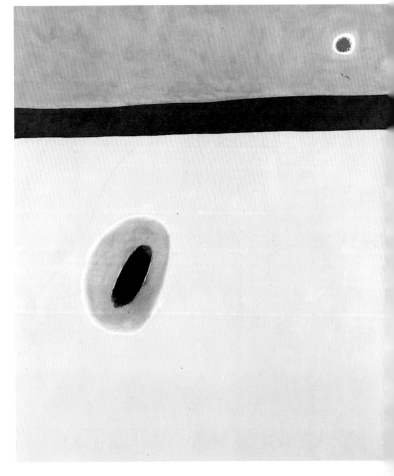

Salvador Dalí

SALVADOR DALÍ († 1989) es, junto con PICASSO y MIRÓ, uno de los más universales y debatidos pintores españoles del siglo XX. Sus características se pueden resumir en dos líneas maestras: surrealismo y provocación. Ya en trabajos iniciales como *Muchacha en la ventana* (1925), donde la corrección del dibujo, de la composición y del color hace pensar en una obra clásica, sorprende su intento de ruptura con los convencionalismos usuales al situar a la muchacha vuelta de espaldas al espectador.

Su primera etapa surrealista es furiosa y ácida, las formas se alargan, se descomponen o resultan de apariencia equívoca, como en *La persistencia de la memoria* (1931), en el *Ángelus arquitectónico* (1933), en *Premonición de la Guerra Civil* (1936) o *El simulacro transparente de la falsa imagen* (1938). Más adelante se tornará grandiosamente barroco y sus obras *Leda atómica* o el *Cristo de San Juan de la Cruz* estarán imbuidas de un sentido del espacio y de la composición más clásico, siempre inquietante.

Sus últimas obras tienen a veces carácter histórico como *El sueño de Cristóbal Colón* (1959) y otras rinden tributo al arte "pompier" del siglo XIX, como *La pesca del atún*. DALÍ abandona prácticamente la pintura en 1982, al morir su musa y compañera Gala.

◀ DALÍ: Muchacha en la ventana *corresponde a su primera etapa, todavía dentro de los cánones del academicismo. No obstante se anticipan rasgos que se acentuarían en la fase surrealista. El fondo, la bahía de Port Lligat, se agranda con respecto a su dimensión real con recursos que recuerdan a* EL BOSCO.

▼ SALVADOR DALÍ: Cristo de San Juan de la Cruz (*izquierda*), 1951. *Una inquietante serenidad inunda todo el cuadro que está concebido en una tesitura netamente barroca. El fuerte tenebrismo del Crucificado, así como el acusado escorzo, contrastan con la límpida bahía.*

Premoniciones de la Guerra Civil (*derecha*), 1936. *Todos los recursos del Surrealismo, alargamiento de las formas, espacios vacíos y opresivos, metamorfosis, son puestos en juego en esta obra.*

La Tercera Escuela de Madrid

Mientras tanto en Madrid, en el período de entreguerras se produce una interesante renovación del panorama artístico, polarizado en dos grandes personalidades: DANIEL VÁZQUEZ DÍAZ y JOSÉ GUTIÉRREZ SOLANA. Su trascendencia no tendrá el carácter internacional de los anteriores pero conformará un momento de la cultura artística, cuyo centro iba a ser desplazado de Barcelona a Madrid por los acontecimientos políticos.

DANIEL VÁZQUEZ DÍAZ († 1969) se establece en París en 1918, donde encuentra en el Cubismo su medio idóneo de expresión. Sin embargo no será un cubista intelectual como GRIS, sino que utilizará las formas externas, la morfología del Cubismo, para rehacer su personal lenguaje de formas talladas en amplios y recios planos. Su paleta sobria y gris comunicará una entereza y una solemnidad a sus figuras que hacen pensar en una sobriedad zurbaranesca. Su obra más trascendental la constituyen los frescos que pintó para el monasterio de la Rábida en 1930, glosando la epopeya colombina.

JOSÉ GUTIÉRREZ SOLANA († 1945) representa magistralmente el desgarro, la tragedia y el morbo por lo desagradable que ya encontramos en la pintura española de VALDÉS LEAL o GOYA. Su interés por las máscaras, los grupos de desheredados, de sangrantes corridas de toros, así como los retratos individuales o de grupo están realizados con terrible fuerza expresiva que parece emanar recios sabores.

◄ VÁZQUEZ DÍAZ: Retrato de don Miguel de Unamuno, *1936.* VÁZQUEZ DÍAZ *es, junto con* ZULOAGA, *el pintor de la Generación del 98. Coincide con ellos en una fina sensibilidad y en una nueva actitud ante al mundo. De este retrato el propio artista dijo: "Querría haber realizado el definitivo cuadro de don Miguel". Los tonos sobrios y la agudeza de la mirada definen magistralmente el espíritu del escritor.*

◄ SOLANA: La tertulia del café del Pombo, *1920. Pintor tremendamente expresionista, describe con desgarro mundos oscuros e insólitos que son la realidad de la sub-España de su tiempo. La muerte, los toros, los burdeles y las máscaras son los temas que mejor lo definen. Sin embargo a enfrentarse al retrato de este grupo de amigos tertulianos, lo hace sosegadamente, con un cierto romanticismo, que le añade profundidad y lejano misterio. De entre los reunidos sobresale la figura de* RAMÓN GÓMEZ DE LA SERNA, *principal animador de la literatura madrileña de su tiempo.*

▲ Benjamín Palencia: Paisaje. *En* Benjamín Palencia *como en* Ortega Muñoz, *el paisaje cobra una dimensión expresiva tan singular que no precisa de figuras u otras referencias para comunicar el desgarro de la España de la posguerra vista, sobre todo, desde su tierra manchega natal.*

◄ Rafael Zabaleta: El jardín de Quesada, 1952. *Este insólito pintor, que utiliza recursos cubistas y cromatismo fauve, representa, quizás, la mejor síntesis de todas las conquistas plásticas de su época. Su obra estuvo siempre ceñida a los paisajes y figuras de las tierras de Cazorla (Jaén) en las que nació.*

Estos pintores, junto con Benjamín Palencia y Francisco Gutiérrez Cossío, constituyen lo que se ha llamado **Tercera Escuela de Madrid**, a la que habría que añadir los nombres de Zuloaga, Zabaleta y Ortega Muñoz, que se van incorporando posteriormente.

La característica común a todos ellos es un insobornable realismo y su profundo y particular expresionismo así como la gran sobriedad cromática, alejados de las nuevas aventuras informalistas de la Europa de su tiempo.

Mención aparte, por su desvinculación a todo lo que ocurría a su alrededor, debe hacerse de Hermenegildo Anglada Camarasa, nacido en Barcelona en 1873 y residente gran parte de su vida en Pollensa (Mallorca), donde muere en 1959. Su obra llena de coloridos, casi *fauve*, de ritmos y de espléndida y cautivadora belleza subyuga por el exotismo casi onírico que se desprende de sus telas.

5 LA RUPTURA CON LA FIGURACIÓN

La Guerra Civil Española y la incomunicación subsiguiente producen un breve estancamiento en el progreso de los medios expresivos. En Madrid, BENJAMÍN PALENCIA funda la Escuela de Vallecas, donde se inician los jóvenes pintores que revolucionarán el criterio realista estético español mantenido desde Altamira.

El grupo *Dau al Set*

Sin embargo, el paso decisivo se dará en Barcelona, al fundarse en 1945 el grupo *Dau al Set* por iniciativa de THARRATS.

En este grupo se integran CUIXART, TÀPIES y escritores como EDUARDO CIRLOT. Sus primeras obras son de carácter mágico o surrealista y hasta 1948 no se producen las primeras obras no figurativas. El espaldarazo al movimiento abstracto español se lo dará la Primera Bienal Hispanoamericana de Arte, de 1951. En las dos siguientes Bienales así como en el Primer Congreso Internacional de Arte Abstracto, los abstractos españoles alcanzan renombre internacional.

De estos primeros pintores quizá sea ANTONI TÀPIES el que más ha influido en el devenir de la plástica española de los años cincuenta. Nace en Barcelona (1923). Interesado desde siempre por la expresividad genuina de la materia concederá a ésta un papel preponderante en la comunicación de su obra. Ricos empastes de materiales diversos como polvo de mármol, óleos, colas, etc. y texturas diversas de tejidos, cuerdas y cartón ofrecen inquietantes contrastes con superficies pulidas y objetos precisos que evocan una actitud mágica de honda trascendencia.

En su producción reciente TÀPIES acude al "arte pobre" para sobrevalorar materiales míseros y efímeros no considerados anteriormente como plásticos.

El grupo *El Paso*

En Madrid, tres años después de la fundación del grupo catalán, se crea el grupo *El Paso*, por CANOGAR, FEITO, MILLARES y SAURA. La iniciativa responde al mismo deseo de lanzar al viento y al corazón de los españoles la proclama del arte no imitativo.

RAFAEL CANOGAR nace en Toledo en 1934. Su pintura inicial es de un gran dinamismo gestual, con sus propias manos arañaba o exprimía la pasta que hacía vibrar sobre inmensos fondos de colores planos. Era una pintura en la que el gesto procedía directamente del corazón. Después de 1968 se aproxima, cada vez más, a la figuración introduciendo figuras absolutamente realistas y en relieve con un criterio fotográfico.

◀ ANTONI TÀPIES: Grande equerre, 1962. *Es uno de los artistas abstractos más permanentes. Goza con la expresividad de la materia, que alcanza en su obra una dimensión inaudita. Frecuentemente ordena sus cuadros según una simetría bilateral.*

▼ ANTONIO SAURA: Grito núm. 7. *La violencia gestual es la fuerza motriz del cuadro. Es el grito del hombre hecho trazo y pintura. Posiblemente la expresividad abstracta nunca tuvo tan claro exponente como en la obra de este rotundo pintor aragonés.*

▲ MANUEL MILLARES: Composición. *La exacerbación de lo textural tiene su mejor exponente en este artista canario. Telas, sacos, objetos, escayola, etc. son elementos válidos para su expresión. Puede considerársele como escultor pintor.*

LUIS FEITO nace en Madrid en 1929. Su abstracción elude lo formal para recrearse en aspectos matéricos extremadamente sutiles, casi como lacas. Posteriormente va incorporando enormes trazos majestuosos que le dan un nobilísimo carácter gestual.

MANUEL VIOLA nace en Zaragoza en 1919 y muere en 1988. Su obra inicial, en París, es de carácter fuertemente expresionista. Aprovecha la propia naturaleza del óleo empastado para estirar furiosamente la materia en múltiples direcciones, lo que da a su obra una permanente vibración cósmica que enardece el ánimo del espectador.

Más violento aún resulta ANTONIO SAURA. Nace en Huesca (1930-1998). Su obra se caracteriza por el bronco contraste de los trazos enloquecidos, generalmente negros sobre fondo blanco. Paradójicamente titula sus cuadros con nombres de personajes conocidos, como el *Brigitte Bardot* del Museo de Cuenca, lo que valoriza, por oposición, la intención informalista de su pintura.

En este grupo es muy interesante la obra de MANOLO MILLARES, nacido en Las Palmas en 1926. Agresivo y desgarrador, como todos los abstractos españoles de esta época, destaca intensamente el valor de la materia, tal y como hacía TÀPIES, pero ahondando más en la búsqueda expresiva. Incluye arpilleras, escayolas, cuerdas, y todo ello en un reducido ámbito cromático de negros, rojos y blancos. Su pintura alcanza un gran relieve escultórico, lo que añade un nuevo valor, y logra así cimas insospechadas de violencia emocional.

Nuevos artistas se van incorporando al movimiento de la década de los sesenta, tal es el caso de LUCIO MUÑOZ, ALEJANDRO MIERES, CEFERINO MORENO o EDUARDO SANZ. Este último, tras una fase de manchas gestuales, llega a utilizar espejos rotos que, en un concepto profundamente barroco del espacio, nos devuelven la imagen, integrándonos en la propia obra.

La característica general de estos grupos, en su primera fase abstracta, es la de un gran estallido de formas con gran preponderancia del gesto manual. Hay como un gran furor iconoclasta que les lleva a huir de toda apariencia regular, por lo que es frecuente un abstraccionismo geométrico.

En cambio, el gozo por la materia –que es otra constante de estos grupos– les hace recurrir a mil nuevos procedimientos, técnicas y materiales hasta ahora insospechados o refutados como "no pictóricos".

Los artistas españoles se incorporan tarde a la abstracción, pero lo hacen con una fuerza ciclópea, rabiosa; ello explica su inmediata repercusión en el mundo occidental, particularmente europeo, que se caracterizaba por una abstracción más elaborada intelectualmente, y donde era frecuente el constructivismo geométrico.

Pasada la primera onda expansiva, también los abstractos españoles irán ciñéndose a formas más reposadas e intransigentes, cuando no abocarán a un nuevo figurativismo.

6 UN NUEVO REALISMO

En el mundo, en el discurrir de los *ismos* extremados, va sucediendo a la abstracción una pintura de fuerza óptica, el **Op-Art**, y la pintura realista de inspiración consumista popular, el **Pop-Art**. Aunque la primera tendencia no tendrá raigambre en España, sí la segunda, que cuenta con interesantes representantes como ROMÁN VALLÉS y RAFAEL CANOGAR, ambos procedentes del más furibundo abstraccionismo.

Al tiempo van apareciendo nuevos artistas desligados de pasados concretos por su juventud, como el *Equipo Crónica* de Valencia, que realiza un inteligente e incisivo *Pop-Art*, criticando las estructuras sociales en la última época del franquismo.

El *Pop* utiliza un **lenguaje realista**, aunque la estructura y la mentalidad sean netamente abstractas. Sin embargo hacia los años sesenta aflora en España una corriente claramente realista que nunca había sido soterrada. Es un realismo variado, educado en mil recursos matéricos y expresivos de la época abstracta, pero que tendrá el denominador común de un alto sentido poético, casi magnético.

Los artistas más notables de esta década son: CELIS, de ciertas connotaciones *pop* y abstractas, pero con un particular lirismo, casi patético; ALCAÍN, que utiliza recursos *pop*, en una temática ingenua casi naïf; ISABEL VILLAR, que es, probablemente, la mejor representante del naïf español; ORCAJO, obsesionado por la ciudad y sus industrias, hace una pintura angustiosa de tuberías y autopistas que ahogan; ALCORLO, tremendamente alegre e irónico en su temática –casi caricatura–, es, a veces BOSCO, a veces SOLANA y CONCEPCIÓN HERMOSILLA que nos transporta a la modernidad desde un delicioso clasicismo.

7 EL HIPERREALISMO

En España, el **Hiperrealismo** es sobre todo ANTONIO LÓPEZ. Este artista manchego comienza su obra a mediados de los cincuenta, es decir, cuando toda España buscaba desesperadamente los cauces abstractos abiertos por el *Dau al Set*. Su obra, solitaria, fue siempre de un alto realismo teñido en principio de un cierto surrealismo mágico, pero abandonado, en los años sesenta, por una mayor veracidad analítica. Su trabajo, hecho del natural, transmite las vibraciones lumínicas y cromáticas con la vehemencia del mejor Impresionismo. Pero sobre todo está la poesía; esa poesía de las cosas aparentemente descuidadas, que captadas por el ojo y el corazón del artista son, de pronto, mágicos sucesos que nos cautivan.

En ANTONIO LÓPEZ la magia de su obra no radica en las virtudes imitativas o en las destrezas manuales, sino en la dimensión de trascendencia

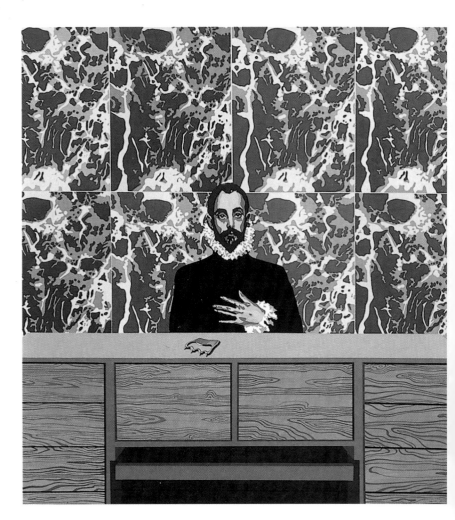

▲ EQUIPO CRÓNICA: *La antesala, 1968.* Es la mejor tentativa en nuestro país de elaborar una obra en grupo. Este equipo formado inicialmente por RAFAEL SOLBES y MANUEL VALDÉS trata de narrar la realidad cotidiana desde una óptica pop. Frecuentemente su postura ante la realidad y ante los mitos actuales es altamente crítica.

◄ ISABEL VILLAR: *Niña y mariposa. El mágico encanto de la obra de esta pintora se transparenta en sus imágenes y sucesos casi oníricos cuya temática siempre adopta aire de inocencia por su alineación con el arte naïf.*

▲ Antonio López García: *Gran Vía. Ni un coche, ni un viandante, calzada y aceras vacías; la arquitectura y el espacio de la calle, intensificado por la energía de las señalizaciones de tráfico, son protagonistas absolutos de un paisaje urbano hiperrealista.*

que emana de sus imágenes de apariencia intrascendente.

En el resto del país, especialmente en Madrid y en Sevilla, se forma toda una escuela de hiperrealistas que, de un modo u otro, siguen la lección del maestro. En la primera ciudad trabajan el hiperrealista-surrealista José Hernández (1944), que añade la ironía y la crítica a un realismo fantástico; Isabel Quintanilla, que nos transmite magistralmente los acentos líricos de las cosas sencillas y cotidianas, y Matías Quetglas (1947), que aporta una visión más cosmopolita al Realismo hasta 1987, fecha en la que abandona la interpretación directa del modelo para adentrarse en la esencia misma de las cosas tornándose más narrativo que descriptivo.

En el foco sevillano hay que destacar las figuras de Eduardo Naranjo, hiperrealista que aporta una dimensión onírica dentro del mejor Surrealismo y Cristóbal Toral, pintor de connotaciones tenebristas y de buscados efectos teatrales.

8 EL POSMODERNISMO

En la década de los ochenta toma cuerpo una tendencia que venía gestándose, en los setenta, en toda la cultura universal. Se trata del **Posmodernismo,** es decir, "lo posterior a lo moderno". La intención es la de salir de una situación estancada a la que habían llevado las múltiples e incisivas experiencias posteriores a la abstracción. Se vivía una sensación de agotamiento ante la que lo posmoderno supone una salida vigorosa. Es un grito alucinado, esquizofrénico y, a veces, un tanto ambiguo, pero de una rabiosa juventud y, por ello, de una tremenda vitalidad.

Los pintores más significativos son Guillermo Pérez Villalta y Miquel Barceló. El primero, próximo a la "nueva figuración", utiliza las perspectivas al modo clásico y un mundo de personajes extraídos de la antigua cultura romana. El segundo, que logró proyección internacional tras su éxito en la *Dokumenta* de Kassel en 1982, emplea una figuración deformada y desenfadada claramente expresionista que refuerza con una gran dosis de calidad matérica, dando así a la textura una dimensión trascendente.

◀ Miquel Barceló: *Lluvia contra corriente II, 1991. Pertenece a la época de sus viajes por África y a uno de sus recorridos por el Níger. La experiencia africana le ha llevado a un estadio denominado neoexpresionista. A veces, aplicando la técnica del collage, barros, hojas, cortezas le han servido para representar paisajes; otras veces, como en la obra que contemplamos, las superposiciones cromáticas le han permitido representar sus sensaciones ante un escenario misterioso.*

PICASSO: Guernica

Datos: Óleo sobre lienzo. Dimensiones: 349,3 x 776,6. Fecha: 1937. Museo Nacional de Arte Reina Sofía, Madrid.

Guernica

Primer esbozo general del Guernica

Un hecho histórico

El 26 de abril de 1937 cuarenta y tres bombarderos y cazas alemanes de la Legión Cóndor y algunos italianos, al servicio de los nacionales, destruyen la ciudad vasca de Guernica. Es el acontecimiento de la Guerra Civil española que mayor resonancia mundial despertó, ya que por vez primera la aviación arrasaba una ciudad abierta, sin objetivos militares de magnitud ni defensas antiaéreas. El bombardeo se inició a las 4.30 de la tarde, lunes, y duró hasta las 7.45; a las explosiones sucedieron las bombas incendiarias y las de efecto retardado.

Un corresponsal del *Times* de Londres, que llegó inmediatamente a la villa, escribió en su crónica: *"Cuando la población aterrorizada escapaba de la ciudad, descendieron a ras de tierra para barrerla con sus ametralladoras"*. A pesar de las pruebas, como bombas alemanas sin explotar, y los testimonios, el mando nacional, confirmando una vez más aquella sentencia de ESQUILO, *"la primera baja en la guerra es la verdad "*, acusó a los propios vascos de haber incendiado la villa con latas de gasolina. Sesenta años después, en 1979, el gobierno alemán ha reconocido la autoría del suceso.

Cómo nació un cuadro-símbolo

PICASSO se había comprometido desde el comienzo de la Guerra Civil en la defensa del gobierno republicano y se había movido con la doble finalidad de salvar el patrimonio artístico español de las destrucciones bélicas y de reunir fondos mediante suscripciones y venta de grabados. A principios del año 1937 acepta el encargo de pintar un mural de grandes dimensiones para el pabellón de la República Española en la Exposición Internacional de aquel verano en París. Durante varias semanas piensa en un símbolo que muestre el horror de la guerra; el bombardeo del día 26 de abril y las noticias que los grandes diarios publican de su carácter inhumano le facilitan el tema.

El día 1 de mayo realiza los primeros estudios de composición y una serie de bocetos sobre la figura del caballo; el día 9 posee ya el primer cabozo general (ver ilustración) y el día 11 lo traslada a la tela. El cuadro pasa por ocho fases sucesivas, en las que varía la postura de una cabeza o elimina una figura o un detalle; conocemos la génesis de la versión definitiva porque Dora Maar fotografió cada variación, por mínima que fuese. Era

una tela inmensa y PICASSO se sumergió en su actividad creadora con una especie de vértigo de lucha; confesó que manejaba los pinceles como los milicianos el fusil. En los primeros días de junio está concluida la versión definitiva. Al mes siguiente pueden contemplarla los numerosos visitantes de la Exposición Internacional de París.

Rehuyendo cualquier indicación concreta, por ejemplo una vista de la villa vasca, PICASSO ha preferido elevar el hecho real a la categoría de símbolo. Es un cuadro alucinante de dolor y destrucción.

Simbología y sintaxis de la obra picassiana

La composición está distribuida a la manera de un tríptico, cuyo panel central estaría ocupado por el caballo y la mujer portadora de la lámpara, el lateral derecho por la visión del incendio y la mujer que grita, y el izquierdo por el toro y la mujer con el niño muerto en brazos; pero esta distribución es sólo una manera de ordenar un conjunto de estructura mucho más compleja.

El artista, recapitulando las conquistas espaciales del Cubismo, encuadra los

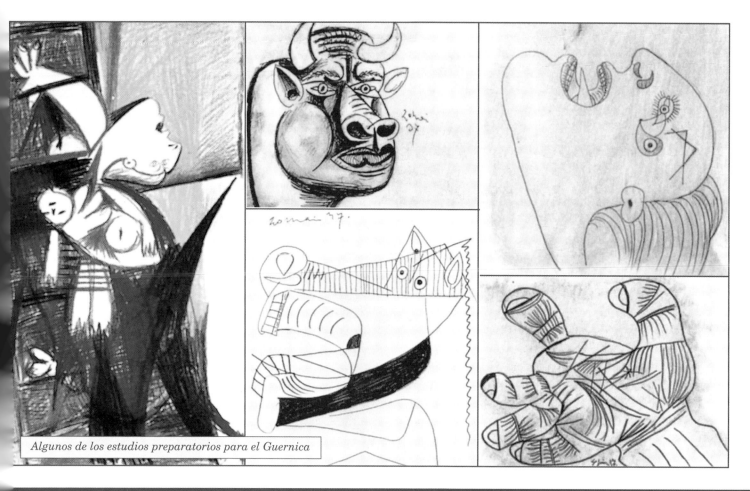

Algunos de los estudios preparatorios para el Guernica

grupos en dispositivos triangulares, de los cuales el más importante –y el más perceptible– es el central, en cuyo vértice se introduce la lámpara, cuya base está señalada por el cuerpo caído del guerrero y cuyos lados están apuntados por líneas diagonales o formas dispersas (dientes y cola del caballo, por ejemplo).

La escena, abigarrada, da impresión de desarrollarse ante una decoración teatral, la mitad izquierda ofrece un fondo extraño, como de cortinajes y tablas, que resalta poderosamente la visión de las casas ardiendo del lado derecho; la realidad y la representación, las visiones de los ojos y el espíritu se confunden.

Mediante metamorfosis, PICASSO hace de cada figura un símbolo. En el cuadro vemos –de derecha a izquierda– una mujer que grita con sus brazos implorantes hacia el cielo, la mujer de la lámpara, que irrumpe de manera surrealista como un viento que saliera de una ventana en la que quedan parados sus senos, bajo ella otra mujer avanza con actitud de arrastrarse; en el centro el caballo y bajo él, el guerrero caído, que ocupa más de la mitad de la base del cuadro; finalmente el toro envolviendo a la mujer que desgarradoramente grita con su hijo muerto entre sus brazos.

Algunos de los símbolos ofrecen una significación evidente: las mujeres y el niño, víctimas de la guerra; el guerrero caído, personificación de los soldados muertos. Pero otros han suscitado intensas discusiones. La mujer con la lámpara es el único signo luminoso en una escena de horrores, sin ella no habría esperanza; hacia la lámpara alza sus ojos la mujer que se incorpora. Los problemas interpretativos más arduos han sido suscitados por el toro y el caballo.

Algunos comentaristas consideran el toro la alegoría de la muerte, que vuelve la cabeza, sin importarle el horror. Por el contrario otros autores, como JUAN LARREA, lo consideran el tótem peninsular, una imagen heroica del pueblo español, que continuará la lucha arropando con

su cuerpo contorsionado a los desvalidos (la mujer y el niño del lado izquierdo). En correlación también se interpreta el caballo como alegoría del bien o del mal, así LARREA lo considera la imagen de la España fascista, que pisotea al guerrero, mientras RUDOLF ARNHEIM ve en él "la víctima pasiva de las corridas" o, un símbolo de dolor y agonía; ésta es la interpretación usual de los analistas anglosajones. PICASSO ha dado la razón a todos, permitió a JEROME SECKLER que en su nombre dijera que el caballo representa al pueblo y el toro la brutalidad, pero en carta a LARREA, ante la pregunta de si el caballo representa al franquismo, le contesta que hay que ser ciego, tonto o crítico de arte para no verlo.

En definitiva PICASSO desea expresar "la disgregación del mundo víctima de los horrores de la guerra" (JEAN CASSOU), y para ello se sirve de ambivalencias; así al lado de la cabeza caída del guerrero coloca una herradura (prenda de suerte) del caballo, y por encima del puñal aferrado con mano tensa se yergue una rosa; en un proceso similar de *muerte-vida, desesperación-esperanza*, puede el espectador asignar alternativamente al toro y al caballo una connotación u otra, siempre que mantenga el contraste de los símbolos. Sólo una cosa está clara: Guernica es el terror, lo injustificable, aunque sobre el terror se eleve la luz.

La epopeya exigía del artista prescindir de todas las categorías sensibles, de cualquier recreo formalista. Nos encontramos ante un cuadro desnudo, repleto de renuncias. En primer lugar la renuncia al color, PICASSO lo omite conscientemente; las formas estallan bajo la presión del blanco y el negro, y sólo en algunos lugares la del gris –en el brazo que porta la luz de petróleo, en el cuerpo de la mujer de debajo– comunica cierto movimiento cromático a la escena. La luz no responde a las leyes de la física, no tiene un centro focal; aunque el bombardeo fue en pleno día PICASSO sugiere la noche en torno a la casa incendiada; las lámparas no proporcionan claridad.

Según BERGER "significa que ni el sol ni las lámparas son bastante potentes para iluminar el horror de la visión y, por tanto, queda reducida a la impotencia toda luz natural o artificial". En realidad la luz brota de los cuerpos encendidos por el dolor; si se observa con detenimiento se comprueba que están iluminados cabezas, brazos, manos, las zonas anatómicas donde se concentra la expresión del sufrimiento.

El espacio es casi plano, como si asfixiara a las figuras; los toques de profundidad se reducen a los ángulos superiores y al embaldosado. También las figuras son planas, excepto el caballo, al que se presta, como figura central que se desea destacar, cierta redondez.

La composición se orienta hacia el lado izquierdo, hacia donde todas las figuras miran, lo que transparenta la huida a partir de la ciudad, que se resume en el edificio llameante de la derecha. Pero no hay monotonía; la alternancia de curvas y rectas, macizos y vanos, blancos y negros, los triángulos que trinchan el espacio como espadas, en expresión de BERGER, y la dislocación de los miembros de los personajes generan un dinamismo desesperado.

A esta sensación de opresión contribuye la violencia expresiva de muchos detalles: lengua afilada del caballo, pezuña aplastante, mano enérgica del guerrero muerto, bocas abiertas en posición de alarido. Todo se pone en ebullición para expresar lo que ocurrió a los ojos, a las manos, a las plantas de los pies, lo que ocurrió en resumen a los cuerpos y a las almas en la contienda fratricida.

En el *Guernica* de PICASSO el arte de la pintura exhibe con furor iconoclasta su capacidad de simbolismo testimonial. Es un cuadro, pero además un documento y un *ejemplo-límite* del poder de la pintura como lenguaje. De la misma manera que ante una impresión fuerte el ser humano sustituye la palabra articulada por el grito, el artista sustituye el cuadro articulado por el *cuadro-grito*.

ACTIVIDADES

- Coloca un papel vegetal sobre la reproducción del cuadro (pág. 434) y traza las que a tu juicio, podrían ser las líneas maestras de la composición.

- En el texto se citan los comentarios de varios autores. Elige los tres que te parezcan más sugestivos y haz un comentario personal sobre las opiniones.

- Probablemente el *Guernica* sea el cuadro que más polémica ha suscitado en toda la Historia y sobre el que más se ha escrito desde que fue pintado en el año 1937, sobre todo tratando de dar explicaciones referidas al significado de cada personaje. Sin embargo, Picasso nunca dijo nada al respecto. Trata tú

de encontrar una razón por la que ha sucedido esto.

- Si tienes oportunidad de ver el cuadro real, o, en su defecto, la reproducción que del mismo hay en este libro, obsérvalo bien y después redacta algunas consideraciones personales sobre esta obra.

DOS LENGUAJES PLÁSTICOS: *Las Meninas* de Velázquez (1656) y la serie
Las Meninas de Picasso (1957)

No tratamos ahora de comparar la calidad artística o de discernir cuál "gusta más" sino de constatar que se trata de dos lenguajes que corresponden a dos épocas diferentes. *Las Meninas* de VELÁZQUEZ se encuadran en tres coordenadas:

– Una concepción tridimensional del espacio, mediante la intersección de dos paredes y el techo de una habitación.

– Una valoración visual del fenómeno luminoso, que contribuye a la modelación de los volúmenes.

– Un ideal de representación de las anatomías humanas en función de sus calidades de armonía formal: proporciones entre los miembros, corrección de rasgos, expresiones serenas.

PICASSO en su serie rinde homenaje al genio artístico de VELÁZQUEZ acometien-do una traducción, es decir, tratando de expresar la misma escena con el lenguaje científico y antropológico de nuestro siglo. Las coordenadas que enmarcan su manera de concebir el tema son:

– Una concepción del espacio como manifestación de una sustancia única "espacio-tiempo" que constituye nuestro Universo material. Los objetos son solamente curvaturas particulares de esa sustancia, y el pintor procede, igual que la naturaleza, a conformar una "región" del Universo organizando el espacio libremente.

– La continuidad visual de la luz es solamente una apariencia; los físicos primero descubrieron que está formada por corpúsculos (fotones) y luego discutieron si se trataba de una onda o un corpúsculo. El pintor al que no compete entrar en la discusión, la trata como un fenómeno evidente y diseña espacios sin luz o luces que se rigen por leyes que no son las que los ojos les otorgan.

– Si el microscopio demuestra que la textura de la materia es diferente a la sensación que el ojo percibe, el artista no debe sentirse atado a los datos de los sentidos. Por otra parte, al modificar la anatomía humana puede penetrar en el mundo oculto del psiquismo. Al hombre complejo, que el psicoanálisis descubre, corresponde un humanismo complejo que tiene que romper con las convenciones de representación del hombre. Por detrás de las diferencias existe una similitud de posturas; los dos artistas responden a los conocimientos científicos y a las concepciones humanísticas de la época en que cada uno vive.

Pintura perteneciente a la serie de Las Meninas de PICASSO

ACTIVIDADES

● Busca una reproducción completa del cuadro de Velázquez y compara el tratamiento del reverso del lienzo en el que está trabajando el artista, así como el del fondo que hay detrás de su autorretrato, con la versión de Picasso que puedes ver en este libro. ¿Qué aspectos esenciales te parece que corresponden a la plástica del siglo XX y cuáles son más propios de la plástica del XVII?

● Busca y relaciona otra pareja de cuadros clásico y actual.

BIBLIOGRAFÍA

ARNHEIM, R., *El Guernica de Picasso*. Barcelona, Gustavo Gili, 1981.

BOZAL, V., *Arte del siglo XX en España*. Madrid, Espasa Calpe, 2 vols., 1995.

CALVO SERRALLER, F., *España. Crónica de cincuenta años de artes plásticas*. Madrid, Ministerio de Cultura, 1985.

GALLEGO, J., *Arte español contemporáneo*. Madrid, Fund. March, 1979.

GARCÍA DE CARPI, L., *La pintura surrealista española*. Madrid, Istmo, 1984.

PÉREZ REYES, C., *La pintura española del siglo XX*. Barcelona, Vicens Vives, 1990.

PÉREZ ROJAS, J. y Gª CASTELLÓN, M., *El siglo XX. Persistencias y rupturas*. Madrid, Sílex, 1994.

WARNCKE, C. P. y WALTHER, I., *Picasso*. Colonia, Taschen, 1997.

25.

La imagen

Imagen es la representación de un objeto, no el objeto en sí. Toda forma u objeto puede proporcionar una o varias imágenes. De ese modo, las representaciones plásticas vinculadas a la pintura, al dibujo y a la fotografía, siempre constituirán imágenes. Sin embargo, este término se prefiere para las representaciones que van a requerir de medios mecánicos para su ejecución final tal como ocurre con el cartel, el cómic y la fotografía.

La imagen tiene su origen en el siglo XIX pero ha constituido uno de los signos diferenciadores del siglo XX y ocupa gran parte del campo de la comunicación que antes correspondía a la palabra.

Los tremendos cambios que produjo la Revolución Industrial en el siglo XIX no resultan ser sólo económicos, sino también filosóficos, políticos, éticos, estéticos, y por todo ello, sociales. Una nueva sociedad va a exigir unos medios de producción y de comunicación nuevos. A esta demanda van a dar respuesta el diseño industrial y los sistemas de comunicación de masas. Ambos son posibles gracias al asombroso desarrollo de la técnica y de la ciencia en el siglo XX, y originan una estética muy particular.

En este tema vamos a tratar de los medios de comunicación plásticos de carácter estático, como la fotografía, el cartel e, incluso, el cómic, y dejaremos para otro capítulo los medios de carácter dinámico como el cine.

La llegada del ser humano a la Luna constituye sin duda una de las noticias más esperanzadoras en la Historia del siglo XX. La cámara estaba allí para dejar constancia del hecho en esta magnífica fotografía.

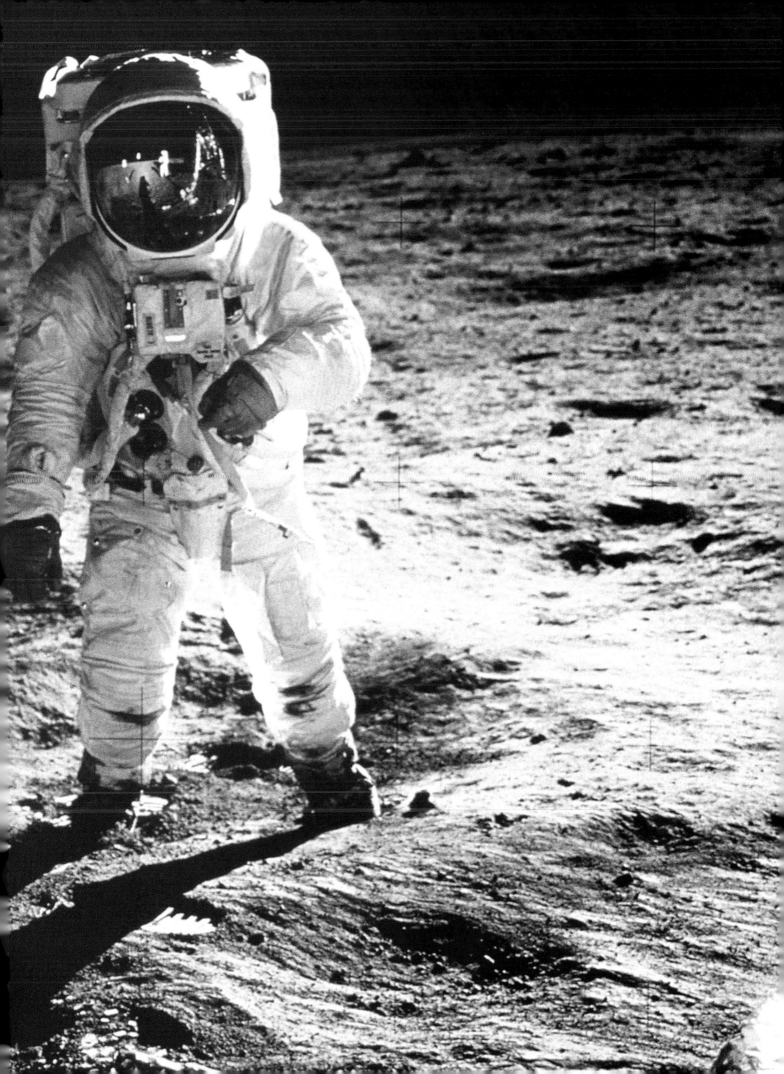

1 LA FOTOGRAFÍA

Curiosamente el descubrimiento de la fotografía se debe a un buen inventor, pero mal dibujante, que deseaba encontrar un medio artificial para obtener dibujos fieles. Nicéphore Niepce realiza en 1826 la primera fotografía conocida. Se asocia más adelante con Louis Jacques Mande Daguerre, pintor escénico, que perfecciona el invento y lo registra en 1839 con el nombre de "*daguerrotipia*". Nace la fotografía de ese modo como un sustituto feliz y barato de la pintura.

La pujante burguesía de este siglo querrá tener retratos y paisajes como tiene la arrinconada aristocracia, pero se los encargará a los fotógrafos, que son mucho más baratos. Pero esta burguesía no posee gran refinamiento ni educación artística y pide a los fotógrafos el equivalente a la mala pintura decadente que admira.

Sin embargo van surgiendo excepciones y la fotografía va a ir encontrando poco a poco su propio lenguaje, que la irá singularizando y distanciando de la pintura. En 1853 el dibujante caricaturista y aeronauta Félix Tournachon "Nadar" abre un taller fotográfico y revoluciona el concepto de la fotografía. Sus retratos ya no son recuerdos de los "retratos al óleo" que anhelan los burgueses, sino que tienen personalidad propia. Retrató a célebres personajes como Delacroix, Daumier, Victor Hugo y George Sand.

Pronto la fotografía encontrará una de sus vías genuinas de expresión: el reportaje. Roger Fenton, fotógrafo inglés, relata en 1855 mediante 360 fotografías la Guerra de Crimea, y Matthew B. Brady la Guerra de Secesión americana. Con ello se introduce la fotografía en la prensa y cambia la visión de las masas. A finales de siglo la fotografía ha encontrado conscientemente su camino a pesar de las avalanchas de malos autores que se hacían llamar "artísticos".

El español Ortiz Echagüe va a retratar tipos y paisajes, contándonos su grandeza y su misteriosa pesadumbre con un desgarro paralelo al de Solana, Zubiaurre o al de los mejores Zuloaga.

El luxemburgués nacionalizado en América, Edward Steichen, ha dejado una obra trascendental, llena de hallazgos fotográficos, que va desde sus primeras obras "pictóricas" hasta sus refinados trabajos como fotógrafo de modas en los que la fotografía alcanza cotas de calidad parejas a las mejores conquistas de las vanguardias plásticas de su tiempo.

Tres importantes peldaños marcarán el desarrollo de la fotografía a finales del XIX y comienzos del XX: el invento de George Eastman, la cámara miniatura con objetivo de gran abertura del Dr. Salomon y la cámara Leica diseñada por Óscar Barnack. En 1888 George Eastman registra la marca "Kodak" y con ella su popular cámara.

◀ Daguerrotipo. Daguerre da nombre a su invento que en realidad consistió en mejorar el procedimiento químico de Niepce, obteniendo fotografías directas (sin negativo) sobre planchas de cobre plateado.

Las partes luminosas de la figura oscurecían la plancha con lo que las luces y sombras de las imágenes quedaban invertidas. Sin embargo viéndolas bajo cierto ángulo de luz dan la impresión correcta. Hoy, por extensión, se denomina daguerrotipo a toda fotografía antigua.

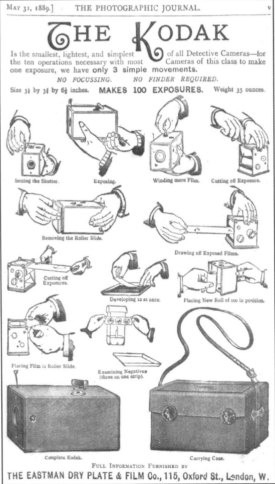

◀ Cartel de propaganda de la máquina Kodak. Esta máquina constituyó el primer paso para acercar la fotografía al hombre de la calle. La máquina era relativamente ligera y proporcionaba fotografías en formato redondo.

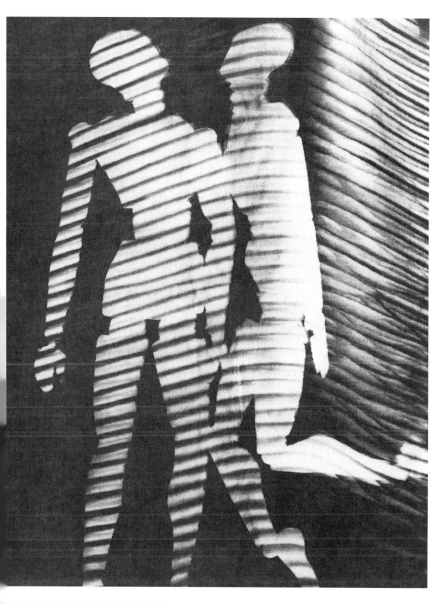

▲ MAN RAY: Rayografía, 1937. Fue primero pintor pero abandonó la pintura para dedicarse a la fotografía y al cine.

◀ La fotografía, aun cuando no está al servicio del arte, mantiene siempre su fuerza comunicativa y de captación del espectador.

A veces es de una elocuencia que sobrecoge, como esta famosa fotografía de la Guerra de Vietnam, en la que una niña huye despavorida tras habérsele incendiado la ropa en un bombardeo con napalm. Esta imagen constituye una denuncia histórica contra la brutalidad de la guerra.

El eslogan publicitario: "*Usted aprieta el botón y nosotros hacemos el resto*", era exacto. La cámara contenía un rollo de cien poses; cuando se acababa se enviaba a la fábrica, que la devolvía nuevamente cargada y con el material revelado. Esto permitió que todo el mundo pudiera ser fotógrafo por un módico precio. El Dr. ERICH SALOMON desarrolla en 1925 una extraordinaria cámara pequeña y ligera, con un objetivo que permitía hacer fotografías en interiores sin apenas luz. De este modo lograba fotografías sin que los sujetos se dieran cuenta. Las fotografías así tomadas resultan vivas, auténticas, al carecer de pose. Había nacido el fotoperiodismo moderno.

El siguiente gran paso en el avance técnico de la fotografía lo constituye la cámara Leica patentada por ÓSCAR BARNACK en 1925. Es de pequeño tamaño y lo más importante es que usa película de pequeño formato como la del cinematógrafo. La facilidad de su manejo y el liviano peso la hacen inestimable para el reportaje y termina por ser el modelo más usual de cámara desde entonces hasta nuestros días.

La historia de la fotografía llega a la categoría de gran arte con las experiencias del americano MAN RAY, pintor dadaísta, que realizaba dibujos luminosos a los que llamó "rayografías" y sobre todo con el húngaro LASZLO MOHOLY-NÁGY, que a partir de 1922 realiza sus "fotogramas" que son una especie de dibujos y montajes hechos con luz.

Las tres décadas centrales del siglo XX son realmente prodigiosas para el desarrollo e impacto de la fotografía. En los tiempos en los que no existía la televisión o estaba en estado incipiente, las revistas gráficas ocupan ese lugar y tienen la misma demanda que hoy la televisión. Revistas como la francesa *Vu* y la americana *Life* dan cumplida información visual del mundo de su momento. Además la irrupción masiva del color a partir de los años cuarenta –que ya había tenido precedentes en el siglo XIX– hace de este medio algo inefable. Por estas revistas, así como en la de moda *Vogue*, van a desfilar casi todos los grandes fotógrafos de su tiempo.

El desarrollo mundial de la televisión a partir de los años cincuenta hace decaer el interés por las revistas y por la prensa en general. Los fotógrafos vuelven a su trabajo aislado para un reducido público y continúan haciendo frente al permanente reto de explicar el mundo con la cámara. Desde estos años la fotografía ocupa su adecuado lugar en los museos como una manifestación más de la expresión plástica de nuestra cultura. Nombres como IRVING PENN, WALKER EVANS, DAVID HAMILTON y los españoles EGUIGUREN, RUEDA, SCHOMMER, FONTCUBERTA y CRISTINA GARCÍA RODERO, pueden ser un escogido testimonio de la ingente legión de artistas que han utilizado este vehículo de expresión artística.

2 EL CARTEL

El anuncio publicitario data de la Antigüedad, pero el primer cartel impreso está fechado en Inglaterra en 1477. No obstante el auténtico desarrollo del cartel no se produce hasta el siglo XIX cuando los nuevos procesos industriales multiplican los productos y hacen que sean más baratos. Pero también ahora hay una amplia burguesía con mayor poder adquisitivo y el tipo de mercado es distinto a todo lo anterior. Ahora hay mucho más que vender y mucha más competencia; por ello se ha de renovar y fortalecer la publicidad que hasta entonces era escasa y exclusivamente literaria.

Nace así el cartel con el concepto actual. El buen cartel será un "*grito pegado en la pared*". Imágenes fáciles, de clara lectura, que no se olviden y que inciten al uso o a la compra; estas serán las condiciones para el éxito del cartel.

El primer gran cartelista fue el francés JULES CHÉRET (1836-1933), quien utiliza colores simples y planos, y una bien estudiada tipografía. Es el antecedente directo de uno de los más grandes cartelistas de todos los tiempos: TOULOUSE-LAUTREC (1864-1901), quien simplifica aún más las formas y acentúa los hallazgos de CHÉRET. Sus carteles para el *Divan japonais*, para *Jane Avril* o para *Arístides Bruant* son una gran lección para todos los tiempos.

Frecuentemente el arte del cartel ha estado vinculado al de la pintura y han sido muchos los pintores que han intervenido en su producción.

Es el caso de TOULOUSE-LAUTREC, como lo será, después, el de MOHOLY-NÁGY, KANDINSKY o JOAN MIRÓ. Por ello es fácil comprender que se da una relación íntima entre la producción cartelística y los movimientos de vanguardia.

No obstante hay grandes cartelistas que no se adentraron en otras aventuras plásticas. Tal es el caso de ALPHONSE MUCHA (1860-1930), ligado al Modernismo. Su obra está en buena parte dedicada a la actriz SARA BERNHARDT y llena de sinuosos ornamentos y de una exquisita elegancia. MUCHA llegó a influir fuertemente en el movimiento modernista.

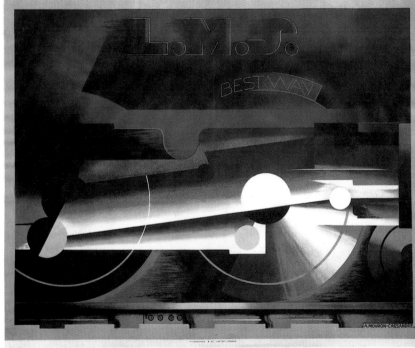

▶ JULES CHÉRET: Les Girard, *1879 (arriba). Siendo el primer cartelista del siglo XIX, anterior incluso a* TOULOUSE-LAUTREC, *nos presenta ya unas obras de técnica muy bien estudiada y unas imágenes llenas de vitalidad.*

CASSANDRE: L. M. S. Best Way, *1928 (abajo). Claramente influido por el Cubismo, sus obras son de gran simplicidad geométrica y de colores, pero consigue transmitir perfectamente al espectador su idea de que el cartel es un medio de comunicación.*

◄ TOULOUSE LAUTREC: Divan japonais. *Es el primer artista que intuye que el cartel es una verdadera llamada de atención sobre un producto o un suceso, comunicando el mensaje de forma instantánea e inequívoca, mucho antes que con la palabra.*

El Cubismo ofrece un nuevo planteamiento estético que afectará a la plástica del cartel. Formas sintéticas, con referencias a geometrías elementales, y una nueva sintaxis del plano caracterizan la principal producción de los años veinte y treinta del siglo XX.

El ucraniano JEAN-MARIE MOREAU (1901-1968), cuyo seudónimo fue el de CASSANDRE, es otro de los genios del cartel. Toma de la filosofía y de la estética cubista unos pocos elementos, como la simplicidad geométrica de las formas y los colores planos. Sus carteles para *Étoile du Nord* (1927), *Wagon-bar (1932),* o *Dubonet* (1934) aúnan la capacidad de comunicación, convicción y belleza como pocas veces se ha podido lograr después.

A CASSANDRE se debe una de las mejores distinciones entre pintura y cartel: "*La pintura es un fin en sí misma. El cartel es sólo un medio para un fin, un medio de comunicación entre el comerciante y el público, algo así como el telégrafo*".

A partir de los años veinte, y con el Dadaísmo, hace su irrupción en el cartel la fotografía y son especialmente significativos los "fotomontajes" del alemán JOHN HEARTFIELD (1891-1968) por su ironía, su causticidad y su valor crítico. Es precisamente en esa época, la época de entreguerras, cuando el cartel alcanza su edad de oro como medio de comunicación de masas. No existe la TV (existe sólo en fase experimental) y son la radio, cine, prensa, cómics y carteles los medios que desarrollan su creatividad a límites verdaderamente modélicos. Las dos grandes guerras mundiales y las convulsiones políticas adyacentes van a ser la principal causa desencadenante de este fenómeno.

A partir de 1950 es cada vez menos frecuente el cartel "de autor" ya que el trabajo se encomienda a equipos de diseño, lo que hace del cartel una obra anónima. Aunque la vinculación del artista-pintor es escasa, se dan casos notabilísimos de gran calidad, como la obra cartelística de JOAN MIRÓ (1893-1985), que simplificando su pintura, logra un inconfundible impacto visual, o la obra de CRUZ NOVILLO, quien, deliberadamente minimalista, utiliza los elementos mínimos con rotundidad y poder de comunicación.

◄ Cartel de JOAN MIRÓ. MIRÓ es, como LAUTREC, *un gran pintor. A la hora de diseñar carteles es consciente de la condición del buen diseño gráfico de comunicar la idea lo más eficazmente posible. Esto lo conseguirá casi siempre dentro de la más ortodoxa abstracción; sin embargo, con ocasión de la Guerra Civil española, el gobierno le encomendó el diseño de un cartel para estimular la ayuda económica a la causa de la República. MIRÓ logra con violentas y precisas formas y manchas de color, así como con el escueto texto, una comunicación popular absolutamente genial.*

3 EL CÓMIC

Un nuevo lenguaje

La historieta o el cómic nace a finales del siglo XIX al aumentar considerablemente el interés por la prensa diaria y en un momento en el que la imagen empezaba a consolidarse seriamente como medio de comunicación. Nace casi al mismo tiempo que el cine y supone la eclosión de un lenguaje que, aunque vivió larvado desde la Antigüedad, es ahora cuando alcanza dimensiones de "mass-media" y categoría de arte.

El éxito inicial de los cómics es enorme. Hay que tener en cuenta que el cine apenas pasaba de ser una experiencia de física recreativa y que, por otra parte, los adelantos en el lenguaje cinematográfico eran muy costosos, mientras que el dibujante, además de contar con el color, podía desplegar toda su fantasía creando situaciones y personajes imposibles de imitar con el cine.

Pronto el cómic desarrollará su particular lenguaje icónico y a las primitivas viñetas, todas del mismo tamaño y con los textos al pie o tímidamente incluidos en el dibujo, sustituirán viñetas de diferentes tamaños y situación y, sobre todo, evolucionarán rápidamente los modos y alcances de los textos. Éstos se incluirán, casi desde el principio, en globos o bocadillos. La particular forma de éstos, así como el tamaño y dibujo de las letras, constituyen, por sí solos, todo un modo de expresión independiente. El uso de onomatopeyas, escritas con grandes letras, ciertos símbolos ya universalmente aceptados –como una bombilla que se enciende para explicar que el personaje ha tenido una idea– tienen un alcance comunicativo como difícilmente puede lograr otro medio de expresión.

El cómic al igual que el cine, integra el tiempo y el espacio; conjuga el tiempo, que es lo característico de la narrativa, con el espacio, que es lo propio de la plástica. Utiliza simultáneamente la imagen y el texto. Lo uno complementa a lo otro y por eso los cómics suelen ser tarea de dos: el guionista y el dibujante.

Su historia

Es inevitable la cita de antecedentes tales como los murales egipcios en forma de tira que incluían imagen y texto, las bandas que rodean las columnas romanas conmemorativas, los retablos medievales y los "aleluyas" con los que, mediante imágenes, se explicaban al pueblo historias, crímenes y sucesos en general.

Pero es el progresivo auge de la prensa diaria en el siglo XIX, con sus caricaturas y sátiras, lo que crea el caldo de cultivo para que surjan los primeros cómics, y así el *New York World*, de Joseph Pulitzer, publica desde 1893 un suplemento dominical a color en el que desde 1895 el dibujante Foutcault da vida a su personaje *Yellow Kid* (niño amarillo), que puede citarse como el origen real del cómic. Simultáneamente, en Alemania aparece la pareja de pilluelos *Max und Moritz* de W. Busch. Inicialmente estas historietas tenían carácter cómico, de ahí el nombre: *comic-strip* (tira cómica) y sólo pretendían entretener al lector con narraciones sencillas

La edad de oro

La época más feliz de los cómics corresponde al período 1929-1939. La importante ampliación de los temas, incluyendo la ciencia-ficción, incrementa el número de lectores. Los mejores representantes serán Alex Raymond con su *Flash Gordon* (1934) y Alan Harold Foster con su *Tarzán* (1939); ambos de exquisito dibujo y con un naturalismo impulsado por la preeminencia del cine como espectáculo-rey.

En EE UU, la Gran Depresión favorecía este tipo de evasiones a las que se suma el género policíaco. En la época del gangsterismo era natural que el lector deseese encontrar el policía astuto y duro que resuelve todas las situaciones. Así nace en 1931 *Dick Tracy*, creado por Chester Gould. Las líneas maestras del género de aventuras (policíaco, ciencia-ficción, exotismo) quedan definidas en esta época. Ante la colosal demanda de estos años se crea el *comic-book* (libro de cómics), donde la calidad editorial es muy superior y donde las historias pueden ser más largas y completas. En estas circunstancias nace el *Superman* de J. Shuster en 1938.

En Europa el cómic tarda en aceptarse como vehículo de comunicación interesante, dada la fuerte tradición literaria de este continente, por lo que durante muchos años no hay rivalidad alguna. Una excepción es Bélgica donde, en 1929, Hergé crea su personaje *Tintín*. No obstante a Europa llegaban cómics americanos que eran leídos con facilidad en Inglaterra y es allí donde aparece el primer cómic de envergadura con la famosa *Jane*, creada por Norman Pett en 1932. De esta misma época es la revista española *Pulgarcito* (1923), en la que trabajó K-Hito (Ricardo García López), creador del personaje *Macaco*, de corte dadaísta y de una increíble modernidad.

Los años difíciles

El comienzo de la II Guerra Mundial supone un freno al desarrollo del cómic, por las dificultades materiales y por las pugnas ideológicas generadas por el conflicto. En Estados Unidos pocas o casi ninguna novedad importante se producen en estos años, y todavía la situación resultó más deteriorada por la creciente fuerza de los sindicatos que controlaban todo: los temas, el tamaño de las tiras, los dibujantes, etc.

► Richard Felton Outcault (Foutcault): Yellow Kid. *Es considerado como el nacimiento del cómic ya que reúne las características de síntesis de palabra y acción propio de éste. El personaje es un chaval orejudo y vestido con una camiseta amarilla sobre la que se escriben los textos, mordaces y satíricos. Ya entonces se asociaron los textos, a veces soeces, a la prensa que anteponía lo sensacional a la veracidad. Esa prensa se denominó amarilla haciendo referencia al color de la camiseta del personaje.*

Orígenes del cómic

Los orígenes del cómic en Estados Unidos y en Europa son bien distintos. Mientras que allí la cultura de masas se dirige a un público muy diverso (adultos, niños, mujeres y hombres) y es completamente interclasista, en Europa esa cultura es todavía muy clasista y diferenciada por lo que el cómic se considera con cierto desprecio ya que, durante siglos, la cultura por excelencia provenía de la palabra escrita. Por esa razón, en Europa, los cómics sólo se utilizan para cuestiones pedagógicas infantiles, con un formato procedente de las "aleluyas" medievales, es decir con los textos debajo de las imágenes y éstas ceñidas a viñetas rectangulares siempre iguales, poco interés plástico y literario. Por otra parte los intelectuales del momento tampoco le prestan interés alguno.

Sin embargo, con la llegada de tropas americanas, durante y después de la II Guerra Mundial, Europa empieza a entender otras formas de comunicación de masas y otros valores en el cómic.

PERO FLASH ATRAVIESA LAS LLAMAS...

Copr. 1930, King Features Syndicate, Inc., World rights reserved.

▲ Flash Gordon. ALEX RAYMOND eleva el dibujo de sus historietas a la categoría de arte. Por otra parte, por primera vez la ciencia ficción, dentro del cómic, se mueve en un entorno de realismo y posibilismo científico, lo que da una gran solidez a la narración.

◄ Tintín. Este personaje encabeza el Museo del Cómic en Bruselas constituyendo un verdadero imagotipo del mismo. Desde la primera aventura, Tintín au pays des soviets, publicada en "Le petit Vingtième" en 1929, éstas van a ser muy diversas: en el Congo, en América, en Extremo Oriente, etc. Todas ellas publicadas primero en la citada revista, terminan editándose en formato de álbum por Casterman.

HERGÉ recurre a un discurso directo y a un dibujo limpio, expresivo y de gran calidad, así como a una gama elegantísima de colores, que hace fácil y agradable su lectura. Creó una verdadera escuela.

Renacimiento del cómic

A partir de 1950 se aprecia un claro renacer del cómic, pero ya no es lo mismo que en la época dorada. La sociedad se ha vuelto más crítica y escéptica y no se interesa por las fantasías de la ciencia-ficción y los super-héroes. Por otra parte la corriente puritanista que recorre el mundo hace que se cree una autocensura que vetará determinadas temáticas.

Además la televisión comienza a privatizar la atención de las masas que pronto descubren que es más cómodo ver que leer. De esta manera las nuevas direcciones de expansión del cómic son dos: una la tira-cómica en los diarios, con intención humorística pero crítica, dirigida a los adultos, y la otra será los *comic-books*, principalmente para adultos.

En la primera línea hay que destacar la serie *Charlie Brown* (1950) de CHARLES M. SCHULTZ, con sus personajes *Peanuts*, *Lucy* y, sobre todo, *Snoopy*; o la serie *Mafalda* (1964) del argentino QUINO (JOAQUÍN SALVADOR LAVADO), que critican, con ingenuidad y escepticismo, el mundo de los mayores.

En la línea de los *comic-books* se tiende a una mayor permisividad ya que se prevé que su lectura será, únicamente, la de los adultos. De esta manera el cómic gana una batalla a la televisión ya que a ésta no la puede controlar el público y nadie puede evitar que la vean los niños; por eso la censura es mayor que la del cómic, donde a partir de los años 70 no hay prácticamente ninguna.

En Francia en 1962, JEAN-CLAUDE FOREST crea *Barbarella*, mito fanta-erótico que será el modelo de infinidad de cómics como la pop-art *Jodelle* de GUY PEELLAERT. En 1968 nace *All New Zap Comix* de ROBERT CUMB que da origen a los revulsivos y libertarios *Underground Comix*.

El personaje más relevante de esta época (1959) es *Astérix* y su compañero *Obélix*, con guión de GOSCINNY y dibujos de UDERZO. Son los más destacados en este momento, no sólo dentro del área cultural francesa sino dentro del conjunto internacional.

▲ Charlie Brown. *El personaje de Snoopy, el perro amigo de Charlie, se ha convertido en la última década del siglo XX, en uno de los totems de la cultura popular superando, a veces, a Mickey Mouse. En estas tiras,* CHARLES SCHULTZ *recurre a un humor abstracto más adecuado para un público que no suele frecuentar el cómic como medio de comunicación habitual.*

▲ Astérix. *Es quizá la cumbre de esa manera de entender el cómic como medio internacional de comunicación, más próximo al pop más genuino que a otras corrientes más elitistas. La serie comienza en 1959 y se debe a* ALBERT UDERZO, *como dibujante, y a* RENÉ GOSCINNY *como escritor. Significan, por otra parte, la primacía de la escuela franco-belga sobre el resto de Europa y en ese momento, tal vez, sobre el resto del mundo. A la muerte de* UDERZO, GOSCINNY *asumió también la parte literaria.*

▲ Mafalda. *La crítica de la sociedad y de sus convencionalismos está magistralmente servida en estas tiras de Quino, que fueron, y siguen siendo reproducidas sin haber perdido apenas vigencia. Un dibujo seguro, de gran expresividad y con el justo punto de caricaturización, hacen de sus personajes unos sujetos realmente entrañables y convincentes.*

▲ *Los años sesenta serán de un verdadero despertar del cómic europeo que en algunos aspectos superará al americano. Francia y Bélgica serán pioneras, pero con una cierta servidumbre a los modelos americanos que algunos europeos aislados, como el italiano Guido Crepax, lograrán superar. Éste en su serie con el personaje Valentina, da una excelente lección de montaje visual, casi cinematográfico, que exige una lectura integrada y acelerada cuando la acción lo requiere.*

En Italia surge el cómic negro, del que este país va a ser maestro. Contiene elementos sádicos y eróticos, y creará un estilo y una escuela de repercusión mundial. En otra línea más onírica y fanta-científica Guido Crepax creará en 1965 su *Valentina*; aquí el dibujante utiliza un montaje de viñetas con un sentido analítico decididamente genial. Un caso especial y marginal lo ofrece el italiano Hugo Pratt, quien en 1967 crea su personaje *Corto Maltese*. Con un dibujo sobrio, exacto y muy expresivo, narra aventuras dentro del más refinado estilo de los años treinta.

En la historia del cómic es fundamental señalar el "descubrimiento" del mismo por las clases cultas como consecuencia del movimiento artístico denominado *Pop Art*. En 1962 se crea en Francia el *Club des bandes dessinées*, que, entre otras cosas, estaba dedicado al estudio histórico, social y estético del cómic, y es a partir de esa fecha cuando proliferan los álbumes cuidadosamente editados y el interés de las minorías cultas.

En 1989 se funda en Bruselas el importantísimo Centro Belga del Cómic que, aun poniendo especial énfasis en el cómic europeo, recoge una excelente muestra del cómic universal. Tiene, por otra parte, una función didáctica en sus exposiciones itinerantes y en múltiples actividades.

A pesar de todo esto el sector industrial del cómic opina que a finales del siglo XX se da otra crisis, esta vez producida por el fuerte impacto de la informática. Sin embargo esa situación parece contradecirse con la exposición anual, e internacional, del Festival de Angulema (Francia) o los recientes Salones del Cómic celebrados en Barcelona.

En abril de 1998 se celebra, también en Barcelona, la muestra titulada "*12 dibujantes para el siglo XXI*" que es una propuesta valiente de dibujantes tales como Pere Joan, Pellejero, Cifré o Fernando de Felipe, entre otros, y, en mayo de ese mismo año, se comienza a editar, en Madrid, el semanario "*A las barricadas*" como encarte de una popular revista y con la intervención de grandes dibujantes tales como Saltés, Romeu, Ballesta, Forges, Colino, etc.

ESTUDIO DE UNA FOTOGRAFÍA EN SANTA MARÍA LA MAYOR DE ROMA

Datos: Autor: Geri della Rocca de Candal. Fecha: 1977. Nikon F. 20 m/m Tri x.

Esta fotografía crea un marco magnífico de piedra y perspectiva barrocas.

La utilización de un objetivo "gran angular" supone un ángulo de captación de 94°, mientras que un objetivo normal, que reproduce las cosas con la misma apariencia con que las ve el ojo humano, no sobrepasa los 46°. Esto significa que al captar más ámbito desde un mismo punto de vista, el fondo tiene que "comprimirse", con lo que la perspectiva resulta muy acentuada; y no sólo eso, sino que un objetivo tan corto distorsiona la imagen, particularmente en los ángulos, con lo que, en este caso, las pilastras de los ángulos superior izquierdo y derecho, convergen hacia dentro.

Todo esto es aprovechado, dirigido más bien, por el artista, que apunta las flechas convergentes de la composición hacia el verdadero protagonista de la escena: el personaje que sube fatigosamente las inacabables escaleras barroco-romanas. De pronto nos damos cuenta de la pequeñez del sujeto y de la inutilidad de su esfuerzo para subir unas escaleras que no remontará jamás.

DELLA ROCCA ha utilizado magistralmente las deformaciones plásticas que produce un objetivo determinado para incidir sobre la psicología del espectador que siente el agobio y el cansancio de la infinita escalinata. La situación del personaje, no ya en la convergencia de las implacables escaleras, sino en la división áurea del lado vertical del formato fotográfico, hace que, instintivamente, sea reforzada nuestra atención.

Sin embargo, tomando medidas, observamos que, en el sentido horizontal el sujeto no se halla en la sección áurea, sino desplazado hacia la derecha; de haberlo estado, la imagen alcanzaría un cierto e indeseable equilibrio, pero de este modo la masa de la escalera, a la izquierda, tiene más importancia y resulta mucho más inasequible.

Además hay que tener en cuenta que el uso del gran angular permite una gran "profundidad de campo" en la fotografía; esto quiere decir que resultan con gran nitidez desde los primeros hasta los últimos términos. Con ello se obtiene una tremenda desnudez de la forma que, al no arroparse con discretos "fundidos", resulta mucho más descarnada, auténtica e incisiva.

ORSON WELLES, por ejemplo, utiliza el gran angular con el mismo propósito en su famosa película *Ciudadano Kane* y la virulencia de los diálogos logra con ello mucha más eficacia.

Finalmente hay que hacer notar que el asunto es estrictamente fotográfico, es decir, que no podría obtenerse parecida comunicación con una pintura.

Es importante considerar este aspecto, ya que la fotografía nace, en cierto modo, como un sustituto artificial de la pintura y emprende aventuras, no muy felices, de imitación de ésta a lo largo del siglo XIX y aun a comienzos del XX.

MAN RAY, pintor, fotógrafo, diseñador y gran investigador, escribió: *"Fotografío lo que no deseo pintar y pinto lo que no puedo fotografiar"*, queriendo decir con ello que fotografía y pintura son lenguajes claramente diferenciados, que tienen campos de expresión muy distintos y que, rara vez, pueden interferirse entre sí.

La realidad, incuestionable, que comunica la fotografía es necesaria para "convencernos" de que el protagonista es de carne y hueso, y está realmente ahí, tratando de subir una escalera porque él quiere intentarlo, no porque la voluntad creadora de un artista haya decidido pintarlo de ese modo y en ese lugar.

ACTIVIDADES

- En fotografía, como en pintura, la composición es una cuestión clave para comprender o sentir su significado. Trata de hacer un diagrama de la composición de la fotografía de Della Rocca.

- Imagina que el autor hubiese elegido el formato horizontal para hacer esa foto. Haz una valoración y comparación del imaginario resultado con el que ha propuesto el artista.

- La fotografía es en blanco y negro. Sin embargo en el año en que se hizo ya había película que proporcionaba excelentes copias en color. ¿Por qué crees que el fotógrafo ha preferido el blanco y negro?

- Trata de informarte sobre las principales diferencias entre un objetivo normal, un gran angular y un teleobjetivo. Tal vez puedas, al mismo tiempo, recabar información sobre lo que es un objetivo zum (*zoom*). La importancia del asunto estriba en que conozcas las variaciones expresivas que uno y otro proporcionan.

- Della Rocca trabaja en una década en la que, en Europa, la fotografía comienza por tender hacia la descomposición formal, casi abstracción para terminar acercándose a un realismo casi mimético. Intenta buscar el nombre y la obra de algún fotógrafo español de aquel tiempo tratando de situarlo en algunos de los polos citados.

BIBLIOGRAFÍA

BARNICOAT, J., *Los carteles, su historia y su lenguaje*. Barcelona, Gustavo Gili, col. Comunicación Visual, 1995.

COSTA, J., *El lenguaje fotográfico*. Madrid, CIAC, Ibérico Europea, 1977.

FREUND, G., *La fotografía como documento social*. Barcelona, Gustavo Gili, 1986.

HILL, P., *Diálogo con la fotografía*. Barcelona, Gustavo Gili, 1980.

NEWHALL, B., *Historia de la fotografía*. Barcelona, Gustavo Gili, 1983.

PICAZO, G. y RIBALTA, J., *Indiferencia y singularidad. La fotografía en el pensamiento artístico contemporáneo*. Barcelona, MACBA, 1997.

SATUÉ, E., *El diseño gráfico. Desde los orígenes hasta nuestros días*. Madrid, Alianza, 1998.

SCHARF, A., *Arte y fotografía*. Madrid, Alianza, 1994.

VARIOS AUTORES, *Veinte años de cómic*. Barcelona, Vicens Vives, col. Aula de Literatura, 1995.

En Santa María la Mayor...

26.
El cine, arte y documento de nuestro tiempo

El cine representa uno de los fenómenos emblemáticos del siglo XX que bien podría ser definido, sin temor a confusión, como el siglo del cine. Considerado como el Séptimo Arte, es además industria, espectáculo, medio de comunicación y documento. En los miles de kilómetros de cintas que guardan las filmotecas se encuentran recogidos los problemas de nuestra época, las tendencias de la moda, los mitos sociales. Incluso ha tenido su "Quijote" en Charlot, el personaje solidario con los humildes, soñador de utopías. A través del cine ampliamos nuestra experiencia personal, conocemos el mundo en que vivimos y seguramente nos conocemos mejor a nosotros mismos.

Tiempos modernos (1936), una de las más hondas radiografías sociales de CHARLES CHAPLIN. *El trabajo en cadena, en el que se basa la producción industrial, es criticado por su carácter deshumanizador. En el fotograma, el obrero* CHARLOT *parece una pieza más de la máquina y su cuerpo frágil se encuentra en riesgo de ser triturado por los dientes poderosos de las ruedas gigantescas. Es evidente la denuncia de un sistema que convierte a las personas en máquinas de producir.*

I. El lenguaje cinematográfico

1 UN EXPERIMENTO RECREATIVO

La idea de utilizar imágenes de gran tamaño como espectáculo proviene de muy antiguo. En la isla de Java se utilizaban ya hace cinco mil años las "sombras chinescas". Los personajes, reales o simulados con las manos, gracias a una linterna proyectaban sus sombras sobre una tela traslúcida. Estas imágenes en movimiento tenían una magia especial que provenía de su tamaño y del hecho de no ser reales. Esa magia, esa cierta irrealidad, la había buscado, desde siempre, el teatro; los coturnos y las máscaras griegas perseguían el mismo fin, y constituyen, como veremos más adelante, una de las claves del cine.

A este sentido de "espacio mágico" hay que añadir la necesidad que la representación plástica –que es eminentemente espacial– siente de integrarse en la dimensión temporal. ROMÁN GUBERN cita, como antecedente remoto, un jabalí pintado en las cuevas de Altamira que presenta ocho patas y que se viene interpretando como el deseo de plasmar la sensación de movimiento, es decir, la temporalidad en el espacio.

En toda la historia de la plástica asistimos a ese intento renovado de imprimir un carácter secuencial a las imágenes. Es el caso de las columnas Trajana (véase pág. 85) y Adriana, de los retablos medievales, de cierta pintura renacentista y barroca (*El tributo* de MASACCIO, o *El martirio de San Mauricio* de EL GRECO, por ejemplo) y ya en el siglo XIX, de los cómics.

▼ *En 1834* WILLIAM G. HORNER *inventó el zootropo o dédalum, cilindro giratorio que convierte en móviles uno o varios dibujos. Es el antecedente más remoto de los dibujos animados.*

Pero la incidencia que decide el descubrimiento del cine es de carácter científico. En 1828, el profesor belga PATEAU parte de la conocida experiencia de la persistencia de la imagen en la retina durante una fracción de segundo, para demostrar que dos ruedas dentadas girando en sentido contrario y a la misma velocidad dan la impresión de ser una sola y que permanece quieta.

A partir de esto creó aparatos que permitían visualizar la restitución del movimiento, empleando tiras de dibujos. El más interesante de todos fue el *zootropo* diseñado por LINCOLN, que ha llegado como juguete hasta nuestros días. Pronto la fotografía vino a sustituir a los dibujos y desde la experiencia de MUYBRIDGE, consistente en fotografiar un caballo a galope utilizando doce cámaras alineadas, hasta que THOMAS EDISON presenta su *kinetograph*, que registra 1.500 negativos sobre tiras perforadas a una velocidad de 50 imágenes por segundo, los tanteos fueron múltiples.

El paso decisivo, no obstante, lo dará LOUIS LUMIÈRE, quien en 1895 patenta una cámara que servía para filmar y para proyectar, gracias a un dispositivo que permitía detener momentáneamente la imagen detrás del objetivo para recibir así la cantidad suficiente de luz.

La evolución de la química fotográfica, que en sus comienzos necesitó ocho horas para impresionar la primera placa sensible, hasta los tiempos de EDISON, en los que era suficiente 1/100 de segundo, y, por otra parte, los avances técnico-mecánicos, que permitieron a LUMIÈRE poner a punto su máquina, confluyen felizmente en lo que viene a constituir el medio de expresión más revolucionario y trascendental del siglo XX: el cine.

2 UN NUEVO LENGUAJE

La característica más singular del cine la constituye su novedad como medio de expresión. No tiene antecedentes técnicos porque él mismo es el producto lingüístico propio de la era del maquinismo. Sin los avances técnicos del siglo XIX no hubiese sido posible su nacimiento. Por otra parte es el colofón de la tendencia generalizada de las artes plásticas que servían al realismo bur-

▲ *Las sombras chinescas suponen el sistema más antiguo de consecución de imágenes en movimiento. Un foco de luz proyecta sobre una pantalla o un muro figuras fantásticas conseguidas con las manos y, en una etapa posterior, con muñecos.*

▼ *En el último decenio del siglo XIX, la representación visual del movimiento dio pasos decisivos. En 1891* EDISON *patentó el kinetógrafo. Pero se necesitaba una representación más continua de las imágenes, como la que ensayó en sus bandas de negativos* MUYBRIDGE; *en la ilustración, un caballo al galope. Se había conseguido algo radicalmente nuevo con respecto a la fotografía.*

gués, desde ZOLA hasta COURBET e, incluso, hasta el Impresionismo. Es el cierre y el comienzo de una nueva era expresiva. A partir del cine las artes plásticas buscarán nuevos caminos y el cine encontrará el suyo propio.

El cine logra, ante todo, trasponer a la pantalla los anhelos líricos, poéticos, y las imaginaciones formales más sutiles del realizador (director). Concilia tiempo y espacio como sólo podía hacerlo antes el teatro o la danza, pero sus códigos expresivos son radicalmente distintos.

Sin embargo en sus comienzos no pasó de ser un mero espectáculo de barraca. Las primeras películas, con la cámara fija, eran simples narraciones triviales que parecían aproximarse a la banalidad de las novelas por entregas o al teatro de *vodevil*. Del mismo modo que la fotografía imita en su nacimiento a la pintura, el cine imitará al teatro. Pero pronto irá descubriendo sus inmensas posibilidades y se irá definiendo como un nuevo lenguaje. Para poder entender mejor cuáles son esos signos singulares, reseñamos aquí las características diferenciales con respecto a otros medios que utilizan, igualmente, la descripción secuencial como medio de expresión.

a) Con la **literatura**. La comparación es immediata, pero peligrosa. Con frecuencia se tiende a pensar que el cine es literatura (narrativa o poética) con imágenes –como si la imagen fuese sólo un enriquecimiento o ilustración del texto literario–. Uno de los juicios más desenfocados que suele hacerse sobre una película es juzgar su "argumento" con un sentido literario. Del mismo modo que la literatura puede no ser narrativa, y ni siquiera tiene que evocar imágenes pueden transmitir su mensaje sin evocaciones literarias.

b) Con el **teatro**. Tiene en común el que suelen presentarse ambos como "espectáculo" (y ello conlleva connotaciones frívolo-negativas). También es común el marco habitual de la presentación: sala cerrada y oscura con la escena, rectangular, iluminada. Sin embargo son más abundantes y trascendentales las diferencias; el teatro utiliza personajes vivos que se ofrecen a su escala normal (sin posibilidad de modificarla); ofrece relieve y por ello infinidad de puntos de vista –uno distinto para cada es-

pectador– y, sobre todo, ofrece comunicación viva y palpitante con el espectador hasta el punto de que puede invitársele a participar. En el cine, sin embargo, la cámara asume a veces el punto de vista del observador y no tiene limitación en los efectos escenográficos. Por otra parte ofrece un solo punto de vista –el mismo para todos los espectadores–; la cámara puede adoptar toda clase de ángulos de vista y de movimientos, todo lo cual acrecienta al infinito las posibilidades de expresión. Sin embargo no tiene comunicación vital con el espectador, por lo que la imagen sobre la pantalla se convierte en algo inasible, mágico, que desconcierta y subyuga.

c) Con la **televisión**. Ésta es hija del cine, es decir, que sólo varían los medios técnicos de captación y difusión de la imagen, por lo que el lenguaje básico es el mismo. Sin embargo la situación y actitud del espectador no es la misma, y por ello su lenguaje va evolucionando para ajustarse a su público. Éste no se desplaza de su casa ni es exigente con la calidad de los contenidos. Pero además el tamaño de la pantalla impone variaciones en el lenguaje de las imágenes. Son preferibles los primeros planos a los planos generales y si éstos se usan deberán simplificarse al máximo. De todos modos es evidente que la TV condiciona el gusto por el lenguaje de las imágenes, y ciertos realizadores cinematográficos adecúan su expresión al nuevo condimento que impone el lenguaje televisivo.

▲ *En el campo de la imagen en movimiento los fenakistiscopios visualizan dibujos o fotografías. Fue empleado un instrumento de esta naturaleza por vez primera por WHEATSTONE en 1852, perfeccionado al año siguiente por SEGUIN, quien obtuvo vistas mecanizadas a partir de la fotografía. Tras sucesivas aportaciones técnicas alcanzó una gran calidad en los dibujos fotográficos de DUMONT, en 1861.*

▼ *El* cinematógrafo LUMIÈRE. *Los hermanos* LUMIÈRE, *que consiguieron filmar y proyectar imágenes sucesivas que sugieren la sensación del movimiento, son los verdaderos padres del cinematógrafo.*

3 ESTRUCTURA DEL LENGUAJE CINEMATOGRÁFICO

De inmediato se vio que el cine era un producto costoso y que requería instalaciones y maquinaria complicada. Nace con ello una verdadera industria en un tiempo que es, precisamente, de signo industrial. Por la misma complejidad de la producción es necesario recurrir a especialistas.

El cine es tarea de equipo y aunque haya un cerebro director –el realizador– los especialistas pueden aportar su creatividad o su técnica individual. Precisamente uno de los riesgos que corre este producto es el de la falta de coordinación del equipo.

Para comprender mejor la estructura de un filme veamos, ordenadamente, el proceso de realización:

a) Guión. Es la clave, redactada, de la película. Puede tener una base literaria, aunque ya vimos que no es imprescindible. Sin embargo sí debe hacer constar cada punto del rodaje. En un filme un plano es un conjunto de fotogramas realizados en una unidad de toma; posee un cierto sentido, es como la frase literaria. El conjunto de planos es una secuencia, que es como un párrafo en el lenguaje oral.

El guión debe reseñar cada dato del plano, como la duración, la situación y movimiento de la cámara, la iluminación y la actuación y los diálogos, si los hubiere. Además pueden hacerse constar, mediante palabras, diagramas o dibujos, todos los complementos necesarios. El guionista puede ser el propio realizador o estar asesorado por él. Puede darse, sin embargo, cine con guión abierto, en el que con unas sucintas indicaciones se rueda y se actúa.

b) Rodaje. Es la realización en sí. El director-realizador está necesariamente, al frente del equipo. Como un director de orquesta tiene que ordenar los movimientos, los tiempos, la declamación, los encuadres, etc. Naturalmente el rodaje no se ajusta al orden cronológico de secuencias fijado en el guión y se rueda según un criterio de economía de tiempo y de medios. Citamos aquí una breve reseña de las técnicas:

– **Movimientos de cámara**: El más primitivo es el *travelling*, que consiste en desplazar la cámara, mientras se sigue rodando, sobre carriles, con grúas u otros medios. Modifica el tamaño de las imágenes y la perspectiva, ya que la cámara no cambia de sitio.

– **Puntos de vista**: Dependen de la posición de la cámara en el rodaje. Si ésta se en-

▲ *Durante el rodaje el director controla, al igual que en una orquesta, todos los movimientos de actores y cámaras.* HITCHCOCK, *gran maestro del cine de suspense, ordena los elementos de una escena.*

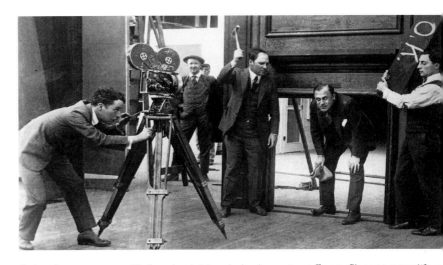

▲ *La cámara que se utilizó en los inicios de la cinematografía era fija y no permitía el movimiento de los planos. En la ilustración,* CHARLES CHAPLIN *estudia minuciosamente un encuadre.*

▲ *Con el término inglés* travelling *se designa el plano filmado con una cámara que se desplaza. En algunos filmes se obtienen efectos espectaculares.*

▲ *El descubrimiento de la cámara móvil facilitó la filmación en varios planos. El operador* Promio *descubrió en 1896 el efecto* travelling *o de plano móvil.* William Dickson *utilizó el efecto panorámico, haciendo girar la cámara sobre su soporte, y los directores,* Dupont y Murnau *alcanzaron ya la total movilidad de la cámara. Arriba, plano general. Abajo, a la izquierda, plano medio y, a la derecha, primer plano.*

▼ *Los efectos especiales fueron objetivo de los realizadores desde etapa temprana, aunque en los últimos años se consiguen con los ordenadores resultados antes impensables. Mediante superposición o yuxtaposición de imágenes puede parecer que un personaje vuela o un edificio se desvanece.*

cuentra a nivel de los ojos, puede hablarse de punto de vista normal; si se encuentra por encima, se trata de un picado, y al hacerlo desde abajo se habla de contrapicado.

– **Encuadres**, o tipos de plano. Este término se refiere al tamaño de la imagen respecto del fotograma y, por ello, de la pantalla. Un plano general abarca suficientemente la figura y proporciona abundante entorno. El plano general medio fija la figura en su totalidad, pero en los límites del fotograma. El plano medio ocupa media figura, y a partir de aquí las aproximaciones crecientes serán: primer plano medio, primer plano y primerísimo plano.

c) **Montaje**. Es el aspecto más creativo de la obra. Consiste en cortar e intercalar las secuencias hasta obtener la expresión correcta. Es como la sintaxis oratoria. Naturalmente, una misma cantidad de material rodado puede proporcionar muy diversos productos cinematográficos según cual fuere su montaje. De todos modos un buen director suele tener previsto el montaje al tiempo que rueda.

Al rodar *El discreto encanto de la burguesía*, Buñuel confesaba: "Ya llevo el film listo en la cabeza". La consecuencia es que sólo se desperdiciaron cinco minutos del material rodado y pudo montarse en tres días. En el montaje es cuando se hacen los fundidos, los fundidos encadenados y las sobreimpresiones de imágenes, en las que dos o más secuencias aparecen una sobre otra.

d) **Sonorización**. Aunque el cine nace sólo como imagen siempre tuvo un fondo sonoro proporcionado por algún músico, por algún especialista en ruidos, o por un gramófono. Pero desde 1927, en que a los sonidos y ruidos se incorpora la palabra grabada en la misma cinta de la película, es inconcebible el cine mudo, como es inconcebible la vida misma sin murmullos, sin ruidos, e, incluso, sin el sonido del silencio.

Ninguna de las artes ha vivido en sus primeros cien años de existencia una evolución tan rica y a la vez tan vertiginosa como el cine, pues a sus aspectos técnicos y artísticos añade el carácter de espectáculo, de vehículo ideológico, de medio de comunicación o de fábrica de mitos; se convierte en industria y la película pasa a ser sin remedio una mercancía más de la que se espera sacar jugosos beneficios.

En el siguiente apartado interesa sintetizar las etapas fundamentales del arte del celuloide en relación a las posibilidades técnicas y artísticas, y desde luego con las circunstancias históricas que la pantalla cinematográfica refleja de forma innegable.

II. Una breve historia del cine

4 DESDE SUS ORÍGENES A LA PRIMERA GUERRA MUNDIAL

Hasta la década de los años veinte del siglo XX, el cine es mudo y sólo en la década siguiente alcanza el color. Este criterio técnico junto a los condicionamientos históricos nos permiten señalar una primera etapa desde 1895 hasta los años de la Primera Guerra Mundial.

El 28 de diciembre de 1895, en el Gran Café de París, los hermanos LUMIÈRE presentaban una película con un título tan descriptivo como su mismo contenido: *La salida de los obreros de una fábrica* (precisamente se trataba de la Factoría Lumière). En realidad no era más que una extensión de la fotografía a la que se añadía el movimiento. El carácter de crónica será compartido por el resto de realizaciones de estos pioneros, así *La partida de naipes, La llegada del tren, El muro,* etc. Los protagonistas de la película, los obreros de la fábrica y los presumibles espectadores, sus propios compañeros de trabajo, hacen saltar por primera vez a la pantalla un colectivo de hombres, fenómeno que hizo decir a JAURÈS que "*el cine era el teatro del proletariado*".

En sus inicios el cine había nacido con una intención meramente realista, pero muy pronto el manejo de los elementos técnicos permitió a GEORGES MELIÈS (1861-1938) emplear sus dotes de mago prestidigitador ideando ingeniosos trucajes (en *El hombre de la cabeza de caucho* hacía crecer descomunalmente la cabeza del protagonista hasta hacerla estallar). El suspense había asomado tímidamente y una simple estructura narrativa se irá abriendo paso en películas tales como *El viaje a la luna* (1902) o en las secuencias con que se reconstruye el famoso Proceso Dreyfus.

Se puede hablar de los LUMIÈRE y de MELIÈS como principales representantes de las dos tendencias básicas de la historia del cine hasta nuestros días: la realista y la fantástica.

Los primeros pasos del nuevo arte en Estados Unidos se relacionan con las experiencias de EDISON, siendo su preocupación básica la vinculación de los aparatos sonoros recién inventados con las nuevas posibilidades visuales que el cine ofrecía. THOMAS EDISON es el gran iniciador de la industria cinematográfica americana antes de la Primera Guerra Mundial, pero también su gran monopolizador.

En la línea de aprovechar las técnicas europeas, EDWIN POTER († 1941) logra sus más importantes realizaciones en *Salvamento en un incendio* (1902) y en *Asalto y robo a un tren* (1903), en las que a los simples elementos narrativos adjunta otros aspectos experimentales como los entonces tan desconcertantes primeros planos.

▲ Cartel cinematógrafico de LUMIÈRE. *Responde a la estética fin de siglo y tiene posiblemente alguna influencia de* TOULOUSE-LAUTREC. *El cine es presentado como un hermano del teatro: escenario, actores, público.*

◄ *La aportación técnica de* EDISON *al cine debe calificarse de imprescindible. El inventor de la bombilla eléctrica y de la grabación del sonido en planchas de disco patentó además el kinetógrafo y, años después, el vitascope, dos de las primeras máquinas para proyectar imágenes móviles.*

◄ MELIÈS *en* Viaje a la luna, *1902, inicia los recursos del cine fantástico. La cámara ya no se limita a retratar escenas reales sino que transforma ópticamente escenarios previamente preparados. En ese momento se revela la trascendencia del montaje, con el que se pueden conseguir efectos que la simple secuencia de imágenes no haría sospechar.*

Con DAVID W. GRIFFITH –*El nacimiento de una nación* (1915) e *Intolerancia* (1916)–, se dan interesantes pasos técnicos y de narración. Su labor es ya testimonio efectivo del rápido crecimiento de la industria cinematográfica, ya que se alinea tras la siderúrgica, la petrolífera y la del automóvil, creándose desde muy pronto el conocido *star system* de Hollywood.

Antes de la Primera Guerra Mundial, el cine ya ha sido descubierto como un elemento propagandístico de formidable alcance. Las obras de GRIFFITH o las tareas documentalistas de la *Biographe Company* sobre la guerra hispano-norteamericana, tienen una clara intención nacionalista.

Muy pronto los temas políticos, religiosos e incluso los de un cierto señuelo erótico convivirán con las producciones de cine cómico. En este último género M. SENNET (1880-1960) es un gran percusor y sus pantomimas llenas de sátira se revestirán de una tierna humanidad cuando el genial CHARLOT haga su aparición.

▲ Llegada del tren. *El fotograma nos ofrece uno de los temas más frecuentes de la infancia del cine: movimiento de máquinas y personas, humo; el escenario de la estación ha sido siempre un ámbito cinematográfico puro. Los hermanos* LUMIÈRE, *además de la famosa* Salida de los obreros de las fábricas Lumière, *filmaron llegadas de congresistas, escenas de pesca, baños, riegos de jardín.*

▲ GRIFFITH *incorporó al cine las cualidades de la literatura, pintura y fotografía, y consideró como específico del cine el encuadre grandioso, en contraste con el primer plano, del que es el fundador. En la ilustración, fotograma de* Intolerancia *(1916), filme que le arruinó por su elevado coste.*

◄ GRIFFITH: El nacimiento de una nación *(1915). El cartel anunciador intenta reflejar una epopeya, el recuerdo de los cruzados. La película es una epopeya histórica, la marcha de un pueblo hacia su destino.*

5 EL PERÍODO DE ENTREGUERRAS

Finalizada la Primera Guerra Mundial queda abierta una segunda etapa que incluye aportaciones tan estimables como el expresionismo alemán, el cine revolucionario soviético o la escuela impresionista francesa, entre otros movimientos. Es notable la incidencia de los grandes acontecimientos históricos (Revolución Rusa de 1917, crisis del 29, ascenso y triunfo del fascismo, etc.) en las realizaciones de esta época.

Escuela impresionista francesa

En Francia, la llamada **Escuela impresionista** manifiesta una voluntad vanguardista y un deseo de distanciamiento e incluso oposición a la todopoderosa industria americana que quiere imponer productos meramente comerciales. Un cierto intelectualismo (es el caso de LOUIS DELLUC) y una atención a los personajes populares de suburbio y taberna están fijos en este grupo de autores que busca lo natural, lo auténtico (en *Finis Terrae* del director EPSTEIN (1929) los personajes son auténticos pescadores), actitud que preludia el neorrealismo italiano.

Es general entre estos autores un marcado carácter crítico frente a la cultura burguesa. La concomitancia con el movimiento Dadá y sobre todo la incorporación del Surrealismo, que ANDRÉ BRETON pregona en su manifiesto de 1924, son perfiles decisivos a los que cabe añadir ciertos reflejos cubistas en las decoraciones elegidas. A este movimiento originariamente francés se incorporará el aragonés LUIS BUÑUEL con *El perro andaluz*, película realizada en colaboración con el pintor DALÍ, o con *Tierra sin pan*, retablo de una alucinante miseria con profusión de tipos tarados, cretinos, etc.

Expresionismo alemán

En la Alemania de posguerra, el Expresionismo se hace presente en el arte cinematográfico con *El gabinete del doctor Caligari*, del director ROBERT WIENE, realizada en 1919. El deseo de evasión tras la ruina bélica y su secuela de desequilibrio social y desgarro cultural y anímico se distrae en muchos filmes con seres visionarios, vampiros, etc., enmarcados en angulosos y siniestros escenarios. Junto a WIENE, el Expresionismo alemán tiene sus maestros en MURNAU (1889-1931), que realizó *Nosferatu, el vampiro* (1922), logrando altas cotas de terror en sus cuadros rodados en exteriores naturales, y FRITZ LANG, creador del *Doctor Mabuse* y de *Los Nibelungos* (1923-1924), su obra más ambiciosa.

A mitad de los veinte, el Expresionismo alemán va adquiriendo un tono de realismo social y crítico muy en consonancia con la evolución de los acontecimientos históricos.

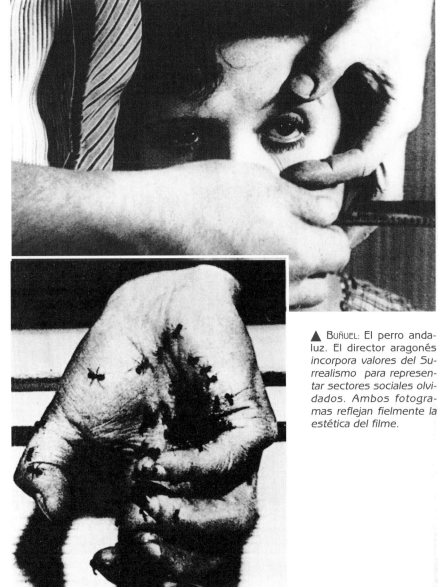

▲ BUÑUEL: El perro andaluz. El director aragonés *incorpora valores del Surrealismo para representar sectores sociales olvidados. Ambos fotogramas reflejan fielmente la estética del filme.*

Los graves resultados de la inflación posbélica y su incidencia en el descalabrado sector de la industria cinematográfica germana, que sólo pudo librarse del colapso total por un concierto (1925) con las poderosas empresas *Metro* y *Paramount*, conducirán a la denuncia y a la polémica abierta.

El último, de MURNAU, es un ejemplo muy ilustrativo ya que, con la degradación del personaje central desde el puesto de conserje a vigilante de lavabos a causa de su edad, parece querer exponer crudamente una realidad social frecuente en tan castigado período.

PABST, en su película *Tres páginas de un diario*, centra el problema de lo sexual y lo psicológico en la perspectiva de la sociedad alemana conmocionada por el sexo y la revolución que FREUD y MARX han pregonado. El propio LANG afronta el tema social en su *Metrópolis* (1926), trasluciendo la confusa visión de las relaciones sociales del momento.

▶ Fotograma de Nosferatu, el vampiro. MURNAU *une las tribulaciones de Alemania en 1922 con la inclinación del alma germana por lo misterioso y atormentado.*

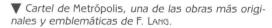 *Cartel de la película* El gabinete del doctor Caligari, *de* WIENE. *Un doctor exhibe a un sonámbulo en una barraca de feria. Se ha interpretado como una premonición del nazismo: Caligari sería el Estado y el sonámbulo, el pueblo.*

▼ *Cartel de* Metrópolis, *una de las obras más originales y emblemáticas de F.* LANG.

A la izquierda, Los Nibelungos. *Esta obra de* LANG *es un excelente ejemplo de Expresionismo alemán. En la escena de la muerte de* SIGFRIDO, *llorado por* CRIMHILDA, *el encuadre arquitectónico y la composición escultórica de los personajes estáticos y solemnes aumenta el dramatismo del juramento de la venganza.*

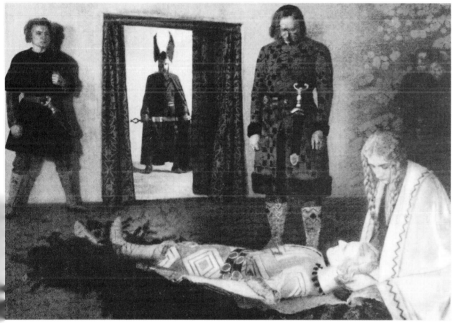

Cine revolucionario soviético

En 1919 la producción cinematográfica rusa queda puesta bajo el control del Comisariado de Cultura. El gobierno revolucionario es el primero en entender el enorme influjo que en el adoctrinamiento político ejercía la imagen, hecho que por otra parte comprobarán tantos otros poderes políticos.

El genio de EISENSTEIN conduce al cine ruso a una plena madurez, haciendo de la masa la protagonista coral de un drama, que sintetiza por un lado el más crudo realismo documental y, por otro, un denso expresionismo simbólico. *El acorazado Potemkin*, una de las obras más importantes de la historia del cine mundial, se sirve de una estructura en actos para resaltar mejor la epopeya revolucionaria que engrandecerá al máximo un episodio del año 1905.

Junto a EISENSTEIN están los nombres de PUDOVKIN y DOVZHENKO, directores de *La madre* (1926) y *La tierra* (1930) respectivamente; ambos son las personalidades más destacadas del cine soviético en el período que se cerrará con el estallido de la Segunda Guerra Mundial. En los últimos años anteriores a ésta, el cine ruso comparte con el resto del cine europeo y americano una nada encubierta exaltación nacionalista.

El mismo EISENSTEIN vuelca todo su énfasis patriótico en sus últimas películas: *Alexander Nevski* e *Iván el Terrible*, transmitiendo en la primera una imagen original de Rusia junto a una consigna política dirigida contra el nazismo hitleriano, nuevo camuflaje de los caballeros teutones a los que el príncipe ruso había derrotado. Por otra parte, los profundos problemas morales que implica el ejercicio despótico del poder personal de Iván el Terrible provocan el recelo de Stalin ante esta cinta y la prohibición de su segunda parte, *La conjura de los boyardos*.

Cine americano: del "Código Hays" a *El Gran Dictador*

Tras la Primera Guerra Mundial y a consecuencia de la paralización de la producción europea, la industria americana del cine asciende vertiginosamente al conseguir imponer a los públicos de todo el mundo un conformista esquema mental de fácil aceptación que habla del excitante *american way of life* de los años veinte; las comedias de CLARA BOW, los dramas de RODOLFO VALENTINO, ponen el énfasis en el lujo, la aventura y el *sex appeal*, tres claves que serán barajadas hasta el infinito.

Un hecho tan concreto como el establecimiento de la ley seca dará lugar a la creación de un género que plasmará la ola de corrupción y delincuencia organizada que controlaba la mafia italoamericana y la biografía de alguno gigantes

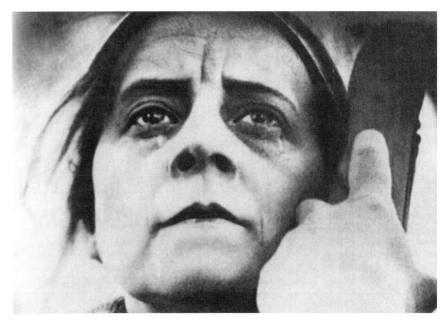

▲ PUDOVKIN: La madre. *La película es una adaptación de la obra de M. GORKI.*

▼ EISENSTEIN: *fotograma y bocetos de Iván el Terrible.* EISENSTEIN *introduce en sus películas preocupaciones políticas, el poder, la guerra, la presión social. Los dibujos nos hablan de la minuciosa preparación del filme. En ese momento la colaboración con el compositor* PROKOFIEV *le permitió combinar imagen y sonido en un grado pocas veces alcanzado.*

▲ *En 1927, La ley del hampa, de* JOSEF VON STERNBERG, *inició uno de los géneros más originales del cine americano, el "cine negro", en cuyos argumentos se enfrentan policías duros o corruptos y gángsters que combinan las pistolas y los negocios.*

▶ *Cartel de* El cantante de jazz (1927). *Es una de las primeras películas sonoras y el inicio de un género que va a tener un desarrollo vertiginoso en Hollywood.*

▼ *Anagramas de las grandes productoras: Metro Goldwyn Mayer, Paramount y Warner Bros. El cine es industria, además de arte, y estas firmas figuran en la historia del cinematógrafo con el mismo derecho que los grandes directores e intérpretes. El león de la "Metro", cuyo rugido es portada de tantos filmes inmortales, podría considerarse un símbolo más del cine.*

del hampa (Lucky Luciano, Al Capone) convertidos en verdaderos héroes. *La ley del hampa* de VON STERNBERG se puede considerar un logro maestro de este género de gángsters, en el que su autor, de ideología anarquista, critica a la sociedad contra la que se rebela el criminal, marcado por su procedencia de los bajos fondos.

La década de los veinte tiene una importancia excepcional por producirse en ella la aparición del cine sonoro en las cintas *Don Juan* (1926) y *El cantante de jazz*, de CROSLAND, al año siguiente. La ya gigantesca industria del cine se potencia de forma definitiva a la espera, sin embargo, de conseguir su más anhelado objetivo: el color.

Los negros años de la crisis encontrarán en el cine, además de un testigo de excepción del desengaño de la *prosperity*, una doble posibilidad de evasión o por el contrario de reflexión moral. La salida de la crisis, el *New Deal*, está basada en la autocrítica y en el examen de los grandes problemas que aquejaban a la sociedad: los monopolios, el paro, la corrupción, etc.

CHARLES CHAPLIN es la gran consciencia crítica que denuncia el desempleo o el trabajo en cadena en *Tiempos modernos* y las desigualdades sociales en *Luces de la ciudad* (1931). En conjunto la producción americana de los años treinta revela un rigor testimonial muy sentido (*Soy un fugitivo* o *Sin novedad en el frente*); desde el punto de vista estético ha de saludarse el filme *Aleluya* de KING VIDOR (1929), muy valioso por su toma del folclor negro aunque de muy dudosa concepción social.

Sin embargo el Código Hays, que entra en vigor en 1934, impondrá a las grandes de la industria del cine (*Metro, Paramount, T.C. Fox, Warner Bros* y la *R.K.O.*) una censura cuyo objetivo final es que la sociedad americana quede presentada como modelo de justicia, confortable, vencedora de la crisis, tranquilizadora, y que esas lacras del gangsterismo (ya no será rebeldía sino crimen) o el desempleo se vean como una pesadilla pasajera. Las comedias de F. CAPRA, el cine romántico, el musical, etc. representan esta línea de producción. Una nota discordante es la obra que en 1940 realiza el genial CHAPLIN, *El gran dictador*, en la que satiriza ferozmente la figura de Hitler, y cuya crítica alcanza también al *Duce* italiano.

El cine europeo bajo los regímenes fascistas y el naturalismo poético francés

Para completar la breve panorámica del cine en el período de entreguerras volvamos a Europa Occidental, donde hemos de examinar dos fenómenos muy distintos: por un lado el cine que se hace bajo los regímenes fascistas de Italia y Alemania; por otro, el movimiento que se desarrolla en Francia y es conocido como **naturalismo poético francés**.

La subida al poder de Hitler significó el final de unos años en los que el cine revelaba una muy receptiva sensibilidad para la situación político-social del momento. El éxodo de cineastas será forzoso para quienes se atrevan a denunciar los excesos del espíritu prusiano, como ocurre en *Muchachas de uniforme* (1931) o en las nuevas películas de FRITZ LANG, *El vampiro de Düsseldorf* o *El testamento del Dr. Mabuse* (1933). En dirección opuesta y bajo los dictados del Ministerio de Propaganda del gobierno nazi, se produjeron numerosos filmes de exaltación nacionalista, como *El rey soldado* (1935), que canta la vida de Federico Guillermo I.

La vinculación del cine a las tareas de propaganda del Estado fue también una realidad bajo el gobierno de Mussolini. Su deseo consistía en crear un cine grandioso e imperial (*Tierra madre*, 1930). Sin embargo, se pudo hacer una encubierta crítica a través de comedietas sentimentales que están en el orden del neorrealismo italiano de posguerra.

Por último, al naturalismo poético francés, movimiento que también es conocido como **realismo negro**, pertenecen, entre otros, tres grandes directores JEAN VIGÓ (*A propos de Nice*), RENÉ CLAIR (*Viva la libertad*) y JEAN RENOIR (*Toni*), que coinciden en tomar sus personajes entre las clases más bajas que viven en escenarios desconchados y tabernas de suburbios, en hacerles vivir un ambiente fatalista, sin posible disfrute de la felicidad, que no es sino espejismo, de ahí el apelativo de *negro*; sin embargo estos elementos están vistos con una estilizada visión romántica y poética.

6 EL CINE Y LA SEGUNDA GUERRA MUNDIAL

El desencadenamiento de la Segunda Guerra Mundial hizo que la industria de Hollywood abandonara sus temas anteriores y diera cabida en primer lugar a los temas bélicos, que se orientaron hacia la propagación de una esperanza en la victoria americana final. Una excepción en este panorama del inicio de los años cuarenta lo representa ORSON WELLES con su *Ciudadano Kane* (1940), vivo testimonio del ascenso de la plutocracia capitalista americana y retrato de una so-

▲ *En 1936,* JEAN RENOIR, *hijo del pintor impresionista Auguste Renoir, filmó* La gran ilusión, *un filme pacifista, cuando en Europa se oían los tambores de la guerra. La interpretación del genial actor* JEAN GABIN *intensifica la poesía de esta cinta memorable.*

ciedad a la que tan bien fotografió en *El cuarto mandamiento*, película en la que se ocupa de las relaciones entre las tradicionales familias agricultoras y los nuevos ricos de la industria automovilística.

Las tareas de los reporteros bélicos darán origen a un cine documentalista de grandes logros, especialmente en Estados Unidos e Inglaterra, donde se había creado la Escuela Documental Británica, que desarrolla ampliamente la temática laboral, comercial y por supuesto social.

En Rusia, *El momento decisivo* narra la batalla de Stalingrado con una peculiar perspectiva, la de los planteamientos estratégicos. Junto al cine bélico, los productores ofrecen muchas películas de evasión que calmen un poco la angustiada existencia de las masas ciudadanas (*El ladrón de Bagdad*, de A. KORDA, es un significativo botón de muestra de esta pretensión).

▲ F. ZINNEMANN: Solo ante el peligro. *Es el western en estado puro. La maravillosa interpretación de* GARY COOPER *no es menos admirable que el ritmo del filme, pautado angustiosamente por la imagen de un reloj que marca inexorable el paso de las horas.*

▲ AKIRA KUROSAWA: Dersu Uzala (arriba). *El gran maestro japonés nos depara un canto a la amistad, al tesón, en la lucha por la supervivencia, en un argumento rodado con imágenes de conmovedora belleza.*

. COPPOLA: El Padrino (abajo). *Largo filme, dividido en tres partes, que eleva el cine negro a la cota más alta. La extraordinaria banda sonora, montada en torno a variaciones de dos temas musicales, intensifica el color, la nostalgia o la violencia.* MARLON BRANDO *a un recital de interpretación, junto a otro actor singular,* AL PACINO.

7 MOVIMIENTOS DE POSGUERRA

Con el cese de las hostilidades se abre una nueva y definitiva etapa que llega hasta nuestros días. El primer gran capítulo del cine de posguerra lo constituye el **neorrealismo italiano**, que se estudia en otro apartado (véase pág. 466).

Típicamente posbélico, y asumiendo la conmoción moral que la guerra y sus consecuencias producen, es el movimiento americano conocido como la *generación perdida* (R. ROSEN, E. KAZAN, J. HUSTON, F. ZINNEMANN, etc). Temas como la corrupción, (incluyendo la de sectores públicos u oficiales), la marginación de los negros, que por otra parte han luchado como iguales en los campos de batalla, el antisemitismo, etc., son los elegidos por estos jóvenes directores que asumen un realismo crítico, pronto denunciado como subversivo por la Comisión de Actividades Antiameri-

canas, promovida por MacCarthy. ORSON WELLES, CHARLES CHAPLIN y muchos otros son obligados a exiliarse para no caer en la llamada *caza de brujas*. El agravamiento de la Guerra Fría, las crisis de Corea y Berlín, ponen fin a este esplendoroso realismo social; incluso la Escuela Documentalista neoyorquina ve clausuradas sus actividades tan fructíferas durante años.

La debilitación de estos dos importantes movimientos y sus posteriores evoluciones llevan al cine mundial por derroteros muy variados e incluso contradictorios. Grandes producciones de discutible valor artístico se apoyan en la grandiosidad de los escenarios y los movimientos de masas (*El Cid*, etc.) aunque otras mantengan valores cinematográficos o argumentales de gran calado (*Ben-Hur, Espartaco*).

Más interesante es la vertiente que atiende a temas tan contemporáneos como la soledad e incomunicación existentes en nuestra sociedad industrial. En parte enlazan con el naturalismo francés del período anterior e incluso con la corriente neorrealista, pero su preocupación por el individuo aislado está apoyada en una filosofía existencial. GODARD, TRUFFAUT, RESNAIS, en Francia, ANTONIONI en Italia o W. WILDER en Estados Unidos, son exponentes de esta frustración en que vive la sociedad neocapitalista.

8 LA RECUPERACIÓN DE LOS ÚLTIMOS AÑOS

Al extenderse la propiedad de los aparatos domésticos de televisión, las gentes dejaron de asistir a las salas, provocando la ruina en cadena de los cines y un bache en la producción cinematográfica a lo largo de la década de los setenta y ochenta. En este período surgían obras maestras como *Dersu Uzala* de AKIRA KUROSAWA (1974), uno de los cantos más bellos a la amistad que haya proporcionado el Séptimo Arte, o las tres entregas de la gigantesca cinta *El Padrino* de COPPOLA, sin olvidar la saga americana en torno a la Guerra de Vietnam.

Desde finales de los ochenta, el retorno a las salas de proyección y el aumento de la producción cinematográfica propició la reaparición casi en secuencia de películas de gran calidad, algunas de las cuales merecen el galardón de obras maestras, como *Cinema Paradiso* (1989), de GIUSEPPE TORNATORE, una reflexión nostálgica sobre la historia del cine, o *La lista de Schindler* (1993), de STEVEN SPIELBERG, documental conmovedor sobre uno de los dramas de la Humanidad de este siglo, el holocausto judío, contemplado a través del prisma de un hombre que luchó por los valores últimos del humanismo frente a la barbarie. En estas cintas memorables el cine ha vuelto a fundir sus vertientes de documento y obra de arte.

III. El cine, documento de nuestro tiempo

9 EL CINE COMO TESTIMONIO

En una serie de entrevistas que René Clair formulaba en 1923 a escritores y artistas sobre qué esperaban del Séptimo Arte, Pierre Mac-Orlan contestó: "*Para mi gusto el cine es un arte admirable: incluso es el único arte que puede reflejar literalmente nuestra época en la forma expresionista y simultaneísta, con todos sus ritmos secretos... El cine permite traducir fielmente la psicología de nuestro tiempo. Incluso podríamos decir que el arte cinematográfico fue hallado por instinto, para así poder dotar a la época de su único medio de expresión.*"

Más allá de sus calidades estéticas el cine nos ofrece una dimensión de testigo, de documento social; anclado en la realidad, su lenguaje de imágenes en movimiento permite calar más hondo que cualquier otra forma de arte. En los miles de kilómetros de cintas guardados en las cinematecas está la Historia de nuestro tiempo: acontecimientos, modas, ídolos, incluso los valores de cada nación y de cada momento.

Cualquier filme puede ser examinado con este enfoque de testimonio social, al margen de su calidad artística; la comedia americana trasluce en sus viviendas opulentas el hedonismo de una sociedad que practica la religión del dinero; el culto a las estrellas fija modelos humanos de una época, aunque no siempre encarnen valores auténticos; los planteamientos de los filmes bélicos, habitualmente maniqueos, apoyados en una dialéctica simplista de bondad-maldad, repiten los esquemas de la propaganda con la que se galvaniza a los pueblos; la serialización de los seres humanos en las megalópolis, en las que los hombres están sometidos a un trabajo alienante y encarrilados en un consumismo sin sentido, deriva en los hondos ensayos para plasmar la soledad y la incomunicación que afronta la literatura y la producción cinematográfica de un Antonioni, un Resnais o un Bergman.

La obra maestra es a veces una radiografía social; así *Ciudadano Kane* de Orson Welles constituye un análisis completo de la Norteamérica satisfecha y de su trasfondo de tensiones de los años veinte. La realidad y los sueños del público en una era de masas se retratan en pantalla con una vivacidad que no pueden poseer la literatura o la pintura; quizás sea certero el juicio de Mac-Orlan: el arte cinematográfico fue hallado por instinto y era una necesidad no precisamente estética sino de expresión social, de lenguaje.

La concepción del cine como gran fresco histórico tiene uno de sus momentos estelares en la obra del ruso Eisenstein. En *El acorazado Potemkin* (1925) (págs. 470-471) se plasma idea-

▼ Orson Welles: Ciudadano Kane *(1941).* Welles *es uno de los monstruos del cine, como director y como actor. En esta película, considerada en muchas clasificaciones como la mejor de la historia del cine, radiografía a un personaje sediento de poder pero también a una nación en la que conviven la opulencia y la corrupción.*

◀ *La escena de la escalera de Odessa, de* El acorazado Potemkin *de* EISENSTEIN *es una de las páginas más perfectas del cine universal. Con un montaje modélico los soldados que disparan sobre la muchedumbre del puerto aparecen como la fuerza terrible de la tiranía.*

▼ *Una de las más cáusticas burlas que se han hecho del nazismo es* El gran dictador. *En la escena del fotograma,* CHARLOT *imita a Hitler y ridiculiza sus sueños de dominio del mundo.*

lizado un episodio de la revolución de 1905, la sublevación de los marinos del acorazado en el puerto de Odessa; se trata de una epopeya en la que el heroismo individual es sustituido por el colectivo. La misma intensidad plástica de los movimientos de masas se alcanza en el filme de la Revolución, *Octubre* (1928), aunque carece del lirismo del *Potemkin*, y en *La huelga* (1924), que afronta la temática de la revolución social. Prueba de la fuerza testimonial de la filmografía del gran maestro ruso ha sido la prohibición de su obra en todos los países cuyo régimen político estimaba que la visión de estas páginas épicas podría generar actitudes revolucionarias.

Si en vez de una filmografía estudiamos un tema contemporáneo, comprobamos igualmente la dimensión del documento. El gran maestro alemán FRITZ LANG, en un año crítico, 1933, el del ascenso del nazismo, se atreve a filmar una violenta sátira antinazi en *El testamento del Doctor Mabuse*, lo que le obliga a un precipitado exilio. La crítica del fascismo-nazismo se afronta con inigualable humor en *To be or not to be* de LUBITSCH, en el famoso filme *El gran dictador* de CHAPLIN y, con tono melancólico, en *El jardín de los Finzi Contini* de DE SICA, entre otros, con una categoría inmensamente superior al cine de propaganda que en esos años se filmó en Alemania e Italia. Con la perspectiva de los orígenes del nazismo, volvió a tratar el tema el sueco INGMAR BERGMAN en *El huevo de la serpiente*, terrible cuadro del Munich de 1923.

Para demostrar el valor testimonial del cine sería suficiente el análisis de la figura más genial que el Séptimo Arte ha aportado: CHARLES CHAPLIN. Su personaje, CHARLOT, se ha convertido en una creación universal, como *Don Juan* o *Don Quijote*, cuya figura de desvalido buscador de la justicia tantos paralelismos ofrece con el vagabundo del bastón y bombín. En otro polo que EISENSTEIN, que ha cantado el heroísmo colectivo, CHARLOT encarna al héroe solitario, al ser humano excluido de la sociedad, que busca en los caminos el paraíso perdido, una sociedad de personas libres unidas por la ternura.

RENÉ CLAIR ha escrito que si CHAPLIN no hubiese existido "*nosotros no habríamos sido exactamente iguales a lo que hoy somos*". Cada una de sus películas, *Luces de la ciudad*, *Tiempos modernos* o *El gran dictador*, constituye una toma de postura ante los problemas políticos y sociales de la era contemporánea. En *Tiempos modernos*, CHARLOT prefiere volver al vagabundeo antes que aceptar los ritmos embrutecedores del trabajo en la fábrica, que convierte a los obreros en auténticas máquinas; es un grito de protesta contra la deshumanización de la civilización industrial, con lo que se refleja la necesidad de corregir la filosofía del desarrollo. ¿Para qué sirve el progreso? En la obra cinematográfica de CHAPLIN encontramos la respuesta a esta acuciante pregunta.

10 EL NEORREALISMO

Tras una etapa de control estricto por las autoridades fascistas, los directores italianos comienzan en los últimos meses de la Segunda Guerra Mundial a elaborar un cine sincero que busca en la realidad la fuente de su temática. El neorrealismo es una crónica desnuda de los hechos cotidianos y un buceo social en los aspectos tristes de la vida. Los problemas de posguerra, el paro, el hambre, los niños abandonados, son tomados por las cámaras, y el cine se concibe ante todo como testimonio documental.

El padre de la escuela, Rossellini, en el filme-manifiesto *Roma, ciudad abierta* (1945), tuvo que trabajar con escasez de medios, lo que le obligó a estimular su ingenio: *"Filmamos la mayor parte de las escenas en los mismos lugares donde ocurrieron los hechos que reconstruimos"* (Rossellini). La veracidad de escenarios y tipos nos transmite el sufrimiento y el espíritu de resistencia del pueblo italiano bajo la ocupación alemana. Con esta óptica de análisis de la miseria y la violencia, De Sica, asociado al guionista Zavattini, otro nombre fundamental en la historia del neorrealismo, afronta en *El limpiabotas* el tema de la infancia de posguerra, madurada precozmente entre las carencias y peligros de un país ocupado por tropas extranjeras. Con menor capacidad poética y una tendencia hacia la exageración melodramática construye De Santis *Arroz amargo* (1949), donde se denuncian las duras condiciones de trabajo de las cosechadoras de arroz. Con esta película se pasaba a nuevos horizontes argumentales, ya no directamente relacionados con la guerra; así Luigi Zampa describe con espíritu mordaz las costumbres italianas y Pietro Germi indaga en los problemas de los ferroviarios o, con más acierto, entre los obreros de las minas de azufre sicilianas (*El camino de la esperanza*, 1950).

Pero antes, en 1948, ha producido el neorrealismo dos auténticas obras maestras: *La tierra tiembla* de Luchino Visconti y *El ladrón de bicicletas* de Vittorio de Sica. Al neorrealismo periodístico, de captación de escenas reales, de Rossellini, que basa la filmación en la improvisación, opone Visconti un neorrealismo social, una película detenidamente elaborada, para mostrar, a través de las vicisitudes de unos pescadores sicilianos, la imposibilidad de la liberación por el esfuerzo del individuo aislado y la necesidad de la solidaridad de clase. Este propósito se hubiera completado de haber realizado la trilogía que por entonces tenía en proyecto, con otras dos películas sobre los obreros de las minas de azufre y los trabajadores del campo.

En De Sica encontramos un humanismo tierno, una piadosa compasión por los seres doloridos, con una perspectiva similar a la de Chaplin.

▲ Arriba, fotograma de Roma, ciudad abierta, de Rossellini (1945) Es el manifiesto del neorrealismo y una de sus cumbres. La ciudad, en ruinas por la guerra, proporciona el escenario para trazar un documental sobre la lucha contra los alemanes, la represión, la tortura y la desesperanza que deja la destrucción.

Abajo, fotograma y cartel de Arroz amargo de De Santis (1949), otra página del neorrealismo. El trabajo de las mujeres en condiciones penosas es denunciado en una cinta poderosa, en la que la belleza de Silvana Mangano es casi la única promesa de futuro para una Italia que no puede superar el marasmo de posguerra.

El ladrón de bicicletas *de* VITTORIO
E SICA *es uno de los filmes más*
poéticos del neorrealismo. Una his-
toria elemental se transmite con to-
do el vigor de los hechos cotidianos
de posguerra. Repárese en la fuer-
za de las imágenes; llueve intensa-
mente, los viandantes chapotean
presurosos en la calle encharcada;
el protagonista, sin abrigo ni para-
guas, se dobla empapado en ade-
mán protector hacia el niño. A la
derecha, cartel de la película.

VISCONTI: La tierra tiembla. *Junto*
con Rocco y sus hermanos *ocupa*
el capítulo neorrealista del gran di-
rector italiano. A través de las vici-
situdes de unos pescadores sicilia-
nos, VISCONTI *muestra la necesidad*
de la lucha organizada para salir de
la miseria.

El ladrón de bicicletas constituye un documento sobre la falta de trabajo y el valor de supervivencia que puede suponer algo tan elemental como una bicicleta (el protagonista vende cuanto tiene para adquirirla y recibir el encargo de pegar carteles, y se la roban el primer día de trabajo); la película es también un emocionante canto a la solidaridad entre los humildes, solidaridad que se presenta como su único patrimonio. Es la película que mayor admiración ha suscitado fuera de Italia.

A partir de 1952, los directores vuelven a los argumentos del fascismo, la guerra, la ocupación; es el retorno a los orígenes. Sin embargo CESARE ZAVATTINI, que había aportado guiones a filmes de DE SICA, sostiene por entonces que todavía no se había realizado ninguna obra auténticamente neorrealista. Para él el director debe tender a sustituir la representación de la realidad por la realidad misma; así nacen los filmes-encuesta, que están más cerca del documental que de la película en sentido estricto.

11 DIVERSAS PERSPECTIVAS DEL CINE TESTIMONIAL

Cine de simbolismo social

De la denuncia social del neorrealismo algunos autores pasan a la práctica de un cine político que no se detiene en la captación de cuadros sociales veraces sino que se remonta a las causas e incluso a los grandes procesos históricos que las encuadran.

Un camino original, estrictamente personal, es el seguido por LUCHINO VISCONTI. En *Rocco y sus hermanos* (1960), donde plasma los problemas de los inmigrantes en una metrópoli industrial, Milán, se mantiene en los límites del neorrealismo, como lo prueba que el creador considerara *Rocco* una continuación de *La tierra tiembla*. Sin embargo ya estaba por entonces buscando un cine más ideológico y declara: "*Creo que no se puede ser hombre y mucho menos artista sin tener una conciencia política. El arte es política*". Pero VISCONTI no aporta precisamente películas políticas, prefiere desenvolverse en un **plano simbólico** cuyo sentido no es fácilmente percibido por los espectadores.

Del conjunto de su filmografía e independientemente de sus altísimos valores estéticos, se desprende una preocupación por captar los grupos sociales decadentes o que llevan en sí mismos sus propios gérmenes de destrucción. Los personajes y las familias no son otra cosa que una ejemplificación de los grupos sociales, y aunque el análisis psicológico adquiere una profundidad insólita, el maestro no considera que los conflictos psíquicos tengan sentido fuera de su contexto social.

En *El gatopardo* (1962), la vieja aristocracia declina ante los embates de las fuerzas revolucionarias. En *La caída de los dioses* (1969) retrata la corrupción y la ambición de poder del nazismo y el hundimiento moral de la alta burguesía industrial, que apoya a los nazis; es un cuadro alucinante en el que una clase que hipoteca su libertad y su moral termina destruyéndose. Tanto la nobleza de *El gatopardo* como los industriales de *La caída de los dioses* son cadáveres históricos, descritos por VISCONTI en colaboraciones literarias: "*Viven ya muertos, ignoran el progreso de los tiempos*". En *Confidencias* (1972) se insiste en el tema del peligro del fascismo y de la vileza de la burguesía, que, para salvarse, prepara un cataclismo neofascista.

Cine de episodios históricos

Los tratamientos de simbolismo-social viscontianos difieren claramente del enfoque directo de **episodios históricos** de los que pueden deducirse análisis políticos. Podrían multiplicarse los ejemplos pero los reducimos a tres. *Sacco e Vanzetti* (1971) lleva al cine el proceso judicial y la condena a muerte de los dos anarquistas en la América de los años veinte, una escandalosa utilización de las estructuras judiciales para perseguir una ideología considerada peligrosa. *El delito Matteotti* (1973), asesinato del secretario del partido socialista por inspiración de MUSSOLINI cuando aquél denuncia el fraude de las elecciones de 1924, nos presenta una vez más la corrupción ética del fascismo y sus procedimientos violentos.

Algunas similitudes de contenido tiene *Z* (1968, Óscar del año 1969), filme político de un autor, COSTA-GAVRAS, que luego hizo derivar su producción hacia películas político-comerciales de dudosa autenticidad. En *Z* se relata el asesinato del pacifista LAMBRAKIS, que se opone a la instalación en Grecia de proyectiles Polaris; muerto en un accidente sospechoso, la investigación judicial provoca la caída del gobierno, pero las sentencias contra los altos cargos no llegan a cumplirse debido al golpe de Estado de los Coroneles, en 1967, con el que se inicia la última experiencia fascista en un Estado mediterráneo. Este tipo de películas combinan la reproducción rigurosa de hechos reales con unas conclusiones lógicas de rechazo de determinados movimientos ideológicos.

Cine de combate o documental

El tercer enfoque es el que podríamos denominar **cine de combate**, en muchos casos documentales o películas que combinan las secuencias de estudio con las reales. El ejemplo más claro es el filme de PATRICIO GUZMÁN, *La batalla de Chile*, la lucha de un pueblo sin armas, dividido en tres partes: *La insurrección de la burguesía* (1975), *El golpe de Estado* (1976) y *El poder*

▲ VISCONTI: El gatopardo, *1962. Es la versión cinematográfica de la excelente novela de* LAMPEDUSA *del mismo título. Obra magistral, en la que destacan la dirección de actores, el montaje de secuencias, la hondura simbólica de los personajes, la grandeza barroca de los escenarios. En la ilustración, los protagonistas, encarnados por* BURT LANCASTER *y* CLAUDIA CARDINALE, *en un baile de salón aristocrático, definido por la composición en círculo y un escenario palaciego de lámparas, cuadros y cortinajes.*

▼ PATRICIO GUZMÁN: La batalla de Chile. *Fotograma correspondiente a la tercera parte,* El poder popular. *En el polo opuesto al "star system", el director nos presenta un documental coral, en el que los seres anónimos que forman el pueblo se convierten en protagonistas de un proceso histórico.*

EL PODER POPULAR TERCERA PARTE DE LA BATALLA DE CHILE
FILM DE PATRICIO GUZMAN

▲ Bertolucci: Novecento, 1976 (izquierda). El filme, gran fresco histórico de la Italia del siglo XX, presta especial atención a los procesos sociales. En este fotograma se capta a las campesinas, con su indumentaria típica de pañuelos y largos vestidos negros y sus escobajos y rastrillos, en actitud de protesta. Aun sin recurrir a las imágenes en movimiento, el simple fotograma de vista fija, nos asoma a las tensiones rurales en una nación sacudida por la violencia varias veces a lo largo del siglo.

Pakula: Todos los hombres del Presidente, 1976 (derecha). Es la versión cinematográfica de la investigación de los reporteros del "Washington Post", Carl Bernstein y Bob Woodward –interpretados por Robert Redford y Dustin Hoffmann– sobre el caso Watergate. Se trata de cine histórico y político, que basa su guión en documentación contrastada.

popular (1979). Documental apasionante, cuya filmación no pudo hacerse sin riesgos de cámaras y director, muestra las fuerzas poderosas que se coaligaron para frustrar el *experimento* Allende. Difícilmente un libro de Historia llegará a alcanzar mayor capacidad de penetración sobre un capítulo de la más reciente historia chilena que la de estos minutos de proyección. En este caso el cine es, en el sentido más exigente de la palabra, **d**ocumento. Como lo es en las filmaciones completísimas que se conservan de la Segunda Guerra Mundial. Otras películas, sobre el Che, *La batalla de Argel*, etc., se mueven en los planteamientos del cine de combate, pero sin la plenitud documental de *La batalla de Chile*.

Cine de grandes síntesis históricas

En alguna ocasión un director se ha atrevido a afrontar en un **gran fresco histórico** un proceso secular, y no simplemente un hecho, como ya hizo en los primeros capítulos del cine mudo Griffith en *Historia de una nación*.

En los años setenta el intento se repite varias veces. Tal es el caso del polaco Wajda en *La tierra de la gran promesa* (1975). En los países del Este se retrasa la Revolución Industrial; sus dificultades, sus dimensiones, su trascendencia son captados en la obra del gran maestro; es un filme que muestra el hambre y la humillación al lado del progreso, un filme que obliga al espectador a reflexionar.

Al año siguiente, en 1976, Bertolucci realiza uno de los más ambiciosos intentos de cine de las últimas décadas: *Novecento*, cuya duración desmesurada obligó a su proyección en dos partes. En *Novecento* está recogida toda la historia italiana del siglo XX a través de las biografías de dos jóvenes amigos de distinta clase social. Pero no son los acontecimientos lo que atrae la atención del creador –la Primera Guerra Mundial pasa casi desapercibida– sino las contradicciones sociales y los procesos ideológicos; así se exhiben los sufrimientos de los campesinos, los abusos de los terratenientes, la violencia fascista. Bertolucci se compromete con una concepción del cine como instrumento revolucionario; no reduce la exposición de sus ideas al medio directo de los discursos o los hechos significativos sino que se eleva al plano de las estructuras para mostrar los intereses contradictorios de propietarios y braceros.

La pluralidad de enfoques es amplia. Pero en cualquier caso, ya prefiramos el simbolismo social de Visconti, ya la reconstrucción histórica de *El delito Matteotti*, ya el cuadro vivo de *La batalla de Chile* o la gran síntesis de *Novecento*, el cine se nos aparece como un arte testimonial que no se limita a plasmar imágenes bellas o argumentos conmovedores sino que escruta la realidad e incita a los espectadores a adoptar posturas. En último término, el cine lega a los historiadores un conjunto de documentos preciosos para el conocimiento de nuestra época.

EL ACORAZADO POTEMKIN (1925)

TÍTULO ORIGINAL: *Bronenosets Potiomkin.*

PRODUCCIÓN: GOSKINO, Moscú.

ARGUMENTO: NINA AGADZHANOVA-SHUTKO, en colaboración con SERGUEI M. EISENSTEIN.

GUIÓN, DIRECCIÓN Y MONTAJE: SERGUEI MIJAILOVICH EISENSTEIN.

FOTOGRAFÍA: EDUARD TISSÉ.

PRINCIPALES INTÉRPRETES: ALEXANDR ANTÓNOV (Vakulinchuk), VLADIMIR BARSKI (comandante Golikov), GRIGORI ALEKSANDROV (2º oficial Guiliarovski).

EXTRAS: Marinos y dotación de la Flota Roja del mar Negro; población de Odessa; madre de Eisenstein (mujer con el cochecito).

Clasificado varias veces por jurados internacionales como el mejor filme de todos los tiempos y colocado en cabeza en la lista de los doce más perfectos que elaboró la comisión de cineastas en la Exposición Internacional de Bruselas, *El acorazado Potemkin* es la obra más representativa del genio cinematográfico de EISENSTEIN. Unos concisos apuntes biográficos nos ayudarán a comprender mejor la película. SERGUEI MIJAILOVICH EISENSTEIN nació en Riga en 1898 y murió en Moscú en 1948. Al ser nombrado su padre, de ascendencia judía, ingeniero municipal de San Petersburgo, se trasladó a la capital del imperio zarista en 1909, lo que le permitió conocer la vida intelectual de la corte y realizar estudios en las escuelas de Obras Públicas y de Arquitectura. Las matemáticas se convirtieron en la clave de su formación:

"Fue gracias a esta disciplina... que se formó mi gusto por el pensamiento racional; mi amor por la exactitud matemática y la claridad", escribe, aunque también su estudio de la lengua japonesa, con una estructura sintáctica tan diferente de la rusa, contribuyeron a forjar sus concepciones sobre el montaje, sobre la importancia del ensamblaje de las partes (sintaxis) para conseguir una más intensa expresividad. Durante algún tiempo se dedicó al teatro, diseñando decorados y montajes para MEYERHOLD, pero al conocer los filmes de GRIFFITH y de LANG sintió la llamada del cine y se propuso realizar un ciclo sobre el movimiento obrero y la Revolución. Así nació *La huelga* (1924), primer ensayo de lo que denominó *cine-puño*: *"No hago películas testimonio, vistas por un impasible ojo de cristal, sino que doy puñetazos en la cara*

al público". *El acorazado Potemkin* y *Octubre* cubrirán en los años siguientes las páginas más ambiciosas del ciclo.

En 1930 viajó a Estados Unidos, pero le decepcionó la sociedad norteamericana y decidió regresar a la Unión Soviética, donde producirá otros dos filmes gigantescos: *Alexander Nevski* (1938) e *Iván el Terrible* (primera parte: 1941, segunda parte: 1946).

Para todo buen aficionado al arte cinematográfico constituye una lectura altamente recomendable la serie de sus escritos sobre montaje, y sobre el papel de la música y el color en el mismo (ver en castellano la obra de S. M. EISENSTEIN: *El sentido del cine*, Buenos Aires, Siglo XXI, 1974). En *Alexander Nevski* se produjo la colaboración con el gran compositor PROKOFIEV, quien buscó el equivalente musical de cada plano que el cineasta le mostraba. Con estos planteamientos EISENSTEIN pretendía presentar el cine como una síntesis de las artes, el mismo papel que WAGNER había soñado en el siglo XIX para la ópera.

El acorazado Potemkin, encargo del gobierno soviético para conmemorar el vigésimo aniversario de la Revolución de 1905, recoge los actos acaecidos en el puerto de Odessa durante los días 12 a 17 de junio de ese año, preludio de la gran Revolución de 1917. EISENSTEIN, quien contaba tan sólo 27 años, filmó durante varias semanas, montó la cinta en doce días y obtuvo un éxito popular inmenso, mientras en los países occidentales era prohibida por considerarla un manifiesto propagandístico de la Revolución, lo que no dejó de constituir un reconocimiento a su poder de comunicación. En el filme, todo transcurre en 48 horas. Tras una huelga de los obreros del puerto, la tripulación del acorazado Potemkin se niega a aceptar la carne podrida de rancho y se revuelve contra los oficiales. El comandante Golíkov ordena el fusilamiento de diez de los revoltosos, pero el contramaestre Vakulinchuk grita: *"¡Hermanos! ¿contra quién vais a disparar?"* La guardia deja caer las armas y los marineros arrojan por la borda a los oficiales. Es la revolución contra el poder. En el choque ha fallecido el héroe, Vakulinchuk, ante cuyo cadáver, colocado en el muelle, desfila una muchedumbre inmensa. Los cosacos salen de un cuartel y disparan contra el pueblo que acudía a vitorear a los marinos revolucionarios. Es el momento cumbre del filme, la famosa secuencia de la escalera. Desde el buque se replica bombardeando el cuartel de los cosacos. Inmediatamente llegan varios barcos de guerra zarista, pero los tripulantes se niegan a disparar contra el Potemkin y el acorazado sale lenta y majestuosamente del puerto y se pierde en la niebla, en alta mar.

Formalmente nos hallamos ante un filme coral, en el que no existe otro protagonista que el pueblo, pero en cuya acción intervienen tres colectivos o tres coros: los marinos del Potemkin, la población de Odessa y el destacamento de cosacos. A nuestro juicio su categoría de película-modelo deriva de tres valores: su estructura, su montaje y su ritmo, que indicaremos sucesivamente, porque el propósito de este documento de trabajo es enseñar a analizar una película.

– **Estructura:** Esta tragedia social puede dividirse en cinco actos:

1. Exposición (llegada del barco y presentación de personajes).
2. Drama sobre el puente.
3. Desfile funeral en el muelle.
4. Masacre de la escalera de Odessa.
5. Salida del puerto. La claridad de las partes o de las escenas hacen pensar en teatro clásico. En medio, el desfile ante el cuerpo de Vakulinchuk señala la bisectriz entre las dos mitades, la segunda mucho más dramática.

– **Montaje:** EISENSTEIN ha dedicado muchas páginas a explicarlo. No podemos detenernos en detalles pero sin duda es lo que más impresiona al espectador. La multiplicación de los planos es asombrosa; el acorazado se ve desde el principio del filme desde todos los ángulos posibles. Pero más asombroso que el número de tomas resulta la forma de ordenarlas, de ensamblarlas, con lo que las bocas de los cañones adquieren casi la intensidad del grito que se percibe (recordemos que es cine mudo) en las bocas abiertas de los marineros.

– **Ritmo:** Cada uno de los cinco actos se inicia con un ritmo relativamente pausado que permite efectos líricos, para adquirir un extraordinario patetismo en la segunda mitad. Se pasa, con esta intensificación, de la revuelta de los marinos a la manifestación multitudinaria de los vecinos de Odessa, del escenario reducido del navío al más amplio de la ciudad, del tema revolucionario de la marinería en rebeldía al contratema de la represión de los cosacos.

Los valores del montaje y el ritmo adquieren su expresión más alta en la escena de la escalera de Odessa, auténtica página maestra de la historia del cine. Los planos largos muestran a la multitud que desciende por la escalera hacia el puerto. Luego se agiliza el ritmo: los cosacos llegan, a golpe rítmico de tambores. Cuando disparan, el caos se expresa con un ritmo de planos rapidísimos, muy cortos. Con la intensificación, EISENSTEIN combina los contrastes. Ruedan los cuerpos heridos y el coche de un niño, pero frente a ese movimiento hacia abajo se destaca el movimiento hacia arriba de la madre que asciende con la lentitud de la locura, llevando el cuerpo muerto de su hijo en sus brazos. El movimiento descendente de los cuerpos que ruedan y de los cosacos que disparan queda súbitamente cortado por un movimiento transversal, al pie de la escalinata, por el escuadrón de cosacos a caballo que embiste y acosa a los manifestantes que huyen de la masacre.

EISENSTEIN ha señalado los recursos que utilizó para conseguir en el espectador la angustia con un ritmo de angustia: "*Del movimiento caótico de los civiles al movimiento rítmico de los soldados, del movimiento descendente al movimiento ascendente... El método de exposición procede por bandas, por colisiones. Colisiones de plano a plano, de secuencia a secuencia, de episodio a episodio, de parte a parte, como dos células elementales que se propagan y se multiplican*".

A nuestro juicio uno de los máximos hallazgos de esta página maestra es el escenario, la escalera. En el episodio real no existía y todo transcurrió en una zona inmediata al puerto, llana, horizontal. Pero la escalera permite los picados y los contrapicados y el movimiento de los cuerpos enfocados desde arriba o la amenaza de los fusiles contemplada desde un plano inferior intensifica los efectos. No resulta tan dramático un cuerpo que cae herido al suelo como otro que al ser herido rueda escaleras abajo. El genio cinematográfico de EISENSTEIN brilla en todo el filme, pero de manera especial en esta secuencia en la que se contempla la intensidad de los sentimientos colectivos que el hombre puede experimentar, desde la crueldad, personificada en el piquete de fusileros, hasta el intenso dolor y la angustia terrible del pueblo indefenso.

ACTIVIDADES

● En el caso de que existiera posibilidad de proyectar la película, debería seguir a la proyección un debate acerca de sus valores, con la ayuda del comentario del libro.

● ¿A qué se llama *montaje*? Es un aspecto clave del arte cinematográfico. En *El acorazado Potemkin* la escena de la escalera es un modelo de montaje. ¿Recuerdas alguna escena de otra película en que lo destacable sea el montaje, la manera de yuxtaponer los planos?

● Recordad una película que os haya gustado especialmente y destacad alguno de sus valores, que pueden ser la interpretación, el argumento, la dirección, la música, o quizás todo al mismo tiempo.

BIBLIOGRAFÍA

AUMONT, J., *Estética del cine. Espacio fílmico, montaje, narración, lenguaje* Buenos Aires, Paidós, 1989.

ANDREW, D., *Las principales teorías cinematográficas*. Madrid, Rialp, 1992.

ARNHEIM, R., *El cine como arte*. Barcelona, Paidós Ibérica, 1996.

CASETTI, F. y DI CHIO, F., *Cómo analizar un film*. Barcelona, Paidós Ibérica, 1996.

CHIARINI, L., *Arte y técnica del film*. Barcelona, Península, 1971.

EISENSTEIN, S., *Teoría y técnicas cinematográficas*. Madrid, Rialp, Libro de cine n.º 4.

FERRO, M., *Cine e Historia*. Barcelona, Gustavo Gili, 1980.

GARCÍA FERNÁNDEZ, E. C. y SÁNCHEZ GONZÁLEZ, S., *Guía histórica del cine. 1895-1996*. Barcelona, Film Ideal, 1997.

GOLDMANN, A., *Cine y sociedad moderna*. Madrid, Fundamentos, 1972.

GUBERN, R., *Historia del Cine*. Barcelona, Lumen, 1995.

SADOUL, G., *Diccionario del cine*. Madrid, Istmo, 2 vols., 1977.

TORRES AUGUSTO, M., *Videoteca básica de cine*. Madrid, Alianza, 1995.

VARIOS AUTORES, *Historia general del cine*. Madrid, Cátedra, 12 vols., 1995.

DIAGRAMAS HISTÓRICOS

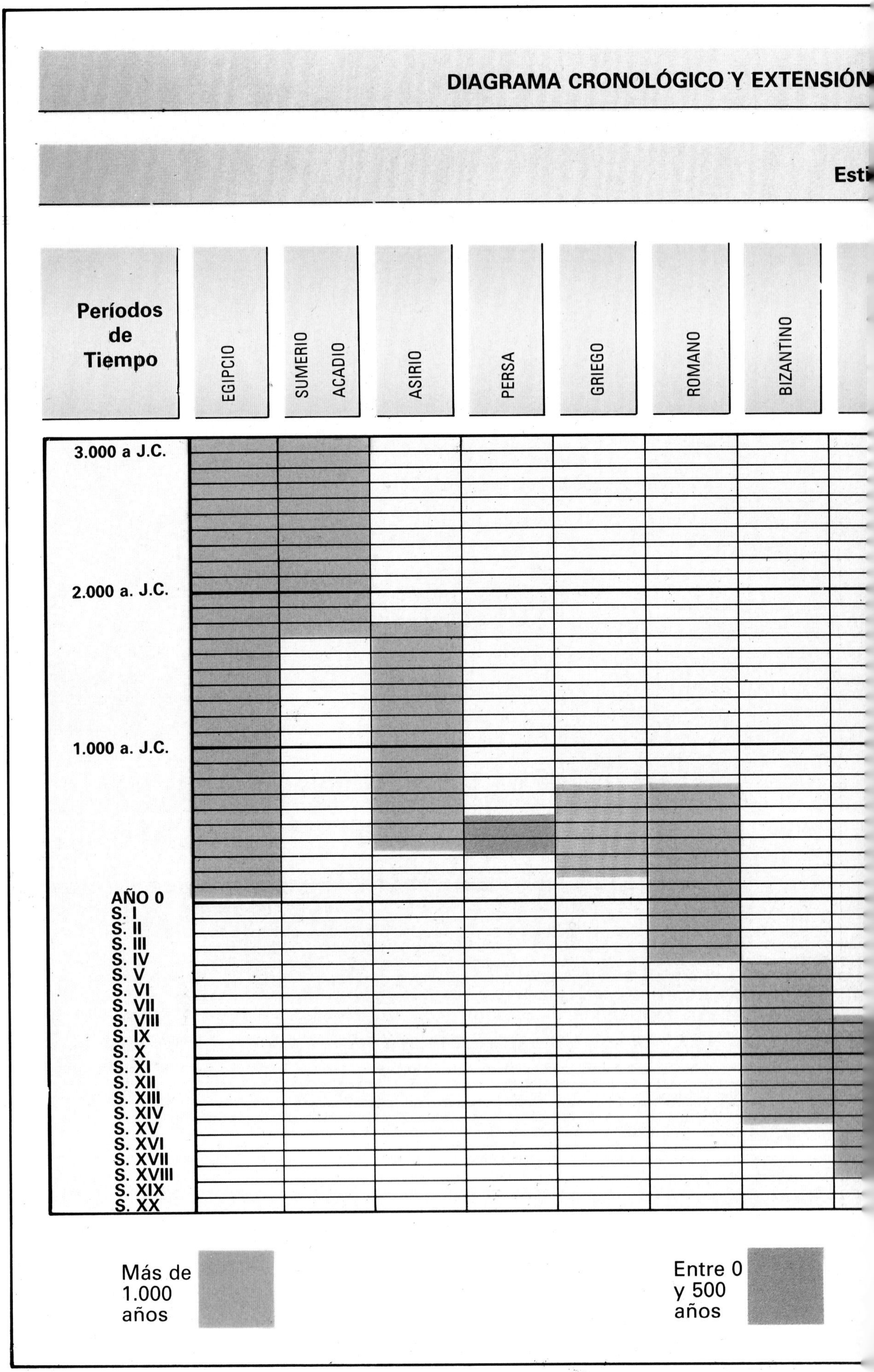

DIAGRAMA CRONOLÓGICO Y EXTENSIÓN

Esti

Períodos de Tiempo	EGIPCIO	SUMERIO ACADIO	ASIRIO	PERSA	GRIEGO	ROMANO	BIZANTINO
3.000 a J.C.							
2.000 a. J.C.							
1.000 a. J.C.							
AÑO 0							
S. I							
S. II							
S. III							
S. IV							
S. V							
S. VI							
S. VII							
S. VIII							
S. IX							
S. X							
S. XI							
S. XII							
S. XIII							
S. XIV							
S. XV							
S. XVI							
S. XVII							
S. XVIII							
S. XIX							
S. XX							

Más de 1.000 años

Entre 0 y 500 años

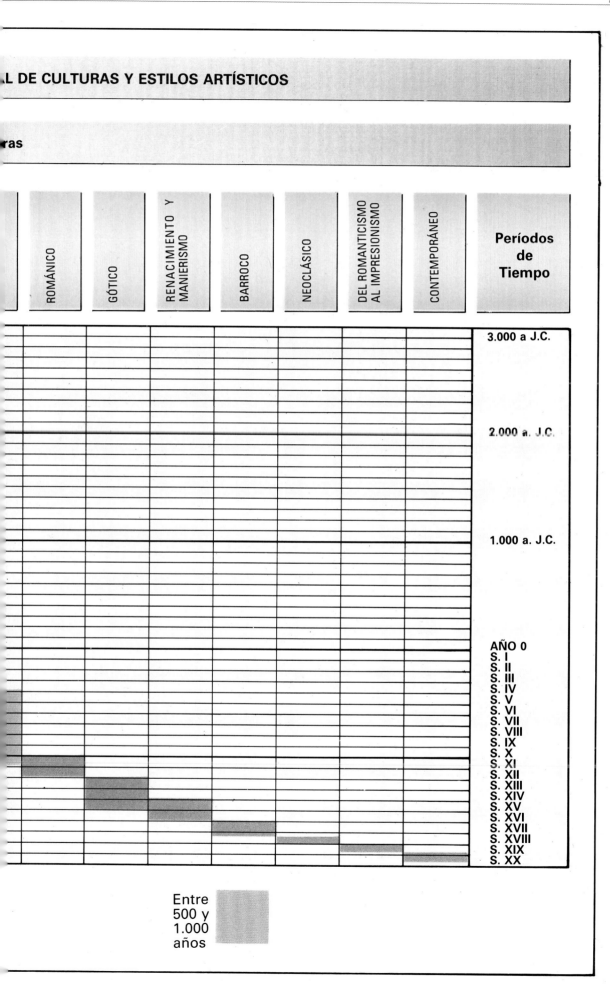

L DE CULTURAS Y ESTILOS ARTÍSTICOS

ras

ROMÁNICO	GÓTICO	RENACIMIENTO Y MANIERISMO	BARROCO	NEOCLÁSICO	DEL ROMANTICISMO AL IMPRESIONISMO	CONTEMPORÁNEO	Períodos de Tiempo
							3.000 a J.C.
							2.000 a. J.C.
							1.000 a. J.C.
							AÑO 0
							S. I
							S. II
							S. III
							S. IV
							S. V
							S. VI
							S. VII
							S. VIII
							S. IX
							S. X
							S. XI
							S. XII
							S. XIII
							S. XIV
							S. XV
							S. XVI
							S. XVII
							S. XVIII
							S. XIX
							S. XX

Entre
500 y
1.000
años

PREHISTORIA Y ORIENTE ANTIGUO (a. C.)			
Año	**Arte**	**Política y Sociedad**	**Cultura**
40.000 **25.000** **15.000** **9.000** **8.000** **5.000** **4.000** **3.200**	Pinturas de Lascaux. Pinturas de Altamira. Arte rupestre levantino. Arquitectura megalítica.	Inicios de la agricultura y primeros poblados en el Próximo Oriente. MENES: unificación de Egipto.	Paleolítico Superior. Magdaleniense. Mesolítico. Neolítico. Aparición de la cerámica. Neolítico en la Península Ibérica. Calcolítico o Eneolítico.
3.000 **2.750**	Mastabas egipcias. Pirámides.	Ciudades-estado sumerias. Imperio Antiguo Egipcio, (2700-2180).	Escritura cuneiforme. Escritura jeroglífica.
2.250 **a.C.**	Estatuas de Gudea, (2150). Estandarte de Ur, (2050). Hipogeos egipcios.	Primer período intermedio en Egipto, (2299-2040). Período neo-sumerio: GUDEA. III Dinastía de Ur, (2050-1950). Imperio Medio en Egipto, (2040-1785).	Florecimiento literario en Egipto.
2.000 **a.C.**	Megalitos de Stonehenge, (1800).	Invasión aquea. Invasión de los hicsos, (1785). Imperio Asirio Antiguo, (1800-1375).	Bronce en la Península Ibérica: Los Millares y El Argar.
1.750 **a.C.**	Acrópolis de Micenas, Tirinto, (1600-1100). Valle de los Reyes: Templos de Luxor y Karnak; Abu-Simbel.	HAMMURABI funda el Imperio Babilónico, (1728). Civilización micénica. Imperio Nuevo Egipcio, (1750-1085). RAMSÉS II.	*Poema de Gilgamesh.* *Revolución religiosa de* AKENATÓN. *Libro de los Muertos.*
1.500 **a.C.**	Palacio de Knossos.	Imperio Asirio Medio, (1375-1047). Guerra de Troya, (1280).	
1.250 **a.C.**		Ciudades comerciales fenicias Invasiones dorias, (1150). Egipto: Baja época, (1085). Destrucción de Babilonia. Imperio Asirio Medio, (1047).	Alfabeto fenicio.
1.000 **a.C.**	Construcción del Templo de Salomón en Jerusalén, (960).	Legendaria fundación de Gades. SALOMÓN, Rey de Israel (973-933). Fundación de Cartago, (813). Reino de Tartessos.	Cultura de Hallstatt en Europa Central. Profetas de Israel, (800-600).
750 **a.C.**	SARGÓN II construye Khorsabad, (722). Templo de Marduk.	Asiria conquista Egipto, (668). Imperio Neobabilónico. Destrucción de Nínive, (612). NABUCODONOSOR II (605-562). Apogeo de Tartessos. Destrucción de Jerusalén. Exilio israelita (857). CIRO conquista Babilonia, (539). CAMBISES conquista Egipto, (525).	Biblioteca de ASSURBANIPAL en Nínive. Fundación de Ibiza, (654). Invención de la moneda en Lidia. Colonizaciones fenicias y griegas en la Península Ibérica.
500 **a.C.**	Tumba de DARÍO I en Nache-Rustem. (480).	Decadencia del reino de Tartessos.	Cultura de La Tène en Europa Occidental. Esplendor cultura ibérica. (s. V-III a.C.).

MUNDO CLÁSICO: GRECIA Y ROMA			
Año	**Arte**	**Política y Sociedad**	**Cultura**
S. VIII a. C.	Cerámicas de estilo geométrico. Cerámica de Dypilon, (figura humana).	Grecia: época arcaica. Fundación de Roma, (753).	Poemas homéricos. Primera Olimpíada, (776). Colonización griega de la Italia meridional (Magna Grecia). HESÍODO: *Los trabajos y los días.*
S. VII a. C.	*Dama de Auxerre.* *Kuroi* o apolos arcaicos.	Esparta domina en el Peloponeso.	TALES DE MILETO, (625-546). Fundación de Marsella, (600).
S. VI a. C.	*Tesoro de Sifnos en Delfos.* *Templo de Apolo, Corinto.*	Dominio etrusco en Roma. Leyes de SOLÓN en Atenas, (594). Comienza la República Romana, (509).	Juegos Píticos en Delfos, (582).
S. V a. C.	Templo de Poseidón en Paestum. Partenón, (447-432). MIRÓN, FIDIAS, POLICLETO. *Erecteion.*	Guerras médicas (490-48). Poderío marítimo de Atenas. PERICLES. (446-29). *Ley de las XII Tablas,* (450).	ARISTÓFANES, (444-380). DEMÓCRITO, (460-370).
S. IV a. C.	Puerta etrusca de Volterra. SCOPAS, PRAXÍTELES, LISIPO. Fundación de Alejandría, (331). APELES.	Hegemonía de Esparta, (404-371). Hegemonía tebana, (371-362). Reinados de FILIPO, (359-336) y su hijo ALEJANDRO, en Macedonia (336-323). Guerras Samnitas, (343-291).	Muere SÓCRATES, (399). ARISTÓTELES funda el *Liceo,* (336). DEMÓSTENES: *Filípicas,* (382). PLATÓN funda la *Academia,* (380).
S. III a. C.	I Guerra Púnica. (264-261). Conquista de la Península Ibérica., (218-133). II Guerra Púnica, (218-201).	EPICURO. Muere ZENÓN, fundador de la *Stoa* o escuela filosófica estoica (264). PLAUTO, (251-184).	
S. II a. C.	Altar de Pérgamo, (180). *Victoria de Samotracia.* *Venus de Milo.*	Grecia y Macedonia sometidas a Roma, (168-146). Reforma de los GRACOS, (132-122).	TERENCIO, (190-159). Nace CICERÓN, (106).
S. I a. C.	Teatro de Mérida, (18). Templo de Vesta en Roma. VITRUVIO: *De architectura.* *Ara Pacis,* (13-9). Pinturas de Pompeya.	Dictadura de SILA, (81-79). Guerra Civil y dictadura de CÉSAR. (49-44). Conquista de Egipto, (30). OCTAVIO AUGUSTO, (27).	HORACIO, (65-8). LUCRECIO, (98-54). VIRGILIO, (70-19). Nace TITO LIVIO, (64).
S. I d. C.	*Maison Carrée* de Nimes. Arco de TITO en Roma. Coliseo de Roma, (h. 80).	Dinastía FLAVIA, (69-96). TITO destruye Jerusalén, (70).	Nacimiento de JESÚS. Conversión de SAN PABLO (30). El Vesubio sepulta Pompeya (79). Mueren SÉNECA y LUCANO, (65).
S. II d.C	Arco de Bará. Columna trajana, (113). Puente de Alcántara. Panteón de Roma.	TRAJANO, (98-117). Dinastía de los ANTONINOS, (96-192).	Muere MARCIAL, (104). TERTULIANO: *Apologética* (197).
S. III d. C.	Catacumbas cristianas.	Dinastía de los SEVEROS, (193-235). Edicto de CARACALLA, (212). Los francos invaden la Galia, (253). Anarquía militar, (235-284).	Muere PLOTINO, (269).
S. IV d. C.	Arco de Constantino en Roma. Basílica de Santa Constanza en Roma.	Dinastía CONSTANTINIANA, (305-367). Constitución sobre el colonato, (332). TEODOSIO, (379-395). División del Imperio, (395).	Edicto de Milán, (313). Fundación de Constantinopla, (330). Concilio de Nicea, (325).
S. V d. C.		ALARICO saquea Roma, (410). Los visigodos en la Galia, (418). Fin del Imperio de Occidente, (476).	SAN AGUSTÍN: *La ciudad de Dios,* (426). SAN PATRICIO evangeliza Irlanda, (432).

		SIGLOS VI-XI	
Año	**Arte**	**Política y Sociedad**	**Cultura**
S. VI	*Génesis* de Viena. Construcción de San Vital, (526-562) y de Santa Sofía, (532-562).	TEODORICO domina Italia, (493-526). Reinado de JUSTINIANO, (527-565). Conquistas bizantinas en Italia.	SAN BENITO funda el monasterio de Montecassino, (525). Fin de la cultura pagana: cierre de la Escuela Filosófica de Atenas, (529). Pontificado de GREGORIO MAGNO, (590)
S. VII	Tumba de TEODORICO. Mezquita de la Roca, (Jerusalén). San Juan de Baños, (661). *Libro de Durrow*.	Pavía, capital de los lombardos, (626). *Hégira*, de MAHOMA, (622). Feria de Saint-Denis, (635). La Dinastía Omeya, (661-750) en Damasco.	Las *Etimologías* de SAN ISIDORO. IV-XVII Concilios de Toledo.
S. VIII	*Libro de Kells*. Se inicia la Mezquita de Córdoba, (786). Palacio de Qusayr Amra.	Musulmanes en España, (711). Fin de la monarquía visigoda. Emirato independiente de Córdoba, (756-912). Comienzo de la querella iconoclasta, (726). CARLOS MARTEL vence a los musulmanes en Poitiers (732). CARLOMAGNO, (768-814). Califato Abbasí, (750-945) en Bagdad.	*Comentario al Apocalipsis de* BEATO DE LIÉBANA. Muerte de BEDA EL VENERABLE, (732). Alcuino en la Corte Carolingia, (782). Creación de la Escuela Palatina de Aquisgrán.
S. IX	Santa María del Naranco. San Miguel del Lillo. San Julián de los Prados. Santa Cristina de Lena. Capilla del Palacio de Carlomagno en Aquisgrán, (805).	Formación de la Marca Hispánica. Mártires mozárabes en Córdoba, (852-59). Fin de la crisis iconoclasta, (843). Tratado de Verdún: división del Imperio Carolingio, (843).	Obras de JUAN ESCOTO ERIÚGENA. Cisma de FOCIO, (867).
S. X	San Miguel de Escalada. Santiago de Peñalba. San Cebrián de Mazote. San Baudelio de Berlanga. San Quirze de Pedret. *Beato* de Magius. Palacio de Medina-Azzahara. Ampliación de la Mezquita de Córdoba por ALHAQUEM II y Almanzor.	Califato de Córdoba, (912). Invasiones normandas. OTÓN I, Rey de Germania, (936) y Emperador, (962). Tratado comercial entre Bizancio y Venecia, (992).	Cristianización de los rusos. Fundación de Cluny, (910). Época del esplendor cultural del Califato de Córdoba.
S. XI	San Miguel de Hildesheim, (1000). Santa Sofía de Kiev, (1020). Mezquita de Tremecén. San Martín de Frómista, (1066). Monasterio de Ripoll. Mezquita de Ispahan. Claustro del Monasterio de Silos. San Marcos de Venecia, (1094).	Almorávides en España, (1075-1146). La Iglesia generaliza la «tregua de Dios», (1027). Turcos seljúcidas en Bagdad, (1055). Conquista de Inglaterra por GUILLERMO DE NORMANDÍA, (1066). Los cristianos conquistan Toledo, (1085). Luchas de las Investiduras entre el Papa y el Emperador, (1085-1122).	Peregrinaciones. Muere AVICENA, (1037). Escuela monacal de Bec. Cisma de MIGUEL CERULARIO, (1054).

	SIGLOS XII-XV		
Año	**Arte**	**Política y Sociedad**	**Cultura**
S. XII	Tímpano de Moissac, (1100). Consagración de la Catedral de Santiago, (1105). Pinturas de Tahull. Portada de Ripoll. Frescos de San Isidoro de León. Catedral de Pisa, (h. 1120). Giralda de Sevilla. Pórtico Real de Chartres. Abadía de Saint-Denis, (1144).	Unión de Aragón y Cataluña, (1137). Segunda y Tercera Cruzadas. Dominio almohade. Guerras entre Bizancio y Venecia. Nacimiento de los gremios artesanos.	*Chanson de Roland.* SAN BERNARDO, abad de Claraval, (1115-1543). Fundación de la Universidad de Bolonia, (1199). La pólvora y la brújula, descubiertas en China. Muere AVERROES, (1198).
S. XIII	Santiago del Arrabal (Toledo). Torre del Oro, (1220). Catedrales de Chartres, Reims, Amiens y París. Catedrales de Estrasburgo, Friburgo y Colonia. Basílica de San Francisco de Asís, (1260). La *Signoría* de Florencia. Catedrales de León, Burgos y Toledo.	Imperio Latino de Jerusalén, (1204). *Carta Magna* inglesa, (1215). Reino nazarí de Granada, (1238-1492). Derrota mora en las Navas de Tolosa, (1212). Los mongoles en el Este de Europa.	Fundación de la primera comunidad franciscana, (1209). Nace TOMÁS DE AQUINO, (1224). Universidad de Salamanca, (1218). Cantigas de ALFONSO X EL SABIO. *Cantar de los Nibelungos.* Universidad de Cambridge, (1229). Viajes de MARCO POLO.
S. XIV	La Catedral de Barcelona y Santa María del Mar de Barcelona, (1329). Alcázar de Sevilla. Alhambra de Granada. Escuela de Siena: La *Anunciación*, de SIMONE MARTINI, (1333). Escuela de Florencia: Frescos de GIOTTO. Catedrales de Palma de Mallorca y Gerona. *Miniaturas del Duque de Berry.*	Guerra de los Cien Años, (1339-1453). Bula *Unam Sanctam*, (Poder temporal del Papado). Fundación del Gran Ducado de Moscú, (1328). Papas en Avignon, (1309-77). Peste Negra, (1348-1350).	Nacen PETRARCA y BOCCACIO, (1303 y 1313). DANTE, *Divina Comedia*, (1311-1321). Muere GUILLERMO DE OCKHAM (h. 1348). Muerte del maestro ECKHART, (1327).
S. XV	Escuela de pintura de los primitivos flamencos: (VAN EYCK, VAN DER WEYDEN, PATINIR, EL BOSCO...). Artistas del Renacimiento italiano en la época del *Quattrocento*: BRUNELLESCHI, ALBERTI. DONATELLO, GHIBERTI. FRA ANGÉLICO, BOTTICELLI, FILIPPO LIPPI, MASSACCIO. PIERO DELLA FRANCESCA, MANTEGNA. PERUGINO. Tumba de TAMERLÁN. San Juan de los Reyes, (Toledo). ALMONACID: El Doncel de Sigüenza. GIL DE SILOÉ: Conjunto escultórico de la Cartuja de Miraflores (Burgos). NICOLÁS FRANCÉS, LUIS DALMAU, JAIME HUGUET, BARTOLOMÉ BERMEJO, JORGE INGLÉS, FERNANDO GALLEGO.	Guerras husitas, (1420-31). Concilio de Constanza, (1414-18). Los Médici gobiernan Florencia. LORENZO EL MAGNÍFICO, (1449-1492). Caída de Constantinopla, (1453). Descubrimiento de América, (1492). Reconquista de Granada, (1492).	NICOLÁS DE CUSA, (1400-64). BARTOLOME DÍAZ dobla el cabo de Buena Esperanza. Nace LEONARDO DA VINCI (1452). GUTENBERG imprime la Biblia en Maguncia, (1455).

SIGLOS XVI-XVII			
Año	**Arte**	**Política y Sociedad**	**Cultura**
1500	MIGUEL ÁNGEL: *David*, (1501-1504). LEONARDO DA VINCI *La Santa Cena*.	Pontificado de JULIO II, (1503-1513). Casa de Contratación de Sevilla, (1503).	Primer mapa de América hecho por JUAN DE LA COSA, (1500).
1510	FANCELLI: *Sepulcro Reyes Católicos en Granada*, (1517). DURERO: *Adán y Eva*.	FRANCISCO I, Rey de Francia, (1515). CARLOS V, Emperador, (1519).	BALBOA descubre el Pacífico, (1513). ERASMO: *Elogio de la Locura, (1511)*.
1520	*Mueren* RAFAEL (1520) y DURERO, (1528). DIEGO DE SAGREDO: *Tratado de Arquitectura*, (1526).	Dieta de Worms, (1521). Revueltas campesinas en Alemania. «Sacco di Roma», (1527).	MARTÍN LUTERO comienza la traducción alemana de la Biblia, (1521). Nace FRAY LUIS DE LEÓN. (1527).
1530	Palacio de CARLOS V en Granada, (1539-1542).	CALVINO en Ginebra, (1536). ENRIQUE VIII funda la Iglesia Anglicana.	MAQUIAVELO: *El Príncipe*, (1534). Fundación de la Compañía de Jesús, (1534).
1540	Nace EL GRECO, (1541). TIZIANO. *Retrato de Carlos V*, (1548).	Descubrimiento minas Potosí, (1545). Victoria de CARLOS V en Mühlberg, (1547).	Conclio de Trento, (1545-63). Nacimiento de CERVANTES, (1547).
1550	PALESTRINA: *Misa del Papa Marcelo*, (1555).	Paz de Ausburgo, (1555); FELIPE II, Rey de España, (1556). Batalla de San Quintín, (1557).	BARTOLOMÉ DE LAS CASAS: *Brevísima...* (1552). *Lazarillo de Tormes*, (1555).
1560	VIGNOLA: *Il Gesú* (1568). VASARI: *Vida de los mejores pintores...*, (1568).	Guerras de religión en Francia, (1562). Rebelión de los Países Bajos, (1566-1581).	*Nacen* GALILEO y SHAKESPEARE, (1564). TERESA DE ÁVILA: *Libro de su vida*.
1570	Nace RUBENS, (1577). EL GRECO: *El Expolio*, (1577-79).	Batalla de Lepanto, (1571).	CAMOENS: *Os Lusiadas*; (1572). DRAKE inicia la vuelta al mundo, (1577).
1580	JUAN DE BOLONIA: *Rapto de la Sabinas*, (1583). Muere SÁNCHEZ COELLO, (1588).	Independencia de las Provincias Unidas, (1581). Fracaso Armada Invencible, (1588).	MONTAIGNE: *Ensayos*, (1580). Nacimiento de QUEVEDO, (1580).
1590	Muertes de TINTORETTO y PALESTRINA, (1594). Nacen VELÁZQUEZ y VAN DYCK, (1598).	Muere FELIPE II, (1598)	Muere FRAY LUIS DE LEÓN. (1591). MATEO ALEMÁN: *Guzmán de Alfarache*, (1599).
1600	Muere ANNIBALE CARRACCI, (1609). Nace REMBRANDT, (1606).	Compañía Holandesa Indias Orientales, (1602). JACOBO I, Rey de Inglaterra, (1606).	CERVANTES: publica la primera parte del *Quijote* (1605). KEPLER: *Tratado de Astronomía*, (1609).
1610	Muerte de EL GRECO, (1614). Nace MURILLO, (1617).	Comienza la Guerra de los Treinta Años, (1618).	GÓNGORA: *Soledades*, (1613). Muertes de CERVANTES y SHAKESPEARE, (1616).
1620	Muere RIBALTA, (1628). ZURBARÁN en el Convento de la Merced, (1628).	RICHELIEU, primer ministro (1624). FELIPE IV, Rey de España, (1621-65).	BACON: *Novum Organum*, (1620). HARVEY descubre la circulación de la sangre, (1628).
1630	REMBRANDT, *Lección de Anatomía*, (1632). Fundación de la Academia Francesa, (1635).	Campaña de GUSTAVO ADOLFO en Alemania. Nacimiento de LUIS XIV.	Condenación de GALILEO por la Inquisición, (1633). DESCARTES: *Discurso del Método*, (1637).
1640	LE NAIN: *La Carreta*, (1641). Segundo viaje de VELÁZQUEZ a Italia, (1649-51).	Sublevaciones en Cataluña y Portugal. Paz de Westfalia, (1648).	JANSENIO: *Augustinus*, (1640). Nacimiento de LEIBNIZ, (1646).

SIGLOS XVII-XVIII			
Año	**Arte**	**Política y Sociedad**	**Cultura**
1650	BERNINI: columnata de la Plaza de San Pedro, (1656). VERMEER: *Vista de Delf*, (1658-60).	Finaliza la Fronda, (1652-1653). Paz de los Pirineos, (1659).	Muerte de DESCARTES, (1650). PASCAL: *Provinciales*, (1656-57).
1660	Palacio de Versalles, (1661). Muere ALONSO CANO, (1667).	COLBERT, primer ministro, (1665). Incendio de Londres, (1666).	MILTON: *El Paraíso Perdido*, (1667). MOLIÈRE: *Tartufo*, (1669).
1670	WREN empieza la construcción de la *Catedral de San Pablo* en Londres, (1675). MANSART trabaja en Versalles.	Paz de Nimega, (1678). Ley de *Habeas Corpus*, (1679).	BOILEAU: *Arte Poética*, (1674). LEIBNIZ descubre el cálculo infinitesimal, (1676).
1680	Muerte de BERNINI, (1680). Nacen BACH y HAENDEL, (1685).	Revocación Edicto de Nantes, (1685). Segunda Revolución Inglesa, (1688).	Muere CALDERÓN DE LA BARCA, (1681). NEWTON explica la gravitación universal, (1687).
1690	MANSART: construye *Los Inválidos*, (1691).	Paz de Ryswyck, (1697).	LOCKE: *Carta sobre la tolerancia*, (1690). Nace VOLTAIRE, (1694).
1700	Nace BOUCHER, (1703).	La casa de Borbón en España; FELIPE V, (1700 46). Tratado de Utrecht, (1713).	NEWTON, *Tratado de Óptica* (1704). Bula *Vinoam Domini*, condonando el Jansenismo.
1710	Termina la construcción de la Catedral de San Pablo de Londres, (1710). WATTEAU: *Embarco para Citerea*, (1717).	Los Hannover en Inglaterra, (1714). Muere LUIS XIV, (1715) LUIS XV, (1715-74).	Nacimiento de ROUSSEAU, (1712). DEFOE, *Robinson Crusoe*, (1719).
1720	Nacen REYNOLDS (1723) y GAINSBOROUGH (1727).	Fin del reinado de PEDRO EL GRANDE de Rusia, (1725).	MONTESQUIEU, *Cartas Persas*, (1721). Muere NEWTON, (1727).
1730	Nace FRAGONARD, (1732). BACH: *Oratorio de Navidad*, (1734).	Guerra de Sucesión en Polonia, (1733-1738).	Bula *Unigenitus* contra JANSENIO, (1730). La Condamine mide el meridiano en Perú, (1735).
1740	NEUMANN: *Iglesia de los 14 Santos*, (1743). Nace GOYA, (1746).	Guerra de Sucesión en Austria, (1742-48).	Hallazgo de Pompeya, (1748). BUFFON: *Historia Natural*, (1749).
1750	Muere JUAN SEBASTIÁN BACH, (1750). Nacimiento de MOZART, (1756),	Guerra de los Siete Años, (1756-63). CARLOS III, Rey de España, (1759-88).	Primer volumen de la *Enciclopedia francesa*, (1751). Muere MONTESQUIEU, (1755).
1760	WINCKELMANN: *Historia del Arte*, (1746). Royal Academy, (1768).	CATALINA II de Rusia, (1762-1798). Nace NAPOLEÓN BONAPARTE, (1769).	ROUSSEAU: *Contrato Social*, (1762). WATT, máquina de vapor, (1767).
1770	Nacimiento de BEETHOVEN, (1770). Puerta de Alcalá, en Madrid, (1778).	Primer reparto de Polonia, (1772). Declaración de Independencia de los EE.UU., (1776).	Disolución de la Compañía de Jesús, (1773). Viajes del capitán COOK.
1780	DAVID, *Juramento de los Horacios*, (1785). GOYA, pintor de Cámara, (1789).	Revolución Francesa, (1789). Constitución americana, (1787).	KANT: *Crítica de la Razón Pura*, (1781). CARTWINGHT, telar mecánico, (1783).
1790	Muere MOZART, (1791). Nacimiento de COROT, (1796).	Ejecución de LUIS XVI, (1793). Directorio, (1795).	MALTHUS: *Ensayo sobre la población*, (1798). NOVALIS: *La Cristiandad o Europa*, (1799).

SIGLO XIX			
Año	**Arte**	**Política y Sociedad**	**Cultura**
1800	DAVID: *El rapto de las Sabinas,* (1800). GOYA: *La familia de Carlos IV,* (1801). THORNWÄLDSEN: *Jasón,* (1803). BEETHOVEN: *La Heroica,* (1804).	NAPOLEÓN, Emperador, (1804). Bloqueo a Inglaterra, (1806). Paz de Tilsit, (1807). Guerra de Independencia española, (1808).	CHATEAUBRIAND: *El Genio del Cristianismo,* (1802). Muertes de KANT, (1804) y SCHILLER, (1805). HEGEL: *Fenomenología del Espíritu.* FICHTE: *Discursos a la Nación alemana,* (1807-1808).
1810	ROMA: agrupación de nazarenos, (1810). Nace RICHARD WAGNER, (1813). NASH: Pabellón Real de Brighton. GÉRICAULT: *La Balsa de la Medusa,* (1819).	Cortes de Cádiz y Constitución española, (1812). Congreso de Viena, (1814). Santa Alianza, (1815). Independencia repúblicas latinoamericanas.	NIEPCE: fotografía en negro. FRESNEL: teoría ondulatoria de la luz, (1815). BYRON, *Don Juan,* (1819). WALTER SCOTT: *Ivanhoe*
1820	GOYA se traslada a Burdeos. CONSTABLE: *El carro de heno,* (1824). Muerte de BEETHOVEN, (1827). Muerte de FRANCISCO DE GOYA, (1828).	Muerte de NAPOLEÓN, (1820). Trienio liberal en España, (1820-23). *Doctrina Monroe,* (1823). Crisis financiera en Londres, (1825).	LAMARTINE: *Meditaciones, (1820).* SAINT-SIMON: *El nuevo cristianismo.* Fundación del Ateneo de Madrid. Muerte de SHELLEY, (1822).
1830	DELACROIX: *La libertad guiando al pueblo,* (1830). CARPEAUX: *La Marsellesa,* (1834). CHOPIN en Mallorca, (1838).	Levantamiento polaco y represión rusa, (1830). Revolución en París: LUIS FELIPE, Rey. Independencia de Bélgica. Se inicia el reinado de VICTORIA en Inglaterra, (1837-1901).	Ferrocarril Liverpool-Manchester, (1830). COMPTE: *Curso de Filosofía Positiva,* (1830-42). Muerte de HEGEL, (1831). DAGUERRE: máquina fotográfica, (1839)
1840	TURNER: *Lluvia, vapor y velocidad,* (1844). MILLET: *El ahechador,* (1848). COURBET, *El entierro de Ornans,* (1849). Muere CHOPIN en París, (1849).	Crisis económica de 1847. Manifiesto de MARX y ENGELS, (1848). Movimientos revolucionarios en Francia, Italia y Alemania.	LIEBIG, abonos químicos, (1841). FEUERBACH: *La esencia del cristianismo.* (1841). Pontificado de PÍO IX, (1846).
1850	PAXTON: Palacio de Cristal, Londres. Plan HAUSSMANN para París, (1852). COURBET: *El Taller,* Exposición paralela, (1855). Plan CERDÁ en Barcelona, (1864).	Descubrimiento del oro californiano. Guerra de Crimea, (1854-56).	DICKENS: *Tiempos difíciles,* (1854). DOSTOYEVSKI: *Pobres gentes,* (1854). Nace FREUD, (1859). DARWIN: *Sobre el origen de las especies,* (1859).
1860	Nace ISAAC ALBÉNIZ, (1860). MANET: *Le déjeneur sur l'herbe,* (1863). ROSALES: *Testamento de Isabel la Católica,* (1864).	Emancipación de los siervos de Rusia, (1861). Guerra de Secesión americana, (1861-65). I Internacional, (1864).	MENDEL: *Leyes de la herencia,* (1865). MONIER: hormigón armado, (1867).
1870	GARNIER: Palacio de la Ópera de París, (1875). I Exposición Impresionista, (1876). RENOIR: *Moulin de la Galette,* (1876).	Guerra francoprusiana, (1870). Comuna de París, (1871). I República Española, (1873).	BELL-GRAY: el teléfono , (1876). EDISON: bombilla eléctrica, (1879).
1880	ARTURO SORIA: La Ciudad Lineal, (1882). Última exposición impresionista, (1886). RODIN: *El beso,* (1886). Torre de EIFFEL, (1889).	Conferencia colonial de Berlín, (1885). II Internacional, (1889).	ZOLA: *La novela experimental,* (1880). MAUPASSANT: *Manifiesto Naturalista,* (1880). NIETZSCHE: *Zaratustra,* (1885).
1890	Muere VAN GOGH, (1890). GAUGUIN se instala en Tahití. MORRIS y los *Arts and Crafts.* SULLIVAN: Almacenes Carson, (1899). HOWARD: Ciudades-jardín.	*Programa de Erfurt,* (1891). Guerra hispano-norteamericana, (1895-98). Guerra anglo-boer en África del Sur, (1898).	LEON XIII, Encíclica *Rerum Novarum,* (1891). RÖNTGEN: Rayos X, (1895). LUMIÈRE: Cinematógrafo, (1895). Motor DIESEL, (1897)

SIGLO XX			
Año	**Arte**	**Política y Sociedad**	**Cultura**
1900	PUCCINI: *Tosca*. MELIÈS: *El viaje a la luna*. PICASSO se establece en París. Ciudad industrial de TONY GARNIER.	Muere la Reina VICTORIA de Inglaterra. Guerra ruso-japonesa.	Exposición Universal de París. PAVLOV: teoría reflejos condicionados. ECHEGARAY, Premio Nobel de Literatura.
1905	Exposición *fauve* en el Salón de Otoño. *Die Brücke* en Dresden. WORRINGER: *Abstracción y Empatía*. PICASSO: *La señoritas de Avinyó*.	Triple Entente. Crisis bosniana. Semana Trágica de Barcelona.	Encíclica *Pascendi*. RAMÓN Y CAJAL, Premio Nobel de Medicina.
1910	Exposición cubista en el Salón de los Independientes. Manifiesto futurista. KANDINSKY: *De lo espiritual en el arte*. STRAVINSKY: Estreno de *La consagración de la Primavera*.	Revolución mexicana. Guerras balcánicas. WILSON, Presidente de los EEUU. Se inicia la I Guerra Mundial.	AMUNDSEN llega al Polo Sur. CLAUDEL: *La Anunciación*. PROUST: *En busca del tiempo perdido*. MORGAN: *Teoría cromosómica de la herencia*.
1915	FALLA: *El amor brujo*. Primera velada Dadá. Muere DEBUSSY. WIENE: *El gabinete del Dr. Caligari*.	«Guerra de trincheras». Revolución rusa. Los «14 puntos» de WILSON. Tratado de Versalles. III Internacional.	EINSTEIN: *Teoría general de la relatividad*. FREUD: *Introducción al psicoanálisis*. SPENGLER: *La Decadencia de Occidente*. RUTHERFORD: desintegración del átomo.
1920	Creación de la *Bauhaus*. SCHÖNBERG: Método de composición con 12 sonidos. Nace ANTONI TÀPIES. *Manifiesto surrealista* de BRETON.	Se inicia la NEP en la URSS. La *Prosperity* en EEUU. Dictadura de PRIMO DE RIVERA. Tratado de Locarno. Muerte de LENIN.	PIRANDELLO: *Seis personajes en busca de autor*. Elección de PIO XI. BROGLIE: Mecánia ondulatoria. THOMAS MANN: *La montaña mágica*.
1925	Exposición Artes Decorativas en París. EISENSTEIN: *El Acorazado Potemkin*. Cine sonoro: *Don Juan*. Muere JUAN GRIS. Constitución del GATCPAC. VAN DER ROHE: Pabellón alemán en la Exposición de Barcelona. SCHÖNBERG: *Moisés y Aarón*.	Ministerio POINCARÉ. Conferencia Económica Internacional en Ginebra. Primer Plan Quinquenal en la URSS. *Crack* de la Bolsa de Nueva York.	KAFKA: *El proceso*. BERNANOS: *Bajo el sol de Satán*. LINDBERG: primera travesía del Atlántico Norte. FLEMING: descubre la penicilina. TELEFUNKEN: televisión y telecine.
1930	Formación del GATEPAC. LE CORBUSIER: *Villa Saboya* CHARLES CHAPLIN: *Luces de la ciudad*. *Primera exposición retrospectiva de BRAQUE*. *Código* HAYS.	Proyecto BRIAND de unidad europea. II República Española. HITLER en el poder. ROOSEVELT pone en marcha el «New Deal». Se inician los «grandes procesos» de Moscú. La «larga marcha» china.	SCHMIDT: motor de propulsión a chorro. SAINT-EXUPÉRY: *Vuelo de noche*. DOMAGK: sulfamida. MALRAUX: *La condición humana*. FERMI: fisión del uranio.
1935	WRIGHT comienza la *Falling Water*. CHAPLIN: *Tiempos Modernos*. PICASSO: *Guernica*. Exposición internacional del surrealismo en París. ROUAULT: *Cristo crucificado*.	Movimiento stajonovista en Rusia. Guerra Civil española. Encíclica *Mit Brěnender Sorge*. HITLER ocupa Austria. Invasión alemana de Polonia.	Primera utilización del radar. KEYNES: *Teoría general del empleo, el interés y la moneda*. SARTRE: *La Náusea*. SCHACK: descubrimiento del nylon. STEINBECK: *Las uvas de la ira*.

SIGLO XX			
Año	**Arte**	**Política y Sociedad**	**Cultura**
1940	CHAPLIN: *El gran Dictador.* Carta de Atenas. ORSON WELLS: *Ciudadano Kane.* BENJAMÍN PALENCIA funda la *Escuela de Vallecas.* Muere KANDINSKY. DREYER: *Dies irae.*	Armisticio franco-alemán (PÉTAIN). Pearl Harbour: EEUU y Japón en guerra. Rendición de Italia. Desembarco de Normandía.	Muere HENRI BERGSON. BERTOLT BRECHT: *Galileo Galilei.* SARTRE: *El ser y la nada.* WACKSMANN descubre la estreptomicina.
1945	Grupo *Dau al Set.* ROSSELLINI: *Roma città aperta.* Muere FALLA. LE CORBUSIER: Las 7 V. Grupo Cobra. HENRY MOORE: Primer Premio en la Bienal de Venecia.	Capitulación de Alemania. Conferencia de Postdam. Bombardeo Hiroshima. Proceso de Nürnberg. *Plan* MARSHALL. Primera guerra árabe-israeli. Bloqueo de Berlín. Asesinato de GANDHI. Victoria de la revolución china.	MOUNIER: *¿Qué es el personalismo?* CAMUS: *La Peste.* SIMONE DE BEAUVOIR: *El segundo sexo.*
1950	MIRÓ: mosaicos del Palacio de la UNESCO en París. PIETRO GERMI: *El camino de la esperanza.* Muere SCHÖNBERG. Primera Bienal Hispanoamericana del Arte. LE CORBUSIER: *Iglesia de Ronchamp.* ZADKINE: *El grito* (Rotterdam). PEVSNER: *Columna de la Paz.*	Comienza la guerra de Corea. Constitución de la CECA. Muere JORGE VI de Inglaterra. ISABEL II, Reina. Muerte de STALIN. EISENHOWER, Presidente de los EEUU. Comienza la guerra de Argelia.	BACHELARD: *El materialismo racional* BECKET: *Esperando a Godot.* Comité de Actividades Antiamericanas.
1955	Muere FERNAND LÉGER. HAMILTON: *Pop Art.* ANTONIO SAURA funda el grupo *El Paso.* CALDER, Móvil para la UNESCO. WRIGHT, Museo Guggenheim.	Pacto de Varsovia. Conferencia de Bandung. Proceso de desestalinización. Mercado Común Europeo. CASTRO inicia la revolución cubana. DE GAULLE, Presidente de Francia.	Primer satélite artificial soviético *(Sputnik).* Elección de JUAN XXIII. PASTERNAK: *El Doctor Jivago.* El *Lunik III* fotografía la cara desconocida de la Luna.
1960	ANTONI TÀPIES: 4-D. RENÉ MAGRITTE: *La postal.* Se inaugura la ciudad de Brasilia. EDWARD MAUFE: *catedral de Guilford.* Exposición de Arte Degenerado de la época nazi en Munich. ANDY WARHOL: *Cien latas de sopa Campbell.* MAX ABRAMOWITZ: *Philarmonic Hall del Lincoln Center* en Nueva York. Sala de Conciertos de la Filarmónica de Berlín. LUIS BUÑUEL: *Viridiana.*	JOHN F. KENNEDY, Presidente de los EEUU. Se constituye la OCDE. Construcción del Muro de Berlín. Se crea la OUA. Crisis de los Misiles. Se crea la Asociación Europea de Libre Comercio.	Concilio Vaticano II. MAIMAN utiliza por primera vez el rayo láser. Primer disco de los «Beatles». SEVERO OCHOA, Premio Nobel de Medicina. Aparece el movimiento «Hippy». JEAN PAUL SARTRE: *Crítica de la razón dialéctica.* JULIO CORTÁZAR: *Rayuela.* Estreno mundial de la *Atlántida* de MANUEL de FALLA
1965	PABLO PICASSO: *Autorretrato.* KENZO TANGE: *catedral de Tokio.* CHAGALL: *Triunfo de la música.* PAU CASALS: El Pesebre. ROY LICHTENSTEIN: *Escultura moderna con tres discos.* WOLF VOSTELL: *Miss Amerika.* STANLEY KUBRICK: *2001, una odisea del espacio.* Muere WALT DISNEY Hiperrealismo, ANTONIO LÓPEZ.	Crisis de Oriente Medio. Muere ERNESTO «Che» GUEVARA. Primavera de Praga. Golpe de Estado de los Coroneles de Grecia. Guerra de los Seis Días entre Israel y los Países árabes. Acuerdos Salt I y Salt II.	Mayo del 68 en París. El hombre llega a la Luna. GABRIEL GARCÍA MÁRQUEZ: *Cien años de soledad.* Exito de los «Rolling Stones». Exposición internacional de Osaka. CHRISTIAN BARNARD, primer transplante de corazón humano. Muere LEÓN FELIPE. PABLO NERUDA: *Fulgor y muerte de Joaquín Murrieta.*

	SIGLO XX		
Año	**Arte**	**Política y Sociedad**	**Cultura**
1970	PHILIP JOHNSON: *Torres en la Penzzoli Place*, Houston. Muere PABLO PICASSO. *Spiral Jetty* de SMITHSON. Aparece la revista fotográfica *Nueva Lente*. BERTOLUCCI: *El último tango en París*.	RICHARD NIXON, Presidente de EEUU. GEORGES POMPIDOU, Presidente de Francia. WILLY BRANDT, Premio Nobel de la Paz. Acuerdo de las cuatro potencias sobre el estatuto de Berlín. Muere NASSER y le sustituye SADAT. Escándalo Watergate en EEUU. La Revolución de los Claveles acaba con la dictadura en Portugal. Acuerdo de paz sobre Vietnam. Crisis del petróleo.	Movimiento «Punk». Política de autor en el teatro, STRAEGER.
1975	ROBERT VENTURI: *Museo de Arte Allen en Filadelfia*. ANDREI WAJDA: *La tierra de la gran promesa*. BERNARDO BERTOLUCCI: *Novecento*. RICHARD ROGERS y RENZO PIANO: *Centro Pompidou en París*.	El disidente soviético ANDREI SAJÁROV, Premio Nobel de la Paz. JAMES CARTER, Presidente de EEUU. Marruecos organiza la Marcha Verde contra el Sahara español. Intervención israelí en el Líbano. Muere MAO-TSE-TUNG. Independencia de las colonias portuguesas en África. Muere FRANCO. JUAN CARLOS I, Rey de España. Aparece la «Carta de los 77» en Checoslovaquia. Aprobación de la Constitución Española de 1978.	VICENTE ALEIXANDRE, Premio Nobel de Literatura. «Realismo mágico» en la literatura americana. Muere PABLO VI. Son elegidos sucesivamente JUAN PABLO I y JUAN PABLO II. «Heavy Rock». Aparece el periódico EL PAÍS.
1980	MICHAEL GRAVES: edificio *The Portland* en Portland (USA). Exposición en Nueva York sobre el *Primitivismo en el arte del siglo XX*. JAMES STIRLING: *Escuela de Ingeniería de Leicester*. RICARDO BOFILL: *Les Arcades du Lac*, cerca de Versalles. Muere el director de cine RENÉ CLAIR. Magna exposición en Venecia sobre la obra de PICASSO. Exposición ARCO 82. Muere JOAN MIRÓ.	Muere el Jefe de Estado yugoslavo, mariscal JOSIP BROZ «TITO». Intento de Golpe de Estado del 23 de Febrero de 1981 en España. RONALD REAGAN, elegido presidente de EEUU. Estalla la guerra entre Irán e Iraq. Golpe de Estado en Turquía. Mayoría absoluta del PSOE, FELIPE GONZÁLEZ Presidente del Gobierno. Conferencia de Estocolmo sobre Desarme en Europa. Guerra de las Malvinas.	«Techno Pop». LEONARDO BOFF, teórico de la Teología de la Liberación. ELÍAS CANETTI, Premio Nobel de Literatura. Proyecto «Eureka». Muere JORGE LUIS BORGES.
1985	Florencia, capital europea del arte. Exposición EUROPALIA 85. Muere ORSON WELLES. Segunda muestra de fotografía en el MOMA de Nueva York. 1985 es declarado Año Europeo de la Música. Mueren MARC CHAGALL, HENRY MOORE y SALVADOR DALÍ.	Ingreso de España en la CEE. Reuniones de REAGAN y GORBACHOV. Se implanta la política de la Perestroika en la URSS. GEORGE BUSH, Presidente de EEUU. Caída de los regímenes comunistas en los países de la Europa del Este. Represión de las protestas de los estudiantes en China. Demolición del muro de Berlín.	Aproximación del cometa Halley a la Tierra. Exploración del espacio: Explosión del Challenger; lanzamiento del Discovery y la estación espacial MIR. 1987 es declarado Año Europeo del Medio Ambiente. STEPHEN W. HAWKING: la *Historia del tiempo*. CAMILO JOSÉ CELA, Premio Nobel de Literatura.
1990	Exposición Velázquez en el Museo del Prado. Muere LEONARD BERNSTEIN.	Se celebran elecciones democráticas en Polonia, Hungría, Checoslovaquia, Rumania, Bulgaria y RDA. Reunificación de Alemania (RFA y RDA).	OCTAVIO PAZ, Premio Nobel de Literatura. Lanzamiento del telescopio espacial Hubble.

	SIGLO XX		
Año	**Arte**	**Política y Sociedad**	**Cultura**
1990	Año CHILLIDA. Muestra Internacional. Venecia: Exposición TIZIANO. MONEO: Fundación Miró, Palma de Mallorca. ISOZAKI: Palau Sant Jordi, Barcelona.	GORBACHOV acepta el pluripartidismo en URSS. Invasión y anexión de Kuwait por Irak. Derrota del sandinismo en Nicaragua. Dimisión de MARGARET THATCHER.	Congreso de Matemáticas en Tokio.
1991	Año MOZART, segundo centenario de su muerte. SÁENZ DE OIZA: Ferial de Madrid. Exposición REMBRANDT y su taller (Berlín, Amsterdam y Londres). Exposición ANDRÉ BRETON y el Surrealismo, Centro Pompidou.	Guerra del Golfo. DE KLERK anuncia el fin del apartheid en Sudáfrica. Golpe de Agosto en la Unión Soviética. Extinción de la URSS.	VALLE INCLÁN: Representaciones maratón de las *Comedias bárbaras*. ANTONIO MUÑOZ MOLINA: *El jinete polaco*. MIGUEL DELIBES, Premio Nacional de las Letras.
1992	IX Documenta de Kassel, quinquenal de la Vanguardia. CHILLIDA: *Monumento a la Tolerancia*. Exposición RIBERA (Prado).	Juegos Olímpicos de Barcelona. Expo de Sevilla. Maastricht: Nace la Unión Europea. CLINTON gana la presidencia de EE UU.	Madrid, capital europea de la Cultura. Apertura del Museo Thyssen Bornemisza, Madrid. JOSEP FONTANA: *La historia después del fin de la historia*.
1993	Año MIRÓ, Barcelona, Mallorca, Madrid. GOYA: *El capricho y la invención* (Prado). Exxposición ANTONIO LÓPEZ (Reina Sofía). STEVEN SPIELBERG: *La lista de Schindler*.	Checoslovaquia se escinde en dos naciones. Acuerdo árabe-israelí en Washington. Pacto histórico en Sudáfrica para celebrar elecciones abiertas. MANDELA y DE KLERK, Premios Nobel de la Paz.	TAYLOR y HYUGHE, astrofísicos de Princeton, Premios Nobel de Fisica. Muere SEVERO OCHOA. Muere el bailarín RUDOLF NUREYEV. Apertura del ala RICHELIEU en el Gran Louvre, París. Se lanza la nave Endeavour para reparar el Hubble.
1994	BOTTA: Museo de Arte moderno de San Francisco. TARANTINO: *Pulp Fiction*.	MANDELA, presidente de Sudáfrica. Muere RICHARD NIXON. Los refugiados de Ruanda invaden Zaire. La Iglesia anglicana ordena mujeres. Premio Nobel de la Paz a ARAFAT, RABIN y PERES.	El Hubble prueba la teoría de la relatividad de EINSTEIN. La Antártida, santuario ballenero. Etiopía, hallazgo de un fósil homínido de 4 millones de años. Arde el Gran Teatro del Liceo de Barcelona.
1995	CHRISTO JAVACHEFF: *Envoltura del Reichstag*, Berlín. Centenario del cine. Se termina la Biblioteca Nacional de Francia.	CHIRAC, presidente de Francia. Muere el Ayatollah JOMEINI. MIGUEL INDURAIN gana su V Tour de Francia.	MIGUEL DELIBES: *Diario de un jubilado*. JORGE SEMPRÚN: *La escritura o la vida*. ARTURO PÉREZ REVERTE: *La piel del tambor*. Muere la escritora PATRICIA HIGSMITH.
1996	Exposición MAX BECKMANN. Muere GENE KELLY.	Reelecciones presidenciales: YELTSIN en Rusia, CLINTON en EE UU. AZNAR, jefe de gobierno en España. NETANYAHU, líder del Likud, primer ministro en Israel. Reunificación de Sarajevo.	La nave Galileo transmite datos sobre el origen del sistema solar. Arde el teatro de La Fenice de Venecia.
1997	RAFAEL VINYOLI: Foro Internacional de Tokio. RICHARD MEIER: Centro Getty de Los Ángeles. FRANK GEHRY: Museo Guggenheim de Bilbao (apertura, 3 octubre).	Muere en accidente DIANA DE GALES. Muerte de TERESA DE CALCUTA. Acuerdo de 41 países para indemnizar a las víctimas del Holocausto. Convenio para la prohibición de las minas antipersonales. LIONEL JOSPIN, primer ministro francés.	DARÍO FO, Premio Nobel de Literatura. Muere el historiador FRANÇOIS FURET. *Dolly*, primera oveja clónica.

BIBLIOGRAFÍA

BIBLIOGRAFÍA GENERAL

ADAM B., A. y CLEAVE, S., *ABC del Arte*. Debate, Madrid, 1997.

ANGULO, D., *Historia del Arte* (2 vols). Madrid, 1960.

BLANCO FREIJEIRO, A. (et alt.), *Historia del Arte* (50 vols.). Historia 16, Madrid, 1990.

CHORDA, F., *Aprendiendo a mirar el arte*. Diputación de Zaragoza, 1993.

GOMBRICH, E., *Historia del Arte*, Madrid, Alianza, 1988.

HALL, J., *Diccionario de temas y símbolos artísticos*. Madrid, Alianza, 1987.

HATJE, U., *Historia de los estilos artísticos* (2 vols). Madrid, Istmo, 1992.

HAUSER, A., *Historia social de la literatura y del arte*. Barcelona, Labor, 1988.

HUYGUE, R., *El arte y el hombre* (3 vols). Barcelona, Planeta, 1977.

LAJO, R. y SURROCA, J., *Léxico de Arte*. Madrid, Akal, 1993.

MALINS, F., *Mirar un cuadro. Para entender la pintura*. Madrid, Blume, 1984.

MARTÍN GONZÁLEZ, J. J., *Historia del Arte* (2 vols). Madrid, Gredos, 1982.

PANIAGUA, J. R., *Vocabulario básico de arquitectura*. Madrid, Cátedra, 1987.

PIJOAN, J. (et al.), *Historia del Arte* (12 vols). Barcelona, Salvat, 1979.

SÁNCHEZ LADERO, L., *Atlas Sopena del Arte y estilos*. Sopena, Barcelona, 1998.

SUREDA, J. (dir), *Historia del arte español* (10 vols.). Barcelona, Planeta, 1997.

TRIADÓ, J. R., *Arte en Cataluña*. Madrid, Cátedra, 1994.

UNIVERSIDAD DE CAMBRIDGE, *Introducción a la Historia del Arte* (8 vols.). Gustavo Gili, Barcelona, 1985.

VARIOS AUTORES, *ABC del arte*. Madrid, Debate, 1997.

VARIOS AUTORES, *El arte y las grandes civilizaciones*. Madrid, Akal, 1992.

VARIOS AUTORES, *Historia de la arquitectura española* (7 vols.). Zaragoza, Exclusivas de Ediciones, 1985.

VARIOS AUTORES, *Historia del arte*. Barcelona, Carroggio, 1992.

VARIOS AUTORES, *Historia Universal de la Pintura* (8 vols.). Espasa Calpe, Madrid, 1996.

VILALTA, L., *Historia del Arte* . En C.D. Barcelona, Salvat Multimedia, 1997.

COLECCIONES

Ars Hispaniae (22 vols). Madrid, Plus Ultra.

Clásicos del arte, Barcelona, Noguer-Rizzoli.

Fuentes y documentos para la historia del arte. Barcelona, Gustavo Gili.

Grandes maestros de la pintura clásica (12 vols). Barcelona, Círculo de Lectores.

Historia Visual del Arte (17 vols). Barcelona, Vicens Vives.

Pinacoteca de los genios. Barcelona, Codex.

Summa Artis, Historia General del Arte (25 vols). Madrid, Espasa-Calpe.